Enseñanzas económicas de un trienio de pandemia y guerra

José Luis Campos Echeverría

José Luis Campos Echeverría

Enseñanzas económicas de un trienio de pandemia y guerra

Ediciones Vitruvio

www.edicionesvitruvio.com

Primera edición, 2025

© Ediciones Vitruvio
C/ Menorca, nº 44
28009
Madrid
Teléfono: 91 573 21 86

ISBN: 978-84-942872-2-0
Nº: 1. 730

Enseñanzas económicas de un trienio de pandemia y guerra

PRÓLOGO

Este no es un libro de lectura continuada sino de consulta

.

Cada mes, mes y medio, a lo largo de estos tres años con la idea de la recopilación, se ha escrito un capítulo de análisis de la economía mundial recogiendo los puntos mas trascendentes de la misma, con detenimiento en cada caso en algunos aspectos, examinando los estudios del momento sobre los mismos, los precedentes clásicos y la selección entre la vorágine actual de obras publicadas.

Siempre con la idea de que se puede contemplar con una exposición adecuada, por todas las personas, la complejidad de los temas y sus consecuencias.

Así se examina el poder de creación de dinero de la banca y a la vez su debilidad, o la sostenibilidad de la deuda publica en relación a la deuda privada y la pérdida de soberanía financiera.

El atesoramiento excesivo del dinero como el cáncer de un sistema económico, en el que tenemos fotos de donde está el dinero, pero no videos de como circula, así como el sesgo financiero en las grandes empresas.

La acumulación excesiva de liquidez es en gran parte consecuencia de la desigualdad y por otra parte la acrecienta.

La concentración del poder empresarial y de las familias en Estados Unidos, las reacciones en los juicios a las tecnológicas y el equilibrio de poderes en el país, entre el poder privado, público y militar.

La fragmentación y nueva orientación del comercio mundial, con las transformaciones en las cadenas de suministro, las restricciones comerciales e inversoras, los acreedores y deudores entre países y continentes, el proteccionismo subvencionador, inversor y comercial y la insuficiencia de las redes financieras de seguridad mundiales.

El crecimiento de la España de segunda mano, la tensión entre vivir e invertir en la vivienda en España y en el mundo, entre ayudar a la persona o al ladrillo.

Algunos temas son más específicos, como la influencia del crecimiento de las mafias en la decadencia de Italia, el dirigismo del gobierno y la erosión democrática, la huelga del automóvil y el alza del poder sindical en Estados Unidos, la vulnerabilidad de los hogares o el valor de una vida en la vivencia del COVID y de las guerras cercanas.

Casi en cada capítulo se vuelve a analizar bajo puntos de vista alternativos las economías de los países ya líderes o aspirantes a serlo: Estados Unidos, China, la Unión Europea, Japón o la India y, por supuesto, siempre España.

En algunos temas como las luchas estratégicas, el energético y el alimentario, la inflación, los tipos de interés, las tecnologías, la relación entre política fiscal y monetaria o el crecimiento económico, la inversión y la productividad, se da tal abrumadora diversidad de puntos de vista, que requiere cierta extensión y frecuencia en los comentarios.

De todo ello se transmite la gran interrelación, a veces velada, entre los episodios económicos que con lejanía geográfica, temporal o social acaban afectándonos.

La obra finaliza contemplando la incertidumbre de las expectativas de crecimiento futuro y la influencia del progreso tecnológico en las mismas y en el mantenimiento paradójicamente, por su progresiva capacidad destructora de la paz mundial.

Capítulo 1

ESPAÑA, LA MAYOR CAÍDA ECONÓMICA POR EL COVID Y EL APOYO MÁS DÉBIL DE LOS PAÍSES DESARROLLADOS

Tras casi un año en suspenso en los artículos de este blog debido a la catástrofe que nos asoló, reanudamos nuestros comentarios, con la idea de aclarar en algún grado, el rumbo de la política económica, tanto en el mundo, como en Europa, y nuestro país.

Hay que matizar, que las aproximaciones comparativas, en cuanto al comportamiento, y estímulos de las diversas economías, no son fáciles precisar, dada la heterogeneidad de las medidas, la distinta intensidad, y continuidad de las mismas, en el calendario de cada país, y la aparición de nuevos paquetes de rescate, como el de Alemania, y el anunciado de España, en el presente inicio de febrero, de este comentario.

A esto se añade, el que las cifras estimadas, de magnitudes macroeconómicas, dada la convulsión que ha supuesto la pandemia, van a estar sometidas a importantes revisiones, por la dificultad de las mediciones.

Sin embargo, creo que cuando las diferencias son tan amplias como las que vamos a comentar, las conclusiones son válidas y realistas.

Comenzamos por una constatación, ya comentada en los medios, España es el país en el que más ha descendido su crecimiento sobre el PIB, en 2020, de los países desarrollados, con cierta entidad. El 11.1%, según el último dato del Fondo Monetario Internacional, seguido de Reino Unido, con el 10%.

Los países del euro, han bajado el 7.2% de media, Japón el 5.1%, Estados Unidos el 3.5%, y China, con un crecimiento positivo del 2.3%, ha ganado terreno, al resto de las economías.

Entre las causas, se señalan principalmente, la estructura de la economía española, en la que la pandemia ha incidido especialmente, por el peso del turismo, viajes, hostelería, restauración, transporte, menor capacidad de teletrabajo que otros países, mayor vulnerabilidad laboral, por la temporalidad del empleo y el número de autónomos, muy alto riesgo de infección, según la OCDE en el 56% de los trabajadores, en relación a otros países, la mayor interacción social en nuestra movilidad, la mala gestión del gobierno de la pandemia, con la polarización política, que ha traído descoordinación, en las actuaciones necesarias con los Partidos y las Comunidades Autónomas y Ayuntamientos, y una fragmentada, aceptación social, de normas y restricciones.

IMPULSO PRESUPUESTARIO DÉBIL

A todo ello, habría que añadir, el insuficiente impuso fiscal, en relación a su capacidad y a la recesión económica, de la política económica española, lo que ha repercutido, en parte del 2020, y todavía más, lo hará en el 2021, según el comportamiento de la pandemia, que ya parece, no remitir claramente, hasta el segundo semestre.

Observando el cuadro 1 (del que hemos excluido a China, por sus especiales características), tenemos que el déficit público en España, ha pasado del 2.9% del PIB, en el 2019, al 11.7 del PIB en 2020 (1), es decir el déficit público, ha tenido un impulso de 8.8 puntos del PIB (11.7-2.9), que sobre la caída del mismo, del 11.1%, supone el 0.67 (8.8/11.1), el ratio más bajo, de todos los países analizados. Por ejemplo, si España hubiera actuado como Italia, en proporción a la bajada de su economía, tendría que haber incrementado su gasto fiscal, en un 46% (alrededor de 50.000 millones de euros más), equipararse al impulso alemán, hubieran sido 150.000 millones.

CUADRO 1

	PIB 2020	DÉFICIT PÚBLICO %PIB		IMPULSO FISCAL	IMPULSO FISCAL/
		2019	2020		BAJADA PIB
USA	-3.5%	-6.4	-17.5	11.1	2.17
EURO	-7.2%	-0.6	-8.4	7.8	0.90
LMANIA	-5.4%	1.5	-5.1	6.6	1.6
FANCIA	-9%	-3	-10.6	7.6	0.70
ITALIA	-9.2%	-1.6	-10.9	9.3	0.98
ESPAÑA	-11.1%	-2.9	-11.7	8.8	0.67
JAPÓN	-5.1%	-3.4	-13.8	10.4	1.92
REINO UNIDO	-10%	-2.3%	-14.5%	12.2	1.07

Fuente: Fondo Monetario Internacional y elaboración propia (2)

Pero en cuanto a estímulos, sobre todo para las expectativas, habría también que analizar, aquellos ofrecimientos, como por ejemplo los créditos con garantía pública, así como los fondos de rescate, para empresas en crisis, que según la respuesta y solvencia, se pueden traducir, en mayores o menores desembolsos públicos.

FUERA DEL PRESUPUESTO TAMBIÉN

En este análisis más amplio, realizado por economistas del Instituto Bruegel (3), que presentamos en el cuadro 2, (excluimos a Estados Unidos, por sus diferencias institucionales y de procedimiento. Por ejemplo, los ERTES no existen).

España presenta un apoyo muy bajo, en proporción a su economía, comparada con el resto de las grandes economías desarrolladas. Es sorprendente, la gran diferencia con Italia, con un 43.9% del PIB, frente a España, con tan solo un 12.4%, que suponen las medidas. El análisis suma tres capítulos, medidas fiscales inmediatas, diferidas, y otras medidas de liquidez y garantías, la actuación más débil de España, en relación al resto, se da en las medidas fiscales diferidas, aunque en todos los capítulos, queda por debajo de la media.

CUADRO 2

MEDIDAS DISCRECIONALES APORTADAS% SOBRE PIB 2019

FRANCIA	25,80%
ALEMANIA	51,90%
ITALIA	43.90%
ESPAÑA	12.40%
REINO UNIDO	25.70%

Fuente: Instituto Bruegel

Esta insuficiencia, es todavía mayor, en el caso de las empresas, el tema es muy alarmante, ya que España es el país de los analizados, con la tasa más alto de paro, y sus expectativas, se pueden ensombrecer todavía más, si la debilidad en el apoyo empresarial, puede desembocar, en un importante incremento del paro, sobre el ya producido.

Camous y Claeys, (4) en un análisis (EPA-WILEY), realizado, sobre la reacción de las instituciones europeas, a la crisis actual, señalan que todavía, los estímulos fiscales de los gobiernos, no están al nivel de intensidad, de los aplicados por el Banco Central Europeo, en su política monetaria.

El Banco de España, realizó un análisis pormenorizado, (5) de las respuestas de política fiscal, en las principales economías, con gran detalle, pero también con dificultad, para extraer conclusiones comparativas, ya que por un lado, es un catálogo descriptivo extenso, pero en el que no se da, una uniformidad en la exposición, ya que una veces, se presentan magnitudes, en otras no, lo que hace difícil el contraste, aunque implícitamente, y con lo ya expuesto anteriormente, y los datos de diversos países, la Comisión Europea, y el reciente estudio del Banco Central Europeo (6) de este año, se refuerza la conclusión de que España, por el momento, ha propuesto y ejecutado en parte, el estímulo fiscal más débil, de los países analizados, en relación al comportamiento de su economía.

Veamos la ordenación de las medidas en el estudio del Banco de España.

El análisis examina, en primer lugar, las medidas supranacionales de la Unión Europea (entre las que se incluye, el famoso fondo de recuperación, en la que España sale beneficiada), y las orientadas, a reforzar los sistemas de salud pública, Medidas presupuestarias de apoyo a empresas, de liquidez al gasto público, de aplazamientos y subvenciones, medidas extrapresupuestarias, de programas de avales públicos y financiación directa, programas específicos para sectores estratégicos y grandes empresas.

Medidas de protección del empleo, y ayudas al desempleo, y medidas de apoyo a los hogares.

En cuanto a los fondos europeos, salimos beneficiados, por la concesión de 150.000 millones de euros, que, en porcentaje sobre los fondos totales, es superior, a nuestro peso económico en los países del euro. De ellos, algo más de la mitad (81.000 millones, son ayudas sin devolución), la gran esperanza el Gobierno, uno de los motivos, que quizás le ha llevado a esta reacción tan débil, en las ayudas, en relación, al resto de los países.

Hay que tener en cuenta, que se van a repartir estos recursos, hasta el 2026, con una concentración en el periodo 2021-23. Por otro lado, España, es uno de los países que ejecuta sistemáticamente, un porcentaje menor de los fondos europeos. La colaboración público-privada, va a ser pues básica, para superar esa rémora, pero el clima político, económico y social no va a ayudar.

LAS EMPRESAS, TODAVÍA UN APOYO MÁS DÉBIL QUE EL GLOBAL

En cuanto a las medidas de apoyo a las empresas, la distancia en el menor apoyo, respecto a los países de dimensión del euro, se amplía en relación, al dado a los hogares, lo que puede ser grave para el futuro de nuestra economía.

Por un lado, España en sus medidas de apoyo a los hogares, ha repercutido más en las empresas, que el resto de los países, así en las moratorias de hipotecas y créditos al consumo, que gravitan sobre la banca, los aplazamientos de los alquileres, que en caso de propietarios de más de diez inmuebles, pesan sobre el sector inmobiliario. Para las mismas empresas, han pesado más los aplazamientos, que los pagos directos, en comparación al resto de colegas europeos. Esto está ocurriendo, tanto en lo que se refiere a autónomos, como a Pymes.

En relación al crédito, con garantías públicas, España realizo una oferta de créditos sobre el PIB, del 8%, muy inferior, al de Alemania (24% del PIB), Francia (12%) o Italia (25%), aunque superior, al resto de los países del euro. Con porcentajes inferiores, en diversos casos garantizados, sobre el cien por cien del crédito. Hay que señalar, que en el momento actual (febrero del 2021), España es el país, en el que más se ha utilizado su oferta de crédito, lo cual es bueno, en cuanto existía esa necesidad, pero también, puede ser una fuente mayor de morosos, para la Hacienda Pública, en el futuro.

En cuanto a las actuaciones de programas específicos, para grandes empresas, y sectores estratégicos, las diferencias aquí ya son muy destacadas. El fondo para grandes empresas francés dobla al español, veinte mil millones, frente a diez mil de este último, al que además hasta el momento, solo se ha apuntado una sola empresa, (Air Europa del sector aeronáutico que ha recibido 475 millones), con lo que el fondo, está utilizado por debajo del 5%, con grandes quejas, de la falta de información del Gobierno, ante las reiteradas peticiones de los diputados, sobre las condiciones en que se han dado estos recursos. Y en cuanto a sectores específicos, las llevadas a cabo en Europa, con fuertes apoyos en el sector aeronáutico (Francia con Holanda 15.000 millones, con perspectivas de superar los 20.000, a corto plazo, Alemania 9000 millones, Italia más de 3000 millones), con fuertes inyecciones de recursos, aquí los desembolsos son muy inferiores, y además más retrasados, como en el automóvil (Francia 8000 millones) y el turismo (Alemania tan solo a un operador, TUI, 3100 millones de euros de apoyo, en créditos públicos). Este caso del turismo, es especialmente grave, ya que aunque lógicamente, ha participado más en los ERTES, y en los créditos con garantía publica, dado el peso en nuestra economía, era patente, la necesidad de haber aplicado ya, un plan específico, con la dimensión adecuada, y con más gasto directo, que repercuta en el déficit público, pues las actuaciones en este campo, de las Comunidades Autónomas, son hasta el momento de poca entidad. Castillo y Picazo, (7) en el capítulo 4, del libro "La Economía Española y la Pandemia", señalan que el Plan estratégico para el turismo, presentado por nuestro gobierno, el 18 de Junio del 2020, supone por todos los conceptos, 19.535 millones de euros, frente a 24.000 millones de Grecia.

EN LOS ERTES EL EMPLEO MANTENIDO SOBRE EL TOTAL DE TRABAJADORES ES BAJO

En los ERTES (que benefician simultáneamente a la empresa y al trabajador, al descargar la nómina de la empresa, y recibir el trabajador, del estado, un porcentaje alto de la misma), según los datos del ETUI, el Instituto Sindical Europeo, tomados desde finales de Abril a principios de Mayo, la cobertura de trabajadores, en tanto por ciento, sobre el total de los mismos, de los ERTES en España (24.1%), es muy inferior a los de Francia (47.8%), y sobre todo Italia (46.6%), lo que no compensa, sino que acentúa, el inferior apoyo, dado a la empresa en España, respecto a las potencias del euro. En un artículo de Fedea (8), Felgueroso y Jansen, confirman estas tendencias, y analizan los diversos procedimientos, como deberían evolucionar lo ERTES y su desglose sectorial.

CONSECUENCIA: PEOR COMPORTAMIENTO COMPARATIVO DEL PARO EN EL 2020 Y PEORES EXPECTATIVAS

Con el nivel de paro más alto, de los países desarrollados de entidad, éste ha ascendido del 13.7%, al final del 2019, al 16.3% en el año actual, que ciertamente, queda por debajo de las previsiones de organismos internacionales, que daban cifras incluso por encima del 20% pero como vemos en el cuadro 3, nuestro país ha tenido un incremento del paro, superior a la media de los países del euro, comparando con las economías, en las que más ha caído la actividad, Italia y Reino Unido, España es la que presenta, un peor comportamiento del paro. En Italia, con una política de protección al empleo, más agresiva que la española, ha descendido, su porcentaje de paro, al 9 por ciento, mientras que, en el Reino Unido, que estaba muy bajo, ha ascendido del 3.9% al 5%.

CUADRO 3

	Crecimiento PIB	Paro 2019	Paro 2020
España	-11.1	13.7	16.3
Reino Unido	-10	3.9	5
Italia	-9.2	9.8	9
Área Euro	-7.2	7.4	8.3

Fuente: gobiernos nacionales

Lo grave es que las expectativas de recuperación, entre el paro latente, con las casi 900.000 personas que se hallan en ERE, al final de la primera quincena de Febrero, y la incertidumbre, sobre todo empresarial, creada por la escasa, y burocrática gestión de los estímulos, no son lo optimistas, que proclaman las previsiones oficiales.

RECUPERACIÓN AUTÓNOMA Y MIEDO A EUROPA

El gobierno ha obtenido los resultados, de una gestión económica y sanitaria, claramente entrelazadas, deficiente, comparada con la de países, de potencial paralelo.

Ha confiado en una fuerte recuperación autónoma, por desaparición de la pandemia, en parte justificada, y por otra, presentando su gestión como un éxito, tanto respecto al paro, como por el hecho de gastar menos de los esperado, lo que es bastante contradictorio, y que ha llevado, a rebajar las emisiones de deuda pública en el 2020, y las previstas en el 2021, quizás, por no estar tan condicionados, por la financiación europea, que les puede llevar a perder autonomía, en la gestión y las decisiones político económicas, en reformas, y reglamentaciones sociales. Al estar en una situación de emergencia excepcional, creemos que no es el momento, para este comportamiento, siendo Italia un ejemplo a seguir, mucho más decidida en sus estímulos, a pesar, de presentar un mayor peso de la deuda pública, en su economía.

Habrá que consolidar, pero no ahora. La sostenibilidad de la deuda, para un 100% de la misma sobre el PIB, ha mejorado mucho con respecto hace cinco años, por la gran y duradera bajada de los tipos de interés, el alargamiento de los plazos, y las compras estables del Banco Central Europeo, y el efecto más pronunciado, en los mercados financieros, de una recuperación futura de la economía, lo que ha cambiado en cierto grado, las convenciones y expectativas del mercado, pero este un tema de otro capítulo.

Bibliografía

(1) Habría algunas matizaciones, que no alteran la gran diferencia en los estímulos. Por un lado, cuanto menor es el estímulo, en cierto grado, mayor es la bajada del PIB en el 2020, así España comparativamente, es el país que menos ha aportado en su gasto fiscal, en proporción, para mitigar la caída, en sentido contrario, el impulso fiscal es al menos en España, un 11% menor de lo que parece, ya que el denominador PIB, ha bajado en ese porcentaje, inflando así el montante real, del estímulo.
(2) Panorama Económico. Enero 2021 y Monitor Fiscal. Enero 2021 Fondo Monetario Internacional. El crecimiento del PIB está en términos reales y el déficit público en nominales pero como la inflación en esos años era inexistente, el impulso fiscal recae totalmente sobre la economía real.
(3) The Fiscal response to the Economic Fallout from The Coronavirus. Julia Andersen, Enrico Bergamini, Sybrand Bekrelsman, Alienor Cameron, Zolst Darvass, Marta Domínguez, Klaas Lennaerts and Catarina Midoes. Bruegel Institute. 24 Noviembre 2020.
(4) "The Evolution of European Economic Institutions during the COVID-19 Crisis" Antoine Camous, Gregory Claeys EPA -WILEY Eur Policy Anal 2020; 00: 1-14.
(5) Medidas de Política Fiscal, en respuesta a la Crisis Sanitaria, en las Principales Economías del Área del Euro, Estados Unidos y Reino Unido". Lucia Cuadrado Saez, Fernando S. López Vicente, Susana Párraga, y Francesca Vianí Banco de España. Documentos Ocasionales nº 2019. 2020.
(6) "Respuestas iniciales de la política fiscal de los países de la zona euro, a la crisis del Covid" Stephan Haroutuniam, Steffen Osterloth, y Kamila Slawnski. En Boletín Económico del Banco de España 1/21 (un resumen, con acceso, al artículo completo del BCE).
(7) "Turismo y transporte: primeros en entrar, ¿últimos en salir?" José Ignacio Castillo, Andrés J. Picazo. Capítulo 4. "La Economía Española y la Pandemia" José Luis García Delgado (director) Universidad Nebrija-Civitas - Thomson Reuters 2020.
(8) "Una valoración de los ERTES, para hacer frente a la crisis del Covid 19, en base a la evidencia empírica, y desde una perspectiva comparada" Florentino Felgueroso (FEDEA) y Marcial Jansen (Universidad Autónoma de Madrid) Fedea Policy papers 2020/06.

22 de febrero de 2021
Blog del autor: camposeconomicos.blogspot.com

Capítulo 2

LA ECONOMÍA DE SALVAR VIDAS

"¿Sabe qué otra cosa hace una gran contribución
a la calidad de vida? No morir".
PAUL KRUGMAN

La catástrofe de la pandemia, ha provocado, el dilema que estamos viviendo, entre la libertad de continuar, con la actividad económica y social, y la seguridad, para limitar al mínimo, hospitalizaciones y fallecimientos, que lleva a medidas restrictivas, en mayor o menor grado, en cuanto a movimientos, reuniones, cierres de negocios, horas de recogida etc., que coartan nuestra vida social y económica.

El Estado, es el actor principal, en esta situación, para conciliar, realidad y principios, compensando económicamente, a los que pierden su sustento, y a las empresas, con un gran impacto negativo en sus ingresos, y por otro, reforzando el sistema sanitario, para que este, no se vea desbordado, limitando al mínimo, fallecimientos e ingresos hospitalarios, y evitar paralizar el país, la gestión e inversión a cada lado, sanitario y económico social, confluyen, en lograr el mejor equilibrio, navegando en esta tormenta.

Los anglosajones, con menos pudor que el resto, se han dedicado a analizar abiertamente, lo valores que están en juego, el perjuicio económico, frente al daño en vidas, según el valor, que la sociedad y el individuo, están dispuestos a pagar, por una vida. Krugman, nos dice, ante el pudor, frente a este planteamiento, que en la sociedad, estamos continuamente evaluando, el valor económico de nuestras vidas, en los seguros de vida, las indemnizaciones en las industrias, por accidentes mortales, polución, trafico etc.

En Estados Unidos, el valor estadístico de una vida, de forma unánime, es de 10 millones de dólares, rebajándolo a la mitad, a los mayores de 65 años (1) Comparando el número de muertos, del Covid 19 en Estados Unidos (500.000 personas a final de Febrero) con la bajada del PIB, la pérdida de vidas en términos anuales, multiplicaría alrededor 10, a la perdida de rentas.

En España, la vida se ha valorado menos (estudios quizás, con poco rigor, la sitúan en menos de la mitad de esos diez millones) y la economía ha descendido más, que en Estados Unidos, pero la pérdida de vidas (70.000 a primeros de Marzo) cuantificada, en dinero, multiplicaría más seis veces, las pérdidas económicas, en términos anuales.

Seguimos pensando, que el tema tiene muchos más matices (el problema de los enfermos, los daños psicológicos de los confinamientos y demás medidas y la inseguridad económica por otro, que en muchas personas, se solapan, y se agudizan en los colectivos más vulnerables, por edad y por renta) y es que, pasar del precio de una vida, que es de lo que se habla, al valor, es un paso muy difícil de precisar, y estandarizar.

Esta mentalidad anglosajona, de valorar más la actividad económica, frente a la mortandad, que los europeos, ha sido quizás un factor añadido, para que Gran Bretaña y Estados Unidos, se hayan situado a la cabeza de los fallecidos, por cada 100.000 habitantes, entre los países desarrollados de cierta entidad, (más 15 millones de habitantes), por delante, respectivamente, de Italia y España, que ocupan el segundo, y cuarto lugar, de mayor mortandad, a finales de Marzo. En Estados Unidos sí, pero en Gran Bretaña, esta actitud, no ha redundado en un mayor crecimiento económico, quizás, por una política sanitaria inicial, equivocada, la fragilidad de su estructura productiva, y luego, un cambio de cepa, en el virus, que lo volvió, más contagioso.

UNIÓN ECONOMÍA-SANIDAD, EL ECONOMISTA EPIDEMIOLÓGICO

Una de las experiencias positivas, de esta catástrofe, ha sido, el gran desarrollo de la información y gestión de los datos, sobre los movimientos de las personas, y actuaciones en los diversos lugares, con métodos comunes a la gestión sanitaria y a la economía de la crisis. La información de Google, y otras entidades, sobre el grado de movilidad de la zona analizada, tanto de ocupación, en el trabajo, en el ocio, bares, restaurantes teatros, uso del coche o de transporte público, extracción de efectivo, a través de cajeros, pagos con tarjeta online o presenciales, usos desglosados de internet, etc., servía tanto, a los gestores sanitarios, para saber, donde se daban, los mayores centros de contagio, como para analizar económicamente, cuáles eran, los sectores más afectados, por las restricciones, y en qué grado, basándose en estos datos, estimar, con la ausencia de otras informaciones tradicionales, el Producto Interior Bruto. Asimismo, Sanidad, podía ver, ante las cifras publicadas, de infecciones y fallecimientos, como reaccionaba la población, respecto a la libertad de sus movimientos.

El Banco de Sabadell, presentaba un anuncio con "Pulso", su herramienta de análisis de datos, que le permitía medir diariamente, la recuperación del consumo por zonas, distribución del gasto por sectores, o el valor del ticket medio. A grandes titulares anunciaba, que la actividad en Oviedo, había crecido el 36.28%, en los primeros días, de desescalada.

La Universidad de Stanford, por ejemplo, (2) en un análisis, sobre nada menos, que cien millones de móviles, llegaba a matizar, las mayores probabilidades de contagio, en una tienda de barrio, respecto a un hipermercado, en un impresionante modelo, que calibraba, la influencia, de la intensidad del confinamiento, su efecto, sobre la tendencia en las infecciones y su grado de transmisión, respecto al momento, en que se tomaron los datos. Las mediciones desglosadas, en veinte tipos de negocios, de las infecciones, comparadas con el efecto de su cierre, o limitación de horarios, disparidad geográfica, y por niveles de renta de las mismas. Analizaba un total, de más de medio millón, (552.758) puntos de interés.

La colaboración obligada, se extiende a la extrapolación estadística y matemática, de las tendencias de la pandemia, y sus repercusiones económicas y de salud, claramente interrelacionadas. Confluyen pues, tanto la biología y sociología, por un lado, como la matemática y la estadística, por otro.

En este sentido, han sido pioneros, los economistas epidemiólogos (así se auto etiquetan ellos mismos) australianos (3), que analizaron, bajo este enfoque, ya en marzo del 2020, al inicio de la pandemia, para ver, los efectos futuros de la misma. Distinguieron, cuatro escenarios, de mayor o menor impacto, de la pandemia, en cuanto a mortalidad y duración, sobre las variables económicas. En la hipótesis más suave, la cifra de fallecidos, multiplica por cinco, la existente a finales marzo, del 2021, superando los 15 millones, destacando China (2,79 millones e India (3.69 millones), cuando la realidad es que no han llegado ni a los 5000, China, e India no supera los 160.000 fallecidos, y en cambio, Estados Unidos, está doblando la cifra estimada, (236.000) con 548.000, por su caótica gestión de la pandemia (Worldmeter Covid 19 a 15 de Marzo). La contrapartida, de esta mucha menor cifra de fallecidos, la constituye, una más intensa recesión económica, que dobla o triplica, los descensos del PIB, estimados por los australianos, excepto en los casos de China, que ha crecido el 2%, frente a una previsión del -1.5%, y Estados Unidos, con una bajada del 3%, cercana a la prevista.

Es evidente, que las medidas de restricción y tratamientos, son las causantes de este vuelco, respecto a los pronósticos, favorable, en los fallecidos, y negativo en el crecimiento. El estudio, no da datos de España.

HEMOS PROGRESADO MUCHO

Y es que desde la última pandemia, la "gripe española", que se inició en 1918 y duró dos años, solapándose en sus inicios, con el final de la Primera Guerra Mundial, las cosas han cambiado notablemente.

Dada la época, los datos son bastante imprecisos, pero la estimación mínima, es de un balance total de 50 millones de fallecidos, que teniendo en cuenta, la diferencia de población en el mundo con respecto a la actualidad, equivaldría a más de 200 millones de muertes por el COVID, si pensamos, que actualmente a mediados de marzo del 2021, la cifra de muertos del Covid no llega a los tres millones, vemos pues, que el progreso ha sido grande, tanto en el diagnóstico, ya que consideraron inicialmente al virus de la gripe española, como una bacteria (4), con los microscopios de la época no llegaban a ver el virus, como en tratamientos, comunicación, obtención de datos, que no permitieron, realizar una estrategia de restricciones matizadas, etc.

La agresividad del virus, era tremenda, y contrariamente a la pandemia actual, afectó principalmente a las personas de 25 a 40 años, es decir el núcleo de trabajadores, lo que incidió en la coyuntura económica, con unas cifras, de descenso de la actividad, dentro de la difícil estimación, parecida a la crisis actual. Los cálculos más pesimistas, dan, un menos seis por ciento, -6%, de baja del crecimiento mundial, y el mismo descenso para España, pero es muy difícil distinguirlo, de los efectos de la guerra mundial y su actividad posterior. En España algunos estudios, dan una bajada inferior al 1%, durante todo el periodo de la gripe.

Lo que fue muy diferente, fue la distribución por países de la mortalidad, Estados Unidos con 550.000 fallecidos (en dos años), suponía poco más, del 1%, de las muertes totales, (5) cuando en el COVID, está en el 20%, y lo mismo, va ocurriendo con los demás países europeos, España, con el porcentaje de fallecidos sobre el total, en el COVID, del que tuvo, en la "gripe española", hubiera llegado tan solo, a los 10.000 fallecidos, frente a los 72.000 oficiales, a mediados de marzo.

Los países asiáticos, contrariamente a la pandemia actual, tuvieron una fuerte mortalidad, India (más de 15 millones), Indonesia, China, Sudáfrica, y también Méjico, estuvieron entre los más afectados. La esperanza de vida, se redujo en 12 años. Para España, las cifras de fallecidos, oscilaron, entre 200.000 y 300.000 mil, entre las más altas, sobre la población, pero con gran imprecisión, dadas las fuentes utilizadas, en aquella época.

Consecuencia de esta catástrofe, nacieron los Ministerios de Sanidad, en todos los países, la salud, pasa a ser política.

LA GESTIÓN ESPAÑOLA COMPARATIVAMENTE. UNÁNIMEMENTE NEGATIVA

El que suscribe estas líneas, diariamente, desde hace un año, ha tomado notas de los más diversos medios (6) de la economía, y también de la sanidad, de las noticias, polémicas, juicios en todos los aspectos, de la gestión de la pandemia, en los diversos países. Puedo constatar, que de todas las instituciones, sobre todo internacionales, pero también nacionales, que han juzgado tanto vertientes concretas, como evaluaciones globales, España, está entre las naciones con peor nota comparativa, por la gestión de la pandemia.

Dado que todos los países, fueron desbordados por la pandemia, los juicios han de ser siempre, comparativos.

Nuestro país, en comparación con el resto de naciones desarrolladas, ha resultado muy perjudicada en las evaluaciones, tanto en los rankings, pues actualmente, a mediados de marzo del 2021, se halla entre los cinco peores países desarrollados, de cierta entidad (más 15 millones de población), tanto en los análisis globales, como en los parciales, por ejemplo tests por habitante, positividad de los mismos, capacidad sanitaria por habitante en camas y ucis, ingresados en hospitales, sanitarios infectados, en relación al total de los mismos, fallecidos por 100.000 habitantes, exceso de fallecidos, fallecidos en residencias de mayores, sobre el total de fallecidos, mascarillas, equipos de protección, rastreos, identificación del primer transmisor etc.

Asimismo, en los análisis comparativos de gestión global, vuelve a quedar debajo, de todos los países de su nivel, daremos unos botones de muestra, en algunas facetas, dada la gran cantidad de testimonios existentes (7).

Prevención. España, el país más tardío en tomar medidas. Financial Times del 26 de junio.

Alertas no atendidas (Seguridad Nacional alertó, sin respuesta, once veces al gobierno, entre enero y marzo).

Calidad de la burocracia. Dos manifiestos multitudinarios, de página entera, en los medios (representando a 170.000 sanitarios), en distintas fechas, en los periódicos, de los estamentos de la sanidad española, sobre la falta de coordinación, con los políticos gobernantes.

Rechazo de colaboraciones con el sector privado. Numerosas y tristes anécdotas, las últimas, recogidas en el Diario el Mundo, una entrevista, con el representante del primer productor de tests PCR español, que se ofreció al gobierno y nunca recibió contestación. Declaraciones en febrero de este año de Carlos Genzor. Y otra, en la misma línea, también en febrero, de falta de ayudas e interés del gobierno, de Eduardo Alonso, primer productor español de mascarillas.

Información. El Consejo de Transparencia, afeó al gobierno, su falta de contestación, a 15 de sus 17 requerimientos, falta de información, en la casi clandestina, compra de equipos, numerosos cambios, de criterio en las mascarillas, descalificación inicial de los test, y su aplicación, el fantasmal durante meses, consejo de expertos, negación a una auditoría independiente que analice el proceso etc.

Tratamiento y obtención de datos, coordinación, salida del confinamiento. Revista Lancet, el 25 de septiembre, España, enjuiciada negativamente, por haberse precipitado en la escalada, sin datos suficiente, así como inconsecuencias, en los criterios de restricción, marcados a unas comunidades y a otras.

España es también, la primera nación, entre los países desarrolladas de entidad, en exceso de muertes, sobre cifras oficiales, según análisis de la Universidad de Oxford (OurWorldIndata), con más de un 30%, de exceso de fallecidos, sobre las cifras oficiales, en el año transcurrido, 92.000 frente 72.000 oficiales, (20.000 más, de los que, el 95%, se debe al coronavirus).

Puntuaciones globales (COVIDscore) de acuerdo con la consideración, de un grupo de factores sobre la gestión del COVID, en cada país. Nuestro país, en el Puesto 15, entre 19 países, del análisis del Instituto de Salud Global de Barcelona, en coordinación, con la City University of New York, Graduate School of Public Health, octubre. Negativa también, en los últimos lugares, comparativamente, para Médicos sin Fronteras en Agosto.

La tercera ola de la pandemia, ha relativizado los factores en la gestión de la misma, al afectar seriamente, a países que habían tenido muy poca incidencia, en Europa concretamente, Alemania, Portugal, y casi la totalidad de países, de la Europa del Este, adelantando Estados Unidos a España, en mortalidad relativa, aunque a finales de Marzo nuestro país, es el cuarto peor, de los desarrollados de entidad, (más de 15 millones de habitantes) en muertes por habitante.

Asimismo, el último análisis global, de BloombergScore COVID, de 26 de febrero, coloca a España, en el puesto 33 entre 53 países, en cuanto a la calidad de vida, de acuerdo con la situación del COVID (se puntúa a los siguientes factores: infecciones por cada cien mil habitantes, tasa de mortalidad del último mes, porcentaje de test positivos, acceso a vacunas y dosis por cada 100 habitantes).

Y la peor comparación, el de la democracia de un país desarrollado, con mayor grado, en el mundo, de enfrentamiento político, entre partidos y comunidades, y social, con una elevada falta de confianza el gobierno. En The Economist del 26 de septiembre del 2020 se titulaba "España danzando con la muerte. El país más envenenado políticamente". En un análisis de 20 países, realizado por la universidad de Jerusalén, y la universidad de Princeton, España es, por delante de Estados Unidos, el país con más polarización política, y hostilidad social.

En el análisis más amplio, hasta la fecha, realizado en diciembre del 2020, sobre 153 regiones de 19 naciones europeas (8), la Comunidad de Madrid, con mucha diferencia sobre el resto, es la región con más exceso de muertes, causadas por la polarización política.

La erosión de la convivencia, ha llegado al extremo, de sabotear el funcionamiento de un nuevo hospital, como el Zendal de

Madrid, en el que estaban tratando, de forma especializada, a los enfermos de coronavirus.

Es lamentable, que esta degradación social y política, se haya cobrado, más allá de la catástrofe, un exceso de vidas, y de sufrimientos sanitarios y económicos, que acaban confluyendo, y que en el futuro, una consciencia, del precio extra pagado, nos debería llevar, a una cierta mejora, en la gestión y convivencia política–social, tan necesaria.

VACUNAS, VIDAS, DINERO Y LIBERTADES

En este último apartado, de nuestro comentario, y volviendo a nuestras consideraciones del inicio, hay la sensación, de que en el 2021, la vida, en relación a las consideraciones de actividad económica, vale quizás un poco menos. Las cifras de fallecidos, tienen una menor resonancia, y cuando son noticia, ocupan menos de una línea, en las páginas interiores, de los medios.

El alargamiento de la pandemia, con "la fatiga del apocalipsis" consiguiente, la aparición de las vacunas, unas medidas restrictivas más matizadas, y el no desbordamiento, de las estructuras sanitarias, han colaborado a ello.

El ritmo diario de las vacunas, está superando al de infecciones, ya, en algunos países. El tema clave, está en llegar a ese 70% de vacunados, que implica la inmunidad colectiva, antes de que los efectos temporales, de protección de la vacuna se extingan, que dada la incertidumbre, se piensa que tenga, un periodo de inmunidad, de al menos seis meses.

La situación de los países desarrollados, es mucho más favorable, a lograr el plazo óptimo, ya que han comprado mucha más dosis por habitante, que los que están en desarrollo, y parece que van a sobrar (Canadá ha comprado dosis que superan seis veces su población) pero los plazos de entrega, van a ser más prolongados. Se habla de países, que no terminaran la vacunación, hasta el 2023 o 2024, es de esperar que COVAX, la alianza para suministrar vacunas a los países pobres, que está iniciando la producción en la India, complemente la oferta de vacunas. China, ha aprovechado esta situación, y en estos momentos, está exportando sus vacunas, a 50 países. El último 22 de marzo, el periódico New York Times, señalaba, que de los 400 millones de vacunas aplicadas hasta el momento, el 90%, había ido a los países desarrollados.

Todo ello, va a provocar un efecto negativo, en los países adelantados, ya que estamos todos, en el mismo barco, tanto a nivel nacional, como mundial, si no se logra el 70% de población vacunada, en todas partes, o se bloquea transitoriamente, en su movilidad, a los países hasta que lleguen a ese porcentaje, o se volverá a la importación de infecciones, alterando la efectividad del proceso.

Por otra parte, la libertad de vacunarse o no vacunarse, está condicionada por la solidaridad, para colaborar, en el bien de todos. Las encuestas negativas a la vacunación, son altas actualmente, en algunos países, como Francia (solo el 44% está dispuesto a vacunarse, en España el 58%), aunque, conforme se vaya teniendo, más experiencia, en las consecuencias, si son positivas, ira disminuyendo, y desapareciendo los bulos. En Inglaterra, en la primera Ley de Vacunación en 1840 (9) se castigaba con la cárcel, al que no se vacunaba, ante las protestas, se derogó posteriormente. La Comunidad Autónoma Gallega plantea una multa, a los que no se vacunen.

Los problemas en distribución, vienen de incumplimientos, en las entregas de producción, AstraZeneca ha fallado, en sus compromisos con la Unión Europea, lo que ha provocado, la amenaza de la Comisión Europea, de no exportar al Reino Unido. El no existir una comprobación estadística adecuada, en ciertas edades de la muestra (menores de 16 y mayores de 55, también de AstraZeneca), las dudas de efectividad, ante las mutaciones del coronavirus, efectos secundarios como los trombos, en algunos inyectados (no llegan a tres casos por cada millón de vacunados), con la vacuna de AstraZeneca, en los momentos que escribo, pueden ralentizar el proceso, en el que se vuelve a plantear, el dilema, de que la "precaución", puede causar muchas muertes. Pero la pérdida de confianza, en dicha vacuna, puede ser grave, (tras la suspensión temporal, solo el 20% de los franceses, se pondrían la vacuna de AstraZeneca).

Las dudas sobre el grado de inmunidad, y de posibilidad de transmisión, de la infección en los vacunados, la efectividad ante las mutaciones, la resistencia en los países asiáticos, a las vacunas, por la baja incidencia del virus, y el no haber contado, con personas de su raza, en las muestras humanas de los ensayos, son más ejemplos de incidencias, que pueden retrasar, los objetivos de vacunación.

Está claro, que la aceleración del ritmo actual, es básica para el futuro de la pandemia. La Unión Europea, acaba de aprobar, el día 11 de marzo, la cuarta vacuna, de los laboratorios Janssen (filial de Jonhson and Jonhson), y están esperando aprobación otras tres, siendo muy posible encontrarnos a final de año, con más de una docena de vacunas, en distribución. A nivel mundial, hay 11 vacunas administrándose, 51 testadas, y 251, en fase de desarrollo (la vacuna española más adelantada, viene de sufrir retrasos, por no poder disponer de 12 primates, hasta este año, tras lograr ayudas de todo el mundo, y el abandono hasta entonces, del gobierno español).

España, que a principios de marzo, se encontraba en un buen puesto, el 13, en cuanto porcentaje de la población vacunada con una dosis, se está quedando atrás, como la mayoría de países, de la Unión Europea, ya que en las últimas semanas, el ritmo de los países anglosajones, está siendo muy superior. Y por otra parte, las mutaciones están provocando el crecimiento de contagios, por los nuevos brotes (al 20 de marzo).

El objetivo de llegar al 70% de vacunación, está en el aire, y posteriormente seguirán las medidas de protección, distanciamiento, mascarillas, tests, etc. El pasaporte europeo, podría facilitar los viajes, pero se señala el carácter discriminatorio, que puede suponer su aplicación.

COSTES Y BENEFICIOS DE LAS VACUNAS

Hablando solo de lo material, (ya que en vidas y sufrimiento, no es necesario ni comentarlo), el coste de las vacunas, que podemos estimar al alza, en unos 120.000 millones de dólares, basándonos en los análisis de Cinney Zhag, de Bloomberg Intelligence, que estima para el 2021 una facturación de la vacuna COVID19, para Pfizer, de 24.000 millones de dólares, y 30.000 para Moderna (se estima, una producción de 14.000 millones de dólares, de vacunas fraudulentas). Frente a estas cifras, Rand Corporation considera, (10) que sin vacuna, el impacto económico mundial, sería de 3.4 billones de dólares de pérdidas en un año, pero incluso con una vacuna, si esta se distribuye desigualmente, según el grado, puede llegar a 1.2 billones de dólares.

La rapidez en la obtención de las vacunas, es el ejemplo, para todo el resto de instituciones, de numerosos episodios, de cooperación desinteresada, entre científicos y ciudadanos. En España, uno de los peores ejemplos de convivencia, ha vivido también, un episodio casi desconocido, de cooperación a gran escala, que ha sido un ejemplo mundial. Marina Pollan (11) directora del Centro Nacional de Epidemiologia, del Instituto de Salud Carlos III, en la macroencuesta, para conocer cuanta gente estaba inmunizada, en Abril del año pasado, participaron 70.000 personas, y 4000 centros de salud. "Fue estupenda, la colaboración de todas las Comunidades Autónomas, casi mágico, que consiguiéramos, el acuerdo generalizado, con todas las divisiones políticas".

Esperemos que en el futuro, algo de esta magia, entre los sanitarios, se transmita a la convivencia, entre nuestras instituciones sociales y políticas, buena falta nos hace.

Bibliografía

*(1)"El valor de salvar una vida" John Muller, El MUNDO 13/04/2020. Pone el ejemplo del valor de una vida, que sería la inversa de la probabilidad (1/10.000) de morir en un empleo peligroso, en el que se paga 1000 dólares más respecto a un empleo seguro. Multiplicando los 1000 por el inverso de la probabilidad, 1000 *10.000, resultan los diez millones de dólares.*

"The economics of not dying", Paul Krugman, May 30, 2020 Northwest Arkansas Democrat Gazette.

Clásico del cálculo del valor de una vida, "The Value of Saving a Life: Evidence from the Labor Market", Richard Thaler and Serwin Rosen, University of Rochester 1976. Lo realiza en base a factores de utilidad, elección, aspiraciones, capacidades personales.

Recientemente, y con un enfoque más amplio, "Behavioral Economics and the Value of a Statistical Life" Thomás J. Kniesner, April 2019. Discussion paperSeries IZA Institute of Labour Economics. Combina, con los factores de comportamiento subjetivos, los más objetivos y empíricos, de las estadísticas detalladas por grupos, y geografía.

(2)"Mobility networks models of Covid-19 explain inequities and inforeopenin". Serian Chang, Emna Pierson, Pang Wei Koh, Jaline Gerardin, Beth Redbird, David Grusky and Jure Leskovec. Nature 589, 82-87(2021). 10 November 2020.

(3)"The Global Macroeconomics Impacts of Covid 19: Seven Scenarios Warwick McKibbin and Roshen Fernando** 2 March 2020* Australian National University; Brookings Institution and CEPAR** Australian*

National University and Centre of Excellence in Population Ageing Reserach (CEPAR)

(4)El injusto nombre de española, dado a la pandemia, se debió a que España fue la única nación que publicó estadísticas de afectados, ya que los países en guerra, censuraron cualquier información, para mantener la moral de las tropas y población civil. Además la resonancia en España se amplificó al contagiarse el rey de España, Alfonso XIII, el presidente de Gobierno, y varios ministros, todo ello citado, en el espléndido libro de Laura Spinney "El Jinete Pálido 1918: la epidemia que cambió el mundo". En él, hay un capítulo dedicado a Zamora, la ciudad española más castigada por la gripe española, que roza el humor negro.

(5)Sobre la caótica gestión, del Covid19 en Estados Unidos, ver el intenso relato, con su amplitud y claroscuros, de Lawrence Wright "The Plague Year", December 28 2020. New Yorker Magazine 2021/01/04.

Los datos económicos estimados de la gripe española, tomados de "Coronavirus meets the Great Influenza Pandemic", Robert Barro, José Ursua, Joanna Weng 20 March 2020 VOXeu – CPR. Dentro de la inmensa bibliografía restante, destacar, Alfred Crosby "America Forggotten pandemic: The Influenza of 1918" Cambridge University Press.

(6) La lista recopilada, en este año transcurrido, con juicios negativos de la gestión española, es abrumadora, sin ánimo de ser exhaustivos, recogemos un listado, del amplio abanico de instituciones.

Asociaciones: Asociación de Directores y Gerentes sociales, Auditoras sanitarias internacionales del Covid (IFAC, IIA, NAO blog, World BanK), Puntuaciones globales COVIDscore (Bloomberg, The Economist, Imperial College London, Brookings Institution, Washington) Corporaciones (Comunicados Colegio de Médicos, Consejo de Estado, Consejo General de Enfermería) Instituciones de control e información (Seguridad Nacional, Consejo de transparencia, EuroMomo) Encuestas (Gallup International Eurobarometro, Pew Research Center, ONU, PwC) Institutos (Sanitarios Carlos III, Instituto Nacional de Estadística), Fronteras de Salud Pública Fundaciones (Fundación Elcano, Fundación de Economía y Salud), Manifiestos de la Sanidad española, Organismos (como la OCDE y la Organización Mundial de la Salud), ONGes de la salud, (Médicos sin Fronteras), Periódicos (Financial Times), Servicios de Estudios (Fedea), Revistas médicas (Lancet Nature) y económicas (The Economist), Red Mundial de Cuidadores a Largo Plazo, Redes Sociales (Generales y Económicas), Tribunales (Tribunal de la Competencia), Plataformas y Observatorios de la Salud (Observatorio de Galicia), Universidades (John Hopkins, Teoría Política Oxford).

(7)Una exposición cronológica, muy detallada y documentada, y muy crítica con el gobierno, en "Una Pandemia de Errores" Francisco Mercado. Editorial Deusto. Octubre 2020. Una síntesis de las consecuencias políticas, domésticas e internacionales, afín al Gobierno, "Corona. Política en tiempos de Pandemia" Pablo Simón. Editorial Debate, octubre 2020. Una obra más objetiva y amplia, abarcando la

sociología política, llevada al plano internacional, y subrayando, las tendencias de cara al futuro: "Desde las Ruinas del Futuro de la Pandemia" Manuel Arias Maldonado. Editorial Taurus, octubre 2020
(8)"UNCOOPERATIVE SOCIETY, UNCOOPERATIVE POLITICS OR BOTH? Polarization and Populism, Explain Excess Mortality for COVID 19 across European Regions". Nicholas Charron, Victor Lapuente, Andrés Rodriguez-Pose. Working papers series 2020:12 QOG The Quality of Governement Institute. Department of Political Science. University Of Gothenburg.
(9) Las vacunas, tienen una historia muy revuelta, de enfrentamientos entre los estados, procurando su aplicación, y de oposición, aduciendo la libertad de negarse. Una autoridad en el tema, Peter C. Gotsche, analiza todo el proceso de las vacunas, en "Vacunas, Verdades, Mentiras y controversias" Capitan Swing 2020.
Respecto a los bulos, cuya intensidad tan negativamente, ha afectado, a la voluntad de vacunarse, hay que destacar "The Vaccine Confidence Project" web, que lleva Heidi Lamso, marcando las noticias correctas, sobre las vacunas, y combate los bulos, y falsas alarmas.
(10)"COVID19 and the cost of vaccine nationalism" Rand Corporation 2021.
La Organización Mundial de la Salud, habla de beneficios de la vacunación, para las diez mayores economías, de 600.000 millones de dólares, pero hasta el 2025, 13 diciembre 2020 Joints News Release. WHO. Int.
(11) El País, lunes 8 de Marzo del 2021. El mismo tema, "Lecciones para una pandemia", Miguel Hernán, El Mundo 26 de octubre del 2020.

24 de marzo de 2021
Blog del autor: camposeconomicos.blogspot.com

Capítulo 3

¿ADÓNDE VA EL DINERO? TENEMOS FOTOS PERO NO VÍDEOS

ANTES DEL COVID

Desde hace dos décadas, todos los organismos y gran parte de los economistas, han señalado, la prolongada baja de la actividad económica, con descenso, en el crecimiento del comercio mundial, y una tendencia arrastrada, de caída de la inflación y tipos de interés, tanto nominales como reales, con especial intensidad, en los países desarrollados.

Lawrence Summers, que fue Secretario del Tesoro americano, logro cierta resonancia, en un artículo del 2013, con el mensaje, de que la economía norteamericana, y como consecuencia, la mundial, podía haber entrado en "un estancamiento secular", una tesis del economista norteamericano Alvin Hansen, que en 1938, pronosticaba equivocadamente, un futuro sombrío para la economía norteamericana.

Sin embargo, el tiempo está dando la razón a Summers, el crecimiento muy endeble, se está logrando, mediante un crecimiento de la deuda pública y privada, cada vez en mayor grado, con un descenso del peso de la inversión, y un caída del número de empleados, en relación al total de la población.

Esta caída de la inversión, se debe en parte, al mayor peso del sector servicios, a la caída de precios de la industria manufacturera, en relación a otros bienes y servicios, a los salarios medios que sobre todo en Estados Unidos, no han ganado apenas poder adquisitivo en los últimos treinta años, con la lógica repercusión, de una débil demanda para las empresas, por la falta de capacidad de compra.

Pero el factor principal, que ha influido en este descenso del ritmo de inversión, es la gran incertidumbre, ante las expectativas económico-políticas mundiales, que ha llevado al atesoramiento de las grandes empresas, líderes mundiales, particulares y gobiernos. La pandemia ha intensificado estas tendencias e incertidumbres.

ATESORAMIENTO, EL CÁNCER DE LA ECONOMÍA. KEYNES

En la "Teoría General", su última y más revolucionaria obra, el gran economista, John Maynard Keynes, señala repetidas veces que el atesoramiento, es decir el invertir el dinero en saldos financieros, sin producir apenas renta, como sería, caso contrario, la compra de una vivienda o un coche nuevos, por un particular, que tiran de la economía, o de un empresario, que en vez de invertir para producir en nuevas máquinas, mantiene saldos crecientes en depósito, en el banco. Todos esos movimientos, llevan a un derroche del ahorro de una economía, con una baja de la actividad económica, y todo lo que ello trae consigo.

Esta actitud lógica, en el comportamiento de una persona, o de una entidad, puede llegar a ser autodestructiva, si se extiende a la gran parte de nuestra sociedad, por el estancamiento de la actividad, que supone.

Las recetas contra esta tendencia, son las de disminuir la incertidumbre, empujando a todos los actores económicos a la compra y la inversión real. Para Summers, por ejemplo, el camino, es un gran plan de infraestructuras, con un coste del endeudamiento, casi igual a cero, que eleve el crecimiento económico, condición básica, para superar el volumen de deuda existente, ya que su rentabilidad, seria claramente superior al coste de la misma.

Gran parte de países, han ido a los tipos negativos, desde hace siete años en Europa, para los saldos de las empresas, y en la práctica (por el cobro de comisiones bancarias) a los particulares, también a la banca, para empujarlas al gasto. Los Bancos Centrales han inyectado dinero al sistema financiero, para obligarles a canalizar, más recursos al crédito.

AMPLIFICACIÓN CON EL COVID. FOTO DE LOS SALDOS

En este cuadro primero, recogemos, los saldos en depósitos bancarios de hogares y sociedades no financieras, que son el principal canal de atesoramiento financiero, sobre el que circulan el resto de activos, de los que se desea tener una disposición inmediata, si el cambio de expectativas lo requiere, deuda pública a corto, parte de las acciones de grandes empresas cotizadas más liquidas, fondos de inversión de renta fija a corto o medio, cuya expansión tanto interior, como exterior ha sido notable.

CUADRO 1

	DEPÓSITOS (MM EUROS)	% S/PIB
2015	958.5	89.4
2017	1016.7	87.2
2019	1111.5	89.3
2020	1213.4	108.3
2021 (Febrero)	1187.9	

Fuente: Boletín estadístico Banco de España (1)

En la foto fija de estos saldos, hay un grupo de inversores conservadores, que se mantienen, en parte por la garantía estatal de los depósitos (hasta cien mil euros por titular) y por otra, no invertir en activos arriesgados. En estos cinco años, aunque no les han pagado nada, han perdido poco poder adquisitivo (la inflación acumulada, en los últimos 5 años, 2015-2020 ha sido del 4%), pero ahora, con la extensión, del cobro de comisiones a los depósitos, en gran parte de los bancos, sufren una gran presión, ya que dichos cobros, pueden suponer un tipo negativo medio, entre el 0.25-0.50%.

Pero hay otro tipo de inversor de más riesgo, que circula con más rapidez, y que compra y vende por ejemplo, acciones, cuando cree que la bolsa ha subido demasiado, vende e incrementan sus saldos en depósitos bancarios, a la espera de comprar acciones, cuando la bolsa baje, pueden entrar y salir, así de los depósitos, varias veces al año. Son Depositantes con mucho movimiento bancario.

Incluso circulan por los depósitos, los inversores de alto riesgo, que compran deudas de alto rendimiento, acciones de sociedades muy sobrevaloradas, e incluso en criptomonedas, y demás inversiones de tulipanes digitales.

Es muy difícil, seguir la pista a los movimientos, un imposible video de los mismos, ya que puede ocurrir, que se forme una cadena de compras y ventas, en los circuitos financieros. Así, el depositante que compra en Bolsa, el que le vende esas acciones, deposita ese dinero en el banco, y luego vuelve a adquirir bonos públicos a corto, a un vendedor, que a su vez, sale de depósitos, para comprar en bolsa puede continuar así una rotación de saldos bancarios en cadena, con inversiones intermedias en los mercados financieros, con una mínima aportación, al crecimiento de las rentas económicas.

La incertidumbre puede llevar a la formación de estas cadenas, con una gran ineficiencia económica para el país. Puede ocurrir, tanto con recursos propios como con deuda, lo cual se suma al incremento de riesgo, que ya de por si vive el sistema, por la búsqueda de rentabilidades.

En el Cuadro 2, tenemos el desglose, de dichos depósitos, entre hogares y empresas. El ahorro de los hogares, el más alto, de los últimos veinte años de este siglo, se debe en gran parte, al apoyo estatal a las rentas de los hogares en la pandemia, que descendieron tan solo en un 3,3%, mientras el consumo se redujo en un 14.8%, lo que supuso un incremento del ahorro de 108.844 millones, gran parte de los mismos, no se podían gastar, por las restricciones de movimientos. Un estudio del Banco Internacional de Pagos, de abril, señala que el ahorro, por imposibilidad de gasto, va a suponer un 5%, de incremento del consumo, cuando se libere la actividad económica, para la media de los países analizados, y en nuestro país, ya se comienza a vislumbrar este brote del consumo.

Mientras tanto, la inversión real, medida por la Formación Bruta de Capital Fijo, ha ido disminuyendo sobre los máximos del 2006, antes del estallido de la burbuja inmobiliaria, que llegó al 30% del PIB, para descender al 17%, en el 2013, y tras recuperar algo hasta el 2019 llegando al 20%, volver a desplomarse con el COVID, a los niveles mínimos del 2013 (17%), y por debajo de la media de los países de la OCDE. Todo ello, ha dado lugar a crecimientos pobres de la economía, en los últimos tres años (por debajo del 3% conseguido en el 2017), y con la caída del Covid, hemos retrocedido el PIB, a niveles de hace trece años.

CUADRO 2 (MM DE EUROS)

	DEPÓSITOS SOCIEDADES	DEPÓSITOS HOGARES
2015	204,2	737.2
2017	240,9	759,3
2019	258,3	834,9
2020	296,3	900,4
2021 (Febrero)	85,7	902.2

Fuente: Boletín estadístico Banco de España

Los incrementos de saldos, tanto de hogares como de sociedades no financieras, representan solo una parte del atesoramiento. Así por ejemplo, los hogares, han sido impulsados por los bancos, a transferir sus depósitos, a sus propios fondos monetarios y de renta fija, más rentables, por las comisiones que ingresan los bancos, como consecuencia, han ascendido en sus tenencias de fondos, en 60.000 millones de euros, en el periodo a su vez, esos fondos, al ser castigados con tipos negativos en sus saldos, han tenido que invertir, en muchos casos en activos exteriores a corto plazo, incrementando sus riesgos.

Las sociedades han sufrido también, los tipos negativos en sus saldos, lo que les ha llevado a devolver deuda, las que eran capaces de hacerlo, recomprar acciones, o pagar dividendos, transmitiendo así, sus saldos a los hogares, o invertir en activos a corto exteriores. Por otro lado, buenas sociedades, especialmente afectadas por el Covid, como Meliá, Amadeus o Aena, han ido consumiendo tesorería, a marchas forzadas durante la pandemia.

El grupo de sociedades que superviven malamente será, quizás, superior al de hogares, y llegue al 30%, las llamadas sociedades Zombis, las que no merecen salvarse, se encuentran entre ellas, y no van a ser fáciles de identificar.

Por otra parte, hay que destacar que ambas cifras, esconden situaciones muy desiguales. En los hogares, los ahorros se concentran en las rentas medias-altas, mientras que en la parte baja, ese 20% de la España (más de 9 millones y medio de personas) que sobrevive, las posibilidades de ahorrar son mínimas. En un estudio de la Mutualidad de la Abogacía (3), se indica que del 20% de los hogares sin ninguna inversión inmobiliaria, el 80% de los mismos, están por debajo del umbral de subsistencia. Dado que en España al final de diciembre se contabilizan 18,82 millones de hogares, eso supone (el 80 del 20) el 16% de la población española, es decir 7 millones 500.00 personas.

Tanto en sociedades como en hogares, la tendencia a acumular saldos, ha sido universal en todos los países, por la incertidumbre, el parón de la actividad económica y los recursos inyectados. España, queda por debajo, en la intensidad de los estímulos, por debajo de la media de los países del euro, Gran Bretaña y Estados Unidos. En sociedades, (4) las diferencias en el atesoramiento son importantes: así las sociedades británicas, atesoran en efectivo y depósitos, a principios del 2021, casi el 6.5% del PIB, las francesas, se acercan al 6%, las japonesas, el 5%, las alemanes superan el 3%, las estadounidenses el 2.5% y las españolas un poco más del 2%, la más baja de los países desarrollados, después de Noruega.

LA BANCA, TAMBIÉN PRESIONADA A CREAR DINERO PRESTANDO

Esta situación, de atesoramiento acumulado ante la incertidumbre, ha llegado también a la banca, que dada la situación por una parte, de devolución y saneamiento de deuda por hogares y empresas, desde la Gran Recesión del 2009, por otra, de descenso de la demanda solvente unido al descenso de márgenes, y a las exigencias de capital (relajadas como las garantías, con el Covid), la necesidad de provisiones para futuros morosos (se hicieron provisiones, en el 2020, por más de 40.000 millones), ahora aplazados, como también numerosos pagos de hipotecas y otros créditos, los recursos empleados en la reestructuración, por la reducción de plantilla y empleados, por la gran competencia entre otras, de las entidades financieras digitales, el llamado Fintech, todo ello, le ha llevado a una reducción de volúmenes, que unido a la bajada de márgenes, ha provocado un notable descenso de la rentabilidad.

Como vemos, en el cuadro 3, el crédito bancario doméstico, ha ido disminuyendo, por todo lo comentado anteriormente, además de que las grandes empresas, han incrementado su financiación con emisiones de bonos, en el mercado.

El crédito doméstico, recoge el dado al sector privado (personas físicas y empresas no financieras) residente en España. La subida en la pandemia en el 2020, viene amplificada en relación a la economía, por la fuerte caída del PIB (-11%).

Con el Covid pues, se acelerado el crédito (5) como indica el Banco de España, a las empresas del aparato productivo, que absorbieron la gran parte de los créditos avalados por el ICO, y reducido el crédito a las personas físicas, subiendo algo los tipos. El problema de incrementar la deuda y por tanto el riesgo, es que esta, debe ir a los sectores adecuados, que en este caso en parte, son los que más han sufrido los efectos del Covid, con la idea de que serán los que van a despegar con más fuerza, cuando la pandemia se diluya. Por otro lado, cada vez es mayor la labor de contención de la banca, refinanciando a las empresas que les vencieron los créditos, en relación a los nuevos créditos, dados a otras empresas.

CUADRO 3

Crédito Doméstico		% PIB
2015	1.274.653	118,3
2017	1.199.106	102.8
2019	1.135.590	91.2
2020	1.174.937	104.9
2021(ENERO)	1.164.385	

Fuente: Boletín estadístico del Banco de España

El Banco Central Europeo, en los prestamos dados a la banca, les pide a estos, incrementos sobre los años anteriores, por otro lado, les aplica los intereses negativos sobre parte de los excedentes de reservas y la compra de deuda pública y privada de las carteras de los bancos, ampliada con el Covid, busca en estos últimos siete años, que la banca cree más dinero, dando créditos, en vez de crearlo comprando otros activos, como la Deuda Pública. Piensa y con razón, que gran parte de esos préstamos, irán a inversiones en nueva producción, una factoría, una máquina, una casa o un coche nuevo, que es lo que realmente tira al final de la actividad económica productiva, aunque la primera utilización, podría ser, para una vivienda o coche usado.

El nuevo crédito es una creación de dinero bancaria, como señala Keynes (6), que se realiza abonando en un depósito nuevo, creado por el banco, la cantidad que corresponde al crédito pedido por el cliente a su nombre, experiencia que hemos vivido muchos de nosotros. Esta operación supone una inyección de liquidez al sistema, y un incremento en la oferta de activos seguros, que da estabilidad al sistema financiero, en el grado adecuado, tanto desde el punto de vista de un solo banco, como del conjunto, de todos ellos.

El problema de la expansión del crédito, es que se incrementa la deuda de los que lo toman, y por tanto el riesgo, por lo que los recursos, deben ir a los sectores adecuados, que en este caso, son los que más han sufrido los efectos del Covid, con la idea de que van a ser los que despeguen con más fuerza, cuando la pandemia se diluya. Por otro lado, cada vez es mayor la labor de contención de la banca, refinanciando a las empresas que les vencieron los créditos, en mayor proporción que los nuevos créditos dados a otras empresas.

CONSECUENCIA: LA RIQUEZA AUMENTA EN RELACIÓN A LA RENTA

De resultas de la tendencia analizada, de acumulación de activos financieros por atesoramiento, en relación a la inversión y el gasto en la economía real, la inversión financiera neta, restando los pasivos (el crédito hipotecario ha ido disminuyendo en todos estos años) se ha incrementado notablemente, así como la riqueza inmobiliaria, a la que se ha derivado una creciente inversión de los particulares e instituciones.

	Riqueza financiera neta s/ PIB	Riqueza inmobiliaria s/ PIB
2014	108	400
2017	121.5	425.3
2019	130.3	440.2
2020	135.9	483,5

FUENTE, INDICADORES SINTÉTICOS DE LA VIVIENDA

Con la pandemia y la caída de actividad, la riqueza en términos relativos, ha seguido aumentando, lo cual ha incrementado la desigualdad economía entre los hogares y las empresas, a pesar de ciertas compensaciones a las rentas bajas en la pandemia, y la gran transferencia de recursos de rentistas a hipotecados (se ahorraron 35.000 millones de euros con la bajada de tipos desde el 2008), a lo largo del periodo, por el gran descenso, de los tipos de interés.

Esta desigualdad, injusta socialmente, es perjudicial económicamente con la concentración de activos de atesoramiento, en las empresas más rentables, y en los hogares de renta alta. Se ha destacado últimamente con frecuencia, que la economía ha de ser a la vez social y al revés, todo lo social debe analizarse económicamente, pero por ahora ha quedado en pura retórica.

LA IMPORTANCIA DE LOS FONDOS EUROPEOS

La gran importancia de los fondos europeos, que va a recibir España principalmente en los próximos tres años, no reside en su volumen 150.000 millones de euros, importante si, pero de hecho, las inyecciones recibidas, de recursos pendientes de España (los créditos a la banca y la compras de deuda pública y privada) por parte del Banco Central Europeo, más las cantidades a devolver pendientes del rescate bancario, superan las dos veces media esa cifra, sino en sus cualidades.

Se va a saber, si se hace bien, adonde va el dinero, un video de la secuencia, características de la inversión real inmediata, sus beneficiarios, sus colaboradores y sus resultados, con los efectos multiplicadores, que puede tener la colaboración público–privada y entre sectores, tirando además, de los saldos casi improductivos, atesorados en estos años. Europa nos va a ayudar y a vigilar, como tiene que ser. No cabe imaginar si esta pandemia nos hubiera pillado con la peseta.

Bibliografía

(1) El último trabajo de Summers, "A Reconsideration, of Fiscal Policy in the Era of Low Interest Rates". Jason Furman Economic Department Harvard University and Lawrence Summers President Emeritus at Harvard Discussion Draft November 30, 2020

(2) Aparte de estas motivaciones financieras de los depósitos, se dan los saldos bancarios de funcionamiento, que necesitan los hogares y las empresas para su funcionamiento, así como los casos de empresas tan rentables, que van formando una cartera creciente y permanente de activos financieros, que le pueden llevar, como en el caso de Apple, a la creación de una filial para gestionarlos.

No hemos incluido, el efectivo en billetes y monedas en manos del público que son un atesoramiento tradicional, ya que va reduciéndose en la última década, a casi la mitad, con un descenso de alrededor de 40.000 millones en el periodo que ha ido a depósitos. La tendencia, al incremento de saldos en depósitos bancarios, en la economía, viene de atrás. Así, al comienzo de la década, en el 2010, la proporción sobre el PIB estaba en el 75%. Consideramos atesoramiento financiero, toda inversión en activos financieros, como depósitos, bonos, deuda pública a corto, fondos monetarios y de renta fija a corto, parte de las inversiones bursátiles más

liquidas, y toda inversión financiera, de la que se pueda disponer inmediatamente, sin pérdidas o plusvalías (que supongan deudas fiscales), en una dimensión que restrinja esa disponibilidad. El concepto de liquidez, añadiría los activos con restricciones, más la capacidad de conseguir fondos de forma inmediata.
(3)"La resiliencia y vulnerabilidad de los hogares españoles frente al COVID-19" Observatorio del Ahorro Familiar, puesto en marcha por Fundación Mutualidad de la Abogacía, y Fundación IE de IE University. Autores: José Antonio Herce y José Antonio Puertas.
(4)"Corporate savings pose another upside risk" Simon MacAdam, Senior Global Economist Capital Economics. 10th February 2021.
(5)"Evolución reciente de la Financiación, y del Crédito Bancario al Sector Privado no financiero". Pana Alves, Roberto Blanco, Sergio Mayordomo, Fabián Arrizabalaga, Javier Delgado, Gabriel Jiménez, Eduardo Pérez Asenjo, Carlos Pérez Montes y Carlos Trucharte. Artículos Analíticos Boletín Económico 4/2020 Banco de España.
Sobre el mismo tema: "Cuentas Financieras de la Economía Española. SEC 2010", 2012-2019. E "Informe de Estabilidad Financiera", otoño 2020, Banco de España.
(6)"A Treatise on Money-The Pure Theory of Money" Chapter 2 Bank Money I THE CREATION OF BANK MONEY Pp 20-27 The Collected Writings of John Maynard Keynes Volume V Mac Millan ST Martin's Press for The Royal Economic Society.
Ver también en mi blog, "La Banca Crea Dinero", 9 febrero 2017.

10 de mayo de 2021
Blog del autor: camposeconomicos.blogspot.com

Capítulo 4

LA ECONOMÍA DE LA BOLSA

"La vitalidad de una Bolsa en un proceso sostenido e intenso de incremento de riqueza y contratación, implica un profundo impulso económico de expansión, transformación y concentración para una sociedad."

MAX WEBER

Este es un concepto fundamental de la Bolsa, planteado por el gran sociólogo alemán Max Weber, acorde con algunas bolsas, como la estadounidense y a la que aspiran otras, como la bolsa china.

En esta idea, la Bolsa puede tirar de la economía y la economía de la bolsa, la influencia es mutua.

El insigne economista John Maynard Keynes, planteó la misma idea, de una forma más específica, en su "Teoría General". El nivel de las cotizaciones en bolsa, señalaba, era básico para la generación de expectativas de los empresarios sobre sus beneficios futuros y la expansión económica. Cuanto más altas las cotizaciones, más estímulos para la inversión empresarial, (acceso a mayor financiación a menor coste, incremento de la demanda de consumo por la mayor riqueza), que es la que tira de la economía.

Los mercados bursátiles desarrollados, son la referencia de valor del todo aparato económico. A pesar del descenso en el número de sociedades cotizadas y la poca actividad en las nuevas entradas, el mercado bursátil tiene una dimensión muy superior al resto. Así el mercado más dinámico de las acciones privadas (prívate equity) no llega en dimensión al 10% de los mercados bursátiles (15% en el mercado estadounidense) pero la base última de sus valoraciones, reside en el mercado bursátil. El mercado financiero del oro, no llega al 5% de la capitalización bursátil mundial.

En este sentido, sigue siendo válida la afirmación del economista Oscar Morgenstern:

"Si miramos a los hechos, pienso que deberíamos constatar que los precios del mercado de valores son, probablemente el mejor dato económico. Son conocidos con un error muy pequeño y con continuidad a lo largo de cada día".

Cuando hablamos de bolsa, nos vamos a referir a la mundial cuando así lo indiquemos, y con más frecuencia a la norteamericana representada por el SP&500, que supone la mitad de la capitalización bursátil del país (el índice Wilshire, que recoge la gran parte de las acciones cotizadas, ronda el 200% del PIB USA) pero sobre el que se basan el resto de los mercados, de futuros, opciones, fondos de índices, mecanismos de créditos de acciones, etc.

La bolsa USA se acerca al 60%, en su capitalización de las bolsas mundiales (siendo su PIB el 24% del mundial), le sigue Japón con el 7% y luego la bolsa china con el 5.3% (con el 16.3% del PIB mundial). Las bolsas del Euro llegan al 11,50% del total.

La bolsa influyente en cada país desarrollado, es una combinación de estas bolsas, aquí en España, para un inversor, el peso de la española llega como máximo al 15-20% del total, por lo que en su bolsa influyente pesan mucho más la bolsas de los países fuertes del euro, y la bolsa USA (para las grandes empresas españolas sucede los mismo, y en la gestión de las bolsas como institución, predominan las multinacionales), por ello es chocante el nacionalismo de los periódicos y otros medios generalistas, que desde hace alguna década, solo dan noticias de las empresas del IBEX.

LA GRAN CAÍDA BURSÁTIL CON LA PANDEMIA Y EL SELECTIVO REBOTE

El 19 de febrero del 2020, la bolsa experimentó en 22 días, la mayor bajada de su historia, del 30%, para subir el 29% entre el 24 de marzo y el 17 de abril. El descenso fue bastante generalizado.

Esta subida, que se le llamo maldita por pillar a contrapié a un gran número de gestores que se quedaron fuera, fue sin embargo claramente discriminatoria respecto a las bolsas (2). Basta pensar en un abanico de rentabilidades que van desde el 15,4% positivo del SP 500 (el 43%, en el índice tecnológico NASDAQ), hasta llegar en los países desarrollados, a la mayor baja que corresponde a nuestro Ibex con una bajada del 14,4% (al pesar en su estructura la banca y las industrias de turismo), siendo la bolsa china (10.8%) y la japonesa (16.5%) la únicas claramente positivas, junto con la estadounidense entre los principales mercados.

En cuanto a sectores, la divergencia fue total, entre los afectados por el Covid debido al confinamiento: turismo, transporte, espectáculos, hostelería bares, centros comerciales y los que se beneficiaron por la comunicación online y telemática, servicios de películas, videojuegos, cadenas de alimentación, peticiones online y entregas a domicilio, laboratorios ligados a tratamientos o vacunas de la pandemia etc. Así en USA, el sector tecnológico subió el 40%, el consumo de alimentación y bebidas el 30, comunicación el 26%, mientras que el financiero, e inmobiliario comercial, descendían el 6 y el 7% y las empresas de energía el 30%.

En empresas, el paralelo con los sectores era lógico, sin embargo se analizaron casos de diferencias de valoración entre empresas de un mismo sector (por ejemplo en el automóvil) (3), que en parte se debieron a estar situadas en países, que se desenvolvieron mejor en la pandemia, pero en otros casos, lo motivaron las decisiones tomadas por la propia gerencia de la empresa.

El artículo de McKinsey&Company que reseñamos, enumera las "Mega 25", las 25 compañías que representan el 40% de las ganancias de las bolsas. Incrementaron su valor en 5.8 billones de dólares, con una revalorización media de 231.000 millones de dólares, en los últimos doce meses (el artículo es del 10 de marzo del 2021). Veintidós de las 25 compañías pertenecen a cuatro sectores: Tecnología USA tecnología Asiática y China, vehículos eléctricos y semiconductores. Las tres compañías restantes, Square, Shopify y PayPal, están dominando el mundo bancario de los pagos, y el comercio totalmente digitalizado.

Hay que destacar, la influencia de la pandemia con la ansiedad resultante, en el comportamiento de los inversores, amplificando la negatividad en la bajada, como se analiza en el artículo que presentamos (4), como la euforia al alza, y el elevado grado de especulación, (hay una grado necesario y beneficioso para el mercado pero dañino si se desborda) tanto en la propia bolsa, como en los mercados alternativos.

¿LA BOLSA SE SEPARA DE LA ECONOMÍA O LA ANTICIPA?

El gran rebote de la bolsa de Marzo a Abril, que luego continuó cotizando de forma optimista la recuperación económica, y ya a partir de octubre, las noticias sobre las inminentes vacunas, llevó a muchos analistas, a considerar que la bolsa se estaba separando en su comportamiento, de forma poco realista, de la situación de la economía real.

Sin embargo, en la naturaleza de la Bolsa está el cotizar el futuro (aunque en las primeras semanas de la pandemia, otros mercados como el del petróleo, se anticiparon antes con fuertes caídas), y en este caso, se vio más empujada a esta anticipación, por la rápida, intensa y calificada intervención, de las autoridades económicas en sus medidas de estímulo sin precedentes, respecto a crisis anteriores.

Hay que destacar por ejemplo en USA, el estímulo de la Fed fue cuantitativamente importante, pero cualitativamente, lo fue aún más, por plantearse por primera vez la compra de bonos de compañías privadas (5). Es muy trascendente, porque en el fondo es un apoyo indirecto a las acciones de esas sociedades. Así ocurre desde hace tiempo, en el Banco Central Europeo que ha comprado deuda privada de Telefónica, Iberdrola, Repsol, Naturgy o Ferrovial, y de manera más directa, la compra de fondos de acciones (Etfes) por el Banco Central de Japón (hasta llegar a poseer el 5% de la bolsa japonesa) y de acciones multinacionales por el Banco Central Suizo.

Se argumentó también, que la crisis afectó especialmente a las pequeñas y medianas empresas no listadas en la bolsa, y a los autónomos de rentas bajas.

La subida como hemos visto, se concentró en un núcleo reducido de empresas, que cada vez influían más en las revalorizaciones de los índices de bolsas, al pesar más en los mismos y ser compradas por los fondos cada vez más abundantes, que invierten pasivamente en las empresas de los índices

LA BOLSA ESTÁ CARA, HISTÓRICAMENTE Y MIRANDO AL FUTURO

El economista Robert Schiller, (6) se ha convertido en la referencia de valoración de los niveles de capitalización bursátil, en relación a los beneficios, de las sociedades de los últimos diez años de media, que se ha situado a finales de Mayo de este año, en las 37 veces ganancias para la Bolsa USA, el nivel más alto de la historia de la bolsa después de la burbuja tecnológica en el 2000. Hay una diferencia, que justifica según Schiller, una menor peligrosidad de estas cotizaciones, el muy bajo nivel de los tipos de interés, que al capitalizar los beneficios empresariales, justifica un alza de las valoraciones (por primera vez en muchos años, los dividendos de las empresas sobre sus cotizaciones, superan a los rendimientos de la renta fija). Schiller elabora un diferencial, entre la rentabilidad que suponen los beneficios sobre el capital bursátil, y la rentabilidad de los bonos del Tesoro a diez años, que da una versión más moderada.

Pero todo ello, nos indica que si la bolsa esta cara, la renta fija manipulada, con compras y tipos negativos, está carísima, y no serviría de cobertura al inversor en sus carteras, ante una caída de la bolsa, por subida brusca y sostenida de la inflación.

En relación al futuro, considerando la relación entre la capitalización y los beneficios esperados, el nivel es muy alto y exigiría una expansión de los beneficios en los próximos años muy optimista.

Se han alcanzado también niveles récord, en la valoración bursátil de los activos, en relación a lo que costaría reemplazarlos (7). La relación ha ascendido a 2.71 veces, frente a 2 veces del anterior máximo, en el 2000.

Si relacionamos el capital bursátil con la gran expansión monetaria (8), las valoraciones encuentran cierto grado de justificación, tanto en los que respecta a la Bolsa USA, en relación en relación a su oferta monetaria, como a la capitalización bursátil mundial, sobre una estimación de la liquidez global, aunque el mercado bursátil USA, absorbe el doble de su liquidez en proporción, que el siguiente en dimensión, el de Japón.

UNA BOLSA CON MÁS ENDEUDAMIENTO Y RIESGO. EL BOOM DEL INVERSOR PARTICULAR

Por toda una serie de caminos, la Bolsa esta incrementado sus riesgos, más en la bolsa USA que en el resto, pero es una tendencia general.

Comenzaremos destacando el descenso continuado de la calidad de las empresas que cotizan, así, si a principios de los ochenta, había en el mercado bursátil USA, 32 acciones con la máxima calificación triple AAA, por el camino han ido cayendo (General Electric, Pfizer, Coca-Cola, UPS, Merck) hasta la última Exxon, que deja solo dos sociedades, Microsoft y la farmacéutica, Johnson & Johnson, con una calificación superior, a la del Gobierno de los

Estados Unidos. Este descenso se ha transmitido a los niveles inferiores, provocando, que USA tenga el máximo volumen de deuda, un escalón por encima de la deuda basura, que se incrementó en seis billones de dólares desde la crisis del 2008, hasta acercarse a los nueve millones de dólares a principios del 2020.

Todos los canales de endeudamiento están en máximos históricos en la Bolsa USA.

- El crédito dado por la propia bolsa (Margin Debt), que permite invertir cuatro veces los recursos propios, se halla en máximos históricos, llegando a 850.000 millones, el 4% de la capitalización bursátil (9). Los mercados de futuros y opciones sobre acciones, permiten invertir de diez veces de media, los recursos propios. Así al final del verano del 2020, Softbank, el gran fondo privado de acciones compro 4000 millones de dólares de opciones, de compra, que le permitió adquirir 30.000 millones de riesgo en renta variable. Uniéndose al de futuros, el mercado de opciones superó en contratación al de acciones, especialmente por los contratos realizados por los particulares.

- Las inversiones en acciones de los hedge funds, que con activos superiores a los 7 billones de dólares, han superado durante la pandemia el 50% en acciones, y conservadoramente, un 50% de endeudamiento. En el ejemplo que vamos a exponer, el endeudamiento llegaba al 75%. Es el caso del fondo Archegos, con inversiones de 30.000 millones, los fondos propios eran 10.000, los 20.000 millones de créditos eran garantizados por acciones compradas por el fondo, hubo una baja pronunciada de algunas de esas acciones y el fondo no pudo hacer frente a la cobertura de los créditos. Total, en los momentos actuales, primeros de Mayo, Credit Suisse ha declarado pérdidas de 4400 millones de dólares, Nomura 2850 millones y Morgan Stanley e UBS, entre otros, 900 millones cada uno, los clientes fondos de los bancos con 3000 millones de dólares de pérdidas. El gerente había estado en lista negra hasta el 2018, en Goldman Sachs y otros bancos de inversión.

El endeudamiento bursátil difícil de concretar cuantitativamente, sí podemos decir que está en récord histórico y que se acerca al 15% en el caso del mercado de Nueva York en un estimación conservadora, lo que ha aumentado el componente de riesgo especulativo en el mercado, implícito en las elevadas valoraciones del mismo. Así tenemos botones de muestra extremos, como el fondo que dio una revalorización mayor, fue el Goldman Sachs de tecnológicas que pierden dinero, que pasó de 81.7 el 18 de marzo del 2020, a 393,4 el 19 de enero del 2021 (posteriormente se está ajustando fuertemente a la baja, perdiendo más de un tercio de su valor) o Tesla, el fabricante de coches eléctricos, que con menos de un 1% de la producción mundial, llego a valer en bolsa, tanto como el resto de las fábricas juntas.

En este incremento del endeudamiento, ha jugado un papel notable, la incorporación masiva de los particulares a los mercados. El desarrollo de la tecnología y la reducción de costes en los accesos a los mercados, ha atraído a millones de nuevos inversores particulares (10) individualmente o través de las redes sociales, a inversiones en bolsa, o en activos alternativos, en muchos casos en un grado especulativo alto (a precios distantes de una justificación racional), lo que hace temer, que los recién llegados, serían las primeras víctimas, de una caída de los mercados. La actuación a través de la Red Reddit de un grupo social, con tres millones de personas, en una operación de gran eco, con compra masiva de una sociedad GameStop, valorada en 200 millones de dólares en Abril del 2020, llegó a valer 30.000 millones en febrero del 2021, obligando a cerrar la compra, con grandes pérdidas más de 4000 millones de dólares a un hedge fund, que había vendido en descubierto, acciones de la misma. David frente a Goliat, pero en el fondo, un alto grado, especulación contra otro igualmente alto, posteriormente, el valor de la sociedad Gamestop acabó derrumbándose a los niveles iniciales.

Robin Hood, el bróker que intermedió la operación creada en el 2013 y que no cobra comisiones (le pagan las sociedades que ejecutan las órdenes, ganó más de 200 millones de dólares en todo el proceso) ha pasado de algo más de 3 millones de inversores al 31 de diciembre del 2020, a 9 millones y medio, en Marzo el 2021, muchos de ellos inversores en criptomonedas.

LOS NUEVOS ACTIVOS CREADOS Y LOS ANTIGUOS EN EXPANSIÓN

Si examinamos las mayores revalorizaciones de los activos durante el 2020, nos encontramos en el primer lugar, con una criptomoneda, el bitcoin, que ha dado el 240%, luego la plata con el 47.4% y a continuación el oro con el 24,6%, siguiéndole la bolsa USA de pequeñas empresas con el 18% (aunque como sabemos, sectorialmente el índice tecnológico Nasdaq llego al 43%).

En el COVID 19, se han acelerado las tendencias en dos mercados ya existentes que tienen sociedades y e inversores en los mercados de acciones, el de materias primas, después de una gran caída se ha recuperado rápidamente subiendo al 19 de mayo, más de un 50% sobre mínimos del 2020, y se está produciendo un incremento de la inversión financiera en el mismo, como cobertura ante los temores inflacionistas. (El Banco Internacional de Pagos analizaba los Fondos de futuros de Materias Primas). Según Contex Official, el mercado de materias primas, ha alcanzado los 20 billones de dólares de capitalización.

Y por otro lado, y buscando la máxima volatilidad el mercado de divisas, una mercado institucional que mueve enormes cantidades de recursos, con frecuencia tomando dinero en una moneda de tipos bajos (como el yen japonés o el euro) e invirtiendo en otra de tipos más altos (puede ser en el dólar, la moneda china) a veces son operaciones rentables, tanto por la diferencia de tipos y la revalorización de la moneda invertida respecto a la que se ha tomado el dinero, aunque puede ocurrir como sucede cada cierto tiempo, que la revalorización de la moneda en la que se toma el crédito, hace incurrir a la entidad en fuertes pérdidas. Estas operaciones se denominan de "Carry Trade" y están extendiéndose hasta tomar al S&P como eje, transformando los mercados de créditos globales y domésticos, y los bursátiles, siendo los Hedge Funds, Los Fondos Soberanos y las grandes empresas de países emergentes y las multinacionales los principales actores (ver nota 11).

Respecto a los nuevos activos creados criptomonedas, NFTLes y SPACS (12) como más representativos, marcan un salto en la intensidad especulativa peligrosa, en sí misma, por su rápida expansión en el vacío de referencias validas, y su posibilidad de transmisión, al resto de los mercados.

Así las criptomonedas, que estudiaremos con más detalle en otro capítulo, con una sofisticada producción y expectativas de escasez, más el anonimato que utiliza el dinero con fines ilícitos, unido a una creciente alza de los beneficios estables de intermediarios, liquidadores y custodios en dichos mercados, han despertado una oleada de contratación, plusvalías y minusvalías totalmente desligadas de cualquier referencia a ingresos o valor intrínseco, llevan 13 años sin ninguna de las condiciones que debe reunir una moneda, junto con episodios de manipulación (alto porcentaje de transacciones falsas para inflar las cifras en inspecciones cuidadosamente realizadas), y la debilidad por la competencia entre gran número de ellas, ya que en estos momentos (mayo 2021) hay más de diez mil criptomonedas. Las caídas recientes en este mercado por restricciones parciales de algún país (en este caso China), van a ser cada vez más recientes, por el peligro que supone para el inversor particular, por la falta de control, transparencia y base de valor, los gobiernos irán regulando los mercados actuales, y estableciendo sus propias monedas digitales, para mejorar la eficiencia del sistema, siempre cuidando al sistema financiero.

La capitalización de las mismas, ha llegado a 1.5 billón y medio de dólares, que supera el 40% del mercado financiero del oro (3.5 billones), tres veces el valor del IBEX 5.7% de la Bolsa de Nueva York y el 7.5% del mercado de materias primas, por lo que muchos particulares, las estimaciones alcanzan los 50 millones de inversores, acabaran escaldados.

El problema es que su funcionamiento se apoya en una tecnología innovadora (el blockchain, que encripta todo el proceso operativo) que ha venido para quedarse, y con todo el conglomerado están penetrando en los mercados bursátiles. Entradas en Bolsa de una de las principales plataformas de contratación (Coinbase), creación de futuros sobre bitcoins, una de las criptomonedas, fondos sobre futuros de bitcoins (ETFes), compra por parte de empresas, bancos de inversión y grandes gestoras de fondos. Los brokers de bolsa y de materias primas, están todos contratando en estos nuevos activos.

Así como los NFTes, activos singulares creados y valorados por dicha singularidad y recogidos con la misma tecnología blockchain, que se están ya aplicando por las bolsas, a acciones, que por ser muy caras, como Tesla se dividen en partes (tokens) de 100 dólares para así contratarse con más facilidad.

Los SPACS son sociedades vacías para las que se pide dinero a un gran número de particulares, para luego realizar una inversión que se comenzara a buscar. En USA en el 2020 se emitieron SPACS por 83.000 millones de dólares y 250 sociedades. La dinámica continúa en el 2021, en el que al final de abril, el acumulado supera los 120.000 millones de dólares.

Hay que separar la seducción tecnológica de las valoraciones de esta burbuja, tan especial y duradera, por los crecientes beneficios para las instituciones que fomentan dichos mercados, por tanto más peligrosa, que la mayoría de las del pasado.

LA TRANSFORMACIÓN DE LA BOLSA. EL COVID ACORTA LOS PLAZOS

El 2021, las bolsas han continuado ascendiendo al último día de abril, con la Bolsa USA con un 29.5% sobre final del 2019, la Europea 7.4% (medido con el Eurostoxx 50), el IBEX español todavía por debajo en un -5.6%, Japón 22.7% y China 13.3, superando sus niveles de final del 2019. Las grandes diferencias del 2020 en los mercados desarrollados, respecto a Europa, se han reducido algo, en el primer cuatrimestre de este año.

Los valores de crecimiento y las tecnológicas entre ellos, están recuperándose de su mediocre trayectoria del primer trimestre, y continua el incremento de deuda en Hedge Funds y compañías de seguros, y ajustes a la baja tanto en bancos y brokers, y en algunos valores inflados, como Tesla, fondos especulativos como el ya comentado de Goldman Sachs en sociedades tecnológicas que no gana dinero, así como la repercusión de las caídas de criptomonedas por restricciones parciales, en este caso China.

La incertidumbre sigue siendo alta, en cuanto cual será y cuando, el crecimiento de las economías, en la normalidad, cuando se logrará el ritmo de vacunación adecuado que permita la apertura total, las expectativas inflacionistas y la oportuna retirada de estímulos, que no lleve consigo, una caída de la actividad empresarial y la consiguiente presión sobre el sistema bancario.

La innovación en bolsa, llega ya a todos los niveles de funcionamiento, contratación, competencia entre bolsas y con otros mercados, información, análisis, supervisión, protección, etc. y a todos los actores del mercado, a un planteamiento transformador en la propia regulación, que por un lado debe acelerarse, para no ir detrás de la irrupción tecnológica, con la creación de nuevos activos y productos y por otro, ser creadora configurando una bolsa, que potencie sus aspectos positivos y controle los desequilibrios especulativos.

Así la pandemia ha acentuado la tendencia al corto plazo (12) de los inversores y empresas en bolsa. En la década de los 50 y 60, el periodo medio de tenencia de acciones en USA llegó hasta los ocho años, para la década siguiente había descendido a 4-5 años, iniciando los noventa en 1-2 años para llegar a los 2000, bajando del año, y llegar a la pandemia, con todo lo comentado, respecto a la ansiedad, el endeudamiento, creación de activos, los operadores de alta frecuencia y la búsqueda de rentabilidades, al periodo de mantenimiento de las acciones más breve de la historia de la Bolsa, inferior a los seis meses, en mayor o menor grado, esta tendencia se ha manifestado en todos los mercados bursátiles.

En este sentido, hay que destacar la propuesta de reforma (13) de la Bolsa de Nueva York, planteada por una empresa de Silicon Valley, "The Lean Startup": para crear una bolsa de Nueva York, totalmente nueva, con incentivos de regulación, que lleven a una actuación a largo plazo en directivos e inversores en todos los aspectos, tanto en las retribuciones, como con el poder de voto, fiscales e información de las empresas y las inversiones etc.

Finalizando, la Bolsa en su núcleo central es más importante que nunca económica y políticamente hablando, y está sometida a una presión especulativa, aunque sigue siendo selectiva en sus valoraciones, todo ha llevado a que los Bancos Centrales la consideren cada vez más uno de los sostenes del sistema, apoyándola directa, como hemos visto en el Banco de Japón y el Banco Central Suizo, o indirectamente, con la compra de pasivos de empresas cotizadas, caso de la Fed o el Banco Central Europeo, de forma selectiva. Los Bancos Centrales, que son ya creadores de mercado, en el mercado de bonos, comienzan a serlo en el de acciones.

De forma selectiva, asimismo deben ser las inversiones, y la Bolsa debe colaborar a ello con una gestión activa regulatoria, que equilibre la ola especulativa con la proporcionada cotización de las expectativas de la economía, para seguir siendo como proclamaba Max Weber: *"El profundo impulso económico de expansión, transformación y concentración para una sociedad".*

Bibliografía

(1)"La Bolsa" Max Weber P21 Editorial Ariel 1987. Keynes razonaba, que a un nivel más alto de cotizaciones, se daba una mayor eficiencia marginal del capital. Una exposición más detallada en "Economía y Bolsa" José Luis Campos Echeverría P 48. Editorial Profit 2003.

En diciembre del 2008, en la New York Review of Books, el gestor financiero George Soros, en la misma idea, introdujo el concepto de "Reflexibilidad de la bolsa". Lo que la gente piense de la Bolsa, puede alterar la tendencia del mercado y cumplirse. Hay una interactuación, entre la realidad económica y los mercados.

(2)En cuanto a diferenciación entre bolsas y los factores que intervinieron tenemos. "Effect of COVID 19 Pandemic on global stock values: A Differential Analysis" Collins C Ngwakwe AUDCE Vol 16, no 2/2020, pp. 261-275.

El análisis del impacto por sectores y sociedades: "The Impact of COVID 19 on capital Markets, one year in" by Chris Bradley and Peter Stumpner McKinsey & Company March 10, 2021.

Para la Bolsa Española: "The Coronavirus Impact on Stocks Return in Spain", Belén Nieto. Universidad de Alicante y Gonzalo Rubio Universidad CEU. May 18, 2020.

Un análisis muy detallado por las principales bolsas "Credit Suisse Global Investment Returns Yearbook 2021".

(3)La influencia de la gestión empresarial, dentro del mismo sector en los comportamientos bursátiles: COVID-19 and the March 2020 stock market crash. Evidence from S&P 500. Mieeszko Mazur, Man Dang and Miguel Vega Finance Research Letters 8 July 2020. Elsevier Inc.

(4)Del efecto psicológico de la pandemia en los mercados bursátiles: "The Investor Psychology and Stock Market Behaviour During the Initial Era of COVID-19: A Study of China, Japon, And the United States", Sobia Nasseem, Muhammad Moshin, Wang Hui, Geng Liyan and Kun Penglai 10-February 2021.www. Frontierssin.org/people/u/1079854

(5)"WHAT EXPLAINS THE COVID-19 STOCK MARKET", Josue Cox, Daniel L. Greenwald and Sidney C. Ludvigson. Working Paper 27784 NATIONAL BUREAU OF ECONOMIC RESEARCH September 2020. En este artículo, los autores señalan que a todas las medidas anti convencionales creadas en la crisis del 2008, que se aplicaron inmediatamente, hay que añadir otras cuatro medidas nuevas, las de compra de activos privados en mercados secundarios y primarios, el apoyo de liquidez a los mercados municipales, el pago de cheques en el programa de

protección, y el "Main Street" programa de préstamos para pymes y entidades no de lucro.
Son numerosos los artículos que inciden en las mismas explicaciones, como ejemplo: "3 reasons why the sotck market has shrugged off the COVID surge" Jacob Manouian, Elyse Ausenbaugh Jule 17,2020. J.P. Morgan Wealth Management.
(6)Ver Robert Schiller blog: robertshillerblog.blogspot.com
(7)Se conoce dicha relación, como el factor Q del economista Tobin, ha colaborado a dicha alza del ratio, el que las grandes tecnológicas, tienen un volumen pequeño de activos fijos en balance.
Sobre el análisis de Tobin ver el ya citado, "Bolsa y Economía", de José Luis Campos Editorial Profit 2003 pg37.
(8)Para la relación Bolsa USA /oferta monetaria ver Gavekal Research March 19, 2021 www.gavekal.com. Para la liquidez global, ver Michael J.Howel CrossBorder Capital. La liquidez global, no es la suma de la liquidez de los países, ya que está restringida a un número de activos seguros más reducidos, al no haber un prestamista de último recurso global, que suministre una cobertura.
(9)Cuando se le preguntó al presidente de la Fed, Jerome Powel, por ese récord en el margin debt, contestó que no se había fijado. Alan Greenspan, ex presidente de la Fed años atrás, también había respondido en la misma línea. El tema era sensible.
El informe de Estabilidad Financiera de la Reserva Federal de Mayo, que analiza la evolución del endeudamiento de las entidades financieras, indica que los Hedge Funds y las compañías de seguros siguen incrementando su endeudamiento, mientras que los disminuyen la banca y los brokers, pp37 y siguientes.
Por último, hay que señalar que la recompra de acciones empeora la calidad de la estructura financiera de las empresas, aunque un tercio de las recompras actuales las realizan empresas tecnológicas, con buena estructura financiera. En el 2021, se esperan unas recompras de 750.000 millones, que se acerca al récord histórico del 2018, de 850.000 millones de dólares.
(10) El 52% de las familias americanas, tenían inversiones en Bolsa, directa o indirectamente antes del COVID-19, según el PEW Research Center, porcentaje que estará ahora acercándose al 60%. (Institutional Investors estima que al final del primer trimestre del 2021, el 15% de los inversores particulares lo son por primera vez).
El fondo Melvin Capital que había vendido en descubierto las acciones de Gamestop, tuvo que ser auxiliado por otros dos fondos, que le inyectaron 2750 millones. Las pérdidas en ventas en descubierto de acciones, podemos estimar que se acercan a los 65.000 millones de dólares. En Tesla, se han llegado a perder 8000 millones de dólares en esas ventas.
Respecto a la red social Reddit, en la que el Forum Wall Street Bets (que fue el que intervino en la operación narrada de Gamestop) tiene 8 millones y medio de seguidores. El Georgia Institute of Technology hizo un informe positivo sobre el terreno, con los principales representantes del mismo. Pero

el hecho es que posteriormente, han ido realizando operaciones de carácter altamente especulativo.

(11) "The Rise of Carry Trade" Tim Lee, Jamie Lee &Kevin Coldiron McGraw Hill 2020.

El mercado de Carry Trade en divisa, según los autores supera los cuatro billones de dólares, con el dólar y el euro que ha desplazado en parte al yen, como moneda en la que se financian a tipos bajos, los países emergente son los receptores de las inversiones, Turquía, Brasil, China, India, Indonesia y Australia. El Carry trade se extiende al mercado doméstico al mercado de materias primas, y a la bolsa, con ventas apalancadas del índice de volatilidad bursátil, de sus futuros, de opciones, y de operaciones con la misma estructura de apalancamiento en las carteras de acciones. Ver capítulo 9 de la obra citada al inicio de esta nota.

(12)"Buy, sell, repeat¡ No room for hold in whipsawing markets" by Saikat Chatterjee, Thyagaraju Adinarayan Reuters August 3, 2020.

(13) "A Group from Silicon Valley has a serious plan for creating a totally new US stock Exchange", Kevin J. Delaney WORLD ECONOMIC FORUM.

Como muestra de la revolución en todos los frentes tecnológicos, (Big Data, Inteligencia Artificial, Robótica, Automatización, Blockchain, insertados en el gran campo de telecomunicaciones de 5G, con lo que supone de amplificación en la capacidad y rapidez de comunicación, destacaríamos el análisis publicado por el Fondo Monetario Internacional, sobre la incertidumbre en la bolsa china, con un sistema de algoritmos que supone examinar diariamente 3 millones y medio de documentos cada día (diarios, revistas, webs, blogs, redes sociales etc.) para evaluar el número de apariciones de la palabra incertidumbre, diferenciando su sesgo negativo o positivo, según el contexto del párrafo.

31 de mayo de 2021
Blog del autor: camposeconomicos.blogspot.com

Capítulo 5

VIVIR E INVERTIR EN ESPAÑA

En un mercado de vivienda que resiste, la pandemia ha incrementado el número de hogares vulnerables en crisis, frente a la hipoteca, y todavía más, al alquiler.

A todos los niveles del Gobierno, los incentivos y las compensaciones servirán mucho más para conciliar los derechos en conflicto con el bienestar social, que los procedimientos desproporcionados de control y coacción.

En la mayoría de los países, y especialmente en España, la vivienda que se ocupa, es la principal inversión del que la disfruta. Casi una quinta parte de las viviendas en nuestro país, viven la tensión entre el propietario, que busca la rentabilidad y el inquilino, aspirando a que el pago de la misma, sea asequible.

La estabilidad de precios, tanto en la compra como el alquiler de viviendas, recogiendo gradualmente los incrementos razonables de costes, sería deseable tanto económica como socialmente, sin embargo, la historia de las dos últimas décadas, ha sido todo lo contrario, con grandes oscilaciones que han provocado una gran crisis en todo el sistema financiero y económico, con una necesidad de intervención del gobierno y las ayudas europeas, para estabilizar la coyuntura y proteger a los más afectados, los jóvenes y las rentas bajas.

Del sector inmobiliario nos vamos a ceñir al análisis de la vivienda, aunque el resto del sector (oficinas, locales, centros comerciales, logística, hoteles, residencias y otros) supone una inversión, que probablemente supera a la de vivienda (1) y desde el punto de vista del inversor, supone una alternativa a la misma. Por otra parte, hay analistas, que presentan a todos los inversores institucionales, como un conjunto, todo lo que alberga el vivir en un inmueble, con lo cual incluye las residencias de estudiantes y ancianos, la vivencia en conjunto (el coliving), conjuntos residenciales con atenciones de salud etc.

Por otro lado, al contrario que en la bolsa de valores, aquí los mercados son locales y se da una gran heterogeneidad entre el comportamiento de la vivienda, entre ciudades y regiones, que aquí solo comentaremos ocasionalmente, por falta de espacio.

EL PINCHAZO DE LA GRAN BURBUJA INMOBILIARIA Y DE CRÉDITO

En la década que va hasta el 2007, España experimentó la mayor subida de precios de la vivienda y del crédito hipotecario e inmobiliario, de su historia (2) y de todos los países desarrollados, llevando a nuestro país, al patrimonio inmobiliario y volumen de crédito hipotecario e inmobiliario, en relación a su PIB, más elevado de todas las economías de occidente.

El ajuste que fue brutal, comenzó por el crédito inmobiliario, crédito promotor principalmente, base para que España construyera más viviendas en una año, que Alemania, Francia e Inglaterra juntas, con apenas una base de recursos propios.

	2009	2014	
Crédito actividades inmobiliarias	323.000	135.190	-52%
Crédito construcción	130.000	44.000	-66%
Crédito hipotecario vivienda	687.500	576.696	-16%

El crédito inmobiliario creció desde el 2003, a un ritmo anual que se acercó al 30%, más del doble que el crecimiento del crédito hipotecario para vivienda, y los morosos llegaron al 40% (cerca del 7% en el crédito hipotecario), si a todo lo anterior, añadimos una bajada de la inversión pública del 59% (de 31.000 a 13.000) para el mismo periodo (2009-2015), todo llevó a una cifra de morosos, que superaba los 200.000 millones de euros en todos los capítulos, y a una fuerte caída de la actividad económica, con una baja de la vivienda superior a un tercio de su valor más alto y el 40% de depreciación, si consideramos la inflación.

Los descensos en los precios del suelo han sido todavía mayores que en la vivienda, con 40.000 millones que recalaron en la banca, como el activo menos líquido y de más difícil gestión y salida. Así recientemente en este año, el Banco de Santander ha agrupado sus suelos en una sociedad que suma 4500 millones de euros. La falta de estadísticas adecuadas y de discusión de una política unitaria de gestión del mismo, hace que haya desaparecido del debate público, un tema básico en las discusiones sobre la vivienda. El suelo se halla al principio del 2021, un 52% por debajo del precio más alto de la burbuja en el 2007, aunque claro está, es un suelo diferente.

LA RECUPERACIÓN 2014-2019. BUENA PARA EL PROPIETARIO, MALA PARA EL INQUILINO

A partir del 2014, la economía española comienza a recuperarse, (3) incrementando el empleo, lo que acabó, en una subida de precios de la vivienda del 32% en el periodo, pero que todavía supone un 17% por debajo de su máximo histórico. El alquiler dentro de la incertidumbre de los datos, se incrementó más del 40% en los cinco años que estamos considerando.

El propietario, se ha beneficiado de la intensa caída de los tipos de interés, y en cambio el inquilino sobre todos los jóvenes, han tenido que incrementar su esfuerzo, para el pago de sus rentas.

Tanto gran parte de los jóvenes, como las rentas bajas, se han visto desplazados del mercado de compra, por la eliminación de las desgravación fiscal, pero sobre todo por la fuerte baja de salarios (y alto paro), en los trabajadores por debajo de 35 años, y la mayor dureza en la financiación, ya que por un lado descendió el porcentaje de crédito sobre el valor de la vivienda al 70%, con lo cual había que desembolsar de entrada un 30%, más los gastos e impuestos de la compra, y por otra, las restricciones en los créditos a promotores, que supuso una oferta muy disminuida de vivienda nueva, en un momento de fuerte demanda de alquiler. La estimación el número de viviendas nuevas a la venta acumulado (457.000), del banco de España creemos que por una parte está sobrevalorado, (entre otras causas por un número inflado de viviendas vacías) y por otra, no se adapta a las características de la demanda, ni en cuanto a niveles de renta ni a la configuración de la vivienda.

Es una subida con muy poco recurso al crédito, que ha disminuido su peso en la economía sobre todo en el crédito promotor, que ha descendido a una quinta parte de su saldo en el 2007, con la dificultad de acceso a la compra de vivienda pero en cambio con menor esfuerzo en los pagos de la hipoteca por la bajada de tipos y el incremento de los plazos, y un mayor esfuerzo del alquiler en niveles críticos, más del 30% de la renta disponible en el 14% de los menores de 35 años para el 2017.

El debate del alquiler que ha ascendido del 14% al 17% del total del parque de viviendas, está siendo central en las discusiones previas a la ley de vivienda que se está gestando.

Por otra parte, la inversión extranjera ha ido incrementado su peso del 7 al 19% de las ventas, lo que supone un porcentaje mayor, en las zonas de costa mediterránea en las que se concentra, con la consiguiente decisiva influencia en los precios.

SITUACIÓN ACTUAL, LA RESACA Y EL IMPACTO DEL COVID

La pandemia afectó en primer lugar, sobre todo en la etapa de confinamiento, al número de compraventas inmobiliarias con un descenso del 14.5% y al de créditos hipotecarios con una caída menor de tan solo -1,4%, aunque al aumentar el volumen de crédito por operación, disminuyo con más intensidad el número de hipotecas.

Los precios aguantaron bien con una subida del 2020, según el INE del 2.1%, que se desglosa en un ascenso de la vivienda nueva del 6.5% y de la antigua del 1.4%. Sin embargo, el precio por metro cuadrado de venta ha disminuido en 1.1%, ya que de acuerdo con los cambios de la pandemia, se han vendido pisos más grandes y se ha incrementado la venta de viviendas unifamiliares.

Las exigencias del teletrabajo, con la deslocalización del mismo (el 80% de las capitales de provincia han perdido peso en sus compraventas sobre las totales de la provincia), la búsqueda de luminosidad, eficiencia energética, espacios abiertos y adopción funcional de las tareas, ha llevado a un incremento récord de las obras de reforma, y las mudanzas.

El alquiler continuó sus incrementos ya en descenso, para entrar en terreno negativo en el 2021, con bajadas de dos dígitos en Madrid y Barcelona, por la oferta de inversionistas con creciente participación de las instituciones (Fondos extranjeros, Socimis, Seguros, Fondos de Pensiones) incrementada por los pisos de alquiler turístico, que pasan al doméstico, y la debilidad de la demanda por los altos niveles alcanzados (a pesar del incremento de la demanda por la alta cifra de divorcios y separaciones).

La inversión extranjera, tanto la de residentes y sobre todo la de los no residentes, se ha visto especialmente afectada, por las restricciones de movilidad que está suponiendo la pandemia cayendo más que las compraventas de los nacionales, un 25% en el 2020.

Financieramente ha continuado la misma tendencia, de endurecimiento todavía mayor, en la concesión del crédito hipotecario, y en cambio, mejora en las condiciones de pago por el nuevo descenso de los tipos de interés fijos en las hipotecas, que van ganando peso sobre el total. Por otro lado, cada vez es más restrictivo el criterio bancario para dar crédito al promotor, no se financia suelo, e incluso tampoco con un porcentaje alto de preventas en ciertos casos (5), lo que se traduce en una oferta baja de viviendas en relación al parque. Desaparecen más viviendas, de las que se construyen cada año. En el 2020, la cifra de visados descendió un 20% sobre el 2019.

- La resaca.

Con la pandemia, la resaca del pinchazo de la burbuja ha agravado algunas situaciones, como el Banco Malo de la SAREB donde la banca transfirió créditos y activos inmobiliarios con fuertes descuentos, cuyas pérdidas ha llevado a la Unión Europea, a ordenar que se registren 35.000 millones de euros más como Deuda Publica, que unidos a los del rescate bancario que no se van a devolver, nos lleva a los 77.000 millones, que colean de la crisis inmobiliaria.

Ya hemos comentado la falta de salida todavía de una importante cantidad de suelo y que ha llevado al Santander, a crear una filial de 4500 millones de euros, para gestionar el tema podriamos estimar una cifra cercana a los 15.000 millones pendientes de liquidar.

Por otro lado, otra consecuencia es el elevado stock de viviendas nuevas sin vender ya comentado y que el Banco de España estima en 457.000 viviendas, creemos sobrevalorado por lo incierto del método de cálculo (en el análisis de Funcas que recogemos tampoco observan sobreoferta) y la no percepción de la presión sobre los precios que debería tener, ya que su valor supera los 90.000 millones de euros.

Por último destacar los litigios pendientes como las cláusulas suelo (583.000 demandas desde el 2017) que ya han costado a la banca 2380 millones de euros, y el estado de inseguridad jurídica, creado por el tratamiento discrecional y arbitrario, sobre todo el arco de ejecuciones hipotecarias, desahucios, viviendas vacías, expropiaciones, ocupaciones, viviendas sociales y control de alquileres, así como el tratamiento fiscal y regulatorio de las actividades inmobiliarias y el suelo, que exige una gestión muy ecuánime y amplia, por el gobierno, de los derechos en conflicto.

EL GRAN PARQUE DE VIVIENDA, EN EQUILIBRIO PERO CON TENSIÓN SOCIAL

El parque residencial español, con más de 25 millones de viviendas, (85% propiedad de particulares) supone una valoración cercana a los cuatro y medio billones de euros, es decir nueve veces la valoración de las empresas del IBEX.

Es una gran factoría que, contra la convención existente, genera una importante cifra de rentas explicitas e implícitas (las que se ahorra el propietario que puede gastar en otros bienes o ahorrar) que podemos estimar conservadoramente, sobre los 110.000-115.000 millones brutos (alrededor del 10% del PIB). Por otra parte, es nuestra base de calidad de vida, y bajo este aspecto, ha ido envejeciendo sin mucha eficiencia (6) con una edad media de 45 años, y un certificado energético bajo.

La previsión de dedicar seis mil trescientos veinte millones de euros de los fondos europeos a la restauración inmobiliaria, multiplicando por cinco, el número de rehabilitaciones anuales, de 30.000 a 150.000 y 1000 millones al Plan de Vivienda Asequible, puede rejuvenecer notablemente nuestro parque, en los próximos años.

Según el Banco de España, el mercado se encuentra en equilibrio económico. Todas las magnitudes, de esfuerzo, financiación oferta y demanda, son moderadas, y el nivel de precios actual no indica sobrevaloración, es más, está mejor que nunca, respecto a las alternativas de inversión. La diferencia entre la rentabilidad bruta de la vivienda, 3.5% y la del bono a diez años, 0.437 es la más elevada de las últimas décadas. Como consecuencia, la nueva vía de intervención sobre algunos aspectos de la economía, por parte del gobierno, entre ellos la inmobiliaria, la llamada política "macro prudencial", (7) no ha puesto en marcha ninguno de sus instrumentos de regulación (colchones de liquidez por crédito inmobiliario, marcar un porcentaje del crédito sobre el valor del inmueble, limitar a un porcentaje el crédito inmobiliario sobre el total etc.)

RENTAS BAJAS Y JÓVENES

Sin embargo la pandemia ha agravado la desigualdad y por ello las tensiones sociales en las rentas bajas y con más intensidad en los jóvenes, tanto para el alquiler como para la vivienda en propiedad (8) En relación a esta última, hay que destacar el aplazamiento de pagos en las cuotas hipotecarias, por 56.000 millones de euros, que se acumulan a los pagos futuros, suponiendo más del 10% de las hipotecas vivas. Muestra claramente una amplia franja de hipotecas de alto riesgo, que deben ser apoyadas preventivamente por el gobierno, para minimizar futuras ejecuciones y desahucios.

La pandemia ha provocado que el 25% de los jóvenes (de 25 a 34 años) haya paralizado su idea de comprar una primera vivienda, pero siete de cada diez, continúa con la intención de comprar su primera casa. Pero de hecho, solo el 10% de los jóvenes es capaz de afrontar solo el pago del alquiler o la cuota hipotecaria, en consecuencia el 60% de los jóvenes vive en pareja, y el 28% con sus padres.

El principal problema para la compra, es el no tener suficientes ahorros para pagar la entrada. El 60% declara, que no les podrían apoyar sus padres con ninguna cantidad y llegarían a hasta 10.000 euros un 17% más. Todo ello, ha llevado a una movilidad obligada, en la que el 40% de los que comparten piso con amigos, lo hacen en una comunidad autónoma diferente de la que nació.

Medidas como en Estados Unidos de subvencionar parte de la entrada o avalar como ha planteado la Comunidad Murciana, el desembolso de la entrada, son necesarias para facilitar el acceso a la compra.

Más grave todavía, es el problema del alquiler, ya que afecta a rentas más bajas y en mayor grado a los jóvenes, el alto nivel de los alquileres en relación a los sueldos, que ha ido subiendo a lo largo de estos años y siendo un problema europeo, la presión en España es la mayor entre los países desarrollados (9) y ha ido llevando a un mayor hacinamiento, y a una expulsión progresiva de los inquilinos, cada vez más lejos, al extrarradio.

La visión y las actuaciones tanto en el alquiler como en la propiedad, deben ser de un abanico de medidas para actuar inmediatamente, y en el largo plazo. Debe predominar el estímulo público a todos los actores, propietarios e inquilinos frente al control, en medidas de regulación, tanto de alquileres, como de compensaciones y exenciones fiscales.

Por su gran impacto social, y precisamente porque es pequeño el porcentaje de ejecuciones y desahucios sobre el total, (menos del dos por mil) una vez que nos hemos puesto acordes, en cuanto a plazos de ejecución y garantías con la legislación europea, es de esperar que con la nueva ley de desahucios y su establecimiento de una red pública, se eliminen los episodios de abandono de los desahuciados. Hay Comunidades Autónomas en que esta red es incipiente, y en otras, se han activado procedimientos ejemplares (10).

El código de buenas prácticas bancarias y la creación en el 2013 de su fondo social de viviendas, contribuye a la remisión de estos sucesos, como debe ser, en un país como el nuestro.

Igualmente hay que reducir a su debida dimensión, el problema de las viviendas vacías cuando se refiere a los casos, en que no está justificada esa no ocupación, En la Comunidad Vasca, al aplicar los variados casos de justificación a las viviendas vacías, se han reducido casi a la décima parte (15.000) de las inicialmente censadas. Respecto añadir otro impuesto a los tres que ya soporta una vivienda estática (municipal, renta y patrimonio) parece bastante discriminatorio o más violentamente, recurrir a la expropiación, con los problemas que estamos viendo en Baleares, Cristina Argerich en su obra sobre expropiaciones temporales (Marcial Pons 2017) señalaba que, en Inglaterra, había 700 proyectos de éxito en viviendas vacías, sin haber tenido que expropiar.

Si tenemos en cuenta que España, según la OCDE, es uno de los países con elevada presión fiscal sobre la vivienda, la tendencia a incrementar los impuestos, y reducir exenciones en el alquiler, discriminando a la inversión institucional, todavía escasa, que podría ser una fuente creciente de oferta de alquiler, y en contra de recomendaciones del Banco de España, hace que las perspectivas en esa línea, para equilibrar el mercado de alquiler, no son muy positivas.

AYUDAR A LA PERSONA O AYUDAR AL LADRILLO

Esta es una polémica que se planteó en Francia durante años, y no tuvo ningún eco en España.

Ayudar al ladrillo, poco puede aportar a corto plazo a la oferta de alquiler en España, ya que supone el construir viviendas sociales para alquilar, al menos desde el inicio, más de dos años y con un gran coste para la administración y con el gran riesgo, de que su ubicación lleve a la discriminación social (11). Por otro lado, tiene la ventaja, que es una ayuda más completa a quien más lo necesita.

La ayuda a la persona selectiva, es más rápida, mucho menos costosa, y con más integración social de la persona, que es libre de elegir su nivel de inversión y su ubicación.

En nuestro país, es claro que hay que aplicar las dos medidas, a corto, una ayuda a la persona bien diseñada con el complemento a medio, de la vivienda social, tema complicado por lo costoso y el riesgo de acertar con la localización.

2021: EL MERCADO SIGUE RESISTIENDO

Los precios de los pisos, siguen subiendo ligeramente en el primer trimestre del 2021 (0.9%), nuestro país, está acompañado en esta tendencia, por todas las economías desarrolladas con una media de alzas superiores a la nuestra, sobre todo Estados Unidos con un subida del 12.6%, unos inventarios que se han reducido a dos meses (récord de la historia de baja) y un descenso del alquiler (12), ascendiendo el porcentaje de propietarios, además una preocupaciones muy paralelas a la nuestras, respecto a los colectivos vulnerables que podrían ser expulsados del mercado de propiedad, a las hipotecas que se han retrasado en los pagos, y a los morosos en el alquiler, aunque con una reacción más dinámica, en la construcción de nuevas viviendas.

En España, la pandemia ha incrementado en un 25% los pisos ofertados en herencia (alrededor de 40.000 pisos que se irán incorporando al mercado) sin embargo, tenemos una escasez de oferta por las restricciones financieras de constructoras y promotoras, que además están sufriendo una fuerte subida de los costes (7%) en junio con subidas superiores al 50%, en materiales básicos, como cobre, aluminio, madera, acero, petróleo, etc.

Hay que pensar que, con la salida de la pandemia, se van a incorporar ventas retenidas de vivienda antigua al mercado, pues el 42% de los españoles han visto rebajados sus ingresos en la pandemia.

Por otra parte, en la demanda de primera vivienda a corto plazo, es difícil una mejora de las condiciones financieras, aunque se recuperará algo, la formación de hogares, tras la fuerte baja en su crecimiento del 2020, que será transitoria (consideramos estable la segunda vivienda y seguirá ganado peso la inversión, en el corto plazo).

En cambio, la inversión extranjera va a ser claramente expansiva y un factor de peso en las zonas en la que incide.

Como conclusión, la escasez de oferta puede mantener los niveles actuales de la vivienda, a corto plazo, pero la vulnerabilidad empresarial, va a ser clave para el rumbo de la vivienda, van a ir paralelos los morosos empresariales, los de hipotecas y los de inquilinos.

En cuanto a la notable baja del alquiler de dos dígitos en Madrid y Barcelona, por la erosión de las rentas en los colectivos vulnerables, puede que vuelvan las tensiones, al retirarse de la oferta, los pisos de alquiler turístico (321.000 según el INE) al recuperarse la economía y el empleo.

Lo que suceda en la salida de la pandemia, con las empresas, especialmente pymes y autónomos, con la retirada de apoyos (ERTES) aplazamientos y descuentos, unido al uso de los Fondos Europeos, va a repercutir en los pagos de hipotecas de riesgo ya comentados y en los inquilinos, con los aplazamientos y descuentos temporales obtenidos.

EL LARGO PLAZO. POBLACIÓN Y ECONOMÍA

La incertidumbre es muy grande, pero se puede avanzar que respecto a la población, no se va a dar un gran dinamismo, la pandemia ha exacerbado la tendencia de fondo, de reducción de la natalidad y la emigración, e incremento de la mortalidad, pero en las próximas décadas este país va a seguir teniendo más muertes que nacimientos, con lo cual va a depender de la emigración.

Las proyecciones de población para los próximos 15 años (13) prevén un crecimiento sostenido de la emigración, nada menos 2,7 millones hasta el 2035, para que la población crezca en un millón de personas. Su peso, aumenta por tanto en la formación de hogares, (que va a crecer al 6% en los 15 años frente al 2% de la población. Aunque se constituyan en hogares con más miembros que la media española (poco más de dos) por ejemplo, cuatro, sería una demanda de viviendas de 675.000 (2,7 millones /4).

Van a ser claves los emigrantes, por tanto, en la demanda de vivienda, tanto de propiedad, como de alquiler, pero en zonas bajas de renta.

- La economía, dos versiones extremas.

Por un lado la postura de la banca, que consciente o inconscientemente, al seguir bajando los tipos de interés de las hipotecas a tipo fijo, habiendo descendido del 1.5%, y llegándose a cruzar a un tipo fijo del 0.85% a treinta años, lo que implica una visión de una economía con una inflación muy baja, y un crecimiento anémico, agravándose los síntomas anteriores a la pandemia. El parque inmobiliario, tendría un sostén financiero, pero a pesar de ello habría un descenso gradual de precios.

Por otra, la postura representada por los autores de un influyente libro de Goodhart y Pradhan (15) en el que señalan, el fin de la época deflacionista, por el fin de la oferta laboral china, que exportaba deflación a través de las cadenas de producción y en consecuencia, el incremento del poder de los asalariados en los países desarrollados, que unido al envejecimiento de la población, que va a suponer un menor ahorro y más gasto, nos va a llevar en cuatro a cinco años, antes de la pandemia, y en menos tiempo después de ella, a unas décadas de alta inflación y subida importante de los tipos de interés.

Todo lo anterior, dados los niveles de deuda alcanzados, va a colocar en una situación de impotencia, a los Bancos Centrales. Finalmente, creen que no va a haber un elemento compensatorio en la emigración desde la India y África, que serían los que podrían tomar el relevo, por la propia burocracia y fragmentación de dichas economías y oposición política de los países posibles receptores.

Para la vivienda y la economía lo ideal es situarse en un término medio entre los dos. Es decir, un crecimiento económico igual o superior a la inflación, de al menos 2.5-3%, con los tipos de interés positivos, pero no tras descontar la inflación. La incertidumbre es grande, pero esta versión puede tener tantas probabilidades como las otras dos, y España, si va a tener una emigración compensatoria que tendrá que regular.

Bibliografía

(1)En el primer semestre del 2021 el bróker CATELLA en su informe sobre el mercado inmobiliario, señala que las inversiones en dicho trimestre fueron de 650 millones de euros para residencial y 1141 para el resto del mercado inmobiliario.
El concepto inversor de Vivir (Living) en "European Living Investor" JLL and Aberdeen Standard Investments 2020
(2)Ver capítulo V de "La Burbuja Inmobiliaria en España "José Luis Campos Echeverría. Marcial Pons 2008.
(3)"El mercado de la vivienda en España entre 2014 y 2019". 21 analistas coordinados por Roberto Blanco. Documentos Ocasionales nº 2013. Banco de España 2020.
"Evolución reciente del mercado de la vivienda". Pana Alves y Alberto Urtasun Boletín Económico Banco de España. 11-Abril 2019.
"Evolución reciente del mercado de alquiler de vivienda en España" David López Rodríguez y María de los Llanos Mateo. Boletín Económico Banco de España 3/2019.
"La Inversión Extranjera en el mercado inmobiliario residencial español entre 2007 y 2019" Laura Blanco, Roberto Blanco y Miguel García Posada. Boletín Económico Banco de España 2/2020.
(4)"El impacto de la Crisis del COVID-19 sobre el mercado de la vivienda en España" Pana Alves y Lucio Sanjuán. Boletín Económico Banco de España 2/2021.
"Mercado de la vivienda; ¿esta vez es diferente?" José Ramón Diez Guijarro. Marzo 2021. FUNCAS.
(5)"Evolución reciente del mercado hipotecario" BBVA Research Febrero 2021. Boletín Trimestral Hipotecario cuarto trimestre 2020.
(6)"Radiografía del parque inmobiliario español: una vivienda de 45 años con un certificado energético E" Idealista. Mayo 2021.
(7)"The Grand Unifying Theory (and practice) of Macroprudential Policy", speech of Mark Carney Governor of Bank of England Hall, University College, London 5 march 2020. En este artículo se repasa el origen de la política macro prudencial y los sectores a los que afecta.
(8)"Seguimiento de los programas de moratorias sobre préstamos".
Banco de España Informe de Estabilidad Financiera p. 89-91 primavera 2021.

"Estudio Jóvenes y Vivienda. 2020" AEDAS HOME RESEARCH, diciembre 2020. Es curioso, que en el proceso de digitalización vivido por el sector en todas sus facetas, la mitad de los jóvenes consultados, no admitirían cerrar una hipoteca por Internet.

(9)"Making Affordable Rental Housing Part of Europe Recovery". Älfred Krammer, and Andrea Tudyka, May 26, 2021 IFM Blog.

(10)Las medidas avanzadas, por la ley de acceso a la vivienda 2022-2025 de protección a los colectivos vulnerables en el alquiler, con financiación a largo plazo, cinco años y hasta el 100% para inquilinos, objeto de desahucio, van por el buen camino, pero sería deseable un ordenación cuantitativa y cualitativa de las medidas, respecto a los segmentos de renta, oferta y demanda, que nos permitiera realizar evaluaciones comparativas con otros países, con el pasado, y con las magnitudes sociales económicas y sociales adecuadas.

(11)Para el sociólogo francés Bourdieu, la ayuda la persona es menos gravosa, que la ayuda a la piedra, con todos los fracasos de la vivienda social en Francia "Las estructuras sociales de la economía" Pierre Bourdieu Editorial Anagrama 2000 Pp 118-124.

En Estados Unidos, el sociólogo Richard Sennet comentaba la huida y erosión de las viviendas sociales, que él vivió en su infancia en Chicago. "Recuerdos de Cabrini. La Vivienda Social" El Respeto. Pg19. Anagrama. Colección Argumentos. 2003.

(12)"The State of The Nation's housing" 2021 Joint Center for Housing Studies of Harvard University

(13)Proyección de la Población Española 2020-2035/Proyección de Hogares 2020-2035 INE

(14)Hay que pensar en los riesgos de una subida de los tipos de interés en esas hipotecas, y los costes, en los que se puede incurrir en la cobertura de esos tipos, la SAREB el banco malo inmobiliario, perdió 3000 millones euros en una operación de cobertura, frente a una alza de los tipos de interés, que nunca llegó.

(15)"The Great Democratic Reversal", Charles Goodhart and Manoj Pradhan Palgrave Macmillan 2020. Una tesis sobre la emigración contraria, en Stephen Smith "La Huida hacia Europa. La joven África en marcha hacia el Viejo Continente", Arpa 2019.

Goodhart con Boris Hofmann, tiene un formativo libro sobre la vivienda y la economía "Houses Prices and The Macroeconomy", Oxford University Press 2007.

26 de junio de 2021
Blog del autor: camposeconomicos.blogspot.com

Capítulo 6

RECUPERACIÓN DE LA ECONOMÍA, RECUPERACIÓN DE LAS EMPRESAS

Se examina el gran número de empresas que en España luchan por su supervivencia, para la cual es necesario mejorar la burocracia y la coordinación entre las instituciones de nuestro país, para ayudar con mayor intensidad, al empresario que cumple, básico para nuestro futuro.

DEL PINCHAZO DE LA BURBUJA INMOBILIARIA AL COVID 19

En esta última década, las empresas españolas que sufrieron con la gran recesión del 2008, enormes pérdidas (según la Agencia Tributaria, un saldo de 94.500 millones de pérdidas de los cuales a la banca correspondieron 75.562 millones) comenzaron una recuperación que llevó a que el excedente empresarial alcanzó en el 2016 los niveles precrisis en su participación en la renta nacional.

Desde el 2010, comenzó el ajuste del crédito por parte de las empresas, así en el periodo 2011-2013 se devolvieron 150.000 millones, (incluyendo impagos), y al final del 2016, se habían acumulado 300.000 millones menos.

Así la deuda de las empresas de alcanzar el 140% del PIB a comienzos de la recesión (2011), pasó casi a la mitad, al 73.3%, en el 2019.

Esta política de supervivencia de devolver deuda, llevó a un ritmo bajo de inversión física, descendiendo desde el máximo, del 30% en el 2006 en el pico de la burbuja inmobiliaria, al 20% del PIB, en el 2019, por debajo de la media de la Unión Europea.

La inversión realizada en bienes intangibles, también descendió en un 6.5% del PIB, en estimación del Cotec, por debajo de la media europea, siendo el capítulo de capacidades personales, en el que estamos más retrasados. Dicha inversión intangible (1), va a ser un elemento clave, en el proceso de digitalización de nuestra economía, como señala el Banco de España, y en la mejora de la productividad, como señalan numerosos economistas (2) y en que la financiación no es fácil, ayudando la Comisión Europea y el Banco de Europeo de inversiones, con vehículos creados para compensar, el poco peso del capital riesgo en Europa, en comparación con USA, siendo un canal privado básico de financiación de estas inversiones.

Otra característica del periodo, es el repliegue de las empresas españolas (3) que viene produciéndose en los últimos cinco años, con la venta de sus filiales en el extranjero que alcanzó diez mil millones en el 2019, pero con cifras de 26.850 millones en el 2015 y 23.000 millón en el 2018, alcanzando los casi 70.000 millones en los últimos cinco años, con la generalidad de los grandes bancos, Telefónica y grandes constructoras, como principales vendedores.

Un aldabonazo del Banco de España, se produce al señalar que antes del COVID, en el 2019, el 30% de las empresas españolas perdían dinero, sin mayores matizaciones (de cuanto suponían esas pérdidas sobre los beneficios del conjunto de empresas, el peso de esas empresas en el empleo y la deuda, etc.) nos señala una línea roja de vulnerabilidad del país, mucho más allá, de lo que pensaba la opinión pública. No era pequeño pues, el número de empresas que estaban luchando por su sobrevivencia, antes del COVID (60,000 empresas).

IMPACTO DEL COVID, REPARTO DE AYUDAS A LA BANCA, A EMPRESAS, HOGARES Y SECTOR PÚBLICO

En el reparto de los apoyos a los tres sectores, privado, banca y sector público, la banca desde hace una década, como ya hemos comentado anteriormente, ha recibido un apoyo muy superior (créditos rescate, créditos de apoyo, compras de deuda) al que están recibiendo en el COVID el resto de los sectores, incluidos los futuros fondos europeos, que ya han comenzado a llegar al sector público.

Por otra parte, ya destacado en este blog desde febrero, las empresas se han visto menos favorecidas que los hogares, (5) en cuanto a apoyos, lo que ha provocado una mayor caída de sus rentas y de su riqueza. Comparando internacionalmente, ya comentamos, que en proporción al PIB, la empresa española, ha recibido menos ayuda que la media de los países del euro y se ha reflejado más en crédito, que en ayudas y subvenciones. Aunque se han incrementado posteriormente las ayudas, también lo han hecho los demás países. El peso de la burocracia, y la poca armonía entre las instituciones, y la falta de los medios adecuados en ocasiones (gobierno, patronales, banca, comunidades autónomas, servicios de empleo y seguridad social), ha llevado a implementar con mayor retraso y menor grado de cumplimiento que otros países, los apoyos en algunas líneas.

El impacto de la pandemia, con el confinamiento y cierre de negocios y lugares públicos, unido al cierre de fronteras, dio lugar a una gran caída de la producción y del consumo, que se concentró en el segundo trimestre del 2020.

Las empresas sufrieron una fuerte caída de los beneficios, el resultado bruto de explotación descendió un 48.3% en el 2020, según el Banco de España (4), pero su situación financiera aunque empeoró, incrementándose la deuda, y con un derrumbe de la capacidad financiera de pagarla, fue compensada con las medidas de apoyo del sector público, respecto al pago de las nóminas (los ERTES), las ayudas, los aplazamientos de pagos y concursos de acreedores, así como las subvenciones y los créditos avalados por el ICO.

El porcentaje de empresas en pérdidas, se incrementó del 30 a más del 50% de las empresas según las simulaciones realizadas por el Banco de España, a lo largo del 2020 agravándose aún más, en los sectores especialmente afectados, ligados al turismo, el ocio, el transporte, la hostelería, comercio y construcción y dentro de ellos, a la pequeñas y medianas empresas de dichos sectores.

España con una caída de la actividad, entre las máximas de los países desarrollados, fue el país del euro, que sufrió un mayor incremento de la deuda empresarial, en gran parte debida a la gran demanda de la oferta de créditos avalados por el ICO, que superó los 125.000 millones de euros. La elite empresarial, representada por las sociedades del índice IBEX disminuyó ligeramente su endeudamiento en el 2020, que sin embargo supone tan solo el 20% de la deuda total de las empresas no financieras, (sin consolidar con sus filiales que aumentaría algo este porcentaje) lo que indica la opacidad de la misma.

Consecuencia de esa caída de los resultados, y del gran incremento de las necesidades de liquidez, la inversión en el 2020 descendió por debajo del 20% del PIB, y continuó la venta de filiales extranjeras, por parte de las sociedades del IBEX que superó los 22.000 millones de euros, con el Banco de Bilbao a la cabeza, que realizó una desinversión, de 9080 millones de euros.

De hecho, solo dos sociedades del IBEX, presentaban una liquidez neta, después de restar la deuda, Inditex y Pharmamar.

En la partida de balance, de las sociedades no financieras, de acciones no cotizadas y otras participaciones en el capital, que recoge el capítulo de las cuentas financieras del Banco de España citado anteriormente, la disminución en el 2020, supera los 180.000 millones. No podemos determinar las causas de esta gran bajada, ya que añadiría las ventas en el extranjero de sociedades no incluidas en el IBEX, así como las ventas de filiales nacionales de todas las empresas, las pérdidas de explotación y las resultantes de las regularizaciones de las valoraciones.

La exportación, aunque bajó el doble que la caída general de la actividad, mantuvo sus cuotas mundial y europea, así como el número de empresa, mejorando incluso la cobertura de las importaciones que supera ya el 95%.

Globalmente, supuso una rápida transferencia de recursos del sector público al sector privado superior a los 200.000 millones de euros, y asumiendo el crecimiento de deuda consiguiente. (6)

Por otra parte, las bolsas incluida la española, al contemplar las medidas, reaccionaron al alza por la expectativa de una automática recuperación de la actividad, y en consecuencia, de los beneficios, cuando se volviera a la normalidad, situación que todavía a septiembre del 2021, no hemos alcanzado del todo, especialmente en lo que respecta al turismo y al comercio internacional de servicios.

2021. RECUPERACIÓN NEXO LIQUIDEZ SOLVENCIA, EMPRESAS ZOMBIES

En el 2021 se ha dado, como se esperaba ante el levantamiento de restricciones, una mejora de los resultados en todo el mundo, que en España ha sido especialmente desigual, ya que la nueva variante delta, nos ha afectado en las restricciones de circulación internacional de personas, mercancías y servicios.

Así en el primer trimestre, según el Banco de España, el resultado económico bruto ha disminuido en un 0.5% (bajaría el 8.6%, si se ponderara con el peso de cada sector en la economía), pero la disminución de amortizaciones y provisiones, ha dado lugar a un incremento positivo del 7.4% del resultado económico neto, y a una disminución de las empresas en pérdidas, que se estima en el 35% del total. Las empresas continuaron despidiendo personal, excepto en la industria, incrementándose la tasa de paro.

Respecto a la deuda empresarial bancaria, que se incrementó en el 2020, 56.000 millones, ha disminuido mínimamente sin embargo, a Junio del 2021, a pesar de inyectar más de 125.000 millones en créditos avalados, lo cual indica que se ha reducido en una magnitud importante, el crédito para el resto de las empresas, lo que puede implicar una devolución de créditos, sustitución de los mismos, disminución de la demanda de créditos por unas empresas, o también negación de los mismos a otras entidades, lo cual puede ser una señal de alarma, que nos va a llevar a considerar, el papel crucial que desempeña la banca en esta crisis, y su coordinación adecuada, con las actuaciones del gobierno.

Se supone que los créditos avalados, que suponen el 25% del total de créditos bancarios a las empresas, forman el núcleo de las empresas problemáticas en nuestro país (las más afectadas por la pandemia), que están entre la iliquidez y la insolvencia. La paradoja, es el nexo que una a los dos conceptos, (7) ya que si la liquidez la resolvemos inyectando más crédito en el corto plazo, podemos empeorar su insolvencia en el medio plazo, al no poder la empresa sostenerse, con ese incremento adicional de deuda.

El Fondo Monetario califica de ilíquidas, las sociedades en que los activos líquidos no cubren la devolución de deuda y los desembolsos netos de tesorería, de insolventes, a las entidades en las que el valor de la deuda supera el valor de sus activos.

La clave de una recuperación equilibrada, está en el tratamiento lucido y positivo, dada la gran incertidumbre existente, a esas empresas que se encuentran entre la iliquidez y la insolvencia, y que se califican con variadas acepciones, que dan lugar a un a cierta confusión. Así en cuanto a empresas, el Banco de España habla en diversos informes, de empresas vulnerables, con alta probabilidad de impago, sometidas a presión financiera elevada, en riesgo de quiebra, sobre endeudadas, sobre endeudadas viables, viables.

En cuanto a créditos, nos encontramos con créditos vencidos, en vigilancia especial, dudosos, dudosos objetivos, morosos.

Si a todo lo anterior se añade, los análisis en diversos ratios y medidas de la situación financiera de la empresa, para calificar en una u otra acepción de las expuestas, la dificultad de llegar a unas conclusiones razonables, sobre el riesgo empresarial y del país en consecuencia, es muy elevada.

El problema es según los supervisores y la opinión pública, es el de eliminar aquellas empresas que se mantienen con respiración artificial, acaparando recursos que podrían ir a alternativas de inversión más productivas para el país, es decir las calificadas como empresas "Zombis".

Las definiciones varían: El Banco de España las presenta como aquellas sociedades que pierden durante tres años consecutivos. El Fondo Monetario se refiere a las sociedades que han consumido la mitad de los recursos propios, lo que nos parece más concreto, ya que una sociedad pude tener pérdidas mínimas en los tres años, y llevar una política de amortizaciones muy sólida. La Comisión Europea es todavía más contundente, y señala aquellas empresas, cuyas pérdidas superan a los recursos propios, es decir una política de hechos consumados.

Es muy difícil determinar que sociedades son Zombis, ya que hay que examinar en estos momentos cientos de miles de sociedades, conocer la trayectoria de cada una, sus posibilidades, frente a las tendencias futuras de la economía y de su sector.

Por ello, la banca en el examen de los créditos avalados, planteaba al gobierno el ir al detalle, dado el número de casos a analizar, mientras el gobierno pretendía modelizar y establecer un "código de Buenas Prácticas" (8) con una serie de inyecciones de recursos positivas y de cierta ingenuidad reglamentista. La consultora Oliver Wyman ha servido de árbitro entre estas dos posturas.

En toda esta coordinación interfiere el mal ejemplo por parte del gobierno, de la subvención injustificable de 53 millones de euros a una aerolínea hispano-venezolana, como Plus Ultra (que nunca ganó dinero, inviable en su mínima dimensión y que evitó la quiebra anteriormente, con una ampliación subscrita desde Panamá).

Las disparidades en las conclusiones respecto a la iliquidez y la insolvencia de las empresas, crean una desorientación, debido a la opacidad de los datos de base, que hace muy difícil el diagnóstico.

Podríamos dentro unas oscilaciones razonables, que las empresas españolas con iliquidez pueden suponer el 30-35% del PIB y las llamadas Zombis" alrededor del 5-10% (de 10.000 a 20,000 empresas, sin contar autónomos que ampliaría grandemente esa cifra).

El Gobierno ha previsto unas pérdidas en los créditos avalados por su parte, de 10.000 millones sumando los años 2023 y 2024. Para la banca, ello podría suponer unos 3000 millones, más un 5% del resto de los créditos bancarios, supondrían in incremento de 21.000 millones en total (liquidaría entre un 20-40% de las empresas zombis), que los morosos actuales, por parte de las sociedades (la morosidad de los hogares descendió, pero volverá a aumentar). La banca tiene una morosidad a Junio del 4.40%. Cuando la banca provisionó 40.000 millones en el 2020, el Banco de España sentenció que había que provisionar más. La retirada de los apoyos, supone una incertidumbre, pero por parte de las empresas y la banca, las cifras comentadas por ahora son absorbibles por el sistema bancario.

De todo los anterior, se deduce que la desigualdad entre las empresas españolas, en ciertas dimensiones es superior a la de los hogares (en los que por supuesto se ha incrementado la pobreza) y la pandemia la ha acrecentado, con lo que supone de amenaza para los hogares en pérdidas de ingresos y empleo futuro. Por todo ello, es esencial el papel de la banca y su coordinación con el gobierno, porque también en nuestro sistema financiero se da una gran diferencia entre los bancos más vulnerables y lo más sólidos. Se ha estudiado el fenómeno de la huida hacia la calidad de la banca (9) en la que se produce una recolocación de los vencimientos, en créditos nuevos de mayor calidad, que puede llegar hasta el 30% en episodios pasados, dejando los peores créditos para los bancos más débiles, con la pesada carga de una refinanciación mayor que el resto, de créditos de peor calidad.

MEDIDAS: SALVAR TODO LO QUE SE PUEDA

Si hemos dado como referencias de fondo en la línea liquidez-insolvencia 30-35%-10-5% respectivamente, debemos intensificar todas las medidas a nuestro alcance, para que se deslicen de la insolvencia a la liquidez gran parte de las empresas zombis y lograr reducir el porcentaje de las mismas. Va a suponer una recuperación para todos los sectores, las empresas directamente y los hogares, la banca y el sector público en sus consecuencias. Nos jugamos de tres a cuatro años de crecimiento (al 2%), si la liquidación de empresas, con todo su multiplicador negativo en el sistema, es excesiva.

Así, se deben gestionar al detalle las ayudas, los avales, aplazamientos, extensión de plazos, reducción de intereses créditos avalados, quitas, ertes, reestructuraciones, procedimientos extra concursales, reforma de la ley concursal. En este último capítulo el concursal, con una congestión en los tribunales record en la Europa del euro (se llegó a más de 8000 casos paralizados tras la crisis anterior), tan importante, como señala el Banco de España para mejorar el clima para la inversión, y la seguridad de los contratos, y en que el gobierno ya ha avanzado una reforma, que afecta especialmente a las microempresas (menos de cincuenta empleados tan abundantes en nuestro país).

CRÉDITO COMERCIAL, COSTES ENERGÉTICOS Y PÉRDIDAS CREDITICIAS OCULTAS

No se ha destacado el importante papel que juega la financiación Interempresas por el canal del crédito comercial, la financiación por proveedores y su contrapartida, la dada a los clientes en los plazos de pago y cobro respectivamente. Es donde se producen los primeros morosos del sistema, (la morosidad actual puede estar en el 7-8% frente cerca del 5% en la bancaria) ya que se utiliza como un incentivo para las ventas, sin el rigor del crédito bancario. Presenta corrientes encontradas, ya que puede ser un elemento de presión de la gran empresa a sus proveedores, pequeñas y medianas empresas, retrasando sus pagos, pero también la empresa con acceso al crédito bancario, puede transferir parte de dicho crédito, alargando los plazos de cobro a sus clientes, con dificultades para acceder a los bancos (en las empresas españolas, puede llegar en ocasiones, al 30% de transferencia de los créditos por este sistema).

Su dimensión es muy importante, superando en estos momentos los dos tercios de la financiación bancaria, (340.000 millones de euros, incluyendo el comercial internacional) y al estar ligado a las ventas, ha soportado bajadas y subidas muy rápidas de sus volúmenes. El alargamiento de plazos, que ha soportado el entramado empresarial supera el 50% del plazo medio normal, incrementándose durante la pandemia.

Por otro lado, está la presión de las administraciones públicas sobre las empresas con pagos aplazados, que superaron los 80.000 millones, con unos plazos que doblan en días (77 días frente a 30) las recomendaciones de Bruselas, lo que provocó un expediente de la Comisión Europea de larga vida.

Aunque las cifras dadas por las entidades, son más altas (10) en una estimación conservadora, el entramado empresarial necesita de al menos, 100.000 millones de euros (80.000 interpresas y 20.000 millones por el sector público) en inyecciones de liquidez adicionales, por esta causa, ya sea en recomposición de los plazos de pago de las empresas que abusaron de sus proveedores, créditos bancarios o en diversos tipos de ayudas públicas, y concentradas en las pymes y los autónomos.

Una información actualizada de crédito comercial entre los sectores, sería de gran utilidad.

Otro tema reciente a tener en cuenta, es el de la gran subida de la energía eléctrica, causada y unida a la del gas y el petróleo. Raymond Torres de Funcas, estimaba una subida de costes por dicha causa de 12.000 millones de euros, que puede parecer excesiva, pero hay que tener en cuenta el impacto en las grandes empresas con uso intensivo de la energía (cemento, siderurgia, extractivas, fundición, captación y distribución de agua, textil etc.) el pequeño comercio, los negocios de bares y restaurantes, los hogares de renta baja, y los impactos a través de la industria y del transporte al resto de los sectores, como la alimentación, a través de la presión de los costes sobre las industrias de fertilizantes. Se han dado algunas compensaciones a la industria intensiva, pero no parecen suficientes

"Quiero las mismas tarifas que mis competidores europeos", piden los empresarios, para los pequeños, es una cuestión en muchos casos de supervivencia, que hay que atender con urgencia.

Por último la gran importancia de relacionar las deudas, señalada por el Banco Internacional de Pagos (12), que presenta dos indicadores de posibles pérdidas en los créditos. Uno, que indica la capacidad de pago de los intereses y las amortizaciones de los créditos en los próximos dos o tres trimestres y afecta a las perdidas esperadas, que por los apoyos recibidos tiende a la baja.

Y el otro indicador, que analiza el nivel y el crecimiento de la relación crédito privado sobre el PIB y la diferencia con la tendencia en esa relación de la última década. La diferencia indica que hay altas posibilidades de perdidas ocultas que pueden aparecer por la retirada de las políticas de apoyo, a partir del 2024, aunque claramente menores que en el pinchazo de la burbuja inmobiliaria.

Lo interesante, es que este segundo indicador mejora en las previsiones pasadas cuando además del endeudamiento de las empresas no financieras, se añade el de los hogares, lo que nos indica que las sociedades no solo dependen del servicio de sus deudas, sino también del de sus últimos clientes, los hogares.

En España este indicador presenta todavía un alza sobre la tendencia desde final de los años noventa, pero los ajustes del pinchazo de la burbuja inmobiliaria, hacen que las pérdidas previstas en el medio plazo, sea menores que tras la crisis de la burbuja.

LAS LÍNEAS ROJAS. LA ALTA Y LA BAJA EMPRESA

Hemos analizado aquí, principalmente la faja de empresas, que luchan por su supervivencia, la mentalización de que es necesaria una mayor proporción de ayudas de cara al medio plazo, ya que en el carril liquidez–solvencia, un deslizamiento de las empresas en mayor grado a la segunda, insolvencia, frente a un salvamento hacia la primera, nos puede suponer la pérdida o la ganancia de cuatro años de crecimiento de nuestro país. Igual que los fondos europeos tan importantes cualitativamente, y que irán sobre todo a la parte alta empresarial, pero con repercusión también en la parte baja, una mejora de la burocracia actual y de la coordinación entre gobierno, comunidades autónomas, banca, Banco de España, universidades, patronales y sindicatos, va a ser básica, para facilitar el camino a los buenos empresarios, que cumplen, y por tanto para nuestro futuro.

Bibliografía

(1)Incluye innovación, I+D, diseño, obras creativas, Información digitalizada, software y bases de datos, competencias, publicidad, personal formado por la empresa, estructura organizativa, adquirida y propia,

(2)"Digitalización e inversión en Capital intangible" Pablo Hernández de Cos Gobernador del Banco de España. Banco de España. Define la digitalización como la adopción de tecnologías como el big data, computación en la nube, el comercio electrónico, la Inteligencia Artificial, la robótica, el internet de las cosas y la impresión en 3·D. Sobre la relación entre la inversión intangible y la mejora de la productividad, ver "El Crecimiento de la Productividad y los Activos Intangibles" Matilde Más (Universidad de Valencia) FUNCAS PEE 164 art 104 PDF

(3)"Operación repliegue en el IBEX", Víctor Martínez, EL MUNDO 13 diciembre de 2020. Cuentas Financieras 3.3 Balance Financiero de Sociedades no Financieras. Banco de España Boletín Estadístico.

(4)El excedente bruto de explotación concepto más amplio que el resultado neto, ya que supone restar tan solo los salarios, al valor añadido bruto, según la contabilidad nacional descendió un 18.8% (51.000 millones).

A la bibliografía ya citada desde febrero, en que el blog se ha dedicado a la crisis de la pandemia, añadiríamos "Resultados de las empresas no financieras en el primer trimestre de 2021". Álvaro Menéndez y Marisela Muino. Banco de España. Artículos Analíticos. Boletín Económico 3/2021.

"El Impacto de la Crisis del Covid 19, sobre la vulnerabilidad de las Empresas españolas", Roberto Blanco, Sergio Mayordomo, Álvaro Menéndez y Maristela Murino. Documentos Ocasionales. Nº 2119 Banco de España. Agosto 2021.

Para las comparaciones internacionales y europeas: "Corporate Liquidity and Solvency in Europe during Covid 19. The Role of Policies", Christian Ebeke, Nemanja Jovanovic, Laura Valderrama and Jing Zho. IFM Working Paper WP/21/56.

"How much stress could Covid put on corporate credit? Evidence using sectorial data", Benoit Mojon, Daniel Rees, Christian Schmieder. BS Quarterly Review March 2021.

"Who Bore the Brunt of the Pandemic in Europe", 12 autores encabezados por Marco Arena. IMF DP/2021/015.

(5)La conciencia de la necesidad de una mayor ayuda a las empresas, llevó al Banco de España, a un duro informe sobre la situación las empresas en España. "Risks and vulnerabilities in the corporate sector as a result of the COVID-19 crisis: the experience of Spain", Pablo Hernández de Cos, Governor of Bank of Spain, 14.10.2020. Banco de España.

(6)Para no incrementar el déficit público, el gobierno no permitió los ERTES en las empresas públicas, que siguieron pagando los sueldos íntegros, provocando fuertes pérdidas en la mayoría de ellas, que en parte financiaría la banca.

(7)"Liquidity to solvency transition cancelled or postponed", Ryan Banerjee, Joseph Noss and Jose Maria Vidal Pastor. BIS Bulletin Nº 40, 25 March 2021.

(8)"Código de buenas prácticas para mejorar la solvencia de autónomos y empresas, y extensión del vencimiento de los préstamos con aval público", 11 de mayo del 2021. Gobierno de España. Presidencia del Gobierno. En

él, se establecen además de lo titulado, tres niveles de actuación. Ayudas directas por 7000 millones de euros para reducir el endeudamiento empresarial., reestructuración de deudas con aplicación de 3000 millones de euros, y creación de un fondo público de 1000 millones para capitalizar empresas de tamaño medio. Aparte en la coordinación con el banco, se considerará en la empresa, toda la deuda la avalada y la no avalada.
(9)"Credit Reallocation", Ana María Herrera, Marek Kola, Raoul Minetti. Journal of Monetary Economics 58(2011) 551-563.
(10)Cifras del crédito comercial en España, extraídas de las cuentas financieras 3.3 sociedades no financieras balance financiero. Boletín Estadístico Banco de España. En el agregado el crédito comercial a clientes y el tomado de proveedores, son casi idénticos, aunque sectorialmente es donde se producen las redistribuciones de recursos, con gran incidencia en sectores como construcción, inmobiliaria y bienes de equipo, entre otros.
"Evolución reciente del crédito comercial de las empresas no financieras en España", Víctor García Vaquero y Maristela Mulilino Ríos. Boletín Económico Banco de España, enero 2015 es un análisis del crédito comercial desde el pinchazo de la burbuja inmobiliaria. España con Japón, es uno de los países con más uso del crédito comercial entre las empresas. Para comparaciones internacionales del crédito comercial, en el Covid, el artículo citado de IFM "Corporate Liquidity and Solvency in Europe during Covid 19. The Role of Policies". P13 figure 5 en la nota 4. La Plataforma Multisectorial contra la morosidad, actualiza los datos de plazos de pago para las empresas españolas.
En "Política monetaria, crédito comercial y demanda de crédito de las empresas en España. Análisis Teórico y Empírico del periodo 1976-1985", Instituto español de Analistas de Inversiones 1988, el autor de este blog, exponía los distintos análisis del crédito comercial, sus efectos en la cadena de empresas, y en la banca, así como el impacto en la política monetaria
(11)"El coste de la electricidad para las empresas españolas", artículos analíticos. Boletín Económico 1/2021. Banco de España.
(12)"Could Corporate Credit Losses Turn Out Higher Than Expected?" Mikael Juselius and Nikola Tarashev. Nº 46 BIS 18 August 2021.

30 de septiembre de 2021
Blog del autor: camposeconomicos.blogspot.com

Capítulo 7

ESPAÑA. FORTALEZA EXTERIOR, ESLABONES FRÁGILES

El sector exterior ha resistido muy bien el embate de la pandemia, aunque con un incremento de la fragilidad financiera, debido al crecimiento del endeudamiento bruto exterior. Por otro lado, es fundamental visibilizar y gestionar por el gobierno, la vulnerabilidad de las cadenas de suministro internacionales, que articulan nuestra industria, para que las convulsiones actuales debidas a la pandemia y la tensión geopolítica, no lleven al desplazamiento de plataformas productivas fuera de nuestro país.

La liberalización progresiva comercio internacional, ha provocado un gran impulso al crecimiento de las economías, especialmente en los años noventa, con la creación de la Organización Mundial del Comercio (OMC) en 1995, (1) que sustituía con una actuación más amplia al Acuerdo general de Tarifas y Comercio, fundado en la postguerra (1948).

Entre 1990 y 2017, la tarifa global aplicada bajo las reglas de la OMC descendió 4.2 puntos de tanto por ciento (desde niveles cercanos al 10%). La caída fue mayor en los países en desarrollo, China bajó sus tarifas 28 puntos de tanto por ciento.

LOS TRES EJES DEL CRECIMIENTO: CHINA, ESTADOS UNIDOS Y EUROPA

Un tercio del crecimiento mundial desde el 2005, se debe a China superando a la contribución de todos los países desarrollados juntos (2).

El comercio global ascendió del 30% del Producto Bruto Mundial en 1970, al 60% al comienzo de la década del 2010. Entre 1999 y 2019, el comercio como porcentaje del PIB del euro área se incrementó del 31 al 54%, mientras que Estados Unidos pasó del 23 al 26%, y continúa siendo una economía más cerrada al exterior, que la europea y por tanto le afectan menos las tensiones que provocan las restricciones comerciales.

Del comercio de mercancías, que alcanzó casi 20 billones de dólares en el 2018, China es el principal comerciante en mercancías, con aproximadamente el 19% del total, en servicios que alcanzó los 5.6 billones, Estados Unidos ocupa el primer lugar. La Unión Europea incluyendo a Gran Bretaña, suponía el 37% del comercio de mercancías, lo que da idea de su potencial de negociación, si realmente actuara como una unión total.

Los déficits comerciales en el 2020, se concentran en Estados Unidos (-854.000 millones de dólares) Gran Bretaña (-202.000 millones) y Francia (-81.000), compensados por los superávits de China (467.000 millones de dólares), Alemania (183.716), Rusia (80.500), Irlanda (70.600) Emiratos (70.000), Países Bajos (69.500), Italia (63.000) y Taiwán (51.700).

ESPAÑA, UN PAÍS SE CONVIERTE EN LO QUE EXPORTA

Esta frase de un gran economista, Rodrik, señala que la medida de la competitividad de un país, la da la evolución de sus exportaciones y cuya expansión debe repercutir a su vez en el incremento de sus inversiones. Rafael Myro (4) señala que hay dos maneras de medir la competitividad de un país, la de costes por unidad de producción, o la del nivel y evolución de sus exportaciones dentro del mercado europeo y mundial. Myro concluye que la competitividad de las empresas españolas de cara al exterior ha sido excelente, ganando cuota progresivamente en el mercado europeo, e incluso en algunos periodos en el mundial, a pesar del efecto chino. Se ha producido tanto en bienes como en servicios, en los que el creciente turismo ha jugado un gran papel, que el autor estima en el 14% de los ingresos por bienes y servicios.

En España, la apertura al exterior de nuestro país (importaciones más exportaciones sobre el PIB) pasó del 20% al inicio los años setenta, al 60%, en la década entrante, superando la media de la Europa del euro.

España ha ido reduciendo su déficit comercial (16.000 millones) en bienes por el gran comportamiento de las exportaciones de bienes y servicios (sin turismo), acercándose a los 350.000 millones de euros anuales, un tercio del PIB, con 55.000 empresas exportando de forma regular (cuatro años seguidos) y con un incremento en la diversificación de capítulos de exportación, hasta cuarenta líneas de actividad económica, en la que se superan los 2000 millones de exportaciones anuales.

La balanza de servicios ha compensado dicho déficit comercial, con un gran incremento de los ingresos en las últimas décadas, no solo en el turismo sino en el resto de los servicios (finanzas y seguros, transporte, construcción, propiedad intelectual, telecomunicaciones e informáticos y otros) que en el 2020, han supuesto unos ingresos superiores a los 60.000 millones y un saldo positivo, por encima de los 15.000 millones de euros.

A los sectores exportadores punteros, Automóvil, Bienes de equipo, Productos químicos y el Agroalimentario (el de mayor crecimiento en estas dos décadas, con 28.000 millones de exportación y 10.000 millones de superávit comercial) se han unido los muebles, los juguetes, la cerámica, minerales, confección etc.

Para Myro, la exportación se realiza en las vertientes de un país desarrollado de tecnología media y alta, Carlos Sebastián rebaja ese optimismo, señalando que solo el 1.4% de las exportaciones españoles se sitúan en la categoría de tecnología alta.

Creo que la cuestión tiene matices adicionales, y una posición intermedia, la da el concepto de complejidad en las exportaciones, establecido por la OCDE, en la que se analizan toda una serie de factores (5) y en la que España ha sufrido en esta última década, un cierto retroceso de no fácil diagnóstico.

De cualquier forma, los problemas de la empresa española frente a la de las potencias europeas, (atomización de empresas con falta de dimensión adecuada. Falta de capacidades, baja rentabilidad y dispersión en la misma, problemas de financiación) se extienden también a la exportación.

LA GRAN TRANSFORMACIÓN, LAS CADENAS DE SUMINISTRO

China que exporta los teléfonos inteligentes de Apple, tan solo participa en un 5% del precio de la exportación de cada teléfono, ya que solo realiza el ensamblaje de los mismos. Se realizan importaciones de decenas de países, en algunos casos con entradas y salidas en un mismo país. El margen, el valor añadido de China, es pues muy bajo.

Las cadenas de suministro han sido un factor de empuje del comercio internacional en este siglo, hasta suponer el 50% de los flujos comerciales mundiales y dar trabajo a 450 millones de personas.

España está por encima de la media europea, con un peso de las cadenas comerciales del 40,3 % en el 2020, con 22.7% de participación descendente, es decir como comprador en la cadena y un 17.6 % ascendente como vendedor, la evolución lógica es incrementar su peso como vendedor, aunque hay tendencias dispares entre los países.

En la economía del euro, con un porcentaje superior al resto del mundo, (6) ha sido fundamental, especialmente en sectores como el automóvil, agroalimentario, tecnología, textil.

En España, el mayor peso de las cadenas se da en los coches (41%), refino (69%) textil, farmacéutico y químico, el resto está a una media del 24% (7).

Esta transformación de la estructura del comercio, supone que hay que relativizar las cifras brutas de exportaciones e importaciones por países, ya que el peso comercial en cuanto al valor añadido a esas cifras por cada país, puede ser muy diferente.

Por de pronto, un incremento de exportaciones arrastra consigo una subida de las importaciones y al revés. Los sectores de un país con mayor volumen a la vez de importaciones y exportaciones suelen ser con cadenas de suministro importantes, y en los países desarrollados un nivel elevado de valor añadido.

Así por ejemplo, considerando los valores añadidos, el déficit de Estados Unidos con China se reduce a la mitad, España asimismo reduciría su déficit con China y aumentaría la importancia de su comercio con Estados Unidos, y se reducirían nuestros superávits con Portugal y Francia.

Las cadenas de suministros han ayudado a la integración comercial de los países, ayudando a empresas a incorporarse a los mercados exteriores, que solas, con la exportación de un producto, lo tendrían difícil por las economías de escala, la gran competencia exterior y las inversiones adicionales necesarias respecto a la venta en el mercado doméstico. Es la venta de una actividad y no la de un producto completo, la que ha posibilitado ese acceso.

Son procesos de optimización de la producción en costes y tiempo, con importantes transferencias de tecnología, lo que ha llevado a su expansión, aunque precisamente por eso, su fragilidad está en la gran interconexión entre empresas, que lleva a que los problemas en una empresa de la cadena, se transmiten rápidamente a través de la misma. Todo ello ha llevado a una sincronización en los ciclos de coyuntura y la evolución de los precios.

La introducción cada vez mayor en las cadenas comerciales, de los temas laborales (derechos humanos, evitar el trabajo infantil), de medio ambiente (favorecer las mercancías verdes) y la geopolítica, con los enfrentamientos entre Estados Unidos, China y la Unión Europea han comenzado a distorsionar el funcionamiento de las cadenas, antes de la aparición de la pandemia.

LA PANDEMIA AMPLIFICA LA TENDENCIA DESCENDENTE DEL COMERCIO

Si desde los años 90 hasta la Gran Recesión del 2008, el comercio había tirado de las economías al doblar su ritmo de crecimiento respecto a ellas. Desde el 2008, el comercio ha crecido en paralelo con la economía, debido al brote de toda una serie de tensiones principalmente entre Estados Unidos y China, con efectos negativos en la Unión Europea y enfrentamientos colaterales, Australia y Canadá con China, Rusia con Estados Unidos, las sanciones de la UE a Rusia, y las réplicas rusas por la invasión de Crimea, Japón con China etc. además de las subidas de aranceles (recordar aluminio y acero, la aceituna española), estos enfrentamientos se dieron en todo tipo de barreras no arancelarias, acusaciones de dumping, de ayudas del estado, exigencias técnicas, retrasos burocráticos, bloqueo de exportaciones por razones de espionaje, de seguridad nacional, expulsión de sociedades listadas en las bolsas, lucha contra la supremacía financiera de Estados Unidos por parte de China y Rusia, con desviaciones parciales de sus inversiones en la deuda estadounidense hacia el euro y otras monedas, e intentos de ampliar el peso de la moneda China, el Yuan, en los intercambios comerciales asiáticos.

Si a esto añadimos el Brexit, con su gran impacto en la Unión Europea, e indirectamente en todo el mundo, la globalización llegó al COVID en regresión y reorientación de los flujos comerciales, y su contrapartida de capitales e inversiones extranjeras.

El COVID con el bloqueo de la movilidad y la actividad, llevó a una caída de los flujos comerciales que dobló al de la economía de forma general.

En España las exportaciones de bienes y servicios en el 2020 descendieron un 20% y las importaciones un 15%, y las cadenas de suministro todavía más, al sufrir graves alteraciones descendiendo al 40% de los flujos comerciales, con más de diez puntos de descenso en tanto por ciento. Sin embargo, se mantuvieron las cuotas de mercado exportador, el número de empresas que exportan de forma regular y los lazos con los clientes.

En el 2021, el rebote positivo está siendo casi equivalente, aunque un componente más alto de incremento en los precios.

SURGE EL PROTECCIONISMO Y LAS RESTRICCIONES

Si en el 2019 se perdieron según cálculos de la Organización Mundial del Comercio, 340.000 millones por las restricciones al comercio, en el 2020 se implementaron más de 1900 nuevas medidas restrictivas, 600 más que la media de los dos últimos años, con un incremento de las medidas discriminatorias que han perjudicado en costes, en seguridad jurídica produciéndose un alud de litigios jurídicos, al no respetarse los contratos, y en financiación.

Productos médicos ligados al COVID y la Agricultura, son los flujos comerciales, sobre todo el primero, que han tenido un mejor comportamiento comercial, pero la pandemia ha planteado la necesidad de una seguridad y la autosuficiencia máxima posible, en los suministros sanitarios. En el 2020 con respecto al 2019, la importación de equipos protectores se incrementó en un 40.3%, los equipamientos de oxígeno en un 38.7% los equipos de diagnóstico 19.2% y los productos de esterilización un 19.1% (9). España quedó por debajo de la media en importaciones productos relacionados con el COVID, con un incremento del 12%.

La obsesión es rebajar la dependencia sanitaria de China, que en la gama baja (mascarillas, equipos de protección, guantes quirúrgicos, esterilizantes, es muy alta). Estados Unidos importó de China 5000 millones de dólares de equipos de dicha gama (el 26% de sus necesidades) y la UE solo en preparados farmacéuticos importó el 45% de sus necesidades de China, y supero el 60% en la gama baja del COVID.

Deberíamos conocer en España la planificación de una cadena de suministro COVID que incluyera la gama baja citada (mascarillas, equipos protectores, guantes, test) y la alta (ventiladores mecánicos, monitores, equipos de diagnóstico, máquinas de rayos X) en la línea elaborada Gay Gereffi para Estados Unidos, citado en la nota 9, y que equilibre la eficiencia con la seguridad en el suministro.

La tensión entre las grandes potencias, ha llevado a un intento de descuelgue de las cadenas de China, que ya había incrementado sus costes de manera notable. El gobierno japonés subvencionó con 2500 millones de dólares, a las empresas japonesas que se independizaran de los suministros chinos. Y la misma línea siguieron la mayoría de los gobiernos y empresas, aunque la precipitación, ha llevado a las quiebras de fabricantes de mascarillas en Francia y Estados Unidos.

Por otra parte en el comercio internacional se paga al contado por lo que las necesidades de financiación son amplias, y la pandemia ha provocado una retirada de crédito a los eslabones más débiles de la cadena, quedando solo 40 bancos en todo el mundo, para financiar a estos países emergentes, siendo insuficiente el crédito comercial y los avales entre los integrantes de la cadena.

Por ello, el Fondo Monetario Internacional ha emitido el equivalente a 650.000 millones de dólares en los Derechos Especiales de Giro, que sin ser una moneda, permite ser aceptado como divisa en el comercio internacional, para poder realizar compras sobre todo en importaciones de vacunas y medicamentos para estos países, con tasas bajas de vacunación (10).

En España esta tendencia al nacionalismo y lo local, ha reforzado el lema de la reindustrialización del país planteado ya en el 2014, con el objetivo de aumentar el peso de la industria en el PIB nacional, renovado en el 2019, con las "Directrices Generales de la Nueva Política Industrial Española en el 2030".

De cualquier forma el sector exterior resistió bien el embate del COVID (11) gracias al comportamiento positivo de la balanza comercial, a pesar de la gran caída del turismo, y cierto equilibrio en la rentas (dividendos e intereses de la deuda), que restaron algo, compensado por la gran baja del déficit energético por el desplome de los precios y por la balanza de capitales, y las inversiones, con el incremento de fragilidad ya comentado en el blog anterior, por el incremento de la deuda bruta exterior, por la financiación estatal en gran parte y la de las grandes empresas, terminando con un saldo exterior positivo.

El 2021 continua en la misma línea con un saldo comercial positivo, y subida del saldo de servicios, y el fuerte crecimiento del déficit energético, compensado por cierta recuperación del turismo, y un comportamiento muy positivo de la inversión extranjera, continuando con un saldo exterior positivo, al tercer trimestre de este año.

MANZANAS Y UVAS

Los sectores que más han sufrido han sido los ligados a la movilidad y al turismo. Los sectores industriales en España, con un fuerte porcentaje de las cadenas de suministro, ya citados (automóvil, refino, farmacéutico y químico) han sufrido en el 2020, un desplome de la demanda y en el 2021, una imposibilidad de la oferta de cubrir los pedidos (12), por no haber hecho acopio de inventarios, retraso y bloqueo de suministros de componentes por la falta de capacidad productiva y los problemas del transporte, lo que comienza afectar a la baja, a una explosión de la demanda acumulada. La interconexión de las cadenas, ha amplificado el problema, al transmitirse los bloqueos rápidamente por las mismas (lo mismo que actuarán positivamente en la recuperación).

Todo ello, como ya hemos comentado está llevando a una reorientación de producciones y cadenas que puede afectar seriamente a nuestro país.

En las cadenas se distinguen las "Manzanas", que mandan sobre la cadena y las "Uvas" que dependen de las anteriores, para mantener el grado de conexión o el mantenimiento de la misma. Apple es un caso claro de "Manzana" y el que ha dado origen a la denominación.

En España Inditex es un caso claro de "Manzana", con sus 1805 proveedores y 8543 fábricas, con más del 70% de sus trabajadores fuera de España. (Inditex ha sido elogiada por mantener dos cadenas de producción independientes en esta crisis).

En cambio, en España, el sector del automóvil, espina dorsal de nuestra industria, suponiendo con la industria complementaria el 10% del PIB y del empleo, es una "Manzana", ya que los centros de decisión de diseño y ubicación de los modelos y elección de proveedores en los demás países, están en sus sedes centrales, todas fuera de nuestro país.

El sector del automóvil en España, con nueve compañías multinacionales y 17 plantas en diez Comunidades Autónomas, y más de un millar de empresas de componentes, exporta a 130 países, aunque el 80% se concentra en la Unión Europea, hasta el 80 % de su producción.

Es un sector que se ha mantenido altamente competitivo, siendo de los más eficientes y competitivos de Europa (utiliza 1000 robots por cada 10.000 empleados, frente al líder, Alemania, con 1300). Así Ford Valencia, arrebató en la década pasada, modelos a Gran Bretaña y Bélgica por sus costes salariales más bajos, y a Rumania y Turquía por su mayor calidad en la fabricación.

Un modelo de automóvil supone 30.000 piezas, en las que el fabricante cubre tan solo el 25% del valor del vehículo y más del 50% viene y va a otros países.

Ha sido uno de los sectores más castigados por el COVID 19, tanto en el 2020 con una caída del 32 % de las ventas, (las exportaciones bajaron la mitad, con el 20% de las exportaciones totales de mercancías), como en el 2021, con incremento de las ventas frenado por la falta de componentes con más de 100.000 coches en espera, uno de cada 7 (el 14.2%). Es decir, primero no había clientes, luego no había coches.

La industria está casi un tercio por debajo de sus niveles de ventas del 2019.

Es actualmente una industria flexible, con un gran peso en la investigación y que está en el eje de la transformación económica, en cuanto a gestión de datos y digitalización (integración de comunicaciones e internet de las cosas, con el 5G) transición energética y cambio climático (coche eléctrico y utilización de hidrogeno verde) futuro de la movilidad en las ciudades (coche participado y autónomo).

Esto ha supuesto, que se haya convertido en el centro de la inversión de los Fondos Europeos con una cifra anunciada superior a los 12.000 millones de fondos públicos, que se espera que tire de al menos una similar cifra privada. Públicamente hemos visto el compromiso de Volkswagen, a través de Seat de invertir en una fábrica de baterías en España, y realizar las inversiones para la transición al coche eléctrico.

Pero por otro lado, una noticia escueta de prensa nos ha informado de que Stellantis (que agrupa como marcas principales a Citroën, Peugeot, Fiat y Chrysler) va a instalar sus fábricas de baterías fuera de España, y va a reducir en un 39% su red de concesionarios en España. También en unas líneas de prensa, el CEO de Mercedes, ha indicado que las subvenciones en los países de los fabricantes europeos más calificados, son inferiores a las de otros países europeos. No hace falta decir lo prioritario que es, una gestión gubernamental con todas las grandes marcas, sin favoritismos, que nos puedan llevar a pérdidas irreparables en nuestra estructura automovilística.

PAUTAS EUROPEAS Y PROBLEMAS NUESTROS

En el discurso ya comentado de la Presidenta del Banco Central Europeo, Cristina Lagarde, señala las pautas a seguir, respecto al comercio internacional por la Unión Europea que resume en tres principios : continuar aumentando la apertura exterior es básico para la economía de la UE, que debe utilizar su gran potencial de negociación (el efecto Bruselas) para establecer sus reglas y valores, siempre con la estrategia de una autonomía básica referente a sectores específicos que se relocalizarían, en el grado posible, en nuestro territorio, como la industria de semiconductores y farmacéutica. La Comisión Europea ha detectado 34 productos usados en la UE que son extremadamente vulnerables a problemas en las cadenas de distribución.

El segundo punto destaca la necesidad de fortalecer la demanda doméstica, realmente débil en la UE, para que provoque un incremento de las importaciones y una mayor eficiencia del comercio, ya que la balanza exterior europea por cuenta corriente tiene unos excedentes que indica las posibilidades de una mayor eficiencia. Una mayor inversión pública y privada orientada a lo digital y a lo verde, daría un gran impulso a dicha demanda, apoyada en los fondos europeos y en un mercado creciente para el capital riesgo, reforzada por una política fiscal y monetaria adecuada, hasta que la recuperación consolide crecimiento y precios, en una expectativa a medio y largo plazo.

Para España, estos dos puntos son también básicos, pero, sus puntos débiles son muy distintos del de las grandes potencias de la UE. En las cadenas de producción tiene más "Uvas" que "Manzanas", por ello, al igual que hemos comentado en el automóvil y en los artículos anteriores del blog, es necesaria una actuación del Gobierno, en el análisis de los puntos débiles de las mismas, en la aplicación de los fondos europeos (que deberían haber sido adjudicados, como en otros países, por una comisión mixta pública–privada), como en todas sus políticas, una coordinación con el sector privado, equitativa con los sectores y las empresas, especialmente con las multinacionales, de las cuales dependen miles de pequeñas empresas en nuestro país.

Si la empresa española ha demostrado que es competitiva en su comercio exterior, el gobierno debe mejorar su competitividad en las ayudas a las empresas inferiores, como ya hemos repetido en proporción al PIB, a la de nuestros principales y competidores.

Y asimismo repetimos el final del artículo anterior, intentando siempre mejorar su cohesión con el resto de las instituciones (partidos, comunidades, sindicatos, banco de España, patronales, colegios profesionales, etc.)

Bibliografía

(1)"Special Report: World Trade" The Economist October 9th 2021. En todos los comentarios siguientes, las fuentes básicas han sido los informes anuales de la OCDE, la OMC y el Fondo Monetario Internacional, así como los específicos de las Cadenas de Suministro (la OMC y el Banco Mundial).

Para España, aparte del Instituto Nacional de Estadística y el Banco de España, están los informes de Comercio Exterior del Ministerio de Industria, Comercio y Turismo (COMEX) y las cuatro revistas especializadas de Información Comercial Española, Boletín Económico, Revista de Economía, Cuadernos Económicos y Sector Exterior.

(2)"Globalization after the pandemic" Per Jacobson Lecture by Christine Lagarde, President of ECB IFM meetings Washington. 16 October 2021. Los comentarios posteriores acerca de las restricciones comerciales provocadas por el COVID, así como la estrategia comercial futura de la Unión Europea, están en gran parte basadas en esta conferencia.

(3)"Plan de acción para la Internacionalización de la Economía Española 2021-2022" Ministerio de Industria Comercio y Turismo.

(4)"España en la economía global. Claves del éxito de las exportaciones españolas para la reindustrialización de España" Rafel Myro RBA 2015. Se ha tomado como referencia más actualizada y consecuencias del COVID: "Las exportaciones de bienes en España tras la COVID" Pilar Mas Rodríguez, BBVA Research Abril 2021 y el informe citado del Ministerio del Plan de Internacionalización de la economía española.

(5)"The Observatory of Economic Complexity" OEC (2021) El concepto de complejidad pondera una serie de factores que van desde la densidad industrial, el número de productos relacionados con el que se exporta, factores que permiten identificar unas tendencias y las expectativas futuras de las exportaciones. Las provincias en España con un grado de complejidad mayor son Guipúzcoa y Vizcaya por este orden.
(6)"The Impact of Global Value Chains on the euro area economy" Occasional Paper Series. Nº221 April 2019 European Central Bank.
Dentro de los innumerables estudios de las cadenas de suministro, una síntesis excelente de las ventajas e inconvenientes de las mismas en: "Global Value Chains and its impact from an Economic Globalization Perspective" Catalin Postelnicu, Ecoforum Volume 10 Issue 1 (24) 2021. La Organización Mundial de Comercio y el Banco Mundial, publican reportajes anuales de las cadenas de suministro y el valor añadido de las mismas, que comentamos en estas líneas. Alfredo Bonet "El comercio español en valor añadido: la cara oculta del sector exterior" 2014. Fundación Real Instituto Elcano.
(7)"Vulnerabilidades en las cadenas de valor por la COVID" Miguel Cardoso, Daniela Filip 4 de mayo del 2020, BBVA Research. Además de todas la fuentes citadas para los efectos del COVID generales y sectoriales, destacamos dentro del alud de estudios: "The Impacto of COVID 19 on the trade of goods and services in Spain". Asier Minondo. Deusto Business School. Donostia San Sebastián. Applied Economic Analysis. Vol 29 Nº85 2021 pp 58-76.
"Las cadenas de suministro en la próxima pandemia" Marcelo Leporati, Luis Martul y Manuel Morales. Julio 2020 EAE Business School. "La competitividad española en las cadenas de valor globales" dirigido por Francisco González García, Fundación BBVA. En este estudio se analizan en detalle (paginas 119-168) las cadenas de tres sectores: el automovilístico, el textil y el agroalimentario. También del sector del automóvil: Spain's automotive industry: strategic and undergoing a transformation" Judit Montoriol–Garriga , Sergio Diaz. CaixaBank Research 15 July 2021.
Para los efectos del COVID 19 en otras cadenas importantes, están los estudios de la FAO (la Organización de Agricultura y Alimentos de Naciones Unidas) y de la FIBA (Federación de industrias de Alimentación y Bebidas para España).
(8) Global Trade Alert informa de las intervenciones de los gobiernos en el comercio. Los índices de restrictividad del Fondo Monetario Internacional, más completos, también se han disparado en el 2020. "A Multidimensional Approach to Trade Policy Indicators" Diego Cerdeiro and Rachel J. Nam February 2018.
(9)"EU trade in COVID 19 related products" Statistics Explained Eurostat March 2021. Las mayores importaciones en productos relacionados con el COVID de la UE vinieron de Estados Unidos, China, Suiza y Gran Bretaña.

"What does the COVID 19 pandemic teach us about global value chains? The case of medical supplies" Gary Gereffi .Journal of International Business Policy (2020) 3 287–301.
"DESASTRE" Niall Ferguson DEBATE 2021 pp 403.
(10)"Derechos Especiales de Giro (DEG)" 2 de Agosto 2021, "Increasing Support for Vulnerable Countries" Kristalina Georgieva. IFM Managing Director IFM November 11, 2021. El FMI espera que de esos 650.000 millones de dólares en DEG, asignados en proporción a la participación de cada país en el Fondo Monetario, los países desarrollados que más reciben, transfieran generosamente al menos 100.000 millones de dólares, a los países emergentes con más necesidades.
"Financial Development and International Trade" Fernando Leibovich. Federal Reserve Bank of St Louis February 2021
(11)"La Balanza de Pagos y la Posición de Inversión Internacional de España en 2020" Laura Álvarez, Pana Alves, Esther López y Cesar Marín. 2/2021. Artículos Analíticos. Boletín Económico Banco de España.
(12)"Bottlenecks: causes and macroeconomic implications" Daniel Rees and Phurichai Rungcharoenkitkul. BIS Bulletin Nº48 BIS 11 November 2021.

13 de diciembre de 2021
Blog del autor: camposeconomicos.blogspot.com

Capítulo 8

DEUDA PÚBLICA ESPAÑOLA PÉRDIDA DE SOBERANÍA

La mejora de la toma de decisiones gubernamental y del consenso social, va a ser básica para lograr con los fondos europeos, unirnos a la gran revolución tecnológica, científica, informativa y organizativa mundial, que nos lleve a una recuperación permanente. En tres o cuatro años a más tardar, va a ver enfrentamientos muy duros entre las potencias del euro, para establecer la disciplina fiscal. Estamos en un momento clave, para lograr un crecimiento dinámico, productivo y socialmente equitativo.

NO ERA UN FENÓMENO CONOCIDO

Como señalaba el economista Rudiger Dornbusch, el fenómeno de un nivel elevado de la deuda pública sobre el PIB, debido a un crecimiento de la misma, era un suceso mundial nuevo desde el final de la Segunda Guerra Mundial, del que no había tradición hasta los años noventa del siglo pasado, en el que surgió de nuevo, no existiendo modelos de gestión, para combatir los problemas de una deuda publica tan creciente.

En España la recesión de los primeros años 90, llevó el volumen de deuda pública sobre el PIB, debido a los fuertes déficits del Tesoro, de los niveles medios de los ochenta del 30%, al 70% sobre el PIB.

LA ENTRADA EN EL EURO Y EL PINCHAZO DE LA BURBUJA

En los preámbulos para entrar en el euro, con las exigencias del control del déficit público (3% máximo) y un nivel máximo de deuda pública sobre el PIB (60%) requeridos por el Tratado de Maastricht, para lograr la convergencia europea, se ajustaron en nuestro país las finanzas públicas, hasta el punto de llegar en el 2007, a un 37% de deuda pública sobre el PIB, debido principalmente al intenso crecimiento de la economía, con gran expansión del crédito privado, especialmente el crédito a los promotores inmobiliarios e hipotecarios, pero también el crédito en general, muy por encima del crecimiento económico en esa década. La deuda privada de deuda y hogares, llegó a superar en el 2009, el 200% del PIB.

El pinchazo de la burbuja provocó un fuerte crecimiento del déficit público, para sostener la caída de la economía, que llego a superar el 11% del PIB en el 2011, lo que implicó una fuerte subida de la deuda pública, hasta superar el 100% del PIB en el 2014, provocada también por los fuertes desembolso públicos no incluidos en el déficit público, como el rescate bancario, el banco malo, el fondo de garantía de depósitos, fondo de amortización del déficit eléctrico, fondo de proveedores, el fondo europeo de estabilidad financiera, que en todo el periodo pudieron superar el 10% del PIB.

COSTES PÚBLICOS DEL EXCESO DE DEUDA PRIVADA(1)

Este incremento, de 600.000 millones de deuda pública, contrasta, con un volumen más o menos equivalente, de reducción de deuda privada, devueltos por familias y empresas. Ambas cifras, no están relacionadas directamente, pero el incremento de deuda pública, ha sido un factor de apoyo fundamental, para posibilitar, el ajuste de deuda, del sector privado.

Esto nos lleva a examinar un tópico muy extendido, el que la deuda sea una carga para las generaciones futuras.

El gran incremento de la deuda pública, en España, se ha producido, durante la reciente recesión del 2008 (pasó del 37% al 100% sobre el PIB), y ha supuesto como vemos el sostén del sector privado, incluidas las cajas de ahorro, que hubiera supuesto la ruina del país, sino se hubiera sostenido la actividad privada, con los déficits públicos de las administraciones públicas financiados con deuda pública. La deuda, está pues referida al presente, y ha cumplido en el reciente pasado, una labor crucial. A las generaciones futuras, les va a ir toda la economía, con sus activos y pasivos, y sus tendencias, en todos los aspectos económicos y sociales, no solo la deuda, pero gracias a esta, entre otros factores, no van a recibir un país colapsado, aunque la gestión de la economía, debería ser prudente, de ahora en adelante, en cuanto al gasto público.

Aprovechamos para comentar un segundo tópico, que es considerar la deuda pública solo, desde el punto de vista del deudor, sin incluir al acreedor, llevando a comentarios generalizados de que cada español, debe por razón de la deuda del gobierno cantidades que equivalen al valor de un coche, pero si volvemos la vista al que compra, diríamos que cada español tiene. Otra cosa, es, quien acaba pagando la deuda, que, si el sistema de impuestos es progresivo, se acercará al perfil de rentas, de los que reciben sus intereses.

Esto corresponde a un país, en el que el cien por cien de la deuda, está subscrita por los ciudadanos del mismo. En el caso español, la suscripción exterior ha oscilado y se halla alrededor del 50%, en estos momentos, por lo que el tópico, cada español debe se cumple en su mitad. Esta dependencia exterior es un indicador de la confianza, pero también de riesgo, si se pierde la misma, ya que la retirada de fondos sería muy rápida e importante, tema que comentaremos más adelante. Italia, bajo este punto de vista, es menos vulnerable, a pesar de tener, un volumen de deuda absoluto y relativo, al tamaño de la economía, superior al de España. La solvencia de un gobierno, como señalaba el gran hacendista Musgrave, depende, de la potencia productiva del país, y de su capacidad impositiva.

LA PANDEMIA NOS PILLA CON EL DÉFICIT PÚBLICO MÁS ALTO DEL EURO

Si en el 2014 superamos el 100% de deuda pública sobre el PIB, en los años siguientes se redujo algo la misma (95.5% del PIB a finales del 2019), pero sin aprovechar suficientemente los sucesivos gobiernos, el buen crecimiento de la economía, y la bajada de los tipos de interés, en el periodo transcurrido, y con unas expectativas, de un crecimiento notablemente menor, para los próximos años.

En relación al déficit público, en el 2019, coincidiendo con un ciclo en la economía, de crecimiento a la baja, se produce por motivos electorales, un previsible e importante incremento del gasto público basado, en la tendencia de las pensiones (suponen más de la mitad del déficit público, y creciendo, hasta el 90% del mismo, en el 2023, según previsión del gobierno), sin reformas en el horizonte, la sanidad, con una expansión acelerada ligada al envejecimiento de la población y los viernes sociales (3), que se extienden al 2021, además los privilegios en el gasto de ciertas Comunidades.

La consecuencia es que la pandemia nos pilla con el déficit público en relación al PIB, del 2.8%, el más alto de la Europa del euro, con lo cual el impulso fiscal respecto a la caída del PIB de nuestro país, como ya analizamos en nuestro blog de febrero de este año, fue el más débil de los países del euro.

Y LA PANDEMIA NOS LLEVA AL MAYOR INCREMENTO DE DEUDA PÚBLICA DE LA UE

El fuerte apoyo del gasto fiscal, ante la intensa caída de la actividad económica en España, especialmente vulnerable por nuestra industria turística, ha llevado a nuestro país al mayor incremento de deuda publica en el 2020, 24.4 puntos porcentuales que llegó hasta el 119% del PIB (4) y al déficit más elevado de los países del euro, con el 11% de déficit público sobre el PIB.

En el incremento de la proporción de deuda, un 40% se debe a la fuerte bajada del denominador, el PIB, el resto casi en su totalidad, lo causa el déficit público.

Por otro lado, las deudas de las Administraciones Públicas, no solo se incrementaron en Deuda Pública, sino también aumentaron en igual proporción los otros pasivos del gobierno, que incluye principalmente, las deudas comerciales (pagos a proveedores) y otros pasivos, que suponen 300.000 millones más en los pasivos consolidados de las Administraciones Publicas y ascienden al 146.8% del PIB, frente al 121,9% de la media de los países del euro.

Hay que destacar los activos en poder de la Administración (efectivo y depósitos, prestamos, acciones y cuentas pendientes de cobro) que suponen 333.000 millones (40.5% del PIB) que al restarlos disminuyen la deuda bruta de la misma, hasta el 106% del PIB, la deuda neta del país que ha experimentado un incremento parecido a la bruta.

La situación de hecho, como señala el historiador económico Adam Tooze, es que seis habitantes de cada diez de la eurozona, vive en países con deuda pública superior al 100% del PIB. España, Francia e Italia han sido los países del euro con mayor incremento en su deuda pública

El Instituto Internacional de Finanzas (4) recoge un incremento mundial de la deuda global (incluyendo la privada) de 24 billones de dólares en el 2020 y la deuda pública acapara más de la mitad del incremento. Los países desarrollados llegaron a una deuda total del 203.7% del PIB, con la deuda del gobierno llegando al 63.5%. Con Europa (Francia, España y Grecia que incrementaron también su deuda privada) Gran Bretaña y Canadá como los países con mayor incremento en su deuda.

China destaca con el mayor incremento de deuda entre los países emergentes, llegando a un 335,4% sobre el PIB y la deuda del gobierno en el 65%.

En España la deuda total, sin incluir el endeudamiento financiero a Junio del 2021 (con estimación del PIB al 2021, 6%, más 2% de inflación, para todo el año) sería del 61% para los hogares, 82% para sociedades no financieras y 122% para la deuda del Estado lo que supondría un total de 265% sobre el PIB, de los que el 143% sobre el PIB, correspondería al sector privado.

DÉFICIT PÚBLICO Y DEUDA. SE REDUCE EL MARGEN DE MANIOBRA

A corto plazo hasta finales del 2022, el crecimiento del país supera claramente los pagos que suponen los intereses de la Deuda Publica por la baja del tipo de interés de la misma, que compensa el incremento esperado de su volumen, si se cumplen las expectativas de déficit público.

En el 2020, se produjo un ahorro de intereses en la Deuda del Estado, de 2300 millones de euros y la mitad de la deuda se emitió a tipos negativos (de los 277.000 millones que se emitieron) con lo que el tipo medio de la emisión en el año fue del 0.18% (hubo incluso en diciembre una subasta a tipo negativo de -0.02) que hizo disminuir el coste medio de la deuda en circulación al 1.86%, como el coste medio de emisión va a seguir siendo muy inferior al de la deuda viva, la capacidad de pago por el momento es holgada, con las muletas del Banco Central Europeo con sus compras que comentaremos.

El problema que puede aparecer de improviso, es que el déficit público con una previsión del 8% del PIB es el sostén total del PIB privado, pero a ese ritmo el incremento de deuda pública estrangularía su capacidad de pago y su financiación, si por otro lado, baja el déficit demasiado bruscamente a partir del 2023, la caída del crecimiento la economía, haría que el denominador del PIB no compensaría el incremento de deuda pública, en un intervalo de pocos años con las mismas consecuencias, sin considerar que el excepcional apoyo del Banco Central Europeo se va a ir retirando en el medio plazo, por la creciente tensión política que se está generando entre los países frugales ya comentados y los del sur de Europa.

Dado que todavía la pandemia no se puede dar por acabada y, por otro lado, ha afectado a la baja en el crecimiento económico mundial, los cuellos de botella en la producción con la escasez de materia primas componentes y personal unido a la crisis energética, con un gran tirón de la demanda, la realización de ajustes del déficit y deuda se ha pospuesto al 2023, aunque ya se están pidiendo planes de ajuste fiscal.

El nivel pre Covid de nuestro PIB, se alcanzará como muy temprano al final del 2022.

El gobierno español ha actualizado las cifras de su Plan de Estabilidad 21-24 enviado a Bruselas, con una previsión descendente del déficit público del -8.4% sobre el PIB previsto en el 2021 al- 3.2% en el 2024, pasando la deuda del 119.5% al 112.1% del PIB respectivamente en esos años (ello supondría como se ha destacado, 17 años de déficit interrumpido desde el 2008 incluido).

En estas previsiones, no solo se contempla una reducción de los gastos extraordinarios con ocasión de la pandemia, que estiman en el plan presentado a Bruselas, en 12.980 millones, rebajándolo del 49.6% estimado para el 2021 al 44.7% sobre PIB al 2022.

Se prevé también, un fuerte incremento de la recaudación, este año de 33.770 millones y 23.100 millones adicionales en el 2022, debidos al despliegue de los ERTES, la inflación, el descenso de la economía sumergida, el mayor pago con tarjetas, el incremento de las plantillas públicas y de las pensiones, además de la concentración de la pérdida de empleo en las rentas más bajas con menores ingresos fiscales.

El Fondo Monetario Internacional es muy severo con las previsiones del Gobierno, señalando que no hay un plan de ajuste fiscal claro, que contemple medidas de reforma que reduzcan el déficit estructural, con lo que considera que difícilmente el déficit público va a bajar del 4.2-4.45 hasta el 2026, lo que le convierte en el país desarrollado que menos va a descender su déficit público, y con una deuda pública a medio y largo plazo que no va a descender del 115% del PIB.

El problema es que el gasto publico automático, en pago de intereses de la deuda, más pensiones y nóminas de funcionarios y las transferencias no discrecionales, es cada día más elevado, e indexado a la inflación en lo que se refiere a pensiones y salarios públicos, por la falta de medidas de reforma, este déficit estructural (independiente del ciclo económico) supera los 40.000 millones de euros, y se acerca al 4% del PIB, dejando muy poco margen de gasto publico libre, la Comisión Europea, y cuyo "brazo preventivo" nos exigía en el 2019, medidas, de reducción estructural de dicho gasto (8000 millones), no tardará en volver a la carga, con lo que ello puede suponer para nuestro crecimiento.

SOSTENIBILIDAD DE LA DEUDA PÚBLICA CON MULETAS AJENAS

El análisis de sostenibilidad de la deuda pública, es una metodología, que intenta ver la capacidad de pago, de la deuda de un país, en función de las expectativas, de las magnitudes intervinientes, crecimiento del país, inflación, tipos de interés, déficit, condicionamientos exteriores etc. Es un ejercicio necesario, pero claramente impreciso. Exige también, una supervisión continuada, ya que las hipótesis de partida, se van revisando, en función de resultados y cambios en las previsiones.

Cuando hemos hablado del gran descenso de los tipos de interés, que tanto ha colaborado al descenso de los pagos de la deuda, uno de los factores clave, ha sido la compra de casi toda la emisión neta de deuda pública en el año 2020 (sobre los 120.000 millones de euros) por el Banco Central Europeo colaborando a la rebaja de los tipos de interés a largo, abriendo espacio a la financiación privada, y liberando a la banca, de su participación en la deuda pública a largo plazo, que ha disminuido, en su balance, del 37% desde la década pasada al 13.5% a Junio del 2021, con notables plusvalías, para que se concentre en ofertar más crédito al sector privado.

A junio de este año las tenencias de deuda pública española por el Banco Central Europeo superan los 350.000 millones, lo que supone un 25% de la deuda total, y la tendencia le puede llevar a los 400.000 millones a fin de año.

La gran trascendencia, de la compra de Deuda Pública por el Banco Central Europeo que por la pandemia se incrementó tanto cuantitativamente como cualitativamente, ampliando sus criterios de distribución a los países más necesitados (7), es que, si la mantuviera en balance, hasta su vencimiento, con refinanciación incluida, o la amortizara parcialmente antes del vencimiento (como ha hecho en parte el Banco Central de Japón), habría descargado en poco más de tres años, a nuestro país, del 40% de la reducción exigida para cumplir con el requisito de deuda pública sobre PIB exigido por Maastrich (60%)

Esta situación ha provocado el planteamiento de medidas de condonación de la deuda que han sido rechazadas airadamente por las instituciones (8) así como el desafío del Tribunal Constitucional alemán expresando sus dudas sobre la constitucionalidad de las compras de deuda por el Banco Central Europea, ignorado por el propio Banco.

Asimismo, la pandemia impulso la primera emisión pública de la Unión Europea para financiar las trasferencias de fondos a los estados miembros, por 750.000 millones de euros con gran éxito en su colocación. Un gran pasó delante de la UE, pero un inicio de invasión de espacio en los mercados. (El 11 de octubre la Comisión Europea realizó la primera emisión de bonos verdes de 12.000 millones de euros, la inversión verde de los mismos, podría ser excluida de los déficits públicos, como alivio a la actual situación).

- Necesidad de nuevas reglas para el euro.

La situación actual de los volúmenes de deuda pública es que los países del sur de Europa superan el 110% del PIB (Italia, Francia, España, Portugal y Grecia con el añadido de Bélgica) mientras que los llamados "cuatro frugales" (Austria, Países Bajos, Suecia, Dinamarca, a los que se ha añadido Finlandia) presentan una media del 51% de deuda pública sobre el PIB y consideran además de que los problemas de "los países derrochadores" les pueden afectar a ellos, se están aprovechando de una transferencia de recursos suyos, a países que no han sabido controlar los gastos de sus gobiernos. Se refiere tanto a los créditos a los bancos, como a las compras de deuda pública del Banco Central Europeo, como las deudas pendientes de los rescates bancarios, y ahora a los fondos europeos asignados.

Algunos autores, creen que se puede mantener el 3% de límite en el déficit público, pero alcanzar el 60% de deuda pública del PIB, es un objetivo inalcanzable para los países ni en el corto ni en el medio plazo.

Hay propuestas como la de un grupo de economistas encabezados por Pisani (9), en el que habla de unos objetivos de déficit y deuda pública concreta para cada país en función de la situación de su economía y revisable por un organismo creado al efecto.

Blanchard con sus colaboradores, en la misma línea, señala que hay que sustituir las reglas cuantitativas por conceptos estándares, como déficits excesivos, concretados luego en función de la situación, con grado de probabilidad etc.

Adrian Tooze califica estas propuestas como tecnocráticas, cuando el problema va a tener una elaboración política: Francia con el 115% de deuda sobre el PIB y Alemania el 68% van a dirimir el nuevo marco disciplinario del Euro.

ESPAÑA, CADA VEZ CON MÁS DEPENDENCIA EXTERIOR

Dos economistas Reinhart y Rogoff (10), publicaron un análisis histórico de las dimensiones de las deudas públicas en cada país, llegando a la conclusión, de que por encima del nivel del 90% del PIB, se hipotecaba el crecimiento del país. Doce años después de su publicación, Carmen Reinhart comentaba, que su tesis se estaba cumpliendo, pues la renta per cápita de los dos países europeos más endeudados, Italia y Grecia había disminuido desde el 2008.

Con los niveles actuales del 120% sobre el PIB de la deuda pública española, las perspectivas de crecimiento no son muy halagüeñas, y además en el caso de España, la dependencia del exterior en la financiación de la deuda pública, está en una dimensión preocupante ya que si sumamos al 25% cubierto por el Banco Central Europeo, y la financiación por inversores extranjeros que llega casi al 50%, tenemos un 75% de nuestra deuda pública, sometida a las expectativas de los inversores extranjeros, un cambio negativo lleva a importantes salidas de fondos, con subidas bruscas de los tipos de interés, que obligaría, a ajustes inmediatos, del déficit y los gastos. Y por otro lado los cambios en el apoyo del Banco Central

Europeo, con las exigencias correspondientes respecto a medidas a tomar.

Estos giros en el ánimo de los inversores, siempre imprevistos y bruscos, supondría un frenazo a una economía con un crecimiento más débil, menor empleo y más vulnerable, y estaría acompañada, probablemente, por esa serie de países europeos altamente endeudados, Estados Unidos y los emergentes, que han incrementado fuertemente su deuda pública, después de la crisis (a la cabeza China).

En esta situación hay dos factores muy importantes: el primero es la subida de la inflación con cierta baja del crecimiento, que, calificada de transitoria, ya se está extendiendo a la primera mitad del 2022. Los parones en la producción y atascos en el transporte, por falta de componentes y de personal, por elevación de costes especialmente los energéticos, y el efecto de la pandemia en la circulación de personas en USA, nuevos brotes en Rusia, Gran Bretaña, y China con el cierre temporal de uno de los puertos más importantes del mundo, todo ello junto al exceso de consumo minorista en algunos sectores, ha llevado a unas perspectivas de posibles subidas de los tipos de interés, que aunque queden por debajo de la subida de la inflación, bajando por tanto en términos reales, sin embargo la subida nominal puede afectar negativamente en cierto grado, a la inversión, y a la valoración de activos financiero y reales, como el inmobiliario. Lo ideal es que este bache, se superara con una inflación del 2% para Europa y un crecimiento una vez superados los desajustes, del 2-3% en los cinco años venideros contando una recuperación más fuerte en los dos primeros años. Los pagos de la deuda serían más bajos en términos reales, y esta se diluiría todavía más en cuanto al principal de la misma a amortizar.

Para ello, es esencial el salto cualitativo en su crecimiento que pueden suponer la utilización de los fondos europeos para la movilización del país, rebajando la incertidumbre, la movilización del atesoramiento actual del sector privado, hacia una inversión que se una a la gran revolución mundial científica, tecnológica, informativa y organizativa que afecta a todos los sectores y que nos lleve a una recuperación permanente.

Para ello volvemos a repetir, es básica la mejora de la toma de decisiones por el Gobierno (el gobernador del Banco de España criticaba que se tomaban sin evaluar sus costes) y del grado de consenso político y social actual entre partidos, Gobierno con Comunidades Autónomas, las instituciones empresariales, sindicales y financieras.

Corremos el peligro en España, de un crecimiento muy bajo a medio y largo plazo, como Japón, pero con el problema social de un paro del 14%, mientras Japón está en el 2.8%. Le hemos absorbido una diferencia de renta per cápita a Italia del 20% en 20 años, pero ellos con un paro del 9.3%, y un plan de estímulo consensuado institucionalmente, a pesar de las dificultades, más agresivo que el nuestro, y es que se enfrentan a una deuda pública del 155% del PIB, con la apuesta más clara: CRECER.

Van a venir en tres a cuatro años, con enfrentamientos muy duros entre las potencias del euro para establecer la disciplina fiscal. Estamos pues en un momento clave, para marcar el rumbo positivo de un crecimiento productivo y socialmente equitativo.

Bibliografía

(1)Con este título "Bailing out the people The public costs of excess private debt", Samba Mbaye, Marialuz Moreno Badía, Kyumgia Chae, 12 January 2019, exponen como indirectamente, el sector público con la expansión de su deuda, contrapesa el ajuste cíclico de la deuda privada. Esta sustitución indirecta (hay que pensar que el gasto publico mantiene la actividad del sector privado) tiene lugar incluso en ausencia de crisis, es una constante en los 190 países, y en los 535 episodios de ajuste de deuda privada, analizados por los autores desde los años cincuenta. Sobre las falacias sobre la deuda pública ver E.J. Mishan, "Falacias Económicas Populares", Ariel 1974, Orbis 1985

(2)"Los Viernes Sociales", se refiere al día de la semana, en el que antes de las elecciones, por seis semanas consecutivas, se anunciaron medidas de contenido social, referidas a la ampliación del permiso de paternidad, ampliación del subsidio de desempleo para los mayores de 52 años, registro de horarios y ciudadanos dependientes, medidas para el mercado de la vivienda y el alquiler, sobre los estibadores y finalmente el Brexit. La estimación moderada es que supone, un incremento acumulado del déficit público, con repercusión hasta el 2021, incluido, del 10%.

(3)"La Evolución de la Deuda Publica en España en 2020", Víctor Forte-Campos, Blanca García-Moral y M. Isabel Laporta Corbera. Notas Económicas. Banco de España. Boletín Económico 3/2021. En el siglo pasado la deuda sobre el PIB, alcanzó el 124.1% del PIB en 1946, el primer año, tras el final de la segunda guerra mundial. El nivel histórico

más alto se dio en 1880, con un 162% sobre el PIB, y cuatro quiebras del país entre 1834 y 1882 (de las 13 a lo largo de su historia) por la financiación de las campañas de Cuba y Filipinas.

(4)"Global Debt Monitor COVID Drives Debt Surge-Stabilization Ahead?" Institute Of International Finance. El Instituto, contrariamente a la mayoría de análisis, incluye en el endeudamiento privado el del sistema financiero, que aunque tiene su contrapartida en gran parte de los pasivos con la banca, en los balances de empresas y hogares y se podría consolidar, sin embargo es un indicador de la cadena de riesgo, y que un ajuste a la baja de dicho endeudamiento bancario enérgico como ha ocurrido en España (ha pasado de un coeficiente de recursos propios sobre activos, del 5.5% a principios de la década, al 8.5%) podría perjudicar al resto del sector privado, si no va acompasado con las necesidades de hogares y empresas a los que sirve, al dificultar la necesaria oferta de crédito para las mismas.

(5)El grado de severidad respecto a las previsiones del gobierno, aumenta con las del Banco de España, el Observatorio de Deuda de la Autoridad Independiente de Responsabilidad Fiscal y todavía más la Comisión Europea (Debt Sustainability Monitor) y el más riguroso el FMI (2020 SPAIN ARTICLE IV Annex IV. Debt Sustainability Analysis).

(6) Este gasto publico automático es equivalente al "Pay as you go" del gasto público USA que supera en el 2021, en un 10% a los ingresos fiscales, que están además a un nivel muy elevado históricamente. "True Interest expense. Docx", 17 Septiembre 2021.

(7)La compra se realiza por el Banco de España y en proporción, a la participación en el Banco Central Europeo, mediante creación de dinero. El Estado se convierte así, en propietario de su deuda, con lo que la deuda neta es cero. En Japón, la deuda neta es inferior, a la mitad de la bruta. Esta operación, por la puerta de atrás, de financiación indirecta, con creación de dinero por el Banco Central Europeo, de la deuda pública, va en contra del espíritu del Tratado de Maastricht, que prohíbe, la financiación monetaria del déficit público (se argumenta que s para las emisiones no para las compras en el mercado secundario).

Mientras Alemania, con países frugales, y la inflación lo permitan, es un pilar básico, de consolidación financiera, en la actual coyuntura.

(8)"Anular la deuda publica en manos del BCE ", Thomas Piketty, Cristina Narbona, Nacho Álvarez, Steve Keen y otros. El País, 5 de febrero de 2021, Opinión, pg.11. Frente a esta proposición, el Banco Central Europeo, calificó la propuesta de condonación "de legalmente imposible, políticamente disruptiva y muy dudosa en sus efectos". Un informe interno del Parlamento alemán, señalaba que la condonación estaba prohibida. De "un dañino truco contable" lo calificaban en un artículo el eurodiputado Luis Garicano con el economista monetario, David López Salido. Por último, el Banco de España hablaba de que se produciría con la condonación un quebranto de 250.000 millones.

(9)"Reforming then European Fiscal Framework", Philippe Martin, Jean Pisani-Ferry and Xavier Ragot. Conseil D analyse economic. Les notes nº 63 April 2021.
"Redesigning EU Fiscal Rules. From Rule to Standards", Olivier Blanchard, Álvaro Leandro, and Jeromin Zettelmeyer. February 2021. Working Paper Peterson Institute for International Economics.
Adam Tooze, "The Debt hawks are flapping their wings", 17th May 2021 Social Europe.
(10)"Esta vez es distinto: ocho siglos de necedad financiera", C.M. Reinhardt y K. Rogoff Princeton. NJ Princeton University Press, 2009.
(11)El riesgo bruto exterior añade los activos privados de extranjeros: acciones, créditos, deudas susceptibles asimismo de salidas bruscas.
La posición exterior neta deudora de España, incluye principalmente, los créditos, tanto privados como públicos, recibidos del exterior, así como las inversiones en acciones y participaciones, de no residentes, menos los créditos, e inversiones, en acciones y participaciones, en el exterior, de los residentes españoles
Excluyendo Grecia, y Portugal, España, es el que tiene un riesgo exterior (incluyendo el riesgo privado) más elevado, un 79% sobre el PIB a Julio del 2021), sobre un umbral normal, que considera la Comisión Europea, del 35%, lo que, frente a un cambio brusco, de las expectativas de los inversores extranjeros, y del Banco Central Europeo, no tendríamos margen de actuación independiente.

30 de septiembre de 2021
Blog del autor: camposeconomicos.blogspot.com

Capítulo 9

PODER, DECADENCIA Y NECESIDAD DE LA BANCA ESPAÑOLA

La banca española ha superado el COVID, aunque con una rentabilidad y un capital bajos, gracias a la fuerte reestructuración de personal y sucursales, y con una cierta resaca de mayor endeudamiento con el Banco Central Europeo, una reputación a mejorar, y perdida creciente del contacto personal en sus actividades cada vez más digitalizadas. Las finanzas por su poder creador inmediato y por naturaleza con tendencia a descontrolarse, son especiales, y necesitan por tanto una regulación especial, especialmente por la gran tarea presente de sostener y financiar el impulso empresarial de nuestro país, ante los desafíos de las tecnológicas, la transformación de la moneda y la transición energética.

AÑOS OCHENTA, LAS FINANZAS VAN GANANDO PESO EN LA ECONOMÍA

Desde finales de los años setenta, la liberalización financiera con la democratización del crédito, las innovaciones de productos complejos que ofrecían aparentemente mayor rentabilidad y menor riesgo, la posibilidad de la banca comercial de entrar en las actividades especulativas en los mercados de acciones y renta fija y derivados, que hasta entonces estaba limitado a los bancos de inversión (que no eran bancos), el crecimiento exponencial tanto del crédito como de los mercados de futuros y opciones, más una política de incentivos ligada al incremento de las valoraciones de las empresas, llevó a una dimensión desconocida del sistema financiero sobre la economía.

La focalización del valor de una empresa en su cotización bursátil, supuso una aceleración de la obtención de resultados a corto plazo, y una inflación de los bonos pagados a los ejecutivos en virtud de las plusvalías de las empresas, que paso de 40 veces el sueldo medio en Estados Unidos en los años 70, a 400 veces al 2006, en la antesala de la Gran Recesión, dejando un aparato productivo con un endeudamiento altísimo sin precedentes, especialmente en la gran banca norteamericana y en gran parte oculto por operaciones fuera de balance, y una muy torpe medición de los riesgos en los nuevos instrumentos y mercados.

En el 2007 estalló la crisis que, como señala Antonio Torrero, (1) "obligó a modular la relación entre la dimensión de las finanzas y el desarrollo económico". "Se da un umbral a partir del cual el crecimiento de las finanzas afecta negativamente a la economía y aumenta el riesgo de inestabilidad". "Si para crecer, se hace necesario que el crédito crezca al doble o triple de la economía estamos condenados a la inestabilidad por no mantener el balance y crecimiento económico estables". "Así los activos financieros mundiales pasaron de suponer del 120% del PIB en 1980 mundial al 355% en el 2007 y se pasó a considerar a la banca en los modelos económicos con un papel activo."

EL PINCHAZO DE LA BURBUJA INMOBILIARIA. EL RESCATE BANCARIO

La Burbuja inmobiliaria española, fue la mayor de los países desarrollados en las tres dimensiones que la definieron: en cuanto a subida de los precios de los pisos, que afectó a un incremento excepcional del patrimonio inmobiliario, la segunda dimensión fue la del número de pisos, y finalmente, con un crecimiento del crédito hipotecario que en los últimos nueve años casi triplicó al de la economía.

La caída brusca de esa dinámica, provocó un ajuste brutal, que repercutió en la banca, con unos morosos que alcanzaron los 200.000 millones, en gran parte en operaciones al por mayor, y de rápida acumulación en créditos al promotor, y a las constructoras, que se acercó a los 150.000 millones (los morosos hipotecarios fue un proceso más lento, para llegar alrededor de los 40.000 millones).

Por otro lado, a la banca española le retiraron los bancos del euro y anglosajones la financiación del interbancario, alcanzando en el corto plazo los 350.000 millones, teniendo que substituir dichos recursos el Banco Central Europeo con una línea de ayuda al sistema bancario. (2)

Consecuencia de todo lo anterior, se llegó al rescate de la banca por un lado y a la creación de un banco malo la Sareb, para descargar los créditos y activos adjudicados que, a pesar de los fuertes descuentos sobre lo contabilizado en los balances bancarios, la experiencia posterior puso en evidencia que dichos descuentos habían sido insuficientes, consecuencia de todo ello la cuenta pendiente en ambos conceptos (rescate y banco malo) se acerca a los 70.000 millones de euros.

Una banca de la que habían desaparecido 45 cajas de ahorros, 12 bancos y 3 entidades y todos los bancos regionales. Tres entidades bancarias copan actualmente el 70% del mercado.

Sobre sus máximos en bolsa, los grandes bancos resultantes han perdido cerca del 50% de su valor y el índice bancario del IBEX que se inició en 1992 al 33% del total, cayó al 25% sobre una bolsa ya en descenso.

El memorándum elaborado por la Comisión Europea para el rescate, era muy minucioso respecto a las medidas que debía tomar la banca española, en relación a la disminución de créditos y balance, cierre de sucursales, etc. y marca el inicio de una fuerte reestructuración de la banca, con un descenso al inicio del 2022, de 100.000 personas (con huelgas por primera vez en su historia para bancos como el BBV o Unicaja) y más de 25.000 sucursales, con bajas respectivas del 40 y 50% sobre las cifras punta, y una inversión superior a 15.000 millones con un ahorro permanente actual superior a los 20.000 millones, todas ellas cifras aproximativas y conservadoras. Reestructuración con intenso grado de digitalización tras el COVID, que debe continuar si queremos igualar en las ratios de habitantes por sucursal y empleado, a las potencias del euro.

GRAN REDUCCIÓN DE DEUDA, TIPOS NEGATIVOS Y COMPRA DE BONOS

El ajuste de deuda privada fue rápido y profundo, en cinco años del 2009 al 2014, solo en el crédito inmobiliario (promotor, constructor e hipotecario) entre morosos y no renovaciones la deuda disminuyó en 375.000 millones, un descenso de un tercio en los créditos vivos. Todo ello llevó a un fuerte descenso de los créditos privados en la economía y en los balances bancarios. El crédito privado a residentes sobre el PIB descendió en el periodo 2008-2021 del 120% al 100%, dicho crédito pasó en el mismo periodo del 48% al 41% sobre el balance bancario. A pesar de todo, el total de activos bancarios descendió algo menos, del 250% al 240%

La compensación para la banca, vino del fuerte déficit público para enfrentar la crisis que se hizo crónico a partir del 2008. Llevamos 14 años de déficit sosteniendo el crecimiento de la economía española, lo que ha supuesto un fuerte incremento de la deuda pública, cubierta en su inicio en un alto porcentaje por la banca a tipos de interés que llegaron a superar el 7%. Ello junto con la fuerte subida de comisiones y los beneficios de las compraventas en bolsa, unido al fuerte ajuste de costes por restructuraciones y fusiones, ha mantenido a la banca en cifras positivas de resultados, a pesar de un fuerte descenso de la rentabilidad de los recursos propios al 4%, pero con una mejora, todavía insuficiente, del capital sobre los activos ponderados con riesgo, del 5 al 8% de los mismos.

El daño reputacional de la banca en el periodo, por la acumulación de demandas de la clientela ante operaciones con actuaciones fuera de los códigos de buenas prácticas, clausulas irregulares o riesgos y costes adicionales poco aclarados (ejecuciones hipotecarias, emisión de preferentes, clausulas suelo, tipos hipotecarios de referencia, hipotecas multidivisa, etc.) ha supuesto más de 3000 millones de euros de indemnizaciones como cifra mínima, y con más de dos millones de litigios y arbitrajes de los cuales todavía están pendientes más de 300.000.

Consecuencia de la Gran Recesión, las economías en todo el mundo, y especialmente en la Europa del euro, entraron en una etapa de bajo crecimiento, descenso de la inflación y continuación de la caída, pero más intensa, que ya se estaba dando en los tipos de interés, por la preocupación global de un estancamiento secular de las economías (4).

Ante las señales de alarma, todos los países tomaron iniciativas, para eliminar la incertidumbre existente que estaba llevando al incremento del atesoramiento en saldos financieros en perjuicio de la economía real. En la mayoría de los países y en la Europa del euro a partir del 2012, se adoptó de forma decidida la compra de bonos en su mayoría públicos, al sistema bancario combinado dos años después en el 2014, estableciendo una política de tipos negativos para impulsar el crédito a las empresas y a través de ellas empujar a todos los actores de la economía, al gasto y a la inversión real, incrementando así el crecimiento y rebajando el grado de incertidumbres y expectativas de bajada de los precios.

La política de compra de bonos desahogaba la financiación del tesoro, reforzada por los tipos negativos, incidiendo en una inyección de plusvalías a la banca y un descenso en los tipos a largo. Los tipos negativos actuaban más sobre los tipos a corto, aunque han ido extendiéndose a plazos cada vez más largos, y a las reservas bancarias para forzar el crédito, ambas políticas se reforzaban y evitaban canales de escape para la banca (que la liquidez recibida por la compra de bonos sirviera para devolver créditos con el Banco Central Europeo, por ejemplo).

La reacción de la banca ha sido, además de mantener el crédito, repercutir los tipos negativos en las empresas, desde hace al menos cuatro años y ahora en los dos últimos, sobre los particulares vía comisiones o cobros directo de porcentajes sobre saldos, forzando al consumo, la compra en bolsa o la inversión inmobiliaria.

Los tipos negativos han supuesto un traspaso de los ahorradores a las empresas, al Tesoro y a los hipotecados en España en estos años, una cifra superior a los 35.000 millones de euros anuales, del escenario que supondría unos tipos de niveles más elevados sin esas medidas extraordinarias.

EFECTOS DE LAS MEDIDAS

Para enjuiciar los tipos negativos y la compra de bonos, hay que considerar a los actores económicos en todas sus dimensiones, los ahorradores han sufrido una fuerte baja en sus rentas, pero al mismo tiempo ese ahorrador puede ser un asalariado, que puede verse beneficiado por la estabilidad de su empresa por la baja de costes, o un hipotecado con fuerte descenso en sus pagos, o un pensionista cuyos pagos son financiados con mayor amplitud por la compra de bonos y abaratamiento de los intereses para el Tesoro.

A la banca le ha perjudicado en sus márgenes, al descender en mayor grado sus ingresos que sus costes y no poder repercutir plenamente en los depositantes particulares los tipos negativos, sin embargo en otra vertiente, se ha beneficiado de importantes plusvalías en sus carteras de activos financieros con las bajadas de tipos, y de la mayor dinámica del país al reducir drásticamente los costes financieros de las empresas, mejorando la calidad crediticia de la cartera bancaria (con la consiguiente disminución de morosos) en relación a lo que hubiera supuesto la ausencia de medidas.

Por último, la banca ha bajado drásticamente el coste de sus emisiones, así dos tercios de las emisiones privadas con tipos negativos, corresponden a cedulas hipotecarias emitidas por los bancos con cifras cercanas a los 200.000 millones.

El Presidente de Banco Central Europeo en el 2019 Mario Draghi señalaba que las medidas habían supuesto un crecimiento adicional del PIB del 1% acumulado para el periodo 2015-2018 sin provocar una guerra de monedas, ni fuga de depósitos bancarios a billetes. El Banco de Inglaterra daba la misma estimación, añadiendo que supuso una subida de la inflación acumulada del 1%.

Evidentemente la banca europea y la española en ella especialmente, fue el sector junto con el inmobiliario, más castigado por la Gran Recesión en el periodo de ajuste, ya que mientras el índice europeo tuvo plusvalías, el índice bancario descendió cerca de un 30%, pero la alternativa de no haber actuado, hubiera sido probablemente más perjudicial.

IMPACTO DEL COVID. BUENA REACCIÓN BANCARIA Y RESISTENCIA

La banca española especialmente y también la europea al comienzo del COVID (5), realizó una impactante provisión de recursos, que llevó a fuertes pérdidas a alguno de los principales bancos como el Santander, paradójicamente incluso el Banco de España consideró insuficientes dichas provisiones, todo ello en el marco de una fuerte caída de la bolsa y de los bancos.

Pasados unos trimestres del 2020, se pudo comprobar que el sistema de sostén publico temporal de las plantillas en los ERTES, y los créditos avalados en gran parte por el ICO, estabilizaron a las empresas, y la cifra de morosos para la banca mejoro en términos relativos, con lo que en el 2021, la banca revertió parte de las provisiones realizadas por no necesarias en beneficios, y paso de ser la peor banca de las potencias del euro, a estar en el 2021 temporalmente entre las mejores, con una rentabilidad bancaria superior a la media del euro (aunque inferior en proporción de morosos y de capital) y excelentes plusvalías en bolsa de sus acciones (la plusvalía media de los tres grandes, Santander, Caixa y BBV fue del 35% en el 2021).

Así por primera vez, desde la Gran Recesión se incrementó la cifra de crédito al sector privado gracias a los créditos avalados en altos porcentajes por el ICO (lo que supuso un fuerte expansión paralela del endeudamiento de la banca española con el Banco Central Europeo). En el 2021, pasado el efecto de dichos créditos, la financiación a las empresas aunque ligeramente, volvió a disminuir.

Un aspecto positivo de la banca española, es que en las pruebas de resistencia realizadas a los bancos europeos, los bancos españoles salen en las dos hipótesis de coyuntura negativa menos o más extrema, con un grado de resistencia superior a la banca del euro. En todo ello, ha debido influir la fuerte reestructuración de nuestra banca, que ha llevado a una eficiencia (medido por los costes no financieros sobre los ingresos financieros netos) superior al de la banca europea.

RESACA, RIESGOS Y DESAFÍOS ACTUALES

El 2021, como ya hemos comentado el crédito ha vuelto a disminuir, tras la subida del 2020, continuando la tendencia de los últimos doce años. Aunque los morosos han descendido y las coberturas de los mismos llegan casi a la mitad, la espada de Damocles pende en los créditos en vigilancia especial (aquellos en que sin haber incumplimiento se observa un incremento significativo del riesgo) que se concentra lógicamente en los sectores más afectados por el COVID, que son aquellos que han disfrutado de moratorias en los pagos y han incrementado su deuda con los créditos avalados por el ICO, triplicando estos créditos desde los 5.500 millones de euros a diciembre del 2019, hasta los 16.800 millones en Septiembre de 2021. En total los créditos en vigilancia especial alcanzan el 16% del total de créditos a las empresas hasta los 90.000 millones de euros La cartera crediticia ha perdido calidad.

Aparte del agujero del rescate bancario y el banco malo del SAREB, que puede ascender a 70.000 millones de euros ya comentado, otra vertiente adicional de la resaca en la banca, y que es mayor de lo que aparece en los balances bancarios, es el inmobiliario, mientras los inmuebles adjudicados se ha reducido a 22.000 millones de euros, el Santander crea una filial con 5000 millones de euros de activos de suelo y la gestora Aliseda en la que participa en un 49.5% con BlackRock, y que según nota de prensa piensa recomprar el resto, contiene 5000 millones brutos en inmuebles del Santander, y 30.000 millones brutos en inmuebles provenientes del Banco Popular.

La regulación bancaria en todo este proceso se ha intensificado, si ya antes del COVID, se incrementaron los mínimos del capital, se estableció un coeficiente de liquidez, se ponderaron los activos con riesgo de una forma conservadora, continuando con medidas de la llamada política macro prudencial, que tutela la orientación bancaria del crédito por sectores (límites a la inversión inmobiliaria sobre el total) y por condiciones del crédito (tanto por ciento máximo sobre el valor del piso). Es una actuación concebida en varias dimensiones y sobre la banca en su conjunto. En España en concreto se ha actuado, no poniendo en acción el colchón de capital anticíclico, primando así la liberación del crédito hasta que finalice la crisis.

Un riesgo probable que se está generando en la banca española, y cuya cobertura desconocemos, es el gran número de hipotecas que se están concediendo a largo plazo y a un tipo fijo cada vez más bajo (más de dos tercios del total de hipotecas desde julio del 2021) a pesar de una inflación en fuerte ascenso, que hace prever una posible subida de los tipos de interés.

La aspiración europea en regulación es llegar a un fondo de garantía de depósito público europeo. (6) Sería un gran paso en la integración de mercados, con una red de seguridad europea, y permitiría usar esos recursos para los procedimientos de resolución en el caso de crisis de entidades bancarias. El núcleo duro del euro, se opone por el momento a dar ese paso, hasta que no se vea una clara consolidación de la banca más débil, en la que estamos incluidos.

En la coyuntura actual, la demanda de crédito solvente se ha reducido, lo que automáticamente endurece la oferta del mismo.

Sería preocupante que cuando llegue el momento no muy lejano, de que el sector público ajuste sus gastos y el crecimiento de su deuda, el sector privado continuara reduciendo el crédito, lo que haría difícil conseguir el crecimiento económico deseable y necesario.

DESAFÍOS DE LA COMPETENCIA

En este artículo nos vamos a limitar a señalar algunas características, con orientación bibliográfica, de los nuevos desafíos a los que se enfrenta la banca (7).

- La aparición de los Finthec y los Bigtech en el marco de las redes de pagos.

Comenzando por el marco global de pagos, la red SWIFT se enfrenta por un lado a las plataformas de los grandes bancos, con aspiraciones globales, que le van obligar a reducir, tiempo y costes, y por otro a la lucha geopolítica, en la que tanto China como Rusia aspiran a independizarse en una nueva plataforma de pagos, que abarque sus áreas de influencia.

La Unión Europea un mercado de 160 billones de euros de movimiento de pagos anual (el mercado español podría llegar a los 16 billones), ha establecido todos los protocolos para lograr el pago instantáneo entre todos los países asociados. (En el mundo ya hay 55 jurisdicciones con pagos instantáneos).

Respecto a los Fintech (un modelo de negocio que da servicios financieros de forma digitalizada y con soportes móviles) avanzan lentamente, en España tienen todavía cuotas mínimas en los pagos (no están incluidos en las estadísticas oficiales), incrementándose las licencias para los mismos, la filosofía de regulación es clara, a más riesgo (si conceden plazos de pago, admiten depósitos de dinero, incluyen seguros o gestión de patrimonios) más regulación. La banca española reacciona con participaciones en banca online inglesa del BBV, alianzas del Santander, el servicio Bizum para pequeños pagos por móvil creado por la banca etc., de cualquier forma, la tendencia es reducir ingresos en este capítulo para la banca, en el que la rentabilidad se estima en el 20% de los recursos propios, frente al 4% general.

En los Big Techs, la entrada de las grandes tecnológicas como Google es más complicada, ya que no les interesa someterse a la fuerte regulación bancaria, que por otro lado abarcaría por sus conexiones a todo el resto de sus actividades. Por otra parte, una de sus riquezas, su capacidad de conseguir datos y gestionarlos, tendría que compartirla con la banca tradicional que se beneficiaría del tema. Otro aspecto muy importante, es su potencia tecnológica puede dar un gran impulso al negocio bancario. (En el 2019 el ordenador cuántico de Google 53 Qubits Nis, realiza en minutos lo que llevaría 10.000 años en el ordenador más potente de la generación anterior, a cinco años vista se piensa que estarán operativos en las aplicaciones bancarias). Todo ello está llevando a alianzas entre la gran banca y las tecnológicas en el mundo anglosajón. (Así Apple con Goldman Sachs).

Por ahora la competencia se centra en la banca de pagos, la más rentable en los momentos actuales, quedando aparte el núcleo duro de la banca crediticia.

- La inversión y desarrollo tecnológico para la cobertura de los riesgos de ataques informáticos (Cyberrisk)

El elevado nivel de digitalización, está aumentando los incidentes en las redes bancarias, no solo por fallos, sino por ataques por fraude, terroristas y en general todos los países actúan, espiando y manipulando, para obtener información e influir en la política de otros países.

El centro criptológico nacional ha recogido en el 2019, 43.000 incidentes, dos tercios de ellos altamente peligrosos, doblando la cifra de tres años antes.

El lema es, anticipar, resistir, contener y recuperarse rápidamente.

Se aspira a establecer el modelo Zero Trust, eliminando el principio de confianza en todas las operaciones. En resumen, supone una inversión tecnológica adicional y continua para la banca con formación del personal adecuado.

La exigencia de evaluación en sus créditos, del Riesgo Climático. El Banco de España analiza para la banca los riesgos del cambio climático en dos vertientes, los riesgos físicos, tanto en sus activos como en los de sus deudores, analizando el ejemplo de la depreciación de la vivienda en el Mar Menor por la contaminación (podrían ser también efectos de inundaciones, sequias, incendios etc.) y los riesgos de la transición energética (Impacto de la reducción de emisiones de CO2) en la asignación de los recursos bancarios a los que producen o utilizan en exceso los combustibles fósiles, generando un exceso de emisiones de CO2, incluyendo a los hogares, además de a las empresas. Cuantificando en un modelo de perturbaciones simuladas, el resultado en el peor de los casos para la banca es una baja de rentabilidad de los recursos propios, que en estas circunstancias adversas supondría un descenso de la rentabilidad entre 0.9 a 1.5 puntos de tanto por ciento, sin consumo de capital, por lo tanto asumible con toda la incertidumbre de las hipótesis asumidas.

Se llega a hablar de pruebas de estrés climático para la banca, y de una enumeración de los criterios de asignación de recursos bajo la base de economía verde. Creemos que todo ello supone una aceleración de la transición energética, que debe graduarse ante la crisis energética que estamos sufriendo y que ha llevado al deseo de la Comisión Europea de declarar energías verdes a la nuclear y al gas.

- La regulación de las nuevas monedas estables.

El Banco de España como la mayoría los bancos centrales, considera a las criptomonedas como activos sin base productiva, de gran derroche energético, refugio de actividades en muchos casos perseguidas, muy vulnerable a los ciberataques, y con una gran aportación tecnológica, que ha servido para organizar unos mercados descentralizados, sumamente especulativos y sofisticados.

Mark Carney, el ex gobernador del Banco de Inglaterra señalaba que el Bitcoin, la más estable de las criptomonedas, en los últimos 5 años su volatilidad multiplica por diez a la de la libra esterlina, y su base es un algoritmo (procedimiento de programación informática), no hay un fundamento económico, y es escéptico a que pueda consolidarse como medio de pago y en consecuencia como unidad de cuenta.

El Fondo Monetario ha concluido en un estudio de este mismo año que las criptomonedas (que alcanzan los 3 billones de dólares de valoración) cada vez se mueven de manera más sincronizada con las acciones, añadiendo ese riesgo de interconexión al sistema. (Nota 7)

Por ello solo se ha considerado analizar para su regulación, aquellas criptomonedas que están ligadas a un activo estable, divisa, bono, o cualquier otro activo (token), que sirva de garantía y representación.

En el 2014, nacieron las principales monedas estables (Dai, Hubd, Tether, Paxos etc.) alcanzando una valoración en Agosto del 2020 de 14.000 millones, el 2% de valoración del total de criptomonedas. En el 2021 han pasado a 156.000 millones de dólares el 5% del total de criptomonedas.

Se considera que deben someterse a supervisión, para proteger al consumidor y al inversor mediante información de datos y registro con licencia para sus actuaciones.

Se plantea el caso de una moneda estable, que se lance con un alcance global en los mercados y en las redes de pagos como podría ser el proyecto Libra de Facebook, que forzaría a una regulación estándar internacional a coste adecuado y que no suponga una barrera de entrada.

EL GRAN PODER Y DEBILIDAD DE LA BANCA: CREAR DINERO

Si ha vivido la experiencia concreta de la concesión de un crédito, habrá experimentado la facilidad mágica, con que el banco anota el crédito en el activo, y crea en su pasivo una cuenta de depósito a su nombre, en la que abona la cantidad del crédito. (8)

Solo ha habido dos actores, el banco y usted, y ha nacido un depósito que se acepta para pagar el piso, el coche o lo que haya pagado con dicho crédito, es decir que se acepta como dinero.

En general pues, el banco no presta depósitos de terceros para crear dinero, sino que los crea derivados de la formalización de sus créditos. Más del 95% del dinero total de una economía es creado por la banca.

La capacidad de crédito no viene en principio dada directamente por el ahorro, sino al revés la expansión del crédito es uno de los canales que lleva al incremento de la renta y del ahorro.

Ese tremendo potencial instantáneo de la banca de impulsar un proyecto, y crear como contrapartida los depósitos como medio de pago, implica lo que el gran economista Schumpeter llamaba la economía sociológica (9), que suponía conciliar en una sociedad vertebrada por la banca, las iniciativas económicas con los presupuestos familiares y empresariales que la banca registra contablemente en sus cuentas, de todos los movimientos de ingresos y pagos. Por un lado se financiaba a plazo, bajo contrato y como contrapartida se ofrecía liquidez en los depósitos de contrapartida, esta transformación realizada de forma equilibrada concilia las necesidades dispares del sistema económico.

En la banca residía la capacidad de evaluar los créditos que concedía en función de los proyectos y la finalidad de los mismos. Schumpeter distinguía claramente entre los créditos a la propiedad, al sistema productivo y al mercado de capitales, quizás ahora habría que añadir el crédito verde. Una sociedad sin crédito, es una sociedad escasa de proyectos de crecimiento y de renovación, una sociedad con muy pocas posibilidades para su gente.

Pero este gran potencial, tan rápido, tan instantáneo, precisamente por sus posibilidades de crecimiento desbordado y por caminos mal dirigidos, puede con la misma rapidez destruir dinero y desarbolar toda la integración económico social, con la caída de la actividad económica. Todos con la banca somos acreedores y deudores directa o indirectamente, otros son además proveedores, empleados o accionistas.

Ante este poder tan rápido, tan necesario y tan frágil sin más limites sino se le pone freno, que el choque catastrófico, porque las finanzas como indicaba el economista Hyman Minsky son inestables por la naturaleza de su dinámica en la economía, su regulación tiene que ser muy estricta, por eso la banca no es una industria como las demás y ello ha llevado a que siempre haya tenido una regulación especial para su creación, su funcionamiento y su liquidación.

Por otro lado, en este entramado económico social que supone la banca en sus lazos con depositantes y deudores, se está produciendo a comienzos de este año del 2022, una alarma social por la pérdida de contacto personal, que está provocando la reestructuración y digitalización bancaria. Un millón trescientas mil personas y la mitad de los municipios de España tienen problemas para el acceso a dinero de efectivo y al contacto personal. Por otro lado, gran parte de los mayores, nueve millones de personas con más de 65 años (2.8 millones mayores de ochenta) no se manejan con la banca online y tienen miedo a los cajeros.

Pero el problema es más profundo, pues en primer lugar el problema de falta creciente de contacto personal se extiende a todas las actividades bancarias, a los crédito automatizados (el fracaso del credit-scoring en Estados Unidos) y a la Inspección y Supervisión, un alto cargo del Banco de España, ya jubilado, se quejaba en una nota escrita de que su trabajo de supervisión se limitaba a enviar una gran variedad de ratios (relacionando magnitudes) de los bancos, al Banco Central Europeo.

La tecnología que podría ayudar a personalizar, se está orientando en este caso a todo lo contrario, perdiéndose un grado de comunicación directa, insustituible, que va a perjudicar el funcionamiento y eficiencia de sistema financiero y económico.

BANCA EN SOMBRA. PODER DE LOS GRUPOS BANCARIOS

El peso de la banca, en el sector financiero ha ido perdiendo peso en favor de las instituciones financieras no bancarias (Fondos de Inversión, Fondos de Pensiones. Seguros, financieras, instituciones de crédito no bancarias, Brokers y Dealers etc.). Al 2019 (10) los activos de dichas instituciones financieras suponen el 50% total de los activos financieros mundiales, con 200 billones de dólares, el 228% del PIB mundial. Los bancos han disminuido su peso en la financiación al 40%, pero son todavía la mayor fuente de créditos específicos dirigidos a actividades concretas, en el sentido comentado antes por Schumpeter, con el 83% de los mismos en el mundo.

Las cifras son más bajas en el mercado europeo y el español, aunque con la misma tendencia, pero eso no quiere decir que el banco como conglomerado haya bajado en el mismo grado, ya que es propietario en gran parte de esas entidades financieras no bancarias. Así en España la banca posee al 31 de diciembre del 2022, el 73% de todos los activos de los fondos de inversión de las gestoras españolas. Y los tres primeros bancos el 52%. No tenemos cifras en los fondos de pensiones privados pero los porcentajes deben andar por el estilo. En seguros en el 2020, las aseguradoras propiedad de la banca, obtuvieron el 80% de los beneficios en el seguro vida y el 30% en resto de seguros. Es decir, el poder bancario se expandido al resto de los sectores financieros cada vez más ligados a los mercados (los más sofisticados promocionados por la misma banca) y cada vez más concentrados, paralelo a lo sucedido en el proceso bancario.

Esto plantea una nueva dimensión de riesgo, por un lado el del arbitraje regulatorio, evitando por otros canales institucionales actividades o productos restringidos bancariamente y por otro lado, el de las interconexiones ocultas, fuera de mercado, entre instituciones con efectos inesperados, como sería el caso de los derivados,

Por todo ello la regulación tiene que ser más minuciosa todavía sobre la intricada red que une al sistema financiero una vez descartadas las creencias que señala Torrero (12), como son la mayor confianza en los efectos positivos de la competencia bancaria, propuestas de liberalización de las finanzas, capacidad auto reguladora de los agentes que actúan en los mercados, fe en la capacidad progresiva de medición del riesgo, incremento espectacular de la dimensión de los mercados financieros como algo beneficioso para la economía.

ESPECIFICIDAD DE LAS FINANZAS

Volvemos a insistir para el sistema financiero, lo mismo que para la banca pero amplificado, que como indica Antonio Torrero (12), "las finanzas son actividades muy especiales y no deben aplicarse los principios de regulación de otros sectores, sino al contrario pueden estar en una relación antinómica, cuanto más se liberalice el sector real, más regulación se aplicará al sector financiero, la formalización de los contratos de crédito se caracteriza por la incertidumbre en cuanto a la información sobre las posibilidades de incumplimiento".

Así la libre competencia en abstracto, considerada como beneficiosa en la teoría económica, aplicada a la concesión de créditos, o a la captación depósitos sin límites, llevaría como se comprende fácilmente a situaciones catastróficas ya vividas, otro tema es el de las comisiones injustificadas, o cláusulas abusivas, así como las manipulaciones de los mercados realizadas de común acuerdo entre las entidades.

Como señalaba repetidamente Keynes en su Tratado de Dinero, en un lado de la ecuación económica, el dinero y su circulación es inmediata, por el otro lado, la producción y los precios, reaccionan con mucha más lentitud. Es vital tener esto en cuenta, tanto en los momentos de expansión como de recesión, para estabilizar las finanzas y la economía.

El dinero y su circulación son en su gran parte, de producción instantánea a voluntad de los que lo manejan, e intangible, tanto para darlo como para retirarlo, lo que hace muy vulnerable a ambas partes, las empresas y el sistema financiero.

Y esto se comprende tanto en el plano nacional, como el internacional, los movimientos de capitales entre países, su movilidad instantánea y total, contrasta con la de los trabajadores y la producción, y tantos traumas ha supuesto para las economías especialmente las emergentes. Para Keynes las finanzas debían ser fundamentalmente nacionales.

LA GRAN TAREA DE LA BANCA Y SU FUTURO

La suerte de la banca y de nuestro país es que los dos billones de euros de créditos al sector privado que une la suerte de la banca y las empresas, se mantengan en el equilibrio entre la concesión del crédito suficiente para apoyar el crecimiento, pero no excesiva que agrave el problema del endeudamiento en las empresas más débiles.

La eficiencia en esa gestión puede ayudar a que la inflación actual descienda, y se consolide en niveles superiores a los anteriores a la pandemia, beneficiando a las empresas y al crecimiento económico.

La calidad de la cartera crediticia puede mejorar por el crecimiento y por la gran labor que espera a la banca entre lo que debe refinanciar, y los créditos que debe recolocar. Es decir, la cartera puede mejorar por la recuperación de los deudores y la mayor calidad de los nuevos. Aquí la inversión continuada y los fondos europeos van a jugar un papel básico.

Respecto al futuro de la banca, podríamos resumir que va ligado al futuro de la moneda y los nuevos actores y canales que ya hemos comentado. Es evidente que va a ceder terreno en su cuota de los ingresos y pagos, sobre todo en los internacionales, más rentables y que van a ser objetivos de las BigTech. Por otro lado, el efectivo de billetes y monedas que en estos momentos está en el 8% de la moneda mundial (M2. Billetes y monedas más depósitos a la vista y a plazo) (13) camina a su extinción, reprimido por ser canal de fraude, pero por otro se pierde una área de privacidad muy apreciada por ejemplo en Alemania y Japón, pero ello da más poder a la banca en el momento actual. Respecto a una moneda global que es el desafío de Facebook, es evidente que los Bancos Centrales de los países desarrollados y sus instituciones reguladoras van a hacer muy difícil una implantación global de la misma.

Están en experimentación monedas digitales de los principales Banco Centrales desarrollados y de algunos emergentes, con las Sand boxes, esos espacios de experimentación con las transacciones digitales). China es la que va con más prisa, para irse separando cada vez más del dólar y que su moneda gane mercado. La Comisión Europea tiene prevista la implantación del Euro digital para el 2025. En su versión más extrema, si se deja depositar a los particulares y empresas en el Banco Central, y se lleva un registro de los mismos, evidentemente la banca quedaría bloqueada en su creación de dinero, y se limitaría a ser intermediaria por lo que algunos analistas proclaman así el final de la banca, sin evaluar los problemas de la transición y del nuevo estadio de funcionamiento (14). Lo lógico en Europa, es una postura conservadora cuidando la estabilidad de la banca, por todo lo comentado anteriormente, aunque se pueden dar pequeños pasos, como dejar a los particulares dejar una cantidad limitada en el banco central.

Mark Carney en la obra ya citada (ver nota 7), que además de haber sido Gobernador del Banco de Inglaterra sustituyó a Mario Draghi en la Presidencia de la Financial Stability Board el organismo supervisor de sistema financiero mundial creado por el G20 en el 2008, señala que se plantearon más de 100 propuestas de reforma del sistema financiero, es por tanto también partidario de una reforma progresiva y continua del sistema financiero.

Que en el sector público recaiga todo el poder de crear dinero y fundamentar los medios de pago, con el cambio institucional que lleve consigo, crea una cierta inquietud en cuanto al intervencionismo y cómo afectaría al crecimiento económico.

Todo lo que estamos hablando de la nueva competencia, como señala Prasad, supone una gran presión desestabilizadora para la libertad de capitales (lo enuncia como Réquiem por el control de capitales).

El economista Biagio Bossone ya vislumbró estos problemas en el planteamiento de controlar la creación de dinero bancario después de la Gran Depresión en los años treinta, propuesto por el grupo de economistas de Chicago, que podrían llevar a un menor crecimiento económico.

Bibliografía

(1)"Reflexiones sobre EL Sistema Bancario en España. La Crisis Financiera 2007-2008", Pp 75-107. "La Economía Española en el Reinado de Juan Carlos I", Antonio Torrero Mañas. ICE marzo- junio 2016 Nº 889-890

(2)"Informe sobre la crisis financiera y bancaria de España 2008-2014 5 capítulos", Banco de España. Aunque no en términos relativos sobre la

dimensión de la economía, España fue la líder en Europa de pérdidas absolutas en las ayudas bancarias no devueltas.
También "Anatomía de una Crisis", Aristóbulo de Juan, Francisco Uría, Iñigo de Barrón Editorial Planeta 2013.
(3)"Memorando de Entendimiento sobre condiciones de política sectorial financiera", 9-07-2012. Hasta tal punto entró al detalle, en sus exigencias, que al no responderle Bankia sobre las sucursales que iba a cerrar, la propia Comisión le ordenó el cierre de unas sucursales concretas, que en varios casos no estaban previstas en el plan de Bankia.
(4)Una síntesis con la bibliografía esencial de ambos fenómenos, caída de tipos de interés y política de tipos negativos en mi blog: camposeconomicos.blogspot.com
"La gran caída de los tipos de interés" diciembre 02,2019 y "Tipos de interés negativos. Tratamiento de urgencia" febrero 09,2020
(5)"El sector bancario español tras más de un año de impacto de la pandemia", Pablo Hernández de Cos. Gobernador del Banco de España. 06.07.2021 Banco de España Eurosistema.
"Evolución reciente de la financiación y del crédito bancario al sector privado no financiero". Tercer trimestre de 2021. Pana Alves, José Cebrián y Eduardo Pérez Asenjo. Artículos Analíticos. Boletín Económico Banco de España. 2021.
"Informe de Estabilidad Financiera". Riesgos y capacidad de Resistencia del sector Financiero, otoño 2021.
"Función y puesta en práctica de las nuevas herramientas macro prudenciales a disposición del Banco de España", Christian Castro y Ángel Estrada. Revista de Estabilidad Financiera N 40, primavera 2021. Pg. 119-159.
(6)"The Role for Deposit Insurance in Dealing with Failing Banks in the European Union", Atilla Arder WP 22/2. Working Paper INTERNATIONAL MONETARY FUND 2022 JAN.
(7)En cuanto a las redes internacionales de pagos, LA NUEVA COMPETENCIA y las luchas geopolíticas con los bloques chino y ruso "SWIFT message in a battle", The Economist, October 2021 Pp72-73.
"SWIFT THINKING", The Economist December 18th 2021 Pp 50-51.
En relación a las Big Thecs "Regulating for competition with Big Thecs: bankig as a service and beyond banking", Jose Ramón Martínez Resano. Revista de Estabilidad Financiera N41 Otoño 2021. P113-150.
Sobre la ciber resistencia "Fortaleciendo la ciber resistencia del sector financiero. Evolución y Tendencias", Silvia Senabre, Iván Sota y José Munera. Pp 91-113 Revista de Estabilidad Financiera N41 Otoño 2021.
"Impacto en el sector bancario de los riesgos asociados al cambio climático", Recuadro 3.1 Informe de Estabilidad Financiera. Otoño 2021.
"Stable coins: risks, potential and regulation", Douglas Amer, Raphael Auer and Jon Frost. Revista de Estabilidad Financiera. N39 Otoño 2020.
"Report on Stablecoins", Treasury Department USA. November 2021.
"Value", Chapter 5. Mark Carney. William Collins 2021.

Chapter 8 del mismo libro de Carney "Creating a Simpler, Safer, Faireer Financial System".
"Crypto Prices Move More in Sync with Stocks; posing New Risks" by Tobias Adrian, Tara Lyer and Mahvash S. Rureshi IFM Blog January 11, 2022.
(8)Una explicación del tema sin necesidad de ninguna noción económica, en el artículo del Banco de Inglaterra "Money in the modern economy, an introduction" by McLeay, Radia and Thomás. Quaterly Bulletin 2014 Q1.
No me consta que el Banco de España haya publicado nada sobre el tema para el gran público, lo que supone una carencia importante, en un tema básico para la formación ciudadana respecto al poder y sus instituciones. Curiosamente un jefe de contabilidad del Banco de España ya jubilado, si explicó la creación de dinero en su libro publicado el año pasado: "El cuento del dinero y los bancos como no te lo habían contado antes", Jorge Pérez Ramírez. Marcial Pons. 2021. Pp 43-47
(9)Un artículo muy didáctico sobre la concepción del crédito de Schumpeter "Schumpeter Might Be Right Again: The Functcional Differentiation of Credit", Dirk J. Benzemer University of Groningen 2011.
(10)"Shaken Structures SPECIAL REPORT The Future of Banking", The Economist, May 8th 2021 Pp 10. La presión de la banca sobre los depositantes para que compren fondos de renta fija y variable de su grupo, y así incrementar sus comisiones, pude ser uno de los factores detrás de la caída de la aportación de crecimiento monetario (m3) de España al euro, que descendió del 10.4% antes de la pandemia, a situarse en el 7% a final del 2021.
Entre los riesgos ocultos es importante el de los derivados, en el que se crean productos que participan de la renta, la renta variable y pueden llevar incorporados contratos de seguro. Echamos de menos un análisis por el Banco de España de los derivados en el sistema financiero para el público. En Estados Unidos Awrey ha sido muy crítico con los actuales errores de los reguladores en el mundo de los derivados. "Split Derivatives inside the World's most Misunderstood Control", Dan Awrey, Cornell University Law School. Yale Journal of Regulation, 495-574 Vol. 36 Summer 2019.
(11)"La Crisis Financiera Internacional y sus Efectos sobre la Economía Española", Antonio Torrero Mañas. Marcial Pons 2011 Pp 61-62.
(12)Sobre las características específicas de las finanzas. "Revolución en la Finanzas", Antonio Torrero Mañas. Marcial Pons 2008, Pp 188-92.
(13)"The Future of Money", Eswar S. Prasad. Harvard University Press. 2021, Pp 30-34.
(14)"Adiós a los bancos", Miguel Ángel Fernández Ordoñez. Taurus. 2020.
(15)"Should Banks Be Narrowed, An Evaluation of a Plan to Reduce Financial Instability", Biagio Bossone, Public Policy Brief Nº 69, 2002. Levy Economics Institute 31 of Board College.

31 de diciembre de 2022
Blog del autor: camposeconomicos.blogspot.com

Capítulo 10

EL DIRIGISMO DEL GOBIERNO EN LA ECONOMÍA Y LOS SECTORES

El peso del Estado que se ha ido incrementado en décadas del siglo pasado, por el creciente estado del bienestar, tras la Gran Recesión y el COVID, se ha amplificado a un papel cualitativo de gestión planificada de la adjudicación de los Fondos Europeos a las actividades y sectores considerados estratégicos. Hay que mejorar la baja confianza actual en el Gobierno, para que la colaboración privada en multiplicar esos fondos sea la óptima, el sector del automóvil el más representativo de esa colaboración, presenta motivos de alarma. La transparencia, mayor comunicación y evaluación continuada con representación privada independiente, del Plan, y no saltarse de manera generalizada al Parlamento en primera instancia, con el torrente decretos Leyes, ayudaría a elevar esa confianza. Estamos a tiempo de mejorar.

En todo el mundo y especialmente en Europa, el gasto público se ha ido incrementando sobre el PIB de manera progresiva, a lo largo de las cinco últimas décadas. En los años setenta y ochenta fue la implantación del estado de bienestar, posteriormente la Gran Recesión del 2008, llevó el gasto público sobre el PIB, del 38% al 48% en el 2011, para luego descender a unos niveles algo por encima del 40% y volver el año crítico de la pandemia, el 2020, al 52% y descender por debajo del 50% el 2021, en la zona media del euro. El peso del Estado sobre la economía es mayor, pero además la pandemia le ha exigido una mayor gestión, que se ha amplificado con la asignación detallada a los sectores de los fondos europeos.

The Economist (1) destacaba el incremento gubernamental en todo el mundo de los niveles de control, por cuatro vías: un entusiasmo renovado por la política industrial, un asalto al poder de las grandes empresas, un crecimiento de la regulación y por último interrumpiéndose la tendencia a la baja en el impuesto de sociedades. En este análisis nos centraremos en la política industrial y la regulación.

Hay un entusiasmo renovado por la política industrial, el Estado apoya determinadas industrias, tecnologías o fines específicos (el automóvil) para promover puestos de trabajo, seguridad nacional (semiconductores) o la transición energética.

La situación geopolítica de enfrentamiento Estados Unidos, China y Rusia, con Europa y Estados Unidos puede llevar a un incremento del proteccionismo comercial y de los impulsos nacionalistas en cuanto a las cadenas de producción y la globalización en general.

EL GOBIERNO SE SALTA EN PRIMERA INSTANCIA AL PARLAMENTO

Se da un gran crecimiento de la regulación, particularmente sobre medio ambiente, el mercado laboral y la gobernanza empresarial, con un contenido cada vez más imperativo.

En un análisis del Banco de España (2) se indica que el volumen total de producción normativa de España, se ha multiplicado por cuatro desde finales de los setenta hasta el 2018, con connotaciones negativas para el crecimiento del número de sociedades y su capital.

Según CEOE, España destaca actualmente por su excesiva carga regulatoria, ocupa un puesto de cola, 114 entre 141 países. Según dicho informe, el número de reales decretos ley supera por quinto año consecutivo, al número de leyes ordinarias, sin ninguna justificación de urgencia en la mayoría de los casos, como señala mi buen amigo Valentín Cortés (Catedrático de Derecho Procesal de la Universidad de Madrid) y con el único objetivo de saltarse el poder legislativo de las Cortes en primera instancia y luego poder ganar voluntades para refrendarlo a posteriori.

NO IMPORTA CUÁNTO ESTADO SINO SU CALIDAD

Con esta frase, Fareed Zakaria (4) se refiere a la gestión de los gobiernos en la pandemia, los hay que lo han hecho bien con un sector público reducido (como Corea o Nueva Zelanda) y otros con un sector público importante (Dinamarca, Noruega).

Maria Mazzucato (5) considera que más que el tamaño hay que ir a la evaluación cualitativa del Estado, que debe tomar la iniciativa en una colaboración común con el sector privado, para ser una fuente de innovación y cambio del capitalismo. Hay que dejar atrás los viejos mitos sobre el sector público: que solo está para aportar seguridad y trabajo, corregir los fallos del mercado, que tiene que funcionar como una empresa, la necesidad de contratación exterior y privatización, y que no debe elegir ganadores.

Frente a estos mitos, la economista plantea un gobierno líder con una misión: "La actitud de una misión no consiste en escoger sectores individuales a los que ayudar, sino identificar problemas que puedan canalizar la colaboración entre muchos sectores diferentes". "Crear estructuras políticas que puedan atraer a muchos tipos de organizaciones que lleven a cabo diferentes soluciones" (proyectos). "No consiste en corregir los mercados sino crearlos. No se trata de eliminar los riesgos sino compartirlos. No se trata de elegir a ganadores, sino elegir a quienes están dispuestos".

Pone como ejemplo el proyecto Apolo de aterrizaje en la luna, como la gran fuente de innovaciones, que supuso una de las colaboraciones público-privada mayor de la historia en Estados Unidos.

Para la Comisión Europea desglosó lo que ella llama misiones, en cinco ámbitos. Adaptación al cambio climático. La lucha contra el cáncer, los océanos mares y las aguas costeras e interiores saludables, las ciudades inteligentes, la salud del suelo y los alimentos.

En una postura divergente, Oden Cass (6) muy escéptico respecto al peso de la burocracia, señala la poca efectividad en Estados Unidos a pesar de las cantidades invertidas cada vez mayores respecto a la economía, desde finales de los años setenta, en la lucha contra la pobreza, la educación y la sanidad. El gobierno ha ido perdiendo capacidad de innovación. Se debe analizar la economía desde la producción que sea lo más diversa posible, excesivamente focalizada en el consumo, y la relación de los centros de producción con el gobierno e instituciones privadas, en que el concepto de comunidad como raíz estable, (que incluye a la familia, vecindad, comercios cercanos, bancos, escuelas, iglesia etc.) relaciones de trabajo, sindicatos y asociaciones civiles, con sus efectos económico sociales más allá de la información dada por el PIB.

El concepto de prosperidad es muy complejo, y no lo recogen las estadísticas, para Casen una de las bases esenciales es un trabajo significativo, que para él es un trabajo con un papel y una retribución satisfactoria para mantener su estabilidad dentro de la comunidad y la base de un trabajo creador. Cita una encuesta en su obra citada en la nota, del 2018, en la que el 92% de los estadounidenses, prefiere la estabilidad financiera al ascenso en la escala social. El estado debe invertir en la mejora de la productividad de sus trabajadores, con una educación y formación adaptada a sus capacidades de desarrollo y a su integración en las líneas de producción, para que nadie se quede atrás. Algo común a las dos versiones tan dispares citadas, de Mazzucato y Casen es que la administración pública necesita una gran reforma.

BANCO DE ESPAÑA ORIENTA SOBRE EL FUTURO DE LOS SECTORES

La necesidad de estimular las economías mundiales tras la pandemia, ha llevado a la inyección de recursos a la economía, por parte de todos los países, en el momento actual en Europa se están comenzando a transferir a los sectores públicos de las diversas economías de la Unión Europea, los Fondos Europeos de Recuperación, y que para España debido a verse especialmente afectada por la pandemia, alcanzan por el momento 140.000 millones de euros, una cantidad superior a su peso en la economía europea.

La adjudicación de estos fondos, supone un paso más en el dirigismo de una economía planificada sectorialmente en toda Europa. Pero antes de comentar este proceso, pasamos a comentar la labor orientativa previa del Banco de España (7), en un detallado estudio de los sectores de futuro.

Se inicia el estudio con los principales retos a los que se enfrenta la economía española, y en mayor o menor grado todos los sectores de la misma.

El reducido incremento de la productividad, inferior a la de sus colegas europeos, ligado a las diferencias entre las capacidades personales, la innovación y la reasignación de recursos a los sectores con más posibilidades de mejora.

Todo lo anterior va ligado a la capacidad de asimilar las transformaciones requeridas por los procesos de cambio tecnológico.

El envejecimiento de la población que va a llevar a fuertes demandas en el sector sanitario, farmacéutico y de los cuidados a la vejez, con cambios en los modelos de consumo y baja en las actividades de transporte.

Y por último el cambio climático con riesgos por los daños físicos que puedan causar la intensificación de alteraciones climáticas, sequias, temporales, terremotos, inundaciones etc. y los costes en la transición a unas economías no contaminantes, tanto por obsolescencia de producciones desechadas, como por la elevación de los precios energéticos por falta de cobertura estable de las necesidades, más el gran volumen de inversiones necesarias, y la incertidumbre sobre el tiempo de maduración rentable de las mismas.

La principal conclusión del estudio según sus autores, es que los sectores con mejor posición relativa para afrontar los retos analizados como son la fabricación de productos informáticos y electrónicos, las actividades profesionales, científicas y técnicas, las de I+D, las de información y comunicaciones y las financieras y de seguros entre otras, sin embargo tienen un peso reducido en la economía española, el 12.6% de Valor Añadido Bruto frente al 15,1%, 17,4% y 22,5% de Alemania, Francia y Estados Unidos.

En cambio, son más vulnerables sectores básicos en nuestra economía, como gran parte de la industria manufacturera y de suministro de energía, el sector primario (agricultura, pesca y ganadería) la hostelería y los servicios de transporte.

Ante estas conclusiones, proponen la reasignación de recursos entre sectores, tanto financieros, como de trabajadores, lo que llevaría a fomentar los procesos de aprendizaje, como el reforzamiento de las redes de protección social existentes.

Los autores han realizado una aportación necesaria al futuro de la economía española desde la base de sus sectores, pero como ellos mismo reconocen caben enfoques adicionales, que nosotros pensamos que son esenciales. Así el concepto de Estrategia, incluiría la capacidad de los sectores de vanguardia de mejorar la productividad del resto de los sectores (por ejemplo a través de la digitalización), por otro lado, hay actividades clave como el turismo que abarca varios sectores vulnerables, que sin embargo van a ser claves en el crecimiento económico de nuestro país cuando se extinga la pandemia, y volvemos a repetir, un sector en el que confluyen todos los retos el automóvil, espina dorsal de la economía de nuestro país su vulnerabilidad viene dada no solo por dichos desafíos, sino por la competencia dentro de la misma empresas, de adjudicar los modelos a las fábricas de uno u otro país lo que depende de la negociación directa con las plantillas y sindicatos, y las ayudas de los gobiernos.

En esta idea, la sanidad que no es analizada en el estudio por pertenecer en gran parte al sector público, es otra actividad de la que se debe trazar una estrategia global, transparente y fácil de entender.

PLAN DEL GOBIERNO. DINERO CONCRETO PARA ACTIVIDADES ESTRATÉGICAS

El Plan de Recuperación y Resiliencia se enmarca en unas directivas europeas detalladas, en base a las reformas especificas señaladas para la economía española, con adjudicaciones de inversión en cada caso con cifras concretas, en las que siguiendo las pautas europeas, el verde y el digital son los vectores más importantes, con el 39.7% y un 28.2%, de la inversión total, seguidos de la educación y formación (10.5%) y la Investigación y Desarrollo con un 7% Todo ello, sobre los primeros 70.000 millones a recibir de subvenciones (luego hay 70.000 millones más de crédito).

Esta idea de actividad estratégica, hace como señala el plan, que las separaciones entre los sectores se difuminen, así ocurre con la digitalización, está generando una creciente interdependencia y simbiosis entre actividades tradicionales como el sector primario (agrícola, ganadero y pesquero), industria y servicios, por el peso del software, la gestión tecnológica de riegos o cosechas, la integración de activos materiales e inmateriales, lleva a contemplar como un conjunto el concepto de política industrial. Ciertos sectores se van a fundir cada vez más con otros.

En la tabla 10 del Informe (pg. 118) se expone la distribución de la inversión, entre lo que llaman las diversas palancas y componentes. Por orden de magnitud destaca la modernización y digitalización del tejido industrial y de las pymes, recuperación del turismo e impulso a una España nación emprendedora con 16075 millones de euros.

En segundo lugar está La Agenda Urbana y Rural, lucha contra la despoblación y desarrollo de la agricultura. Incluye el plan de rehabilitación de vivienda y regeneración urbana (6820 millones) y el plan de choque de movilidad sostenible (6536 millones) con un total de 14.407 millones de euros.

Y en tercer lugar las Infraestructuras y ecosistemas resilientes, con 10.400 millones de euros.

En estas tres áreas se invierte el 58.8% de los 70.000 millones.

El grado de concreción es poco homogéneo, así el impulso a las pymes (4894 millones) puede abarcar todos los sectores nacionales, mientras que infraestructuras eléctricas, promoción de redes inteligentes y despliegue de la flexibilidad y el almacenamiento

(1365 millones) es mucho más concreto. Los planes transfronterizos con Portugal, Francia y España, son genéricos, sin presupuesto ni plazos.

El tema es muy importante para la Comisión Europea, que una y otra vez recomienda concreción y descender al detalle, ya que teme que con planteamientos genéricos se retrasen la urgencia de la gestión de los fondos, y sobre todo se provoque la dispersión en un excesivo número de proyectos, que diluya la eficacia de la inversión de los fondos, como declara el Tribunal de Cuentas Europeo. Echa en falta un establecimiento claro de prioridades para lograr una recuperación óptima. (Hay 104 reformas, 32 hitos, 20 componentes, 6 pilares y en esa inflación europea de términos de activismo físico, se habla de palancas impulso, lucha, despliegue, movilidad, conectado, choque, transformación, fortalecimiento, refuerzo etc.)

La Comisión Europea en todos los planes, lamenta la falta de instrumentos nivel europeo para un proyecto paneuropeo, que canalice el objetivo de la soberanía europea tecnológica digital, y sanitaria, que abarcaría las cadenas estratégicas de valor en vehículos conectados, baterías, microelectrónica, Inteligencia Artificial, equipos médicos de protección y farmacia.

Se trata de relocalizar las cadenas, y que no se vuelvan nacionales sino europeas, con desconexión con las grandes potencias, sobre todo con China.

Los Estados Unidos han movilizado su departamento del gobierno, agencias, colaboraciones para generar una guía de actuación publicada por la Casa Blanca, para examinar las vulnerabilidades en cuatro productos: fabricación de semiconductores, de baterías de gran capacidad, minerales críticos, farmacéuticas e ingredientes farmacéuticos avanzados.

Ya en la segunda fase de iniciativa en las cadenas de valor, con la revisión de seis sectores clave para la economía y la seguridad nacional. La industria base de defensa, la preparación industrial básica de preparados biológicos y de salud pública, la tecnología industrial de información y comunicaciones, el sector de la energía industrial, el transporte y las cadenas de oferta de producción de materias primas agrícolas y de productos alimenticios.

Se recomienda la rápida inversión en formación de personal e investigación y desarrollo para todo ello.

DECIRLE A LAS EMPRESAS LO QUE DEBEN HACER

Las inversiones en España basadas en los fondos europeos Next Generation, que suponen en total 140.000 millones de euros, se espera que generen inversiones privadas por 500.000 millones que triplicaría con holgura las inversiones públicas. Evidentemente este es un tema clave para el éxito de todo el proceso, y el más complicado de lograr, la colaboración optima entre el sector privado y el gobierno, dado el bajo nivel de confianza en el gobierno (según la encuesta del Eurobarómetro de Abril del 2021), España presenta la confianza más baja en el gobierno después de Eslovaquia). Los Fondos van a ir por diversos canales: la inversión directa del Estado (infraestructuras ferroviarias).

Los convenios con la Comunidades Autónomas y las Corporaciones Locales. Se han celebrado 59 conferencias sectoriales, y se han asignado al 31 diciembre del 2021,11.151 millones de euros a las Comunidades Autónomas, así como a los Ayuntamientos (6000 millones de euros se les van a adjudicar en el primer semestre del 2022).

Las subvenciones para la iniciativa privada (para el 5G), participación en consorcios, fondos públicos y privados o en el capital de empresas.

Las ayudas públicas mediante instrumentos financieros como créditos y garantías, así como fondos de inversión.

La compra publica innovadora (digitalización de la Administración).

La participación en proyectos transnacionales o proyectos importantes de interés común europeo (hidrogeno verde, baterías de litio, de iCloud, de satélites, de microprocesadores).

Dado el carácter esencial de la colaboración pública privada, se crea una nueva figura de colaboración: Los Proyectos Estratégicos para la Recuperación y Transformación Económica (PERTES). Enumera seis posibles proyectos, la Industria de la automoción verde y conectada, hidrogeno verde, industria aeroespacial, la agricultura sostenible y eficiente, el uso del español en la Inteligencia Artificial, o el desarrollo de un sistema de Salud puntero.

El hecho es que la gestión de los fondos, va con retraso. Según la WEB del Plan a 31 de Diciembre del 2021, se han autorizado

22.128 millones de inversiones, pero se han pagado el 45.5% de las mismas. Se espera en el primer semestre del 2022, movilizar 24.600 millones.

Ya la Comisión Europea destacaba la contradicción entre la urgencia de ejecutar las inversiones y el control de las mismas. La prensa destaca a finales de febrero, que el Gobierno apenas ha iniciado la preparación específica para los funcionarios que gestionan los fondos europeos, tema básico que entra en la reforma de la Administración Pública, para la que se han destinado 4239 millones de euros.

La cuestión es que el aparato formal para implementar el plan, ocupa cuarenta y tres páginas en el mismo, pero se echa de menos en la información pública, la comunicación de un organismo independiente del gobierno, con una representación privada de peso en cada actuación y de la supervisión y la futura evaluación del mismo, con esa misma independencia.

El autoritarismo por parte del gobierno según la Comunidades Autónomas ha sido total, "toma el dinero y colócalo donde yo te diga", que a su vez lo pasan al sector privado señalándoles lo que hay que hacer, a través de los seleccionados en las convocatorias.

AUTOMÓVIL: NOS LA ESTAMOS JUGANDO Y HAY MOTIVOS DE ALARMA

El sector del automóvil espina dorsal de nuestra industria, ha sido de los más afectados por la pandemia (10), primero por la escasez de clientes, luego por la escasez de coches, después de Alemania, España fue el país en que el impacto sobre el automóvil ha repercutido más en el PIB. Es el sector industrial que tiene la cadena más larga de producción (80% de ella dentro de la Unión Europea, pero se exporta fuera de ella el 65% de la producción) se considera que un tercio de la caída de la actividad, se debió a los efectos de la transmisión a través de dicha cadena.

Sin embargo, nos están preocupando las noticias que llegan al gran público, del sector del automóvil, sector en el que se aprobó el primer PERTE con casi 100 páginas de descripción del Plan. En él se prevén 4295 millones de euros de inversión pública, y nada menos que 19.174 millones de inversión privada, cerca de quintuplicar la inversión pública, el efecto de arrastre del sector privado es muy superior a la media, y por tanto la colaboración con el sector privado es aquí decisiva. Al final de la memoria del PERTE, se describe la gobernanza, que lleva a la creación de una comisión interministerial y una Alianza para el vehículo eléctrico y conectado, que integrará al grupo interministerial y a la llamada Mesa de Automoción en la que participan sindicatos, Comunidades Autónomas y las asociaciones empresariales más representativas.

El problema con el automóvil, como ya comentamos en el artículo anterior, es que la competencia más dura y de resultados más rápidos y decisivos, se da en la lucha por apropiarse de la fabricación de modelos de la misma empresa, de una factoría en un país frente a otra en otro. Con lo que la adjudicación de un modelo a una fábrica, salva los puestos de trabajo por más de una década, pero las decisiones se pueden tomar en pocos meses.

La alarma se produce porque desde las firmas, se lamentan de los retrasos respecto a otros países de la concreción de ayudas y subvenciones y las suspensiones anunciadas de las decisiones de inversión, hasta que no se concreten las mismas (declaraciones de Vokswagen respecto a la fábrica de baterías de Sagunto, a finales de febrero).

Lo más grave son las declaraciones (11) del Presidente de Stellantis, Carlos Tavares la primera firma de automóviles de España (reúne a Peugeot, Citroën, Opel, Dodge, Fiat, Alfa Romeo entre otras marcas).

"El Plan europeo de recuperación está ayudando a España y Stellantis está muy abierto a discutirlo con el Gobierno español, pero por el momento el gobierno español no se ha puesto en contacto con nosotros".

De hecho el Presidente de Stellantis fue recibido en Moncloa por última vez el 5 de mayo del 2017. A pesar de lo requerimientos realizados por Tavares, en los últimos meses, el Presidente se ha negado a recibirle (el Rey si fue a la presentación del nuevo Opel Corsa eléctrico, en la planta de Higueruelas en Zaragoza, el 7 de Octubre del 2019).

Como consecuencia, Tavares confirma: "planeamos plantas para fabricar baterías Alemania, Francia e Italia. España no ha sido tan rápida", para sentenciar, "España puede perder 30 años de éxitos".

No sabemos tampoco cuál está siendo el grado de apoyo del gobierno, a la lucha que está sosteniendo en Ford la planta de Almussafes por los dos nuevos modelos eléctricos con la factoría alemana de Saarlouis. Con restricciones en los salarios, incremento de la jornada de trabajo, incremento de flexibilidad en las horas extraordinarias se ha llegado a un acuerdo con UGT el sindicato mayoritario, pero la decisión final se tomará en junio en Detroit, supondría asegurar los próximos 15 años.

Renault es la firma que más ha concretado con la adjudicación de cinco nuevos modelos, tres a la planta de Palencia y dos a la de Valladolid, pero se queja de la baja demanda de coches eléctricos en España con una cuota del 8% del mercado frente al 18% en Francia.

Mientras Mercedes como ya hemos comentado en el artículo anterior, se queja de los retrasos y de los bajás subvenciones en la Europa del Sur. BMW señala la dificultad de tratar con tres niveles de la Administración (central, autonómico y local) y la falta de estabilidad del mercado, en un extremo el coche eléctrico, y en el otro, el exceso de antigüedad en el parque de automóviles, haciendo necesarios estímulos y ayudas para su renovación superiores a los planteados. El automóvil más vendido en España en el 2021, tenía una antigüedad de 10,9 años.

EL PROBLEMA DE FONDO

Si el automóvil es la referencia de la necesidad más intensa de colaboración entre el gobierno y el sector privado en los momentos actuales, por la urgencia y la trascendencia de las decisiones de las multinacionales, todas con sus centrales fuera de España, todo lo que recogemos anteriormente, retrasos, negligencias en temas básicos, falta de información nos lleva a repetir lo ya dicho en los artículos anteriores. Lo más importante para España es que se den los pasos, al menos con una comunicación accesible y continuada y una evaluación de los resultados si es posible con participación privada e independiente, para que mejore la baja confianza del sector privado en el gobierno de este país.

Estamos a tiempo de mejorar en todos los procesos de inversión de los Fondos Europeos.

Bibliografía

(1)"The new interventionism" Special Report Business and the State. The Economist January 15th 2022.

(2)"¿Cómo afecta la complejidad de la regulación a la demografía empresarial? Evidencia para España. Juan S. Mora-Sanguinetti y Ricardo Pérez Villa. Documento de trabajo 2002. 2020. Banco de España. Eurosistema.

(3)"Producción Normativa en el 2020". Confederación Española de Organizaciones Empresariales. CEOE.

(4)"Diez lecciones para el mundo de la postpandemia", Fareed Zakaria. Lección 2. 2021 Editorial Paidos.

(5)"Misión Economía. Una Guía para cambiar el capitalismo" María Mazzucato. 2021. Editorial Taurus.

Mazzucato realizó dos informes específicos para la Comisión Europea, el último de ellos fue: "Governing Missions in the European Union". Independent Expert Report by Maria Mazzucato 2019. European Comission.

(6)"The Once and Future Worker" Oren Cass. 2018 Encounter Books. Un estudio histórico del papel del gobierno, partiendo de los tres pilares de la prosperidad enunciados por el padre de la economía, Adam Smith reinterpretándolos, (Paz, Impuestos fáciles y una tolerable administración de la justicia. El resto vendrá por el curso natural de las cosas) en "Pillars of Prosperity", Timothy Besley and Thorsten Persson. Princeton 2011.

(7)"Un análisis sectorial de los retos futuros de la economía española "Alejandro Fernández Cerezo y José Manuel Montero. Documentos ocasionales Nº2133. Banco de España Eurosistema. 2021

(8)"Plan de Recuperación, Transformación y Resiliencia para la Economía Española" Gobierno de España. En dicha web: (planderecuperacion.Gob.es) se informa de los calendarios de las convocatorias, la canalización de los fondos, los proyectos estratégicos aprobados (PERTES) como el del vehículo eléctrico, criterios de distribución y consultas de todo tipo.

En la web oficial de la Unión Europea "ec.europa.eu", se da una información exhaustiva sobre los planes de recuperación y resiliencia de todos los países, sus efectos sobre el crecimiento de la economía, su implementación y su supervisión semestral.

Una crítica por los organismos europeos del planteamiento de los planes de recuperación europea en: "Impacts of the COVID-19 pandemic on EU industries. Policy Department of Economic, Scientific Quality of Life Policies", Jan Marten DE VET, Daniel NIGOHOSYAN; Jorge NÚÑEZ FERRER, Ann-Kristin GROSS, Silvya KUEHEL and Michel FLICKENSCHILD, March 2021. European Parliament.

(9)En Estados Unidos, doce departamentos estatales, agencias, expertos de todo tipo y encuestas dan lugar a un informe al Presidente, canalizado por

el director del Consejo Nacional de Economía y el asesor de Seguridad Nacional, que la Casa Blanca comunica al público.

"Building Resilient Supply Chains, Revitalizing American Manufacturing, and Fostering Broad Base Growth", a Report by The White House. June 2021.

(10)"Cars in Europe: Supply Chains and Spillovers during Covid-19 Times", Vizhdan Boranova, Rju Huidrom, Ezki Ozturk, Ara Stepanyan, Petia Topalova and Shinganyin (Frank) Zhang. WP/22/6 January 2022. IFM Working Paper. European Department.

(11)Entrevista en el Mundo con Carlos Tavares, realizada por Carlos Segovia. Miércoles 19 de enero de 2022, Pp31-32.

28 de febrero de 2022
Blog del autor: camposeconomicos.blogspot.com

Capítulo 11

EL PODER EMPRESARIAL Y EL DECLIVE DE LA COMPETENCIA TRAS EL COVID

En las últimas décadas ha ascendido el poder de mercado de las empresas, para subir precios y obtener de manera estable altos beneficios, perjudicando al crecimiento económico y a la creación de empleo. Se está gestando una nueva política antimonopolio con restricciones más matizadas, que junto con la creciente burocracia legislativa, se debe equilibrar con los estímulos y la protección de la capacidad de innovación de las empresas, evitando los excesos de lobbies y ahorros fiscales.

La pandemia y posteriormente la invasión de Ucrania por Rusia, por la necesidad de cooperación y de ayudas del estado, suponen una pausa en una política antimonopolista cada vez más intensa.

Desde los años ochenta, se ha acelerado la tendencia a la concentración empresarial (1) en todos los sectores, que en muchos casos, ha llevado a la perdida de la competencia y al incremento de las barreras de entrada a nuevas empresas competidoras.

La capacidad de innovar, que es la gran aportación de la empresa al sistema, en estas situaciones tiende a disminuir, con el consiguiente empobrecimiento de la transformación de las economías en todo el mundo. Esta concentración ha llevado en numerosas ocasiones, a un mayor poder empresarial, que permite la dominación de los mercados en cuanto a precios y márgenes de beneficios más altos en ciertos casos, perjudicando al consumidor, o a precios a la baja transitoriamente depredatorios para expulsar del mercado a otros competidores. Todo ello puede traducirse también en baja calidad de los productos y disminución de la variedad de oferta de los mismos, poder de negociación a la baja de los salarios (2) e imponer condiciones abusivas a los proveedores, y adquisiciones de posibles competidores.

Eeckhout (3) va más allá, señalando al poder de mercado de las empresas como factor principal en la fuerte caída de la participación del trabajo en la renta, del 65% en 1970, al 59% en el 2017, en Estados Unidos, porque el poder de mercado empresarial al subir los precios provoca una caída de la producción y del empleo, respecto a la que hubiera sido posible a unos precios más competitivos.

Expone un ejemplo muy claro, si el I-phone de Apple en vez de venderse a 1200 dólares se facturara a 800 (el habla de 400 dólares preferimos ser más conservadores), se venderían muchos más, y se incrementaría por tanto la producción, contratándose más personal y Apple ganaría menos. Extendiéndolo a todos los sectores que casi en su generalidad han incrementado su poder de mercado, toda la economía produce menos y crea menos empleo por esta causa, y la baja del trabajo en la renta, no se debe al incremento del capital (inversiones) sino al tercer elemento que hay que distinguir, la subida de beneficios, cuya participación en la renta pasó del 3% en 1970 al 12% en el 2017.

BENEFICIOS DEMASIADO ALTOS. SE NECESITA MÁS COMPETENCIA

La tendencia fundamental de la que se parte, es la del incremento de la cuota de mercado de las grandes empresas, produciéndose una concentración, tanto de la propiedad, como del dominio del mercado, con unos beneficios, a nivel récord sobre el PIB (8%), y todavía amplificada, en los recursos generados libres (tras cubrir pagos e inversiones), lo que ha llevado a lo más alto, la rentabilidad sobre el capital, el 16%, y los márgenes de beneficio, sobre los costes. Mientras tanto, la inversión sobre el PIB, se ha mantenido normal, y las grandes empresas han ido atesorando crecientes cantidades de dinero (hablamos del periodo desde los años ochenta al 2016)

El empleo de los recursos sobrantes, ha ido a la consolidación de los sectores, con un fuerte incremento de las fusiones y adquisiciones, tanto de competidores importantes, como incipientes, que ha supuesto la intensificación de las barreras de entrada, a otros competidores, con el consiguiente nivel de sobreprecio para el consumidor, así como a la recompra de acciones, que ha supuesto un incremento de las rentabilidad de los recursos propios, elevando el endeudamiento, y por tanto el riesgo.

Todo ello, se ha ido agudizando en las últimas décadas. Así, en un estudio realizado por economistas de la Universidad de Londres (2), plantean el crecimiento del poder empresarial, en una muestra mundial de 70.000 empresas y 134 países, al pasar el margen, del 1.1 en 1980 (siendo 1 el precio igual al coste) al 1.6 en el 2016. La rentabilidad de los recursos propios de las compañías americanas, dobló en el mismo periodo, pasando del 8 al 16%. En Europa, tanto el nivel, como la tendencia, es la misma, aunque ligeramente inferior. En España, el margen es, al 2016, del 1.34, ascendiendo desde el 1, en el periodo 1980-2016.

Como señalan los analistas, un nivel tan alto de beneficios, puede ser el síntoma de una enfermedad. "Puede significar, que extraen más riqueza de la que crean, ganando más dinero, del que pueden gastar, como ocurre en los monopolios".

"El incremento de saldos tras las inversiones, está alrededor de los 800.0000 millones de dólares anuales".

Todo lo anterior puede profundizar en la desigualdad, por dos caminos. Incrementando la diferencia de sueldos entre los empleados, y por otro lado, los consumidores pueden pagar un precio excesivo por las mercancías. De hecho, el nivel de precios en USA, debería estar más bajo que en otras economías. Una clave que denota esta situación, se da en la rentabilidad sobre recursos propios doméstica, que es un 40% superior a la obtenida en el exterior.

NO HAY EXPLICACIÓN PARA LA PERSISTENCIA DE LOS BENEFICIOS

Se dan tres explicaciones académicas, para esta tendencia de los beneficios:

- La tecnología, que permite substituir trabajadores, por máquinas y software.
- La globalización, que facilita el éxodo de la producción, a países con costes más bajos.
- Declive sindical, con la pérdida de poder negociador de los salarios, consiguiente.

Pero lo lógico, tras un periodo de ventaja competitiva, en la que se generan recursos y liquidez, es que posteriormente, esos beneficios tan elevados, provoquen la entrada de nuevas empresas. Sin embargo, esto no ha funcionado así, en las décadas que estamos analizando.

Las empresas norteamericanas, han incrementado las barreras de entrada a otras empresas, a través de la consolidación y absorción de otras firmas.

La revista The Economist, analizó 900 sectores, de los que dos tercios de ellos, entre 1997 y 2012, han incrementado su concentración. La media ponderada, de las cuatro primeras firmas de cada sector, se ha elevado del 26 al 32%.

La mayor concentración, se da en sectores como teléfonos, manufacturas, transporte y logística, comercio al por menor, banca, seguros y tarjetas de crédito. También en sectores nicho, como alimentos para mascotas, baterías, y servicios funerarios.

No siempre la concentración va ligada a los pactos abusivos, entre las empresas dominantes, ya que la regulación, puede mantener la competencia. Las empresas han doblado sus inversiones en influencias políticas (lobbying), para que la regulación, les sea lo más favorable posible.

BENEFICIOS ANORMALES

Más allá de los sectores, con alto grado de concentración, los beneficios anormales, se extienden a un amplio grupo de sectores de la economía norteamericana, así se citan. La industria de cable y televisión, en la que los precios, han subido el doble que la inflación, en los últimos cinco años, los ferrocarriles, cuyos precios han subido el 40% en términos reales y las rentabilidades han casi doblado desde el 2004. La industria química etc.

Estas industrias con beneficios excesivos reúnen a un grupo de sectores, que suponen el 25% de los beneficios anormales de las empresas estadounidenses.

Otro 25% corresponde a las industrias de la salud con unas rentabilidades del capital medio, que alcanzan el 30%, con todo el bloque de farmacéuticas y equipos médicos, industria crecientemente controlada por las compañías de seguros, de las que las cuatro más importantes, planean fusionarse en dos.

El otro 50%, corresponde las compañías tecnológicas como Google, Facebook, Amazon, Apple, Microsoft, con porcentajes de mercado altos, y márgenes de beneficio elevados, que forman parte de lo que se llaman, las "Las Súper Estrellas".

Los perdedores en esta tendencia, han sido las pequeñas empresas, que han reducido su número, y las empresas extranjeras, con una reducción de su rentabilidad, y cuota de mercado.

LAS SÚPER ESTRELLAS

Son los nuevos gigantes, que, en la tradición norteamericana, despertaron la necesidad de controlarlos, ya en la época de Theodor Roosevelt (1910), por la influencia creciente en la esfera política, de las grandes empresas del petróleo y el acero, hasta llegar a obligarlas a dividirse, para reducir su poder.

La trayectoria de la empresa estadounidense, desde la guerra civil, la resume el historiador Alfred Chandler, en diez años de competencia, y noventa años de oligopolio (dominio de unas pocas empresas).

El hecho, es que vuelve la importancia del tamaño empresarial, en todo el mundo, dando lugar, a un incremento de las fusiones y adquisiciones, que han pasado de 11.500 operaciones, que suponían el 2% del PIB en 1990, a 30.000 al año, que ascienden al 3% del PIB, en los momentos actuales.

Asimismo, en Estados Unidos, las 100 primeras compañías han pasado del 33% del PIB en 1994, al 46% en el 2013, ascendiendo los márgenes de beneficio en la misma proporción, mientras el número de compañías listadas en las bolsas, entre 1997 y 2013, se reducía casi a la mitad (de 6797 a 3485).

Como veremos, las superestrellas se concentran en la economía del conocimiento, pero también en los sectores con gran dimensión, en que se ha incrementado la concentración. Así en banca, las cinco primeras entidades han incrementado su participación en el total de activos bancarios, del 25% en el 2000, al 45% en el 2016.

Las nuevas grandes empresas, con facturaciones parecidas a las antiguas, contratan mucho menos personal, con muy inferiores activos fijos. En 1990, la industria del automóvil con 250.000 millones de facturación, empleaba a 1 millón doscientos mil empleados, las tres compañías punteras de Silicon Valley, con rentas de 247.000 millones de dólares, emplean a ciento treinta y siete mil empleados.

Las grandes empresas veteranas, se han unido a esta tendencia de reducción de personal, así Exxon, la gran petrolífera, ha pasado de 150.000 empleados en los sesenta, a menos de la mitad, al día de hoy. Todo ello, ha supuesto un descenso del factor trabajo en el PIB, por el ascenso de las superestrellas, (2) como lo han analizado cinco economistas, en un estudio publicado por el Nacional Bureau, las firmas con mayor grado de concentración en sus mercados, son las que presentan un mayor descenso de los costes laborales, sobre su valor añadido y ventas, y el ajuste se realiza más entre empresas, que en el seno de la misma empresa.

Tres economistas, en un análisis del FMI, encontraron una relación muy interesante entre innovación, inversión, márgenes de beneficio, y otros indicadores de poder empresarial. Hallaron en principio, una relación positiva inicial entre los márgenes más altos, la inversión y el grado de innovación que luego va desapareciendo, lo que indica que las empresas, conforme van logrando una posición fuerte en el mercado, tienen menos incentivos para innovar.

NUEVAS FORMAS DE DOMINIO: AMAZON

El estudio pionero (4) sobre Amazon de Linda M. Khan (ha sido nombrada por el Presidente estadounidense Joe Biden, presidenta de la Comisión Federal del Comercio) sobre los nuevos caminos de dominio de las grandes tecnológicas, indicaba que la política antitrust debía ampliar su visión reducida al perjuicio para el bienestar del consumidor de una subida de precios, que no es adecuado para la arquitectura del poder de mercado en la economía moderna y sus efectos de red (cuantos más usuarios más beneficios de información para cada usuario).

Así por ejemplo, ante la argumentación de la visión liberal del poder empresarial de que el uso de precios depredatorios (incluso por debajo del coste) no es racional, Khan muestra como la venta por Amazon en el sector del libro de best-sellers con grandes descuentos, le permite ganar cuota, e imponer comisiones más altas a los editores, y la subida de precios en otros libros y en otros sectores que promociona, le permite compensar las pérdidas de esa política de precios. El resultado es una reducción en el número de editoras y de libros editados y Amazon editando sus propios libros.

Amazon está en permanente conflicto de interés, por su papel dual, ya que por un lado es una plataforma de intermediación, y por otro lado compite con los clientes a los que promociona, con la ventaja de conocer sus datos.

Y es que Amazon como señala al autora, es un vendedor al por menor, una plataforma de marketing, una red logística y de entregas, un servicio de pago, un prestamista, una casa de subastas, un gran editor de libros, un productor de películas y televisión, un diseñador de moda, un manufacturero de equipos informáticos, un líder en acoger en la Nube.

Respecto a la integración vertical, que se produce cuando dos o más procesos de producción o distribución, son combinados bajo el mismo control (por ejemplo el distribuidor de zapatos que se pone también a fabricarlos). La escuela de Chicago señala la baja probabilidad de que esta integración vaya contra la competencia, Khan señala dos casos por caminos diferentes, en que si sucede.

Amazon usa su dominio en una línea, la de la promoción y los datos resultantes, para establecer su dominio en otra como ocurrió con una firma de ropa para bebe, que al ver la alta rentabilidad de su negocio, comenzó a fabricar y a competir en el sector, con una guerra de precios, obligando a los propietarios de la firma a vendérsela a Amazon.

Por otra parte, usó una línea de negocio para poner en desventaja a sus rivales en otra. Así en el servicio de entregas, comenzó a pedir fuertes descuentos a UPS y FED X sus empresas de servicios logísticos y a su vez comenzó a invertir fuerte en los servicios de entrega (camiones, barcos, almacenes, alquiler de aviones, drones, puntos de entrega) hasta crear un imperio logístico que actualmente domina el sector y le permite marcar precios.

Su capacidad de absorber datos e integrarlos, le ha llevado a controlar en sus servicios en la nube cuales son las startups, las empresas que inician su desarrollo de estrategia más rentable, lo que le permita comprarlas o situase en competencia en el sector. A finales de diciembre del año pasado, Italia ha multado a Amazon por abusar de su dominio en los servicios logísticos con 1128 millones de euros.

Por todo ello, Khan considera que o bien se amplía la regulación anti competencia para recoger esta serie de actividades problemáticas de las grandes tecnológicas y sus plataformas, o bien se las regula de antemano como un servicio público, o una infraestructura de transporte e instalaciones esenciales.

LA EXPANSIÓN INTERNACIONAL Y LA BUROCRACIA

Otra fuerza, detrás de este crecimiento es la globalización, en una expansión internacional, cada vez más compleja. Las 100 multinacionales más importantes, tienen de medias 20 sociedades holdings, a menudo, domiciliadas en jurisdicciones con tratamiento fiscal beneficioso, y más de 500 afiliadas, operando en más de 50 países.

Por otro lado, han logrado muchas mejoras, con la creación de las cadenas de producción que envuelven a cientos de proveedores, de diversas y empresas y países, lo que ha llevado a pactar numerosas alianzas. Se calcula, que, de las 1000 primeras empresas estadounidenses, el 40% de sus rentas, derivan de alianzas, cuando esta cifra, tan solo alcanzaba el 1%, en 1980.

Hay que destacar, el ascenso de las empresas emergentes, sobre todo del mundo asiático, entre las 500 empresas más importantes del mundo, al pasar de 18 en 1995, a 156, en el 2016.

Por último, en el capítulo de la regulación, que ha ido creciendo en sus exigencias, hasta el punto de suponer una pesada carga para las empresas, y que proporcionalmente, supone una mucha mayor exigencia para las firmas pequeñas y medianas. Así el cumplimiento con la regulación federal, supone un coste por empleado de 10.585 dólares, para las empresas con 19 o menos empleados, y 7755 dólares, para las de más de 500 empleados. El código impositivo, tiene 3.4 millones de palabras, y la ley Dodd–Frank para el sistema financiero, 2319 páginas.

LA APORTACIÓN DEL PODER EMPRESARIAL. INNOVACIÓN Y EFICIENCIA

En la mayoría de los estudios sobre el poder empresarial, se considera que un incremento de la concentración empresarial lleva siempre a una disminución de la competencia, lo cual no siempre es así.

Como señala la escuela de Chicago en muchos casos la concentración empresarial puede llevar a ganancias de eficiencia, por economías de escala, incrementando la investigación y la innovación, lo que afirmaría el mismo Schumpeter, el economista que señaló a la empresa innovadora como la base del progreso. Aunque también matizaría que la innovación en la empresa sigue un ciclo de creación a estancamiento y oposición a los nuevos innovadores.

. Phillipon (5) analiza esa idea de la dilución en el tiempo, de la competencia, para examinar cuatro sectores de observación personal, aerolíneas, la informática, internet y la telefonía, en que al llegar el año 2000 sus servicios eran mucho más baratos en Estado Unidos que en Europa sin embargo en el 2018, en los tres sectores ocurría lo contrario, Estados Unidos era mucho más caro y con peores servicios.

Esto ha dado lugar a que las empresas en USA hayan ganado más dinero que las europeas, perjudicando a sus consumidores (un cierto grupo de consumidores se ha beneficiado de mejoras en dividendos y plusvalías, pero al final ha aumentado la desigualdad). El autor calcula que, a los precios alemanes en internet y móviles, los consumidores norteamericanos se hubieran ahorrado en esos casi 20 años, 65.000 millones de dólares.

También habría que ver cuantos consumidores europeos beneficiados por unas tarifas más bajas, se han visto perjudicados por las reducciones de personal realizadas por las empresas europeas en dichos sectores, y el efecto negativo en el crecimiento del país, por las menores inversiones.

Para este autor, el perjudicado ha sido Estados Unidos que ha perdido según sus cálculos seis años de crecimiento un gran coste por bajar el nivel de la competencia.

Aghion (6), seguidor de Schumpeter, destaca el gran poder transformador de la innovación empresarial para todo el sistema económico y social, resaltando el poder innovador de las empresas americanas, trasladado en gran parte a las pequeñas start-ups (responsables de un 140% en el crecimiento del empleo en el 2005).

La innovación debe ser tutelada por el estado, protegiendo los derechos de propiedad y patentes y manteniendo la competencia, y un saldo positivo respecto a empresas entrantes en el mercado frente a salientes.

En ese aspecto de la innovación, falta quizás una exposición más compensada y sistemática de los beneficios que nos han supuesto las grandes tecnológicas. Así Amazon con la eficiencia de tiempo, dinero y entrega en el domicilió de todo tipo de pedidos, con la oferta e información de usuarios, de los productos a comprar o similares, la posibilidad de acceder a descuentos y oferta de películas y series et., ha sido claramente más apreciado durante la pandemia ante la necesidades surgidas, en la que tanto Facebook con sus informes, y Google con sus indicadores de actividad de utilidad sanitaria para gestión de la pandemia como los económicos, ha supuesto un gran complemento para la gestión económico social de la pandemia.

Por otro lado, hay que tener en cuenta que las superestrellas, son la gran fuente de innovación inversión y progreso, (Amazon por ejemplo es un gran inversor en I+D, con 55.000 millones de dólares de inversiones totales en el 2021, Google 30.000 millones y el resto, Facebook, Microsoft y Apple algo por encima de 20.000 millones cada una).

Las diez primeras empresas tecnológicas chinas y estadunidenses, han triplicado sus inversiones en los últimos cinco años, de ellas dos tercios fueron en activos intangibles y un tercio en inversiones físicas, que van aumentando conforme las tecnológicas van penetrando en la vieja economía. Así Apple ha invertido 5000 millones de dólares en su nueva sede y Amazon ha comprado una firma de almacenes por 12.700 millones de dólares), borrando la línea entre inversiones físicas e intangibles.

En el 2021 las cinco grandes tecnológicas (Amazon, Apple, Google, Facebook, y Microsoft) invirtieron 149.000 millones de dólares, casi una cuarta parte de toda la inversión de la economía estadounidense.

EL LADO OSCURO

Las compañías son por naturaleza competitivas, señala The Economist, pero a su vez, van desarrollando otras capacidades para allanar el camino, como son pagar los mínimos impuestos posibles, y por otro lado, presionar a los gobiernos y a otras instituciones, para obtener las mayores ventajas posibles, sobre sus rivales o clientes (el llamado lobbying).

En primer lugar, serán en esta dirección de influencia política, cada vez más eficaces, por experiencia y recursos, todo ello dará lugar al crecimiento de un poder monopolístico, pues conforme vaya madurando el negocio, tenderán a basarse cada vez más, en estas actuaciones.

Ya hemos comentado anteriormente, el perfil del desarrollo, en las grandes tecnológicas, con un periodo inicial de crecimiento, y un alto grado de innovaciones, que conforme va descendiendo, aumentan los incentivos para incrementar las barreras de entrada y mantener su posición privilegiada en el mercado.

En estos momentos, hay en Estados Unidos más de 38.000 grupos de interés, activos en el ejercicio del "Lobbying", superando las cifras de los 100 primeras, los 500 millones de dólares para favorecer sus causas. En Europa, la Comisión Europea calcula, en 30.000 los lobbystas, instalados en Bruselas. La actividad es cada día más rentable, porque la regulación abarca cada día, más actuaciones empresariales.

Por otro lado os gobiernos deben ser más duros, con la política de evasión fiscal, el 47% de las ganancias europeas de las multinacionales estadounidenses en el 2018, las declaran en Irlanda 83.000 millones de euros con tipos cercanos al cero. Todo ello requiere una acción conjunta de los gobiernos, ya iniciada con la propuesta del tipo mínimo del 15% para el impuesto de sociedades.

EL PODER EMPRESARIAL TRAS EL COVID

Como señala en el estudio del Fondo Monetario Internacional (7) de marzo del 2021, el poder de mercado de las empresas así como el grado de concentración de las mismas, ha ascendido durante la pandemia en casi todos los sectores, a través de fusiones y adquisiciones, destacando también el incremento de poder de la empresa en el mercado laboral.

El ascenso del poder, se ha dado especialmente en las industrias tecnológicas y farmacéuticas y se ha concentrado en un pequeño grupo de empresas, cada vez más multinacionales que hace necesaria una cooperación internacional en los temas de competencia, ante la percepción de una baja en el dinamismo empresarial.

Ha habido en las últimas décadas un pronunciado descenso del factor trabajo en la renta nacional neta, (se argumentan diversas causas, el ascenso del poder empresarial para marcar precios y subir beneficios, incremento de la tecnología, descenso de la sindicalización, envejecimiento demográfico de los trabajadores etc.) sin embargo históricamente en el medio plazo a pesar de las oscilaciones y de la dispersión entre sectores, la participación nacional en la renta se ha mantenido estable, por lo que es de esperar que el péndulo vaya ahora a favor del trabajo y una cierta contención en los beneficios empresariales (ver artículo de Grossman y Oberfield citado en la nota 2, aunque el análisis ya citado de Eeckhout sobre el poder empresarial es bastante escéptico. (En China la reacción contra el creciente poder de las tecnológicas ha sido muy dura).

La pandemia como señalan los informes de todos los organismos internacionales y nacionales (8) ha supuesto una pausa excepcional en el tema de la competencia, ya que era necesaria la cooperación transitoria entre grandes empresas para la producción y la distribución, las fusiones para sostener a empresas en peligro, las ayudas estatales para las investigaciones, la protección de los competidores extranjeros y el sostenimiento de empresas en los sectores especialmente afectados.

En Europa (9) antes de la pandemia en el 2019, el Banco Central Europeo no veía un incremento destacable en el poder de las empresas europea, con estabilidad en los márgenes de beneficio y sin cambios en el dinamismo empresarial (creación de nuevas firmas y empleos) en contraste con el descenso en Estados Unidos, y con un considerable margen de mejora en la inversión en investigación y la consiguiente innovación.

En los análisis posteriores de la pandemia, se señala el grado de mantenimiento de todo el tipo de iniciativas comentadas que se apartan de la tradición antimonopolio.

España sigue la tendencia, con un incremento del 40% en las fusiones y adquisiciones con 1506 operaciones por 100.000 millones de dólares. En el 2021 la gran fusión bancaria entre Caixa y Bankia, que unida a la de Unicaja y Liberbank culmina un proceso de concentración bancaria espectacular desde la recesión del 2008 (con fuertes ajustes en el empleo). Así se han multiplicado las fusiones de hoteles, laboratorios, hospitales, de dos de las principales agencias de viajes (Barceló-Globalia) con inyección de recursos del fondo de rescate. Lo último en este 2022 es la aprobación pendiente a finales de marzo, de Bruselas de la fusión entre Orange y Más Móvil, por superar los 5000 millones de euros de cifra de negocio. Suponen 7500 millones de euros al año de facturación anual.

En nuestro país, en el que ha habido algún estudio sobre el poder empresarial bancario (10) las incidencias de competencia, han llevado a multiplicar por cuatro el número de denuncias desde el 2014, saturando a la Comisión de la Competencia y a los despachos de abogados como recoge el diario Expansión del 22 de marzo de este año. Comisión de la Competencia cuya presidenta entrante denunció públicamente en el Congreso, en febrero de este año, la falta de medios y de independencia para cumplir su labor.

LA DEFENSA DE LA COMPETENCIA. EQUILIBRIO ENTRE PODERES

Los organismos que llevan las actividades antitrust en Estados Unidos, son la DOJ, (el Departamento de Justicia) que regula principalmente las fusiones y adquisiciones, y FIC (la Federal Trade Commission), más centrada en las industrias de la salud.

En el 2020, en Estados Unidos el Subcomité Comité Antitrust, realizo la investigación (11) a las cuatro grandes tecnológicas (Amazon, Apple, Facebook y Google) más amplia hasta el momento, con 450 páginas (extraídas de un 1.2 millones de documentos), produciendo tres recomendaciones:

- Restaurar la competencia en la economía digital (reduciendo los conflictos de interés con separaciones estructurales y restricciones, reglas que prevean la discriminación y el favoritismo, promover la innovación con el acceso abierto, reducir el poder de mercado a través de las fusiones, crear un campo de prensa libre y diversa, prohibir el abuso en las negociaciones en posición superior).
- Fortalecer la legislación Antitrust (restaurando los fines antimonopolistas, fortalecer la revisión de las fusiones y rehabilitar la ley del monopolio).
- Reforzar la aplicación de las leyes Antitrust (Con supervisión del Congreso, de las Agencias y el sector privado).

El sistema, sin embargo, sufre dos limitaciones. La primera es constitucional. Los organismos supervisan tan solo, si se infringe la ley, no entran en otra consideraciones, de efectos de monopolio en el medio plazo, por el gran volumen de datos que está acumulando Google, o si la duración de las patentes, está resultando excesiva. Su alcance, es pues limitado

La segunda es intelectual. La influencia en los tribunales de las doctrinas liberales, de la escuela de Chicago en particular, ha sido muy grande, dando lugar a análisis más detallados, en los que las empresas han logrado marginar temas básicos, resultando así una eficiencia generalizada en las operaciones, una rentabilidad ascendente, que indica que no se trasladan al consumidor, al menos, parte de las ganancias, y si, crece el poder monopolístico, de las empresas.

Por otro lado, los medios son escasos, de 15.000 operaciones anuales apenas se revisan el 3-4% de las mismas.

En Europa la Comisión Europea también está delimitando el terreno a las grandes tecnológicas, estamos en vísperas de las dos grandes leyes la de Mercados Digitales y la de Servicios Digitales. El 25 de marzo se llegó a un acuerdo respecto a la primera de las dos leyes, la de Mercados Digitales que entrará en vigor el año que viene.

Se aplicará a las empresas digitales con una facturación anual superior a los 8.000 millones de euros y una capitalización bursátil más allá de los 80.000 millones de euros, estén presentes al menos en tres países de la UE, y cuenten con 45 millones de usuarios, por lo que se centra en las grandes tecnológicas.

Asimismo, se ha llegado a un nuevo acuerdo entre Estados Unidos y la UE para facilitar la transferencia de datos entre ambos lados del Atlántico, del que no se han dado detalles.

Regulará las aplicaciones móviles, las búsquedas de Internet, el uso de los datos y las reglas de publicidad personalizada, y acabar con las adquisiciones que buscan eliminar empresas competidoras.

Mientras tanto, ha habido una continuada actividad de supervisión, recordemos las multas a Microsoft por condicionar la venta del sistema Windows a la compra de otros servicios, las sanciones a Google, que van a sumar más de 6000 millones de euros en total, por abuso de posición dominante en su sistema operativo, y vulnerar la competencia en el sistema de búsquedas, los avisos repetidos a Facebook, por no avisar a sus usuarios, de la utilización de sus datos, añadido a las demandas de 47 estados estadounidenses y a las denuncias documentadas, entre ellas las de falta de protección a la infancia, de una antigua empleada suya, Frances Haugen en Octubre del 2021 ante el Senado norteamericano.

Así como la denuncia de la Comisión también a Apple, en mayo del año pasado, por imponer comisiones abusivas a Spotify (hasta el 30%), con una multa que puede llegar al 10% de la facturación.

Sin embargo la Comisión Europea ha sufrido fuertes reveses: la obligada devolución, de 14.300 millones de ingresos, de Apple a Irlanda, por pactos fiscales no admitidos como legales, por la Comisión Europea, fue revertida por no haberla podido justificar la Comisión ante el Tribunal de Luxemburgo, en Julio del pasado año. Asimismo, la justicia europea en enero de este año, anuló una multa a Apple de 1060 millones por el análisis incompleto de la Comisión.

Otro capítulo, lo constituyen las acusaciones de obsolescencia programada, (vida planificada del móvil generalmente a corto plazo, obligando a la compra de uno nuevo) de los móviles, a Apple, con juicios en Francia e Italia, y Samsung en Italia.

En la tentación de prácticas monopolistas, caen casi todos los sectores, incurriendo en continuas sanciones, en que las últimas en Europa, superiores a 1000 millones de euros, afectaron a los fabricantes de camiones (2930 millones), de televisores (1470 millones), productores de vidrio (1350 millones), e Intel (1060 millones),

Es necesario ser consciente, de estas nuevas formas de dominación, y la evolución consiguiente de las instituciones regulatorias, para protegernos.

Hay que mantener un equilibrio, entre controlar el creciente poder empresarial, y el sentimiento negativo, hacia los negocios en los que reside la capacidad de innovación y crecimiento del país.

Se debe mirar la conveniencia de relajar la legislaciones, que dan demasiada protección a algunos derechos de propiedad intelectual, y plantearse un serio dialogo, entre los países, y los foros públicos, sobre si tiene sentido, que la mayoría de los datos de los países, se hallen en las manos de unas pocas firmas, así como revisar todo el tema del "lobbying", y la política fiscal realizada por las sociedades.

Una campaña para despertar a la opinión pública, sobre la necesidad de la competencia, en la línea de las leyes antimonopolios del pasado, es muy adecuada. Los tecnócratas, tienen más poder de lo que admiten, y el camino, es largo en la batalla de las ideas.

LA NUEVA GEOPOLÍTICA. LA GUERRA

Si la pandemia agravó los conflictos geopolíticos, sufriendo Europa, por un lado la protección ante las distorsiones por el Brexit de las relaciones comerciales con Gran Bretaña, las sanciones tarifarias que Estados Unidos les impuso, por otro lado el expansionismo de China, ha llevado a la Comisión Europea a designar a China como un rival sistémico, y controlar sus inversiones en nuestro continente y articular un proceso de desconexión de las dependencias con China en las cadenas comerciales, creando (11) para todo ello una "Geopolítical Commission".

Todo lo anterior se intensifica, ante la trágica guerra de invasión de Ucrania por Rusia (12), todavía en proceso en el momento de escribir estas líneas (26 de marzo), convirtiendo al invasor en un enemigo en todo regla de las potencias occidentales, en consecuencia China se sitúa todavía más en el foco, y acelerando toda la cooperación y unión de esfuerzos de las potencias occidentales en todos los puntos comentados, en especial el sector energético y el de defensa, un gran transmisor de tecnologías al resto del sistema.

Bibliografía

(1)De los artículos de The Economist, que han servido de base, para este artículo, destacaríamos dos: Briefing Business in América. "Too much of a Good thing" The Economist March 26th 2016, 21-24 y "Special Report" The Economist 17th 2016 1-16.
La Comisión Nacional de la Competencia española en su web, y en el apartado Biblioteca, presenta un gran fondo bibliográfico de libros y artículos sobre el tema de la competencia, totalmente al día.
(2)Destacan "Global Market Power and its Macroeconomic Implications" Federico J. Díez y otros dos autores, IMF Working Paper June 2018 WP /187137.
"Global Market Power" Jan de Loecker, Jan Eeckhout. June 2018 NBER Working Paper Nº 24768.
"The Fall of the Labour Share and the Rise of Superstar Firms" David Autor y otros cuatro economistas. NBER May 1, 2017.
"The Elusive Explanation for the Declining labour share" Gene M. Grossman, Ezra Oberfield Working paper 29165. National Bureau of Economic Research Cambridge August 2021.
(3)"THE PROFIT PARADOX" Jean Eeckhout. Princeton University Press 2021. Con alta competencia, el economista Mancur Olson señalaba que así como todas las firmas tienen un interés común en un precio de venta más

alto, en cambio se daban intereses antagónicos respecto a la producción. "The Logic of Collective Action" Mancur Olson Pp 9-16. Harvard University Press. Cambridge–Massachusetts. London England 1971
(4)"Amazon Antitrust Paradox" L. Khan. Yale Law journal 126 (3): 564-907.2016.
"The Curse of Big Business" Tim Wu. Columbia Global Report. New York. 2018. Muy en contra de las grandes empresas Como inevitables aspirantes al monopolio, realiza UN repaso histórico, para volver al espíritu descentralizados de su admirado Louis Brandeis, el gran descentralizador de la economía estadounidense. Ha sido nombrado por el Presidente Joe Biden, su asistente especial para la política de tecnología y competencia.
Eeckhout en la obra citada. (Pp249-250) señala en principio que en Chicago había posturas contrapuestas entre Lester Telser (odio al monopolio) y George Stigler (odio al estado), pero se impuso en la práctica antitrust, la mentalidad liberal de este último, a través de Robert Bork (the Antitrust Paradox en 1978), pasando de la mentalidad pro mercado a una afín a la empresa y su iniciativa. Lo que importaba ya no era tanto la competencia, sino el bienestar del consumidor.
(5)"The Great Reversal". "How America give-up in free markets". Thomas Philippon. The Belknap Press of Harvard University Press. Cambridge, Massachusetts. London, England. 2019.
(6)"The Power of Creative Destruction" Phillipe Aghion, Celine Antonin, Simon Bunel. The Belknap Press of Harvard University Press. Cambridge, Massachusetts–London, England 2021.
(7)"Rising Corporate Market Power: Emerging Policy Issues" Ufuk Akcigit y 15 colaboradores y contribuidores más. IFM Staff Discussion Note SDM /21/01. March 2021.
(8)"Why we need antitrust enforcement during COVID –19 pandemic" Bill Baer. April 22, 2020 Brookings Instituttion. Tech Tank. Bill Baer fue asistente a cargo de la división antitrust del departamento de Justicia, del 2013 al 2016, y director del gabinete de competencia de Comisión Federal del Comercio. De 1995 a 1999. Los organismos Antitrust USA, la OCDE, la UNCADT (De Naciones Unidas), la Comisión Europea han publicado informes en la misma línea, así como LA ICN (International Competition Network) que entre sus miembros, cuenta con autoridades nacionales y multinacionales de la competencia.
(9)"Concentration, market power and dynamism in the euro area" Maria Chiara Cavalleri, Alice Eliet, Peter McAdam, Filippos Petroulakis, Ana Soares, Isabel Vansteekiste. Working Paper Series. No 2253/March 2019 European Central Bank.
"Sizing up the competition: explaining reform of European Union competition policy in the Covid-19 era". Sophie Meunier and Justinas Mickus Princeton University Journal of European Integration 2020, vol42, no8 1077-1094.
(10)"Market Power and Bank Interest Adjustments" Raquel Gonzalez Lago and Vicente Salas-Fumás. Documentos de trabajo Nº0539. Banco de

España 2005. Este estudio del *Banco de España, señalaba el poder de mercado de la banca sobre su reacción a los movimientos en los tipos de interés.*

(11)"Investigation of Competition in Digital markets" Majority Staff Report and Recommendations. Subcommittee on Antitrust Commercial and Administrative Law of The Committee on the Judiciary. Jerrold Nadler, Chairman, Committee on the Judiciary and David Ciline Chairman, Subcommittee on Antitrust, Commercial and Administrative Law. House of Representatives 2020. USA.

(12)"Geopolitical Commision" International Partnerships. European Commission. 15 January 2021

(13) No hace mucho, el 4 de Diciembre del año pasado, la prensa daba noticia de que el Kremlin denunciaba a Alphabet (Google) y Meta (Facebook) por fallar en la eliminación de contenidos. También en diciembre, Naftogaz presentó una denuncia ante la Comisión Europea contra la rusa Gazprom por abuso de posición dominante en el mercado europeo del gas en el 2021, reduciendo su suministro de gas natural al mercado europeo a pesar de la creciente demanda.

27 de marzo de 2022
Blog del autor: camposeconomicos.blogspot.com

Capítulo 12

PANDEMIA Y GUERRA. PODER Y PRECIOS

Con la invasión de Ucrania, se ha pasado una línea roja, la vivencia de una tragedia que convulsiona a toda la comunidad mundial, con unas consecuencias ya previstas de un gran número países en dos frentes, contra Rusia o en su apoyo, y otros grupos con una postura política más ambigua, que van a afectar negativamente toda la actividad y cooperación entre los países, y otras consecuencias imposibles de predecir, que van ligadas a la duración incierta de la guerra y de los rumbos que podría tomar.

Europa está al borde del colapso energético, y el fortalecimiento del dólar, amplifica la crisis alimentaria para los países emergentes, con un empobrecimiento de la mayoría de los países y aumento de la vulnerabilidad de hogares de renta baja, y fragilidad de las empresas, en los países desarrollados como el nuestro, ante el ascenso de la inflación, y la subida de los tipos de interés para combatirla.

2021, DECLIVE CONTINUADO DE LAS EXPECTATIVAS

En el 2021, tras la gran caída de la actividad económica en el año anterior, por el mayor o menor confinamiento en todo el mundo, se pensaba que iba a ser el año del gran rebote de la actividad en V, sin embargo, progresivamente las restricciones sanitarias en diversos países sobre todo en Asia, y los cuellos de botella provocados por un exceso de demanda, frente a los problemas de la oferta para acomodarse a ellos, fueron provocando una caída de las estimaciones de crecimiento de todos los países con revisiones periódicas a la baja, y una subida progresiva de la inflación, con una paralela revisión al alza.

Generalizando podríamos decir que en el 2021 se generó un descenso de las expectativas de crecimiento de un tercio, así España bajó (1) de una previsión de crecimiento gubernamental de crecimiento del PIB del 7% para el 2022, al 5.1%%, que le adjudica el Fondo Monetario Internacional en su último informe publicado en abril, la Autoridad Independiente española lo estima al 4.8%, el último pronostico del gobierno en Mayo desciende al 4.3% y por último a mediados de ese mes la Comisión Europea lo ha reducido al 4%, no alcanzando el nivel anterior a la pandemia hasta el año que viene.

Por otro lado, dos tercios de la actual subida de la inflación, se han ido generando a lo largo del 2021, especialmente en su segunda mitad. En España el coste de vida ha pasado del 6.6% a diciembre del 2021, al 8.3% al final de abril del presente año.

Así el petróleo se aproximó a los 80 dólares barril (76 dólares) a finales del 2021, con una subida del 42%, el índice de alimentos de The Economist, el 15%, la gasolina subió en España el 26%, el precio del gas se multiplicó por cinco, y la factura media eléctrica, el 41% sobre el 2020. El dólar se reforzó respecto a casi todas las monedas, comenzando por el euro que se depreció un 7%.

- Los cuellos de botella. Su propagación financiera.

Es muy ilustrativo el análisis realizado (2) por tres economistas del Fondo Monetario, sobre los cuellos de botella y la congestión en los puertos del comercio mundial.

El banco de datos, analizaba 1634 puertos en 183 países y territorios. Los 30 puertos principales acaparan el 50% de la capacidad de tráfico y los 100 primeros el 75%. El 80% del comercio mundial por volumen y el 70% por valor discurren por mar. Los más importantes se hallan en Asia (China, Corea, Malasia) seguidos de Estados Unidos, y los puertos europeos (Inglaterra, Holanda; Alemania y Bélgica).

En el 2021, el retraso de tiempo de viaje experimentó un incremento del 25% (1.5 día sobre una media 6-6.5 días) que es equivalente a una subida de aranceles del 1 al 3%, lo que supone un presión inflacionista a lo largo de toda la cadena. En unos casos, se debió a un exceso de demanda que supero la capacidad del puerto, a veces disminuida por las normas sanitarias (puertos de Asia), otras, el puerto falto de personal y de inversiones adecuadas, con su capacidad gestión inferior a los niveles anteriores a la pandemia (como fue el caso del puerto de los Ángeles, con 17 días de retraso respecto a los niveles prepandemia). Los países más perjudicados en esta vía fueron China y Estados Unidos.

El problema es que por primera vez, se están produciendo estos cuellos de botella simultáneamente en una gran cantidad de sectores, con un incremento de los riesgos que no son visibles en las cadenas, y no son percibidos adecuadamente por las empresas. Cuanto más larga e internacional es la cadena (más fases se dan en ella), más shocks de oferta se pueden producir por cortes en el suministro, más inflación se puede acumular. Y la transmisión al sector financiero viene amplificada ya que la financiación de la cadena se multiplica en función de su longitud (3).

PRODUCTIVIDAD DE LAS INSTITUCIONES

Antes de la guerra, ya estaban a la baja las expectativas de crecimiento y el ascenso de las presiones inflacionistas, como recoge el estudio del BIS realizado en la antesala de la invasión de Ucrania (4).

Con la tendencia de la productividad laboral en ese momento, y el crecimiento del empleo previsto, si no hay actuaciones que reviertan la productividad, el crecimiento mundial para las dos próximas décadas descendería en un 1%, al 2.8%. Unos acuerdos de trabajo y una ordenada transición climática, podrían dar un impulso al alza del 1% del PIB, pero exigiría una significativa relocalización de los recursos. En el lado negativo, estaría una crisis inmobiliaria o una transición climática desordenada que podría llevar a pronunciados descensos del PIB, a lo largo de décadas.

Dentro de todo lo incierto y pesimista de estas previsiones, hay un aspecto interesante y aplicable a nuestro país, y es la preeminencia dentro de la productividad, de la correspondiente a factores específicos del país, calidad de las instituciones, de los equipos y las personas, frente a la productividad consecuencia de los avances tecnológicos en los sectores económicos y que podrían ser explotados por todos los países.

España debería hacer una seria evaluación de esa productividad del país y sus instituciones.

LA PREGUERRA, LA INVASIÓN Y EL CONFINAMIENTO CHINO

En el inicio de año, con las tropas rusas concentrándose en la frontera con Ucrania se dispararon todos los precios de las materias primas, así al 22 de febrero (la invasión comenzó dos días más tarde el 24), en esos dos escasos meses, el petróleo subió un 27,5% (de 76 a 96,9 dólares), los alimentos un 11%, incubando una subida de la inflación que a final de febrero era más de un punto sobre diciembre, y en marzo 3 puntos (con el 9.8 sobre el 6,6 de diciembre).

La política de acopios ante las expectativas, en la que China ha sido muy activa, por ejemplo en alimentación se ha hecho con más de dos terceras partes de las reservas mundiales de los principales granos, provocó en parte esta virulenta reacción.

A partir del 24 de Febrero inicio de la invasión de Ucrania, todo lo que hemos comentado anteriormente se amplifica cuantitativa (baja de crecimiento subida de inflación) y cualitativamente (realineamiento de los países en todos los órdenes, político, estratégico, económico y social), se ha pasado una línea roja, la vivencia de una tragedia que convulsiona a toda la comunidad mundial, con una consecuencias ya previstas de un gran número países en dos frentes, contra Rusia o en su apoyo, y otro grupos con una postura política más ambigua, que van a afectar a toda la actividad y cooperación entre los países, y otras consecuencias imposibles de predecir, que van ligadas a la duración incierta de la guerra y de los rumbos que podría tomar.

Haremos el seguimiento (5) de todo este impacto en la comunidad mundial, todavía sometida a grandes incertidumbres.

Siguiendo el hilo de la reacción de los mercados energéticos y financieros al inicio de la invasión, con dos meses de contienda, el petróleo ascendió otro 14%, el gas un 21%, la electricidad casi un 30%, la alimentación un 4.5%. El dólar se apreció un 8% frente al euro y a principios de mayo llegó a estar al 12% sobre final del año anterior. Todo ello presionó al alza las inflaciones de los países a final de marzo, respecto a enero. Así Estados Unidos pasó de 7.5 a 8.5%, la Eurozona de 5.1% a 7.5%, España de 6.1 a 9.8%, Japón de 0.5 a 1.2% y China de 0.9 a 1.5%.

En el campo financiero, la subida de los tipos de interés realizada por Estados Unidos (los tipos a largo están por encima de los chinos) y los anuncios de finalización a fecha fija de las compras de deuda de los bancos centrales europeo y estadounidense, como lucha contra la inflación, ha dado lugar a una subida de los tipos de interés que ha provocado notables perdidas en los mercados de renta fija (a mediados de Mayo más de 20 fondos de renta fija comercializados en España registraban pérdidas superiores al 20% en el año, llegando en algunos casos al 40 y al 50%), subida de los tipos hipotecarios en Estados Unidos (más de un punto y medio) y en toda Europa incluida España (el Euribor a 12 meses base de las hipotecas variables ha ascendido medio punto sobre el año hasta ponerse en positivo), la banca comienza a endurecer sus condiciones de crédito, y a principios de Mayo estamos ante un descenso de los mercados de acciones tanto para Europa y Estados Unidos que supera los dos dígitos, con índices chinos registrando descensos superiores al 20%.

Por otro lado se produce una escasez de dólares atendida por Estados Unidos desde el 2020, con el Banco de Japón (250.00 millones de dólares) y el Banco Central Europeo (150.000 millones de dólares) como principales países apoyados, y una vez más como en la crisis del 2008, queda la India fuera de estos créditos.

Lógicamente los países más débiles de los mercados emergentes son las que más están empezando a sufrir, en sus estados sufren especialmente la necesidad del apoyo estatal para compensar el empobrecimiento por el shock energético y de alimentación que se realimentan, la doble subida, la de las materias primas y la del dólar con respecto a la moneda respectiva, y por otra, la disciplina monetaria y fiscal necesaria para luchar contra la inflación y la estabilidad financiera, por la huida de capitales. Es de prever una intensificación por estas causas, de la migración principalmente de África y también de Iberoamérica y Oriente Medio, además de la que se está generando con la invasión de Ucrania.

La alarma ante el confinamiento de las ciudades chinas, en mayor o menor grado, (ahora ha pasado la severidad de Shangai a Pekín) más de 250 millones de habitantes y el 35% del PIB chino, despierta como primera inquietud si su política de COVID cero frente al "fuera mascarillas" de Occidente, se debe al fracaso de su vacuna, o hay otras razones no contempladas por nuestros gobernantes. Vuelve a añadir presión a las cadenas de suministro, con un incremento por retrasos de los gastos de transporte y de producción que repercute en un alza de los precios.

Además de amplificar la crisis, la invasión ha actuado específicamente en la reducción de oferta en los productos en que Rusia y Ucrania tienen un peso notable en los mercados mundiales, principalmente en los productos energéticos, provocando un shock al borde del colapso energético y económico que impactó también en la alimentación, repercutiendo en el trigo, los fertilizantes, piensos y los aceites vegetales. En metales, el níquel, aluminio, zinc, cobre, cobalto, manganeso, paladio, claves en la inversión en renovables y en gran parte de la industria manufacturera, y el neón producido por Ucrania, que se utiliza en la fabricación de semiconductores, así como sus reservas de litio básicas como material para la industria digital.

En un informe de Naciones Unidas se señala que entre Rusia y Ucrania representan el 53% del comercio global en aceite de girasol y semillas y el 27% en trigo. 25 países africanos importan más de un tercio de su trigo de los dos países en conflicto, y quince de ellos la mitad. Todo ello da idea de la situación a la que se van enfrentar estos países, en gran parte en niveles mínimos de desarrollo. Por otra parte la gran reducción en la oferta de fertilizantes (urea, nitrógeno, fosforo potasio y mezclas de todos ellos) de Rusia está afectando gravemente a toda la agricultura de Iberoamérica comenzando por Brasil (el mayor importador de fertilizantes del mundo), Argentina y Perú que son dependientes masivamente de la producción rusa y cuya escasez está causando ya un brote de inestabilidad social. Esa dependencia de Rusia explica la falta de alineamiento con Estados Unidos y Europa en la condena de la invasión rusa.

El Banco Mundial avisa de que el efecto de la crisis energética sostenida sobre la alimentación, va a dar lugar a una reducción duradera de la oferta de alimento por lo que las perturbaciones de precios en alimentos y energía pueden durar años.

ESTADOS UNIDOS, EUROPA Y CHINA

De estas tres potencias económicas, China es la que tiene más margen por su baja inflación para estimular la economía, en baja de crecimiento, debido a la crisis inmobiliaria, el confinamiento de ciudades por el COVID y el descenso del comercio por el impacto de la invasión, en las cadenas de producción y en la confianza de los inversores por su postura de no condenar a Rusia, con un incremento de las salidas de capitales. Se estima un crecimiento del PIB del 5.5% y una inflación del 2% para el 2022. En su última revisión de principios de Mayo, ha reducido el crecimiento anual por el COVID, al 4.3% y a mediados del mismo mes, la estimación ha descendido al 3.6%, lo que va a influir negativamente en el crecimiento de las otras dos potencias y el mundial.

Por otro lado, Estados Unidos beneficiada en sus exportaciones energéticas, dada su autosuficiencia, y con un saldo positivo también en sus exportaciones y rentas agrícolas, su crecimiento ha experimentado una caída en el primer trimestre, por la subida de la inflación, por el ascenso de las materias primas, y el incremento de los salarios en un mercado de trabajo muy ajustado, unido a las alteraciones en las cadenas de producción internacionales tanto manufactureras como alimentarias. Un 3% en la expansión del PIB y 8.3% de inflación a final de Abril. Es el país desarrollado en el que más se ha enraizado la inflación, ya que presenta el menor diferencial entre la inflación general y la subyacente (eliminando energía y alimentación).

Las expectativas de recesión, están aumentando ante la debilidad del consumo y la fortaleza del dólar que ha repercutido en un alza del déficit comercial. Y el incremento de los diferenciales de tipos de interés entre las diversas categorías de riesgo, todo ello está afectando a los beneficios de las sociedades y especialmente a las tecnológicas, el índice Nasdaq de las mismas, está cayendo un 30% sobre su pico más alto en el año.

Europa, la más vulnerable, la de crecimiento más débil en su tendencia, se enfrenta, a una recesión por el empobrecimiento de la gran subida de los productos energéticos (más sensible energéticamente que Estados Unidos, la mitad de la inflación se debe a la energía), con una escalada de la inflación en Abril al 7,5% (con una moneda depreciándose hasta el 14% en el 2022) y riesgos de inestabilidad financiera, comenzando con la subida de los tipos de interés anunciada por el Banco Central Europeo y la finalización del programa de compras de deuda pública para Julio, el debilitamiento del crecimiento del crédito y el comportamiento de la prima de riesgo (diferencia entre el tipo de interés de la deuda pública española con la alemana) como elemento de cohesión europeo, de que los tipos de interés de las deuda soberana de Alemania no se distancien de la de los países del Sur: Italia, Francia; Italia y Grecia

El trauma de una invasión a las puertas de la UE, que va afectar negativamente en muchos aspectos puede llevar a una caída de la inversión por la incertidumbre, pero también provocar una unidad de acción, en los fondos europeos, en la integración de los estados coordinando sus políticas, económicas y estratégicas, en el seno de la OTAN y en las ayudas a Ucrania, humanas y económicas. La previsión del PIB para el 2022 en la Europa del euro, es a mediados de mayo del 2.7%, en la última década (2011-2021) el PIB de Estados Unidos ascendió un 73% frente a un 26% el PIB de la zona euro.

Estas consideraciones sobre el descenso en el crecimiento de los tres principales actores de la de la economía mundial y de la liquidez global, nos lleva al peligro de encontrarnos ante una recesión mundial (6).

PAÍSES MÁS IMPLICADOS

Vamos a comentar de la forma más sintética, los países más afectados para bien o para mal en la actual crisis.

UCRANIA

En el centro del drama, en una secuencia trágica que continua en estos momentos sin salida visible, de muertos, heridos, destrucción de hogares y ciudades, más de cinco millones y medio de refugiados y siete millones de desplazados, en el interior del país, en condiciones muy duras de supervivencia.

En el 2014, ya se analizaban las consecuencias económicas del conflicto de Ucrania, con la invasión rusa de Crimea, y el apoyo a las hostilidades en la región separatista del Dombas.

El episodio llevó a Ucrania a una caída en sus tasas de crecimiento, y a una política intensiva de defensa ante la amenaza ya palpable del gobierno ruso, en el periodo hasta la invasión en febrero del 2022, el presupuesto de defensa ucraniano se triplicó superando los 5000 millones de dólares, y la ayuda económica por parte de Estados Unidos aparte de los equipos de adiestramiento, superó los 3000 millones dólares en el periodo.

Con la invasión, comenzó la destrucción de renta y riqueza, y las necesidades de financiación humanitarias y de medios de combate. El Fondo Monetario Internacional concedió un rápido crédito de 1600 millones de dólares, y La Fuerza Expedicionaria Común (JEF) que reúne a Gran Bretaña, Suecia, Finlandia y siete países del Norte de Europa, fue la primera en conceder 1500 millones de dólares en armamento en las primeras semanas, después continuaron la Unión Europea, Canadá, Turquía, Australia, Suecia, Japón y por supuesto Estados Unidos con el gran salto, que ha supuesto la presentación al Congreso de la oferta de material bélico por 40.000 millones de dólares.

Todo ello hace que el suministro bélico supere en total el apoyo anual que recibía Afganistán (superando los 60.000 millones de dólares) según cálculos del Instituto Kiel.

Las ayudas humanitarias han sido también cuantiosas superando a mediados de mayo los 30.000 millones de dólares (incluyendo las dadas a los refugiados).

Asimismo, se han conseguido hazañas tecnológicas como la de transferir toda la conexión eléctrica del país a la Unión Europea, un proceso que requería en teoría más de un año, se ha realizado en semanas.

Las previsiones de un proceso de destrucción, que aumenta día por día, se cifran en una bajada del 50% del PIB anual (superior a las bajadas del PIB de Japón y Alemania en 1945, el último año de la guerra que fueron de 24 y 29% respectivamente). A los 86 días de guerra, Ucrania estima en 500.000 millones de euros, la destrucción de riqueza ya realizada.

El Fondo Monetario Internacional a finales de abril, consideraba que las necesidades de recursos de Ucrania ascendían a 5000 millones de dólares mensuales.

El proyecto al término de la invasión, de un plan de reconstrucción, como lo fue el Plan Marshall para Europa al término de la segunda guerra mundial, es claro. Pero, ¿qué Ucrania, en dimensión geográfica y en soberanía política, será la que negocie la paz?

La cruel paradoja, es que cuanto mayor sea la soberanía sobre un territorio más amplio de la Ucrania en paz, habrá pagado un precio más alto en muertes, sufrimiento y ruina, en el consecuente alargamiento de la lucha y la escalada de la misma.

RUSIA, SANCIONES Y UN GRAN ARMA

Ya en el 2014, las sanciones a Rusia por la invasión de Crimea provocaron una importante caída de su senda de crecimiento, dando lugar a que Polonia le pasara en el transcurso de estos siete últimos años en PIB por habitante.

Actualmente, está sosteniendo la batalla en todos los frentes (militar, económico, estratégico, información, cibernético), a primeros de Mayo, nos encontramos en la sexta ronda de sanciones y al borde de la suspensión de pagos de la deuda rusa. El gobierno ruso estima, que la situación actual, supondrá una pérdida de crecimiento para Rusia cercana a los diez años, la subida de sus ingresos energéticos por exportaciones en un 80% en los cuatro primeros meses, hace pensar en una mejora de las previsiones.

Ha logrado revalorizar en lo que va de año al rublo respecto al dólar en un 9%, pero a costa de una inflación prevista del 18% y unos tipos de interés a largo del 11%, bloqueo del 60% de su reservas de divisas (350.000 millones de dólares) con una caída de la actividad por el abandono de las multinacionales, derrumbe de su deuda pública y la bolsa del 30% en el año, imposibilidad de créditos exteriores, salidas de capitales, boicot en puertos, expulsión del sistema de comunicación de pagos y cobros occidental (el SWIFT) el cuasi corralito para las inversiones en divisas y escasez con fuertes subidas de precios de artículos básicos, comenzando por los medicamentos, por la caída de las importaciones debida al boicot de occidente en unos casos, y falta de dólares en otros. El embargo de bienes de los oligarcas y de 150 aviones rusos de Aeroflot bloqueados en el extranjero, entre otras medidas.

Estas serían las sanciones primarias, las sanciones secundarias las que se realizan a empresas de los países que no han tomado medidas, tienen una gran importancia. Así Estados Unidos ha avisado a China, que irían contra las empresas o instituciones chinas que ayuden a Rusia.

A primeros de mayo, la gran batalla se da con la Unión Europea, en el que ambas partes utilizan como arma y a la vez constituye su mayor vulnerabilidad, el comercio energético. Carbón, petróleo y gas. Rusia hasta ahora ha logrado financiar la guerra (250 millones de dólares de coste diario) e ir recomponiendo sus reservas (la mitad más de 300.000 millones de dólares, quedaron bloqueadas por los bancos centrales occidentales) precisamente con sus exportaciones energéticas, pues está entre los tres primeros exportadores mundiales en las tres energías (carbón, petróleo y gas) y el primero en gas.

La independencia europea más sencilla, se da en el carbón, en el que es posible a partir de agosto renunciar al carbón ruso que supone 4000 millones de euros al año.

El petróleo es la fuente de ingresos más importante para Rusia, con 48.000 millones de euros, habiendo descendido en un 17% el consumo europeo de petróleo ruso (sustituido por las compras de India y China con descuentos de hasta el 30%). Se está planteando el embargo progresivo de aquí a fin de año por la Unión Europea.

Lo más difícil es el desconectar del gas ruso, no por la cifra, unos 27.000 millones, sino por ser un mercado regional, en que la sustitución, viniendo vía gas natural licuado con un transporte complejo y prolongado temporalmente, es cara, con el precio doblando en los momentos actuales al suministrado por oleoducto, y el efecto que tiene sobre la calefacción doméstica y la industria. Rusia sabe que, para provocar la desunión en la Unión Europea. En 14 países de la Unión Europea, más del 40% del gas procede de Rusia.

Aunque Alemania ha disminuido su consumo del 55% de gas ruso al 35%, en lo que llevamos de año, (petróleo del 35 al 12% y carbón del 50% al 8%) señala que la desconexión no podrá culminarla hasta mediado el 2024. Rusia ha comenzado a apretar exigiendo el pago en rublos y cortando el suministro a Polonia y Bulgaria, que terminaban contrato y no querían pagar en la moneda rusa, ambos países parece que han conseguido fuentes substitutivas.

Vamos a ver el siguiente paso ruso, mientras tanto la Unión Europea aprovechando la baja de consumo de gas por el ascenso de las temperaturas, está planteando una política de compras conjunta para llenar sus depósitos de gas (lo que cubriría el consumo de tres-cinco meses) de cara al próximo invierno que puede ser crítico. Estados Unidos en dos años, podría cubrir el 40% de la importación rusa, pero actualmente solo cubre el 10%. Qatar y Noruega (8) son suministradores clave en estos momentos, pero tampoco pueden actualmente sustituir totalmente a los suministros rusos. Las compras de gas por la Unión Europea se están realizando a 16 países y se ha reducido la dependencia rusa del 40% en el 2021 al 26% en abril de este año. Noruega supone el 25% del gas natural europeo. El gobierno noruego tenía presupuestados 29.000 millones de euros de ingresos, pero puede llegar a 179.900 millones, se plantea crear un fondo de ayuda a Ucrania, aunque deberá reducir la inversión en Rusia de su fondo soberano (47 empresas rusas y Bonos del Estado rusos).

Un corte adicional de gas ruso de envergadura podría llevar al colapso económico sin embargo lo más probable es que Rusia busque un nuevo incremento en los precios.

Una gran arma seria la utilización de los 350.000 millones de reservas en los bancos centrales bloqueados a Rusia, se ha rumoreado incluso, el aplicarlos en un fondo de ayuda a Ucrania. Evidentemente necesitaría la aquiescencia de los gobiernos correspondientes, y provocaría una escalada en los enfrentamientos imprevisible.

CHINA, EL OTRO GRAN ACTOR

Es el nuevo gran actor del nuevo orden mundial, en dimensión PIB, medido en poder adquisitivo chino (8), peso en el comercio exterior y posición acreedora en los mercados de capitales mundiales, sería el posible líder del mercado mundial, aunque su postura de no condenar la invasión rusa va a ser muy difícil, que todo ello lleve a que su moneda el Renminbi pueda desplazar al dólar como moneda de reserva, tema que comentaremos más adelante.

Comenzaremos señalando que la ligazón económica de China a Occidente es total, y el peso de sus relaciones con Rusia insignificante. Así en el comercio mundial de China, que en el 2021 alcanzó los 6.1 billones de dólares, Estados Unidos pesa un 12.7% del total, la Unión Europea un 14.1% y Rusia tan solo un 2.7%. La diferencia con el periodo de la guerra fría con Rusia, es que la ligazón económica entre Estados Unidos y Rusia era insignificante, 2000 millones de dólares al año, con China actualmente son 2000 millones pero al día.

Sin embargo, hay una unión con Rusia desde un punto político y estratégico militar, y Rusia debe a China 125.000 millones de dólares por adelantos en los pagos de petróleo y otras financiaciones varias, de difícil devolución en estos momentos.

El problema para China y sus cuantiosas inversiones en la "ruta de la seda", África Europa Oriental e Iberoamérica, es que la deuda estimada de 700.000 millones de dólares, el 60% se halla en situación de riesgo de impago, lo cual está frenando sus iniciativas imperialistas, añadido a la situación interna de sus créditos inmobiliarios y de los entes locales, y unido al confinamiento que ha llevado al paro a cifras superiores al 6% en las grandes ciudades, por encima de los niveles más bajos del 2020.

INDIA, AMBIVALENCIA

El país que por ser potencia nuclear, su expansión económica, es el país con el mayor crecimiento mundial en el 2022 con el 7.2%, su dimensión territorial y sobre todo el de mayor población del mundo a corto plazo, aspira a ser un líder en el nuevo orden mundial que ya se está gestando (por el momento su economía es la cuarta parte que la de China). Su posición (9) ante la invasión Rusia de Ucrania, se ha definido por su abstención en todos los foros internacionales en los que se ha votado, lo cual unido a que forma un frente en el tratado de Quad, con Estados Unidos, Japón y Australia como oposición a China en el Pacifico, ha llevado a calificar su política de "estrategia ambivalente". Continúa, como ya hemos comentado, fuera de las líneas de suministro de dólares de la Reserva Federal estadounidense.

La India siempre ha tenido, desde el fin de la segunda guerra mundial, una relación respetuosa con Rusia, buscando en ella un contrapeso frente a sus enemigos tradicionales China y Pakistán y evitar que profundicen las relaciones rusas con China. India es el país en el que las importaciones de armas, en gran parte de Rusia, (es el primer comprador de armas de Rusia en el periodo 2016-2020 con 6.600 millones de dólares) suponen el mayor porcentaje del total de sus importaciones totales en el mundo, y por otra está incrementando la compra de petróleo todavía poco importante de Rusia pagando en rublos, la relación comercial entre los dos países es la que tiene el mayor porcentaje de transacciones en rublos.

En relación a la crisis alimentaria es el segundo productor mundial de trigo (el primero a gran distancia es China), y pensaba multiplicar sus exportaciones ante la escasez provocada por la guerra, pero una extraordinaria ola de calor está disminuyendo las cifras esperadas de cosecha. Esa ola de calor está disparando la demanda de energía eléctrica de los aparatos de aire acondicionado y el 70 de la energía se produce con carbón (es el mayor importador del mundo de carbón después de China) y se están produciendo numerosos cortes de suministro ante la imposibilidad de cubrir la demanda.

ARABIA SAUDITA. PODER DE CREAR ESCASEZ

Es uno de los ejes del cambio posible de la situación energética, con el segundo crecimiento mundial más importante (6.7%) para el 2022, después de la India.

Los clientes de Arabia Saudita en sus ventas de petróleo han girado hacia Asia, con China e India en los primeros lugares (China importa 27.000 millones de dólares), desligándose de Estados Unidos, y no aceptando las presiones para producir más petróleo (ha incrementado la producción pero no lo suficiente) ya que gana mucho más por la subida de precio que incrementando la cantidad para estabilizar los precios. La falta de apoyo de Estados Unidos denunciada por los saudíes en las respuestas a los atentados sufridos y la crítica y responsabilidad pública a su máximo dignatario del asesinato de un periodista no facilita las cosas.

ALEMANIA, LA GRAN ESPERANZA EUROPEA

Ya hemos comentado que es una de las naciones europea más afectados por el shock energético y los esfuerzos consiguientes para superar la dependencia de Rusia, y en consecuencia, con el crecimiento más débil de la Europa del euro que probablemente sea del 1,8% para el 2022, cuando las previsiones estaban al inicio, al 4.6%.

Por sus capacidades, con la libertad ahora en su industria de defensa en la que se va a volcar, con 100.000 millones más de inversión anual, los planes de soberanía tecnológica, el objetivo de un 80% de energías renovables para el 2030, la inversión inmediata en dos plantas de regasificación, su progresivo cambio de actitud en el envío de armas a Ucrania, la política fiscal expansiva (2.5% de déficit público este año) con una inflación sin precedentes cercanos, del 7.3%, puede llevar a un inevitable proceso de aceleración en la cohesión de la Unión Europea y el euro, y en las peticiones de ampliación de la misma, comenzando por la propia Ucrania y países nórdicos. Eso sí, todo ello frente a un proceso de polarización política con un ascenso de los nacionalismos extremos.

ESPAÑA, EL SHOCK ENERGÉTICO Y LA PRIMA DE RIESGO

Nuestro país es un sector especialmente vulnerable a la crisis energética y a la pandemia (por el turismo).

En el 2021 España ya sufrió una gran subida de la luz en el llamado mercado regulado ligado al mercado mayorista y que afecta al 40% de los españoles, el resto mantuvo unos contratos, el llamado mercado libre a precios estables y en general claramente inferiores. El ascenso del gas, llegando a quintuplicar su precios y sus costes de contaminación triplicaron, medidos por los pagos de los derechos de emisión, (según el Banco de España llegaron a suponer el 20% del precio del alza de la tarifa eléctrica) comenzó a repercutir en el precio final.

El problema es que solo los precios del mercado regulado, se incluyen en el coste de vida, lo que puede suponer punto, punto y medio más de inflación con respecto a lo que supondría incluir a todos los consumidores con sus precios. A pesar de la bajada de impuestos para aliviar el impacto (inferior a la media de los países del euro), tanto el precio de la luz como la inflación, superaron la media de los países del euro por las circunstancias únicas de repercutir el precio mayorista día a día en la factura, y el hecho de que el uso energía tanto del consumidor como de la economía, es en este último caso un punto superior sobre el PIB en España que en los países del euro (4.1% frente a 3.1%).

En el 2022, continuó la tendencia con ciertas expectativas de descenso por la subida de las temperaturas que hacen descender la cotización del gas, y el transitorio permiso de la Comisión Europea para poner un techo al precio del gas, que puede estar entre 30 o 50 euros el megavatio-hora.

El 2022 se añadió el impacto de la fuerte subida de los hidrocarburos, sobre el transporte, el campo y la pesca con manifestaciones, especialmente la huelga de camioneros que se zanjó con subvenciones estatales (450 millones a los transportistas, 365 millones a la agricultura y 68 millones a la pesca) y posteriormente con una subvención general de 20 céntimos a la gasolina y gasoil (cuando debía haberse concentrado en las rentas más bajas y los más afectados por su profesión), para un total de 1050 millones de euros.

Todo ello en un plan de defensa ante la crisis con subvenciones, alargamiento de plazos en lo apoyos a grupos vulnerables, incorporar 600.000 hogares más al bono social eléctrico, incremento del 15% en el ingreso mínimo vital, control de alquileres, bajadas de impuestos y créditos ICO por 10.000 millones, para un total de 16.000 millones.

La inflación como ya hemos comentado fue del 8.3% en abril reduciendo las expectativas de crecimiento al 4.3% del PIB, por su impacto en el consumidor, y comienza a presionar al gobierno, que si por un lado ha subido la recaudación en el primer trimestre en un

20%, que supone 10.000 millones (el 40% por el efecto de la inflación en la recaudación del IVA) sin embargo el incremento del gasto en subvenciones y la revisión de las nóminas de funcionarios que suponen 150.000 millones y pensionistas 160.000 millones el 25% del PIB en total, el mantenimiento del poder adquisitivo de las pensiones puede suponer un gran peso en el gasto público (alrededor de 10.000 millones), a los funcionarios se les plantea una revisión con la inflación futura (2-2.5%) que puede crear un gran descontento. La presión salarial privada se ha incrementado, haciendo todavía difícil un pacto de rentas tan necesario en estos momentos.

Los fondos europeos, aunque van con retraso, (aunque somos el primer país en pedir el segundo desembolso) y con poca información, son claves para a través de una inversión dinámica estabilizar la tasa de crecimiento.

El anuncio del Banco Central Europeo del cese en las compras de Deuda, es inquietante para nuestro país, ya que el Banco Central Europeo compró tanto en el 2020 como en el 2021, más de 100.000 millones de euros en Deuda española cada año, cifra superior a lo emitido en los dos años. La prima de riesgo (la diferencia entre lo que se paga por la Deuda española y la alemana a diez años) ha pasado de un minino de 55 puntos básicos al inicio del 2021 a rondar el 1.10 a mediados de Mayo, para Italia ya ha pasado de 200 y en Grecia alcanza los 25.

La subida de tipos de interés va a impactar en el mercado inmobiliario español y en el Tesoro en cuanto al pago de intereses, gradualmente, aunque la deuda perderá algo de peso en la economía al ritmo actual de crecimiento. El problema como ya hemos comentado se inicia en las empresas con un crédito escaso y más caro.

El impacto energético, ha impactado en nuestras cuentas externas con más necesidades de financiación exterior. El 20% de los hogares españoles e igual porcentaje de empresas, han acentuado su vulnerabilidad, que requiere un continuado seguimiento de supervisión y gestión.

Por último, es preocupante que el crédito bancario a las empresas no financieras haya descendido ligeramente el saldo en los tres primeros meses del año, con respecto al mismo periodo del año anterior, con una inflación media en ese periodo del 8%, de confirmarse esta tendencia, supondría un endurecimiento en términos reales del crédito bancario preocupante.

PAÍSES ALINEADOS Y NO ALINEADOS

Las tensiones tanto comerciales como políticas producidas durante la pandemia, como señalan Khal y Wright (10) llevaron a un empeoramiento de las relaciones occidentales con China y Rusia, y a pesar de una gran intercambio y apertura en el mundo científico, la cooperación y solidaridad entre los países en relación a la vacuna, fue muy deficiente con un gran ascenso del nacionalismo, una descoordinación entre las políticas sanitarias y una inclinación a los acuerdos bilaterales en perjuicio de las actuaciones en el seno de las organizaciones mundiales como la ONU, la Organización Mundial de la Salud, o la Organización Mundial del Comercio.

Se ha producido un ascenso en la mayoría de los países, de la percepción negativa de China, por su cerrazón interior y su agresiva política exterior, por otra parte, Estados Unidos se fue retirando de su liderazgo en las instituciones internacionales, con una progresiva pérdida de influencia internacional.

Sobre esta base, todo ello se amplificó con la invasión de Ucrania por Rusia. Las claras separaciones de mundos, son ya muy marcadas para el futuro, hay que destacar que Suiza ha salido de su neutralidad colaborando en las sanciones rusas, actitud que no tuvo con la Alemania nazi. Asimismo a mediados de mayo, Finlandia ha pedido ingresar en la OTAN (la Alianza militar Atlántica que une a treinta países de Europa y América del Norte) abandonando su neutralidad y ascendiendo con su incorporación, la frontera con Rusia de la OTAN a casi 2600 kilómetros (en 1990 era de 133 kilómetros).

Se ha esquematizado que los países demócratas han condenado la invasión rusa y que los regímenes autoritarios la han apoyado, pero la distinción no responde a la realidad, en el sentido de que países demócratas con gran peso económico y de población, como la India, Indonesia, Sudáfrica, Brasil, Méjico se han abstenido de condenar a Rusia, lo que lleva al analista político, Fareed Zakaria a pensar que quizás la distinción adecuada se da entre los países que creen que existe un orden jurídico internacional que hay que respetar, y los que piensan solo en términos prácticos de estrategia.

Lo que hay que pensar, es que puede ser beneficiosa la existencia de países que actúan de puente entre los dos bloques, el comunista por entendernos y sus contrarios demócratas en esta nueva guerra fría. Por otro lado, la misma China, no tiene posibilidades de sustitución transcendente de los grandes lazos comerciales que tiene con Occidente y tan necesarios para mantener su tasa de crecimiento, por lo que tendrá que mantener su ambivalencia entre sus intereses económicos y los estratégicos, arte en lo que por otra parte, son maestros.

España por su alineación en el tema del Sahara, con Marruecos y Estados Unidos, se ha complicado la relación con Argelia, bajando el porcentaje de suministro de gas del 35 al 25%, substituido por el gas licuado estadounidense, y luego por la bajada de la demanda. Argelia es el tercer comprador mundial de armamento ruso después de la India y China con 4200 millones de dólares en el periodo 2016-2020.

Esta nueva situación nos lleva a un fuerte incremento de los gastos de defensa y a un reforzamiento de las alianzas y la coordinación entre países (10). Respecto a las alianzas señalemos que los gastos de defensa estadounidenses son superiores a la suma de los diez países siguientes, la mitad de los cuales, tienen tratados formales de defensa con Estados Unidos (información de Fareed Zakaria). El presupuesto de defensa de China es cuatro veces superior al de Rusia, y su economía ocho veces mayor.

España se ha comprometido con la OTAN en doblar su presupuesto de defensa en diez años, y pasar de los 12.000 millones de euros a los 24.000 millones que supondría el 2% del PIB.

En cuanto a la coordinación, la Unión Europea gasta en defensa 250.000 millones frente a 75.000 millones de Rusia, las posibilidades de mejora europeas con más cooperación son muy grandes.

FORTALEZA DEL DÓLAR. EL EURO NO GANA CUOTA

Toda esta nueva ordenación ha llevado a una gran fortaleza del dólar (9) muy superior como ha ocurrido en las últimas décadas al peso de Estados Unidos en la economía. Un estudio reciente del Fondo Monetario Internacional muestra que la bajada de la cuota del dólar en las reservas mundiales (del 71 al 59% de 1999-2021) no se debe a una subida del euro (estable en el 20%) o de la libra esterlina o el yen, en una cuarta parte se debe a la subida del Renminbi chino, pero las otra tres cuartas partes se concentran en las divisas de pequeños países, que por su liquidez conseguida en las nuevas plataformas de contratación, su rentabilidad, y la mejora de la gestión, son atractivas para los Bancos Centrales, como el dólar australiano (20% del incremento de las reservas mundiales con 217.000 millones al final del 2020), el dólar canadiense (23%), el chino Renminbi (25%) franco suizo (2%), el coreano Won (8%) y la corona sueca con el 6%. Así, estas monedas que no tenían participación en las reservas internacionales han pasado a suponer al final del 2021, el 10% de las reservas totales. Los dos países grandes acumuladores de reservas, el Banco Nacional suizo con un billón de dólares de incremento y China con 3 billones, han descendido su porcentaje de dólares y han colaborado por tanto al descenso del mismo, pero hay otros treinta países con exceso de reservas.

La misma Rusia, tenía en el momento del bloqueo de sus reservas, un 16% de las mismas en dólares, un 32,3% en euros, un 21.7% en oro y un 13% en la unidad de cuenta china, el yuan.

China sigue actuando con la probabilidad de que Arabia Saudita acepte el pago del petróleo en moneda china. Pero la paradoja es que en el comercio entre Rusia y China el mayor porcentaje se da en monedas occidentales. La desconfianza occidental hacia China y la de sus vecinos asiáticos, hace muy difícil que, a pesar de su peso comercial y económico, su moneda avance significativamente como moneda de reserva. El castigo autoritario a sus propias multinacionales (el índice Nasdaq Dragón Golden Índex, con 81 empresas, lleva un descenso en un año del 62%), es un ejemplo de esta involución política china.

ESPERANZAS Y AMENAZAS

Una de las previsiones más optimistas por parte de los gobiernos y del Banco Central Europeo es la del descenso de la inflación, de aquí a diciembre, en los países desarrollados para la zona euro y España, supone pasar del 7-8%, de abril a descender del 3% en diciembre, para mantenerse a esos niveles el próximo año (en pocas semanas de las previsiones de la presidenta Lagarde, el vicepresidente del Banco Central Europeo, Luis de Guindos habla del 4.5% para fin de año). Al final alargan la previsión de descenso inflacionista al año que viene. En el 2023, la Comisión Europea espera que España llegue para final de ese año la inflación al 1.8%, la más baja de la Europa del euro.

No se comentan que escenarios de guerra y de confinamiento en China se contemplan, se supone que los precios de las materias primas se mantendrían en los niveles actuales.

Hay cierto fundamento por la base tan alta de los precios del 2021, con la que se van a comparar, por otro lado comienza el consumidor, tan protegido, a reducir sus consumos en España de electricidad (-2.9%) gas (-5.4%) a final de Marzo y una tendencia de los gobiernos a implantar medidas para reducir el consumo de petróleo, tema tabú hasta ahora por los populismos y el agotamiento de la pandemia, pero nos hace volver al espíritu del 73, con los sacrificios que realizaron las economías domésticas ante el embargo petrolífero de entonces, por ello se habla en esa idea de ahorro de energía, de fomentar el teletrabajo, compartir coche, reducir límites de velocidad en autopistas, domingos sin coches en las ciudades, alternar el acceso de coches privados a las ciudades, fomento del transporte público etc.

España tiene el componente adicional de disminución de la inflación, de reducir el precio de la luz al aceptar transitoriamente la Comisión Europea, poner un techo al precio del gas, y en segundo lugar con dificultades técnicas, el incluir en el índice de coste de vida el precio de todo el mercado eléctrico, no solo el de los precios regulados, lo que rebajaría la inflación de un punto a un punto y medio.

En contra, juega la depreciación del euro con respecto al dólar, que encarece todas las compras exteriores incluidas las energéticas, la inflación de costes a lo largo de las cadenas de producción, que está afectando al alza a la inflación subyacente (que excluye los precios de alimentos y energía), a los alquileres de vivienda, y la presión incipiente de los salarios, en un entorno sin acuerdo por el momento, para un pacto de rentas.

Cada día que pasa de guerra, aparte de un día más de tragedia en muertes heridos, y desplazados, y destrucción, hay un riesgo de escalada geográfica y cualitativa en la guerra (armas químicas, uso de armas nucleares) y dos mercados energéticos, el del petróleo y el del gas en la guerra económica, que pueden llevar a un colapso de la economía mundial.

Cada día de guerra, Rusia gasta una cifra estimada de 250 millones de dólares (11), lo que supone el 34% de lo que ingresa por sus exportaciones energéticas.

Por otro lado aparte los países en guerra, son los emergentes muy en especial, los de menor renta los que más están sufriendo la crisis energética y alimentaria con la mayor deuda de toda una generación. El 60% de los 74 países con menor renta, están en alto riesgo por su endeudamiento. Otro tanto podemos decir de los hogares con renta baja y empresas vulnerables en los países desarrollados, temas que analizaremos en comentarios posteriores.

El planteamiento del embargo del petróleo ruso por la Unión Europea, si coincide con un incremento de la demanda china por la apertura del confinamiento, nos puede llevar a unos niveles de precios recesionistas para la economía mundial.

Nadie sabe el próximo paso de gobierno en ruso en cuanto al suministro del gas, un corte del suministro total, o simplemente parcial, en un porcentaje importante sería especialmente grave para la Unión Europea, lo que ha llevado a Bruselas a la exigencia de racionar y compartir el gas, si Putin corta el suministro, aunque por el momento, lo que parece buscar es una subida adicional de los precios. Pero sería peligroso para la economía por su carácter recesivo, que Europa se inclinara excesivamente por el racionamiento energético, sino que por el momento debe apoyar el uso de energías sucias, incluido el carbón.

En el momento de finalizar este comentario, las bolsas, han iniciado fuertes bajas por la percepción de posibilidades de descenso en el crecimiento económico estadounidense a la cabeza, y del resto de países desarrollados, por debilidad del consumo, que traería, al no poder por esta causa tomar medidas más enérgicas, para contener la inflación, a un horizonte de estancamiento con inflación, pero esto queda para próximos análisis, dado lo prematuro de establecer conclusiones con las incertidumbres actuales.

Los efectos sobre el crecimiento pueden ser graves, los fondos europeos claves como compensación, comienzan a desplegarse en nuestro país (de los 11 planes estratégicos ya están en marcha nueve) con un ascenso de la inversión de bienes de equipo. Por otra nuestra economía tan sensible a la pandemia, con el final de esta, tendría en el ascenso del turismo un impulso importante a nuestro crecimiento económico.

Esperemos que en nuestro próximo análisis haya un marco de paz y un fin de los confinamientos en China y la pandemia mundial, que nos permita un mayor grado de certidumbre en las expectativas.

Bibliografía

(1)Para los datos macroeconómicos nos basamos en la revista The Economist "Economic and Financial indicators" y las cuatro publicaciones periódicas del Fondo Monetario Internacional: "Economic Outlook" "Global Financial Stability Report" "Fiscal Monitor" y "External Report".

(2)"Supply Chains and Port Congestion around the World" Andras Komaromi, Diego A, Cerdeiro and Yang Liu. WP /22/59 March 2022. IFM. En la misma idea:"Shipping costs and Inflation" Yan Carriere-Swallow, Pragyan Deb, Davide Furceri, Daniel Jimenez, Jonathan David Ostry. March 25, 2022 Working Paper No. 2022/061 IMF

(3)Sobre la falta de visibilidad en las cadenas y la no medición adecuada de los riesgos "Global supply chain risk and resilience". Richard Baldwin and Rebecca Freeman. 6 April 2022 VOX / CEPR.

"Globalization Real and Financial" Hyun Song Shin. BIS Paper June 2017. El autor señala que es muy difícil trazar la línea divisoria entra la globalización real y financiera y marca una ley de dependencia, la financiación de la cadena es el cuadrado de su longitud, lo que indica la importancia del canal financiero de las cadenas.

(4)"Global growth: drivers and pos-pandemic prospects" by Gabriela Nodari, Daniel Rees and Phurichai Rungchaorenkitkul. BIS Quaterly Review March 2022 28 February 2022.

(5)El estudio de Naciones Unidas "Ukraine wars impact on trade and development" UNCTAD 16 march 2022.

Sobre la escasez de fertilizantes. "The Global fertilizer Shortage is already causing Havoc in Latin America". Nick Corbishley Naked Capitalism April 15, 2022.

Del Banco Mundial: "Las perturbaciones de los precios de los alimentos y la energía causadas por la guerra de Ucrania podrían durar años" Comunicado de prensa April 26,2022.

Una amplia información:"COMMODITY MARKETS OUTLOOK. The impact of the War in Ukraine on commodity Markets". A World Bank Report. April 2022.

Los numerosos estudios sobre los efectos de la invasión de Ucrania por Rusia, se vuelven prematuros rápidamente y dada la aceleración con la que están sucediendo las batallas económicas fuera del frente bélico, optimistas en cuanto sus resultados. Todos los organismos internacionales y los bancos centrales de cada país han publicado estudios sobre el tema.
Recomendamos los informes del l Fondo Monetario Internacional en las publicaciones que detallamos en la nota uno, en su revista y en su blog.
Asimismo, "The War in Ucrania and its implications for the EU" Josep Borrel High Representative of the EU for Foreign Affairs and Security Policy / Vice- President of The European Commision 14.03.2022.
"The War between Russia and Ukraine is a major humanitarian and economic shock" OECD Economic Outlook. Interim Report march 2022.
Para la economía española: "The Economic setting following the Invasion of Ucrania and the economic policy response". Pablo Hernando de Cos. Banco de España 15.03 2022.
De una manera continuada están publicando estudios sobre la guerra el Instituto Brueghel y VOX /EU CEPR. También la consultora GaveKcal Research "Monetary Policy in a War " March 2022 y "Punching the Void" April 2022, y los informes de Rand Corporation.
De la visión de diversos economistas sobre los efectos de la guerra: "Economic consequences of Russia invasion of Ukraine: Views of the leading economists". Romeah Vaitilingan 10 March 2022. VOX CEPR Policy Research.
Internet, según el Royal Institute of Thecnology, supone el 10% del consumo de energía eléctrica y creciendo. Una coordinación mundial respecto al tema del ahorro energético seria también conveniente.
(6)"La creciente amenaza de una recesión mundial Kenneth Rogoff". Negocios. El País, domingo 1 de mayo de 2022.
"Overheating conditions indicates high probability of a US recession" Alex Domásh, Lawrence H. Summers 13 April 2022. Voxeu.org.
(7)"The Economic Consequences of the Ucraine Conflict" Peter Havlik Policy Notes and Report 14 November 2014. The Vienna Institute for International Economic Studies.
(8)El PIB más realista, sería una media entre la medición en dólares del comercio internacional (ya que China tiene que comprar importaciones a precios internacionales, y teniendo en cuenta el poder adquisitivo de esos dólares en China. China continuaría estando por encima de Estados Unidos. No así en dólares internacionales en que Estados Unidos se mantiene desde hace décadas líder incrementando su cuota hasta el 20% del PIB mundial, China ha ascendido al 16%, y Europa ha descendido en las tres últimas décadas del 30% a menos del 20%.
(9)"What is in our interest India and The Ucranian War", Ashley J. Tellis. Carnegie Endowment for International Peace, April 25, 2022. La población de China actual es de 1380 millones de personas, la de la India de 1310, entre ambos países tienen el 37% de la población mundial. En menos de una década india habrá superado a China.

(10)"AFTERSHOCKS Pandemic Politics and the end of the old international order" Colin Kahl and Thomás Wright. "Chapter 13: Fighting for a Better Future". St Martin Press. New York 2021.
(11)"The Stealth Erosion f Dollar Dominance" Serkan Arslanalp, Barry Eichengreen, and Chima Simson-Bell WP 722758 2022 MAR IMF. En el comercio mundial, el peso de Estados Unidos se mantiene en el 35%. La deuda mantenida en dólares en el mundo ha subido al 80%, en cambio ha disminuido el número de países que tienen su divisa referida al dólar.
Información gastos de defensa, Fareed Zakaria "Diez lecciones para el mundo de la post pandemia" Paidos. 2021 P199.
SIPRI el Instituto de investigación de la Paz internacional, multiplica por tres el gasto ruso, al medirlo como vimos en el PIB, en poder adquisitivo, con lo que las diferencias se estrechan en gran parte, pero en primer lugar, la industria de armamento ruso, tiene que comprar en el exterior elementos claves que tiene que pagar a precios internacionales y no rusos y segundo, las posiciones relativas de los demás considerando el poder adquisitivo de cada país también cambian, así la Unión Europea, asciende en un 60% (la diferencia de Producto per cápita) disminuyendo en ese grado su diferencia con Estados Unidos.
(12)"What' s the costs of war for Russia, and what could be done with this money?" Aleksey Maltsev. Geneva Solutions, April 2022. La cifra que dan de gasto diario ruso en la guerra es de 223 millones, pero sin evaluar por su dificultad una serie de partidas, por otro lado, el incremento de tropas y las más sofisticadas armas rusas, nos lleva a redondear la cifra a 250 millones de dólares.

20 de mayo de 2022
Blog del autor: camposeconomicos.blogspot.com

Capítulo 13

INFLACIÓN, PANDEMIA Y GUERRA

La invasión de Ucrania por Rusia, unida a las restricciones sobre todo en China por la pandemia, ha dado lugar a un rebrote de la inflación, agravado por la fortaleza del dólar, con un descenso general de las expectativas de crecimiento para este año y el que viene, para la generalidad de los países. Crecen las posibilidades de recesión con la caída de las materias primas y la posibilidad inminente de corte del suministro del gas ruso que gravita sobre Europa.

Mientras dure la guerra se mantienen las expectativas de nuevos traumas en los procesos productivos y empobrecimiento de los hogares. Por otro lado el bienvenido fin de la guerra y la pandemia, traería un despegue de la demanda y de la inflación.

La supervivencia de cada vez más hogares y empresas en nuestro país invita a una política cooperadora clara y ordenada, en donde se unan la política económica y la social, el hogar y la pequeña empresa.

DE REPENTE LA INFLACIÓN REBROTA, EL CRECIMIENTO A LA BAJA

Era una opinión generalizada la de que el incremento de la inflación era transitorio, sin embargo, el 23 de abril, en que The Economist publicaba una monografía (1) sobre las tareas de los bancos centrales ya estaba creciendo el número de voces discordantes. En el análisis de diez páginas, los problemas geopolíticos ocupaban tan solo tres cuartos de página. Y la gestión de la inflación no llegaba a dos. El resto se dedicaba al cambio climático y la financiación de la economía verde, la moneda digital y la desigualdad, aunque terminaba señalando que si la inflación se convierte en un problema, los bancos centrales no pueden diluirse en una acumulación excesiva de tareas y deben concentrarse en su papel principal, controlar los precios.

El hecho es que en junio, tanto la inflación en Estados Unidos (9.1%) como la de Europa del euro (8,1%) siguió elevándose, con las previsiones de crecimiento en descenso para el 2022 (y todavía más bajas en el 2023): Estados Unidos del 3% en mayo a 2.3%, a principios de Julio, aunque el empleo se mantiene fuerte, China del 5 al 4%, (el crecimiento del segundo trimestre le llevaría al 3.3%) la Europa del euro de 3.2 a 2.6%, y España del 5.4 al 4%. El único país que ha subido su previsión de crecimiento como es lógico, es Arabia Saudita del 6.7 al 7.5%.

En España esta reducción del crecimiento supone que no alcanzará los niveles del PIB preCovid hasta el 2024 y será la última de las potencias del euro en alcanzarlo.

El componente energético ha afectado más a la Unión Europea, por su dependencia exterior, cuatro puntos de inflación sobre el 8,5% (España lógicamente en la misma línea) frente a dos puntos en Estados Unidos. En España, el tope al precio del gas según el Banco de España puede repercutir en una bajada del coste de vida del 0.4 al 0,8%, y se ha confirmado la subida del 10.2% de la inflación en Junio, la más alta en 37 años y de las potencias del euro, por un efecto mayor de alzas energéticas (un 40%) y su transmisión a la cesta de la compra en el coste de la vida (12.9% alimentos y bebidas).

Hasta Suiza y Japón han elevado su tasa de inflación, aunque desde unos niveles bajos, 2.5% en junio en Suiza (2.2 en Mayo) y 2.2% para Japón en mayo, frente al 1.7% en Marzo.

EL DÓLAR CADA VEZ MÁS FUERTE

La depreciación del euro frente al dólar, que ha llegado a la paridad (un euro vale un dólar) e incluso rompiendo algún día la misma, no se había producido en 20 años, con descenso del euro del 15% en lo que va de año respecto al dólar, indica la estimación del mercado de que el Banco Central Europeo no podrá subir tipos, como la Fed estadounidense, lo que trae consigo un añadido exterior de presión inflacionista y el valor refugio en que se ha convertido el dólar ante la vulnerabilidad europea con la guerra de Ucrania. En ese triángulo de monedas que marca el rumbo mundial, dólar, euro y yen chino, solo se debilitaría el dólar si Estados Unidos entra en recesión y China continua con lo que parece ser en los momentos actuales un inicio de reactivación, por otro lado para ese objetivo, China se encuentra muy cómoda con la actual situación (dada su baja inflación) todo lo contrario que Europa. Por el momento los buenos datos de empleo en Estados Unidos de Junio, auguran una perspectiva cierta de subidas de tipos y un dólar en consecuencia fuerte, que no favorece a los beneficios de las multinacionales estadounidenses, que obtienen gran parte de ellos en monedas depreciadas respecto al dólar.

Estados Unidos que había iniciado en marzo las subidas de tipos, realizo el 15 de junio la mayor subida en 28 años, pero todavía el tipo de interés objetivo de la FED el 1.75% es bajo desde un punto de vista histórico y más todavía en relación a la inflación.

El gobierno español ha buscado culpables de incremento de inflación y la baja de crecimiento, comenzando por el Instituto Nacional de Estadística, señalado por exagerar a la baja el crecimiento y al alza la inflación, luego las compañías energéticas y a las empresas turísticas, lo cual puede ser cierto, pero hay demostrar con transparencia y rigor el grado de responsabilidad de los actores, sin olvidar a otros (Competencia investiga las prácticas en sectores especialmente sensibles como son los de los bienes básicos, con más de 130 investigaciones en el 2021, por el sistema de informantes anónimos). El proceso se ha cerrado con una imposición transitoria a las empresas energéticas, otra más sorpresiva a la banca y una serie de subvenciones, paralelo a lo realizado en países como Italia o Gran Bretaña pero presentado en un tono populista de enfrentamiento, que no colabora nada a la cohesión institucional y política, tan necesaria para actuar adecuadamente en esta crisis.

El Fondo Monetario Internacional había señalado semanas antes a España, que no es partidario de hacer tributar los beneficios caídos del cielo, por su carácter cíclico (Repsol que ha incrementado fuertemente sus beneficios, perdió más de tres mil millones en el refino en el 2020), ni bajar impuestos, así como evitar subvenciones genéricas y concentrarlas en los sectores vulnerables, las ayudas debían ser directas, no poner un techo a los precios.

LAS MATERIAS PRIMAS TOCAN TECHO, EXCEPTO EL GAS EUROPEO

Tanto los precios de gran parte de las materias primas, costes de transporte marítimos, precios de la vivienda gasolina y alquileres en Estado Unidos, como de un amplio grupo de alimentos, unido al incremento en el coste de las hipotecas, el descenso agudo de la expansión monetaria y las grandes pérdidas en los mercados de renta variable y fija, han provocado un notable descenso en las expectativas de inflación, que podría consolidarse, con la incertidumbre siempre de la guerra y el final de la pandemia.

Así los metales han pasado de descender el 28,4% en lo que va de año, a inicios de mayo al 35.6% (índice The Economist) a principios de Julio, los alimentos en dólares han subido en conjunto sobre Mayo, pero la gran parte ha bajado sobre los máximos en cifras de dos dígitos, el oro ha pasado a descender el 8.8% en lo que va de año y el petróleo un 30% sobre máximos, el gas que ha caído en el mercado norteamericano, ha ascendido intensamente (casi triplicando el precio) en el mercado europeo (Holanda), en este periodo Mayo-Julio por la amenaza rusa, de que los sucesivos cortes de suministro que pueden llevar a un colapso total de la oferta, con un ascenso disparatado de los precios, posteriormente ha descendido algo, pero los futuros se mantienen altos.

Las caída del índice de bolsa más representativo de Estados Unidos ha llegado al 20% en el primer semestre y las carteras de renta fija con duración media se acerca al 15%, las bolsas chinas se han recuperado algo de sus bajadas, mientras las bolsas del Euro pasan a descender el 20.4% al 6 de Julio, y el Ibex español empeora su comportamiento en lo que va de año, del -4.6% el 11 de Mayo al 8.8% el 6 de Julio.

RIESGO ITALIA ESPAÑA

Todo ello ha elevado la sensibilidad al riesgo en los mercados de deuda privados, así el riesgo medio sobre los bonos del tesoro estadounidenses, ha pasado en estos dos meses de un diferencial añadido de 162 a 183 puntos básicos (un tipo de interés añadido del 83%), y el riesgo alto de 451 a 585 puntos básicos.

En España ha ascendido el riesgo para el sector privado, incrementando su diferencial con la deuda publica entre el 1-1.5% en la financiación a medio plazo en el mercado. La prima de riesgo de la deuda pública española está estabilizada con una ligera subida, en el diferencial de 1.15 con la deuda alemana.

Por último se está un reducción de la moneda en circulación, que puede traer consigo una grave restricción del crédito, en España, los síntomas no son buenos, ya que por un lado se ha reducido su magnitud monetaria dentro del euro al 5.5% (frente al 6.9% en el 2021) y el saldo de crédito a empresas no financieras sigue por debajo de diciembre en términos nominales a final de Mayo, con un crecimiento real notablemente negativo, en relación a una inflación cercana al 9% de media en los cinco primeros meses del año. Un crédito igual a la inflación, hubiera supuesto 43.000 millones adicionales.

La situación política de Italia, si se confirma la dimisión de su primer ministro Piero Draghi, puede alterar los mercados de deuda y extenderse a España y obligar al Banco Central Europeo a utilizar en un futuro corto, ese recurso ridículamente secreto anunciado por su Presidenta.

Por otro lado, el paro ha mejorado y el déficit público ha descendido, frenando el ascenso de la deuda sobre el PIB, debido a una recaudación fiscal extra, en gran parte causada por la inflación (se estima su efecto en un 1% del PIB) que supone un fuerte impuesto sobre rentas y transacciones, y debilita el consumo de los hogares. Debido a la pujanza de las exportaciones, el sector exterior se mantiene equilibrado.

Continua la expectativa de reducción del margen de maniobra, por la revisión inflacionista de las pensiones (puede suponer un incremento de 15.000 millones) y la de las nóminas de los funcionarios (podría llegar a los 4000-5000 millones de euros).

AMIGOS Y ENEMIGOS. EL LIDERAZGO DE ESTADOS UNIDOS

Las reuniones del G7 y la OTAN de Junio, han señalado a los enemigos y sus amenazas, decidiendo otra ronda de sanciones a Rusia, calificada como el adversario más importante y directo para la seguridad de los Aliados y para la paz y estabilidad en la zona euroatlántica. En contrapartida, consideran la defensa de Ucrania de vital interés para la estabilidad de la zona euro atlántico y se califica a China por sus ambiciones declaradas y las políticas coercitivas, como un peligro para nuestros intereses, seguridad y valores.

A los 30 asistentes de los países de la OTAN se añadieron los dos aspirantes (Suecia y Finlandia) y como testigos invitados, Japón, Australia, Corea del Sur, Nueva Zelanda, todos juntos formarían los países donantes a Ucrania.

A los pocos días de la reunión de la OTAN, han firmado su ingreso Finlandia y Suecia, a resultas de la ratificación de los estados miembros.

El resultado es un gran impulso a las inversiones de Defensa, con un amplio despliegue de armamento y tropas en los países limítrofes con Rusia, y un incremento de las inversiones en defensa, que para Europa, previsto en su Brújula Estratégica, pueden llegar a los 200.000 millones en 4 años, incluida España, lo que ha provocado disensiones dentro del gobierno.

Los fondos comunes de la OTAN se elevarán de 2500 millones anuales a 30.000 millones en un plazo de diez años. El gasto total de los países de la OTAN en defensa, asciende a un billón doscientos mil millones de dólares (1.200.000), con 350.000 millones invertidos desde el 2014.

Posteriormente, en vísperas de la reunión de ministros de Asuntos Exteriores del G20, el presidente de Estados Unidos, Joe Biden ha pedido la expulsión de Rusia del grupo, que sin embargo ha acudido a la reunión.

Todo ello ha llevado a destacar el liderazgo estratégico de Estados Unidos, que financia más de dos tercios del presupuesto de la OTAN (con 1.350.000, efectivos frente a un total de 2 millones de tropa).

El COVID alentó según Zakaria, (2) la sexta ola de decadentismo de Estados Unidos, que si ha aumentado la desigualdad y se agudiza el problema del uso de armas de fuego y los problemas raciales, sin embargo sigue siendo la mayor economía del mundo, es sede de las compañías más grandes y avanzadas tecnológicamente (el éxito de su investigación en las vacunas ha sido notable), el dólar sigue siendo la moneda de reserva mundial y gasta más en defensa que la suma de los diez países que le siguen, y es probable que este año crezca casi al ritmo de China, pero es evidente que las actitudes mundiales hacia el país se han erosionado.

China casi estancada por su política de COVID, parece que esta comenzado a salir (ha lanzado una emisión de bonos de 220.000 millones en apoyo de las entidades locales), aunque su crisis inmobiliaria (ahora con una oleada de impagos en las hipotecas) sigue asomando, una inmobiliaria, la catorce por tamaño, ha dejado de pagar 1000 millones de dólares en el mes de Junio (con 5500 millones de deuda), por otro lado, tres de sus compañías aéreas han comprado 30 Airbus por una cifra cercana a los 40.000 millones de dólares y el presidente Biden sigue con el proyecto de bajar aranceles para disminuir la inflación 0.4-0.5 puntos en el coste de vida. La interrelación económica continúa y China debido a su baja inflación cuenta con un amplio margen de maniobra.

De cualquier forma, desde el inicio de las hostilidades comerciales en el 2018, Estados Unidos ha reorientado sus compras de China, que han descendido del 21% del total al 16%, en el periodo 2018-2022, y se han incrementado las provenientes de los países asiáticos bajo el bloque de la ASEAN (que incluye diez países del sudeste asiático, entre ellos Indonesia, Singapur, Malasia y Tailandia) con las importaciones de Estados Unidos del 7 al 10% del total en el mismo periodo 2018-2022.

Si China como parece que ocurrirá, supera en la próxima década en su Producto Nacional Bruto a Estados Unidos, sería la primera vez en la historia moderna que el liderazgo económico mundial recae en un país pobre en relación a los países desarrollados.

UCRANIA, RECONSTRUCCIÓN

El 5 de abril se publicó un detallado plan (3) para reconstruir Ucrania, inspirándose en las políticas del Plan Marshall al término de la Segunda Guerra Mundial, la reunificación de Alemania y la reconstrucción de Irak y Afganistán, lógicamente la situación actual se acerca más a las dos primeras experiencias europeas. Se enumeran los principios para la ayuda internacional:

- Poner a Ucrania en la línea de acceso a la Unión Europea, que se ha cumplido declarándola en Junio, candidata a la entrada en la misma.
- Gestionar y coordinar los programas de reconstrucción.
- Ucrania debe ser dueña de su plan de reconstrucción.
- Fomentar los flujos de capital extranjero y la transferencia de tecnologías. Las ayudas deben ser subvenciones más que créditos.

La reconstrucción debe basarse en el principio de carbón cero, con la mínima dependencia de los combustibles sólidos.

Se realizará en tres fases, una primera respuesta de emergencia, otra de rápida restauración de la infraestructura crítica y por último restablecer las funciones básicas de la economía y el gobierno, para implantar las bases de un crecimiento positivo y sostenido.

Cada día de guerra que pasa, los costes de la reconstrucción que oscilan entre 200.000 y 500.000 millones van aumentando.

Se contemplan las siguientes hipótesis:

- Que Ucrania retenga al menos una gran parte de su territorio.

- La Ucrania Oeste (Kiev) no sufra daños graves de la guerra.

- Ucrania ha comprometido recursos importantes a sus fuerzas de seguridad de forma indefinida, por lo que sus déficits fiscales y su deuda pública, importantes, serán financiadas por la ayuda extranjera y el banco central.

- La tasa de cambio de su moneda, la Hryvnia, fijada al nivel preguerra, está claramente sobrevalorada.

- Ucrania tendrá garantías de que otra invasión rusa no va a ocurrir.

Respecto a la fuentes de ayudas, están las instituciones mundiales (el Fondo Monetario, el Banco Mundial, Banco Europeo de Desarrollo, la ONU, Organizaciones Humanitarias), pero debe ser la Unión Europea la que tome el mando, ya que sus interese se alinean con los de Ucrania.

Un tema esencial en las ayudas es la posibilidad considerada en el plan de hacerse con los activos bloqueados a Rusia y utilizarlas para ayudar a Ucrania, estamos hablando de más de 300.000 millones de dólares, puede haber una camino, enuncia el documento, pero solo lo permitiría una corte internacional u órdenes ejecutivas. Parece excesivamente audaz por el precedente que crearía, de falta de seguridad jurídica de la propiedad, aunque con los magnates rusos, se ha actuado sin contemplaciones jurídicas.

La ayuda es condicional a que Ucrania combata la corrupción y haga una serie de reformas, como la descentralización, ya que las comunidades locales tienen un sentido más realista de lo que se necesita: romper con el legado institucional ruso todavía vigente, eliminar las restricciones existentes para la propiedad privada y establecer por el gobierno de Ucrania un plan a cinco años, en que se especifique asimismo su aportación en recursos al plan de reconstrucción.

En cuanto se llegara al alto fuego, habría que actuar rápidamente y que no ocurriera como con el Plan Marshall que llegó tres años tarde.

Todo lo anterior, si se cumplen las condiciones para el plan de reestructuración, supone una magnitud importante de recursos a desembolsar por la Unión Europea, que podría llevar a una nueva emisión de bonos europeos.

A principios de julio, el gobierno de Ucrania ha presentado en Suiza un plan de reconstrucción que asciende a 750.000 millones de dólares, cuya financiación, por los activos confiscados a Rusia y a los oligarcas rusos estaría entre los 300.000 y los 500.000 millones de dólares. Todo ello está sometido a la evolución de esta guerra.

Días después, el Banco Europeo de Inversiones elevaba la cifra para la reconstrucción de Ucrania a 1.1 billones de euros, lo que haría la financiación más dificultosa.

Por otra parte la guerra, está disparando la necesidad de fondos a corto plazo de Ucrania, que en estos momentos supera los 60.000 millones de dólares, con unos déficits públicos mensuales de 5600 millones de dólares, magnitudes planteadas a las instituciones financieras comenzando por el Fondo Monetario, de no fácil financiación.

RUSIA, LA BATALLA ENERGÉTICA. OTRA VUELTA DE TORNILLO

Ya comentamos en nuestro último blog, todo el cumulo de sanciones a Rusia por parte de los países que condenaron la invasión.

La presión de las sanciones y la réplica rusa en reducir el suministro de gas, se va produciendo en una gradación difícil de prever, por ejemplo: ¿por qué Estados Unidos ha esperado cuatro meses de guerra, para restringir los suministros de piezas y tecnología para bloquear la producción armamentística rusa? Es un ataque a la industria de defensa rusa con sanciones a Rostec (conglomerado aeroespacial con más de ochocientas entidades), al fabricante de los cazas rusos Mig y Shukoi United Aircraft Corporation, incluye también a Tupolev el fabricante de bombarderos y a otras veinte entidades que desarrollan equipos electrónicos militares, así como a la empresa de camiones Kamaz que transporta misiles y soldados en la guerra.

Y en la otra vertiente, ha tardado también los mismos cuatro meses, en enviar a Ucrania los misiles antiaéreos NASAMS, un arma del 2005, que neutralizaría las posibilidades de operaciones, tanto de los cazas como de los bombarderos rusos.

Se han bloqueado las compras de oro a Rusia, segundo productor mundial, después de China, y con unas exportaciones de 15.000 millones de dólares, sin embargo, no parece que se haya todavía implementado, ya que el oro continua su tendencia de un ligero descenso.

Por otra parte, derivada de las sanciones y la no disponibilidad de dólares, Rusia ha suspendido el pago de una deuda en dólares y las importaciones están muy deprimidas, habiendo descendido un 60% el comercio con los países sancionadores y un 40% con los países que no han aplicado sanciones, todo ello ha provocado colapsos de la producción tanto en los sectores tecnológicos, como en los coches (un descenso de la producción del 80%) o los aviones, varios aparatos de Aeroflot de la compañía rusa de aviación, están en tierra como suministradores de piezas para los que vuelan, ante la falta de componentes.

El departamento de comercio de Estados Unidos, ha colocado en lista negra a cinco compañías chinas por ayudar a las fuerzas armadas rusas. Pero hasta ahora China no presenta síntomas de un apoyo significativo a Rusia en ninguna vertiente.

El Banco Central Ruso ha mejorado su previsión de descenso de la economía rusa, que era del –10% del PIB para este año, pasando a una horquilla del -6.5-8.

El último movimiento estratégico es el forzar el calendario de la independencia petrolífera respecto a Rusia de aquí a fin de año. Es un desafío para muchos países europeos y una imposibilidad para otros países, entre los que se encuentra Alemania.

A finales de mayo, desde el comienzo de la Guerra, Estados Unidos había reducido en 100% sus compras de petróleo ruso. España las ha reducido en 56% y Japón en un 50% pero la Unión Europea tan solo en un 16%, Italia un 13% y Alemania un 8%, así es difícil llegar a una decisión conjunta.

El hecho es que Rusia no ha logrado una sustitución total de nuevos compradores y a mayo había ingresado en dólares un 5% menos de petróleo a un precio medio un 4% inferior (por los descuentos del 30% del precio con India y China), habiendo descendido su producción a 9,5 millones de barriles día, cuando antes de la pandemia llegó a 11.5 millones bd. La previsión, si continúa la tendencia al desenganche, es que su producción descienda a 7,5 millones bd a fin de año con una baja de ingresos importante. (Irán a primeros de julio se ha lanzado a ofrecer petróleo más barato que el ruso, a China y la India).

El panorama en el gas es diferente, con Europa del Este y Alemania especialmente atrapados. El último descenso (4) del suministro del 60%, ha bloqueado el aprovisionamiento de reservas para el invierno (que está en el 58% del almacenaje frente al 80% como objetivo) y ha llevado al Bundesbank, el Banco Central Alemán a plantearse un modelo de corte total del gas (5) que llevaría una aparatosa recesión (hasta del 8% en algún trimestre) con un efecto por las cadenas de producción que dobla la del choque directo.

Como el almacenaje máximo de gas es para tres meses, el gobierno alemán está transmitiendo a la opinión pública el ahorro de energía, la eficiencia en el uso de la misma, y el racionamiento a la que pueden ser sometidos algunos sectores empresariales.

Por otro continua la búsqueda de otras fuentes de suministro y la utilización creciente del carbón y el petróleo. Ha autorizado ya al uso de carbón para 27 centrales eléctricas. El almacenaje de gas está todavía en el 64% cuando el objetivo en estas fechas era llegar a 80%. España está al 73% en almacenaje por encima de la media europea, con compras de gas a Rusia que superaron en ciertos momentos el 20% del total, y estamos cubriendo con carbón, hasta el 4% de la producción eléctrica.

A finales de Julio se espera por parte de la Comisión Europea, un plan de ahorro de gas de cara al invierno, que se centraría esencialmente en las empresas, cuidando a las imprescindibles con temperaturas máximas y mínimas en calefacción y aire acondicionado, 19 grados y 25 respectivamente, búsqueda de energías alternativas etc. hasta ahora se han bajado las importaciones de Rusia de gas del 40% al 28% y los hogares suponen el 37% del consumo de gas. Esperemos que España un tanto desligada por el momento, implante un plan de ahorro racional adecuadamente comunicado a la población.

¿SE ATREVERÁ RUSIA? ¿CORTE TOTAL DEL GAS? EXPROPIACIÓN DE LAS RESERVAS RUSAS

Es verdad que la reciente bajada del suministro de gas en un 60% a Alemania (por problemas técnicos en el oleoducto) la ha compensado Rusia en subida de precios, en cuanto a sus ingresos, pero en un grado mínimo, y sería muy arriesgado el corte total del suministro con la bajada de ingresos de petróleo y la escalada en las sanciones, que llevaría probablemente a una acción que está rondando en las potencias rivales, de expropiar a Rusia (6) las reservas de divisas bloqueadas en los bancos centrales. Por otro lado no olvidemos que los gastos de guerra rusos se llevan un tercio de sus exportaciones energéticas a la Unión Europea. Y no va a ser fácil para Rusia encontrar compradores alternativos, ya que los cambios son muy costosos y de logística difícil (a pesar del oleoducto y los contratos de compra de China).

Se han expropiado 7000 millones de euros por parte de la Unión Europea a los oligarcas rusos, activos que unidos las reservas de divisas y las inversiones en el extranjero, supone un bloqueo de cerca de 400.000 millones de dólares, de los cuales las reservas inmovilizadas en los bancos centrales ascienden a 300.000 millones de dólares, siendo el Banco Central Alemán el que detenta 96.000 millones de dólares, una gran baza en la situación actual (Francia 61.000, Japón 57.000, USA 39.000 y GB 31.000 entre los principales).

Se buscan los caminos para poder realizar esa expropiación, y entregar el fondo a Ucrania. Los juzgados Internacionales no sirven porque ninguna de las partes, Ucrania y Rusia los admiten.

En algunos casos va contra la constitución del país. Por otro lado, la doctrina de inmunidad soberana está consagrada por las Naciones Unidas, pero en Estados Unidos estudian apoyarse en la ley de Poderes Internacionales de Emergencia, aunque una cláusula añadida en el 2001, exige que se esté en guerra con ese país, lo que se hizo con los activos iraquíes y del gobierno de Afganistán, pero ahí participaba directamente en la guerra.

Aparte de ese canal, Estados Unidos ha confiscado bienes y los ha transferido al gobierno que consideraba más legítimo que el instalado de un país, como sería el caso de Venezuela y la transferencia de la propiedad de los bienes al gobierno de Juan Guaidó.

La Unión Europea por el momento, no se ha planteado nada. No hay un camino claro a corto plazo, lo que no quiere decir que el pago de reparaciones de la guerra por Rusia, cuando esta finalice, no esté condicionada a la liberación de sus reservas.

Por el momento, la situación en el gas, tal como indican los mercados de futuros, muestra precios muy elevados incluidos el 2024, con posible shock en el próximo invierno. La capacidad de sustituir por fuentes alternativas (carbón y petróleo) y las bajadas de consumo y mejoras de eficiencia, de la población y el gobierno, unido a la amenaza financiera de expropiar los fondos, siguen siendo las bazas esenciales para evitar el colapso económico en los países más dependientes.

El hecho es que esta crisis energética está propiciando:

- La intervención de los gobiernos en los mercados y en la propiedad de las empresas. (El intento de nacionalización de EDF por el gobierno francés, la petición del gasista alemana Uniper al gobierno de un rescate de 9000 millones de euros).

- Una transición energética en que dada la situación de escasez de producción de energía, se amplía dando entrada a la energía nuclear y al gas, como energías verdes en reciente declaración de la Comisión Europea. Por otro lado, la situación ha forzado a varios países a volver a la explotación de carbón, así Alemania va a incrementar sus emisiones de carbón el 20% en el 2023 y 17% en el 2024. Holanda, Austria y Francia están preparando para activar sus centrales de carbón. España como ya hemos comentado también compra y utiliza carbón aunque todavía en cantidades no significativas.

- El freno al calendario del cambio climático, surge también del Tribunal Supremo de Estados Unidos, al bloquear la agenda verde del país, señalando que las decisiones medio ambientales las tiene que tomar el Congreso.

ESTANFLACIÓN, LA EXPERIENCIA DE LOS SETENTA

Alan Blinder (7) ha sido el economista que ha analizado el fenómeno de estanflación en los setenta, a lo largo de 30 años, en sucesivas revisiones de sus estudios anteriores.

El parte de una base obvia, que en el corto plazo se dan subidas de precios que no tienen nada que ver con la moneda, y a largo plazo, la relación entre actividad económica, inflación y política monetaria es una relación estrecha. Así Milton Friedman (8) analiza el periodo 60-80 y como es lógico encuentra una correlación total entre el crecimiento monetario y la inflación.

Por ello, cuando el petróleo se cuatriplica su precio en un instante, en el último trimestre de 1973 por el embargo árabe, unido a la inflación de los alimentos, (subieron su índice de precios el 20.1% en el 73 y el 12.1% en el 74) por una serie de sequias, al analizar por trimestres se observa que se dispara a los dos dígitos, una inflación general, que ya venía en los años anteriores en ascenso (por la depreciación del dólar, la guerra del Vietnam control de precios y rentas), Blinder observa que la política monetaria continua igual (comenta que hubiera dado igual que no existiera la Fed, con el Tesoro perjudicando a destiempo).

Los precios llegan al 11% en 1974, superando a la inflación subyacente 9.4% (sin energía, ni alimentos) para tres trimestres más tarde, producirse la mayor recesión desde la gran depresión del 29 que lleva al PIB a descender hasta el 8% en el primer trimestre de 1975, que se llevó por delante el exceso de inflación en otros tres trimestres, todo ello sin ningún activismo gubernamental a destacar.

En 1979 la inflación ascendió al 10.8% (el año anterior fue de 7.8%) y del 10.9% en 1980, volvió a coincidir la triplicación del precio del petróleo con una alta inflación de alimentos, y el efecto muy importante de la fuerte subida de los tipos hipotecarios, Blinder piensa que en vez de esperar a que el shock inflacionista actuara sobre el poder de compra y la producción, se sobrerreaccionó con la política monetaria pagando un alto coste adicional innecesario.

Blinder concluye que la Gran Inflación la constituyeron dos episodios de inflación aguda pero cada uno de ellos fue seguido de una desinflación: así en 1975-77 la inflación descendió al 4.9% y en 1982 al 5.1%.

Es decir que lo que dominó en la década de los setenta no fue una tendencia continuada de inflación con bajo crecimiento, sino dos episodios de shocks de oferta muy similares en petróleo y alimentos principalmente, que recayeron primero en un crecimiento de la economía con un salto en la inflación, que llevó posteriormente a una recesión histórica, que hizo a su vez desaparecer todo el exceso de inflación, con una actuación pasiva en el primer episodio 1973-75 de la política monetaria y un quizás excesivo ajuste monetario en la segunda, ya que el proprio exceso de inflación por el shock de oferta, hubiera enfriado la actividad económica y desinflado el crecimiento de los precios.

En ambos casos se dio una simetría en la subida respecto a la posterior bajada, y el exceso de inflación como enuncia: "Vino y se fue".

Para España fue una etapa crítica, la crisis petrolífera en vísperas de la transición de la dictadura a la democracia, con cesiones salariales y sociales, públicas y empresariales, y se le añadió una visión errónea de la crisis como un suceso a corto plazo, que nos llevó a retrasar el ajuste respecto a los países de nuestro entorno, con la consecuencia de que la inflación llego a dispararse en algunos meses a ritmos anualizados del 40%, como señalaba Fuentes Quintana (9) y el paro superando el 20%, el Pacto de la Moncloa fue la gran operación de cooperación de las fuerzas políticas y sociales, que sacó a nuestro país del colapso.

EN QUÉ SE PARECE Y SE DISTINGUE LA SITUACIÓN ACTUAL

En cuanto lo común, está claro que la multiplicación del precio del petróleo y la subida del precio de los alimentos, son aspectos comunes. En el plano europeo añadiríamos la depreciación actual del euro, frente a la del dólar en el inicio de los setenta.

En cambio, las subidas de los tipos de interés hasta el momento fueron mucho más elevadas y llevaron en ocasiones a estos a unos niveles incluso por encima de la inflación, cuando actualmente están muy por debajo de la misma y las expectativas de subidas de tipos también.

En cuanto a la utilización más baja entonces de la energía en relación a la renta como tendencia desde los años setenta (ha descendido a la mitad), como se ha señalado, la inflación energética le supone al consumidor sin embargo actualmente, el mismo porcentaje de la renta del PIB, que en los años setenta, un incremento del 2% de sus gastos.

Otro tema crucial es que la deuda tanto total, como privada y pública en casi todos los países sobre todo en los desarrollados, es muy superior en relación a la producción económica, de los años setenta, ello dificulta la posibilidad de ajustes serios monetarios y fiscales, sin evitar un peligro inminente de recesión. En cuanto a los emergentes, el número de países según Bloomberg en peligro de impago a primeros de julio (con unos tipos de interés diez puntos por encima de la del Tesoro americano) se ha doblado en los últimos doce meses, con 19 países que suponen 900 millones de personas, y 237.000 millones de dólares en deuda extranjera.

Un escenario también muy diferente se da en el muy inferior peso de las cadenas de producción internacionales en los años setenta, en relación a la coyuntura actual, así en 1970 el comercio mundial suponía el 25% del PIB global y actualmente se halla en el 50% habiendo llegado al 60% antes de la gran recesión. Es necesaria una investigación seria del efecto de las cadenas, que comentaremos en nuestro próximo blog.

Y por encima de todo la guerra actual que puede provocar nuevos shocks de oferta tanto por el lado energético y económico, como por la escalada de la batalla, que lleve a escenarios caóticos

Para España, el cambio es todavía más radical, ya que en los años setenta, se encontraba con la peseta, en una situación caótica de la economía, en la transición de la dictadura a la democracia, que llevó como ya hemos comentado a los pactos de la Moncloa. Ahora en el euro y con el gran apoyo europeo recibido la situación es más sólida, aunque el ambiente político tan dividido y tan poco respetuoso con las instituciones, crea unas expectativas difíciles para nuestro país, tan endeudado con Europa y que debe responder a sus exigencias como contrapartida, con reformas y una austeridad equilibrada.

EL CONSUMO BAJA

A pesar del ahorro acumulado por las transferencias recibidas por el consumidor (todo lo que comentamos vale también para la empresa) en todas las economías, sobre todo desarrolladas, y también debido a que en gran parte este ahorro se atesora en activos financieros inmobiliarios y otros, con nexos débiles con la inversión real, los indicadores van señalando un descenso del consumo general en todos los países.

Por una parte el consumidor está experimentando una pérdida de poder adquisitivo importante, con una inflación en la cesta de la compra y bienes durables (automóviles) de dos dígitos, frente a unas expectativas de subidas de salarios que no llegan al 3% en España.

En nuestro país en un estudio realizado en Julio (10) sobre los datos del Instituto Nacional de Estadística, los alimentos y bebidas han subido año sobre año el 11%, la vivienda con agua, luz y combustible, el 17.5% y el transporte el 1.1% y esas tres partidas suponen casi el 60% del gasto de las familias, con una inflación total del 10,2%.

Por otra parte la subida de los tipos de interés, ha supuesto un incremento de los tipos hipotecarios en todo el mundo, con el descenso del mercado inmobiliario en el incremento de precios, volumen de ventas y bajada de alquileres en Estados Unidos. Europa va con cierto retraso, pero han empeorado las expectativas inmobiliarios, España es una caso especial porque el trauma que sufrió con la burbuja inmobiliaria, ha hecho que la oferta inmobiliaria sea claramente inferior a la demanda, la financiación es conservadora por parte de la banca, pero la presión sobre los hipotecados en el incremento de pagos (la subida del Euribor puede suponer 1000 euros más al año para la hipoteca media) es un elemento recesivo.

Dicha subida de tipos ha provocado pérdidas del 20% al final de junio desde principios de año en el principal índice bursátil americano y del 15% en una inversión media de renta fija. El efecto pobreza y de cautela para el consumidor es intenso en términos históricos, además de que la renta fija no ha servido como en otras ocasiones de cobertura para las caídas de renta variable.

Todo ha llevado a un descenso importante sobre máximos del transporte marítimo (hasta el 50% en la ruta Los Ángeles–Shanghai).

Un inicio de caída en parte de los alimentos (el índice de la FAO ha descendido en Junio ligeramente con respecto a Mayo, en cereales, aceites vegetales y azúcar).

Dos materias primas que son indicadores de amplia actividad con importantes descensos, como la madera (50% de baja sobre su cotización más alta), y el cobre con una caída del 33% (en la segunda semana de julio sobre máximos). Incluso el petróleo con una baja superior al 20%.

El gas en el mercado europeo, continúa elevado con la amenaza de colapso económico en los países como Alemania, Austria, Italia y países bálticos.

INFLACIÓN A CORTO, MEDIO Y LARGO PLAZO. EN EL FILO DE LA RECESIÓN

Todo ello lleva a que los efectos en el consumo a la baja comienzan a notarse y eso es bueno para bajar la inflación, pero si el consumo desciende demasiado, entraríamos en recesión, con lo que hay que encontrar el punto de equilibrio en el grado de la subida de tipos.

Teniendo en cuenta que descender la inflación, con una política dura de tipos tiene actualmente un coste en desempleo muy superior al de épocas pasadas, por la baja secular del poder de negociación (11) y la elevada deuda de todos los actores económicos, los mercados creen que los bancos centrales no van a poder cumplir sus primeros anuncios de subir tipos, dado el descenso de la actividad económica, bajo ese punto de vista, la bolsa habría realizado a corto plazo un descuento adecuado de la situación, lo mismo que los tipos de la deuda de primera calidad.

El problema es que la línea es muy fina (12) entre una baja del crecimiento digerible o una caída de la actividad dramática en todos los frentes.

El Presidente del Bundesbank, Joachim Nagel (13) distingue entre la inflación a corto, la que estamos viviendo, incorporándose al coste de la vida las subidas de precios que están al final de la cadena, (como alimentos elaborados, gasolina y vivienda) de la del medio plazo, en la que se van incorporando más y más artículos a las subidas de precios y sobre todo a los salarios, lo que puede llevar a una espiral precios salarios que se autoalimente.

Por ahora en Europa, las revisiones de salarios están muy por debajo de la inflación, no llegan al 3% en España, contra una inflación del 10% y con un 14% tan solo de convenios colectivos, indiciados a la inflación. Pero las expectativas de inflación (en Europa y Estados Unidos) tanto en los mercados (donde se pone dinero) como las encuestas (en las que se opina) la inflación después de un repunte por encima del 3% ha vuelto a caer a primero de Julio a niveles del 2,5-3% después de siete años de no poder alcanzar el objetivo de precios en la mayoría de los países desarrollados con el temor continuo a la deflación.

Por último la inflación a largo, que depende ya de la tendencias de la población, la entrada de las nuevas generaciones en el mercado de trabajo, el declive de la fertilidad, la participación de la mujer en el trabajo, la progresiva dilución de China como factoría del mundo y los golpes a la globalización con las guerras comerciales, la pandemia y la guerra de Ucrania auguran una época de inflación más elevada.

En el momento actual, para Europa, un paso más en el gas ruso cortando el suministro a Alemania seria recesivo y traumático en su propagación y respuestas. Un shock de oferta gravitando hasta pasar el invierno.

Pero hay dos hipótesis no muy lejanas en el horizonte: la primera que coincidiera el final de la guerra, con la reactivación china por el control de la pandemia, lo que provocaría un fuerte shock de demanda con fuerte rebrote inflacionista que incluiría a las materias primas.

Por el lado opuesto, que al corte del gas ruso, que supondría una escalada en las batalla económica se añadiera una escalada en la propia guerra, que supondría otro shock de oferta, que podría llevar a una recesión con fuerte caída de las materias primas.

En la inversión en materias primas, la más clara en los momentos de alta inflación, la experiencia histórica analizada (14), es una inversión que ha rentado a niveles de las acciones y ha servido de diversificación, al tener según ciclos, baja correlación con la renta variable y la fija.

Si estamos en una burbuja inicial de gran parte de las materias primas, la situación actual con las expectativas de inversiones de fondos europeos, infraestructuras, transición energética y digital, fondos de reconstrucción, acelerados incrementos de los gastos de defensa etc., la burbuja va a hincharse en el largo plazo, pero dada la diversidad de situaciones expuesta, pasando por una dinámica de montaña rusa.

Volvemos a repetir, que mientras dure la guerra, estamos sometidos a los riesgos de escalada bélica y de shocks de oferta, junto con la estela de la pandemia, que no acaba de extinguirse, si esta acaba, el futuro se ilumina, pero la inflación puede otra vez volver a saltar sobre unas cadenas de producción todavía no recompuestas.

Mientras tanto como en la mayoría los países, en España, aumentan el área de empresas y hogares más vulnerables, como bien avisa el Banco de España, con probables traumas futuros sin la convivencia ni el respeto adecuado a las instituciones, para una cooperación necesaria en la gestión de esta crisis.

Aunque todo ello merece comentarios futuros más amplios, la ayuda a los que luchan por la supervivencia, debe ser directa no genérica, ya sea con subvenciones, rentas mínimas, o con avales a sus deudas y deben revisarse los convenios, las pensiones, las nóminas de los funcionarios, los diálogos sobre el salario mínimo y la gestión del paro, así como las condiciones y estímulos de las Pequeñas y Medianas empresas, con el criterio de que los ingresos más bajos deben ser compensados con restricciones progresivas conforme se va subiendo en la escala de los mismos.

Bibliografía

(1)"TOO MUCH TO DO" Special Report Central Banks "The Economist April 23rd 2022.

(2)"Diez lecciones para el mundo de la postpandemia "Fareed Zakaria. Paidos. Marzo 2021 Pp196- 198. Citando a Samuel Huntington, cita las otras cinco oleadas de decadentismo diagnosticadas a Estado Unidos. La primera con el lanzamiento del satélite ruso Sputnik, la segunda, por culpa de la guerra del Vietnam, la tercera surge por la guerra del petróleo, la cuarta debida al escándalo de Watergate, y la quinta por el ascenso de Japón en los años ochenta.

(3)"A BLUE PRINT FOR THE RECONSTRUCTION OF UKRAINE". Rapid response Economics 1 CEPRPRESS. Torbjorn Becker, Barry Eichengreen, Yuriy Gorodnichenko, Sergei Guriev, Simon Johnson, Tymofiy Mylanov, Kennneth Rogoff, Beatrice Werder di Mauro.

(4)La paradoja es que la turbina del oleoducto de gas a arreglar, la ha mandado Siemens a Canadá, y ahora el Ministro de Economía alemán está rogando al primer ministro canadiense que le envíe la turbina a Rusia para evitarles esa excusa, pero Canadá argumenta que entra en los bienes rusos a bloquear. Por último en la semana del 11 de julio, Canadá ha prometido enviar por fin la turbina a Moscú y el mercado del gas se calmó algo. En principio el día 21 de julio, estará colocada la turbina y restablecido el suministro.

(5)"Potential macroeconomic consequences of the war in Ukraine, simulations based on a severe risk scenario". Monthly Report "Pp 13-18 Deutsche Bundesbank. April 2.

(6)"Seizing opportunities". The Economist. June 11th 202 2Pp 62.

(7)" ECONOMIC POLICY AND THE GREAT STAGFLATION" Alan S. Blinder. Academic Press 1979. Treinta años más tarde revisa su análisis de ese periodo:" THE SUPPLY – SHOCK EXPLANATION OF THE GREAT STAGFLATION REVISITED". Alan S. Blinder Princeton University, Jeremy B. Rudd Federal Reserve Board. NBER February 2010.

(8)"Perspective on Inflation" by Milton Friedman. Newsweek24 June 1974, p73. Collected Works of Milton Friedman, compiled and edited by Robert Leeson and Charles G. Palm (en edición).

Un análisis clásico contrario a las tesis de Bilder: "The Slowdown of the World Economy and the Problem of Stagflation", Gotfried Haberler Chapter 2 "Stagflation, Savings, and the State" Edited by Deepak Lal and Martin Wolf. A World Bank Research Publication. February 1986.

"From the Stagflation to the Great Inflation. Explaining the US economy of the 1970s" Aurelien Goutsmedi November 27, 2020. El autor analiza 174

publicaciones sobre la estanflación de los años 70. Señalando un periodo 70-80 en que las explicaciones sobre la misma, se basan se basan en shocks de oferta, inercia de la inflación y en un descenso de la productividad. En los noventa, se revisan con las hipótesis clásicas de los monetaristas, Milton Friedman, Lucas, Barro, De Long, en que achacan a la Fed y sus excesos monetarios, el descontrol inflacionista, añadiendo los argumentos de las expectativas de Sergeant, Kydland y Wallace, que llevan al sesgo inflacionista, si los bancos centrales no se someten a unas reglas estrictas.

Un enfoque original de la estanflación de los años setenta, es el de Mancur Olson "The Rise and Decline of Nations" Yale University Press 1982. En el capítulo 7, dedicado al tema, analiza el importante papel jugado en la estanflación por los colectivos con intereses específicos, en gran crecimiento en Estados Unidos por aquella década.

(9)Para España recomendamos los informes anuales del Banco de España de la época. Así como de Robert Centeno: "El Petróleo y la Crisis Mundial" Alianza Editorial 1982.

"De los Pactos de la Moncloa a la Constitución" (julio1977- diciembre 1978). Enrique Fuentes Quintana. Repositorio institucional. ceu.es. Jose Luis Garcia Delgado 2009 (11)

(10)"La inflación asfixia a las familias" Jose Luis Aranda. El País. Domingo 3 de Julio de 2022 P. 52

(11)"Who Killed the Phillips Curve? A Murder Mistery". David Ratner and Jae Sim 2022-028. Finance and Economics Discussion Series. Federal Reserve Board D.C.

(12)Una exposición muy detallada de lo que supone una inflación alta y una baja en "II Inflation: A look under Hood. BIS Annual Report 2022.

El último Boletin Económico del Banco de España de Febrero del 2022, analiza tanto las expectativas de inflación de los consumidores en la coyuntura actual (Luis Guirola e Ivan Kataryniuk), señalando hace cuatro meses, una subida de las expectativas de inflación que quizás ahora se está debilitando, así como una absorción parcial de la inflación del proceso productivo por la reducción de los márgenes empresariales (Alejandro Fernández-Cerezo, José Manuel Montero y Elvira Prades).

(13)"The Impact of the Russian aggression on inflation prospects and monetary policy's response" Joachim Nagel. President of Deutsch Bundesbank.10.05 2022.

"Inflation in a Time of Corona and War" Servaas Storm. Institute of New Economic Thinking. June 6, 2022. El autor se opone a la tesis de Summers de que subir los salarios reales a la larga los empeora, porque no tiene en cuenta la subida de la productividad en Estados Unidos.

(14)La inversión en materias primas no debe pasar de un diez por ciento de las carteras clásicas mixtas (60/40 renta variable y fija), por la dimensión relativa de sus mercados, por sus altos costes de transacción, (tanto en contado como en futuros) y que sin embargo, no debe ser una inversión a mantener pasivamente, ya que sus ciclos son violentos y no da rentas que

estabilicen los mismos. Hay que seleccionar también qué materias primas elegimos, pues la correlación entre los diversos grupos de materias primas no es excesivamente alta.
"Up to a Point, Lord Copper" John Authers Points of Return Bloomberg Opinion. 27 de mayo del 2022.
El estudio de referencia "Facts and Fantasies about Commodity Futures ten years later" Geetesh Bhardwaj, Gary Gorton, Geert Rouwenhorst. Working Papel 21243 National Bureau of Economic Research. 2015.

16 de julio de 2022
Blog del autor: camposeconomicos.blogspot.com

Capítulo 14

JAPÓN, FUTURO TRAS LA GUERRA Y LA PANDEMIA

Continúa la escalada bélica con la sombra de los grandes riesgos crecientes y todavía más intensa la energética, centrada en Europa y en el gas, lo que agrava la inflación y las expectativas de crecimiento económico por baja del consumo y paradas en la producción, con el consiguiente horizonte de subidas de tipos de interés y restricciones financieras que afectan a empresas y hogares y las valoraciones financieras e inmobiliarias. Examinamos la sorprendente preocupación de Japón, de lograr una inflación sostenida con una política monetaria relajada, señalando un camino que en el medio plazo, más allá de la pandemia y la guerra, podemos caminar todos, como ya lo hicimos en la década pasada. La corriente de solidaridad europea no ha penetrado desgraciadamente en nuestro país, dificultando la gestión eficaz de las ayudas europeas y la transparencia en el reparto ponderado de los beneficios y cargas de la crisis energética, por la intervención en los mercados y las subidas impositivas, y la necesidad de incrementar la ayuda específica a los más necesitados, hogares y empresas, sin buscar chivos expiatorios frente al ensordecimiento de las perspectivas económicas.

Las perspectivas generalizadas son por tanto las de un nuevo descenso del crecimiento con la amenaza de recesión cada vez más cerca en una mayoría de países, especialmente Europa con una economía más débil y un shock energético más fuerte que Estados Unidos, siendo España entre las potencias del euro, la que presenta unas perspectivas más débiles de demanda por la mayor pérdida de poder adquisitivo de los salarios

Estados Unidos continuó con su subida de tipos y el 27 de Julio, incrementó un 0.75 los tipos al nivel del 2.25 (hasta marzo de este año el nivel era de cero), y anunció que las subidas serían más moderadas a partir de septiembre, sin descartar una subida más de cierta entidad, las bolsas reaccionaron al alza con el índice tecnológico Nasdaq con un ascenso del 4%.

Como dato positivo, la aprobación tras la de la Ley de Infraestructuras (un billón de dólares de inversión en carreteras, puertos, puentes, ferrocarriles, aeropuertos, redes energéticas, acceso rápido a internet, medio ambiente etc.) del plan de apoyo al cambio climático y empleo, por 430.000 millones de dólares en diez años, con una generación de ingresos de 740.000 millones, en el que se incluye una imposición de sociedades mínima del 15%, importante por lo que puede suponer de ejemplo para el resto de los países, además de un 1% a la recompra de acciones por las grandes compañías, un apoyo energético a las economías domésticas que puede llegar a 500 euros año, y una rebaja a los medicamentos con receta, y a los seguros de salud. Pudiendo negociar directamente Medicare el seguro público para mayores de 65 años, directamente con las farmacéuticas. El hecho de que se den desgravaciones a las baterías del coche eléctrico para los coches ensamblados allí, y dar ayudas a los coches en que los minerales y sus piezas se hayan extraído en Estados Unidos, ha llevado a la Unión Europea a protestar por la discriminación que supone para los coches europeos.

Estados Unidos es el mercado número uno para las exportaciones europeas de automóviles por 26.000 millones de euros.

Es de esperar que se llegue a una solución tras el acuerdo en la guerra comercia Airbus Boeing, y en la eliminación de los aranceles mutuos de 10.300 millones.

La política de estímulos económicos y protección social de Biden, comienza a ser conocida como Bidemonics y la Casa Blanca ha publicado un detallado informe de los logros (1). Se constata una recuperación inédita, con la creación de 9.7 millones de puestos de trabajo, un descenso del paro al 3.7%, y un número de iniciación de pequeños negocios récord de la historia, por otro lado, se enuncian los cinco pilares de su mandato: potenciar a los trabajadores, invertir en infraestructura haciendo de América un líder en innovación y en energías limpias, dar a las familias un apoyo en todos los accesos salud, educación, vivienda, internet, cuidado de los hijos y otras necesidades, hacer una industria americana más competitiva, concentrada y resiliente y por último retribuir el trabajo no la riqueza.

En días posteriores a esta aprobación, se produjo un incremento de 0.5% del Banco Central Europeo, con un crecimiento trimestral negativo por segunda vez consecutiva, en Estados Unidos, positivo en Francia y a unos indicadores adelantados de inflación en Julio superiores a los de junio, 10.8% en España, y 8.9% en la zona euro (8.6% en junio) con la inflación subyacente (excluidos costes energéticos y alimentación) ascendiendo hasta el 5% desde el 4.6%. Y el euro continúa con la presión inflacionista al perder la paridad con el dólar (por debajo de uno) y cotizar con respecto al dólar al cambio más bajo desde su inicio, hace 22 años.

Ya en agosto el día 4, el Banco de Inglaterra, incrementó el tipo base en un 0.5% hasta el 1.75%, la mayor subida en 27 años con una previsión de inflación por encima del 13%, para finales del 2022, y primer gran país en pronosticar casi un año y medio de recesión, lo que retrasa la recuperación hasta el 2024. También a primeros de agosto, la mejora del empleo en Estados Unidos auguraba nuevas subidas de tipos.

El 8 de septiembre, el Banco Central Europeo realiza con unanimidad, la mayor subida de la historia de un 0.75%, elevando el precio de dinero al 1.25% y avisando de nuevas subidas en el mismo año sin concretar, lo que se haría reunión por reunión y advirtiendo de una recesión, si Rusia llega a cortar totalmente el gas. Transitoriamente en días posteriores, el dólar se debilitó, los tipos de la deuda soberana de España se incrementaron ligeramente, con estabilidad en su prima de riesgo, (diferencia con la rentabilidad del bono alemán), en Italia su deuda pública a diez años, llegó a rozar el 4%, en vísperas de sus elecciones el día 25 de septiembre, y las perspectivas en Europa y España se ensombrecen por tanto, con todo lo negativo que esta subida supone de incremento de costes y restricciones en la financiación para el Estado, los hogares y las empresas, y las cotizaciones en los mercados de activos, descendiendo la previsión de crecimiento en la eurozona para el 2023 al 0.9% frente al 2.1% de la previsión anterior, con una inflación en ese año del 5,5% (dos puntos más que la última previsión), frente a una estimación inflacionista en el 2022 del 8.1% (1.3 puntos más que la anterior previsión).

Por otro lado, continua el descenso de las materias primas sobre máximos especialmente los metales, el oro tras subir desde la tercera decena de julio, ha vuelto a caer ligeramente sobre esos niveles, perdiendo el nivel de 1700 dólares la onza.

El índice de alimentos de Naciones Unidas ha tenido en julio su mayor caída, el 9%, desde el 2008, aunque continua un 12% por encima del mismo mes del año anterior, volviendo a alzarse en las dos primeras semanas de Septiembre un 5% sobre los niveles de julio.

Asimismo siguiendo al petróleo, la gasolina desciende en España por sexto mes consecutivo, con un descenso del 11% sobre el punto más alto, la semana del 27 de Junio, aunque sobre diciembre continua un 29% por encima sin contar bonificaciones. El barril de petróleo Brent descendió durante el verano hasta mediados septiembre de 107 dólares barril a 88, pero la OPEP (la Organización de Productores) ya ha disminuido su incremento previsto de producción, para que el barril no baje de 90 dólares.

El gas se ha disparado en Europa, estando en la segunda semana de septiembre, casi al triple que, en España y Estados Unidos, que está ligeramente por debajo de España. El efecto sobre la electricidad, ha sido especialmente intenso en nuestro país, ya que la utilización del carbón y del gas para la obtención de electricidad se ha duplicado en lo que va de año. En la segunda semana de septiembre, el anuncio por la Comisión Europea de poner un tope al precio del gas y repartir los costes del mismo con una importante aportación de las empresas ha hecho descender en un 40% el precio del gas (de 350 euros el megavatio-hora a 200), reduciéndolo al nivel de julio, pero todavía casi triplicando el precio al inicio del año. El carbón como consecuencia ha entrado como sustitución parcial subiendo su consumo (un 7% estimado para este año) y disparándose su precio en un 180% desde principios de año.

Todo ello con una tendencia del dólar de ligera apreciación, tras el verano con la moneda china (-7.5% depreciada en el año) y el euro (-15%), y continua apreciándose todavía más con el yen japonés (-23.4%), con toda la presión inflacionista que supone para Europa en estos momentos.

Continua la inflación alta con récord, en el área del euro 9.1% en Agosto (por encima del 4% la subyacente) y ligera bajada en España 10.4% frente al 10.4 de julio, sin embargo la subyacente (sin alimentos frescos ni energía) se incrementó en tres décimas hasta el 6.4%, lo que aumenta las expectativas de subida tipos de interés en todos los países desarrollados, que arrastraran al resto. Este incremento de la inflación ha supuesto por el lado fiscal, una ligera reducción del déficit público en los países desarrollados, en parte por los ingresos extras derivados de la inflación.

El incremento de precios del 8.5% en agosto del coste de vida en Estados Unidos, con ascenso de la inflación estructural, ha endurecido las expectativas de tipos de interés. Las bolsas con cierta volatilidad han mantenido en general sus niveles de Julio con ligeros descensos, excepto en la bolsa china (el Índice Shenzhen Comp ha pasado de un descenso del 12.6% en el año en Julio al 17% a mediados de Septiembre).

En resumen, de cara a lo que queda de año y el 2023 en todas las economías aumentan las previsiones de inflación media y disminuyen las de crecimiento y empleo, con incremento de la aversión al riesgo negativa para las bolsas.

UCRANIA PELEA POR RECONSTRUIRSE, AUMENTA LA ESCALADA BÉLICA Y EL RIESGO TOTAL

Al cumplirse el sexto mes de guerra, el riesgo ha aumentado con la escalada bélica, el ataque a Crimea, los riesgos alrededor de la central nuclear de Zaporiyia al concentrar Rusia tropas y armamento en su entorno, la llamada a 150.000 soldados nuevos en Rusia, a partir de uno de enero del año que viene y la reafirmación del apoyo estadounidense en armamento y estrategia, que arrastra a todos los demás países donantes (alrededor de 60) a apoyar a un país ya quebrado y que va a depender ya fundamentalmente de esa ayuda.

Los desplazamientos en Ucrania, suponen un tercio de la población total (la mitad salieron del país y la otra mitad tuvo que cambiar de ciudad dentro del mismo), del que el 90% son mujeres, ancianos y niños, toda ella necesitada de atención humanitaria. El paro es masivo y los sueldos se han reducido a la mitad, con el 48% de las escuelas cerradas. Llevará un largo plazo reconstruir las casas afectadas por todo el país (45 millones de metros cuadrados).

En medio de la guerra, (2) Ucrania convive con la esperanza de inversiones en infraestructuras. El problema es que los centros industriales claves de Ucrania han sido ocupados o están muy cerca de las fuerzas rusas para ser seguros. Ya comentamos en nuestro comentario anterior que el déficit público mensual se eleva a 5000 millones de dólares, y las exportaciones han caído a menos de la mitad de sus niveles preguerra. Se han abierto pasillos con Polonia y Rumania y puertos fluviales, que han multiplicado su capacidad, pero sigue siendo básico que el pacto con Rusia para la exportación del grano almacenado, permita la salida del mismo.

A finales de Agosto, La unión Europea ha creado una misión de adiestramiento militar, acordada por los Ministerios de Defensa, para el uso de las armas administradas por el ejército ucraniano y mejorar su organización, de acuerdo con los recursos adjudicados al Fondo de suministro creado al efecto, qué ha ascendido a 2500 millones de euros.

RUSIA, UN REAL DESPLOME

Contrariamente a cierta opinión de que las sanciones a Rusia han rebotado con un daño mayor a los sancionadores, manteniendo una economía resistente y próspera, el análisis profundo (3) realizado por los economistas de la Universidad de Yale, sobre datos internos rusos, de los socios comerciales, el transporte marítimo y otras fuentes de datos no convencionales, llegan a la conclusión de que la economía rusa está arrastrándose a una situación catastrófica.

En un amplísimo análisis señalan todas las consecuencias de la situación rusa. Mil empresas han abandonado Rusia, que suponen en capitalización, el 40% del PIB, con dramáticas consecuencias para la producción interior, caídas del 70 y 80% en sectores industriales y manufacturas como el automóvil. Supone una marcha atrás de treinta años en las inversiones extranjeras.

El Kremlin ha ido eliminando de su Instituto de Estadística la mayoría de los datos mensuales de la economía o falseándolos. Así por ejemplo después de esa hecatombe empresarial, el paro se ha mantenido inamovible.

Se estima que las importaciones han descendido en un 50%, (alcanzan el 20% del PIB) las de consumo no alimentario, suponen el 75% del mismo, igual que en telecomunicaciones, productos sanitarios y en varios sectores tecnológicos, que le está afectando en el transporte y en la logística de la guerra. Un tercio de las empresas rusas según encuesta del Banco Central ruso no encuentran sustitución en la producción interior.

Un aspecto del análisis que está pasando inadvertido, por la situación a corto, es que tanto en petróleo la principal fuente energética rusa como en gas, son mucho más importantes los mercados tradicionales suyos, que la dependencia en el medio plazo de los países que le compren.

Respecto al petróleo (supone el triple de ingresos que el gas), los problemas técnicos y de suministros está haciendo descender la producción rusa como ya hemos comentado anteriormente, de un 15-20% a lo largo del 2022, según previsiones del Ministerio de Economía ruso y las colocaciones en China e India, se han producido con un descuento del 30% pero sin llegar por mucho a cubrir la pérdida de los mercados occidentales. En agosto, los descuentos han llegado al 50% y el 5 de diciembre entraría en vigor la prohibición en toda la Union Europea de compra de petróleo ruso y sus derivados.

De hecho, Rosfnet la firma petrolífera rusa, ha descendido un 50% su cotización sobre máximos del 2021. Gazprom la gran compañía gasista rusa ha eliminado su dividendo por primera desde 1998, con una gran caída en su valor bursátil (33% de caída nada más anunciar la eliminación del dividendo). Todo ello indica los problemas energéticos rusos, interiores y exteriores.

En el gas lo sorprendente, es que, publicado por el Ministerio de economía ruso, las cantidades de gas físicas exportadas en mayo han descendido cerca de un 50% sobre el mes anterior, lo que indica que no han logrado un mercado alternativo inmediato. Por ello aunque a corto este presionando al norte de Europa con los cortes de suministro de gas, con gran disminución de ingresos posibles en el medio plazo, y perdidas de mercados nada fácil de sustituir.

Hay que destacar que China es mucho más importante para Rusia (su primer importador) que al revés (Rusia no está entre los diez primeros compradores de productos chinos), y por otro lado se dan una tensiones históricas entre ambos países (guerras continuadas sobre todo fronterizas), que dan lugar a situaciones como la negativa China a la conexión con Rusia por el oleoducto Altai Siberia Este.

Esta dinámica ha llevado a que el estado ruso haya entrado en déficit público (al 2% del PIB), por primera vez en años y la situación financiera interior se va erosionando progresivamente en créditos y liquidez, a pesar de las subvenciones moratorias a lo largo de toda la economía y doblar el volumen de la magnitud monetaria más liquida (M2) desde enero de este año (de 600.000 millones de dólares a un billón doscientos mil), y con una intensa salida de capitales a pesar de los controles (que ha llevado a que el rublo se cambie respecto al dólar en el mercado negro con un 100% de depreciación respecto a la cotización oficial).

Toda esta presión energética cuyo rebote es un descenso de los ingresos petrolíferos por las bajas de precios en las inversiones alternativas y el descenso vertical de los ingresos del gas por la dificultad de su recolocación (por ello una parte del mismo se va quemando) unida a los desembolsos cada vez más crecientes de la invasión de Ucrania (que superan los 250 millones de dólares diarios en una estimación mínima) está debilitando cada vez más la posición rusa y debe llevar a los países aliados a continuar unidos incrementando la presión de las sanciones a Rusia.

La ayuda China en este capítulo es muy pobre, en los seis primeros meses de este año, le ha comprado a Rusia un volumen de gas equivalente a dos semanas de consumo europeo con descuentos en los precios superiores al 30%, por otro lado, la desconfianza empresarial China continua, así Huawei está desplazando sus empleados de Rusia a Kazajistán.

Los progresos ucranianos en la guerra conseguidos hasta la mitad de Septiembre, han incrementado la presión en Rusia para una movilización total militar e incrementar las fuerzas rusas, lo que ensombrece todavía más sus perspectivas económicas, por el incremento de gasto y de riesgo consiguiente que supone ya que si por un lado va a tirar de la importante industria armamentística soviética, esta depende en un 45% de la importación, y los riesgos económicos derivados de la escalada bélica pueden ser catastróficos.

ALEMANIA. ACUERDO DEL GAS. SOLIDARIDAD MUTUA ENERGÉTICA Y FINANCIERA

El acuerdo de la Unión Europea sobre el ahorro del gas que va desde el 15% al 5-7% que incluye a nuestro país, ha llevado a unas declaraciones muy significativas del vicesecretario económico alemán, agradeciendo la solidaridad mostrada por los estados miembros que no lo necesitaban, este agradecimiento incluye a nuestro país.

La contrapartida por parte alemana, ha sido el no discutir la presentación, del nuevo instrumento para estabilizar el mercado de deuda pública del euro, el Instrumento de Protección de la Transmisión de la Política Monetaria (TPI), un fondo sin límites para comprar deuda de aquellos países que mantengan una disciplina unos equilibrios y unos fundamentos sanos macroeconómicos, evidentemente el fondo ira a la deuda de aquellos países que estén en peligro de no cumplir esas exigencias, es una contradicción asumida en la retórica de la exposición.

Siguiendo con las contradicciones y el cambio climático, Alemania además de comenzar a quemar carbón de forma masiva, está comenzando a plantearse la explotación de sus importantes yacimientos de gas (4) que hasta 2017, cubrían el fracking del mismo el 20% de la demanda, no causando ningún problema desde 1950, pero el gobierno de Merkel lo prohibió. Los especialistas del sector señalan que se podría producir a plena capacidad, en un plazo entre uno y dos años con un ahorro de importaciones de 15.000 millones de dólares.

La situación ha vuelto a favorecer a España, al pedir el canciller alemán Stolz en la segunda semana de agosto, que se acelere el proceso de conexión de gas de España y Portugal con Francia, que supondría una inversión de 370 millones y que en un plazo inferior a un año doblaría la capacidad de interconexión, que llegaría así al 25% de la capacidad de todas las plantas existentes en España. En esta inversión se incluye la posibilidad de transportar hidrogeno lo que lo justificaría más a largo plazo respecto a la transición energética, pero presenta problemas en cuanto a la reforma de las tuberías, las cuantiosas inversiones en la electrolisis para producir el hidrogeno y las añadidas para su almacenamiento, con un precio actual mucho más alto que las energías convencionales, es pues una posibilidad compleja.

Aunque Francia desde mediados de agosto se ha manifestado en contra del proyecto de conexión por su coste (para Francia es de 3000 millones de euros, siete veces el de España según declaran) plazo de construcción demasiado largo y por ir en contra de la transición energética, al promocionar una energía el gas a extinguir, la Comisión Europea ha prometido financiar en parte el proyecto si se negara Francia. Como alternativa a la negativa de Francia se baraja conectar con Italia, pero eso llevaría al menos cinco años, por lo que no parece una alternativa realista.

El día 7 de septiembre, el presidente francés Macron descarta el proyecto de conexión.

En esa línea ascendente de solidaridad va el discurso del canciller Scholz el 29 de agosto en su demanda de reformas radicales en la Unión Europea, comenzando con el abandono del principio de unanimidad en la toma de decisiones (a pesar de que es a Alemania a quien más perjudica), sobre todo en política exterior y de seguridad. Plantea la creación de un cuartel general de la Unión Europea y establecer una fuerza conjunta de reacción rápida de la Unión Europea para el 2025 y la construcción de un nuevo sistema de defensa aéreo frente a las amenazas aéreas y espaciales. Defendiendo la apertura de una vía más rápida y efectiva para llevar las violaciones de los valores fundamentales de la Unión Europea al Tribunal de Justicia Europeo. Se mostró partidario de una ampliación de la Unión Europea, incluyendo a Ucrania y Moldavia entre otros países y pidió una mejor coordinación de la ayuda armamentística a Ucrania, en la que Alemania se va a implicar de manera especial.

La contrapartida de esta solidaridad europea creciente, es la toma por la oposición política en gran parte de los países de la Unión Europea, de la visión negativa al considerarla un incremento de la servidumbre europea fomentado los nacionalismos más reaccionarios.

LA CONTINUA PRESIÓN ENERGÉTICA RUSA SOBRE EUROPA Y LA SEQUÍA

La situación en Alemania y en toda la Unión Europea a finales de Agosto es de precios máximos tanto en el gas como en la energía eléctrica, con un descenso del consumo de gas en el primer semestre del 14.7%.

Rusia ha disminuido al 20% el suministro de gas a Alemania y las expectativas de recesión se han incrementado debido a la creciente sequia europea (64% del territorio de la Unión Europea en estado de alerta) que supone una mayor utilización del gas y baja de caudal de varios ríos esenciales, entre ellos el Rhin y el Elba, con una capacidad de suministro imposible sustituir por canales alternativos (que afecta al suministro de materiales químicos y energéticos, especialmente el carbón). Una barcaza transporta por el rio el equivalente a cien camiones. Con unas perspectivas de inflación de superar el 10%, en el otoño. Pero el apoyo a la población ante la crisis energética le ha llevado por tercer año consecutivo a no aplicar su procedimiento de disciplina fiscal, comenzando por el techo de la deuda.

Alemania está diversificando sus suministros apoyándose especialmente en Noruega (provee el 25% del consumo de gas europeo) Bélgica y Países Bajos y presenta el tercer paquete de ayudas por 65.000 millones de euros, con lo que sumaría según últimas informaciones 95.000 millones de euros, además de ir planteando como todos los países europeos unos planes de ahorro, que en gran parte se quiere que sean obligatorios.

A finales de agosto, Rusia volvió a reducir el suministro de gas en este caso a Francia, lo que unido a la continuación de la sequía, ha llevado a una reunión de emergencia de la Unión Europea ante el descontrol al alza de los precios de la luz en todos los países europeos (por primera vez en los futuros el precio de la electricidad está por encima de los del gas). Se pretende desconectar del precio de la luz del precio del gas, limitar el precio que se paga por los derechos de emisión y frenar la especulación en los mercados financieros (en concreto en el mercado del gas europeo el holandés TFF).

Un dato positivo es la anticipación en lograr el objetivo del 80% de almacenamiento para octubre, ya conseguido en agosto, por la Unión Europea (y el 85% en Alemania) aunque estamos hablando de un almacenamiento que al 100% supondría una cobertura de tres meses escasos de consumo (de media, con situaciones muy dispares).

La dependencia europea de Rusia en el gas, ha descendido del 40 al 20%, pero una independencia total no se espera hasta el 2026.

El 2 de Septiembre se da un nuevo paso de cierre del gas a Europa por el Nord Stream, coincidiendo con el acuerdo de los países desarrollados del G7 de poner un tope de precio a las compras de petróleo ruso, con la posible excusa (ya que sigue quemando gas que no puede colocar) de que se han alargado los problemas técnicos y solo quedan dos conductos por Turquía y en Ucrania para el gas ruso a Europa.

Rusia anuncia días después que el cierre es definitivo a no ser que se levanten las sanciones contra Rusia. Este oleoducto suministraba antes de la guerra, el 40% del consumo de gas alemán.

La Comisión europea ha aprobado unas ayudas de Alemania a sus empresas intensivas en energía de 27.200 millones de euros.

Por otro lado, la intensa sequía actual está afectando negativamente, a las cosechas en todo el mundo, y a la producción ganadera, con las consiguientes expectativas de alzas de precios en algunos alimentos, con lo efectos en la expansión de incendios como tendencia al alza en los próximos años (en el plan Forestal Andaluz horizonte 2030 actualizado recientemente, la mitad de los recursos van a ir a la lucha contra una previsión creciente de incendios). Se comienza a hablar de nuevo en la inversión en desaladoras. En el plan de inyección de los Fondos europeos se ha asignado una cantidad de 2000 millones a los planes hídricos, muy insuficiente según los expertos. En todo el mundo se están produciendo simultáneamente, fuertes sequias y grandes inundaciones, sucesos conectados por el cambio climático, en este caso por el incremento de temperatura de las aguas.

El mayor exportador del mundo de alimentación la India, está reduciendo la venta exterior de trigo, azúcar y a mediados de septiembre arroz (el 40% del comercio mundial), ante la caída de la producción por la sequía y la ola de calor.

El hecho es que las instituciones del campo español ante las pérdidas de cosecha y empleos (52.000 empleos menos con descenso del 14.7%) están pidiendo un plan de choque, ya que los 450 millones de ayudas al sector por parte del Gobierno son muy insuficientes.

LA CLARIDAD EN LAS FACTURAS. ¿QUIÉN PAGA LOS COSTES ENERGÉTICOS?

Presumimos de una electricidad en un mercado mayorista muy por debajo de la de nuestros vecinos, de Francia por ejemplo, gracias al tope al gas, sin embargo luego el ministro francés de economía alardee de que la electricidad ha subido en Francia un 6,4% frente a un 42% en España, y se está refiriendo a la minorista, lo que se calla es que el déficit público en el que se incurre es mucho mayor, e insostenible en el medio plazo.

El efecto energético sobre la inflación se sigue acercando a la mitad, sin recoger la gran subida (superior al 40%) que se está aplicando a los consumidores que están bajo contrato, ya desde mediados de julio en el mercado libre por las compañías, para compensar las pérdidas provocadas por el tope al gas señalado por el gobierno (el concepto en la factura es: cargo normativo, tope precio gas). Así pues, una gran parte de la diferencia entre el mercado y el tope del gas la van a pagar el 60% de los españoles del mercado libre que están bajo contrato (dicha subida no se recoge en el coste de vida que refleja solo las variaciones de precio del mercado regulado).

En cuanto a empresas beneficiadas, las eléctricas señalan a las petroleras, empresas de renovables y a los traders (intermediarios), las petroleras resaltan que el impuesto extraordinario es doble porque ya se paga por los beneficios y nadie les compensó de las pérdidas extraordinarios durante la pandemia. Luego está el espectro de empresas que merecen un trato especial, a concretar plazo y que grado de ayuda, y si están todos los que debieran estar, sobre todo de los pequeños negocios.

Por otro lado, la Comisión Europea al plantear el impuesto y a las empresas beneficiadas (con una previsión de 140.000 millones de ingresos), señala que algunos países entre los que está España, al intervenir en el mercado con unas cargas a las empresas que no son compatibles con los impuestos que plantea establecer la Comisión.

Habría pues que desglosar lo que derivado de las intervenciones e impuestos extraordinarios, pagan el sector público y el sector privado, y las aportaciones de las empresas beneficiadas con las ayudas a los hogares y a las empresas especialmente perjudicadas. Respecto a vigilar que las empresas no repercutan esas cargas, es un planteamiento erróneo de perspectiva.

JAPÓN: ¿DE NUEVO MARCA EL FUTURO?

Tras el estallido en Japón de la mayor burbuja de activos inmobiliarios y financieros de la historia hace casi 30 años, el nivel de endeudamiento del sector privado había alcanzado niveles inéditos, cercanos al 290% del PIB, ya que se endeudaban empresas y particulares no solo para comprar inmuebles sino también bolsa, con alimentación entre los dos mercados (acciones servían de garantía para comprar a crédito inmuebles, y al revés, en cantidades masivas) con una estructura de grupos empresariales entrelazados y cerrados y un nivel de créditos interpresas superior a los de cualquier país.

El derrumbe de todas las valoraciones y la imposibilidad de pagar las deudas, llevó al colapso del sistema empresarial y financiero, con una continuidad casi clandestina de operaciones de rescate bancario, y el mayor porcentaje de empresas refinanciadas, (empresas zombi) en una economía desarrollada, que llevo al sector público en su apoyo, a superar el 260% del PIB, nivel nunca visto (desde el 60% en 1990) y que todavía se está digiriendo en nuestros días, pues el endeudamiento privado, se acerca todavía al 220% del PIB, y en sociedades, al 153% del PIB.

La bolsa y el sector inmobiliario llegaron a bajar un 70%, y en este mes de agosto, la bolsa está todavía un 30% por debajo de máximos históricos, con el sector inmobiliario dos dígitos por debajo, pero con cifras muy heterogéneas según lugares y calidades. Hay que destacar que se ha cruzado en el mes de marzo de este año la venta de un apartamento en Tokio por 560.000 dólares por primera vez en 30 años, por encima del precio anterior a la burbuja.

El parque inmobiliario japonés valía el doble en 1990, que el estadounidense, y ahora no llega a un tercio del mismo.

La consecuencia de todo ello, es que el país ha experimentado un largo periodo de casi estancamiento, con una inflación mínima siempre por debajo de objetivos, y con casi una década de inflación negativa, y un crecimiento de la economía muy bajo generando un aumento de los índices de pobreza relativa, que han alcanzado el nivel de Estados Unidos. El descenso comparativo de su renta per cápita le ha llevado a que esta suponga el 64% de la estadounidense, el 87% de la de Francia y el 92% de la de Corea. Medido en yenes y en poder adquisitivo estas comparaciones mejoran para Japón.

En la década pasada, todos los países desarrollados entraron en esa tendencia de crecimiento bajo e inflación por debajo de objetivos, tendencia que se ha quebrado en la postpandemia.

Sin embargo todavía Japón es la tercera potencia mundial, la segunda bolsa del mundo, el primer acreedor mundial y principal inversor en bonos del tesoro americano (con el 16% del mercado) y el país desarrollado de más de 20 millones de población, con el menor porcentaje de paro (2.6%).

En la situación actual, continúa marcando un futuro diferente, ya que su inflación no llega al tres por ciento, y mantiene unos tipos de interés por debajo del 0.25% en los mercados a largo, a pesar de la presión de los especuladores, incluidos los que practican la toma de créditos en yen y la inversión en monedas en tipos altos como la brasileña (en el primer semestre se ha ganado un 35% con esa estrategia) y con una depreciación del yen respecto al dólar que ha llegado al 24% en lo que va de año, un nivel récord de 22 años (en los últimos diez años la depreciación se acerca al 50%).

El Banco de Japón ha seguido comprando bonos públicos y privados e incluso acciones (ha llegado a ser el máximo inversor con el 7% del mercado), para contrarrestar esos ataques, sin bajar su ritmo, contrariamente al resto de los bancos centrales.

Tampoco la crisis energética japonesa, ha repercutido excesivamente en el coste de vida, que ha ascendido al 2.3% en julio (fue negativo-0.3% en el 2021), muy dependiente del exterior (compras de carbón a Rusia) sobre todo después del accidente nuclear de Fukushima, que ahora está tratando de recomponer con un calendario urgente de puesta en marcha de nucleares. Actualmente un 10% de la energía es nuclear, y se quiere llegar al 20% en el 2030 (era el 30% antes de Fukushima), con la entrada de siete nuevas plantas nucleares, puesta en marcha a pleno rendimiento de las existentes y alargamiento de la vida útil de 40 a 60 años.

En un estudio reciente y muy completo sobre la política fiscal japonesa (5), se señala que del incremento de la deuda sobre el PIB en estos treinta años (casi el 200% del PIB) casi una tercera parte 124% se debe a los déficits primarios (sin tener en cuenta los pagos de la propia deuda) y un tercio al peso de la deuda en sus pagos. De los déficits primarios, la atención sanitaria y las pensiones (por el envejecimiento de la población) han supuesto el 143% del incremento, lo que indica que se ha reducido el gasto en otras partidas como las inversiones públicas, otros beneficios sociales y en rentas obtenidas.

Una conclusión clave del estudio, es la importancia básica del control de los tipos de interés, ya que la variable, diferencial tipo de interés–crecimiento, es clave en la evolución de la deuda. Una pequeña baja en el diferencial supone en proporción una superior consolidación fiscal.

El hecho es que Japón en otra línea, nos lleva a preguntarnos si al final contemplaremos el final de la guerra y la pandemia y tras un periodo de ajuste que va a ser traumático en cuanto a inflación y recesión, volveremos a las preocupaciones que siguen primando en la economía japonesa, lograr un cierto grado de crecimiento e inflación al 2%, frente a un futuro de una población cada vez menor y más envejecida, promoviendo la productividad mediante las reformas digital y de transición energética y la disciplina fiscal, que lleve a una inversión más dinámica, a uno de los países cuyas empresas atesoran más dinero ante la incertidumbre de su futuro.

Todo ello en un marco de tensiones entre bloques de países menos favorables a la expansión globalizadora que antes de la pandemia.

De hecho el Fondo Monetario Internacional en su análisis de uno de Abril de este año sobre Japón, plantea un futuro económico a partir del 2024 de claro estancamiento con descenso en el crecimiento por debajo del 1% en el consumo, la inversión privada y el sector exterior y con riesgos altos en los problemas de las cadenas de producción, las posibles variantes del Covid, en la volatilidad de los precios de la energía y los alimentos y en las tensiones geopolíticas y la desglobalización, siendo el riesgo más bajo el del mercado de bonos por incremento del riesgo soberano del país. La inflación la sitúa en el 1% hasta el 2027, la deuda pública sobre el PIB continua estable en el 260% del PIB, lo mismo que el paro 2.4% para esa fecha del 2027.

Todavía a finales de agosto, la mayor inquietud para el consejero del Banco Central de Japón, Nakamura Toyoaki, es alcanzar de forma estable el objetivo del 2% de inflación en el medio plazo, pasadas la pandemia y la guerra, porque todavía no ha alcanzado el 2.5% en la actual coyuntura, y la gran mayoría de la inflación es importada, con muy poco traslado a la demanda interna, ya que los salarios no presionan, pues tanto las empresas como los trabajadores valoran más el empleo, que el nivel de remuneraciones y la movilidad del trabajador japonés entre empresas es casi mínima, el 1% del total, mientras que en Estados Unidos oscila entre el 10 y el 20%. Esta mayor movilidad laboral repercute en un mayor incremento de la productividad. Es básico para el país según Toyoaki, lograr un incremento de la inflación de los salarios, al menos que supere el 3% de manera sostenida, para lo cual las empresas deben articular los estímulos adecuados y el Banco de Japón continuar con una política monetaria de estímulo a las empresas y economías domésticas que lleve a estas últimas a invertir más en los mercados de acciones y fondos de inversión, y corregir el exceso de inversión en depósitos.

A final de marzo del 2021, la inversión en Japón de las economías domésticas en acciones y Fondos, había descendido al 15% total de su inversión en activos financieros, mientras que en Estados Unidos ha ascendido al 51% (consecuentemente la renta en dividendos de los hogares japoneses lleva treinta años estancada, mientras que en Estados Unidos se ha cuatriplicado).

Por otra parte, ante la invasión de Ucrania, su alineamiento político ha sido firme y claro, con la condena de Rusia, país con el que tiene desde hace más treinta años, un conflicto constante respecto a la soberanía de cuatro islas del norte de Japón, sin que Rusia ceda su dominio sobre ellas. Reforzamiento de las alianzas con Estados Unidos y la Nato (ha realizado maniobras conjuntas con España cerca de Gibraltar), de las inversiones conjuntas en semiconductores con los estadounidenses, y el incremento espectacular en el medio plazo de sus gastos de defensa, de cara a su enemigo tradicional, China, con el que sin embargo tiene que cuidar sus importantes relaciones comerciales (300.000 millones de dólares de comercio conjunto).

CHINA, INICIATIVA DE LIDERAZGO. LA GRAN CRISIS INMOBILIARIA

La visita de la Presidenta del Congreso Pelosi a Taiwan ha complicado de nuevo las relaciones con Estados Unidos, con las medidas de bloqueo comercial de importaciones y de viajes a Taiwán (cuyo principal socio comercial es China con 330.000 millones de dólares), fuego real sobre los bordes de la isla, sanciones personales a Pelosi, criminalización de los separatistas, protesta diplomática, ciber ataques con uno de 20 minutos 200 veces más intenso que los habituales etc.

El efecto de ese bloqueo sobre el mercado mundial de semiconductores, en el que Taiwan es el primer productor mundial, con un 65% de la cuota mundial y supone el 35% de sus exportaciones.

Suspende además con Estados Unidos los acuerdos de cooperación militar, lucha contra delitos transnacionales, asistencia judicial penal y el dialogo climático.

De cualquier forma, en su agenda de objetivos, la reunificación china con Taiwán se contempla como objetivo para el 2049.

Por otro lado, cinco grandes empresas chinas han pedido su salida de cotización de Wall Street por las exigencias de auditoría de la Comisión de Valores, aunque parece que a finales de agosto se ha llegado a un acuerdo en el tema de la auditoria, y por el momento las empresas permanecen (hay 200 empresas chinas que cotizan en los mercados estadunidenses).

En septiembre del año pasado, el Presidente Chino presentó (6) con gran aparato, la Iniciativa para un Desarrollo Global (GDI), en el marco de las Naciones Unidas, con el objetivo de orquestar una acción conjunto para los desafíos mundiales, con dos compromisos concretos, no construir más plantas de carbón y una ayuda adicional de 3000 millones de dólares para los países pobres en su lucha contra el COVID. En Enero de este año planteó convocar una reunión de los amigos de la Iniciativa de Desarrollo Global, es decir todos los líderes mundiales, la invasión de Rusia de Ucrania ha enfriado la reacción de los países occidentales y sus aliados y los objetivos de cambio climáticos y ayudas a la pandemia han quedado diluidos ante la gran crisis energética y de alimentos añadida por la guerra, y el conflicto taiwanés.

En concreto China está con grandes problemas energéticos agravados por la sequía y las altas temperaturas. En estos momentos el carbón produce el 60% de la energía del país sometido en varias provincias a cortes de electricidad que han desaparecido en parte gracias a los confinamientos últimos por el COVID (que continúan en septiembre).

China importa 500 millones de toneladas de carbón, el 10% de su consumo, 5000 millones de toneladas, que a su vez es la mitad de la producción mundial. Por otro lado, importa el 75% del petróleo y el 40% del gas que consume, por lo que su dependencia del carbón es básica en estos momentos.

Por otro lado, está la crisis del gran activo mundial (7) como llaman al mercado inmobiliario chino, ya que alcanza un valor de 60 billones de dólares, dos veces el mercado residencial norteamericano, con un peso de la inversión anual del 13% sobre el Producto Nacional Bruto del 2019. Por otro lado, las ventas de suelo generan el 39% de las rentas de los gobiernos locales, equivalentes al 7% del PIB del 2017.

El peso en los hogares de la inversión inmobiliaria es de casi dos tercios del total de sus activos, comparado con un tercio en Japón y un cuarto en Estados Unidos, por lo que juega un gran papel en las decisiones de consumo

El gobierno chino ha intentado frenar la ola especulativa de los últimos cuatro años, con unos promotores inmobiliarios cada vez más endeudados, el crédito inmobiliario a la vivienda se incrementó a un ritmo anual del 20% en dicho periodo, llevando a que supusiera un tercio del total de créditos del sistema bancario. (Las ayudas del Banco Central chino a la banca superan los dos billones de dólares). A Julio los morosos en el sector inmobiliario cuatriplican en proporción al resto de morosos.

Todo se inició con las restricciones monetarias impuestas por el Gobierno ante el vertiginoso incremento del endeudamiento de los promotores, lo que dio lugar a la crisis de Evergrande con un pasivo de 300.000 millones de dólares, que el gobierno sentencia que lo debe resolver el mercado, pero realmente todas las instituciones piensan que no podrá sobrevivir sola. El problema es que en estos momentos se multiplican los casos de insolvencia, con el agravante de trasladarse a los compradores de vivienda, ya que los promotores, han recurrido a ellos para financiarse, pasando las ventas sobre plano con adelanto de los pagos, del 58 al 90%, pero al desviar esos pagos a la amortización de deudas en vez de la construcción, no han podido entregar las viviendas a los compradores en los plazos prefijados, con lo que estos han suspendido sus pagos.

La mayor inmobiliaria china Country Garden ha presentado resultados con una baja de los beneficios del 96%, en el primer semestre de este año.

Todo ello ha llevado a un descenso en el primer trimestre del 2022 de los precios del 5% (habían subido el 68% entre el 2015-2018 en 64 ciudades. Los pisos de lujo en Pekín están muy por encima de los de Tokio, según el índice de Knight and Frank) de las transacciones de vivienda del 29% y del suelo del 50%, y los bonos en dólares del sector inmobiliario se cotizan al 35%, lo que da idea del alto riesgo del sector.

Las entidades locales no son capaces de gestionar el problema, y debe ser el gobierno creando el fondo de recuperación inmobiliario del tamaño adecuado (un mínimo entre 300.000–500.000 millones de dólares) el que podría sostener el mercado, pero por el momento no hay signos de esa iniciativa.

En el estudio que citamos de Rogoff y Yang (8) sobre la burbuja inmobiliaria china, realizado por primera vez sobre una amplia base de datos china, y analizando la relación entre los sectores, resaltan que la burbuja china es grave y de libro, con un desmesurado peso en la economía que llega al 30%, y un elevado endeudamiento de economías domésticas y promotores.

La subida en las grandes ciudades chinas ha sido espectacular, así en Pekín, la relación precio de la vivienda/renta está cerca de 50 veces, más de 40 en Shanghái y 40 en Shenzen mientras Londres multiplica 20 veces, Paris está en 17 veces, Tokio en 14 y Nueva York en 12.

Esta tendencia va a llevar a una caída del 20% en los precios inmobiliarios, a una baja de 5 a 10 puntos en los niveles de producción, hasta su resolución en el medio plazo (a partir de los cinco años).

Las consecuencias de esta situación se añaden a la política de COVID cero del gobierno chino para reducir el crecimiento de la economía y por las características del sector reducir la demanda mundial de materias primas sobre todo de metales y materiales.

Un síntoma de todo lo anterior ha sido la sorpresiva baja a contracorriente en segunda semana de agosto, del tipo de interés en los préstamos a un año en tan solo 0.10 del 2.85 al 2.75 con 58.000 millones de inyección monetaria, y de ese mismo 0.10 en las operaciones a corto del 2.1 al 2% lo que indica la preocupación oficial por el bajo ritmo de recuperación de su economía (con descenso en el crecimiento de todos los indicadores excepto las exportaciones).

Vuelve a bajar otros tipos de interés, semanas después, y el día 25 de agosto presenta un plan de inyección de recursos que asciende a 146.000 millones de dólares en 19 capítulos que abarca, inversiones locales, a la banca, a las pequeñas empresas, al sector inmobiliario, economías domésticas, apoyo energético etc.

El 23 de agosto Apple ha anunciado la fabricación de su iPhone 14 en la India, dos meses después de su salida, en China, lo que indica el nivel de capacidad técnica india, lo que supone una alternativa parcial en los suministros, que va a continuar ampliándose en todas las multinacionales occidentales.

Todo lo anterior ha llevado a una depreciación de la moneda china respecto al dólar, que ha frenado la salida de capitales del país y el descenso de los mercados, y por otro lado ha ganado terreno frente al dólar respecto al comercio ruso-chino que ya se va realizando en el Reminbi la moneda china, y ha pasado del 2% del comercio ruso al 18%.

ESTADOS UNIDOS EN PUNTO DE INFLEXIÓN INMOBILIARIO. ESPAÑA MODERADA

Para los analistas de Harvard (9) el mercado de la vivienda estadounidense está en un punto de inflexión a la baja, el alza de los tipos de interés hipotecario de casi dos puntos ante los incrementos de tipos de la Reserva Federal ha debilitado un mercado que a marzo del 2022, había experimentado una aprcciación anual del 20.6%, el alza más elevada de los últimos treinta años, con un inventario de casas para vender en mínimos históricos. El alquiler gestionado por sociedades se ha incrementado en un 12% y la inversión y las viviendas unifamiliares han ganado peso sobre el total. A pesar de la pandemia, se incrementó ligeramente el porcentaje de empresas en propiedad al 65,4%.

Los casi dos puntos de subida en las hipotecas, suponen un enorme impacto en los costes de la propiedad, el análisis estima que la subida de tipos entre diciembre 2021 y abril del 2022 equivale a una subida de precios del 27% y supone la vivienda media unos pagos adicionales de 600 euros mensuales.

Todo ello hace muy difícil el acceso a la vivienda de los jóvenes nuevos compradores, ya que sobre el precio de venta de la vivienda nueva, el desembolso exigido del 7% que ascendería a 27.400 dólares sin la ayuda de padres familiares quedaría excluido el 92% de los mismos, ya que su media de ahorro es 1500 dólares.

Este brusco y negativo cambio en la accesibilidad a la vivienda tanto en propiedad como en alquiler, es el que ha comenzado a enfriar el mercado, por otro lado, el mercado de oferta ha alcanzado el récord en 13 años, de viviendas unifamiliares terminadas en el 2021, y las iniciadas a los máximos de 30 años, las viviendas en construcción alcanzan 1.64 millones en abril. Desde 1973, no se daban unos niveles tan altos de producción. La percepción de esta situación ha llevado a un récord histórico de permisos de construcción que no se han iniciado.

Aunque a medio plazo el pronóstico es positivo, se da el problema social de la accesibilidad para los jóvenes y el mantenerse al tanto de los pagos en sus hipotecas y alquileres para los hogares de rentas medias–bajas, por la subida de los pagos y la gran alza de costes de la vivienda.

Respecto al resto de los países incluyendo los europeos y España, The Economist (10) analizó en el mes de mayo los cuatro criterios de riesgo en el mercado de la vivienda correspondiente a 20 países en los que, de mayor a menor riesgo, España estaba en los de menor riesgo ocupando el puesto 16.

Así en cuanto al incremento de precios (2019-2021), el primer criterio, ocupa el último lugar con un incremento del 2%, frente al 46% de Nueva Zelanda, 31% de Estados Unidos, el 28% de Suecia o el 30% de Holanda.

Muy debajo de la media se sitúa también en cuanto a los propietarios que mantienen todavía una hipoteca, el 24%, frente al

43% Suecia, el 49% Holanda el 67% Nueva Zelanda y el 40% Estados Unidos.

En el porcentaje de hipotecas a tipos de interés variable, sigue estando por debajo, con un 36%, frente al 69% de Suecia, 94% de Noruega o el 81% de Australia.

Por último el porcentaje de deuda de los hogares sobre su renta disponible se halla en un 64%, cuando hay nueve países que superan el 100%, con todos los nórdicos, excepto Finlandia, superando el 150% y Holanda en lo más alto con un 182%.

España, se hallaba en una posición moderada en cuanto a esos riesgos, sin embargo como señala la Comisión Europea, es el tercer país del euro con más exposición hipotecaria de la banca, con una gran escasez de suelo y de vivienda nueva, que está arrastrando al alza a todo el resto del mercado, dificultando cada vez más el acceso a la propiedad y el alquiler (es el país del euro con menos oferta de alquiler de mercado), sobre todo a los jóvenes y a las rentas medias y bajas.

Al inicio del 2022, los precios globales han experimentado la mayor subida desde el 2008, 4.6% en términos reales (descontando la inflación) y 11,2% en términos nominales, concentrada especialmente en los países desarrollados y España estaba en principio por debajo de esos incrementos, pero a partir del segundo trimestre ha ido acelerando la subida hasta llegar a un Agosto (según Idealista) a ritmos positivos pero en descenso del año, con los precios de venta un 4% sobre Agosto del año anterior y el alquiler superando el 6% (con un descenso respecto a los datos de julio de Julio del Banco de España).

Como consecuencia, es el grado de accesibilidad a la vivienda en función de la renta salarial, continúa disminuyendo, acercándose a las líneas rojas del Banco de España en cuanto años de renta para comprar una vivienda (8.5 años frente a 7.2 en el 2019) y porcentaje de la renta para pagar la vivienda (34,6% frente a 31.3%). La riqueza inmobiliaria residencial de los hogares (como la financiera), ha subido sobre el PIB muy por encima de los niveles anteriores a la pandemia, pasando del 700% al 792%, todo ello lleva a cuidar e incrementar los recursos a los hogares más vulnerables.

Por otro lado, la subida del alquiler, además de encarecerlo para el potencial inquilino, empuja los precios de venta al alza, ya que estimula la compra para inversión al mantenerse la rentabilidad de la inversión en vivienda. Todo ello unido al endurecimiento de la financiación para la compra, subida del tipo de interés de las hipotecas (el Euribor a un año que sirve de referencia a las hipotecas variables ha superado el 2% en la primera quincena de septiembre), unido al entorno general del descenso de actividad económica, a extremar la cautela respecto a los precios a pagar por la vivienda en los trimestres venideros, aunque por otro lado, como elemento sustentor, continua la escasez de oferta, agravada por la anulación de proyectos de promoción y el parón de promociones en marcha.

AYUDAR A LA PERSONA O AYUDAR AL LADRILLO

Esta es una polémica que se planteó en Francia durante años, y no tuvo ningún eco en España. Ayudar al ladrillo, poco puede aportar a corto plazo a la oferta de alquiler en España, ya que supone el construir viviendas sociales para alquilar, al menos desde el inicio, más de dos años y con un gran coste para la administración y con el gran riesgo, de que su ubicación lleve a la discriminación social (11). Por otro lado, tiene la ventaja, que es una ayuda más completa a quien más lo necesita.

La ayuda a la persona selectiva, es más rápida, mucho menos costosa, y con más integración social de la persona, que es libre de elegir su nivel de inversión y su ubicación.

En nuestro país, es claro que hay que aplicar las dos medidas, a corto, una ayuda a la persona bien diseñada con el complemento a medio, de la vivienda social, tema complicado por lo costoso y el riesgo de acertar con la localización.

El Banco de Bilbao (11) ha realizado un análisis de las medidas para fomentar el alquiler. Enuncia claro está, la construcción de viviendas sociales, un brindis al sol a corto plazo, como ya hemos comentado y con muchas dificultades en el medio plazo, aunque hay que articularlo. Planteaba la gestión de las viviendas vacías, que remitimos a nuestro blog en el que se concluía que era un problema mucho menor en la realidad que las cifras globales que se manejaban. Por otro lado se da una gran paradoja ya que España es el primer país del mundo en la proporción de viviendas vacías, según el análisis de Rogoff citado, ese dato por tanto debe someterse a una depuración, parece muy sobrevalorado, y en cuanto a ayudas, las dadas al inquilino son más importantes que las del propietario, porque se pueden especificar mejor según renta y no son tan fácilmente repercutibles sobre el mismo. La seguridad jurídica para ambas partes propietario e inquilino sigue siendo fundamental.

Por otro lado son los hogares más jóvenes, dada la precariedad de sus salarios y el endurecimiento de las condiciones crediticias, los que más están sufriendo el descenso en la accesibilidad a la propiedad, según el Banco de España, con una caída de la tasa de propiedad del 70% a un 36%. La accesibilidad de los hogares jóvenes a la propiedad y al alquiler es de las más dificultosas en la Europa del euro (segunda después de Holanda). Los fondos europeos, con un capítulo de ayuda al acceso al alquiler y la propiedad, deben encarrilarse bajo estos principios.

A todos los niveles de gobierno, los incentivos y las compensaciones servirán mucho más para conciliar los derechos en conflicto con el bienestar social, que los procedimientos desproporcionados de control y coerción. El problema es que España es el país de la UE con menos confianza en sus políticos (8% frente al 21% de la UE), según la encuesta de septiembre del Eurobarometro y está en los últimos lugares en cuanto su confianza en el gobierno (23%), en el parlamento (20%) y en los medios de comunicación (28%), con una confianza en Europa superior a la que tiene en sus propias instituciones.

INFLACIÓN, BOLSA, VIVIENDA

Es una opinión generalizada pero no unánime: las bolsas protegen en general de la inflación a largo plazo (más de cinco años), pero no a corto. La recuperación de la bolsa en el mes de agosto podrá suponer que los mercados están estimando un descenso de la inflación en el corto plazo (de un año a dos).

Los periodos peores de comportamiento bursátil son aquellos en que se produce una deflación de los precios, es decir un comportamiento negativo de los mismos o cuando los inversores se enfrentan a un incremento inesperado y sostenido de la inflación. Hay niveles críticos en el nivel de inflación a partir de los cuales la relación con la bolsa es claramente negativa.

Los mejores periodos de rentabilidad son aquellos en que la inflación es estable.

El sector inmobiliario es la protección más completa. Las estadísticas de tres cuartos de siglo dan una rentabilidad superior de los inmuebles sobre las acciones.

Específicamente en el periodo de estanflación 1965-1980 en Estados Unidos, la bolsa descendió en un 45% (12) mientras el mercado inmobiliario se revalorizo en un 34%. Como indica el economista Larry Summers, la diferencia se debió en gran parte a la más beneficiosa estructura impositiva para la valoración de los inmuebles, que los convirtió en la inversión alternativa frente a un mercado de acciones en permanente caída.

En España, la situación actual tiene algunos puntos comunes, la estructura impositiva es también mucho más favorable en vivienda que en las acciones, lo que unido a la tradicional querencia por la inversión inmobiliaria, la convierte en la alternativa a la inversión financiera, en general a una escala mayor, ya que la inversión inmobiliaria a través de sociedades bursátiles tuvo un comportamiento negativo en Estados Unidos en el periodo comentado 1965-1980.

En la coyuntura actual, la subida de los costes de construcción y promoción ha sido muy intensa, la consultora CBMR considera que en dos años, esta subida de costes puede repercutir en el precio de las viviendas de un 6 a un 8%, que por ahora se puede repercutir, con previsión de un descenso de un tercio del precio de los materiales sobre sus precios más altos, pero si viene un recesión y baja la demanda, como en otros periodos y activos, los precios de las viviendas se pueden mantener por debajo del precio que supondría construirlas, aunque a largo plazo los precios volverían a subir.

En estos momentos se ha reforzado ante la incertidumbre la guerra y la caída bursátil la inversión inmobiliaria como refugio reforzado por la recuperación de la inversión extranjera (15% de las inversiones extranjeras), con la intensificación de las inversiones desde los países suramericanos.

Como conclusión, la escasez de oferta de vivienda nueva, puede mantener los niveles actuales de la vivienda, a corto plazo, pero la vulnerabilidad empresarial, va a ser clave para el rumbo de la vivienda, van a ir paralelos los morosos empresariales, los de hipotecas y los de inquilinos.

ESPAÑA Y LAS AYUDAS EUROPEAS. AYUDA MERCADOS DE DEUDA

La Airef lleva pidiendo en línea con la Comisión Europea, unas líneas del plan fiscal para los próximos años respecto a ingresos, gastos y déficit público, para diversos escenarios. Dada la incertidumbre existente. Es verdad que la solidaridad con Alemania respecto al gas ha incrementado la contrapartida de la misma respecto a las ayudas en los mercados financieras, para que no aumente la prima de riesgo (diferencial de tipos de interés de las deudas públicas de los países del euro con la deuda alemana) de la deuda soberana.

Sobre el impacto de la subida de tipos de interés de la deuda, en el nivel de pagos de la misma, está marcado por tres factores. El nivel alcanzado por la deuda, la proporción de la misma ligada a la inflación (Gran Bretaña tiene un 25% de la deuda ligada a la inflación) y el plazo de la misma, cuanto más largo, más tardara la subida de tipos en repercutir en toda la deuda. Se usa normalmente como medida, el plazo medio ponderado con los volúmenes de deuda en cada plazo. Pero esa medida da lugar a situaciones muy dispares si se emite deuda a muy largo plazo. La oficina de supervisión del presupuesto fiscal británico ha instaurado (13) una medida más realista, la madurez media, la fecha en la que la mitad de la deuda debe ser refinanciada a tipos de interés más altos. La situación cambia radicalmente en el sentido de que el efecto de los tipos de interés al alza, es mucho más inmediato ya que el plazo se reduce drásticamente. Así en la deuda italiana (con un nivel del 150% sobre el PIB) el plazo medio ponderado es de siete años, sin embargo el vencimiento medio desciende a poco más de dos años, si el Banco Central Europeo subiera los tipos de interés al 3%, los pagos ascenderían anualmente en un 1.2% del PIB (cada punto de incremento, excluyendo la comprada por el Banco Central, supondría un incremento del 0.3% anual sobre el PIB).

En el análisis del Economist no se dan cifras para España, pero con un 20% menos de deuda sobre el PIB (117% a mitad del 2022) que Italia, descontando ese porcentaje la sensibilidad a la subida de tipos de interés es parecida, y mucho mayor que lo que indican las medidas de plazos convencionales. Sobre una vida media de la deuda pública española de 8 años, la mitad de los vencimientos se producen en los cuatro primeros años, lo cual supone una cobertura respecto a la subida de tipos mejor que la italiana, pero la mitad de plazo de lo que indica la vida media.

La creación del instrumento anti fragmentación, (con las siglas TPI, Instrumento de Transmisión de la Política Monetaria), el fondo con los recursos que hagan falta para que no se incremente peligrosamente las primas de riesgo, está ligada a toda una serie de exigencias de equilibrio, que como ha concretado (14) el presidente del Bundesbank, Joachin Nagel, se exigirían simultáneamente a las ayudas que tendrían una clara justificación y excepcionalidad.

El mantenimiento de las primas de riesgo de las deudas públicas para Italia y España, repercute en un alza del PIB del 0.5% (superior a la media del euro del 0.2%) según el análisis de los efectos de los Fondos de Recuperación que realiza la Comisión Europea, y que considera que el impacto por los tres canales (prima de riesgo, impulso fiscal y reformas estructurales) hará descender la deuda española sobre el PIB en 14 puntos de tanto por ciento frente a 12 puntos de la deuda italiana (que incurrirá en un cierto incremento de deuda al utilizar los fondos a crédito de aquí al final de la década).

De cualquier forma, las ayudas han comenzado para la deuda soberana de Italia, España y Grecia, pues según el Financial Times a principios de Agosto, el Banco Central Europeo, que ya no compra más deuda pero si reinvierte la que vence, ha derivado 17.000 millones de vencimientos de los países llamados frugales del norte del euro a los tres países citados lo que supone una transferencia solidaria de recursos.

Las próximas elecciones italianas el próximo 25 de septiembre, con su prima de riesgo de 2.5 puntos de tanto por ciento de diferencial, pueden ser un elemento de presión en los mercados.

AYUDA FONDOS EUROPEOS

Los fondos generación futura, que ascienden a 800.000 millones de euros y de ellos el Fondo de Recuperación supone la gran parte, con 763000 millones (338.000 en subvenciones y el resto en créditos), es una paso más en la solidaridad europea. En principio fue planteado como fondo de recuperación de la pandemia, por lo que salen más beneficiados los países que más la han sufrido, destacando en este aspecto España e Italia, aunque los objetivos de dichos fondos son más ambiciosos, proponiendo además de una inyección adicional de inversión pública y privada (un 2.6% de crecimiento hasta el 2026), una serie de reformas en los ámbitos de la administración (el 80% de las mismas en el sector público) e instituciones del estado junto con una inversión digital y de transición al cambio climático, que impactará en una mejora de la productividad y el crecimiento con un horizonte hasta el 2027.

La Comisión estima (15) que los efectos positivos se producirán a través de tres canales: el solo anuncio de los fondos ha incrementado la confianza en los mercados con la disminución de la prima de riesgo de la deuda pública de los países sureños.

Los fondos aportados suponen un estímulo fiscal que puede arrastrar a fondos privados, (se piensa en España en un efecto arrastre privado hasta 500.000 millones en total) con un efecto multiplicador en el crecimiento. Tres cuartas partes de los fondos se estima que van a ser un estímulo fiscal adicional, y la gran mayoría va a ir a inversión. El estímulo fiscal puede suponer un incremento del 0.5% en el 2022-23 y persistirá en los siguientes tres años.

Las reformas estructurales van a suponer un crecimiento del PIB al 2026, del 1.5%, además de frenar las presiones inflacionistas que pueden derivarse del mayor gasto fiscal, al incrementar la productividad y la capacidad productiva. Va suponer una reducción de la deuda pública sobre el PIB para todo el euro área, pero especialmente para Italia y España, a los que estima un descenso para el 2030 de diez puntos de tanto por ciento sobre el PIB. Son las más difíciles de evaluar y además se debe realizar dicha valoración al final del periodo, lo que contrasta con la urgencia de ponerlas en marcha.

Por último y consecuencia de todas las medidas anteriores se espera un incremento de la convergencia entre las economías del euro.

La cifra total está en los 800.000 millones de euros de los Fondos Next Generation de los que el Plan de Recuperación supondrá 763.000 millones de euros de los que dos países Italia y España absorben el 48% del total de los Fondos, con 140.000 millones para España (mitad en subvenciones y la otra mitad en créditos). El euro área absorbe el 81% de los fondos, el resto de la Unión Europea el 19% (que supera lo que les correspondería por su participación en el PIB).

Hasta estos momentos (finales de Agosto) España es de los países del euro que no había pedido los fondos de crédito, lo contrario que Italia, parece que va a asumir los 84.000 millones de crédito (que se añadirían a los 77.000 millones de transferencias) lo que le llevará a una recuperación más lenta pero más continuada (hay plazo hasta el 30 de Junio del 2023 para pedirlos), lo cual en estos momentos seria renunciar a plantear proyectos de crecimiento y de reforma que nos ayudarían a emitir menos deuda pública de mercado, siempre más arriesgada en tipo y coste de financiación que los fondos europeos. Italia tiene una mayor proporción de gasto social en la aplicación de los fondos que España y una menor proporción aplicada a lo digital y a la economía verde. Pero la mayor petición de fondos de Italia al incluir el crédito, hace que los fondos a invertir superen el 10% del PIB, mientras en España apenas alcanzan el 6% hasta el momento. El gobierno de nuestro país tiene que tener en cuenta que en gran parte, la mejor digestión de la deuda, viene por reducir su tamaño al incrementar el de la economía.

El único análisis crítico en todo el documento europeo, se da al considerar la proporción entre los hitos, que suponen un cambio cualitativo y los de carácter cuantitativo, y criticaba el plan español con una profundidad menor que el italiano ya que la proporción de reformas en relación a los hitos era excesiva, indicando un poco una retórica fuera de la realidad. Posteriormente el Tribunal de Cuentas Europea nos sitúa en el último lugar en el porcentaje de absorción de los Fondos Europeos tradicionales, por falta de capacidad del personal público, lo que le lleva a temer por la efectividad de la inversión de los nuevos fondos europeos.

La financiación de estos fondos la realiza la Comisión Europea, con la emisión de bonos europea, un gran paso en la solidaridad financiera, con la emisión de 150.000 millones de euros con la máxima calificación, entre 2021-2026, con vencimiento final en el 2058. Lo curioso es que el primer comprador de dichos bonos, es Gran Bretaña, después del Brexit (el 30% de esos bonos aplicados al plan de Recuperación deben aplicarse a inversiones verdes).

El efecto total de los fondos Next Generation, lleva al mayor crecimiento de España e Italia, el 3% anual para el periodo 2024-2026 de forma uniforme cada año, y de Italia con una media en esos años parecida, pero con crecimiento creciente cada año. De cualquier forma duplican el impacto del crecimiento en el Euro área.

La ejecución de los fondos europeos continúa siendo muy baja (y en esto tenemos malos antecedentes europeos). A finales de agosto están sin cumplir hitos y objetivos por un 78% según la Web de la Comisión Europea, (9% de los fondos presupuestados en el 2022 han sido desembolsados hasta finales de Julio) el impacto que en principio España quería concentrarlo en los dos primeros años se va a extender al menos a cuatro. Y en algunos casos no se van a poder cumplir en los plazos previstos (como la reducción de la contratación temporal de la Administración pública al 8% cuando ha crecido desde el compromiso al 32.6%, 12.6 puntos por encima de la del sector privado). Todo ello hace que los crecimientos actuales por un lado se desplacen a años posteriores y por otro, la continuación de la guerra de Ucrania que no se analiza en el artículo, rebajaría estas previsiones de crecimiento.

Ya la Comisión Europea destacaba la contradicción entre la urgencia de ejecutar las inversiones y el control de las mismas. La prensa destaca a finales de febrero, que el Gobierno apenas ha iniciado la preparación específica para los funcionarios que gestionan los fondos europeos, tema básico que entra en la reforma de la Administración Pública, para la que se han destinado 4239 millones de euros.

La cuestión es que el aparato formal para implementar el plan, ocupa cuarenta y tres páginas en el mismo, pero se echa de menos en la información pública, la comunicación de un organismo independiente del gobierno, con una representación privada de peso en cada actuación y de la supervisión y la futura evaluación del mismo, con esa misma independencia.

España junto con Alemania es la que presenta un mayor apoyo público en los planes y es el país que ha delegado más la Administración central, en nuestro caso en las autonomías.

El autoritarismo por parte del gobierno según la Comunidades Autónomas ha sido total, "toma el dinero y colócalo donde yo te diga" que a su vez lo pasan al sector privado señalándoles lo que hay que hacer, a través de los seleccionados en las convocatorias.

Dado el carácter esencial de la colaboración pública privada, se crea una nueva figura de colaboración: Los Proyectos Estratégicos para la Recuperación y Transformación Económica (PERTEs).

A finales de agosto hay 11 proyectos aprobados, al elegir los proyectos adecuados en las subastas realizadas. Se inició con el vehículo eléctrico y conectado, la salud de vanguardia, energías renovables, agroalimentario, hasta el último aprobado de economía social y cuidados.

Pero el estancamiento continuo el Primer ERTE que ha entrado en una resolución de entrega de fondos, el del coche eléctrico se ha saldado con una adjudicación de tan solo el 20% de los fondos, para Renault, Opel y Fagor entre otros, quedando fuera Seat que ha presentado alegaciones.

AYUDAS RECIBIDAS. AYUDAS APLICADAS

Nuestro país está recibiendo fundamentales ayudas europeas, y aunque afectado en grado menor que los países de Centroeuropa por la crisis energética, ha reaccionado renunciando a parte de los ingresos extraordinarios impositivos, recibidos por la subida de los precios energéticos, el problema es que han pesado mucho más las ayudas generalizadas a todos los hogares, tanto en la subvención de los precios del petróleo como las bajadas impositivas de la electricidad y ahora en el IVA del gas, que las ayudas específicas a los más necesitados y a los comportamientos que supongan un ahorro energético superior a la media.

Si consideramos que un 20% de los hogares españoles están bajo el espectro que va desde la pobreza severa, al no poder llegar a fin de mes, a la incapacidad de afrontar un gasto imprevisto, con la mitad de lo gastado en las ayudas generales, podíamos haber subvencionado con una cifra dos veces superior a ese 20%, lo que es más eficaz tanto desde un punto de vista social como económico y además aumenta el incentivo a reducir el consumo en ese 80% de hogares que viven la realidad de los precios.

Todo ello supone una aplicación de recursos a tener en cuenta en un otoño-invierno en que la economía española llega con un crecimiento de la inversión importante (10% en el primer semestre) una exportaciones creciendo al 18% que mantienen la estabilidad exterior, las perspectivas negativas de crecimiento, empeoramiento del paro en Agosto ante el nivel mantenido tan alto de la inflación por el impacto energético, que lleva a ciertos parones productivos en las industrias más afectadas por los costes, que a su vez está volviendo a crear falta de componentes en la cadena, como en el automóvil. Por otro lado, la subida continuada de los tipos hipotecarios y de los préstamos, están endureciendo las condiciones y las restricciones en la oferta de los préstamos que es necesario controlar porque puede ser muy perjudicial dada la elevada inflación.

Volvemos a repetir lo señalado en nuestro artículo anterior que un indicador clave es el saldo vivo del crédito bancario para hogares y sociedades (afecta especialmente a pequeñas y medianas empresas, que a final de Julio de este año, sigue con un crecimiento mínimo (no llega al 1%) y una inflación media en ascenso al 8%, que lleva a un déficit de financiación estable en términos reales a final de Julio sobre los 80.000 millones de euros creciendo mes a mes, con las renovaciones a tipos cada vez más altos.

Bibliografía

(1)"The Biden-Harris Economic Blueprint" September 2022 detalla minuciosamente los logros económicos de Biden.

(2)"Ukraine´s Fight to rebuild in Face of Unrelenting War" by Marc Champion and Daryna Krasnolauta. 27 de Julio de 2022 Bloomberg.com

(3)"Business Retreats and Sanctions Are Crippling the Russian Economy" by Jeffrey Sonnefeld, Steven Tian, Franek Sokolowsky, Michal Wyrebkowski, and Mateusz Kasprowicz: papers.ssrn.com.2 Aug 2022. Yale University.

(4)"Charlemagne/Let the sleeper awaken" The Economist July 23rd 2022 p21.

(5)En este apartado reunimos todos los artículos que han servido de base para el análisis de la economía japonesa.

Sobre la burbuja inmobiliaria japonesa este es el libro de referencia: "La Burbuja especulativa y la crisis económica de Japón" Antonio Torrero. Editorial Tempora. 2003.

"Japan 2022". Article IV Staff Report IMF Country Report. Nº 22/99. April 2022.

"Economic Activity, Prices, and Monetary Policy in Japan". NAKAMURA Toyoaki. Member of the Policy Board Speech at a Meeting BOJ. August 25, 2022.

"Japanese Public Finance Fact Sheet". April 2022. Ministry of Finance.

"Abenomics after Abe". The Economist July 16 2022. P 65.

"The BOJ v the markets". The Economist. June 25th 2022.

"Mrs Watanabe Is Giving Cover to the yen carry Trade". 8 June 2022. Blomberg Opinion Points of Return. John Authers.

"Bank of Japan´s ETF purchase program and Equity risk premium: a CAPM interpretation". By Mitsuru Katagiry, Junnosuke Shino and Koji Takahashi. Monetary and Economic Department. July 2022. BIS working Papers Nº 1029. BIS.
"Shinzo Abe and the Legacy of Japanese Militarism". Jonas Birch. Naked Capitalism. July 10, 2022.
"Japan living Standards are too low". Noah Smith. May 23.
"Japanese labor market during COVID19 Pandemic". Shinya Kotera and Jochen M. Schmittmann WP/22/89. IFM 2022 MAY.
"The Fiscal Stance in Japan". Prepared by Jean Marck Fournier, Takuma Hisanaga and Anh Dinh Minh Nguyen. WP /22/164. 2022 August IFM.
(6)"China. A new Challenge to the West GDI Global Development Iniciative". The Economist June 11th 2022.Pp50-51./ "Energy in Asia Power plays". The Economist July 23rd 2022.p 64
(7)"The Most Important Sector in the Universe ". Marc Rubinstein July 29. Net Interest.
(8)"Peak China Housing". Kenneth S. Rogoff, Yuanchen Yang. Working paper 27697. National Bureau of Economic Research. August 2020. Una cuarta parte de ese peso del 30% en la economía, viene de su influencia en los sectores que arrastra e impacta.
"GaveKal Strategy Monthly-China´s Property Market" Nicolas Schoeffler. Gavekal Research. 1 September. En este análisis se señala que la bajada de los tipos hipotecarios, no ha servido para revitalizar el mercado, ya que las concesiones de crédito se han endurecido, y el Gobierno chino se ha dedica a invertir en infraestructuras que no han ayudado a la coyuntura de la construcción.
(9)*"THE STATE of the NATION HOUSING 2022". Joint center for Housing Studies of Harvard University.*
"El coste de la vivienda como indicador adelantado de inflation" en "Housing Boom and Headline Inflation: Insight from Machine Learning" Yang Lui, Di Yang, Yunhui Zhao. Volume 2022: Issue 151 IFM July 28, 2022.
Statitical release: BIS residential property price statistics in Q1 2022. BIS 25 August 2022.
"Real Estate is the Crisis Risk to Watch Now" John Authers. Bloomberg Opinion Points of Return. June 21 2022.
"Housing: Postpandemic Slowdown or Bust" Special Report. Alpinemacro. June 24, 2022.
(10)"Property in America" "Move Fast and break things" The Economist. June 25th 2022. Pp 62-63.
"Euro Area Housing Markets: Trends, Challenges &Policy Responses". Vitor Martins, Alessandro Turrini, Borek Vasicek and Madalina Zamfir. Discussion Paper 147 / September 2021. European Commission.
(11)"Medidas para fomentar el alquiler y ayudar a la emancipación de los jóvenes". BBVA research agosto 2022.

"Indicadores del mercado de la vivienda" Síntesis de Indicadores Banco de España.8 de Septiembre 2022.
(12)"Economía y Bolsa" "Capítulo 7: Inflación y Bolsa Pp 66-84". José Luis Campos Echeverria. Profit2003.
La rentabilidad de los inmuebles en relación a las de las acciones en las series históricas están sobrevaloradas, ya que hasta los años noventa se basaba en precios tasados, no los efectivamente realizados en las transacciones. En las últimas décadas se mejoró aún más, al comparar rentabilidades sobre pisos equivalentes en dimensión y calidad.
(13)"Fragmentation risk in the euro area: no easy way out for the European Central Bank". Gregory Claes, Maria Demertzis, Lionel Ghetta-Jeanrenaud. June 2022. Monetary Dialogue Papers. European Parliament.
"Interest Rates and Budgets" "When maturity misleads" The Economist, July 16th July. Pp 61-62.
"The Eurozone Thrown for a loop". The Economist June 25th 2022 Pp 63-64. "Italian debt, how inflation and rising interest rates might affect Italian finances". TheEconomist. 25th June P 64.
"Debt sustainability and monetary policy: the case of ECB asset purchases". By Enrique Alberola, Gong Cheng, Andrea Consiglio and Stavros A. Zenios. Monetary and Economic Department. July 2022.
(14)"Where is monetary policy headed?" Joachim Nagel. 10. August 2022. Speech 12th july 2022.
(15)"The economic impact of Next Generation EU: a euro area perspective". Barkowsky, Bouabdallah, Semeano, Dorruci, Freier, Jackinot, Modery, Rodriguez Vives, Valenta y Zorell. Nº 2921/April 2022. Occasional Paper Series. European Central Bank. Se da una falta de personal formado para gestionar los fondos, se ha formado a 2000 funcionarios y se necesita al menos otros mil más.
"Plan de Recuperación, Transformación y Resiliencia" para la Economía Española. Gobierno de España. En dicha web: (planderecuperacion. Gob.es), se informa de los calendarios de las convocatorias, la canalización de los fondos, los proyectos estratégicos aprobados (PERTES) como el del vehículo eléctrico, criterios de distribución y consultas de todo tipo. El PERTE del vehículo eléctrico, de los más avanzados tan solo a final de Agosto se han adjudicado provisionalmente el 23.6% de los fondos.

En nuestro blog del 1 de marzo del 2022, "Del dirigismo del Gobierno en la economía y los sectores" se describía cómo se realizaba la articulación del plan.

El Plan de Recuperación y Resiliencia se enmarca en unas directivas europeas detalladas, en base a las reformas especificas señaladas para la economía española, con adjudicaciones de inversión en cada caso con cifras concretas, en las que siguiendo las pautas europeas, el verde y el digital son los vectores más importantes, con el 39.7% y un 28.2%, de la inversión total, seguidos de la educación y formación (10.5% y la Investigación y Desarrollo con un 7%. Todo ello, sobre los primeros 70.000 millones a recibir de subvenciones, luego hay 70.000 millones más de crédito).

Esta idea de actividad estratégica, hace como señala el plan, que las separaciones entre los sectores se difuminen, así ocurre con la digitalización, está generando una creciente interdependencia y simbiosis entre actividades tradicionales como el sector primario (agrícola, ganadero y pesquero), industria y servicios, por el peso del software, la gestión tecnológica de riegos o cosechas, la integración de activos materiales e inmateriales, lleva a contemplar como un conjunto el concepto de política industrial. Ciertos sectores se van a fundir cada vez más con otros.

En la tabla 10 del Informe (p118) se expone la distribución de la inversión, entre lo que llaman las diversas palancas y componentes. Por orden de magnitud destaca la modernización y digitalización del tejido industrial y de las pymes, recuperación del turismo e impulso a una España nación emprendedora con 16075 millones de euros.

En segundo lugar está La Agenda Urbana y Rural, lucha contra la despoblación y desarrollo de la agricultura. Incluye el plan de rehabilitación de vivienda y regeneración urbana (6820 millones) y el plan de choque de movilidad sostenible (6536 millones) con un total de 14.407 millones de euros.

Y en tercer lugar las infraestructuras y ecosistemas resilientes, con 10.400 millones de euros.

En estas tres áreas se invierte el 58.8% de los 70.000 millones.

En la web oficial de la Unión Europea "ec.europa.eu", se da una información exhaustiva sobre los planes de recuperación y resiliencia de todos los países, sus efectos sobre el crecimiento de la economía, su implementación y su supervisión semestral. Así se habla por parte del gobierno de asignación, movilización de fondos, aplicación, transferencias a las comunidades autónomas, que el de ejecución final, todo con porcentajes muy dispares. Es muy difícil analizar por tanto cual es la inversión física final realizada en los fondos europeos, ya que hay un número de pasos intermedios que además quedan en gran parte, al control de las autonomías, por lo que toda esta secuencia dificulta la información final.

17 de septiembre de 2022
Blog del autor: camposeconomicos.blogspot.com

Capítulo 15

LA DECADENCIA DE ITALIA
ADÓNDE VA NUESTRO PAÍS HERMANO

La nueva escalada en la guerra de Ucrania cada vez más difícil de controlar, pone especialmente a Europa al borde de una recesión inminente, en la que la caída del gobierno británico señala el camino que no se debe seguir. Continúa al alza la presión energética sobre Europa por la fortaleza del dólar, y la perspectiva de consumo invernal, con los intentos de coordinación europea. Italia entre las potencias del euro, es la más frágil por su débil crecimiento, falta de competitividad de décadas, que le ha llevado un nivel del 150% de deuda pública sobre su PIB, lo que hace muy sensible a las subidas de tipos de interés, que pueden dar lugar a turbulencias en ese mercado, y afectar a nuestro país, con las perspectivas de un bajo crecimiento y un endeudamiento público sobre sobre el PIB (116%), superior a la media de los países del euro.

LA DISCIPLINA MONETARIA USA ARRASTRA A LAS ECONOMÍAS MUNDIALES

El 22 de septiembre, la Reserva Federal estadounidense como se esperaba, subió los tipos de interés por quinta vez en lo que va de año, otro 0.75%, hasta el 3.25%, nivel que no se alcanzaba desde el 2008, revisando a la baja el crecimiento y al alza el paro, la inflación media y los tipos de interés previstos, 4.4% a finales de año (quedan dos reuniones en el 2022, 1- 2 de noviembre y 14-15 de diciembre) y 4.6% el próximo año.

El dólar se fortaleció de nuevo frente al resto de las monedas, descendiendo el euro en su cotización sucesivamente de 0.99 a 0,95 con respecto al dólar, con caída significativa de las bolsas, el oro y el petróleo, y subida de los tipos de interés de la deuda soberana en Estados Unidos, por encima de 3.7% los diez años (a final de octubre superó el 4%) que arrastró a las deudas de los países del euro (el bono español a diez años llegó al 3.16% y el italiano al 4.32%). El presidente Jerome Powell había destacado en la reunión de presidentes de bancos centrales que: "Lograr la estabilidad de precios requerirá enfriar el mercado laboral y provocar algo de dolor a familias y empresas". La proyección de la Fed es de subida del paro al 4.4% lo que supone 1.2 millones de desempleados adicionales.

Hubo un nuevo bloqueo de Estados Unidos en el suministro de semiconductores a China, que ha producido paradas en los principales productores chinos y un descenso bursátil sobre todo, de los grandes productores asiáticos de chips.

El presidente Biden estudia nuevas prohibiciones de exportaciones a China, en los capítulos de tecnología cuántica, e Inteligencia Artificial.

El lunes 24 de Octubre, China ha publicado con retraso su crecimiento en el tercer trimestre con un 3.9% (después del estancamiento del trimestre anterior, afectado por los confinamientos del COVID), impulsado por la inversión en infraestructuras, las ventas al por menor bajaron y el desempleo subió. Todavía la economía no ha alcanzado el nivel pre pandemia, la moneda ha descendido a mínimos desde enero el 2008. Las restricciones por la pandemia continúan y las exportaciones dadas todas las circunstancias políticas, sanitarias y económicas van descendiendo en su crecimiento, con una expansión en septiembre del 5.7%.

La finalización del congreso del partido comunista chino, ha traído consigo la consolidación del poder de su presidente Xin Pi, y del papel del estado en la economía frente al sector privado, lo cual ha traído consigo caídas en las bolsas chinas superiores al 2%, y un descenso en la bolsa de Hong Kong del 6.8% en el día de cierre del congreso, con caídas de dos dígitos en sus acciones tecnológicas. En los nuevos nombramientos chinos del comité, no hay ningún economista.

Continúa la India con un crecimiento previsto para este año del 6.9%, reduciendo la distancia con China que prevé un 3%, tendencia que seguirá en los próximos años, aunque quizás no en ese grado, ni tampoco en el corto plazo podrá India tomar el relevo para sustituir a China como locomotora en el crecimiento mundial.

Las expectativas de subidas de tipos de interés en Estados Unidos, siguen reforzadas por el indicador de inflación adelantada, que ha bajado solo una décima del 8.3% al 8.2%, pero la subyacente (excluyendo energía y alimentos frescos) ha ascendido del 6.3% al 6.6%, con las hipotecas a 30 años al 6.8%. La economía sigue apoyada principalmente en el consumo, que continúa creciendo a un ritmo de dos dígitos, debido al muy bajo paro (3.5%) y a la disminución del elevado ahorro desde la pandemia por las inyecciones monetarias recibidas, con muy poca reacción a las fuertes subidas de precios de la alimentación.

En España el índice de coste de vida de septiembre ha disminuido al 8.9%, 1.6 puntos menos que en Agosto, compensando las bajadas de energía, la subida de los alimentos en los supermercados (a pesar de su descenso en origen), lo cual hace concebir ciertas esperanzas de que hayamos tocado techo.

Las bolsas han tenido un descenso generalizado leve, con variaciones pronunciadas en el mes, por la incidencia de las subidas de tipos de interés y las expectativas de beneficios de las empresas.

Así las bolsas mundiales han pasado de un descenso desde final del 2021, del 22,1% a 21 de Septiembre al 24.5% al 18 de Octubre, las de países emergentes del 24,3% al 29,7%, por la caída de los mercados asiáticos y de Centroeuropa. Las bolsas del euro perdían el 19.2% frente al 18.8% el mes anterior.

Los diferenciales entre las categorías de deuda, han experimentado una ligera subida en la evaluación de los riesgos en Estados Unidos.

DÓLAR, EXPORTANDO INFLACIÓN. IMPOSIBILIDAD DE CONTROL

El dólar ha llegado a su nivel más alto en los últimos veinte años, por rentabilidad y por seguridad frente al euro, a las monedas débiles, y también respecto a las monedas de países aliados que estaban ganando cuota en la década pasada frente al dólar (Canadá, Australia, Nueva Zelanda, Corea) y frente a China.

Todo ello ha llevado a Intervenciones en el mercado de divisas en tres países (Gran Bretaña, China y Japón), para evitar una excesiva depreciación de sus monedas.

En Japón, el yen ha continuado su depreciación respecto al dólar con un récord en el siglo, de 150 yenes por dólar. La inflación en septiembre, ha llegado al nivel inédito en las últimas décadas del 3%, (llevaba seis meses superando el 2%), y en los mercados de derivados se está cotizando una subida de los tipos a largo que se acerca al medio punto de tanto por ciento. Solo en septiembre, Japón se ha gastado 20.000 millones de dólares en defender su moneda.

A quien más está perjudicando esta fortaleza del dólar, es a Europa, por la presión energética adicional que supone la depreciación del euro respecto al dólar, con el que se pagan las importaciones de energía. Los mercados emergentes, que ya habían tocado suelo los años anteriores, en general están aguantando mejor. Sin embargo, la exposición en dólares desde el COVID, ha sido mayor en los bancos y sociedades asiáticas, especialmente Japón, que en la banca y sociedades europeos que la han reducido claramente desde la gran recesión del 2008.

Mientras sea prioritaria la lucha contra la inflación, a Estados Unidos le seguirá interesando un dólar fuerte, pero si ascendiera todavía más, podríamos comenzar a ver, los efectos rápidos y recesivos de una gran escasez de dólares.

La posibilidad actual de una actuación conjunta coordinada de todos los países para rebajar su cotización, (1) como se realizó tras el acuerdo del Plaza de 1985, se ve inviable por las dimensiones del mercado actual en relación a unas reservas de divisas mundiales que se hallan en descenso.

Cuando se realizó la intervención en el periodo 1985-87 para debilitar el dólar, la contratación era de 200.000 millones de dólares al día, en el 2019 era cuarenta veces mayor, 8.3 billones de dólares diarios, cuando el G10 acumula una reservas de 2.8 billones de dólares (excluyendo el oro). El G10 agrupa a Alemania, Bélgica, Canadá, Estados Unidos, Francia, Italia, Japón, Países Bajos, Reino Unido, Suecia, Suiza, y como miembro asociado Luxemburgo.

Las reservas de divisas (2) en lo que llevamos de año hasta octubre, han disminuido en un billón de dólares con un descenso del 7.8%, hasta quedarse en 12 billones de dólares, la mayor caída desde que Bloomberg recopila datos en el 2003, una parte, más de la mitad, se debe a problemas de valorar en dólares, divisas fuertemente depreciadas como el yen o el euro, el otro factor, es la perdida de divisas por defender la moneda interviniendo en el mercado, en un creciente número de bancos centrales.

Así la India, por ejemplo, ha descendido sus reservas en 96.000 millones de dólares este año, dejándolas en 538.000 millones de dólares. El banco central indio declara que el 67% de la bajada, se debe a descensos en la valoración. La rupia, su moneda, se ha depreciado en un 9% frente al dólar.

La Reserva Federal estadounidense (3) para compensar la escasez de dólares, realiza prestamos de dólares a los bancos centrales (a 14 en concreto) a corto plazo para que ellos suministren a su vez a los bancos necesitados de los mismos, la cifra en el COVID llego a los 500.000 millones de dólares, además de facilitar unas líneas de compras a los bancos extranjeros de sus posiciones en bonos de tesorería USA, para que no alteren el mercado, aunque las cifras son mucho menores que en el caso de los préstamos a los bancos centrales.

Todo ello ayuda a la financiación de los dólares fuera de Estados Unidos, pero es más importante para los bancos centrales, mantener una posición de liquidez propia en dólares, y no estar al albur de lo que decida la FED estadounidense, que es un complemento.

Estados Unidos que supone (4) poco más del 20% del PIB mundial, tiene una cuota el 60% de las reservas mundiales de divisas (en el 2000 estaba en el 70%), frente al 21% del euro, 6% del yen, 5% de la libra británica y 2% de la moneda china. En las transacciones comerciales y financieras de moneda extranjera, según el BIS en el 2019, el dólar es comprado o vendido en el 88% de las transacciones mundiales. La situación bélica actual y los enfrentamientos políticos van a disminuir el peso del dólar en la actividad mundial, aunque no en un grado superior a lo ocurrido en los últimos veinte años.

El mercado de los activos en dólares de los bancos no americanos, se eleva a trece billones de dólares, ganando terreno los bancos japoneses y canadienses frente a los europeos y los no bancos, sobre todo las compañías de seguros japonesas. Su financiación es muy importante, ya que dificultades en la misma, llevaría a ventas obligadas de activos y a insolvencias de empresas. La financiación que se realizaba en gran parte vía Estados Unidos, principalmente a través de sucursales estadunidenses de los bancos extranjeros, ha evolucionado hacia una financiación más doméstica, en la que pesan más los inversores norteamericanos y el mercado de derivados, el Banco Internacional de Pagos concluye que es difícil evaluar si el riesgo de la escasez de dólares, ha aumentado con estos cambios, ya que del mercado de derivados no se tiene información suficiente.

La bajada de la creación monetaria de dólares en Estados Unidos por debajo del ritmo de la economía norteamericana, está reduciendo la liquidez estadounidense y mundial, de hecho, por primera vez en este ciclo, la creación monetaria en el último trimestre (finalizado en Agosto) ha sido negativa y a ritmo anualizado la M2, (que se compone principalmente de depósitos a la vista y efectivo, más depósitos de ahorro por debajo de 100.00 dólares y activos de los fondos monetarios al por menor) lleva un incremento del 0.5%, cuando como mínimo debería estar en una banda del 4 al 6%.

LAS MATERIAS PRIMAS, LOS PAÍSES DEL GOLFO Y LA ENERGÍA

La OPEP anunció una disminución de su producción en dos millones de barriles de petróleo diarios, una reducción mayor de la esperada, por el temor a que la recesión haga descender los precios que han caído un 25% sobre máximos.

Todo ello es contrario a las peticiones de Estados Unidos, que amenaza con liberar parte de sus inventarios de petróleo. El suministro anunciado de 5000 millones de dólares en misiles a Arabia Saudita, no parece que haya surtido el efecto deseado. Es evidente que Arabia Saudita ha hecho causa común con Rusia e Irán, en el descenso de la producción, por sus propios intereses económicos, ya que temen una recesión y su presupuesto contempla un precio de 76 dólares que le supone un superávit público menor de lo esperado.

Arabia Saudita y sus aliados del Golfo no han condenado a Rusia ni apoyan las sanciones. Por otro lado, la postura occidental de poner un techo al petróleo ruso va en contra de sus intereses.

Después de 70 años de alianza USA-Arabia Saudita, con intercambio de protección militar a cambio de petróleo, todo está cambiando por los pactos nucleares de Estados Unidos con Irán, el enemigo saudita del que no se sienten protegidos por los estadounidenses, ni en la guerra de Yemen, ni en resto de los conflictos apoyados por sus enemigos, los iraníes, y las políticas de intimidación no funcionan. La presión de USA por el asesinato hace cuatro años del periodista Khashoggi sobre el denunciado como responsable, el Príncipe Mohammed Bien Salman, que ahora ha tomado el papel de primer ministro, no ayuda a la cooperación.

Entre las estrategias que se están planteando como reacción, es la denuncia legal de Arabia Saudita como manipuladora del mercado de la energía que llevaría consigo una serie de sanciones, y el bloqueo del envió de armas, para su red protectora de misiles.

El mercado de petróleo ha reaccionado al alza, y como señala el BIS (5) con su repercusión directa en el transporte, agricultura, y un tema muy importante, en los productos refinados (gasolina, diésel, gasóleo que puede sustituir al gas, queroseno etc.) Que, en los países sin capacidad suficiente de refino, puede producir colapsos en la actividad económica. En España con una capacidad de refino consolidada, sin embargo el impacto petrolífero de esta subida de la inflación, queda amortiguada, por el menor incremento en gasolina, diésel y gasóleo.

Estados Unidos, es especialmente sensible en su coste de vida, a la subida de los carburantes y especialmente el diésel, base de todo su sistema de transporte, y que ha vuelto a cotizar a los niveles récord de 200 dólares. El economista Paul Truman señalaba la correlación entre el precio de la gasolina y las encuestas políticas, si sube la gasolina. Bajan los votos a favor del gobierno demócrata.

El mercado del gas ha experimentado una notable caída a las puertas del invierno.

En España el gas en el mercado ibérico se ha derrumbado por debajo del tope de los cuarenta euros debido al clima, la utilización de fuentes eólicas, el frenazo en el consumo de ciertas empresas con imposibilidad de producir a esos niveles de coste, y el acopio finalizado del almacenamiento, lo que ha provocado un cuello de botella de buques en España para descargar el gas natural licuado, impulsando la idea de poner en funcionamiento la gasificadora del Musel, en Gijón.

De cualquier forma, las empresas en general no se han beneficiado de esta bajada, ya que realizan contratos a largo plazo a un precio fijo.

El mercado europeo del gas (TFF) radicado en Holanda también ha tenido un fuerte descenso (a la mitad en octubre) aunque no tan intensa como en el mercado ibérico, pero el futuro de diciembre presenta ya una subida del 35%.

El carbón continua a precios récord que rondan los 400 dólares por tonelada (un 160% de subida sobre enero) por su papel sustitutivo, con una subida de la demanda mundial del 1%, 8000 millones de toneladas previstos para este año.

El invierno lleva a una gran demanda de otra materia prima energética, la madera para quemarla en las estufas y chimeneas, un mercado de 9000 millones de dólares, que solo en último mes de septiembre, ha subido su cotización un 25% en el mercado suizo. En el 2032 se piensa que el mercado alcanzara los 25.000 millones de dólares.

En España el 15% del calor producido viene de la madera, que ha duplicado su precio en sus versiones de pellets (conglomerados) y leña (madera de roble y encina) desde el inicio del 2021.

Se ha disparado asimismo en nuestro país en estos dos años, la instalación de chimeneas y la demanda de estufas. En los seis primeros meses de este año han subido un 30% sobre el año anterior las ventas de estufas y la de chimeneas el 20% (según la Asociación de fabricantes de estufas y chimeneas). Suponen 4000 empleos directos y 100 millones de euros de facturación (llegara 140 millones a final de año).

La volatilidad de los mercados de materias primas (5) está provocando tensiones de liquidez en los mercados de derivados de las mismas, por las exigencias de crecientes garantías a operadores ya muy endeudados. En uno de los mayores operadores, sus activos superan ocho veces los recursos propios, y el 70% de su financiación es a corto plazo, menos de un año. El encarecimiento como consecuencia de las coberturas, ha provocado que renuncien a las mismas, gran parte de los productores físicos, exponiéndose a los riesgos de sus mercados.

El índice de alimentación del Economist, ha descendido con respecto al mes anterior, del 12.8% de incremento al 6.5% al 18 de Octubre, y todavía más el índice agrícola no alimentario en negativo respecto al inicio del año, es de esperar que esta moderación se vaya trasladando en la cadena, al consumidor final en los próximos meses.

INDIA SUPERA A GRAN BRETAÑA

Coincidiendo con el 75 aniversario de su independencia, la India con un PIB de 3 billones de dólares, ha superado a Gran Bretaña colocándose en quinto lugar detrás de Estados Unidos, China, Japón y Alemania. Las distancias se van ampliar, ya que Gran Bretaña prevé un crecimiento del cero por ciento en el 2023, mientras que la India está en un 5.7% y las perspectivas de crecimiento anual, más que doblando las del crecimiento británico y europeo en el medio plazo, le llevarían al tercer puesto antes del 2030.

El impacto de las sucesivas crisis en Gran Bretaña viene agravado por el Brexit, que aparte de provocar todas las interferencias en la actividad económica, ha supuesto un descenso cercano al 15% del comercio con Europa, que no se ha podido compensar suficientemente con la desviación del mismo a otros países sin lograr hasta el momento, el ansiado acuerdo comercial con Estados Unidos.

Las huelgas y pérdidas de horas de trabajo en el 2019, fueron de una intensidad no conocidas desde los años 60-70 del siglo pasado. El Informe Big Brexit (6) emitido en Junio de este año, señala que el impacto a medio plazo, reducirá la renta de los hogares como resultado de una libra débil, un descenso en la inversión y en el comercio. El ajuste será importante, pero no alterará la naturaleza de la economía inglesa, incluyendo su focalización en los servicios y la especialización de sus exportaciones. La cuota del comercio sobre el PIB, ha descendido ocho puntos de tanto por ciento con una clara pérdida de competitividad, y continúa el descenso de la productividad. El informe estima que un inmediato efecto del Brexit, fue un incremento del coste de vida equivalente a 870 libras al año, para el hogar medio británico y el ligero descenso de la inversión, frente al 1.7% positivo de su tendencia en los últimos tres años.

El programa que se anunció por la primera ministra anterior, de masivas bajas de impuestos generalizadas y ayudas a las facturas energéticas de los hogares, con recortes sociales, sin especificar su financiación, provocó una reacción muy negativa en los mercados.

El programa estaba basado en el libro publicado diez años antes, "Britain Unchained (7) con lecciones globales para la prosperidad y el crecimiento, en el cual entre otros participaban la propia Elizabeth Truss y su ministro Kwasi Kwarteng. En esta obra, se hablaba del aviso que suponía para Gran Bretaña la deriva de la economía italiana y lo cerca que se encontraba actualmente el país de la situación italiana. Aunque con cierto orgullo, The Economist indicaba que la economía británica es más competitiva que la italiana, (pues la productividad italiana ha evolucionado mucho peor en las últimás décadas), con una deuda pública inferior, un control sobre su moneda y un país más joven y que además es una potencia nuclear.

Gran Bretaña hasta el momento es el segundo país de Europa tras Alemania, en realizar un mayor apoyo fiscal a hogares y empresas, en su política energética superando el 5% del PIB.

Ante el anuncio del plan de estímulo de Liza Truss, a pesar de subir los tipos de interés el Banco de Inglaterra en medio punto, acompañando a la subida de la Fed, y pasar del 1.75 al 2.25%, la libra esterlina se derrumbó respecto al dólar a mínimos de 37 años, llegando a perder el 1.1 (1.06) con fuertes subidas en el tipo de interés de sus bonos hasta el 4.5% con subida de casi un punto en tres días (máximos desde el 2011) que arrastró a los bonos de los países del euro y una reacción fulgurante de la tendencia ya presente al endurecimiento en las hipotecas (algún banco subió en tres meses la hipotecas a dos años del 2.54% al 5.6%) y llevó al Banco de Inglaterra a la contradictoria medida, después de haber subido los tipos días antes, de comprar 73.000 millones de euros de bonos de larga duración (10 y 30 años) para rebajar los tipos a largo, con inyección de recursos inflacionista al sistema. High Pill del Banco de Inglaterra (8) afirmaba que estas compras era un episodio aislado y en ningún caso significaban una continuidad en el futuro.

Los fondo de pensiones ingleses (9) habían realizado 1.5 billones de libras de coberturas en los mercados de derivados para cubrir 1.7 billones de pasivos (posición que triplicaba la del 2010), con la caída de los bonos y la subida de tipos, los fondos se vieron forzados a vender principalmente sus bonos a 30 años, ante la exigencias de cubrir los márgenes de garantía crecientes de sus posiciones de futuros, pero al vender más bonos provocaban más peticiones para cubrir sus garantías, con lo cual entraron en una espiral de caos en el mercado, no contemplada en el medio siglo, que llevaba trabajando un especialista del mismo. La intervención del Banco de Inglaterra, fue para cortar esa caída libre. Entre las gestoras atrapadas en esta espiral estaban BlackRock y Schroders entre otras.

En la semana que se inició el siete de octubre, fueron necesarias nuevas compras de bonos, por parte del Banco de Inglaterra, por las nuevas turbulencias.

A primeros de Octubre, ante las críticas unánimes incluso desde su propio partido y el Fondo Monetario, Liz Truss retiró la rebaja fiscal del tipo máximo en la renta del 45%, que supone un cantidad mínima del agujero fiscal de 50.000 millones de su plan, en la primera decena de Octubre, la Oficina de Responsabilidad Fiscal había elevado el déficit por las medidas a 70.000-80.000 millones de libras. En las encuestas, la satisfacción con el Banco de Inglaterra había pasado del 60% en 2005, hasta menos del 30% en los momentos actuales. El Banco de Inglaterra había anunciado una recesión, y un ascenso de la inflación al 13% en octubre, pidiendo a la vez que se diera marcha atrás en las exorbitantes peticiones de subidas de salarios.

El viernes 14 de octubre se produce una marcha atrás de todo el plan, con la renuncia a 20.000 millones de rebajas y sacrificio del diseñador del plan el ministro de economía Kwasi Kwarteng, lo que dejó a la Primera Ministra en una situación muy frágil. El mercado en un primer momento, no tuvo una reacción positiva. La bolsa inglesa castigada en épocas pasadas, se mantenía como la resistente del año, con una bajada del 6.2% desde final del año pasado al 18 de octubre, frente al 2% que descendía al 21 de septiembre, hablando siempre en moneda local, la montaña rusa de la libra ha sido determinante en ese comportamiento.

El derrumbe en las encuestas de su partido, intensificó las críticas y maniobras contra su liderazgo. Mientras Escocia comenzaba a presionar para un referéndum de independencia.

David Cameron el ex primer ministro sentenciaba sobre las consecuencias del plan. "No es posible una economía de bajos impuestos, endeudándote. Es imposible tener un estado reducido con fiscalidad baja y un gasto publico descomunal".

Con la subida de la inflación, al ser el país europeo con más bonos emitidos ligados a la misma, el peso de los intereses de la deuda pública ha ascendido de los mínimos durante la pandemia del 1.5% sobre el PIB, a previsiblemente superar en el corto plazo el 4% del PIB, según la Oficina de Responsabilidad Fiscal, si continúan las actuales expectativas de inflación y tipos de interés.

Finalmente, el 20 de octubre, la primera ministra anunció su dimisión, tras anular, el nuevo ministro de economía nombrado días antes, gran parte del plan económico. Ha sido la primera ministra de más breve estancia en el poder de la historia, 45 días, y el cuarto primer ministro tras el Brexit. Si los mercados reaccionaron positivamente en principio, las expectativas han empeorado ante la caótica falta de dirección y planes. En 20 años el peso de las sociedades británicas en la bolsa mundial ha pasado del 8% al 3%.

Se nombró en su lugar como primer ministro a Rishi Sunak ministro de economía con Jonhson y defensor del Brexit, que viene de la banca de inversión en la City y ha prometido una política ortodoxa austera. El más joven en 200 años. Los medios de comunicación de la India, se han congratulado del nombramiento de un hijo de su país.

Si en el anterior artículo comentábamos que Japón nos puede indicar por donde puede ir la tendencia a medio y largo plazo de la economía, Gran Bretaña nos avisa de los conflictos a corto plazo y descartar de entrada, programas como el que ha provocado la caída inmediata del gobierno.

ESCALADA BÉLICA, EL GRAN RIESGO DE EUROPA

La consultora GaveKal (10) ha presentado una excelente síntesis, de los riesgos que se ciernen sobre el continente europeo, pero en mi opinión se deja el más importante, tras la anexión por Rusia de las cuatro regiones del este de Ucrania, y los avances en las mismas de las tropas ucranianas, la probabilidad de una demostración de poder de destrucción de Rusia más allá de la línea de batalla ha aumentado notablemente, que en una primera etapa ha sido con una lluvia de misiles a las ciudades ucranianas, con el posible uso de armamento nuclear controlado sobre un objetivo, u otras alternativas, que podrían llevar a una salida de capitales de Europa de gran magnitud.

Señalan que el sentimiento respecto a la expansión europea, ha descendido de un crecimiento previsto hace seis meses del 2.5% al 0,25% actual, con una caída de las bolsas del euro del 19%, en los seis meses transcurridos hasta el 18 de octubre.

Esta caída de las expectativas se debe a las restricciones crecientes de las ofertas de energía y al efecto negativo sobre el sector exterior, generando déficits comerciales, sin mejorar la depreciación, la competitividad respecto a los mercados que nos interesan. Por otro lado se ha producido un retraso en el tiempo en alcanzar los máximos inflacionistas.

Al endurecimiento de la política monetaria por los bancos centrales, se ha unido el Banco Central Europeo, con una subida el jueves 27 de Octubre ya prevista del 0.75% actual, al 2%, endureciendo también los préstamos del BCE a la banca y controlando la capacidad de prestar de la misma, lo que va a suponer un encarecimiento y restricciones en la concesión de hipotecas, que unido a la factura energética y de la cesta de la compra, va a pesar sobre los hogares y presionar también a un tercio de las pequeñas y medianas empresas, con una caída en las expectativas a tres meses en la demanda de créditos.

Se piensa en el mercado que la próxima subida será algo inferior, y que puede ser la penúltima, hasta llegar como máximo a un 2.75-3% a principios del 2023.

En cuanto a la inflación, si desde el 2021 y hasta el primer trimestre del 2022, si se generaba principalmente por los precios de la energía, en los últimos seis meses el peso de la energía se ha estabilizado, y sin embargo se ha acelerado la inflación, extendiéndose las subidas de precios a otros sectores y retrasando los máximos.

Respecto a las medidas fiscales para aliviar la inflación energética, España ocupa el lugar número once de Europa, con un soporte fiscal ligeramente superior al 2% del PIB, mientras Italia cuarto país de Europa (tras Alemania, Grecia y Gran Bretaña) ha articulado un impulso muy superior, del 3.6% sobre el PIB.

RUSIA, ESCALADA Y SANCIONES.

Los incidentes en la escalada de la guerra son continuos: sabotajes a los oleoductos, el problema de los cables subterráneos, anexiones (20% del territorio con las cuatro regiones), incorporación a filas de los ciudadanos rusos, el primero desde la segunda guerra mundial. Destrucción parcial del puente de Crimea, reacción con la lluvia de misiles contra las ciudades ucranianas, con víctimas civiles y destrucción parcial de infraestructura ferroviaria y eléctrica. Sanciones (contratación de personal en empresas rusas, bloqueo importaciones tecnológicas). Amenazas (guerra química, impacto nuclear). La desaprobación explicita de China e India.

El 20 de octubre, imposición de la ley marcial en las provincias anexionadas, lo que supone control de movimientos, restricción de viajes, confiscación de bienes y reclutamiento. Y por último el día 26 de octubre maniobras rusas exhibiendo su poderío nuclear.

Para Ucrania, supone más destrucción y más sufrimiento, ya que parece que los últimos ataques con misiles han afectado al 40% de la red eléctrica y al 30% del suministro de agua, aunque se está recuperando y por el momento prometen que no habrá restricciones, ante la gran amenaza del frio. Todo ello hace muy difícil la vuelta de los refugiados.

Sus necesidades de fondos se acercan a los 4000 millones de dólares mensuales, de los cuales la Unión Europea aspira a cubrir 1500 millones de dólares, el resto se cubriría por Estados Unidos y naciones aliadas e instituciones financieras internacionales. La presión de la guerra es pues cada vez mayor.

Hay que recordar que en el acuerdo de reconstrucción de Ucrania con la Unión Europea, (que resumimos en nuestro blog de 22 de Julio de este año "Inflación, Pandemia y Guerra") una de las condiciones para implantarlo, es que al final de la guerra, Ucrania mantenga la soberanía sobre una porción mayoritaria de su territorio.

Una medida pendiente de gran trascendencia seria el cierre para los metales rusos, del mercado de Londres (el LME). Cuando surgieron los rumores, el aluminio ascendió en un solo día el 8.5%, Rusia produce el 9% del níquel mundial y el 5%, tanto del aluminio como del cobre. Estados Unidos en las semanas posteriores, ha insinuado por su parte el bloqueo por su parte al aluminio ruso.

El coste directo material de la guerra para Rusia se está disparando. La estimación más conservadora (por debajo incluso de estimaciones rusas) señala que los costes diarios se acercan a los 400 millones de dólares, lo que implica 12.000 millones de dólares mensuales y 144.000 millones al año. Si continuara con la misma intensidad, el servicio de inteligencia británica estima que solo los misiles lanzados masivamente los días 10 y 11 de octubre, supondrían un gasto de 780 millones de dólares. Se habla de un problema generalizado de suministro de componentes en toda la industria, y especialmente la militar, que se está manifestando en el campo de batalla.

La partida oculta en el presupuesto ruso del 2023 de 100,000 millones de dólares, denunciada por Bloomberg, podría ir a la financiación de la guerra. El presupuesto actual continúa generando déficit público también en Agosto (comenzó en Julio).

INVIERNO DE IRA, INVIERNO DE DERRAMAS

Alemania para asegurar un cálido invierno a sus ciudadanos y empresas, ha planificado unas ayudas de 200.000 millones de euros, que como sigue siendo habitual desde la pandemia, supera el tercio de todas las ayudas de la Unión Europea lo cual despierta inquietud en muchos países por lo que pueda suponer de una posición superior de las empresas alemanas a la hora de competir en el mercado, por las ayudas del estado recibidas y es que es necesaria una coordinación más solidaria que no rompa la unidad del mercado europeo. El gobierno alemán argumenta que quieren ayudar a los suyos, y por ello ponen toda su capacidad en el empeño.

Los grupos extremistas tanto de la izquierda como de la derecha, entre ellos Alternativa para Alemania, y el partido de extrema izquierda Die Linke heredero de los postcomunistas, comienzan a hablar de un invierno de la ira en Alemania y realizan manifestaciones con lemas en gran parte comunes, con protestas respecto a la inflación y las facturas energéticas para los hogares. Por el momento ambos partidos son minoritarios. Alternativa para Alemania obtuvo un 10.3% en la últimas elecciones y Die Linke el 4.9%.

Italia es el otro país del euro que encara el invierno más problemático, con un 40% de utilización del gas en la electricidad (y su principal eléctrica Enel con necesidad de un crédito estatal de rescate de 16.000 millones de euros por operaciones de derivados) y alta dependencia del gas de Rusia, con unas bajas en el consumo muy inferior a las alemanas que han llegado en Julio al 15% de descenso, mientras que Italia no llega al 5%. Para un invierno medio y con el 90% de los almacenes llenos a uno de noviembre, Alemania tendría que bajar su consumo en un 16% e Italia un 20%. Suponiendo una baja de la mitad del consumo del 15%, por realizarse la otra mitad, con fuentes alternativas o ganancias de eficiencia, Alemania contemplaría un descenso del PIB entre -1 y -2%, Italia entre -1.6% y -3.2%. Mientras tanto, la Comisión Europea intenta coordinar la política energética en todas sus facetas (almacenamiento, precios, compras, ayudas estatales etc.) sin resultados todavía concluyentes.

Entre enero y septiembre, 11 de los 27 países registran descensos en el consumo de gas de dos dígitos, de media ha descendido en un 7%. En España el creciente uso del gas para producir electricidad, ha superado al ahorro de empresas y hogares, pero ya se está generalizando en las comunidades de viviendas el anuncio de derramas para encarar el invierno.

Las importaciones de gas de Rusia de la Unión Europea por gaseoducto han descendido al 9% desde el 41% del 2021, y las de gas natural licuado por barco, del 45% en el 2021 al 14% con los almacenes de gas al 91%.

España recibirá 2600 millones adicionales para infraestructuras energéticas dentro del plan RepowerEU de la Comisión Europea.

Y la noticia positiva de conexión por mar con Francia, para transportar hidrogeno y residualmente gas, aunque el coste va a ser mayor que el proyecto abandonado del oleoducto y el plazo se alarga. Además de incorporar desarrollos en las interconexiones eléctricas con Portugal y Francia.

Es muy difícil estimar el impacto de los fondos europeos utilizados en el crecimiento hasta este momento. El Gobierno lo estima en 1.9 puntos para el 2022 y 2.8 puntos para el 2023 sobre el crecimiento que se produciría si no hubiera habido fondos, pero no es capaz de estimar cuanto de los crecimientos previstos, 4.3% en el 2022 y alrededor del 2% para el 2023 se debe a los fondos. Las estimaciones de los distintos análisis oscilan entre 1.2 puntos y 0.7 en el 2022 y del 0.9 al 0.4 para el 2023.

De cualquier forma el Banco de España (como la OCDE, el Fondo Monetario y la Autoridad Fiscal Independiente) ha reducido a primeros de Octubre, las expectativas de crecimiento del gobierno para el 2023 al 1.4% (2.1% previsión del gobierno) e incrementándolo para el 2022 del 4.1% al 4.5%, todo ello retrasa hasta comienzos del 2024, la llegada al nivel previo a la pandemia.

Respecto a la financiación de las ayudas y subvenciones energéticas La Comisión Nacional de la Competencia (CNC) critica que se le haya marginado en la consulta sobre los impuestos extraordinarios a empresas energéticas y eléctricas. Ni la bajada general de impuestos como lema para mejorar, ni el populismo de ayudar a los pobres con el exceso de los ricos, con el planteamiento punitivo para estos últimos y el enfrentamiento con el aparato empresarial.

De hecho continúan siendo mucho mayores los recursos subvencionando de forma general y poca equitativa frente a los concentrados en los sectores, hogares y empresas más necesitados, ampliándose la falta de equidad con la revisión generalizada y en igual proporción de las pensiones con cerca de 20.000 millones de incremento para el 2023 al actualizar con la inflación media (el 8.5%) y la consiguiente inyección a la Seguridad Social prevista en los presupuestos para cubrir el déficit de 49.000millones.

La revisión del crecimiento a la baja en el 2023, no recogida en las bases de crecimiento del proyecto presupuestario, pone en duda los objetivos del mismo, aunque por ahora, la recaudación fiscal se mantiene intensa con 262.700 millones previstos, (6.75 de incremento, que se suma al 9.5% de este año) todavía apoyada en gran parte por la inflación, y tres partidas, pensiones, funcionarios y deuda pública, acaparan la mitad del gasto presupuestario.

La inversión pública en infraestructuras y en I+d+I y digitalización, se incrementa en un 14% hasta los 39.000 millones de euros, las inversiones en defensa se elevan en un 26% hasta los 12.300 millones. El gasto en pensiones 190.687 millones, lleva al gasto social hasta los 253.167 millones, con un incremento del 12.1%. Todo va a suponer un déficit público del 3.9%, sobre algo más del 4%, con el que se espera terminar este año. (El Fondo Monetario revisa al alza ese déficit público del 2023 y todas las previsiones a medio plazo hasta el 2027).

Como señala el Banco de España, el incremento de la recaudación tiene factores ocasionales, mientras el gasto que se está realizando es en gran parte permanente, con lo que el déficit público, tiene un componente creciente estructural, es decir no se puede rebajar si no se realizan reformas. Hasta el momento el gobierno no ha presentado un plan de ajuste a medio y largo plazo.

Siguiendo con la tendencia a la descentralización pública las comunidades autónomas recibirán 134.000 millones, un 24% más que el año anterior.

Son positivas las ayudas al 15% de las hipotecas de la banca, congelando cuotas y moratorias de dos años pagando solo intereses, así como los 3000 millones fuera de presupuesto del gobierno, como ayuda energética a los hogares más necesitados.

Van a ser elemento clave, los 23.000 millones de fondos europeos presupuestados para el 2023, junto con las inversiones pendientes de los adjudicados en los dos años anteriores. Vuelven las noticias de un toque de atención de la Comisión Europea a España, por no haber implantado hacienda todavía, el sistema auditoría y control del reparto de dinero, comprometido su establecimiento al último trimestre del 2021. El retraso en este y en otros trámites, se da en cierto número de países.

Crea inquietud por un lado, la sustitución de la responsable del Plan de Resiliencia y la petición de Volkswagen de que Moncloa eleve las ayudas con la amenaza de no invertir en la fábrica de baterías de Sagunto.

Respecto a la política monetaria volvemos a repetir lo que hemos señalado en anteriores comentarios en este blog, y que Keynes insistía tanto al final de los años veinte en su Teoría Monetaria. Cuando hay inflación es básico controlar el crédito adecuado de la banca a las empresas (y hogares), ni demasiado que sería superar la inflación con lo cual a medio plazo subiría el endeudamiento y las dificultades para pagar la deuda, ni una restricción exagerada en relación al nivel de inflación, que provocaría una inmediata cadena de impagos. En estos momentos estamos más cerca de los segundos, la restricción en cantidad y coste puede ser excesiva para una parte importante de las empresas. Ya comentábamos en nuestro anterior análisis que la financiación estable en términos reales al sector privado habría descendido en términos anuales, a cerca de 80.000 millones con la inflación a los niveles actuales.

LA DECADENCIA DE ITALIA

Todavía con el vuelco político de las últimas elecciones del 25 de Septiembre, que ha llevado a los tipos de interés de la deuda soberana italiana a rozar el 4.5% en el diez años con subidas de la bolsa italiana que en un año ha descendido un 19%, recapitulemos la trayectoria descendente de Italia desde los años 80 que se agudizó tras la crisis del 2008, en que el país pasó a ser uno de los problemas principales de la Europa del euro, con gobiernos populistas, enfrentada en sus presupuestos a la Unión Monetaria Europea, con el peligro siempre del contagio a nuestro país.

Hace cuatro años, uno de los economistas italianos más autorizados, Salvatore Rosi, del Banco de Italia (11), analizó la decadencia italiana en el circulo vicioso en el que se encontraba su país, con una inversión baja en educación, lo que había dado lugar a una escasez de oferta laboral con la capacidad necesaria para impulsar empresas innovadoras, muy baja inversión en investigación tanto pública como privada, que ha llevado a un declive de exportaciones, con pérdida de cuota en el mercado mundial, y a esto se añade un sistema financiero que no toma riesgos, con una financiación de las innovaciones muy escasa para las necesidades nacionales.

Zigales y Perreti (12) hablan de "La enfermedad italiana", que principalmente se basa en una cultura de directivos basada en la familia y demás lealtades, incapaz de realizar las innovaciones tan necesarias para impedir el retraso del país.

El Fondo Monetario insiste en las reformas de la administración, para controlar el desorden de los intereses públicos en las más de 9000 empresas públicas un tercio de ellas perdiendo dinero, simplificar procedimientos, acelerar las decisiones y mejorar la toma de decisiones, la contratación y la gestión personal.

Este año, la Comisión Europea en un análisis detallado de Italia, señalaba que aunque había algunos progresos sobre el 70% de los capítulos ordenados por la Comisión (entre ellos la economía sumergida que ha disminuido, pero está todavía en el 11.5% del PIB), sin embargo continuaba la debilidad en sectores clave, como el energético, con un mix dependiente del gas y de Rusia (paliado en gran parte por los contratos con Argelia), la administración, el mercado laboral, la banca, la justicia, la educación, la sanidad y los desequilibrios regionales sin mejoras en la brecha Norte-Sur, para terminar con un análisis amplio de la sostenibilidad de la Deuda, que aumento su peso en un 15% sobre el PIB, desde el inicio de la pandemia hasta llegar al nivel del 150%.

Enraizado en la sociedad italiana, está en el problema de la burocracia, la calidad y control de las instituciones y la corrupción, estando a la cola europea, en los tres capítulos.

LAS MAFIAS EN LAS RAÍCES DE LA DECADENCIA ITALIANA

El informe de Rosi está acotando factores importantes, como el de Zingales y Perreti, pero se olvidan como en general gran parte de los análisis de la economía italiana, de un hecho diferencial del país, que se ha ido consolidando a través de generaciones, el crecimiento ininterrumpido de las mafias.

La mafia surgió en el siglo XVIII según la historiadora Silvia Console, un siglo antes de la unificación de Italia, la salida del feudalismo sin un poder central provocó una ola de violencia, que llevó a una cultura de búsqueda de la protección al lado de los jefes poderosos que se iban imponiendo.

La mafia se fue extendiendo en el resto de Italia, con pactos entre las sociedades legales e ilegales, interviniendo en las políticas de la administración, los sindicatos y las votaciones (la extorsión en las subastas y los votos), integrándose cada vez más en la sociedad, con una creciente conexión entre el poder local y el nacional.

Un estudio de Europol (la Agencia de Policía de la Unión Europea) analiza las cuatro mafias (Siciliana, Calabresa, Napolitana y Apuliana) y su expansión fuera de Italia, señalando su creciente expansión y la conclusión de que supone un peligro para la Unión Europea, pidiendo una regulación urgente así como procedimientos de extradición, de bloqueo de activos, de denuncia e información comunes, para enfrentarse a esta amenaza creciente.

Esta expansión se realiza con un perfil bajo, invirtiendo su gran liquidez (derivada de sus negocios de drogas, contrabando de tabaco, falsificaciones, lavado de dinero, tratamiento de residuos, comisiones de sus innumerables concesiones etc.) En sectores como el transporte, la construcción, la energía verde, internet y el inmobiliario.

Su táctica, con la ayuda de hombres de paja, es la de ofrecer mercancías y servicios a precios muy competitivos y con calidades altas, para expulsar los competidores y comprar aquellas empresas con buen nombre y reputación cuando el negocio se viene abajo, continuándolo con total opacidad y extendiéndose así a negocios no tradicionales.

En el 2021 se produce la novedad de que esta vez, son tres economistas del Banco de Italia, los que analizan este tema, del influjo de las mafias en el tejido empresarial italiano, con el análisis de una gran muestra de empresas, combinado con una serie de investigaciones de campo registradas.

Estiman que los ingresos de actividades ilícitas se elevan del 2 al 5% del PIB italiano, pero lo más importante son los costes que imponen a la economía y a la sociedad, con una reducción importante de la renta per cápita (Paola Pinetti estima para el Sur de Italia un descenso del 16% de la renta per cápita en las cuatro últimas décadas). Distinguen entre los costes directos, que incluye todos los recursos públicos y privados necesarios para combatir las organizaciones criminales y todos los recursos que estas organizaciones substraen de la economía, y los indirectos que recogen todas las distorsiones generadas en la economía por la presencia y acciones de organizaciones criminales en el área, este canal es más importante que el primero, incluye por ejemplo la colaboración entre las organizaciones criminales y los gobiernos locales para dirigir el gasto público a los objetivos de las primeras o el poder de intimidación en el mercado para distorsionarlo, así como la inyección de fondos ilegales para dar ventajas competitivas a las empresas a las que están conectadas, además de su influencia en la elección y comportamiento de los políticos. El estudio se centra en el influjo de la mafia más potente la calabresa, en el norte y este de Italia.

Pero la mafia calabresa como recoge el escritor Roberto Saviano actúa con células en países como Canadá, Estados Unidos, Australia y tiene su El Dorado en Alemania, en el este del país con 18-20 células cada una de las cuales consta de 50 miembros, actuando en la extorsión de sus redes de apoyo y cobertura en los negocios tradicionales (restauración, narcotráfico, inmobiliario etc.) para luego irse diversificando en sectores de buena reputación.

Durante el COVID que tanto afectó a Italia, la mafia actuó con la usura en un amplio espectro de hogares y empresas (se estima en 40.000 según la confederación de comerciantes) aprovechando las necesidades de liquidez, crónica espeluznante que Roberto Saviano documentó detalladamente.

Como Saviano, en el 2018, 196 periodistas se hallaban con protección policial por amenazas de muerte de la mafia, según el Ministerio del Interior.

Y se sigue luchando contra las mafias. El 11 de mayo de este año los periódicos recogían la noticia del arresto en Roma, de 78 miembros de la mafia calabresa (La Ndrangheta) a la que se estima una facturación de 40.000 millones de euros. Se la clasifica como la cuarta empresa de Italia.

Pero es imposible derrotar a las mafias, declaraba en el 2021 Nicola Grateri (fiscal antimafia de Catanzaro), que ha instruido un macro proceso con 355 acusados. "Cada vez encontramos más políticos, empresarios y servidores públicos ligados a la Mafia, está bajando mucho el nivel ético y moral. Hace falta una revolución en el plano judicial, cultural y educativo, además de una cooperación internacional adecuada para derrotarla".

RETRASO RESPECTO A ESPAÑA

En 20 años, España que estaba un 20% por debajo en renta per cápita debajo de Italia, ha llegado a su altura (medida en euros equivalentes por poder adquisitivo) y se espera que le siga superando, aunque la pandemia perjudicó más a España, pero las previsiones para los próximos años dan a nuestro país un crecimiento superior en el

2022, 4.4% para España y 3.4% para Italia, 1.5% y 0.4% respectivamente para el 2023 según la OCDE. Las diferencias se pronunciaron más en el periodo 2013-2017, en que la renta per cápita española ascendió en un 14,1%, y la italiana en un 6.5%, con una clara diferencia en la productividad por hora trabajada, para el mismo periodo (2.4% para España y 0.55 para Italia).

En riqueza per cápita (el valor de los activos mobiliarios e inmobiliarios) Italia nos sigue superando con amplitud, más de un 20% en euros equivalentes en poder adquisitivo (más del 50% en términos nominales), pues el que tuvo retuvo.

La globalización en general y la competencia asiática en particular, ha golpeado al país desde los años ochenta en los capítulos de exportación más importantes, como siderurgias automóviles e industrias auxiliares, maquinaria eléctrica, bienes de equipo, ropa textil y diseño (tercer exportador mundial) perdiendo mercados y obligando a cerrar muchos negocios, de su atomizada estructura empresarial.

Recordemos la caída de Olivetti que era la empresa número dos del mundo tras IBM, o Montedison, en un tiempo la séptima química del mundo. Italia produce en suelo italiano menos coches que España, y vendió gran parte de sus principales firmas (Bulgari, Versace, Luxotica la de las gafas Rayban, Pirelli, Essilor etc.) Y llegó a la par con Gran Bretaña, a ser la quinta potencia del mundo. Todo ello ha supuesto un descenso en la rentabilidad de las empresas, en el ritmo de las inversiones industriales, incluidas las extranjeras, con un crecimiento débil basado en el consumo de los asalariados.

Su peso en las bolsas mundiales ha descendido del 6.2% en el 2000 al 3.7% en el 2020.

LA OTRA ITALIA. EL LEGADO DE DRAGHI

Sin embargo existe una Italia creadora y emprendedora, con numerosas empresas jóvenes, tanto en el diseño industrial como artístico, la artesanía desde zapatos a bolsos, la moda (como Zegna) o los coches deportivos (Ferrari), óptica, cosmética, piedras preciosas, metales y bebidas, ya que el peso de sus empresas de crecimiento, el 25% sobre el total, es el más elevado de la Unión Europea (según la OCDE, aunque señala el contraste con sus numerosas pymes sin capacidad), lo que unido al camino abierto por Piero Draghi, el primer ministro dimitido con la obtención de 250.000 millones en fondos europeos entre subvenciones y créditos ligados a un plan de reformas y objetivos, que aligere la burocracia y eleve la productividad industrial y financiera, constituyen la gran esperanza para el país.

El populismo político es esencial por tanto que se corrija en sus promesas antieuropeas, y que pueda haber un acercamiento a la disciplina y coordinación con Europa, a ello podría apuntar la noticia de la nueva Presidenta, de nombrar ministro de economía al moderado Giancarlo Giorgetti que continuaría la política de Dragui, que ya fue ministro en su ejecutivo.

MERCADOS, CONTAGIOS Y APOYOS. UN AVISO PARA ESPAÑA

En la reciente reacción a la subida de los tipos de interés estadounidenses y a los resultados de sus elecciones la deuda italiana se acercó al 5% (4.87) en sus bonos a diez años, con un incremento de la prima de riesgo, mientras la española se mantuvo estable. La deuda italiana supera el 150% del PIB, mientras la española está al 116%, con dos grados de mejor calificación de la misma por las agencias de rating, por otro lado, es más sensible a la subida de los tipos de interés, ya que por un lado los intereses suponen el 3.5% del PIB, frente a un poco más del 2% de la española, y por otra le vence la mitad de la deuda que tiene que volver a refinanciar probablemente a tipos de interés más altos, en un plazo de poco más de dos años, frente a cuatro, la española.

Si el Banco Central Europeo subiera los tipos de interés al 3%, los pagos ascenderían anualmente en un 1.2% del PIB. En el análisis de sostenibilidad de la deuda italiana, la Comisión Europea señala el objetivo de que descienda para el 2030, al 135% sobre el PIB, pero en un escenario tan favorable que no parece realista. Como ya vimos en nuestro anterior artículo, la estimación de la Comisión Europea de los fondos europeos por los tres canales (prima de riesgo, impulso fiscal y reformas estructurales) haría descender la deuda española sobre el PIB en 14 puntos de tanto por ciento, y la italiana en 12 puntos.

La deuda pública italiana se financia principalmente por el ahorro del país, y el moderado endeudamiento del sector privado, pero gran parte ante la baja de la inversión de los particulares, se apoya en la banca, con un 10% de sus activos en deuda pública italiana, el sistema bancario ha sido el primer canal de transmisión de las crisis al resto de los mercados europeos de deuda, y a los bancos europeos, con importantes tenencias de deuda italiana.

La deuda italiana supera al final del 2021 el 25% de la deuda europea del euro, es pues muy importante para Europa y con esa baza juega Italia, aunque el hecho de que directamente el Banco Central Europeo haya comprado más de 700.000 millones de euros de deuda italiana, (el 28% de la deuda italiana al final del 2021) hace muy difícil el sesgo político de independizarse de las directivas europeas.

Todo ello supone un aviso para España, hay que recordar que la economía italiana sigue siendo más poderosa que la española (su PIB es casi un 50% mayor en términos nominales), forma parte del G10 (los diez países democráticos más importantes del planeta), la riqueza de los hogares italianos sigue siendo de las más altas de Europa, y sus dirigentes siguen teniendo más peso y más autonomía en Europa.

El paro en términos relativos es un tercio inferior al español y sus exportaciones tienen de media un mayor valor añadido, en los productos que hemos enunciado anteriormente.

España es mucho más vulnerable a la huida de capitales, y por tanto a los problemas de financiar su deuda, que Italia, ya que su posición de inversión internacional neta alcanza un -79% del PIB en el 2021 frente al -7, 4% de Italia, el menor nivel de su historia.

Todo ello debe llevar a la cautela en la política económica de nuestro país con la vista puesta en la secuencia de nuestro país cercano.

Un destacado economista italiano Zingales, señalaba que para renovarse un país debe protestar, si la resignación es muy grande, la gente buscará la salida y emigrará. En esta elección entre protesta y salida, los italianos han vuelto a emigrar, solo en Londres en la última década se han instalado 250.000 italianos residentes, convirtiéndose en la sexta ciudad italiana después de Génova, todo hace que estén descendiendo las posibilidades de cambio.

En la misma línea, un empresario declaró que los cambios en Italia vendrán muy lentamente, será un tema de generaciones no de años. Esperemos que se equivoque y que tampoco sirva de expectativa un plazo tan largo para nuestra España, tan polarizada social y políticamente.

Bibliografía

SOBRE EL DOLAR:
(1)"Gatsby, the Dollar, and Staring Blankly at the World falling Apart". John Authers. Bloomberg Opinion. POINTS OF RETURN. 30/9/2022.
(2)"World Currency Reserves Shrink by $1 Trillion in Record Drawdown" by Ye Xie and Mary Biekert. October 5 2022 Bloomberg.com /news/articles.
(3)The Fed´s Central Bank Swap Lines and FIMA Rpo Facility "Mark Choi, Linda Golberg, Robert Lerman, Fabiola Ravazzolo. Federal Reserve Bank of New York. Economic Policy Review 28, NO 1, Junes 2022.
(4)"The International Role of The U.S. Dollar.Carol Bertaut, Bastian von Beschwitz, Stephanie Curcuru 06, October 2021.Board of Governors of the Federal Reserve System.
(5)"Commodity markets: shocks and spill overs". Fernando Avalos, Wequian Huang. BIS Quarterly Review. September 2022. Siete operadores dominan el mercado mundial de materias primas: Dreyfus, Bunge, Cargill, Olam, Trafigura, Glencore y BP.
(6)THE BIG BREXIT REPORT. The Economic 2030 Inquiry. Swati Dhingra, Emily Fry, Sophie Hale and Ningyuan Jia. 22 June 2022.
(7)"BRITAIN UNCHAINED". Global lessons for growth and Prosperity Kwasi Kuarteng, Priti Patel, Dominic Raab, Chris Skidmore, Elizabeth Truss.Palgrave Macmillan 2012
(8)"Recent developments in the economy and markets" speech by Huw Pill. Bank of England 29 September 2022.
(9)"How Hidden Risks Toppled Britain´s Bond Market" by Loukia Gifttopoulou, Greg Ritchie and Benjamin Robertson. Bloomberg October 6, 2022.
(10)"Europe: How Much is in the Price?" October 2022. Strategy Monthly. Gavekal Research October 2022.
(11)"Credit, competitiveness and competence: the foundations of development" Salvatore Rossi. Deputy of the Bank of Italy. Roma 4 October 2018 BIS Central Bankers Speeches.
(12) DIAGNOSING THE ITALIAN DISEASE. Bruno Pellegrino Luigi Zingales. Working Paper 23964 http://www.nber.org/papers/w23964. NATIONAL BUREAU OF ECONOMIC RESEARCH. 1050 Massachusetts Avenue Cambridge, MA 02138 October 2017.
SOBRE LAS MAFIAS:

"The economic effects of mafia: firm level evidence∗. Litterio Mirenda

Sauro Mocetti Lucia Rizzica†. June 16, 2021 the **boss** on board: Mafia infiltrations, firm performance, and local economic growth". Litterio Mirenda Sauro Mocetti Lucia Rizzica 26 Oct 2019. VOX/EU.

"Uncovering Illegal and Underground Economies: The Case of Mafia Extortion Racketeering ". Lavinia Piemontese. 2021. ffhalshs-02928546v2.

"La Usura en tiempos de pandemia: como las mafias asfixian a la economía". Roberto Saviano. Papel. La revista diaria del Mundo. Miércoles 20 de enero del 2021. PP. 41-43.

La economia actual:

"Italia Business". "How the leopard lost its spots". The Economist October 24th 2020.

IMF Executive Board Concludes 2022 Article IV Consultation with Italy August 1, 2022

"Country Report-Italy" 2022 Commission Staff Working Document. Brussels, 23.5.2022. EUROPEAN COMMISSION

"Italy's Political Upheaval and the Consequences of Inequality" By Mario Pianta. Forum. Volume 55, 2020 · Number 1 · pp. 13–17.

https://ec.europa.eu/economy_finance/forecasts/2020/autumn/ecfin_forecast_autumn_2020_it_en.pdf.

27 de octubre de 2022
Blog del autor: camposeconomicos.blogspot.com

Capítulo 16

LA MAYOR DEMOCRACIA DEL MUNDO

La India, la mayor democracia del mundo no está todavía en condiciones de relevar a China como locomotora de la actividad mundial que continua en descenso, aunque ciertas caídas de la inflación en noviembre, han moderado las subidas previstas de los tipos de interés, con descensos del dólar respecto al resto de las monedas y recuperación notable de las perdidas en las bolsas. Las expectativas de duración de la guerra se alargan de cara al invierno. La Unión Europea continua su hiperactividad, con las nuevas reglas fiscales, el bloqueo de fondos a Hungría, la negociación con Estados Unidos de su política de subvenciones, la coordinación energética, el techo al petróleo ruso, y las vías para concentrar las ayudas en los que realmente los necesitan, sentido de la equidad que ha faltado en una notable parte de las ayudas del gobierno español, en una economía que resiste frente a la debilidad del consumo, con el tirón del turismo y las exportaciones y una inversión en progresivo crecimiento.

DESCIENDEN LA INFLACIÓN Y LA ACTIVIDAD

En Noviembre ha continuado descendiendo la inflación en nuestro país por cuarto mes consecutivo y se sitúa en el 6.8%, y mejorando el diferencial respecto a sus euro socios, que de media también ha descendido algo la inflación en Noviembre, de 10.7% a 10%. Sin embargo la subida de los alimentos ha sido del 15.8% en Octubre, la mayor después de Alemania.

Han colaborado a esta subida los precios de ciertos agrícolas por la escasez de cosechas debido a la sequía, así la de cítricos ha descendido en un 15% y la de zona principal de arroz en Sevilla con el 70% de la producción nacional, ha descendido la misma a menos de la mitad.

Sin embargo, el comportamiento de la energía hace que por cuarto mes consecutivo haya descendido hasta llegar el indicador adelantado de coste de vida en noviembre al 6.8%, desde el tope del 10.22% que se alcanzó en Julio. Es el país de la inflación más baja, 6.8% frente al 7.1% de Francia, el 11.9% de Alemania o el 12.5% de Italia. En esta mejora diferencial de la inflación en España han intervenido tanto el mayor uso de las renovables por el tiempo favorable como la redistribución de las empresas energéticas de los costes de la financiación del tope de precios con respecto al mercado, de los contratos de un mercado a otro. La inflación media del año, con la que se van a revisar las pensiones del año que viene se ha ido al 8.5%.

De nuevo las revisiones de crecimiento para el trimestre en la Europa del euro, han sido a la baja sobre las previsiones, con dos países Bélgica y Austria en crecimiento negativo.

El 2 de Noviembre la Reserva Federal por cuarta vez en cinco meses elevó los tipos de interés un 0.75% llevándolos en su tramo más alto al 4%, niveles del 2008, las subidas suponen las alzas más enérgicas en 40 años. La inflación en septiembre estaba en el 8.1% pero con la subyacente en el 6.6% y un mercado laboral tenso con un paro muy bajo y gran cantidad de ofertas de trabajo no cubiertas.

El presidente de la FED, Powell hablo de suavizar el ritmo de incremento en la próxima reunión de diciembre, aunque matizó que todavía no era el momento de hacer una pausa y que el nivel que el nivel al que ascenderían los tipos podría ser más alto que el esperado. El mercado bursátil reaccionó con una baja clara y los tipos de interés ascendieron ligeramente, continuando la subida de los tipos hipotecarios, que comienzan a afectar a la vivienda en Estados Unidos con sus efectos de propagación a Europa y los planes de inversión de las empresas, mientras el dólar se fortaleció volviendo a descender de 0.98 respecto al euro.

GRAN BRETAÑA APRIETA A LAS CLASES MEDIAS

Al día siguiente el Banco de Inglaterra realizó la mayor subida, esperada, en 33 años del 0.75% elevando el tipo de interés básico al 3%, siete de los nueve miembros del comité, votaron a favor y dos en contra, los pronósticos apuntan en que el 2023 se puede llegar al 5.25%, sin embargo, los mercados no parecen compartir esa expectativa, ya que cayeron los bonos y la libra. La inflación ascendió al 10,1%, con la subyacente al 6.5% y los salarios elevándose a un ritmo no visto en 20 años.

Por otra parte, el gobernador destaco que el mercado hipotecario se había elevado excesivamente, habiendo superado el coste de las hipotecas el 6.5%, el tipo más alto en catorce años. (Alrededor de dos millones de hogares deberán refinanciar sus hipotecas hasta diciembre del 2023 con un incremento anual de 2000 libras) todo ello unido a una de las expectativas más sombrías entre las potencias europeas con crecimiento negativo durante dos años y el desempleo que subirá del 3.5%.

En otra vertiente la bolsa francesa ha superado algunos días a la bolsa inglesa en capitalización, como la primera de Europa. Gran Bretaña ha sido dentro de las potencias economías la que ha tenido un descenso mayor de su crecimiento desde la década 1997-2002 a la reciente 2009-2019, incluida Italia.

El 17 de noviembre el nuevo gobierno inglés, con su ministro de economía Jeremy Hunt como portavoz, anunciaba una severa subida de impuestos, incrementando la presión fiscal desde del tipo mínimo del 20% a partir 12.570 libras (no llega a 15.000 euros), superando el 40%, nada menos para los ingresos superiores a 50.000 libras (55.000 euros), además de la elevación del 25% al 35% de los impuestos a los beneficios de las empresa energéticas, se compensa con la subida del salario mínimo del 10% y el mantenimiento del poder adquisitivo de las pensiones y aunque disminuido, el de ayudas a los hogares. Se acentúa una corriente global de una progresiva presión fiscal sobre las clases medias.

De cualquier forma, si el invierno es duro, con muy poca capacidad de almacenamiento de gas, Gran Bretaña sería el país que sufriría restricciones energéticas más severas.

BOLSAS EN RECUPERACIÓN. LAS TECNOLÓGICAS Y EL MERCADO DE CRYPTOMONEDAS A LA BAJA

El comportamiento de las bolsas, ha sido más diverso que nunca al descender las grandes tecnológicas muy por debajo del mercado, hasta el punto de haber retrocedido décadas en su cotización en un ajuste rapidísimo de Enero a Octubre, con un descenso de Apple del 20%, Microsoft 27%, Google 35%, Amazon 43%, Meta 67%, Intel 44%, Netflix 54%, con planes de ajuste de personal y claro descenso de los beneficios, lo que parece el final de una época de más de dos décadas con el acelerón de la pandemia del negocio digital, para la caída con la vuelta a una normalidad con descenso de la actividad, pero la bolsa está ajustando las valoraciones en meses con pérdidas de más de dos billones y medio de dólares. De todas formas el mercado de empresas tecnológicas de tamaño pequeño y medio es muy amplio y los ajustes de personal suponen tan solo un 4% del empleo en el sector.

La tecnológicas chinas que ya venían sufriendo caídas por la obligación del gobierno chino de entregarles sus algoritmos y seguir las instrucciones en el control de contenidos han seguido con pobres expectativas dada la situación china de baja de crecimiento. Y en Rusia dadas las circunstancias se ha hundido la cotización en Wall Street, del Google ruso, Yandex, que se está desmembrando. En el 2021 se había nacionalizado en diciembre el Facebook ruso, VKontakte, a través de la gasista Gazprom.

El día 10 de Noviembre se produjo un descenso de la inflación estadounidense de Octubre al 7.7% lo que provoco subida de las bolsas, bajada de los tipos de interés en los mercados y subida del euro hasta superar el 1.05 con el dólar, lo que supone una buena tendencia anti inflacionista.

En menos de dos semanas desde la subida de tipos del Banco Europeo el dólar ha descendido un 13% sobre máximos respecto al euro.

Se ha producido una reducción en el consumo de gas del 14% sobre el año anterior y del 6% en el consumo de electricidad, con lo que España se ha alineado con el resto de la Unión Europea, en Alemania esto ha supuesto una mayor utilización del carbón, hasta el punto de desmontar un parque eólico para ampliar un mina.

La Comisión Europea ya postula un tope al gas, incluidas las cotizaciones en el mercado holandés, con lo cual se hace difícil saber cómo se reparten los costes en estos circuitos de redistribución de los déficits por empresas, gobiernos e intermediarios entre mercados, mayoristas y los minoristas.

La gran caída de los mercados crypto debido a la falta de liquidez de su plataforma FTX ha reducido en esta segunda semana de noviembre, la dimensión de este mercado con huida de inversores. Su dimensión sobre una base tecnológica de futuro muy prometedora, es muy pequeña respecto al resto de los mercados, que en todo caso los más afines quedaran favorecidos, como el oro, metales preciosos, las acciones de alto riesgo y las olas tecnológicas incipientes.

La falta de regulación y transparencia ha dado lugar a un modelo repetido, sobre crecimiento alrededor de los intermediarios de plataformas de fondos de inversión en cryptomonedas con unas posibilidades de apalancamientos temerarios garantizados por los valores de las propias plataformas, que al descender la cartera, lleva a ventas forzadas de las plataformas y de las carteras de criptomonedas de los fondos, con retiradas de dinero de la misma que han llevado a la quiebra, a FTM con un millón de acreedores, entre ellos bancos prestamistas en cryptos como Blockfin, o sociedades de servicios financieros a Cryptos como Genesis, que ha bloqueado tanto reembolsos como créditos.

La hipótesis más conservadora un tanto imprecisa por la opacidad del mercado apuntan, a cerca de un millón y medio de afectados y 15.000 millones de dólares de deudas por el momento.

La entrada del Ministerio de Justicia en FTX, y el inicio de los testimonios ante el congreso sobre el mercado crypto, va a suponer una regulación adecuada de un mercado que volvemos a repetir está entre la bolsa y los casinos.

Como señala el economista Paul Krugman después de catorce años, apenas ha despojado al dinero convencional de sus funciones tradicionales. Pero de estas crisis maduran iniciativas en el mercado de algunas cryptos que se han separado del gran consumo de energía de los mineros, marcando otra innovación tecnológica interesante.

Las pérdidas de la principales tecnológicas supera en más del doble a la capitalización del mercado crypto que alcanzo los tres billones de dólares en un momento dado y a finales de Noviembre supera escasamente los 800.000 millones de dólares, frente a los 100 billones de dólares de las bolsas y 25 billones del mercado privado de acciones (prívate equity).

Ha habido una sensible mejora en las bolsas en las semanas finales de noviembre (algunas han reducido casi a la mitad sus pérdidas del año) y en los precios energéticos, con cierta moderación en las diferencias de tipos de interés según la calidad del riesgo, en todos los mercados. En la energía, el carbón se mantiene claramente por encima de su media del año, el gas en Europa ha repuntado en el último, pero muy lejos de sus picos (un 60% por debajo), siendo el petróleo el que acaba bajando las facturas con descensos de casi el 10% sobre los precios de la última semana de Octubre, a finales de Noviembre. El invierno va a ser una dura prueba para estos mercados.

En materias primas, destaca las compras de oro, de los bancos centrales en el tercer trimestre de este año por 400 toneladas, que según el World Council Gold cuatriplica las del año anterior y el mayor volumen de compras en 55 años, (acercando las compras en lo que va de año a más de 650 toneladas) a pesar de todo el mercado, presionado por los tipos de interés y la dirección de dólar no ha reaccionado hasta principios de diciembre que sobrepaso el nivel de los 1800 dólares.

En los mercados de materias agrícolas, de alimentos y granos, las exportaciones agrícolas estadounidenses han caído por el bloqueo en gran parte del transporte a primeros de noviembre, en el rio Mississippi (1) por el gran descenso de las aguas debido a la sequía, de un rio esencial en el suministro de alimentos, carbón, algodón y acero a los mercados globales. Según cálculos, el coste económico puede superar los 20.000 millones de dólares, con subidas en los fletes marítimos, que han llegado al 400% sobre principios de año.

EUROPA, NUEVAS REGLAS FISCALES

La Comisión Europea ha diseñado un nuevo plan para reformar las reglas fiscales, exigiendo objetivos de deuda a cada país, en planes diseñados a cuatro años con posibilidad de extenderlos a siete, si se realizan reformas e inversiones. Se impondrán límites de gasto público nacional, sin contar los fondos comunitarios y las inversiones en sectores prioritarios y sanciones más reducidas para los incumplimientos, aunque más frecuentes.

Se piensa en dar más poder a la Autoridad Fiscal Independiente (Airef) de cada país, para evaluar los programas de reducción de deuda, con la última decisión del Consejo de la Unión Europea.

Los ejecutivos franceses de economía, Ministro y Gobernador del Banco de Francia han señalado por una parte a Alemania por el viaje de Scholtz a China, indicando que la relación con China se debe realizar a nivel comunitario, no individual de cada país y por otra denuncian la ilegalidad de las ayudas a las empresas estadounidenses por el estado, muy superiores a las que reciben las europeas, y que las pone en inferioridad de condiciones para competir.

Acusan a Alemania de no colaborar financieramente en proporción a las emisiones de CO_2, ni tampoco a acompañar a la Unión Europea en el volumen de sus gastos de defensa, indicando que si lo hubiera hecho igual que Francia, su deuda pública sobre el PIB se hubiera acercado al 100%.

La defensa de Scholtz se basa en la gran importancia de China para su mercado de exportación y las fábricas allí establecidas (Volkswagen tiene un tercio del mercado chino 30 fábricas y 90.000 empleados, Basf la química va a invertir 10.000 millones en otra fábrica) de la manufactura alemana, comenzando por todas las marcas de coches, y la importancia de las importaciones de materias primas de China, estratégicas y de metales raros. De las 30 materias primas declaradas por la Comisión Europea como críticas, la gran mayoría viene de China.

Las importaciones alemanas de China, ascendieron en el 2021 a 170.000 millones de dólares y las exportaciones fueron de 124.000 millones de dólares, siendo el mayor inversor europeo en China hasta el momento, y el segundo socio comercial de China después de Estados Unidos. Un tercio de las inversiones europeas en China en el primer semestre del 2022, que han supuesto 10.000 millones de dólares, lo han cubierto las tres marcas alemanas de automóviles (Mercedes, BMW y Volkswagen) más la química Basf.

El tema es complejo, porque si por un lado ha aceptado la compra china de un 26% del puerto de Hamburgo, por otra ha prohibido la venta a China de dos fabricantes de chips.

El gobierno se ha mostrado también mucho más activo respecto a Ucrania hasta el punto de presionar a Suiza para que colabore en la ayuda a Ucrania suministrando munición para los tanques alemanes enviados a Ucrania.

Vuelve a señalar para España la autoridad Fiscal Independiente, la necesidad de un ajuste sistemático del gasto público, ya que si no aunque pueda disminuir la deuda pública sobre el PIB al 106% en el 2026, si no hay reformas seguiría luego subiendo hasta el 140% del PIB a partir de la próxima década. Solo para mantener el actual nivel de la deuda a partir del 2026, debe disminuir el déficit primario (antes de los pagos de dicha deuda) en 2500 millones anuales, siempre que se mantenga la prima de riesgo (diferencial de tipos de interés con la deuda pública alemana).

UNIÓN EUROPEA, TRES FRENTES NUEVOS

La Unión Europea ha abierto tres frentes en este último mes. En primer lugar las protestas contra el Plan del Presidente Biden de ayudas contra la inflación, que no respeta la justa competencia al repartir 300.000 millones de dólares en subvenciones, en un amplio capítulo de sectores (agrícola, energías alternativas, coche eléctrico, chips, químicas, etc.) ligadas a la inversión en territorio estadounidense, la Unión Europea ha denunciado este nuevo proteccionismo que puede llevar a respuestas como contrapartida europeas.

La segunda decisión anunciada a primeros de diciembre es la de imponer un límite de 60 dólares al petróleo ruso, que se importa por mar no por oleoducto, implicando en el tema a las compañías de transporte marítimo y a las aseguradoras de los países agrupados en el G7, que se comprometieron a la decisión.

Puede tener efectos indirectos importantes en ambos sentidos, por el momento con un cierto descenso de las cotizaciones del petróleo, por otro lado puede provocar una reacción de la agrupación de países productores de petróleo (OPEP) de la que forma parte Rusia que se puede sentir atacada, reaccionando con cortes de producción que llevaría a alzas significativas en el mercado petrolífero. Rusia exporta 7.7 millones de barriles diarios, y la Unión Europea desde la guerra ha bajado las importaciones rusas de 2.5 a 1.5 millones de barriles, evidentemente parte de esta reducción se colocará en países como China e India, pero se piensa que los problemas, de seguros, transporte y financiación reducirán la exportación rusa de petróleo en 2 millones de barriles diarios.

Y por último se ha sentado un precedente de defensa del estado de derecho frente al gobierno húngaro por la Unión Europea, al bloquearle 13.600 millones de transferencia de fondos de cohesión y recuperación, que dada su importancia para la economía húngara (supone el 7% de su producto Interior Bruto) va obligar a ceder al gobierno y al cumplimiento del buen gobierno que le exige la Unión Europea, en la línea de la independencia del poder judicial, reconocimiento de los derechos de la minorías, integrarse en la ayuda a Ucrania, en el establecimiento del impuesto mínimo de sociedades del 15% etc.

LA PRESIÓN INFLACIONISTA DEL INVIERNO ENERGÉTICO EN EUROPA

El invierno en Europa amenaza con una subida de la energía por incremento del consumo y las acciones alternativas que puede tomar tanto Rusia como la OPEP, The Economist (2) con la colaboración de la consultora Rystad Energy ha planteado tres alternativas de mayor a menor gravedad.

En la primera alternativa no hay cambios en las condiciones de suministro del gas, pero si en las medidas europeas para embargar el petróleo ruso, con el gas almacenado incluso con un invierno frio se puede llegar al verano sin racionar el gas. El petróleo se mantendría alrededor de los 90 dólares barril y Rusia ingresaría alrededor de 169.000 millones del petróleo en el 2023 frente a 179.000 millones de dólares en el 2021, en cambio Europa se gastaría en importación de petróleo, reemplazando en parte al ruso, 116.000 millones de dólares, frente 90.000 millones de dólares en el 2021. Se vería afectado a la baja el crecimiento de la Unión Europea especialmente en los países más dependientes del gas ruso (en el euro Alemania e Italia).

En el segundo escenario que denominan de escalada. Rusia cerraría el gaseoducto que pasa a través de Ucrania, lo cual en parte ya está descontado, lo que sería peor es si cortara el suministro de gas natural licuado transportado a Europa, que supone el 50% de las exportaciones por este canal de Rusia, y la subida de precios que se produciría, dañaría a países amigos de Rusia como India y Pakistán, por otro lado la reacción Europea contra el petróleo ruso, podría llevar a una respuesta de la OPEP reduciendo su producción que llevaría al petróleo por encima de los 100 dólares, reduciendo las expectativas de crecimiento e incrementando las de la inflación.

En el llamado catastrófico tercer escenario, se cerraría el segundo gasoducto que queda suministrando a Europa, el que pasa por Turquía y se podría llegar a sabotear la infraestructura de suministro de gas a Europa por los dos oleoductos noruegos, lo que se consideraría un ataque a la OTAN y una posible subida en la batalla consiguiente del mercado de petróleo, por encima de los 180 dólares.

La solidaridad europea, según el grado de presión, se podría resquebrajar, el ministerio de economía alemán señala que si las empresas energéticas reciben un 50% menos de gas, gran parte de las centrales nucleares francesas tendrían que cerrar y afectaría también a las centrales de carbón, y habría que distribuir horas de apagones entre los miembros europeos, y Alemania podría decidir cortar las exportaciones eléctricas a Francia, o el suministro de gas a la república checa o a Slovakia. Gran Bretaña sin apenas capacidad de almacenaje sería la más vulnerable.

UCRANIA AVANZA. LA GUERRA, EL RIESGO Y LAS NECESIDADES FINANCIERAS SE ALARGAN

Bruselas reconoce el 9 de Noviembre en los medios, que tiene un menor margen para ayudar a Ucrania, por otro lado en las elecciones americanas los republicanos declaran ser poco entusiastas de las ayudas a Ucrania, aunque es difícil que puedan bloquear las iniciativas de Bilden, y el tercer punto es la declaración rusa de que se tiene contactos con Estados Unidos sobre la política nuclear, meses atrás se reconocía la frecuencia de contactos entre los responsables respectivos de seguridad nacional.

Con la recuperación ucraniana de más del 50% de los territorios conquistados, la financiación de la Unión Europea, el acuerdo para las nuevas sanciones, bloqueo del uranio (importado de Rusia para las centrales nucleares) y petróleo por tubería aparte de la posible prohibición de la cotización de metales en el mercado londinense. Rusia ha triplicado en octubre sus lanzamientos de misiles sobre las ciudades, y a comienzos de noviembre ha bloqueado en parte, la salida de grano desde puertos de Ucrania condicionándolo a la investigación de un ataque a su flota en Crimea, volviendo a repercutir en una subida de los precios en los mercados mundiales.

El hecho es que Ucrania necesita 40.000 millones de dólares para mantener su defensa, Estados Unidos se ha comprometido a poner la mitad (a 20 de noviembre) y la Unión Europea ofrece un nuevo paquete de 18.000 millones, que podría financiarse con emisión de bonos europeos, la unanimidad no conseguida hasta el momento (se opone sobre todo Hungría) frena momentáneamente la iniciativa y se discute si deben ir como créditos o como subvenciones. A final de Octubre Estados Unidos (3) había aportado un poco más de 48.000 millones de dólares en ayuda militar, 23.000 millones de dólares de ayuda financiera 15.000 millones, y humanitaria de 10.000 millones de dólares. Las instituciones de la Unión Europea estarían en los 33.000 millones de dólares, desglosados en 3000 millones de ayuda militar, 30.000 de ayuda financiera (incluyendo la de refugiados).

Por países europeos, Gran Bretaña es la que ha prestado mayor ayuda militar con 4.100 millones de dólares, seguida de Alemania con unos 2000 millones de dólares.

Continúa la salida de empresas de Rusia que ya supera las mil firmas, con el impacto sobre la estructura empresarial rusa difícil de evaluar porque por un lado el ministerio de economía y el banco central ruso han dejado de publicar gran parte de los datos y por otra hay indicadores económicos congelados, así por ejemplo el paro no ha experimentado ninguna variación desde que se inició la invasión de Ucrania.

Por otra parte, se estiman en 19.000 millones los activos congelados de oligarcas y vuelve a plantearse la búsqueda de una vía jurídica para expropiar los 300.000 millones de dólares de reservas rusas bloqueadas en los bancos centrales occidentales. Se prepara la novena tanda de sanciones, que incluiría las gestiones para evitar la utilización de drones por Rusia, las sanciones a cuatro bancos rusos adicionales, la prohibición de comprar minerales rusos, nuevas listas de empresas y personas etc.

LA MAYOR DEMOCRACIA DEL MUNDO, DE LAS HAMBRUNAS A LA DESNUTRICIÓN

La India como comenta Amartya Sen (4), el premio nobel de economía indio, la mayor democracia del mundo, tras su independencia de Gran Bretaña logro atajar las hambrunas la muerte por inanición, pero entró en el siglo XXI con un problema de desnutrición crónica en los niños en un porcentaje superior a África, que está en el 20-40%, y en el 2003 alcanzaba niveles entre el 40 y el 60%, con la transmisión vía partos de dicha indefensión a la siguiente generación, con un nivel de analfabetismo de un tercio en los hombres y la mitad en las mujeres y unas infraestructuras sanitaria por falta de letrinas con un alto grado de mortalidad infantil e infecciones por los gérmenes. En el 2014 siempre según Sen, un tercio de la población india no tenía conexión eléctrica.

El esfuerzo en estas dos décadas está siendo grande, y sin embargo todavía el grado de desnutrición (16% de la población), está lejos de los baremos occidentales) el 69% de las muertes de menores de cinco años se producen por la desnutrición en el 2019 y el 46% de los niños menores de tres años está desnutrido según Unicef, superando a la media del continente africano, el analfabetismo está en el 25% de la población (las mujeres el 35%) cuando en otro de los grandes contrastes de este país, la India inició la primera universidad del mundo, en Nalanda fundada en el siglo V, y que dos siglos más tarde llegó a tener 10.000 alumnos con una gran diversidad de materias.

Más de 550 millones de indios de acuerdo con Unicef hacen sus necesidades al aire libre, con los problemas de higiene, públicos y personales. El gobierno ha ordenado la construcción de 100 millones de letrinas. Amartya Sen se queja de la poca resonancia que estos problemas tienen en los medios de comunicación.

EL CRECIMIENTO DE LA CLASE MEDIA. EL GRAN EMPUJE DE LA INDIA

Siendo conservador, en este momento se estima que la clase media en la India supera el 50% de la población, es muy joven y supone alrededor de 700 millones de personas. Al ritmo futuro previsto del 6% anual de crecimiento en el PIB, cerca de cuatro millones de personas se incorporarán cada mes a la clase media, esa base que supone un peso del consumo en el PIB del 65% y con una inversión cerca del 30% de su producción, son las bases del crecimiento económico de la India. En 2030 se piensa que la India será el mercado de consumo más grande del mundo adelantando a China y Estados Unidos. China e India podrán representar el 66% de la población mundial de clase media y el 60% del consumo. Todo ello ha traído un fuerte crecimiento en la India de las industrias de consumo, de la inversión y especialmente en el sector inmobiliario y en estructuras (con un incremento de las carreteras del 50% en ocho años y doblando la capacidad de vuelos en los aeropuerto), en el que se ha llegado a los 281 millones de hogares, con más de un 50% con propiedad del piso, pero con grandes posibilidades y necesidades de expansión, ya que con una media de casi cinco personas por hogar, más de un tercio viven en viviendas de una sola habitación.

Es decir entre los primeros de la clase, como los denomina Sen a los altos ejecutivos de India y desparramados por el mundo y los parias está surgiendo una muy importante clase media.

Todo esta clase emergente, con su formación y las empresas generadas, han superado a Gran Bretaña en cuanto al volumen de su PIB, y se ha instalado como la quinta potencia mundial, la tercera potencia en la creación de empresas tecnológicas superiores en su valoración a mil millones de dólares (los llamados unicornios) y por otro lado, capaz de exportar 350.000 millones de dólares en mercancías y 250.000 millones de dólares en servicios. En otra vertiente, India desea ser más autosuficiente, lo que se ha convertido en un lema, ya que importa nada menos que 500.000 millones de dólares, la gran parte en petróleo, carbón y acero, pero es el mayor comprador de armas y de oro que se acerca a los 40.000 millones de dólares, que los indios atesoran siempre que hay inflación.

El sector exterior ha aguantado bien esa dependencia exterior, no entrando la balanza por cuenta corriente en negativo más que recientemente, y con un volumen apreciable de reservas de divisas acumuladas, sostiene la moneda y las valoraciones bursátiles (de 60 millones de indios residentes en el extranjero, el país recibe unas remesas de 90.000 millones de dólares), con una bolsa en positivo, y unos tipos de interés a largo sin grandes cambios que ya eran severos, por encima del 7%, paralelos a la inflación.

En el sector público destacan las empresas públicas, entre ellas la banca, su volumen de activos suponía al final del 2021 el 22% del PIB, con un tercio de ellas perdiendo dinero. La recomendación del Fondo Monetario son las reformas y la privatización de gran parte de la misma. Se ha progresado en la reducción de la economía informal de alrededor del 50% en el siglo pasado, y que ahora podemos estimar en un 20-30%.

Ha pesado mucho sobre el sector público, el establecer la seguridad alimentaria de su población actual, 1380 millones de habitantes, lo que le lleva a tener un fuerte banco de alimentos como reserva y en un esquema muy criticado por Sen, y como consecuencia a mantener precios para los productores, que sin embargo son excesivos para los consumidores, compensados con fuertes subvenciones tanto en fertilizantes para los productores y de precios de alimentación para los consumidores, que unido a las subvenciones energéticas pesan decisivamente sobre un sector público, que ha incurrido en déficits continuados sobre el PIB del 6-7%, y un ascenso de la deuda pública del 65% al 90% sobre el PIB, sin problemas de financiación por el elevado ahorro interior y la baja deuda exterior.

Después del "Made in India" en la década pasada, que no ha tenido mucho éxito, en los momentos actuales, el gobierno busca impulsar 13 sectores clave en la industria (automóviles, teléfonos móviles, baterías, productos farmacéuticos, electrónica, dispositivos médicos…) con subsidios que incentiven su desarrollo.

De todas formas, otro gran desafío de la India es la transición energética, en la que se manifiesta una vez más los contrastes del país, uno de los de polución más alta, ya que tres cuartas partes de la electricidad se produce con carbón y están en construcción 39 nuevas centrales, sin embargo, el empuje de la inversión a las energías limpias ha sido intenso, siendo el primer país mundial en la adjudicación de energía solar por subastas en el 2022, con una potencia seis veces superior a la de China y unos costes muy inferiores al de la mayoría de sus competidores. Desde el 2017 la potencia instalada en eólica y solar ha superado a la del carbón. El desafío en los próximos años son las necesidades de inversión en renovables se estiman en 500.000 millones de dólares, pero la inversión extranjera es también grande en energías limpias y tecnologías avanzadas. Así un experto ha comentado "India será para el hidrogeno lo que China para las baterías".

Así por ejemplo India es el segundo productor mundial de móviles habiendo superado a Vietnam desde el 2018, y con el 90% del mercado con seis firmas, Apple, Samsung, Hawái, Oppo, todas con factorías en India, pero con una exportaciones muy bajas (3000 millones de dólares en el 2019) que es lo que quiere incentivar el gobierno para competir con China, con unas exportaciones de móviles de 224.000 millones de dólares y Vietnam 66.000 millones.

CHINA INDIA, EL RELEVO ESTÁ LEJOS

De cualquier forma la India está todavía lejos de China, como potencia económica y militar, con grandes diferencias en educación, salud, infraestructuras y alta tecnología, como el detallado y extenso análisis del estadunidense Instituto Rand de Defensa Nacional (5) manifiesta sobre cuatro capítulos, Demografía, Macroeconomía, Ciencia y Tecnología y Gastos de Defensa. Solo en demografía, supera en posibilidades India a China, con una población más joven y que ya ha superado a la China tres años antes de lo previsto, es un oportunidad y un desafío, ya que en educación general y salud está todavía muy por detrás.

Resumiendo, que si la India presentaba respecto a China un retraso general de 20 a 25 años en los principales capítulos, en los últimos diez años el retraso se va acercando a los 15-20 años. De cualquier forma como subraya el economista Subramanian (del que hablamos más abajo), si China ha perdido desde la crisis del 2008, 150.000 millones de dólares en producción manufacturera que ha ido a otros países, la India no ha podido captar ni el 10% de esa cifra.

Así la renta per cápita en China en el 2021 era de 10.616 dólares mientras en India era tan solo de 1926 dólares y el PIB chino multiplicaba más de 5 veces al indio, 15 billones de dólares frente 2.7 billones el indio. (En poder adquisitivo de esos dólares en cada país, la diferencia se podría reducir de un cuarto a un tercio de la misma).

Mientras China es una dictadura que se está agravando con la pandemia y los enfrentamientos comerciales y políticos, la India es la mayor democracia del mundo, aunque la integración que debe realizar entre las etnias, las religiones, las castas, las clases sociales, con más de 100 idiomas registrados, es una de las tareas más arduas de las democracias actuales. Pero se está orientando al funcionamiento de un mercado único, integrado y la digitalización de la administración en todas sus facetas.

La calificación de la democracia en todos sus capítulos ha experimentado un cierto descenso de calidad, principalmente por la creciente imposición del hinduismo en una constitución calificada como, laica, por parte de su primer ministro Modri, que se plasmó en el 2019 con la militarización de los estados de mayoría musulmana de Jammu y Kashmir con revocación de su estatuto de autonomía, con duros enfrentamientos con los jueces, asimismo no se han cubierto los objetivos de integración de los intocables, y otras castas y etnias marginadas en su representación en el parlamento, siendo todavía uno de los países con menor participación política, social y económica de la mujer. Tampoco se han logrado disminuir los altos niveles de corrupción. Y hay episodios de exigencias para trabajar en ciertos estados que rompen el principio de un mercado laboral común.

La evolución política tiende a un mayor peso del partido de Modri en el futuro ya que domina los estados del norte con un crecimiento de la población muy superior a los países del sur más prósperos. La India es uno de los países con un índice de desigualdad regional de los más elevados del mundo.

Por otro lado India, como ya hemos comentado en otros artículos, mantiene un buena relación con Rusia (es su mayor comprador de armas) y también con Estados Unidos (está junto con Estados Unidos y países del Pacifico frente a China, en Quad una importante alianza diplomática y comercial) pero no hasta el punto de que se incluya al Banco Central Indio entre los bancos centrales que reciben los créditos en dólares de la Reserva Federal estadounidense.

Uno de los economistas más influyentes de la India, Arwind Subramanian (fue durante cuatro años 2014-2018 Consejero Jefe Asesor del gobierno indio) es escéptico respecto al crecimiento acelerado de la India, señalando que se perdieron oportunidades en la última década, y que otro tanto puede ocurrir en la próxima. Reconociendo los progresos en ciertos campos, comenzando por el "nuevo estado de bienestar" con logros importantes con el 98% de los hogares en el 2019 con acceso a electricidad, 60% con acceso a cocinar con gas, 66% de las mujeres indias tienen ahora cuentas bancarias y los pagos directos a los hogares pobres han alcanzado los 100.000 millones de dólares año.

Señala en primer lugar la falta de una seguridad jurídica para las empresas con continuos cambios de las reglas, para favorecer a unos o a otros grupos empresariales como son los superpoderosos Adani Group y Reliance Industries, que suponen por la gama de sectores que dominan, una de las mayores concentraciones de poder mundial en un país, lo que frena planes de inversión empresariales tanto domésticos como de empresas extranjeras.

Por otro lado, con el crecimiento a la baja tras la recesión y la pandemia, ciertos indicadores sociales y de progreso económico se han deteriorado: la pobreza se incrementó sustancialmente y la participación femenina en el trabajo descendió a niveles no vistos desde la independencia de la India en 1948. Fue de gran impacto social también en el 2016 el declarar inválida, con la desmonetización, el 86% de la moneda en efectivo de la noche a la mañana.

El porcentaje de infectados en la pandemia fue muy alto (70%) con muy baja calidad en los datos, y la confianza del consumidor en la encuesta del Banco Central llegó a un récord a la baja. Y ve negativas para el crecimiento tres iniciativas del gobierno de Modi: los subsidios a los sectores punteros de tecnología que van a suponer un 1% del PIB en cinco años, con más inversión en capital que en puestos de trabajo, cuando necesita incorporar a una gran cantidad de jóvenes con formación primaria a industrias intensivas en empleo en la que puedes ser muy competitiva. En segundo lugar el alza de las tarifas de importación desde el 2014, con 3200 subidas al 70% de las importaciones con un incremento de la tarifa media del 13 al 18% y por último el gobierno de Modi no ha firmado ningún tratado comercial regional desde el 2014, en el que accedió al poder, todo ello hace difícil su expansión comercial y la inversión extranjera como elementos de impulso en sus perspectivas de crecimiento.

La guerra y los cuellos de botella originados por la postpandemia y la contienda, unido al shock energético de un país gran importador de energía y la fuerte sequía, ha reducido el crecimiento del PIB del 2023, que se estimaba cercano al 9%, para que difícilmente pueda llegar al 6%, pero su crecimiento por encima de ese 6% para los años siguientes, le va a permitir avanzar frente a todo el resto de las potencias incluida China, pero por ahora no hay relevo en la locomotora mundial que es China, que con su dura política anti pandemia está provocando una caída en la actividad mundial, aunque por otro lado debilita los precios petrolíferos, en baja por esta causa.

Según The Economist (6), China supone más de un tercio de la demanda mundial de productos químicos, coches, semiconductores, joyería y bolsos y más de un 20%, de construcción, máquinas, herramientas, ropa y calzado, aparatos de consumo, electrónica y alcohol.

CONSUMO DE LOS HOGARES. FIN Y SOPORTE DE LA ECONOMÍA

Como señalo Keynes, el fin de nuestra economía es el consumo final, su nivel, sus características nos señala la calidad de vida de la misma. Por otro lado, suponen el gran porcentaje de la demanda, el sostén de nuestra actividad económica ya que el consumo privado de los hogares es cerca de un 60% del PIB.

Si pensamos que este invierno van a incidir sobre los hogares el incremento de como mínimo dos dígitos en la cesta de la compra, las facturas energéticas, las cuotas de los créditos hipotecarios y un rasgo de las últimas décadas, las cuotas en los créditos al consumo, es claro que por un lado se va a reducir el ritmo de crecimiento por la baja del consumo, ante su pérdida de poder adquisitivo, y por otra sigue siendo necesario focalizar las ayudas en diverso grado a ese 20% de hogares más necesitados, que se acercan a los diez millones de personas en España. Esto va a afectar a todas las economías, pero en los países desarrollados, más especialmente a Europa y a nuestro país. Con todos estos factores negativos, si el consumo está en nuestro país un 5.4% por debajo de los niveles prepandemia, es de esperar que se tarde en alcanzar esos niveles.

Se acumularon cerca de 100.000 millones de ahorro desde la pandemia (llegó a ser en la pandemia del 25% de la renta disponible) ante la imposibilidad de gastar en el confinamiento que en parte se utilizaron en la propia vivienda y en activos financieros, y el consumo medio nominal se ha mantenido con una reducción de más de la mitad de ese ahorro volviendo al nivel normal del 7% de la renta disponible. Somos el país de las potencias del euro en la que los hogares han disminuido más rápidamente su capacidad de financiación, desde la pandemia.

El economista Milton Friedman (7) analizó las tendencias del consumo en relación a la renta, ligando la estabilidad del consumo al concepto de renta permanente del consumidor, en la que los beneficios o pérdidas ocasionales, en un horizonte menor a tres años, no debían influir en un consumo que se había mantenido en los últimos sesenta años. Lo de permanente, era un concepto que no era observable directamente por los factores de incertidumbre existentes, el tipo de interés, la riqueza y la falta de homogeneidad en los resultados de las encuestas en cuanto a sus componentes, según niveles de renta, etnias, edad, entornos etc. Realizó la gran tarea de hacer conciliar las encuestas del consumidor con una teoría económica, que permitiera prever su comportamiento.

La afirmación de Keynes de que, a mayor nivel de renta, el porcentaje de consumo disminuía, lo que afectaba a la larga a la estabilidad del sistema, era rebatida por Friedman ya que el consumo y por consiguiente el ahorro estaba ligado a la renta permanente, es decir las expectativas de renta media estable que espera recibir el consumidor en un horizonte temporal de varios años y no a los ingresos del año sometidos a variaciones ocasionales, afirmando que en los últimos sesenta años la relación consumo renta se había mantenido estable. Friedman añadía que además la proporción entre consumo y ahorro dependía del tipo de interés, de la relación entre riqueza y renta, del grado de incertidumbre, del marco institucional y social etc.

Pero es evidente que ante una pérdida de poder adquisitivo como la actual, con un gran aumento de la incertidumbre, las rentas bajas se ven obligadas a ahorrar menos e incluso a endeudarse para mantener un nivel de consumo de necesidad y las rentas altas, atesoran más su ahorro, y a todos los niveles el colchón de ahorro existente por las inyecciones de la crisis en unos niveles se va gastando progresivamente, y en los niveles más altos se mantiene como saldo de precaución.

Pero en época de Friedman (años setenta) no tenían dimensión actual del endeudamiento crónico y creciente de los hogares, en hipotecas y en créditos al consumo de gran efecto en su comportamiento. Por ello dos economistas estadounidenses Atif Amian y Amir Sufi (8) destacaron el papel del descenso del consumo en Estados Unidos como causa inicial y fundamental de la gran recesión, debido al endeudamiento y a la presión sobre la tesorería de los hogares, de ir amortizando la deuda. Avisaban de que en cualquier momento podría volver a suceder.

En España la deuda tanto hipotecaria, como la derivada del crédito al consumo pesa críticamente, en el 20% de los hogares con rentas, justo por encima del 10% más pobre que sobrevive con dificultad y a los que nadie les presta. El 49% de las hipotecas las mantienen hogares (9) sin ningún tipo de títulos de estudio, y la concentración de créditos al consumo en las rentas bajas se da en el crédito de tarjeta, el más caro.

En este sentido, son positivos los acuerdos que se están gestando con la banca para paliar el impacto del incremento del tipo de interés de las hipotecas en las rentas bajas,

Para ver la gravedad del asunto, podíamos estimar de manera conservadora que la subida acumulada en todos estos capítulos, podría alcanzar los cuatrocientos euros al mes, que sobre un hogar medio de dos personas en el 2020, con unos ingresos brutos de 29.400 euros, supera el incremento el 15% del sueldo neto global. Más de la mitad de los españoles lo van a sufrir más, y no digamos el 20% de hogares que sobreviven en las rentas más bajas o inexistentes. Sirve de sostén el hecho de que las pensiones se vayan a revisar al 8.5%, pero la base de la que se parte es más baja, la pensión media de jubilación está en el 2022 en 1250 euros (frente a 1750 euros del sueldo neto).

IMPUESTO SIN LEGISLACIÓN SOBRE LOS POBRES. FALTA EQUIDAD EN LAS AYUDAS

Como decía Keynes: "la inflación es un impuesto sin legislación" mayor en este caso para ese 20% de hogares con rentas más bajas como señala el Banco Central Europeo, dos puntos más de inflación, por concentrarse más el gasto en energía y cesta de la compra.

Con todo ello podríamos decir que en ese 20% de los hogares (3 millones ochocientos mil hogares, equivalente a 9 millones quinientas mil personas) con ingresos desde menos de 10.000 euros año, hasta la carencia de ingresos, de las rentas más bajas, sin grandes cálculos y de manera conservadora, podríamos estimar que los incrementos de sus facturas superan un tercio de los ingresos de dichos hogares de media. Y en cuanto a compartir las cargas, podemos estimar que una cuarta parte de esos hogares son de una sola persona. Por otra parte, en el extremo más bajo al final del 2021 hay 563.000 hogares sin ningún tipo de ingreso (y ha descendido últimamente por el ingreso mínimo vital), es decir 1.400.000 personas que tienen que vivir de la caridad y de los ingresos no declarados en la economía sumergida, (que ha disminuido tras la pandemia en una estimación conservadora al 15% de la economía).

Según estudio de Fedea, la vulnerabilidad va en sentido inverso a la propiedad de la vivienda, los propietarios tiene un 45% más de renta que los alquilados, una distancia generacional ya que los nuevos hogares la gran mayoría de jóvenes, tres de cada cuatro hogares son de alquiler, mientras que en la propiedad predominan las generaciones maduras.

El Banco de España (10) en su Informe de Estabilidad Financiera estima que en un tercio de los hogares más vulnerables, tendrán que dedicar más del 40% de sus ingresos a la devolución de deudas. Lo que indica lo conservadores que estamos siendo en nuestras previsiones.

No hace falta resaltar la gravedad de todo lo anterior y la necesidad de concentrar las ayudas en ese sector de la población y ya se han desaprovechado dos iniciativas muy importantes para hacerlo por parte del gobierno. La primera con la subvención general sobre los carburantes de 20 céntimos por litro que ha supuesto hasta ahora unos 6000 millones para el estado (financiado con el incremento de recaudación por los impuestos) y la rebaja generalizada del IVA en las facturas energéticas. Si esta ayuda o gran parte se hubiera concentrado en esta quinta parte de los hogares hubiera supuesto un alivio importante.

La segunda oportunidad desaprovechada es la revisión del alza de las pensiones que se van a incrementar en 19.000 millones (por incremento de número de pensionistas y revisión del coste de vida), con el mismo porcentaje de revisión para pensiones altas y bajas, un incremento muy superior en las pensiones más bajas y mínimo en las más altas, hubiera podido reconducir otros 2000 o 3000 millones a la mitad de los hogares españoles, por debajo de la media y al 20% en particular.

Daniel Viaña (11) realizó una síntesis del informe de Autoridad Fiscal Independiente, sobre la falta de equidad, también en las medidas que actúa sobre los precios de la energía. Tampoco hay focalización en las rentas bajas en las bonificaciones del transporte urbano e interurbano, ni la ampliación de las becas o la ampliación en la reducción de las rentas del trabajo que afectan más a las clases medias. Si están focalizadas, medidas como el incremento del 15% en el Ingreso Mínimo Vital, las pensiones no contributivas, la ayuda de 200 euros a los hogares vulnerables o el bono térmico.

Habría que añadir otro capítulo importante por su dimensión, como tampoco equitativo, que sería la subida salarial de los funcionarios. Es positiva como ya hemos señalado líneas arriba la tendencia a paliar el impacto de la subida de los costes de la hipoteca en las rentas bajas.

El economista alemán Peter Bofinger, (12) planteaba en su país como política complementaria, el dar a los hogares más en dificultades créditos de la banca avalados por el estado a bajo coste, al estilo de lo realizado con las empresas en la pandemia. Las cifras que supondría para nuestro país, esa red de seguridad serían muy inferiores a las que se hubieran podido aplicar con una mayor equidad en las subvenciones bonificaciones, reducciones y revisiones de pensiones y salarios de funcionarios ya comprometidas.

El comisario de economía de la Comisión Europea, Paulo Gentiloni ha declarado tras la reunión del Eurogrupo de 7 de Noviembre que el 70% de las medidas no se concentra en la población vulnerable de los gobiernos europeos (hace dos meses el porcentaje estaba en el 80%).

Todo lo que se pueda corregir en la dirección indicada en los diversos capítulos, sería fundamental para paliar el sufrimiento actual y futuro de un porcentaje importante de familias españolas.

ESPAÑA EN RESTRICCIÓN MONETARIA E IMPULSO EXTERIOR

Respecto a la coyuntura española es positiva la confirmación por Volkswagen de las inversiones previstas, y la anunciada de la naviera Maersk de 10.000 millones de euros para la producción de etanol, así como la fortaleza del sector exterior y un dinamismo creciente de las inversiones.

Son negativas las críticas del BCE al impuesto sobre la banca más bien populista, único en el euro, con ignorancia real y voluntaria como señala el BCE de la naturaleza del negocio, la visión del ciclo, la dotación de morosos en la generación de recursos bancarios, la base poco meditada del impuesto y el contrasentido de que una empresa no pueda repercutir sus costes de acuerdo con sus posibilidades, la reacción del gobierno no ha podido ser más pobre, acusando personalmente al subgobernador Luis de Guindos cuando 34 cargos europeos han refrendado el informe del BCE.

Por otro lado volvemos a repetir como en los últimos blogs, la escasez de crecimiento del crédito bancario en relación a la inflación, con una restricción cada vez superior a nuestro socios del euro, que en este caso se agrava ya que la aportación al crecimiento monetario del euro, M3 (incluye además de efectivo y depósitos bancarios, las cesiones temporales, participaciones de fondos monetarios y valores distintos de acciones emitidos a menos de dos años por las instituciones financieras monetarias) ha descendido al 4.%, frente al 6.9% en el 2021, cuando antes de la pandemia estuvo por encima del 7% y ha ido perdiendo niveles progresivamente.

Si tenemos un menor incremento de los saldos de crédito bancario que los países del euro, si además la propia banca provoca en búsqueda de una mayor rentabilidad, al presionar a la clientela de sus depósitos para que compre por ejemplo fondos de inversión, va desintermediando el sistema, dirigiendo la financiación bancaria posible de pymes y hogares, a lo que financian los fondos en general, emisiones de empresas grandes y medianas y gran parte de ellas extranjeras.

Todo ello en una economía en baja, por la presión de la inflación sobre el consumo paliado en parte por el dinamismo en la inversión, el turismo y la expansión de las exportaciones de bienes y servicios al 18% anual a finales de Noviembre, pudiendo repercutir precios, y todavía con un crecimiento en volumen en las exportaciones de mercancías del 2,4%, asimismo con una caída del paro (discutida en sus registros) y un incremento en las altas en la seguridad social.

Respecto a los fondos europeos, a pesar de la poca información denunciada por el Fondo Monetario Internacional, ha aflorado la iniciativa del gobierno de pedir un aplazamiento en los plazos marcados a la Comisión Europea, y la búsqueda de auditores para acelerar los procedimientos.

Bibliografía

(1)"Shrunken Mississippi River Slows US food exports When World needs them Most" by David R. Baker, Kim Chipman, Brian K. Sullivan and Michel Hirtzer for Bloomberg Green. 10 de noviembre del 2022.
(2)"The West v Russia. From Crisis to Catastrophe", The Economist November 5th 2022 Pp 68-70.
(3)"The Ukraine support tracker: which countries help Ukraine and How?" By A, Antezza et al, Kiel Working Paper 2022. December 6th.
(4)"India en Construcción" Amartya Sen. Clave Intelectual 2018
Un libro de referencia de historia moderna de la India: "India after Ghandi. Ramachandra Guha. ECCO. 2019.
El gran fresco sobre la India, sigue siendo el del premio Nobel de Literatura V. S. Naipaul "INDIA, una civilización herida" Editorial Debate. 1998.
Informes económicos sobre la India:
INDIA Staff report for the 2021 ARTICLE IV CONSULTATION. August 31, 2021 INTERNATIONAL MONETARY FUND.

"India's New Industrial Policy" Tom Policy. March 3, 2021. Gavekal Research.
"Clean Technology in India" The Economist October 22 and 2022 Pp 17-19, Sobre la transición energética India.
"India Macro Update. Unmet Potential". Udith Sikand and Tom Miller. June 2022. Gavekal Research
Bulletin October. Reserve Bank of India.
Arwind Subramanian and Jos Felman January/February 2022 "India'Stalled Rise" "Indian economic Surveys". El autor fue durante cuatro años 2014-2018. Consejero Jefe Asesor del gobierno indio.
INDIA Country Report 2022 "The Transformation of India" BT. Berstelsmann Stiftung.
(5)"China and India, 2025". "A Comparative Assessment". Charles Wolf Jr and others. RAND NATIONAL DEFENSE RESEARCH INSTITUTE. 2011.
(6)"Giving up on China" The Economist November 26 Th 2022 Pp 55-56
(7)"Una teoría de la función de consumo" Milton Friedman. Capítulo 9. Resumen y conclusiones. Alianza Universidad 1973
(8)"House of Debt" Atif Mian and Amar Sufi.The University of Chicago Press. 2014. Posteriormente han realizado un profundo análisis del tema en: "Indebted Demand" Atif Mian, Ludwig Straub and Amir Sufi. BIS Working Papers Nº 968. Octubre 2021. Para ellos la diferencia entre el ahorro amplio, en conjunto de los acreedores y el forzado desahorro en cierto grado de los deudores, va generando una desigualdad creciente que tiende a la baja la actividad económica.
"How Does Monetary Policy Affect Household Indebtedness?" Andreas Fagereng, Magnus A.H. Gulbradsen, Martin B. Holm. Gisle J. Natvik September 2022. Norges Bank Working Paper Series. Este análisis examina dos fuentes de presión sobre el endeudamiento de los hogares, el déficit público primario (antes de los pagos financieros) y los efectos Fisherianos, que son: el tipo de interés, el crecimiento de la renta y la inflación. En España con un déficit público primario continuado, los hogares altamente endeudados son sensibles a los tres factores enunciados.
(9)"El Impacto del Repunte de la Inflación y de la Guerra sobre las perspectivas económicas de los hogares Españoles" Carmen Martínez–Carrascal. Artículos Analíticos Boletin Económico. 3/2022. Banco de España.
Otros estudios sobre los hogares.
Encuesta Financiera de las familias (EFF) 2020: Métodos Resultados y Cambios desde el 2017 Boletin Económico 3/2022. Banco de España.
"La distribución del endeudamiento de las familias en la UEM. Factores sociodemográficos e Institucionales" Olympia Boyer, Jose María casado y Ernesto Villanueva. Boletín Económico, Julio agosto 2016. Banco de España.

"Régimen de tenencia de la vivienda habitual y desigualdad de la renta en los hogares españoles". Javier ballesteros y Jorge Honrubia. FEDEA noviembre 2022.
"Las cuentas de los hogares y las empresas tras dos años de pandemia" María Jesús Fernández. Cuadernos de Información Económica. N. º 288(mayo-junio 2022).
(10)Informe de Estabilidad Financiera. V2. Debilidad financiera de hogares y empresas. Recuadro 1.2 la transmisión de los tipos de interés de mercado al coste de los préstamos bancarios de hogares y empresas. Otoño 2022 Banco de España.
(11)"El escudo anticrisis de Sánchez no llega abajo". Daniel Viaña. El MUNDO 30 DE Octubre 2022 Pp 30-31.
(12)"Inflation: saving households from insolvency". Peter Bofinger. Social Europe 11th 2022.

9 de diciembre de 2022
Blog del autor: camposeconomicos.blogspot.com

Capítulo 17

USA-CHINA. LA GUERRA DE LOS CHIPS

Se termina el año con las tres grandes economías, Estados Unidos, Unión Europea y China, en cierto descenso de cara al 2023, y una caída de la inflación con buenas esperanzas para los inversores. Sin embargo la reactivación China esperada en el 2023, junto con el tirón esperado de India e Indonesia, unido a la escalada de la guerra en Ucrania, crea cierto escepticismo empresarial respecto a las expectativas de inflación, unido a los shocks de oferta, que puede provocar el pasar de la batalla comercial a la de seguridad nacional entre China y Estados Unidos, con los semiconductores como base, a gran escala, implicando a todos los países aliados. España mejorando sus previsiones como toda la región del euro, en cuanto a crecimiento e inflación, sin embargo, presenta una incertidumbre creciente, en cuanto a las restricciones de crédito a empresas y particulares y la importante pérdida de poder adquisitivo de la población.

2023, LAS TRES GRANDES POTENCIAS DESCIENDEN SU CRECIMIENTO Y LA INFLACIÓN

El Fondo Monetario augura para el 2023, un descenso en el crecimiento mundial del 2.7% frente al 3.2% en el 2022, con China y su problema de COVID, que era responsable del 40% del crecimiento mundial apenas superando el 3%, su número más bajo en 40 años.

De todas formas, el grado de incertidumbre respecto a las previsiones ha aumentado.

Unas semanas más tarde, el Banco Mundial empeora estas perspectivas rebajando el crecimiento mundial del 3 al 1.7%, un punto menos que el Fondo Monetario, y con una expansión inferior a la media de las economías avanzadas, del 2.5% en el 2022, al 0.5% en el 2023.

El mismo crecimiento, 0.5% se prevé para Estados Unidos (con la inflación de demanda por las inyecciones monetarias y plusvalías) y Europa (el problema energético de la guerra), en el 2023 con China creciendo al 4.3%, nueve décimas menos de lo esperado.

El problema de China es que los cierres por el COVID afectaban a la actividad y a las cadenas de producción.

El problema ahora al abrir totalmente con perspectivas mundiales de mejoras de la actividad, es que el número de infecciones desborde la capacidad de un sistema sanitario, cuyo gasto sobre el

PIB (2.5% del PIB), es menos de la mitad que en los países avanzados.

El punto más débil de China se encuentra en una dinámica de la inversión baja, que supone una productividad insuficiente y la incertidumbre lleva a las empresas a mantener altos saldos de precaución.

Sigue pesando la coyuntura inmobiliaria china (1), con un descenso del 22% de las ventas de espacio de suelo, problemas de liquidez en la primera inmobiliaria por ventas, Country Garden y la más endeudada Evergrande, continua sin presentar un plan de reestructuración, comprometido desde Julio del año pasado.

El 13 de enero, el gobierno propuso en 13 puntos un plan de ayuda para las promotoras inmobiliarias de calidad, ello unido a la apertura del Covid, ha llevado a que las ventas en 50 ciudades de vivienda usada, hayan subido más de un 20%, en los diez primeros días de enero.

Pero la desconfianza es muy grande pues el 60% de las casas vendidas entre el 2013 y 2022 no han sido entregadas a los compradores.

En Diciembre la inflación en España descendió al 5.6% anual separándose de la media del euro (9.2%), pero la subyacente sin energía y alimentos subió hasta el 6.9%, lo que indica el papel que en esta bajada ha jugado el tope al gas, un coste diferencial respecto al mercado, que se está repartiendo en el resto del sistema (Empresas energéticas, Tesoro, contratos energéticos libres de particulares y empresas no incluidos en el coste de vida etc.), lo mismo que el año anterior fue todo el incremento de la electricidad al coste de vida, a través del precio mayorista, provocando una subida aguda del coste de vida, que ahora propicia, al tener una base pasada alta, una bajada de los incrementos del mismo.

Continua la diferencia en España entre el coste de vida (6.7%) y el coste de la cesta de la compra, al 15%. las noticias nos dan la pauta, si en semanas pasadas eran el arroz y la leche, ahora es el encarecimiento del aceite de oliva que está llevando a su sustitución en las compras, y las perspectivas del pescado, con la negociación de una reducción en las cuotas.

El 14 de diciembre la Reserva Federal estadounidense, ha vuelto elevar el tipo de interés, aunque de forma más moderada, medio punto, 0,5% frente al 0.75% de las dos anteriores subidas, situándose en una horquilla 4.25-4.5% con bajada de la inflación en noviembre al 7.1%. Estiman que los tipos superaran el 5% en el 2023 y que la inflación descenderá al 3% para el 2024. Las previsiones de crecimiento para el 2023 son muy bajas del 0.5%.

La Reserva Federal de Nueva York, (2) ha elaborado un indicador de la tendencia permanente de la inflación, con una fiabilidad en sus pronósticos superior al resto de indicadores inflacionistas, incluida la inflación subyacente (excluidos los precios de alimentos y energía), este indicador el llamado de datos completos, está en Noviembre, al 4.1% con un descenso del 0.2%, claramente por debajo del 7.1% del coste de vida y del 6% de la inflación subyacente.

Hay que tener en cuenta que en Estados Unidos más que el Coste de Vida, la Reserva Federal mira más el precio del Gasto Personal del Consumidor (PCE), que se revisa mensualmente en sus componentes, recogiendo así la sustitución por el consumidor de artículos más caros por otros más baratos, con lo que la inflación en este capítulo ha sido 20 puntos de tanto por ciento más baja. Desde su arranque en los años setenta, respecto al índice de coste de la vida.

Al día siguiente, el Banco Central Europeo realizo la misma subida de medio punto hasta el 2.5%, pero con unas declaraciones más duras de la Presidenta Cristina Lagarde, ya que por un lado, "estima que los tipos de interés tendrán que incrementarse aun significativamente a un ritmo sostenido, hasta alcanzar niveles suficientemente restrictivos para que los precios vuelvan a situarse de forma oportuna del objetivo al 2% a medio plazo", complementando lo anterior con el anuncio de que a partir de marzo de 2023, se reducirá la cartera de bonos del Banco Central Europeo que alcanza los cinco billones, y se hará a un ritmos de 15.000 millones de euros mensuales, ventas que presionaran en el mercado. Se habla de tipos de interés al 4% en el 2023, un año sin apenas crecimiento, el 0.5% y hasta el 2025, un año más tarde que Estados Unidos, no descenderá la inflación al 2.3%, cercana a los objetivos marcados del 2%.

Las bolsas cayeron ese mismo día y también el siguiente, el índice europeo Eurostoxx descendió un 3%, así como el petróleo (por debajo de 80 dólares el barril) en los dos mercados el americano y el europeo, y el dólar se debilitó (el euro superó el 1.06) y subieron los tipos de interés de los bonos europeos.

El hecho es que en el 2022, se perdió dinero de forma generalizada en renta fija europea y de países emergentes, el 15%, en renta variable el índice global bajó un 18%. Una cartera 60% renta fija y 40% variable hubiera obtenido los peores resultados según The Economist desde 1937.

Los fondos de inversión en España según la patronal INVERCO descendieron un 8.4%

La capitalización del mercado de cryptomonedas descendió en un 70%.

Los únicos inversores que ganaron dinero en mercados líquidos fueron los inversores en materias primas energéticas y alimentos no elaborados. El oro tuvo un comportamiento plano, y los metales sufrieron pérdidas generalizadas.

Japón y Suiza, retrasadas en sus medidas contra la inflación, han comenzado a tensionar su política monetaria subiendo tipos de interés y gastándose sus reservas en defender sus tipos de cambio para reprimir la inflación. Japón en diciembre, ha alcanzado un récord de 40 años del 4% de inflación (la energía subió un 15.2%), el nivel más elevado desde 1981, sin embargo el gobernador defiende una política monetaria todavía laxa y continúan las recomendaciones a las empresas para que suban más los salarios.

Algunos economistas señalan que este fracaso incipiente de Japón en controlar los tipos de interés, puede ser el síntoma de un comportamiento negativo de toda la renta fija mundial por ascenso en los tipos de interés, y que mirando las tendencias pasadas puede durar décadas, es decir el final de la inflación y tipos de interés bajos.

Hay que ser escéptico ante pronósticos tan drásticos, las fuerzas que llevaron a los tipos de interés negativos continúan actuando bajo la superficie y la incertidumbre es grande.

Gran Bretaña se halla envuelta en huelgas, de una intensidad no vista desde los años setenta, y como señala Paul Jonhson director del Instituto de Estudios Fiscales en declaraciones al Mundo (Carlos Fresneda Domingo 18 de Diciembre p.24), comparando la situación con la de los años setenta: "Digamos que entonces fueron pocos, los que sufrieron mucho, y ahora son muchos los que van a sufrir un poco". Descartando lo tibio del adjetivo "poco", parece que estamos hablando de un porcentaje de la población que abarca las clases medias.

De cualquier forma los signos de decadencia británica se manifiestan en un gran número de indicadores económicos y sociales.

Por fin desciende la inflación en Alemania desde el 10% en noviembre al 8.6% en Diciembre, y el euro en la segunda mitad de enero se había revalorizado un 17% respecto al dólar en los tres últimos meses lo que ha ayudado a controlar la inflación.

LAS CONTRADICCIONES DE LA POLÍTICA NORTEAMERICANA. LA GUERRA DE LOS CHIPS

El autor Chris Miller (3) nos cuenta como nació la palabra Chip, debida al pionero estadounidense Jack Kilby, que juntó varios transistores en un circuito integrado por primera vez, este fue el invento y le llamó Chip, porque cada circuito integrado estaba hecho de un pieza de silicona desprendida (Chipped) del propio envase. Ha sido la rama tecnológica con más amplio desarrollo, en el que se ha cumplido una profecía, la de Gordon Moore de un crecimiento exponencial de poder de las computadoras.

Una definición de chip más actualizada en cuanto al detalle, nos da idea de las dimensiones a las que se está llegando. "Una pequeña pieza de material semiconductor, usualmente silicio, con millones o miles de millones de transistores microscópicos". Un teléfono móvil puede multiplicar hasta muchos miles de veces. La capacidad de un ordenador de la postguerra, ocupando una gran planta.

El autor explica detalladamente el enorme progreso en semiconductores a través de toda la cadena, en que unos procesos van exigiendo a otros, con grandes hallazgos y una capacidad de reducir costes para poder vender los avances técnicos en el mercado a gran escala, para obtener una rentabilidad. Así en el diseño de los chips la aplicación de la Inteligencia artificial, en la construcción de sus recipientes, con la lucha por las técnicas de litografías ultravioleta, que exige los componentes y herramientas más avanzados para producir un chip, los metales más puros, los láseres más poderosos y microscópicos y los sensores más precisos, en esa parte de la cadena esta la holandesa ASML (la sociedad de mayor valor en Europa) que fue muy apoyada por Intel, Samsung y TSMC durante 20 años, hasta llegar a una precisión de medio millón de componentes para los diseños y elaboración de chips. Vende la maquina más grande de la historia, a los fabricantes de chips, con un precio de 100 millones de dólares por unidad, que exige un largo periodo de formación para utilizarla.

Por último, la construcción de los chips más avanzados, exige una infraestructura de cientos de empresas coordinando con la matriz, y un ejército de técnicos altamente formados y experimentados, esa es una de las causas de que la factoría de TSMC que va a invertir en Arizona, no va a producir los chips más avanzados, ya que no se puede improvisar una infraestructura de esa dimensión, ni tampoco emigrar de Taiwan, siendo como es base de su seguridad.

Todo ello arranca en los años sesenta con el apoyo electrónico al proyecto Apolo y a un misil estadounidense con cabeza nuclear experimental.

En 1965, todavía el 95% de la facturación era al sector militar estadounidense, en la década siguiente, el sector privado ya superó al militar.

En los años setenta, Japón se convierte con el despegue de su electrónica en la gran demandante de chips estadounidenses con el gran inicio del radio transistor de Sony. Para posteriormente desafiar a la industria norteamericana al superarla en la fabricación de chips. El pinchazo de la burbuja bursátil inmobiliaria japonesa, junto con el resurgir de empresas como Intel, al dedicarse a los chips de los PCs, hace volver la supremacía de Silicon Walley aunque en otras ubicaciones.

Luego la rápida emigración de las grandes firmas de chips estadounidenses a los países asiáticos con sueldos bajos. Empresas como Fairchild, Motorola, Texas Instruments, comienzan a establecer factorías en Hong Kong, Singapur, Penang (Corea del Sur), Taiwán etc. Como declaraba un ejecutivo de estas empresas: "Tenemos problemas sindicales en Silicon Walley, no tenemos ningún problema sindical en Oriente".

Llega el teléfono inteligente, e Intel con una gran rentabilidad en sus chips para ordenadores, no entra en el sector, a pesar de la petición de Apple para que lo haga, dando la oportunidad a los productores asiáticos, sobre todo taiwaneses, coreanos y de Singapur. Estados Unidos pasa de fabricar el 37% de los chips mundiales en 1990 al 13% en el 2010.

Mientras tanto ya a finales del siglo pasado, China comprende la importancia del tema, pero su falta de integración con Silicon

Valley le lleva a un retraso grande en los procesos de diseño y fabricación de los chips avanzados. Rusia con su aislamiento, había perdido ya la guerra fría por su retraso en la tecnología militar y civil.

En Asia se produce el 80% de los semiconductores del mundo. Taiwan y Corea del Sur, superan cada uno el 20% de cuota con China y Japón alrededor del 15% respectivamente. Europa tiene como objetivo duplicar su cuota actual hasta llegar al 20% en el 2030.

EL TALÓN DE AQUILES CHINO. LA DEPENDENCIA EXTERIOR

Pero China está retrasada en los chips más avanzados y de mayor valor añadido. Según un análisis de la Universidad de Georgetown, China suministra el 4% de los envases de silicio y otros materiales en la elaboración, de chips, un 1% de las herramientas usadas para fabricar los chips, 5% del mercado de diseño chips y 7% de cuota de mercado en la fabricación, su base pues es tan solo el ensamblaje final. Agregando todos los procesos de la cadena de semiconductores (diseño de chips, propiedad intelectual, herramientas, fabricación y otros pasos), China tiene un 6% de cuota frente a América el 39%, Corea del Sur 16% y Taiwán el 12% (pero este último, produce en el 2022, el 90% de los chips más avanzados).

En su plan tecnológico 2025, en un tono guerrero, defiende China alcanzar la supremacía en semiconductores, con independencia del resto de los países, basándose en tres factores, un gran volumen de subsidios estatales, una política con base gubernativa de apropiación de patentes e innovaciones extranjeras, y con la concesión de abrir su enorme mercado de consumo, presionar a las firmas extranjeras a invertir siguiendo sus condiciones (y en ocasiones intentar comprarlas).

El objetivo es reducir la gran dependencia exterior china en semiconductores. Desde hace cinco años, las importaciones que superan a las del petróleo, no han hecho más que subir y en los últimos tres años se mantienen por encima de los 300.000 millones de dólares, hasta 350.000 millones de dólares, por el momento no han logrado su objetivo de reducir la dependencia, lo que indica la dificultad del proceso.

Todo el tema se agrava cuando se pasa de la guerra comercial con China, alimentada por el equipo económico de Trump, a la consideración de un problema de seguridad nacional, que en Mayo del 2020 lleva, al bloqueo del suministro de todo tipo de semiconductores a la empresa china Huawei, con una expansión arrolladora en sus móviles y en la elaboración de redes, incluyendo la del 5G. El bloqueo fue mundial ya que incluía a toda empresa que tuviera relación con la industria de semiconductores estadounidense, lo que es lo mismo que decir toda la industria mundial y fue devastador para la empresa y para el progreso tecnológico chino.

Toda esta tendencia hasta llegar a la seguridad nacional, llega después de un proceso continuado de captación de las nuevas tecnologías de las empresas chinas con apoyo del gobierno, mediante el espionaje, la violación de patentes, extorsión a las empresas extranjeras para ceder sus innovaciones etc. "Huawei es la muestra de toda la política equivocada del gobierno norteamericano respecto a las nuevas tecnologías" declaraba un alto cargo del departamento de seguridad.

Para la industria de los chips fue una gran preocupación, ya que China además de ser el gran competidor, era el cliente más importante de la industria estadounidense de semiconductores, en la que todo está interconectado y sin embargo esta interdependencia estaba llevando a grandes conflictos.

EL RETRASO DE LAS EMPRESAS ESTADOUNIDENSES POR SU RIESGO FINANCIERO

No solo ha jugado la agresividad china y asiática en la pérdida de cuota de las empresas estadounidenses, sino como señalan Yin Lu y William Lazonick (4), el gran contraste por ejemplo, entre el éxito de Huawei en las redes de comunicación y el fracaso de la estadounidense Cisco en este terreno, se debe en gran parte, a que estando posicionada Cisco para ser un líder mundial en el terreno, la búsqueda desaforada del valor bursátil, le llevó a invertir en el periodo 2002-2021 unos recursos de 144.000 millones de dólares en recompra de las propias acciones y otros 48.000 millones dc dólares en dividendos. Esa política ha privado a Estados Unidos del liderazgo en el 5G.

Apple que podía haber fabricado su propia fuente de chips, prefirió tirar de la taiwanesa TSMC, colaborando a su gran expansión y calidad tecnológica, mientras que entre Octubre 2012 y Junio 2022, invertía 529.000 millones de dólares en recompra de sus propias acciones, para elevar el precio de las mismas.

Lo que van a invertir TSMC y Samsung en Estados Unidos, 27.000 millones de dólares en varios años, es menos de un tercio de las recompras de sus acciones de Apple en el 2021 por 86.000 millones de dólares.

El máximo ejecutivo de Intel reconocía en febrero del 2021, que la pérdida de su liderato en chips a manos de la taiwanesa TSMC y Samsung, se debía a la distracción de recursos en las recompras de acciones propias y reparto de dividendos.

CHINA, USA, TAIWAN Y LOS CHIPS

Estando presente los chips cada vez más en nuestra vida diaria, ordenadores, bancos de datos, teléfonos, coches, electrodomésticos, comunicaciones, medicina, videojuegos, mascotas etc., e invadiendo todo el arsenal militar, su capacidad de innovación e interrelación es tal, que son los nuevos productos y servicios, los que van a cambiar nuestra actividad civil y toda la estrategia militar.

Aunque nadie duda de que de cinco a diez años, China va a lograr una industria de diseño y fabricación propia de chips, que va a desafiar a la de Estados Unidos en esta industria, que como señala Miller define el mundo en el que vivimos y vamos a vivir, determinando el perfil de nuestra política internacional, la estructura de la economía mundial y el equilibrio en la supremacía militar.

Sin embargo la paradoja es que toda esta industria está concentrada en unas pocas fábricas, y especialmente los chips más avanzados en Taiwan, en la fábrica de TSMC, el centro de mayor peligro estratégico entre China y Estados Unidos. Un misil sobre esa fábrica detendría la actividad mundial, una sentencia repetida. Hay una conexión estrecha para Taiwan entre su liderazgo mundial de chips y su defensa frente a China.

Todo se inició cuando el gobierno de Taiwan siempre deseando estrechar sus lazos con Estados Unidos, ofreció a Morris Chang, que había sido el líder de Texas Instruments cuando se estableció veinte años antes en Taiwan, carta blanca para desarrollar una industria propia de semiconductores en el país, con todo tipo de facilidades. (Parecida es la historia de Samsung en Corea con el impulso de Intel).

El acierto de Chang de estrechar lazos con la industria estadounidense de chips, y especializarse en la fabricación de los chips que le diseñaban sus clientes, llevo a que estos fueran todas las empresas estadounidenses que iban diseñando chips cada vez más avanzados, y que TSMC manufacturaba sin entrar en el terreno de su clientela (cosa que no hizo Samsung que competía con sus clientes).

Ha sido la mayor historia de éxito de la industria de semiconductores que le ha llevado al liderazgo mundial, y a ser la empresa de Asia más valorada en bolsa. Y eso que en sus comienzos, el gobierno de Taiwan tuvo que suscribir el 48% del capital inicial, obligar a los magnates del país a invertir bajo presión y Chang vio declinar sus invitaciones a participar a las principales empresas del sector y solo Philips tomó un 27.5% del capital.

En la situación actual los aliados asiáticos de Estados Unidos, Japón, Corea y Taiwan (que producen las nueve décimas partes de los chips más avanzados), se encuentran muy incomodos con la presión estadunidense para que restrinjan los suministros de chips a China (5), ya que si Japón exporta un tercio de sus chips a China, el 60% de la producción de semiconductores de Taiwan va a China. Sería un duro golpe para el país llegar a una restricción total de suministros a China.

En los momentos presentes, con el potencial de su industria de semiconductores tan estratégica, cuando se les pregunta a los políticos taiwaneses, sobre la crisis Estados Unidos–China, en relación a su independencia, la respuesta es: "No ocurrirá nada porque ambas partes saldrían muy perjudicadas". Sin embargo, esa respuesta puede tener los años contados, de cinco a diez, si China logra un grado de autonomía decisivo en el sector.

De las actuaciones sigilosas del gobierno de Obama, a la actuación abierta contra Huawei en tiempos de Trump, el Presidente Biden plantea ya una estrategia global en todas las cadenas del sector para frenar a China.

Estas restricciones de USA a China, anticipan una nueva crisis de oferta en el sector y es una lucha por el poder mundial que encuentra a China en un momento débil de crecimiento por el Covid y los excesos de endeudamiento inmobiliario, para reaccionar.

El bloqueo de los chips de última generación a las empresas chinas, por parte de Estados Unidos, se extiende a cualquier empresa no estadounidense que entre el proceso de diseño, ejecución o fabricación de esos chips.

En detalle se prohíbe la exportación a China de microprocesadores avanzados, componentes de los mismos y patentes para fabricarlos, así como cualquier tecnología relacionada con la inteligencia artificial y la computación cuántica.

Por otro lado, entra en el proteccionismo con subvenciones para las empresas estadunidenses y extranjeras, el primer fabricante del mundo el taiwanés TSMC va a invertir en una fábrica en Arizona (aunque no en los chips más avanzados que los guarda en casa) desligándose en parte del gran riesgo político entre China y Estados Unidos por Taiwán, también invierte Samsung en Texas (tampoco va a fabricar los chips más avanzados) 15.000 millones de dólares.

Así como Apple se está despegando en cuanto al ensamblaje de sus móviles de China, con una inversión inicial de 12.000 millones de dólares en Estados Unidos, para llegar en el 2026 hasta 40.000 millones de dólares. TSMC produce chips, no los diseña, esa separación ha sido clave en el desarrollo de la industria.

La Ley "Chips for América" prevé 52.000 millones de dólares de ayudas para esta industria.

China aparte de presentar una queja oficial a la Organización Mundial de Comercio (OMC) por las restricciones de Estados Unidos para la compra de semiconductores, ha presentado un paquete de 134.000 millones de dólares para impulsar la fabricación local de chips, cuyo primer beneficiado va a ser Semiconductor Manufacturing International Corporation (SMIC), el mayor fundidor de chips de China, que tiene también su origen en un ejecutivo de Texas Instruments, Richard Chang que retornó a China y que copió todo el proceso de la taiwanesa TSMC, aunque todavía no ha alcanzado sus niveles técnicos y produciendo en estos momentos la mitad de los chips chinos. Las nuevas fábricas tendrán subvenciones de hasta el 20% del total de su inversión.

Hasta ahora China está retrasada en el diseño de los chips, pesando mucho como ya hemos comentado el ensamblaje de los mismos, que es la fase de menor valor añadido.

Europa se encuentra ante un dilema en sus inversiones en un tema de autonomía en el poderío económico y estratégico. En sus planes entran ya los proyectos de varias fábricas de chips. Chris Miller destaca que Europa no debería invertir en el sector, sería una distracción de recursos.

España también se ha planteado invertir en el sector a través de los fondos europeos, con un plan de 12.000 millones de euros a través de uno de los Planes Estratégicos (PERTE) más importantes, que ya hemos comentado en este blog, y no se presenta fácil. Se ha presentado el plan a más de 50 empresas, pero por ahora solo Intel ha planificado un centro en Barcelona, y Cisco ha anunciado que instalara también en Barcelona su primer centro europeo de diseño de chips.

Jaime Martorell el comisionado para dicho PERTE, declaraba estar convencido de que traeremos una o dos fábricas a España, en el plazo adecuado (hasta el 2027). Por eso los 12.000 millones son tan importantes para atraer inversiones mínimas de 20.000 millones por fábrica, serian fábricas principalmente exportadoras.

En este 2022, que ha experimentado casi un descenso de dos dígitos en la demanda de chips (por la caída en la venta de ordenadores, móviles y coches, TSMC ha superado en ventas a Samsung e Intel, convirtiéndose en el número uno mundial.

BLOQUEO AL PETRÓLEO RUSO. PELIGROSO TOPE AL GAS

El petróleo de los Urales que cotizaba en noviembre a un coste medio del barril 78.3 dólares, descendió el 7 de diciembre en 43.7 dólares, (el presupuesto ruso estima un precio medio del barril de 70.1 dólares) los socios asiáticos se ven que le están pidiendo fuertes descuentos.

A finales de enero el petróleo de los Urales se acerca a los 60 dólares el barril frente a 86 del Brent.

En el otro mercado petrolífero ESPO, (mercado para el crudo del Este de Siberia en el Océano Pacifico) que sirve de referencia para las ventas a China (que le compra cien millones de toneladas de petróleo al año de los 426 millones que exporta) aguantó mejor situándose en los 69 dólares y actualmente está notando la demanda china con un cierto ascenso sobre los 70 dólares con 10-15% de descuento sobre el Brent.

Las exportaciones de petróleo ruso a Europa han descendido de millones de barriles diarios al comienzo de la pandemia, hasta tan solo un millón al final del 2022.

En el mundo del petróleo, continua la influencia china en los países del golfo, con el presidente chino visitando Arabia Saudita, con la que va teniendo unos lazos comerciales crecientes con 87.300 millones de comercio unilateral en el 2021, un 30% de incremento sobre el 2020, que se va extendiendo a lo armamentístico, con la reciente compra por parte de Arabia Saudita de 4000 millones de dólares en armamento chino.

El tope ibérico al precio del gas está llevando a subvenciones a Portugal y Francia. Los países del norte luchan contra los del sur para no bajar el precio demasiado, porque afectaría a los resultados de sus empresas y a la estabilidad financiera del sistema. ´

Por fin el 19 de diciembre se estableció un tope al gas que ha descendido de las primeras conversaciones de 275 a 185 megavatios/hora, que supere durante tres días ese límite y además la diferencia con el gas licuado sea mayor de 35 euros. El mecanismo entrará en vigor el 1 de febrero, se podrá usar desde el 15 de ese mes, y estará en funcionamiento durante 12 meses. El protocolo de corrección si entra en funcionamiento estará en marcha al menos 20 días. El precio de referencia tiene también un suelo 143 euros por megavatio. Hacen falta tres días para que se active el mecanismo, que se desactivara si en tres días consecutivos queda por debajo de 180 euros el megavatio hora.

El tope aprobado en España y Portugal, la excepción ibérica no va a sufrir cambios. Ese tope, se refiere únicamente al gas natural empleado para la generación eléctrica, el acuerdo comunitario es para todo el gas sin importar el uso o destino que vaya a tener.

El pacto tiene una serie de salvaguardas, planteadas por Alemania la más difícil negociadora en el tema, como son: el pacto dejara de funcionar si la demanda de gas aumenta un 15% en un mes, o un 10% en dos, las importaciones de gas natural licuado descienden de forma significativa o el volumen negociado en el mercado holandés de gas (TTF), cae notablemente en comparación con el mismo periodo del año anterior.

No por inconcretas son menos importantes estas salvaguardas alemanas, ya que conectan dos problemas energéticos para Europa que se pueden producir por esta medida. por un lado, al poner un techo al precio se incentiva el consumo, y por otra, el suministro del mismo puede verse recortado al dirigirse los exportadores de gas natural licuado a otros países no europeos, para conseguir mejores precios.

De todas formas, el invierno suave en cuanto a temperaturas, ha mantenido en descenso el precio del gas natural en Europa en el mercado holandés alrededor de 68 euros el megavatio hora.

GRAN ACTIVIDAD DE LA UNIÓN EUROPEA

En primer lugar un programa energético europeo de contención de precios, e independencia de Rusia en el consumo, con el gas y la electricidad como protagonistas, hasta finales del 2024 en lo comentado líneas arriba.

Un nuevo país, Croacia, con algo menos de 4 millones de habitantes, se incorpora al euro con unas cifras económicas equilibradas a pesar de tener una renta per cápita de 14.720 euros en el 2021, claramente inferior a la media del euro que está en los 34.000 euros.

Por otro lado, se han bloqueado a Hungría 6300 millones de dólares de los Fondos Europeos de Cohesión, por vulneraciones en el estado de derecho.

Después de cuatro años se ha suscrito un documento con la OTAN, con setenta y cuatro apartados, de actuaciones conjuntas en todos los campos de la defensa. Hay que recordar que de los 27 miembros de la UE, 21 forman parte de los 30 integrantes de la OTAN.

En febrero se endurece la presión sobre Rusia, con la prohibición de importar productos refinados del petróleo, y por primera vez, continuando la escalada, se envían por parte de Alemania, Francia y Estados Unidos a Ucrania, armas de gran calibre (Artillería y Tanques).

Se está discutiendo una coordinación y catalogación de las ayudas al Estado (en principio prohibidas salvo casos excepcionales pero que dadas las circunstancias se ha abierto la mano, para no poner en inferioridad competitiva a las empresas de un país europeo con respecto a las de otro). España ha sugerido que se consideren dentro de los fondos europeos para la recuperación. Hay que tener en cuenta que todas estas ayudas hay que verlas como protección y reacción a las ayudas programadas por Estados Unidos a sus industrias.

NO ES UN ENIGMA, PERO TAMPOCO SENCILLO

Como señala el gran economista (6) Axel Leijonhufvud, especialista en inflaciones elevadas, la inflación con estancamiento económico, no es un enigma, pues por muchos caminos de la teoría macroeconómica se puede llegar a ella, comenzando por los que trazó Keynes, innovadoramente en su "Teoría General".

Combinando teorías del desempleo y de la inflación, este autor encuentra cuatro vías principales en que se produce inflación sin crecimiento:

-Comenzando por los problemas de dislocación en los mercados laborales.

-La mala gestión de los impulsos y restricciones monetarias.

-Los problemas de atesoramiento del dinero entre la inversión y el ahorro, y muy parecida a la situación actual y en cuarto lugar, el no tener una coherencia en la política monetaria con la fiscal, harto difícil de conseguir en el entorno actual y que puede llevar a una recesión, con descenso de la productividad, exacerbando las tensiones sociales y la confianza popular en las instituciones políticas y los logros sociales heredados.

Es decir, las explicaciones son variadas, la complejidad es cada vez mayor, por lo que no caben las recetas simples.

Esa misma complejidad surge también en Milton Friedman (7) en su teoría de los precios, con más de 400 páginas de análisis formal de la demanda, la oferta, las interrelaciones entre ambas en las empresas individuales en los sectores, el efecto del ahorro, del trabajo y su utilidad, la incertidumbre, del desempleo, los salarios, la productividad, la distribución de la renta, del beneficio, el capital, el tipo de interés.

Posteriormente pasó Friedman a la simplificación para vender políticamente su concepto de la gestión monetaria, como un incremento consistente y sostenido de la oferta monetaria, para mantener un objetivo estable de mantenimiento de los precios.

El problema en la práctica surgió como indicaba Paul Wolcker (8), el Presidente de la Reserva Federal en los años ochenta, cuando se vio que el concepto de dinero englobaba, productos y comportamientos muy diferentes que cambiaban, con los tiempos.

No se sabía que porcentaje de incremento era el adecuado para controlar los precios, y tampoco si se tenía un objetivo de crecimiento del dinero, como lograrlo sin provocar graves trastornos en la actividad real, ni que efecto tendría sobre los precios ese porcentaje de crecimiento.

Por otro lado, en el corto plazo, hasta tres meses, los errores de previsión (del dinero que circulaba en la economía) eran tan grandes que hacía imposible el control.

Perseguir objetivos agregados monetarios nos hace olvidar sus limitaciones, señalaba Volcker, para rematar finalmente que "la explicación a los problemas económicos que los bancos de la Reserva Federal debían abordar, no tenían ninguna base monetaria" en la coyuntura que a él le tocó vivir.

Adam Shapiro (9) se focalizó en distinguir en el coste de vida del consumidor, más de 100 bienes y servicios que suponían una inflación de oferta, de los que suponían una inflación de demanda, viendo sus variaciones sobre los niveles medios de una serie de datos que analizaban desde 1998. Entre los bienes cuyo precio los marca la oferta, están la alimentación y toda la dotación del hogar, como ropa, papel, platos etc. Entre los bienes cuyo precio los marca la demanda, tenemos los vehículos de motor y los productos relacionados, los coches usados y la electricidad. La conclusión es que, de la inflación actual, la mitad se debe a la oferta, un tercio a la demanda, y el resto a causas difíciles de deslindar entre la oferta y la demanda.

Y dentro de esa complejidad e inspirándose en Adam Saphiro, se comienzan a ver sus factores principales, como es el reciente análisis de los economistas del Banco Internacional de Pagos (10) intentado separar el peso de la demanda y de la oferta, en la tendencia alcista de la inflación, para lo cual usan más de 200 indicadores económicos. Concluyen que las restricciones monetarias están tenido un efecto más restrictivo en la demanda que en la oferta, y además en esta última menos duradero.

Pero la subida de tipos necesaria para bajar un 1% la demanda, la estiman en nada menos que en seis puntos de tanto por ciento de subida de los tipos, lo cual nos parece excesivo, ya que la estructura de endeudamiento privado y público es más vulnerable que en los ochenta, a las subidas de tipos.

Los autores consideran dicho endeudamiento como un shock financiero, que actúa tanto sobre la demanda reduciéndola y por tanto disminuyendo la inflación, como también lleva a restricciones en la oferta, que genera inflación, compensando el efecto anti inflacionista sobre la demanda.

Destacan en el 2020, la recesión por el COVID, con una gran caída de la demanda, y un surgimiento de la inflación en el 2021, con la combinación de una fuerte subida de la demanda, añadido a unas condiciones restrictivas de la oferta, en el 2022 en el euro área, la demanda continuaba fuerte, pero las restricciones de oferta fueron intensas durante todo el año, amplificadas por los efectos de la guerra de Ucrania. En Estados Unidos fue el incremento de la demanda, el que jugó un mayor papel en la inflación.

Terminan, repitiendo que si la política monetaria reduce la demanda, hay que estar atento a los shocks financieros, que pueden provocar daños recesivos sin colaborar al descenso de la inflación.

Los coches son un ejemplo de todo lo anterior, con un descenso de la demanda al mínimo, al confinarse las poblaciones con el COVID, cuando se reabre se dispara la demanda, pero la falta de semiconductores provoca un shock de oferta (los coches usados subieron un 50% en Estados Unidos), ganando cuota las marcas asiáticas con un mejor suministro de chips y en estos momento, las fábricas españolas sufren otro problema de oferta, la falta de transportistas, lo que provoca grandes retrasos mensuales de las entregas, y una subida de los coches usados en Europa del 12%, cuando en Estados Unidos ya están bajando.

Resumiendo en España, los precios de los coches desde la pandemia, han subido un 19% (y también la calidad media), con un descenso de las ventas en el 2022 del 5.4% respecto al 2021, y un 35% con respecto a las matriculaciones antes de la pandemia en el 2019, y con las marcas asiáticas, Toyota, Kia e Hyundai como líderes.

La investigación del componente persistente de la inflación de la Fed de Nueva York que juega un papel básico en las decisiones económicas, financieras y de política monetaria, se ha basado en dos aspectos, contrastados por estadísticas desde el año 2000, por un lado, el análisis de 220 componentes del IPC desagregados en sus series de precios, y por otro en un conjunto de estadísticas de un conjunto de 364 series de datos macroeconómicos y financieros, que influyen en la inflación. El primero se denomina "Solo precios" y el segundo "Conjunto de datos completos", combinan los dos, estudiando sus interrelaciones.

Esta investigación de la Fed de Nueva York es importante, ya que distingue entre el análisis de los precios de los productos en los índices y como se transmite de unos productos a otros, de los canales en la estructura de la economía más proclives para generar en sus procesos subidas de precios futuras.

En esa idea de la complejidad de los factores que nos han llevado a la inflación, una serie de economistas (11), consideran que la sola utilización de la subida de tipos de interés, no es acorde con la variedad de causas, que se han acumulado en los distintos periodos, y podría llevar a una recesión con un coste excesivo en términos de empleo y renta.

Señalan que no solo las inyecciones de dinero de los planes de estímulo del Presidente estadounidense Biden han estado en las raíces del ascenso de la inflación ya que, por un lado, ha habido una relación inversa entre el ritmo del gasto público y la inflación, con un arrastre de la política fiscal, a la baja del crecimiento estadounidense, mientras subía la inflación, sin que tampoco aumentara significativamente el gasto de los consumidores debido a los paquetes de estímulos del 2020 y principios del 2021.

Consideran que hay cuatro fuentes alternativas a la monetaria de la inflación que derivan de la oferta: las importaciones, los precios de la energía, la subida de los márgenes empresariales y el COVID. El COVID está teniendo una gran influencia en el mercado de trabajo, en los de salarios bajos, influencia y cambios trascendentales que no han terminado de influir.

Las importaciones experimentaron un incremento de los precios del primer trimestre del 2020 al segundo del 2022 del 17%, con un alza del 50% para los suministros industriales.

La energía, en el mismo periodo de Enero del 2020 a Agosto del 2022 elevó los precios en un 38%, frente al 11.5% de los precios de consumo.

Los márgenes más altos de las sociedades no financieras. El margen se incrementó del 0,116 en el primer trimestre del 2021 al 0,165 en el segundo trimestre del 2022, una subida del 42% cuando la inflación del PIB fue del 16% en el mismo periodo. Los márgenes han alcanzado el nivel más alto desde 1950. Este nivel de margen explica el 40% de la inflación del PIB, con los costes laborales por unidad producida responsables del 45%.

El impacto del COVID en los salarios y el trabajo. Impacto que continua y ha provocado un gran número de puestos de trabajo que no se cubren, un pobre indicador de las tensiones en el mercado de trabajo según los autores, ya que sin embargo no se han trasladado a las revisiones salariales, que quedaron muy por debajo de la inflación, excepto en un grupo de trabajos de salarios bajos, que han mantenido su poder adquisitivo respecto a la inflación, derivado de las necesidades que se crearon en el COVID.

A estos factores de oferta, por supuesto se unen otros de elevación de la demanda, entre los que destacan, uno que ha pasado inadvertido, la gran subida de la riqueza de las economías domésticas entre el inicio del 2021 y el 2022, que calculan que supuso un incremento del consumo de un billón de dólares, la mitad que las medidas de Biden dio de apoyo al COVID, concentrado en las rentas altas.

La riqueza inmobiliaria en Estados Unidos experimento una subida en el periodo del primer trimestre del 2020 al segundo del 2022, del 47% es decir, 9.5 billones de dólares.

El alza para las economías domésticas de sus acciones y participaciones en fondos de inversión, fue del 75% equivalente a 17 billones de dólares.

Lógicamente estas plusvalías se concentraron más en las rentas altas.

A este efecto riqueza que impulsa el consumo, se suman los 434.000 millones de dólares en los que se incrementó el crédito al consumo para el mismo periodo y billón 625.000 millones de crédito hipotecario adicional.

Por último, la guerra de Ucrania y los shocks climáticos del verano del 2022, añadieron nuevas dimensiones a la inflación. Con la intensificación de la subida de alimentos y energía, el nuevo orden mundial ha intensificado las presiones irregulares sobre las cadenas de producción y las relaciones comerciales entre países. Problemas de oferta que se deben combatir con iniciativas como una vigorosa política antitrust, establecer límites en los mercados de materias primas, una regulación más microeconómica de detalle y mayores inversiones públicas en salud y renovables.

Todo ello con una política fiscal adaptativa de reducción de los excesos de gasto y control de sus niveles de deuda.

Como vemos el resumen de medidas es bastante general, mezclando iniciativas con plazos diferentes y buenos deseos políticos.

Hay aspectos que contradicen en parte la hipótesis de los autores, de que el crecimiento de la riqueza inmobiliaria y financiera, ha jugado un papel en la inflación, independiente de la política monetaria, ya que precisamente la baja de tipos de interés, es la que ha provocado esa revalorización de activos, ya reducida con las subidas de los tipos de interés de los últimos meses.

Muy distinta es la versión de los economistas (12) del Banco Internacional de Pagos en que destacan la importancia de la actuación actual coordinada de todos los bancos centrales subiendo los tipos de una manera muy enérgica (front loading) con lo que crean la expectativa de una actuación más suave para el futuro.

Volvemos a repetir que la política monetaria, no se reduce a la actuación sobre los tipos de interés, sino también la descarga de los bancos centrales de sus balances de la deuda comprada y a la reducción progresiva de los créditos dados a la banca.

Por otro lado, hay dos aspectos en la política actual contra la inflación, que no son analizados debidamente, como son las cadenas de producción y el creciente endeudamiento público y privado.

Es verdad que los autores respecto a las cadenas de producción, señalan el problema de intentar desacoplarse al menos en parte, de países como China y no digamos Rusia, en que las relaciones políticas se han deteriorado de manera definitiva, pero es un proceso costoso y no rápido.

Otro desacoplamiento en las cadenas tiene razones puramente económicas, como el de las cadenas industriales europeas, con fuerte peso en sus costes de la energía, y las empresas correspondientes pueden deslocalizarse de Europa e ir a Estados Unidos o Asia, con costes energéticos muy inferiores a los europeos. Pero la propia existencia de las cadenas en una magnitud no conocida en las inflaciones del pasado, son amplificadoras de la inflación o de la deflación y de la expansión del crédito, bancario, no bancario (de otras entidades financieras) o comercial entre empresas.

De nuevo la FED de Nueva York ha sido pionera elaborando un indicador mundial (13) de presión en las cadenas, agregando a los costes de los diversos transportes (por tierra, mar o aire) los de los procesos industriales en cada país. A diciembre la presión ha disminuido, debido a la mayor fluidez China (14) en los suministros que ha compensado, los retrasos en Corea del Sur y Taiwan.

En cuanto al alto nivel de endeudamiento del sector privado y el público, hace que sean mucho más vulnerables, tanto las empresas como el sector público, a las subidas de tipos de interés.

Y como estamos viendo, por ahora los bancos centrales contemplan niveles de tipos de interés claramente inferiores a la inflación.

EL IMPACTO GLOBAL DE LA POLÍTICA MONETARIA DE ESTADOS UNIDOS

Un estudio (15) del Fondo Monetario Internacional analiza tres canales principales por los que la política monetaria afecta a la de otros países. El estudio se realizó durante 20 años sobre 63 países de economías avanzadas y emergentes.

-El canal del balance. Para ellos el más importante, ya que afecta a las inversiones de las empresas, al endurecer las condiciones de financiación para las empresas endeudadas, especialmente con financiación en dólares y sus efectos se amplifican en combinación con el canal que examinamos a continuación.

-El canal financiero del tipo de cambio. Opera a través de la depreciación de la moneda del país correspondiente respecto al dólar, lo que dificulta la capacidad de pago de sus deudas en esa moneda.

-El canal comercial. Si los anteriores presentan efectos negativos ante la fortaleza del dólar, en este canal los efectos son ambivalentes, ya que si por un lado, es restrictivo por la baja de importaciones de Estados Unidos de esos países, por otra la demanda de importaciones y por tanto el incremento de exportaciones de los mismos, puede ser positivo según el grado de depreciación de su moneda.

Obstfeld y Zhou (16) hicieron un análisis más específico examinando las medidas de Estados Unidos respecto al dólar, y el efecto en los países más endeudados en dólares y con más necesidad de los mismos.

La fortaleza del dólar para ellos, supone una baja en el crecimiento para el resto del mundo, principalmente a través del canal de los flujos financieros que han aumentado en todo el mundo multiplicando a los flujos comerciales (5 billones de dólares se mueven en los mercados financieros globales en el mundo actualmente) y afectando especialmente a los países emergentes, cuya economía se basa en la producción y exportación de materias primas.

De hecho utilizan un índice global del ciclo financiero (construido por tres economistas Miranda, Agrippino y Rey) que incorpora acciones, bonos de sociedades y precio de las materias primas, que correlaciona negativamente con el dólar y que muestra que los factores en los movimientos brutos de capitales se mueven muy acorde con los precios de los activos.

Aramonte (17) del BIS (Banco Internacional de Pagos) señalaba que aunque la relación entre costes laborales e inflación se ha debilitado, con muy pocos episodios de espiral de costes salarios, precios en las últimas décadas, debido principalmente al declive en el poder de negociación salarial, sin embargo, señala que hay riesgos de inflación no tan visibles como son la participación en el empleo de la población en edad de trabajar, o el grado de dispersión de los salarios en la economía, que pueden anticiparnos una subida de la inflación en un futuro a corto plazo.

De hecho en España, el incremento de los salarios en los convenios colectivos (2.8%) en el 2022 (3.9% considerando todas las retribuciones) ha quedado muy por debajo de la inflación media (8.5%) y de la misma medida respecto de los países del Euro, Alemania a la cabeza (6.3%), Gran Bretaña (6%) y de Estados Unidos (6.3%).

EN RESUMEN, DOMINA EL OPTIMISMO PERO…

La inflación está descendiendo más rápido de lo que se preveía sin afectar en el grado esperado a la actividad económica. Pero hay que tener en cuenta la apertura de China y la expansión económica de India para este 2023, la inercia inflacionista en los componentes del coste de vida aparte de energía y alimentos frescos (la inflación subyacente supera a la general en Europa) y sobre todo para Europa, como señala Fath Birol director de la Agencia Internacional de la Energía, se dan tres factores a considerar:

- Va a continuar la dependencia del gas ruso en un 40% de lo que dependíamos antes de la guerra.
- China, el mayor importador de gas licuado, con su apertura va a tensionar el mercado.
- La cantidad nueva de gas licuado que se incorpora al mercado es muy escasa.

Pero la amenaza mayor a la inflación continua siendo la escalada continuada de tropas, armas y dinero de la guerra de Ucrania, que está absorbiendo recursos crecientes y creando unas expectativas inquietantes.

EMPRESAS ESPAÑOLAS. DOS ESTUDIOS DISPARES

Con el intervalo de unas semanas se han presentado dos estudios sobre la situación de las pequeñas y medianas empresas españolas.

El Banco de España sobre las encuestas semestrales del Banco central Europeo (18) hace un análisis de la evolución económica de las Pymes, de la que se desprende una visión muy moderada de la situación, con bajada de los beneficios, debido a las subidas de costes, que constituyen la principal preocupación de sus directivos, siendo la menos preocupante (algo por encima del 5% de los encuestados) el acceso a la financiación.

Mucho más dramático, Inferiform filial de Crédito y Caución, concluye que una de cada cinco empresas en España no puede pagar sus deudas a corto plazo y por otro lado tenemos uno de los excedentes empresariales más altos del euro, pero con unos niveles de inversión más bajos que la media europea.

Habría que situarse quizás en un lugar intermedio, pero esta disparidad es alarmante ya que deberíamos tener una información seria y estructurada de la situación y comportamiento de las empresas.

La reacción de las empresas respecto a la liquidez, atesorándola cada vez más por la incertidumbre sin beneficio para la economía real, la desigualdad entre empresas que puede que sea superior en estos momentos a la de los hogares, y tarde o temprano repercute en esta tendencia creciente a la desigualdad en los mismos.

Solo uno de cada cinco euros llega a las empresas, según EsadeEcpol de los fondos europeos.

Todo ello puede repercutir en la banca española, la segunda más expuesta después de Gran Bretaña, a la crisis inmobiliaria según la agencia de calificación Fitch. Una banca que está a la cola en solvencia en la Europa del euro, como conclusión del análisis anual de la Autoridad Bancaria Europea (EBA).

Un factor de compensación va a suponer la subida del Euribor por encima del 3% que mejorará los márgenes del sector.

LA DEUDA PÚBLICA ESPAÑOLA TAPADA POR LA INFLACIÓN

Por el momento el peso relativo de la deuda pública en la economía, medido por el montante de deuda sobre el PIB, está disminuyendo, ya que la inflación esta incrementado la cifra del denominador, y lo hará probablemente en los dos próximos años, lo que nos puede dar una pausa, en un problema que puede resurgir con intensidad, en la segunda parte de esta década, y grave para nuestro país que tanto depende de la financiación exterior.

Después del anuncio de la presidenta del Banco Central Europeo, ya comentado de disminuir su cartera de bonos, a partir de marzo en 15.000 millones mensuales, el gobernador del Banco de Francia señala que habría que incrementar la cifra a partir de julio a 20.000 millones mensuales. El esquema inicial supondría que el Banco Central Europeo dejaría de comprar 93.000 millones de deuda en el 2023, lo que supera a los 70.000 previstos de nueva emisión. El problema presenta un panorama a medio plazo muy serio ya que el Banco Central Europeo posee un tercio de la deuda pública española emitida, 417.000 millones de euros. En el mercado, la prima de riesgo (diferencia en tipo de interés a diez años entre la deuda española y la alemana) se mantiene estable alrededor del uno de tanto por ciento de diferencia.

Es claro que en un futuro para proteger su cohesión, la Europa del euro va a ser un creciente emisor de bonos europeos y la mutualización de los riesgos en los bonos europeos, con la sentencia positiva del Tribunal Constitucional alemán del 6 de diciembre, supone que esos bonos son una garantía solidaria de todos los países del euro.

FONDOS EUROPEOS REVUELTOS, AHORA CRÉDITOS

En una segunda instancia, España ha pedido los 84.000 millones de créditos de fondos europeos (los anteriores eran subvenciones). Para seguir impulsando la economía, incrementaran la deuda pública española, aunque a un coste inferior al del mercado y con una carencia de diez años.

Se añaden 7600 millones de fondos adicionales por su mayor descenso económico en el COVID, y otros 2000 millones para acelerar la transición energética y la diversificación del suministro de energía. La banca se ha llamado a la parte, y participará en el reparto de 20.000 millones de esos créditos, así como el ICO continuará a su papel activo en el reparto.

Los gobiernos autonómicos del PP protestan por no haber sido consultados y exigen una reunión para establecer el nuevo reparto, en el que van a ser los responsables de los créditos que adjudiquen.

Aunque la ministra Calviño ha presentado un porcentaje de fondos comprometidos (58.000 millones de euros) sobre los asignados que supera el 70%, por el momento no hay un impacto final destacado en la inversión de los fondos europeos anteriores subvencionados y por otro lado, es un mal síntoma la destitución por la ministra de industria Reyes Maroto del secretario de industria Raúl Blanco, por el fracaso del Plan estratégico del automóvil.

A finales de enero el Fondo Monetario señaló la imposibilidad de juzgar la gestión española de los Fondos Europeos, por falta de la información adecuada.

MEDIDAS Y PERSPECTIVAS ESPAÑOLAS

La inyección de fondos públicos y europeos y la fortaleza del sector exterior van a llevar al crecimiento del PIB en el 2022 por encima de lo esperado ya que alcanzará el 5.5% (los fondos europeos han contribuido con 1.2 puntos a ese crecimiento) por bajada de los precios energéticos y un consumo apoyado en un mercado de trabajo resistente (excepto el paro juvenil que aumentó distanciándose de la media europea) y una utilización de los ahorros acumulados, aunque ha descendido, junto con la inversión y las importaciones en el último trimestre del año.

Pero España continua siendo la economía más retrasada de la OCDE que no ha alcanzado el nivel PreCovid, y con unas perspectivas de crecimiento muy pobres, 1.3% de crecimiento del PIB para el 2023, debido al descenso de todos los socios comerciales, a la debilidad del consumo por pérdida de poder adquisitivo y por el mayor incremento de la presión fiscal sobre el PIB de toda la Unión Europea, y a una baja productividad, aunque el ambiente preelectoral con una política todavía expansiva de gasto público y los fondos europeos, unido a buen comportamiento empresarial exterior, el descenso de los precios energéticos, con una exportaciones por encima del 20% de crecimiento y el turismo que continua al alza, nos permite no plantearnos la recesión.

Respecto a las últimas medidas del gobierno (ayudas, eliminación del IVA en alimentos básicos, bonificaciones en el transporte públicos, prórrogas de reducciones del IVA en la electricidad, descuento de carburantes solo para los transportistas profesionales etc.) que suponen 11.000 millones de euros de gasto estatal, corrigen en parte la falta de equidad de las medidas anteriores, pero hay una prorroga grave, que es la del control de los alquileres que carece de equidad y lo que es más lamentable es anticonstitucional, ya que no respeta los derechos de los arrendadores.

Más de dos millones de personas, más de 5 millones dependiendo de ellas, a los que se les pasa una carga, en un problema social prioritario, que debería asumir el gobierno en su política social y no pasarlo a una gran franja de españoles.

Las consecuencias que se han iniciado a corto plazo, fuerte reducción de la oferta de alquiler y subidas en los nuevos contratos, se van a ir agravando hasta estallar cuando se destapone el control.

Y la dificultad en el acceso al alquiler es un problema de la sociedad española. Parece que la ley de la Vivienda todavía intervencionista, cuando se apruebe, va a matizar ayudas a los propietarios, distinguir ciudades y áreas más tensionadas en cuanto al nivel del alquiler, pero la necesidad más urgente sería la de un difícil pacto entre los dos grandes partidos y articular medidas con los recursos de la magnitud necesaria, (esto es más importante que subvencionar a todo el mundo en los carburantes), para la ayuda al ladrillo (viviendas dedicadas al alquiler sociales o mixtas) ayuda a la persona (propietario e inquilino) y con equidad, concentrándose en áreas tensionadas y de alquileres bajos. Para todo esto haría falta además una colaboración entre un sector privado y un sector público, difícil por los ataques populistas continuos en el gobierno a la iniciativa privada.

La política monetaria continua en la encrucijada, con la subida progresiva de tipos e incremento nulo del volumen de créditos y la incertidumbre, ya comentada líneas arriba sobre la situación de las empresas españolas que proporcionalmente al PIB han recibido una ayuda muy inferior (0.8%) a la de Alemania (9.25), Francia (6.1%), Italia (7.5%) según datos de la Comisión Europea.

El incremento del paro en el sector privado en los dos últimos trimestres, pude indicar un inicio de ajuste de las empresas ante unas expectativas más severas.

Bibliografía

(1)"Can China fix its property crisis?" The Economist Jan 23rd 2023.The World in Brief.

(2) Underlying Inflation Gauge (UIG). December 2022: The New York Fed Staff UIG measures. FEDERAL RESERVE BANK OF New York.

(3)"CHIP WAR" "The fight for the world's most critical technology". Chris Miller.

(4)"China's Development Path: Government, Business, and Globalization in an Innovating Economy". Yin Li and William Lazonick. Working paper Nº 190 August 11th, 2022. Institute for New Economic Thinking.

(5)"When the chips are down" The Economist December 3rd 2022. Pp 44-45.

(6)"Macroeconomic Instability and Coordination". Selected Essays of Axel Leijonhuvud.Axel Leijonhufvud. Economist of the Twentieth Century. Especialmente los capítulos 7 "Theories of stagflation" y 8 "Inflation and economic performance". Edward Elgar. 2000.

(7)"Teoría de los Precios". Milton Friedman. Alianza Universidad Textos. 1990.

(8)"Samuelson vs Friedman" La batalla por el libre mercado. Nicolas Wapshot. La crítica de Friedman a la política de Volcker. Capítulo 11. Editorial Deusto 2022.

(9)"How Much Do Supply and Demand Drive Inflation" Adam Hale Shapiro. FRBSF Economic Letter June 21, 2022.

(10)"What drives inflation? Disentangling demand and supply factors" by Sandra Eickmeier and Boris Hofmann. November 2022. BIS.
(11)"The Great Inflation Debate: Supply Shocks and Wealth Effects in a Multipolar World Economy" by Thomás Ferguson and Seervas Storm". Jan 3, 23. Institute for new Economic Thinking.
(12)"Front Loading, monetary tightening: pros and cons", by Paolo Cavallino, Giulio Cornelli, Peter Hordahl and Egon Zakrajsek. BIS Bulletin Nº 63. 9 December 2022.
(13)"Research Update" Global Supply Chain Pressure Index. January 2023 Update. Federal Reserve Bank of New York.
(14)"Global Supply Chain Pressure Index: The China Factor". Ozge Akinci, Gianluca Benigno, Hunter Clarke, William Cross–Bermingham, and Ethan Nourbash. January 6 2023. Federal Reserve Bank of New York.
(15)"US. Monetary Policy Shock Spillovers: Evidence from Firm-Level Data" by Elif Arbatti-Saxegaard, Melih Firat, David Furceri, and Jeanne Verrier. Authorized for distribution by Jay Perris. September 2022. IFM Working Paper (Asia and Pacific Department).
(16)"The Global Dollar Cycle" Maurice Obstelfd, Hanoan Zhou. August 25, 2022. BPEA Conference Draft, September 8-9, 2022. Brooking Papers in Economic Activity.
(17)"Inflation risk and the labour market: beneath the surface of a flat Phillips Curve" by Sirio Aramont. Monetary and Economic Department November 2022. BIS Working Papers. Nº 1054.
(18)"Evolución económica reciente de las Pymes españolas y de su acceso a la financiación externa de acuerdo con la encuesta semestral del BCE". Artículo 06. 05/01/2023. Boletín económico 2023/T1. Banco de España. Eurosistema.

27 de enero de 2023
Blog del autor: camposeconomicos.blogspot.com

Capítulo 18

LA GRAN FRAGMENTACIÓN DE LA ECONOMÍA MUNDIAL

La continuada escalada de la guerra de Ucrania está acelerando una tendencia del último quinquenio de fragmentación geopolítica de la economía mundial, con cambios en los flujos económicos, intentos de desconexión de ciertos países del dólar y de las redes de seguridad financiera globales. Se da un cambio brusco por las mismas razones en la política de las materias primas críticas presentes en todo aparato civil o militar. Consecuencia de todo lo anterior, la amenaza de la inflación continúa por el lado de los posibles shocks de oferta. El de la oferta de crédito bancario es el que más puede afectar a corto a nuestro país, ya viviéndolo con más intensidad que el resto de los países de la eurozona, y con la amenaza añadida para las empresas, de que la colocación de una deuda pública sin apoyo del Banco Central Europeo restrinja todavía más su financiación.

Por el lado positivo siguen liberándose fondos europeos para nuestro país, que si se gestionan bien pueden impulsar notablemente nuestro crecimiento económico.

CONTINÚA LA SUBIDA DE TIPOS. ESPERANZAS EN LA INFLACIÓN

El Fondo Monetario Internacional a final de enero, ha mejorado sus previsiones de crecimiento respecto al mes anterior, llevando el crecimiento mundial al 2.9%, con los países emergentes al 4%, basado en la previsión de 5% para China, y 6.1% para la India, mientras la zona euro tendrá un crecimiento raquítico del 0.7% y la previsión de crecimiento para Estados Unidos asciende al 1.4% y 1.8% en el caso de Japón. Para España la previsión del 2023 continua a un crecimiento del 1.1%, ligeramente por encima de Francia, Italia y Alemania.

La nota negativa la da Gran Bretaña con un descenso estimado del 0.6%.

El Fondo afirma que la inflación ha tocado techo, aunque la incertidumbre continua, pero se piensa que es posible controlar la inflación sin entrar en recesión.

El coste de vida en España en Enero, se ha mantenido en su nivel, 5.8% año sobre año, apenas una décima más, pero las comparaciones son difíciles, ya que en este inicio de año se han completado todos los precios del sector eléctrico, al incorporar al regulado, los del mercado de contratos libres, que en unos casos ha supuesto un descenso de los precios y en otros lo contrario.

Sin embargo, sorprendentemente la inflación subyacente (sin energía ni alimentos frescos), ha vuelto a ascender medio punto, al 7.5%, el nivel más alto en 40 años, lo que denota como ha habido una transmisión importante de la inflación energética y de alimentos al resto de artículos y facturas, con una gran resistencia a la baja en los servicios.

Desde el mes de agosto, según Raymond Torres, el índice de precios energético ha descendido un 17%, el de alimentos sin elaborar ha descendido a más de la mitad y no llega al 3%, y es de esperar que se vaya transmitiendo a los alimentos elaborados.

Los mercados no solo de España sino del euro, han reaccionado con ligeras bajadas de las bolsas y subida de los tipos de interés de la deuda en 0.10-0.15 puntos a la espera del Banco Central Europeo.

Posteriormente se ha producido la esperada subida en días casi consecutivos en cadena, de los tipos de interés de la terna, la FED y a los dos días el Banco de Inglaterra y el Banco Central Europeo.

El día 1 de febrero por parte de la Reserva Federal estadounidense anunció un alza del 0.25%, la octava subida consecutiva, la más suave hasta el momento, los tipos se han colocado al nivel más alto en 16 años, 4.55% - 4.75%, y se siguen anunciando nuevas alzas que el mercado piensa que serán de la misma intensidad, con un periodo más corto que el transcurrido hasta ahora con los incrementos.

Estas subidas impactan a la baja en la valoración de activos mobiliarios e inmobiliarios, y al alza en hipotecas, préstamos al consumo, financiación de las empresas y del Tesoro.

A los dos días el Banco de Inglaterra, elevó medio punto el nivel de tipos por décima vez consecutiva al 4%, señalando que en el futuro se suavizaran las alzas y que la inflación había tocado techo.

Y pocas horas después el Banco Central Europeo, anunciaba en una línea más dura que la FED, una subida del 0.5%, con la intención de subir otro tanto en su reunión de marzo. Los bonos reaccionaron con plusvalías, lo que indica unas expectativas de suavización monetaria y el euro se fortaleció acercándose al 1.10 con respecto al dólar, lo que supone un impulso antiinflacionista.

Por otro lado, se reafirmó en su plan de reducir la cartera de deuda en 15.000 millones mensuales entre marzo y junio.

Esta dureza del Banco Central Europeo esconde un temor a una subida de precios impulsada por una revisión de los salarios más elevada en el año actual.

La bolsa especialmente la europea, ha continuado con revalorizaciones positivas, en un entorno de dudas acerca del descenso de la inflación, con la fortaleza del mercado laboral americano, la subida en último repunte de coste de vida de los coches usados, el retraso de la vivienda y la subida general de los servicios.

Frente a esa coyuntura adversa los inversores confían en el bajo nivel de las expectativas de inflación a largo plazo (no llega al tres por ciento) y un cierto optimismo en cuanto a los beneficios de las sociedades arrastrados por las previsiones de las sociedades estadounidenses del índice bursátil Estándar & Poor 500, de un incremento del 6.2%.

En febrero ha saltado cierta sorpresa con una subida del coste de vida en España del 6.1 % tras cinco meses de bajada y una inflación subyacente del 7.7%. La subida del precio de la electricidad y el mantenimiento de la inflación en la alimentación en el 15%, han influido en esta alza. Pero el alto nivel de la subyacente (sin energía ni alimentos frescos) indica que el alza de precios está muy extendida en productos y servicios.

Este rebrote de la inflación que en el momento de redactar estas líneas (uno de Marzo) se ha extendido también a Francia con una inflación del 7.2%, y Alemania (9.3%)

El día 2 de marzo la inflación en el euro descendía una décima de 8.6% a 8.5%, pero la subyacente se ha incrementado en tres décimas del 5.3 al 5.6%, impulsada por los alimentos frescos que han pasado del 11.3% a un incremento del 15.3%.

Todo ello nos lleva a una política severa de incremento de los tipos de interés a corto por el Banco Central Europeo de al menos medio punto de tanto por ciento para llegar al 3.50%.

A ello se añade que, desde el uno de marzo, comienza el Banco Central Europeo a rebajar su cartera de bonos de su principal programa de deuda en 15.000 millones de euros.

Continúa el acenso de los tipos de interés en los mercados de deuda, pero por el momento los mercados de acciones continúan estables, con el principal índice europeo el EuroStoxx 50 comandando las revalorizaciones por encima del 11% sobre fin de año.

En la bolsa pesan más por el momento las expectativas de beneficios y de inflación a largo plazo, que las subidas de tipos de interés y el recorte de la liquidez.

Del resto de los activos no se dan revalorizaciones significativas con caídas de oro, petróleo y gran parte de las materias primas, con descensos anuales en metales y agricultura no alimentaria, superiores al 10 y al 20% respectivamente.

En divisas se mantiene la depreciación del yen japones (un 15% anual) y de la libra (un 10%), mientras el euro se mantiene (alrededor de -6%) respecto el dólar.

En las cadenas, lo más destacado es el descenso en el transporte marítimo, de los containers a los niveles prepandemia, con un 75% de caída sobre los máximos alcanzados.

LA INTEGRACIÓN MUNDIAL EN DESCENSO

Comenzó a gran escala en el 2018 con las restricciones comerciales de Estados Unidos a Rusia.

Ya en el COVID, a la vez que hubo una corriente de gran cooperación, se planteó la necesidad de reducir la dependencia de los países respecto a la sanidad (Hubo bloqueos nacionales de equipos médicos y vacunas a otros países), en el grado en él se experimentó con China.

Luego vino el problema de la concentración de la producción de los semiconductores en Asia, para toda la industria manufacturera europea y los bloqueos en el transporte marítimo etc. lo que llevó a la convicción de que las cadenas de producción debían ser más seguras, aunque no fueran tan eficientes en cuanto a rapidez y costes.

La invasión rusa de Ucrania, con las posturas de países aliados con Ucrania, con Rusia y países neutrales, ha provocado por un lado, un estrechamiento de relaciones económicas y de defensa entre aliados y por otra, una dinámica de desconexión de todos los lazos con los países hostiles, comenzando por el lento y duro proceso de independencia energética que está viviendo Europa respecto a Rusia, así como la crisis alimentaria.

Pero hace más de seis años los europeos vivimos un importante episodio de desintegración con el Brexit y la salida de Gran Bretaña de la Unión Europea. Seis años después, es verdad que solapado con el COVID y la guerra de Ucrania, el balance no puede ser más desfavorable para Gran Bretaña como ya hemos comentado en los informes presentados en artículos precedentes.

Un informe reciente de John Springford (1) citado por The Economist, estimaba que el Brexit ha supuesto al segundo trimestre del 2022, un caída desde la salida, del 5.5% del PIB (más de 150.000 millones de euros), y un descenso de la inversión del 11%.

Otros análisis indican una caída en el número de los productos exportados de 70.000 a 42.000 y un mínimo efecto económico de los acuerdos con Australia y Nueva Zelanda y no vislumbrándose por el momento, un acuerdo comercial con Estados Unidos.

Las últimas encuestas recogen que un 60% de los británicos consideran que dejar la Unión Europea fue un error.

The Economist ve una salida todavía aceptable de acercar posturas basadas en el Acuerdo Comercial y de Cooperación (TCA) firmado por Johnson hace dos años.

El acuerdo alcanzado con la Unión Europea frente al problema de una Irlanda del Norte con aduanas respecto a Gran Bretaña, va a mejorar el comercio entre los dos países y es un paso adelante en las relaciones con la Unión Europea.

De hecho ha habido otros aspectos positivos, como la firma conjunta de la Comunidad Económica Europea referente a temas militares y policiacos, así como las instalaciones eólicas y las interconexiones eléctricas en el Mar del Norte.

En otros sectores como los de servicios financieros, se piensa negociar con contrapartidas en la cobertura de puestos de trabajo en acuerdos de migración. De cualquier forma, todo es susceptible de una denuncia global, dados los protocolos recogidos en el Acuerdo.

El agudo comentarista estadounidense Fareed Zakaria (2) es más contundente, la única solución para la deriva económica y social de Gran Bretaña según él, es volver a la Unión Europea. Gran Bretaña debe aceptar que ya no tiene un papel de liderazgo en el mundo en ningún aspecto.

Esta desglobalización mundial que está fomentando el proteccionismo comercial, la localización nacional de las inversiones, restricciones en a la emigración y un declive de la cooperación internacional en bienes públicos (el cambio climático, la pandemia) por razones económicas y de seguridad, la ha bautizado el Fondo Monetario Internacional, como la "Geoeconómica Fragmentación" (GEF) en un amplio estudio (3) con un numeroso grupo de colaboradores.

El estudio sintetiza el estado actual de la globalización económica.

- Una alta internacionalización de las cadenas de producción.
- Asimismo, una elevada concentración en la producción de materias primas críticas.
- Las economías emergentes están jugando un papel cada vez más importante. En 1995 la U. Europea, Japón, Gran Bretaña y Estados Unidos suponían el 74% del Producto Interior Bruto Mundial y han descendido al 50% en el 2019, con un porcentaje dominante en la población, la oferta de las materias primas básicas y la manufactura de los países emergentes principalmente asiáticos.

Los costes de la globalización inciden principalmente en el estancamiento de las retribuciones a los trabajadores que trabajan en la manufactura y en los servicios ligados a ella de los países desarrollados, rentas que se han transferido a los países emergentes.

Por otro lado, estos procesos en un marco de liberalización han sido un factor de desigualdad percibida y real que ha llevado a una intensificación del populismo político, tanto en los países desarrollados como en los emergentes.

Los signos de fragmentación se están haciendo pues cada vez más evidentes.

El indicador Global de Alertas Comerciales, señala el incremento de las restricciones comerciales en los sectores de alta tecnología y que está afectando también a productos de acero y hierro, química orgánica básica, y otros fabricantes de productos metálicos.

Además de la presión en los suministros energéticos, tecnológicos, sanitarios y militares.

Por otro lado, las restricciones en alimentos y fertilizantes se han impuesto en más de treinta países.

El índice de riesgo geopolítico (4) está aumentando debido al incremento del número de guerras vivas, la escalada de la guerra de Ucrania, los incidentes estadounidenses con China (visita a Taiwán de la presidenta del Congreso, la aparición del globo chino, el bloqueo de exportaciones tecnológicas a China), etc.

El análisis del FMI señala un notable incremento de las restricciones comerciales, que en los dos últimos años se han extendido a las inversiones extranjeras, con un incremento de la mención de las empresas de sus intenciones inversoras de instalarse en sus confines nacionales para las nuevas inversiones, o bien traer inversiones que tenían en otro país (reshoring, onshoring).

Y por otro lado, un gran salto en la frecuencia de las referencias públicas y privadas a la seguridad nacional.

Las tensiones comerciales afectan también a la difusión tecnológica que acompaña a las relaciones comerciales. Su descenso reprime la innovación y trae consigo un declive de la productividad especialmente para los países menos desarrollados.

Se reduce la capacidad internacional de compartir riesgos. La regionalización de la regulación financiera y de la supervisión de los flujos de capitales, puede llevar a crisis menos frecuentes, pero más severas por tener una visión más limitada.

Este descenso de la cooperación afecta a la provisión de bienes públicos, de los que el cambio climático y la prevención de pandemias globales, son un ejemplo de la necesidad de coordinación internacional.

GEOPOLÍTICA QUE AFECTA AL SISTEMA MONETARIO INTERNACIONAL

La eliminación del dólar de las reservas y los pagos rusos, añadido a los intentos de independizarse del dólar tanto de Rusia, como de sus países afines y en otro grado de China e India, ha supuesto un incremento de la volatilidad financiera global.

La expulsión de los bancos rusos del sistema de pagos, ha llevado al fomento de redes de pagos independientes tanto por Rusia como China, lo que implica incremento de los riesgos globales.

Y LA RED GLOBAL DE SEGURIDAD FINANCIERA NO BASTA

Hay una red financiera mundial que ayuda a dar estabilidad a la economía global, que se despliega en cuatro bases:

- Las reservas de divisas de los bancos centrales.
- Los acuerdos bilaterales de intercambios de divisas (swaps) por ejemplo, para el suministro de dólares por la Fed estadounidense.
- Los acuerdos financieros regionales.
- Los créditos y suministros de divisas del Fondo Monetario Internacional.

Las dimensiones de estas redes son muy diferentes, mientras las reservas de divisas de los bancos centrales ascienden a 15 billones de dólares, los acuerdos de intercambios de divisas y los de financiación regional, suponen en conjunto tan solo 2,7 billones de dólares.

Por otro lado, la cobertura no es homogénea, así por ejemplo la India no tiene acceso al suministro de dólares de la Reserva Federal.

Solo el Fondo Monetaria Internacional realiza una cobertura universal.

No hace falta insistir que la fragmentación de la globalización económica va a afectar negativamente al suministro de recursos por parte de los organismos que forman parte de esa red.

En cuanto a los efectos, los países más perjudicados van a ser los emergentes, especialmente los que dependen de una o varias materias primas en sus exportaciones. Por ello los diversos estudios dan bajadas del PIB desde el 0.5% hasta el 8%, según países y escenarios.

Por otra parte, replicar en el propio país, las inversiones globales en tecnología, energía verde y baterías, puede suponer según The Economist, un coste extra de 3.3 billones a 4.6 billones de dólares, del 3.2% al 4.8% del PIB mundial.

El análisis insiste que para paliar los efectos negativos de lo que está sucediendo, es necesario:

- En áreas de interés común (cambio climático, pandemia, seguridad alimentaria) son necesarios los esfuerzos multilaterales (es decir actuando los países en conjunto).
- En áreas en que las preferencias no son comunes y no son posibles los acuerdos multilaterales, hay que plantearse iniciativas abiertas y no discriminatorias que sean los más plurilaterales posibles.
- Por último, en países de difícil coordinación en sus preferencias, hay que recurrir a lo que llaman los autores "Guardaraíles", es decir normas de conducta acordadas. Citan como ejemplo los "Corredores de seguridad" que aseguran un mínimo de flujo entre fronteras, de mercancías, criticas, servicios y financiación.

El mercado del comercio global en el 2022, alcanzó una cifra récord de 32 billones de dólares (El 75% de los PIB de Estados Unidos y China juntos).

El comercio de mercancías alcanzó los 25 billones con una subida del 10% sobre el año anterior y el de servicios ascendió a 7 billones con un incremento del 15%.

La paradoja es la gran expansión que ha experimentado el comercio mundial, a pesar de las tensiones comerciales, el COVID y la guerra de Ucrania, ya que esta cifra de 32 billones supone un incremento del 26% sobre el volumen de intercambios comerciales del 2019 antes de la pandemia y la guerra.

Y es que la interconexión entre los países es estrecha y ganar autonomía va a ser un proceso lento, en el que todos vamos a salir perdiendo

Para el 2023, se espera un descenso de alrededor del 2.5%. El sector comercial exterior no va a ayudar al crecimiento a la generalidad de los países.

PROBLEMA ENERGÉTICO. RUSIA, PERO TAMBIÉN EL CAMBIO CLIMÁTICO

La Unión Europea con la invasión de Ucrania fue golpeada simultáneamente en su producción eléctrica por tres vías:

- Los cortes de gas ruso.
- La dramática caída de la producción eléctrica nuclear.
- Y el descenso de la producción hidroeléctrica.

Tanto en la segunda y todavía más en la tercera vía, fue básica la sequía, que provoco la escasez de agua consiguiente.

Todo ello llevó a la utilización del carbón y el gas como elementos suplementarios a pesar de su gran subida de precios.

El ascenso de las tarifas eléctricas fue acompañado por las del gas.

Así en nuestro país las importaciones de gas ruso se incrementaron en un 55% y las de Estados Unidos doblaron, compensando la caída en el suministro de Argelia en un 40%.

Las compras globales de gas se incrementaron en un 7.4%.

Todo ello se debió a la necesidad de utilizar el gas para producir electricidad, ya que la demanda de gas descendió en un 3.7%.

Pero según informó Enagás, ese descenso del 3.7% se divide en una caída del 21.4% en el consumo de hogares, comercios e industrias, y un incremento del 52.6% en la demanda de gas para la generación eléctrica.

Las perspectivas son optimistas para el 2023 según el economista Jacobo Funk si la sequía no se repite, ya que tendremos un gran incremento de la producción nuclear y la hidroeléctrica, por eso como señala Funk el enemigo no es Putin sino el cambio climático.

A mediados de febrero el gas en Europa ha descendido de los 50 euros megavatio, por primera vez en 17 meses, un descenso del 80% sobre su cotización máxima (llegó casi a 350 euros).

Esta caída puede llevar a que sea más rentable utilizar en estos momentos las centrales de gas que las de carbón.

LOS PILARES DE LA RESPUESTA EUROPEA AL PROTECCIONISMO AMERICANO

La Unión Europea sigue a gran ritmo, negociando y desarrollando los cuatro pilares en que se basa su política frente a Estados Unidos y China.

El primer pilar se basa en la ley de emisiones cero, la ley de las materias primas estratégicas. Agilización de la burocracia y acceso a la financiación europea.

El segundo, respecto a la financiación, con la adaptación temporal y unificación de las normas sobre las ayudas al estado, que incluye, préstamos y ayudas a fondo perdido, así como la creación de un fondo soberano para compensar diferencias entre los estados mientras se establecen créditos puente.

El tercero. Cualificación de la mano de obra.

El cuarto. Comercio abierto y justo. El problema del comportamiento de China, la necesidad de ir desconectando de dicho país.

La actividad en la Unión Europea continua frenética, tanto para lograr una unanimidad entre sus miembros para poner en marcha los principios de esos pilares, como el apoyo a Ucrania humano, financiero y militar.

Continúa su presión sobre el gobierno húngaro, demandándoles por la falta de independencia de su Tribunal Constitucional.

La puesta en marcha del décimo paquete de sanciones, comenzando por la prohibición de que ciudadanos rusos ocupen cargos de gobierno en empresas estratégicas de la Unión Europea como son por ejemplo las de infraestructuras.

Elaboración de un paquete de listas negras en importaciones y exportaciones por valor de 11.000 millones de euros, incluyendo productos que debiliten la producción militar rusa.

Se piensa añadir la prohibición de proporcionar la capacidad de almacenamiento de gas a personas físicas o jurídicas rusas (hay unas 31.000 empresas en la Unión Europea, con ejecutivos o accionistas rusos).

Las sanciones se extienden a tres bancos rusos y a siete empresas iraníes que proporcionan a Rusia productos para la guerra de Ucrania.

Se plantean multas para quienes ayuden a evitarlas sanciones o no den información de los bienes y activos que exige la normativa comunitaria.

Uno de los productos en las listas negras es el diésel, del que la Unión Europea importa 400.000 barriles al día y un tercio se lo suministra Rusia, con lo que debe en unos meses, bajar el consumo, incrementar la producción y encontrar nuevos suministradores que tengan capacidad de refino, entre los que destacan la India y China, además de Arabia saudita y Estados Unidos. España tiene una excelente capacidad de refino que estabiliza la situación, pero como en toda Europa puede vivir una tensión en los precios. Uno de cada cuatro coches en Europa utiliza el diésel y el porcentaje es mayor en el transporte.

Como Rusia evita (5) las sanciones en una escala industrial, se está dando una línea sombra de transporte marítimo y canales financieros que burlan la vigilancia europea. Es un mercado gris que se está ampliando.

El volumen de transporte de petróleo ruso por mar está cerca de la normalidad, India y China son compradores visibles, pero de gran parte no se sabe su destino. El mercado de segunda mano de barcos de transporte petrolífero se ha disparado, la contratación fue en el 2022 un 55% mayor que en el 2021. Rusia puede estar usando en este mercado gris el 16% de todo el inventario de petroleros.

Pero donde tiene una salida mucho más difícil es en el boicot reciente a los productos petrolíferos refinados.

LOS NUEVOS AMIGOS DE RUSIA EN EL ANIVERSARIO DE LA INVASIÓN

Rusia está en recesión, la tendencia en el tercer trimestre del 2022, le va a llevar a un descenso en el PIB del 3.7%, las sanciones están produciendo un efecto lento y profundo.

Sin embargo las importaciones rusas y también las exportaciones no energéticas, que cayeron en picado al principio de la invasión se están recuperando por el incremento del comercio con China y Turquía principalmente, además de con varias repúblicas ex soviéticas.

Las exportaciones chinas a Rusia, en maquinaria eléctrica, maquinaria en general y vehículos se han disparado desde la invasión, de la casi inexistencia a 2000 millones de dólares mensuales, además de triplicar sus exportaciones en semiconductores a Rusia, hasta los 60 millones de dólares mensuales, lo que supone una implicación en la fabricación militar rusa.

Turquía ha duplicado sus importaciones de Rusia desde la invasión, hasta superar los 4000 millones de dólares mensuales, principalmente en manifacturas y transporte, e importa de Rusia principalmente oro por 30.000 millones de dólares anuales, alimentos 3.000 millones de dólares y energía 10.000 millones.

Se cumplió un año de una guerra, a la que no se le ve una fácil salida a corto plazo.

Se habla de una inclinación rusa a una guerra de largo plazo, en la que se haya mejor posicionada, pero en cualquier caso en clara contradicción con el ritmo de escalada en perspectiva (aviones y nueva artillería para Ucrania, suspensión del acuerdo nuclear, posible inicio de suministro de armamento chino, para Rusia) y el trágico y acelerado desgaste ucraniano, evidentemente, pero también ruso.

Todo ello con un descenso de las encuestas, en el apoyo a la guerra de la opinión pública estadounidense (del 50 al 35% a favor, en un año).

En resumen, el riesgo total, económico, político y social de la guerra continúa aumentando sin que se refleje hasta ahora en los mercados financieros.

TRANSICIÓN ENERGÉTICA, TRANSICIÓN DIGITAL Y TIERRAS RARAS

El mayor experto mundial en tierras raras, Guillaume Pitron (6) califica a dichos metales en general escasos, como aquellos que llegando a ser en muchos casos microscópicos, son la base de toda la industria electrónica militar y civil, así como de las energías renovables y la digitalización.

Hay tres calificaciones para los mismos.

Los llamados minerales raros, en número de 18 (catalogados por el parlamento francés), como por ejemplo: antimonio, bismuto, cobalto, tungsteno, grafito, silicio.

Las tierras raras (clasificación francesa e inglesa) en número de 17, que no incluye a ninguno de los anteriores minerales raros. Así cerium, erbium, thulium, sacndium etc.

Por último la Comisión Europea, que realiza un listado de las 27 materias primas críticas para la Unión Europea, en ella hay metales incluidos en las listas anteriores y otros nuevos como el hafnium, el grupo del platino (rodium, palladium, etc.) Y las tierras raras, las divide en ligeras y pesadas.

En nuestra exposición usaremos en general esta última concepción de materias primas críticas.

Son esenciales tanto en las industrias tradicionales (producción de acero, aluminio, cerámica, iluminación) como en las más avanzadas (vehículos eléctricos, satélites, industria nuclear, medicina, ordenadores, telecomunicaciones etc.) Es difícil encontrar un aparato doméstico, empresarial o militar que no tenga uno de estos metales.

Metales que son de difícil producción y refino, con una gran polución. En muchos casos para obtener de 4 a 6 gramos es necesario tratar una tonelada de mineral.

La evolución que analiza el autor en cuanto a la producción de estos materiales críticos, ha sido la de unos centros mundiales de producción que estaban en los años setenta en Occidente, en concreto Estados Unidos, con una empresa Molycorp que era el líder mundial con su mina de Mountain Pass, Francia con Rhone–Poulenc dominaba el mercado europeo y Australia tenía en Mount Weld la mina más grande del planeta.

Pero los costes y denuncias de polución llevaron al cierre de todas las minas occidentales importantes al principio de los dos mil, y su transferencia de occidente a oriente, haciéndose cargo en gran parte China, de la explotación y polución de la producción (con más de 10.000 minas funcionando clandestinamente).

De esta forma se da según Pitron la gran paradoja, occidente vende su camino hacia una economía limpia en renovables y desarrollo digital, cuya base son una serie de metales tremendamente contaminantes en su obtención cuya polución soportan los países emergentes.

En esta transferencia ha crecido el poder de China en estos mercados y lo utiliza.

Por un lado ha ido comprando empresas estratégicas en miles de operaciones, cuya muestra es la venta de Magnequench, el líder mundial estadunidense en la producción de imanes, la base de suministro para los tanques Abrams , las bombas inteligentes JDAM de Boeing y los misiles de largo alcance, ubicada en Indiana, cerrando su factoría y buscando ser más competitiva, se desplazó en el 2006, a

Tiamjin a 130 kilómetros de Pekín, permitiendo a los chinos apoderarse de su tecnología ante la permisividad del gobierno norteamericano.

Otro ejemplo es del gran caza estadounidense F35, con un programa de construcción total que asciende a 400.000 millones de dólares, ya que se esperan más de 2500 pedidos y las empresas fabricantes descubren que los imanes que van en los radares del avión, son fabricados por una empresa china, el Pentágono ante la amenaza de un gran retraso en la producción y dado que hablamos de un precio por imán de dos dólares la pieza, decide una exención a la ley por motivos de seguridad nacional, y continuar con el suministro chino.

Un curioso episodio de utilización del poder chino en su cuasi monopolio en metales críticos, es el corte del suministro el 22 de septiembre del 2010 de los mismos a Japón, por un altercado marítimo el 7 de septiembre entre ambos países en las islas Shenkaku al norte del país.

El bloqueo duró hasta que Japón se vio obligado ante el colapso de su producción electrónica a restringir sus exportaciones a China.

El Silicon Valley de la tierra rara se halla en Baotou, en la Mongolia interior, en que se concentran más de 3000 empresas y produce un tercio de la producción mundial de tierras raras.

Sin embargo, se da en estos momentos un problema de escasez en el comercio de los metales críticos, por el nacionalismo imperante, ya que muchos países productores comenzando por China, son a la vez grandes consumidores, y las reservas son escasas.

La obtención de metales por reciclamiento de los gigantescos desechos electrónicos está en porcentajes en general que no llegan a los dos dígitos. Japón líder mundial en el tratamiento de recuperación de toda la electrónica obsoleta, señala que por el momento está lejos de ser rentable.

Se están multiplicando las inversiones en minas de dichos metales en todo el mundo, extendiéndose la búsqueda a las aguas costeras.

El problema es que la rentabilidad de extracción está disminuyendo, cada vez es necesario un mayor gasto en energía para obtener la misma producción.

Es una industria clave en una pirámide invertida, los metales críticos son básicos con una facturación pequeña de unos 8000 millones de dólares, su repercusión hacia arriba en la pirámide por su carácter estratégico se amplifica en varios cientos de veces.

Es pintoresco el ejemplo de Francia líder en exploración marina con unas costas reconocidas aplicando la convención de Ginebra de 1958, a sus colonias en las islas del pacifico, Guayana, Martinica, Nueva Caledonia y las Islas Kerguelen, que suponen un dominio sobre 11.7 millones de kilómetros cuadrados, 20 veces la superficie de Francia. Todos los países desarrollados han seguido la misma política de extensión de dominio.

Y todavía más hacia el futuro tenemos la Asteroid Mining Corporation creada en Gran Bretaña (hay sociedades paralelas en Estados Unidos, Australia y otros países) que anuncia el lanzamiento de su primera exploración de asteroides para este año.

Los asteroides pueden ser una gran fuente de metales críticos.

El asteroide que rozó la tierra en el 2011 se estimó que contenía 90 toneladas de tierras raras con un valor de 5000 millones de dólares.

INFLACIÓN, SIEMPRE EL PELIGRO POR LA OFERTA

Tanto en este artículo, como en los anteriores, hay un tema repetido. El de la escasez de gas, de alimentos, de agua, de semiconductores desde el 2021, de los metales críticos, de los puestos de trabajo en sanidad, de ayudantes sanitarios, de conductores, de trabajadores agrícolas. Procesos de producción industrial bloqueados o funcionando a medio gas por falta de componentes, por exceso de costes de la energía etc.

Todo lo anterior, unido a la escalada de la guerra con la absorción de recursos y el impacto indirecto en la expansión de los gastos de defensa, nos presenta el peligro cercano de posibles impactos en la producción que pueden afectar de nuevo a los precios, dando a lugar al mantenimiento de la inflación a un nivel elevado.

En este 2023, continua la diversidad de opiniones respecto a la expectativas de inflación por un lado (7), los economistas del Banco Internacional de Pagos, señalan la necesidad de volver a examinar la cantidad de dinero y sus excesos, ya que se ha demostrado que cuando la inflación es elevada, la conexión con los excesos de liquidez es evidente y los fallos en las previsiones de los especialistas han sido generalizados.

Destaca la diferencia entre Estados Unidos, con una expansión de la liquidez que superó el 10%, para luego descender a tasas negativas, con respecto al euro área en que la expansión de liquidez máxima fue del 5% y se está corrigiendo mucho más lentamente con la inflación por encima de la americana a fin del 2022 (algo superior al 5%, frente a casi el 10% en Europa).

Frente a estas tesis, continúan los estudios en que la inflación más rápida e intensa (8) se dio por los shocks de oferta (energía, alimentos, tecnología, personal) frente a la generada expansión de la liquidez.

Como en nuestro anterior comentario, pensamos que el índice de inflación estructural de la Fed de Nueva York (explicado en dicho artículo) es el indicador más profundo que continua estable a mediados de febrero, con un 5.1% en la versión unificada (datos, precios). Considerando solo los precios, lo sitúa en el 4.3%. Y las expectativas de inflación a 3 y 5 años en el 2.7 % y el 2.3 % respectivamente.

ESPAÑA, CONTINÚAN LAS RESTRICCIONES MONETARIAS

Así como la subida de tipos del Banco Central Europeo no se ha trasladado en los mercados financieros en igual medida a los tipos a largo plazo del mercado, y tampoco en la banca en lo que se refiere a los intereses de sus créditos hipotecarios, de consumo y empresas.

Sin embargo la restricción de cantidades, parece que ha sido más severa en nuestro país que en el resto de los países del euro.

En un artículo del Banco Internacional de Pagos (8), se analizaba la mayor vulnerabilidad de los consumidores y de las empresas de forma global a pesar del alargamiento de los plazos y de los créditos a tipo fijo, ante la subida de tipos, el efecto consiguiente es amplificador de la caída de la demanda.

Varios países asiáticos, entre ellos China y Japón presentan los más altos porcentajes de tipo variable (60 y 80% del total de créditos) y de créditos a corto sobre el total de créditos (60 y 40%) muy por encima de los países europeos y Estados Unidos.

El Banco de España ya reconoce un endurecimiento general de la política crediticia (19) en cantidad y precio, más pronunciada en las empresas y en las hipotecas variables a los particulares.

Así la aportación monetaria española, su participación en la M3 europea (efectivo más depósitos bancarios, fondos monetarios, cesiones a corto y valores emitidos a menos de dos años) ha descendido del 4%, al 3.3%, a diciembre del 2022, que puede indicar una restricción más severa comparativamente (10) en la liquidez de nuestro país.

De hecho, el crédito es más restrictivo que en todas las potencias del euro.

En los créditos a empresas no financieras mientras en España presenta un crecimiento nulo, en Alemania se incrementa a un 10,7% anual (a diciembre del 2022), Francia al 7,3% y el euro área al 6.7%.

El crédito hipotecario en España presenta un descenso interanual ligeramente negativo (-0.1%) a Diciembre del 2022, frente a incrementos positivos en Alemania (5.5%), Francia (5.5%) y el euro área del 4.6%, con cerca de un 25% de los hogares hipotecados y una perspectiva de incremento de los pagos en la hipoteca variable que se acerca al 50%.

Por otro lado otro elemento de disminución de liquidez es la reducción de la cartera de deuda pública acumulada por el Banco Central Europeo, con 15.000 euros mensuales a partir de marzo, es una cantidad pequeña por el momento, pero incide al alza en los tipos de interés y supone la pérdida de un financiador fundamental en la deuda pública europea y española.

El Banco central europeo compró casi un tercio de la deuda pública española (acumula casi 5 billones de euros de cartera en deuda europea en febrero).

En Estados Unidos, la Reserva Federal ya ha disminuido su balance de activos en 500.000 millones de dólares (11) (el balance de compras había llegado a más de 8 billones de dólares durante el 2022).

Algunos economistas quizás infravaloran su importancia señalando que llegar a reducir dos billones y medio de dólares en los próximos años equivale a subir los tipos de interés medio punto.

Sin embargo el Banco Central Europeo estimó (12) que las compras de deuda junto con otras medidas relacionadas con la pandemia, apoyaron el crecimiento del euro área en 1.8 puntos de tanto por ciento de crecimiento, e hicieron descender la inflación en un 1.2 por ciento.

Todo esto nos lleva a lo cuidadoso que debe ser el banco al realizar la política contraria, en cuanto a sus efectos negativos en el crecimiento y la inflación.

Todo ello, el descenso en el crédito bancario, la menor liquidez de la economía española, la pérdida de un apoyo básico en la compra del Banco Central Europeo y el inicio de un incremento en la compra de deuda pública por parte de la banca, puede llevar a medios plazo a que la financiación de la deuda pública comience a dificultar la financiación bancaria del sector privado con especial efecto en las empresas.

Las cifras totales de préstamo privado bancario están estancadas mínimamente positivas o negativas en los dos últimos años en todos los capítulos, hipotecas, préstamos al consumo créditos a empresas no financieras, lo que supone que los créditos en euros constantes se acercan a una reducción de 100.000 millones.

Esta cifra mezcla comportamientos económicamente sanos, como la empresa o el hogar que con buenos ingresos devuelve deuda y mejora su situación, pero también la negativa de no renovar o conceder una deuda al hogar o empresa que se desestabiliza por esa causa.

Por último, el hogar o empresas que no merece acceso al crédito por la casi certidumbre de que no lo devolverá.

Creemos que la mezcla es cada vez menos sana económicamente y puede perjudicar financieramente a empresas, que se defienden bien en su actividad económica.

Por otro lado esta situación de las empresas (13) no está favoreciendo el clima para la inversión.

Todo ello en un contexto de un gasto fiscal expansivo incurriendo en un déficit público elevado, a pesar de un incremento de ingresos récord debido en gran parte a la inflación.

Pero el Banco Central Europeo al analizar el efecto de la inflación en las cuentas públicas (14), señala para el euro, pero con incidencia especial para España, el gran incremento de su recaudación fiscal, en porcentaje sobre el PIB, la más alta de la Unión Europea como comentamos en nuestro anterior artículo.

Pero sobre este efecto positivo con un retraso breve, la inflación eleva a su vez el gasto, que, en los países del euro, un tercio este indiciado con la inflación.

Por otra parte para las empresas, la inflación supone (15) un incremento de costes, entre los que están las amortizaciones, que una subida simplemente del margen de beneficio sobre ventas, puede no compensar esos efectos y la caída de la demanda por la subida de precios, con la consiguiente descenso de los beneficios reales.

En España el ejemplo de efecto negativo de la inflación, lo tenemos en el gran incremento de las pensiones en el 8.5%, al ligarlas al coste de vida sin discriminar por niveles de renta, lo mismo que las nóminas de empleados públicos, lo que limita los gastos alternativos en sanidad y educación, con menor incidencia en el voto electoral.

En la zona euro solo el 10% de los apoyos ha ido a los hogares o las empresas más vulnerables.

Respecto a la deuda pública en relación al PIB, en principio la inflación al subir el denominador del PIB, diluye el peso de la deuda en la economía, pero luego la subida de intereses de la misma y el descenso del crecimiento, pueden disminuir la recaudación y elevar el tipo de interés en relación a la expansión económica.

Depende del conjunto de medidas monetarias y fiscales que se tomen, también del nivel de déficit público y de los tipos de interés reales (restando la inflación) y nominales.

Los autores concluyen que la retirada de las ayudas a partir del 2024, va a suponer una inflación persistente superior a los niveles anteriores al COVID, sin la represión inflacionista que en parte suponían algunos apoyos con rigor fiscal.

LA TRASCENDENCIA PARA EL CRECIMIENTO DE LOS FONDOS EUROPEOS

El Banco de España ha publicado un análisis (16) del efecto en el crecimiento de la economía española de los fondos europeos y las conclusiones son impactantes para el crecimiento del país.

El efecto estimado sobre el PIB es de un 1.15% en promedio anual, y en un horizonte de cinco años, si bien podría elevarse hasta el 1.75%, al tener en cuenta el efecto de arrastre entre sectores.

Los sectores más beneficiados van a ser los vinculados al proceso de digitalización (información y comunicación o servicios profesionales o técnicos) así como el sector de la construcción debido a las inversiones en infraestructuras relacionadas con el proceso de transición ecológica.

En esa misma vertiente de infraestructuras recibirá un estímulo positivo el transporte.

Hostelería, actividades recreativas, sector financiero y seguros e industrias extractivas, son los menos favorecidos por los fondos europeos.

Las rigideces en el proceso de reasignación de recursos entre sectores, podrían limitar el efecto macroeconómico de los mismos.

Los portavoces europeos vuelven a pedir aclaraciones, al ministerio y entrevistas a las personas responsables sobre una gobernanza común con las autonomías, en la gestión de los fondos, que estas niegan.

A mediados de febrero, se ha anunciado la liberación por la Comisión Europea en una evaluación preliminar de un paquete de fondos europeos por 6000 millones de euros, el tercero que se añade a los 31.000 millones que suman los otros dos anteriores, lo que supone un éxito para el gobierno, ya que es el país más adelantado del euro en las concesiones, aunque ha llegado con retraso por no tener establecido hasta ahora nuestro país el sistema de auditoría y control en los fondos.

A partir de ahora, hay dos meses para que el Consejo Europeo analice el proceso y de visto bueno al pago.

Todo ello ha sucedido dos días antes de la llegada de la misión del Parlamento Europeo a España, para analizar el desarrollo del Plan, en el que se incluye a la auditora del Tribunal de cuentas Europeo Ivana Maletic, que quiere supervisar la gestión española de los fondos con el antecedente de haber calificado a España, como el peor país europeo en el 2021, en la gestión de los fondos anteriores de cohesión, resiliencia y valores, al presentar de una muestra 11 transacciones en España errores cuantificables en seis por no ser proyectos elegibles.

Y como señala la auditora europea, los organismos que diseñan en nuestro país para los dos tipos de financiación europea son los mismos.

Para desembolsar el cuarto paquete será necesario que el gobierno convenza a la Unión Europea de que las reformas en marcha de las pensiones garantizan la sostenibilidad de las mismas.

Este es el hito más importante (compromiso de reforma de los estados miembros para acceder a los fondos) para acceder al cuarto desembolso. En este tercer desembolso se han cumplimentado 23 hitos, entre ellos la reforma de la ley Concursal, la ley sobre el Sistema Integral de Formación profesional, la Ley de medidas de Prevención y Lucha contra el Fraude Fiscal. Además de la ley del Desarrollo e impulso de las Energías Renovables.

Ya al inicio de marzo, la visita de los miembros de la comisión, se ha saldado con un visto bueno generalizado y la declaración de varios miembros entre ellos la presidenta, de que les ha sido imposible enterarse adecuadamente, al no poder entrar en los detalles. Se ha salvado la reputación española y la de los fondos europeos, en cierto grado unidas.

Bibliografía

(1)"Britain and the EU". "Careful assembly required". The Economist. January 7th 2023 Pp. 20-22.
(2)"There's a remedy for Britain's: rejoin the EU", Fareed Zakaria. Thursday, February 2nd, 2023.
(3)"Geoeconomic Fragmentation and the Future of Multilateralism", prepared by Shekhar Aiyar and another eleven economists. Staff Discussion Note. 2023 January. IMF.
(4)"Geopolitical Risk (GPR) Index". "Measuring Geopolitical Risk", Caldara, Dario and Mateo Iacoviello (2022). American Economic Review. April 112(4), pp 1194-1225.
El grupo Blackrock elabora también un índice de riesgo geopolítico.
"Zero–sum economics". "Efficiency is damned". The Economist. January 14th 2023. Pp17-19.
(5)"How Russia dodges oil sanctions on an industrial scales" The Economist Finance and Economics. Jan 29th 2023.
(6)"*The Rare Metals War", Guillaume Pitron. SCRIBE. 2020. Reprinted 2022.*
(7)"Does money growth help explain the recent inflation surge?", Claudio Borio, Boris Hofmann and Egon Zakrajsek. 26 January 2023. BIS Bulletin Nº 67.

(8)"Private debt, monetary policy tightening and aggregate demand", Miguel Ampudia, Fiorella de Fiore, Enise Kharroubi and Cristina Manea. 24th February 2023. Nº 70. BIS Bulletin. BIS.
(9)"Evolución reciente de la financiación y del crédito bancario al sector privado no financiero. Segundo semestre de 2022". Boletin Económico 2023/T1. Artículo 10 27/01/2023. Banco de España. Eurosistema.
(10)"How monetary policy will defeat inflation: channels and locks", speech by Francois Villeroy de Galhau. Governor of the Banque of France. Paris, 17 February 2023. Banque de France. Eurosystéme.
(11)"The 2.5 Trn question". The Economist February 11th 2023. P 64.
(12)"The pandemic emergency purchase programme-an initial review", prepared by Benjamin Boninghausen, Leon Fernandez Brennan, Laura Mccabe and Julian Schumacher. ECB Economic Bulletin. Issue 8-2022.
(13)"Debt Overhang, Credit Demand and Financial Conditions", Isabel Argimón, Irene Roibás. Documentos de Trabajo. Nº2308. January 2023. Banco de España.
(14)"Fiscal Policy and High Inflation", prepared by Krzystof Bankowski, Othman Bouabdallah, Cristina Checherita-Westphal, Maximilian Freier, Pascal Jacquinot and Philip Muggenthaler. European Central Bank. EuroSystem. 13th February 2023. Articles. Economic Bulletin Issue 2, 2023.
(15)"Tax Distortions from Inflation: what are they. How to Deal with them?", Working Paper Nº2023/018. Author/Editor: Sebastian Beer, E. Griffiths, Alexander D Klemm. January 27, 2023. IMF.
(16)"El Plan de Recuperación, Transformación y Resiliencia y su impacto macroeconómico desde una perspectiva sectorial". Artículo 12. 06/02/2023. Boletín económico 2023/T1. Banco de España. Eurosistema.

3 Marzo, 2023
Blog del autor: camposeconomicos.blogspot.com

Capítulo 19

LA CRISIS BANCARIA. EL GRAN IMPULSO DE CHINA HACIA EL FUTURO

La gran extensión de este capítulo, viene dada por la acumulación de incidencias sobre la coyuntura actual, la crisis bancaria, la omnipresencia internacional China, la escalada que parece definitiva de la guerra de Ucrania y la persistencia de la inflación con la alimentación en el foco principal.

Todo ello reduce las expectativas de crecimiento con un incremento de la financiación con deuda pública especialmente en China, en un entorno de incremento de riesgo bélico y económico, que intensifica la vulnerabilidad de empresas y hogares en España.

RESISTENCIA INFLACIONISTA, PREVISIONES OPTIMISTAS A LA BAJA

Las previsiones optimistas de la OCDE publicadas el 17 de marzo, coincidían con el inicio de la crisis bancaria, que lógicamente va a disminuir las expectativas mundiales de crecimiento.

El informe mejoraba la expansión de la economía mundial tanto para el 2023 como para el 2024, con el 2.6 y el 2.9% respectivamente, cuatro décimas más que en la previsión realizada en noviembre, y por debajo de la tendencia antes de la pandemia.

Para España subía el crecimiento del PIB previsto para el 2023 del 1.3 al 1.7%, y rebajaba la inflación al 4.2% frente al 4.8%.

EL ÍNDICE DE LA PAELLA ESPAÑOLA

Están descendiendo las expectativas de inflación en España, pues aunque era esperada la brusca caída del coste de vida en marzo al 3.3% (6% en febrero) por el efecto Ucrania, al compararlo con el 9.8% del mismo mes del año anterior, para el mes de Abril subiría al 4.5-5% favorecido siempre por el descenso de precios de la energía.

El descenso del petróleo ha sido frenado por el anuncio sorpresa de la OPEP de reducir la producción en 1.1 millones de barriles, con Arabia Saudita a la cabeza (500.000 barrilcs de disminución), la cotización del petróleo ha pasado de los 70-75 dólares barril a superar los ochenta dos días después, lo que no es bueno para las expectativas de inflación.

Estos datos marcan una tendencia para los países del euro, en que la inflación de marzo ha tenido un descenso inferior que en España pero notable, al 6.9% (frente al 8.5% en febrero), con una estructura inversa a la de España ya que la inflación subyacente está por debajo al 5.7%, mientras que en España se sitúa claramente por encima del índice general, al 7.5% (una décima tan solo de descenso respecto a Febrero).

La diferencia se debe en parte a la fortísima subida de la electricidad en España por el efecto del gas, y también al índice de alimentación en un nuevo máximo (en Marzo fue del 15.4%), con una repercusión mayor en nuestro país en el índice de inflación el 25.1%, frente al 20.9% de peso en la inflación del euro (aunque la inflación de alimentos es mayor en los países del euro).

Es curioso que como indicador de la inflación alimentaria, Bloomberg ha ya creado "El índice Español de la Paella" en el que señala que a finales de febrero los españoles tiene la paella más cara de su vida, con un incremento anual del 19.1%, debido al aceite (incremento del 33.5%) legumbres y verduras (23.6%), arroz (21.2%), sal, especies y hierbas (17.1%), quedando el pescado y el marisco ambos frescos y congelados de media por debajo del 10%.

En la primera semana de Abril, la Organización Mundial del Comercio (OMC), aun mejorando el crecimiento del comercio internacional para el 2023 respecto a la anterior previsión al 1.7%, es inferior al del 2022 (2.7%) y al crecimiento esperado de la economía mundial del 2.4%.

La división política mundial comienza a afectar a la globalización, y no se pueden esperar grandes ayudas al crecimiento por parte del comercio exterior.

EL GRAN MEDIADOR, RUSIA Y UCRANIA

Capítulo tras capítulo de estos artículos continúa la escalada en sanciones: la condena del Tribunal Penal Internacional a Putin por crímenes de guerra. La declaración de Putin de dotar a Bielorrusia de estrategia nuclear respetando el tratado de desarme.

La carrera armamentística se ha disparado por el lado occidental, un informe de The Economist (1) estima que el armamento suministrado a Ucrania en el mes de Enero por Alemania es dos tercios de lo enviado en todo el año pasado, y el 40% de la ayuda americana total, con 8000 millones de dólares, se ha producido en estos tres meses últimos.

Entregas de 17 cazas, 14 tanques ingleses, 31 tanques Abram estadounidenses prometidos, 310 tanques modelo soviético por Polonia, más los tanques Leopard (Ucrania pidió 62). A eso añadimos, la munición, los buscaminas, misiles antiaéreos, baterías antimisiles etc.

En el plan de munición la Unión Europea dedicará dos mil millones de euros al suministro de la misma a Ucrania, en un plan que puede movilizar hasta 4000 millones de euros.

Rusia va a doblar su capacidad de producción de tanques mensual de 20 a 40, con la idea de llegar hasta 80, pero lo tiene difícil pues sus tres fábricas actuales, están casi paradas por la falta de semiconductores. Ucrania tiene destruida su factoría de producción. (En la segunda guerra mundial la Union Soviética llegó a producir hasta 10.000 tanques mensuales, pero eran otras capacidades y otros tanques mucho más simples).

La aceleración se da también en los alistamientos, Ucrania cree poder incorporar al frente seis brigadas, 120.000 hombres, y Rusia habla de 400.000 hombres, cifra a confirmar. Parecen cifras excesivas en ambos casos. Ucrania, con la tercera parte de población de Rusia no lo tiene fácil y Rusia tampoco pretendiendo incorporar además fuera de las grandes ciudades (hay 19 ciudades con un millón o más de habitantes, un 25% de la población, Moscú y San Petersburgo suponen el 11% de la población total de Rusia).

Las bajas se están incrementando, siendo las cifras más conservadoras de 25.000 muertos para Ucrania y 60.000 para Rusia, esta última con un porcentaje elevadísimo de mortalidad sobre heridos y perdidos, del 40%. (Ucrania tiene la mitad).

El número de combatientes ucranianos está en los 250.000, los rusos en 300.000, con previsiones de superar el doble según fuentes rusas, los ucranianos de forma utópica aspiran al millón. La ventaja en el medio plazo es evidentemente rusa.

El coste de la guerra continua inflándose, Ucrania con un descenso del 30% en el PIB (pérdidas de 65.000 millones de dólares de rentas) y 35% de paro, y Rusia con un coste diario que se va acercando a los 500 millones de dólares (180.000 millones de dólares mantenido en el año, que supondría el 10.3% del PIB ruso del 2022).

Una cifra conservadora para recuperar Ucrania después de la guerra estaría en los 500.000 millones de dólares.

Hay que señalar que el 21 de marzo por primera vez en su historia, el Fondo Monetario Internacional acordó un crédito a un país en guerra, Ucrania, por 15.600 millones de dólares, que suponen el 11% del actual PIB del país.

El fin del crédito es sostener la estabilidad financiera y económica en circunstancias de una excepcional incertidumbre, restablecer la sostenibilidad de la deuda y apoyar la recuperación de Ucrania, en el camino hacia un acceso a la Unión Europea en el periodo de posguerra.

El Fondo por otro lado, elogia los logros del país en el programa trazado por el propio Fondo.

Con la sombra del posible suministro chino directo o indirecto de armas a Rusia, que todavía no se ha producido, aunque la revista "Der Spiegel" recogía la compra rusa de 400 drones a una empresa china, punto no confirmado.

China se ha convertido en el primer comprador de petróleo a Rusia con 88.000 millones de dólares desde el inicio de la guerra, substituyendo a Arabia Saudita como primer suministrador, y pretende colocarse en gas como el segundo.

China ha presentado un plan de paz para la guerra de Ucrania en doce puntos, en que la sutileza china de enumerar los principios sin señalar nombres, da lugar a interpretaciones ambivalentes como cuando en el primer punto dice: respetar la soberanía nacional o en el punto segundo: "La seguridad de un país no debe buscarse a expensas de otros".

Hay dos puntos de los doce muy concretos: el noveno, facilitar las exportaciones de cereales por el Mar Negro, y el décimo, que termina: "Pekín pide abiertamente que se eliminen las sanciones de Occidente a Rusia".

La unión entre Rusia y China está en su mejor momento reforzándose desde el 2014, y les une el sentir como amenaza a Estados Unidos, y con la invasión de Ucrania se ha incrementado la complementariedad económica, con Rusia como suministrador energético y de algunos metales y China con su gran producción manufacturera y tecnológica.

Según el amplio y profundo análisis de la RAND Corporation (2) se da también la convergencia ideológica, aunque la cultura, las instituciones y el entramado político es muy diferente.

En la guerra fría la relación entre Rusia y China de la alianza, pasó por graves conflictos en 1960, debidos a la rebeldía china de someterse a los dictados de la por entonces Unión Soviética. Posteriormente y gradualmente se han ido cambiando los papeles, de la dependencia tecnológica y militar de China, se ha pasado ante el gran crecimiento en estas tres décadas, a que ahora sea Rusia la que está en subordinación en todos los órdenes y pidiendo ayuda a China en el bloque que la situación mundial les ha obligado a formar. China ya ha presentado su proyecto de pagar en Yuanes su comercio con Rusia, que esta no ha tenido más remedio que aceptar.

El comercio entre ambos países ha llegado a los 190.000 millones de dólares, el 119% de subida en la última década.

China en su política de irse independizando del dólar, desde el 2019 ha vendido 280.000 millones de dólares de bonos del tesoro americanos, disminuyendo en un 30% sus tenencias, que al final del 2022 se elevan a 867.000 millones de dólares, el segundo inversor extranjero después de Japón (1.076 billones de dólares).

En cuanto a la visión de un alto el fuego, continua con variantes como una alternativa, el armisticio con una zona neutral, en el espíritu del lema proclamado recientemente por el filósofo alemán Jürgen Habermás: "Que nadie pierda la guerra, que nadie la gane", nada fácil de plasmar en la práctica.

LA CRISIS BANCARIA. SUBE EL RIESGO MUNDIAL

Esta crisis bancaria gestada en el corazón del desarrollo de las nuevas tecnologías, ha supuesto que sobre todo los pequeños bancos (por debajo de 250.000 millones de dólares en activos), se han visto atacados por la retirada de depósitos, lo que les ha llevado a un casi racionamiento de crédito a un sectores muy endeudados por un lado, con 6 billones de dólares en las inversiones de Private Equity y 2.7 billones capital-riesgo, pero con unos saldos que se estiman en estos momentos cercanos a 300.000 millones de dólares para el capital riesgo, que con problemas de liquidez, las sociedades de capital riesgo ha ido retirando fuertes cantidades de depósitos de los bancos pequeños desde el último trimestre del 2022.

De hecho el viernes del inicio de la crisis de Silicon Valley, el ayudante del secretario del tesoro se reunió por videoconferencia, con mil ejecutivos de empresas de capital riesgo que le transmitieron sus temores.

En el capital-riesgo que invierte en el inicio de sociedades o de vida reciente el riesgo es por tanto es alto y la inversiones en capital están diversificadas tomando del 20 al 30% del capital de la sociedad, el 20% de éxitos tiene que compensar el 80% de fracasos.

El Private Equity invierte porcentajes de capital de dominio, del 50% o por encima, en sociedades más maduras, con menos riesgo y diversificación.

La semana anterior a la crisis bancaria The Economist publicó un reportaje (3) sobre la crisis de las sociedades de capital riesgo, en la que han invertido desde fondos de pensiones, fondos de estados soberanos, universidades, empresas industriales, multinacionales, fondos libres etc.

Del 2012 al 2021, las inversiones globales en estos sectores ascendieron a 638.000 millones de dólares.

Se estima unas pérdidas de las sociedades tecnológicas listadas en bolsa en Estados Unidos entre el último trimestre del 2021 y el 2022 del 63% y una caída de las privadas grandes no listadas del 56%, la repercusión en el capital riesgo de empresas que están arrancando puede ser demoledora.

Esos saldos mal gestionados por el Silicon Valley Bank al invertir en bonos del tesoro a plazo, frente a los depósitos a corto de las tecnológicas, que los retiraron rápidamente, al percibir las pérdidas del banco por la subida del tipo de interés que provocó el descenso de precio de los bonos.

El intento fallido de ampliar capital y emitir bonos fue el detonante de su caída, en la que una temeraria cartera de créditos en una expansión desmesurada de los mismos se añade al capítulo de pérdidas y retirada de depósitos.

Se estima que por cada subida de 25 puntos básicos en los tipos de interés el Silicon Valley perdía mil millones de dólares, si pensamos que en ese momento la subida había sido de 450 puntos básicos, las pérdidas han podido llegar a los 11.000 millones de dólares.

Impresiona la rapidez en la caída de los cuatro bancos en un par de semanas. Silvergate, Silicon Valley, Signature Bank First Republic, con unos activos totales de 520.000 millones de dólares.

Y rapidez en las soluciones, con inyecciones de grandes cifras y más allá de las obligaciones regulatorias, garantizando todos los depósitos por encima de los 250.000 dólares garantizados por la ley.

El Silicon Valley tenía tan solo el 5% de los depósitos cubierto por la norma de garantía de hasta 250.000 dólares, cuando la media de los bancos americano es la de una cobertura de los depósitos del 50%.

First Republic fue salvado por un grupo de bancos privados que inyectaron 30.000 millones de dólares.

La Fed compró 50.000 millones de los bonos del tesoro al Silicon sin incidir en sus resultados.

Al inicio del 20 de marzo La Fed había prestado a la banca 165.000 millones de dólares. Al final de la semana había ascendido a 178.000 millones más la disposición de líneas de préstamos en dólares con intercambio (Swaps) entre bancos centrales.

El índice de bancos regionales de Standards Poors descendía más de un 10% en esa primera semana y se mantenía luego esos niveles.

El lunes 27 de marzo se anuncia la compra por First Citizens Banc Shares de los préstamos y depósitos del Silicon Valley. El banco comprador dobla sus activos y deja por el momento en el Fondo de Garantía estadounidense un agujero de 20.000 millones de dólares, a resultas de los resultados futuros con unos compromisos de cobertura de pérdidas.

LA CRISIS BANCARIA EN EUROPA. LA DUREZA SUIZA

En la semana que se inició el día 13 de marzo se manifestó en una bajada intensa de dos dígitos de los bancos europeos en muchos valores, ante las sospechas de minusvalías encubiertas en sus activos y la venta por los grandes accionistas anglosajones, especialmente en dos días alternativos, amplificada por la secuencia de rescate del Crédito Suisse.

El rescate del Credit culminó con una inyección total del Banco central suizo de 150.000 millones (50.000 en primera instancia, el resto días después) para apoyar la compra por parte del otro gran banco suizo UBS, por 3200 millones de francos suizos, con asunción por UBS de los primeros 5000 millones de pérdidas y por el Banco Central de Suiza de los siguientes 9000 millones si se produjeran.

El problema adicional fue que la autoridad suiza saltándose el orden de preferencia implícito redujo a cero el valor de 17.000 millones de bonos de alto riesgo mientras se pagaba al accionista, cuando debía haber sido al revés.

Y además en su comunicado el Banco Central Suizo se apuntó a una nueva vuelta de tuerca en su disciplina monetaria: "Hemos decidido ir más allá en tensar nuestra política monetaria y elevar nuestro tipo de interés en 0,5 puntos al 1.5%. Haciéndolo así contrapesamos el incremento de la presión inflacionista. No descartamos subidas adicionales en el tipo de interés del Banco Central Suizo".

Todo ello en apenas diez días laborables.

El 16 de marzo jueves, el Banco Central Europeo mantuvo su estricta política monetaria, con la sexta subida consecutiva ya programada de medio punto en los tipos de interés, hasta el 3.5% dando a indicar que todo estaba bajo control lo que tranquilizó a los mercados.

El Fondo de garantía estadounidense el FDIC, consideraba que las pérdidas de los bancos americanos por la subida de tipos de interés, estarían alrededor de los 690.000 millones de dólares.

Una cifra muy inferior (no hay una estimación fiable pero podría andar en menos de la mitad de esos 690.000 millones) para la banca europea, que tiene una regulación más exigente tanto en liquidez como en capital y extendida a los bancos pequeños.

Por otra parte, la subida de tipos ha sido inferior.

El porcentaje de valores en su balance es mucho menor que en la banca estadounidense, ya que predomina el crédito.

Y la compra de deuda pública del euro por el Banco Central Europeo es en porcentaje, superior a la de la FED en los valores del tesoro estadounidense, con lo cual absorbe más pérdidas al subir los tipos de interés.

El problema en Estados Unidos iba siendo la salida de depósitos de los bancos pequeños a los grandes, que se ha frenado con la cobertura total implícita de los depósitos de los bancos en crisis, llegado el momento.

Aunque ha habido también traspaso de depósitos a fuentes alternativas como los mercado monetarios de gran amplitud, alternativa que no se da en el mismo grado en Europa en que el depositante es más reacio a moverse.

No hay sin embargo una declaración de las autoridades de cubrir todos los depósitos, sino la declaración general de apoyo del Banco Central Europeo dirigida a los poseedores de bonos de alto riesgo por 275.000 millones de dólares, asustados por el ejemplo suizo de reducir el valor a cero de los 17.000 millones de francos suizos de bonos de alto riesgo (los Cocos) del Credit Suisse antes del de las acciones, que estabilizó los mercados de dichos bonos. Por ejemplo los bonos de alto riesgo del Deutsche Bank bajaron un 10.6% en un día, para luego recuperarse con el anuncio del Banco Central Europeo.

La banca china fue un remanso con plusvalías en esos días críticos y ocho bancos entre los diez mundiales de mejor comportamiento.

Aunque hay que recordar que participan de los problemas de las empresas estatales, especialmente los bancos chinos pequeños regionales, que según Bloomberg se encuentran ante un gran volumen de créditos (13 billones de dólares) que en gran parte pueden ser problemáticos.

El 22 de marzo, la Reserva Federal fue menos enérgica que el Banco Central Europeo, al subir tan solo un 0.25, dejando los tipos de interés en una franja del 4.75 al 5%.

Pensamos que quizás la crisis bancaria va a afectar más a Estados Unidos por su repercusión en todo el gran entramado tecnológico tan opaco en sus valoraciones y en su financiación, lo que hace muy vulnerable al sector y a las pequeñas entidades financieras que lo financian.

Todo ello con una subida del coste de financiación y una accesibilidad inmobiliaria que ha empeorado rápidamente.

Han surgido problemas de reembolsos por el momento puntuales en un mercado de 20 billones de dólares como es el de inmuebles comerciales, lo que puede enfriar más la economía estadounidense, por otro lado el consumo se mantiene fuerte, con una base de ahorros acumulados todavía buena y un mercado laboral que crea puestos de trabajo y está acelerando la subida de salarios.

La política monetaria de liquidez hasta ahora ha sido muy restrictiva, y los tipos de interés han subido rápidamente y aunque están todavía debajo de la inflación, el alto endeudamiento de todos los actores económicos y una baja del crecimiento, puede complicar las perspectivas.

El viernes 23, volvió a producirse una fuerte caída bursátil esta vez en Deutsche Bank (llegó a bajar el 14% durante el día), uno de los bancos con más litigios y problemas por reunir actuaciones irregulares en todos los ámbitos (divisas, bonos, libor, blanqueo, etc.), arrastrando a la banca europea y al comprador de Credit Suisse, UBS que llego a un descenso superior al 8% en la jornada y el índice de bancos europeos (Euro Stoxx 600 Banks) perdía un 5%.

FALTA UNA GARANTÍA EUROPEA DE LOS DEPÓSITOS

El problema es que el volumen de activos de los dos bancos en conjunto Credit Suisse (570.000 millones) y Deutsche Bank (1.3billones) llega a los 1.9 billones de euros, lo que afectaría a todo el entramado europeo, si hubiera dificultades en la refinanciación o se produjeran ventas forzadas, tema que se agrava con la retirada de depósitos, ya que se pueden producir transferencias muy rápidas vía internet y en grandes cifras.

El caso del banco alemán viene de lejos, con una caída de las cotizaciones de más de 90 euros en el 2007, a menos de 9 euros (8.54 el viernes 24 de marzo) toda la mala gestión pasada presenta su factura.

Contrariamente a Credit Suisse con más de 7000 millones de pérdidas en el 2022, Deutsche presenta beneficios de 5700 millones y 70% de depósitos cubiertos por el fondo de garantía, frente a un porcentaje mínimo en Credit Suisse.

Por otro lado Deutsch mantiene un porcentaje de bonos de alto riesgo superior a la media de los banco europeos, que ya comentamos sufrieron una depreciación del 10% hasta que el Banco central Europeo garantizó su orden preferente de pago respecto a las acciones.

De cualquier forma, lo ya sucedido lleva a un grado de retracción de la actividad bancaria. El Banco comprador UBS, que prevé reducir la plantilla en 40.000 personas, no va a dar ni el mismo volumen de crédito, ni la actividad de mercado, ni demás servicios que la suma de los dos bancos antes de la crisis.

Para remediar esto, Europa puede dar líneas de crédito, inyectar capital, pero no como ha hecho Estados Unidos garantizar de hecho todos los depósitos, del banco que han entrado en crisis. Los fondos de garantía de depósito son nacionales (sobre 100.000 euros persona frente a 250.000 dólares en Estados Unidos) y si entra en crisis por ejemplo un gran banco italiano, de antemano se va a encontrar sólo su país para arreglarlo, el gobierno alemán va a estar ajeno al problema, aunque en la gran recesión del 2008 las circunstancias de bancos europeos multinacionales obligaron excepcionalmente a varios países a colaborar.

Se llevan once años intentando crear un fondo de garantía de depósitos europeo, tema harto difícil de acordar, mientras tanto se pueden producir grandes transferencias de capitales de un país del euro a otro, y de Europa a Estados Unidos.

SITUACIÓN DE CAUTELA EN ESTADOS UNIDOS, MENOR EN EUROPA

Al final de esta primera semana de Abril, las bolsas han recuperado más que los índices bancarios, pero en Estados Unidos el impacto en el sector ha sido mayor, ya que el índice de la banca regional estadounidense de Standard Poors continua con un descenso del 37% sobre máximos y el banco First Republic rescatado por el conjunto de bancos por 30.000 millones de dólares sigue sin recuperarse con un descenso del 90% en un año.

En Europa los mercados han sido más selectivos, así aunque las cotizaciones de UBS y Deutsche Bank han estado estabilizadas sin recuperar las minusvalías de las últimas semanas, el índice bancario del Euro Stoxx 600, se ha recuperado un 26% sobre mínimos y esta tan solo un 15% por debajo de los máximos anuales.

En la renta fija, de los bonos de alto riesgo, los COCOs, el coste de las nuevas emisiones se ha vuelto prohibitivo llegando al 10%, más que doblando el coste pre crisis, de todas formas toda la banca española tiene 21.000 millones de euros de COCOS, un poco más que los 16.000 millones de euros del Credit Suisse.

El dólar tampoco se ha recuperado respecto al euro, situado en 1.09, previendo las expectativas de mayor dureza de la política monetaria europea y el oro ha superado los 2000 dólares la onza, alimentado por las expectativas inflacionistas de la subida del petróleo.

EL GRAN IMPULSO CHINO PARA LA DÉCADA. LA CRISIS INMOBILIARIA

En el último informe del Fondo Monetario Internacional (4) sobre China destaca el propósito de los gobernantes de elevar el consumo de los hogares chinos, muy bajo, debido al gran porcentaje de ahorro sobre sus rentas que supera el 35% (el ahorro bruto total, sumando empresas y el público llega al 45%).

Para lograr su objetivo es necesario que los hogares chinos se sientan más seguros respecto al futuro, para lo cual la política se desplaza en parte de la inversión en infraestructuras, al gasto social, para rebajar ese nivel de ahorro.

Por otro lado establece un serie de medidas para paliar la crisis inmobiliaria, con apoyo a los promotores más moderados que cumplan (las 20 condiciones del buen promotor) en su endeudamiento, y también en la financiación hipotecaria, al gran número de compradores que pagando sus viviendas todavía no las habían recibido.

Rebaja del impuesto a las transacciones inmobiliarias.

Así como posponer los límites de concentración de créditos inmobiliarios en balance y relajar el cómputo de créditos morosos a los promotores.

Y como añadido, fondos extraordinarios a las entidades locales, a los bancos comerciales de apoyo a sus problemas inmobiliarios, aparte de moratorias en las hipotecas.

En conjunto, se piensa que arreglar la crisis inmobiliaria va a suponer recursos de al menos el 1.5% del PIB durante dos años, lo que supone 540.000 millones de dólares.

De hecho el gobierno informa que 105 bancos han firmado acuerdos de crédito con 188 promotores desde noviembre, por un valor de 800.000 millones de dólares, con 48 fusiones y adquisiciones en el sector a diciembre del 2022.

Como comentábamos en un artículo anterior, el gran activo mundial como llaman al mercado inmobiliario chino alcanza un valor de 60 billones de dólares, dos veces el mercado de viviendas estadounidense con un peso del 30% sobre el PIB y del 13% sobre la inversión de cada año.

Las ventas de suelo de los organismos locales en los últimos trece años, triplica el valor actual de todo Manhattan, lo que da idea de la colosal pirámide de riesgo en la que se ha embarcado la economía china.

El peso en los hogares chinos de la inversión inmobiliaria, es de casi dos tercios del total de sus activos, comparado con un tercio en Japón y un cuarto en Estados Unidos, por lo que juega un gran papel en las decisiones de consumo.

El problema inmobiliario de forma directa ha impactado en las tesorerías de las grandes promotoras, que superan en su deuda el billón de dólares.

Por otro lado están las decenas de millones de personas que suponen el 40% de los compradores en los últimos ocho años, que han pagado su vivienda y no han recibido la misma, con las consiguientes dificultades para pagar la hipoteca.

En China hay cincuenta nuevas ciudades vacías, de las trescientas realizadas sobre la base del entretenimiento, la tecnología o ensanchar la periferia de las ciudades excesivamente abarrotadas.

El hecho es que según la Oficina Nacional de Estadísticas Chinas, los metros cuadrados de viviendas en construcción, alcanzaron los 6.900 millones, diez veces los metros cuadrados terminados cada año, que a una media de 100 metros cuadrados por vivienda serian setenta millones de pisos en construcción sin terminar.

Si consideramos que la accesibilidad de la vivienda en China a los precios actuales es muy difícil, ya que el precio medio de la vivienda en China sobre la renta mediana disponible de los hogares, es cerca del doble de la media de los países de la OCDE, la salida de tal acumulación de viviendas no va a ser ni fácil ni rápida. (Se estima en 2.5 billones de dólares el exceso de construcción acumulada).

Otra consecuencia financiera de la burbuja es la inestabilidad, de la "banca en la sombra", en un vertiginoso crecimiento con la emisión de bonos que exige el apoyo del gobierno.

El gobierno ya comenzó con una inyección extraordinaria en agosto de 150.000 millones en la economía, con la perspectiva de continuar con fuertes paquetes de estímulo.

Lo espectacular de la política China lo constituye que para un crecimiento del PIB en los años venideros ligeramente por encima del 4%, lo realiza con un déficit público financiado por la deuda pública (versión reducida) que lleva a esta a incrementarse sobre el PIB hasta el año 2027. Del 51% en el 2022 al 66.7% en el 2027.

Lo más impactante es que en la extensión de sus proyecciones de deuda la misma asciende hasta el 2031 sobre el PIB y si no tienen fruto las reformas para mejorar la productividad, no es hasta el 2037 en que no disminuiría el peso de la deuda sobre el PIB.

Con mentalidad japonesa las autoridades señalan que no les preocupa la financiación, ya que en un 95% es doméstica y la banca tiene un amplio margen de maniobra (la deuda pública supone el 25% de su balance).

Cuentan a su vez con un entorno relajado en cuanto a expansión monetaria con un crecimiento de la oferta monetaria del 12.4% de incremento anual y del 10% en la financiación de la economía en el 2022, con la intención de mantener esta expansión en el 2023.

Los tipos de interés, siempre a un nivel por debajo del crecimiento nominal de la economía, los consideran importantes para suavizar los movimientos cíclicos.

La deuda privada de los hogares (sobre el 60% del PIB) y de las sociedades no financieras, 115% sobre el PIB se mantiene estable a lo largo del quinquenio 2022-2027.

La deuda china dio un gran salto durante la crisis del 2008, forzando a la banca estatal a prestar más de seis billones de dólares de crédito como paquete de estímulo.

Este crecimiento de la deuda china supuso más de la mitad del crecimiento de la deuda mundial durante la crisis y fue un factor de compensación para el resto de los países.

Así la deuda privada ascendió del 106% del PIB en el 2008, al 234% en el 2016, copando la mayor parte el sector empresarial con casi el 130% del PIB y el sector público llegó al 62%, y las economías domésticas alcanzaron el 44% del PIB. El crédito hipotecario creció al 20% anual del 2009 al 2015, llegando a un 30% del crédito total en los momentos actuales.

Las grandes empresas estatales chinas absorben más de dos tercios del crédito domestico a la industria y un endeudamiento que triplica de media los recursos propios, con el 40% con pérdidas debido a los excesos de capacidad por las inversiones en industrias tradicionales, como acero, cemento, construcción de buques, industria pesada.

Destaca como positivo el plan chino de seguimiento y reestructuración de 352 empresas estatales con fuertes pérdidas en los últimos tres años con substánciales progresos. Según los dirigentes chinos el beneficio neto de las empresas estatales en los diez primeros meses del 2022, ascendió a 146.000 millones con in incremento del 3.9% sobre el año anterior.

El hecho es que en los momentos actuales, mientras en la Unión Europea se están planteado una política de ajuste en la deuda para estos próximos años, China tira para adelante con una política fiscal totalmente expansiva hasta la década siguiente.

El número de empresas chinas en la lista de las primeras quinientas de la revista Forbes se ha incrementado de 65 en el 2012 a 99 en el 2022.

Según los técnicos chinos, las empresas de comunicación, de energía y de construcción están entre las más eficientes del mundo.

Todo ello en el marco de una inflación muy moderada, que en sus expectativas hasta el 2027 no superará el 2%, lo que le da un gran margen de maniobra.

Este crecimiento es casi la mitad de el de las décadas pasadas, por eso es tan importante ante el empobrecimiento de las expectativas, un gasto social que de seguridad a los hogares, para incrementar su fertilidad que tras la imposición pasada de un hijo por familia y que ahora permite hasta tres, ha experimentado una tendencia a la baja, de la que no logra recuperarse a pesar de los estímulos para incrementar por el gobierno el número de hijos por familia. El déficit público en el 2022 fue del 5.6% del PIB y va a continuar siendo uno de los motores principales del cambio.

Consecuencia de esta tendencia, en 2022 la población experimentó su primer crecimiento negativo en 61 años y la población activa (la que está trabajando) no crece desde el 2014, con un crecimiento del paro juvenil que ascendió al 16.7% al final del 2022 (el desempleo urbano está en el 5.5%).

- China, el gran desafío: llegar a ser un país de renta alta

La universidad de Stanford en Estados Unidos, acoge una organización de investigación formada por cientos de académicos occidentales, trabajando en común con las instituciones chinas, en un llamado Plan Programa de Acción Educativa Rural (REAP), dedicado a descubrir las causas de la pobreza en la China rural y articulando soluciones efectivas en educación, salud y política de nutrición, para ayudar a los niños a escapar de la pobreza y contribuir al crecimiento de la economía china.

Fruto de esas actuaciones es el libro (5) que vamos a comentar "La China Invisible" resultado de tres décadas de trabajo en la China profunda con encuestas, aplicación de remedios coordinando con las autoridades locales chinas en un caso, el gobierno central en otros y con seguimiento sobre el terreno, en un largo periodo, de la evolución de las medidas tomadas.

Para Scott Rozelle el autor fundamental en esta labor, China se encuentra en un momento crítico ya vivido en otros países, de pasar de una renta media per cápita obtenida con un crecimiento intenso en una manufactura con sueldos bajos en las últimas décadas, a una renta al nivel de los países desarrollados.

Pero conforme ascienden los sueldos con la misma rapidez, el crecimiento va perdiendo fuelle por descenso de la rentabilidad y la competencia de otros países con sueldos más bajos.

Entonces es cuando debe producirse el relevo y la orientación a actividades económicas con mayor valor añadido, para las que se necesitan una formación con capacidades técnicas más altas, lo que exige de antemano haber realizado inversiones en educación desde la más tierna infancia, si no es así, ese país se estanca con una más de población poco preparada, en parte con sueldo precario, en parte en el paro o ya fuera del mercado de trabajo.

Ejemplos negativos son los de México y Brasil que hace décadas alcanzaron con un rápido crecimiento, con salarios bajos y un manufactura dinámica, hasta alcanzar una renta media que prometía su unión en el medio plazo a los niveles de los países desarrollados y sin embargo llevan un largo periodo de estancamiento sin poder superar la trampa de la renta media.

Los países que el autor presenta como éxitos, Irlanda, Corea, Taiwán, son países de población comparativamente pequeña y no conoce ningún caso en estas últimas décadas de un país que salga de esos niveles con una gran dimensión de población.

Para los autores, la China invisible es la China rural que se va quedando atrás. En su gran expansión económica de las últimas décadas, más de 300 millones de chinos emigraron a las ciudades para apoyar ese gran crecimiento, en empleos que no exigían habilidades especiales.

El problema es que esa emigración se realizaba en condiciones muy duras ya que existía un sistema de registro de los hogares (el Hukou) rural o urbano, según fuera la residencia de sus padres.

El cambio de un lugar a otro necesitaba un permiso especial y el que emigraba tenía que dejar detrás a su familia, lo que suponía una situación muy dura para los recién llegados a las ciudades.

Era una barrera legislativa entre el entorno rural pobre y con muy pocas oportunidades que suponen 700 millones de personas, y el urbano más avanzado en todo, salud, educación, rentas, oportunidades de empleo, y entretenimiento.

El problema chino es que para su futuro crecimiento, debe reducir la diferencia entre lo urbano y lo rural, mediante una política inversora en educación y sanidad que permita ir incorporando esa base humana a los empleos que se vayan creando.

Las barrera estructural además del sistema de registro, la constituye la focalización en el corto plazo que implica la falta de estímulo de las entidades locales para invertir en educación, cuyos beneficios van a otra ciudades donde se colocan los graduados. La formación es un tema de largo plazo.

El estudio liga en el largo plazo la salud y la educación. Destaca la absoluta necesidad de cuidar a los niños de 1 a 5 años, porque es cuando se forman las capacidades cognitivas, explicando detalladamente las actividades que hay que realizar.

Por otro lado esas capacidades cognitivas van ligadas al cuidado de la nutrición que no se produzcan anemias (el hambre invisible), trastornos intestinales y la pérdida de visión en los adolescentes con la resistencia la uso de las gafas, todo ello en un entorno rural de peores profesores, escuelas y programas.

Es admirable la descripción de todas las campañas realizadas por los autores para remediar e ir mejorando las practicas, pero todo ese beneficio va a plasmarse en las próximas décadas, ya que estamos hablando de una política desde el nacimiento.

En estos momentos se está con retraso para ir hacia las rentas de país desarrollado. Los autores no son optimistas. No hay ningún ejemplo de un país que con porcentaje de educación secundaria efectiva inferior al 50% (caso chino) haya podido dar el salto de renta.

El camino futuro para alcanzarlo incluiría:

Lo primero asegurar a todos los niños desde el nacimiento hasta la edad de cinco años darles todo lo que necesiten para un saludable desarrollo cognitivo.

Señala que tras 35 años con inspectores comprobando que no se tenga más de un hijo por familia, los autores con el equipo del REAP ya comentado y los organismos gubernamentales chinos, están implantando un programa de entrenar a los padres para el cuidado de los niños.

En segundo lugar, China necesita asegurar que todos los niños rurales tienen los cuidados sanitarios y nutritivos para un aprendizaje fecundo.

El objetivo tercero, comprendería elevar los estándares de calidad de las escuelas rurales chinas, y que no se dedicaran solo a capacidades concretas, sino también la posibilidad de enseñanzas generales que les capacitara para un aprendizaje de por vida.

El cuarto sería el asegurar la enseñanza universal y gratis hasta los doce años.

El quinto la necesidad de ir eliminando, aunque comprenden que debe ser un tema gradual, el Hukou, el sistema de registro que solo permite a los niños acceder a las escuelas públicas del lugar donde están registrados.

Y por último el conflicto entre los organismos locales y el gobierno también se refleja en la poca motivación local para invertir en educación al provocar la emigración posterior a las ciudades, con la perdida consiguiente de beneficios para la localidad.

Los fondos para la educación se deben centralizar en el gobierno, que asignara a cada localidad los fondos correspondientes. Estados Unidos lo hizo así en los años sesenta con gran éxito.

TECNOLOGÍA. EL PODER ECONÓMICO Y MILITAR

Con un enfoque de la China diametralmente opuesta al rural, el estudio (6) que vamos a comentar es un canto a la China con un alto porcentaje, de bachilleres, universitarios y postgraduados y unas cifras superiores en nivel y crecimiento a cualquier país del mundo.

Estiman que en el 2018, la clase media en China alcanzó los 400 millones, un tercio de la población.

El camino de desarrollo de China pasa para los autores en la potenciación de una economía innovadora, basada en tres actuaciones:

- La primera en las inversiones del gobierno para incrementar las capacidades humanas y las infraestructuras adecuadas.
- La segunda. Fomentar las variantes en que se puedan captar los avances tecnológicos del extranjero.
- La tercera se centra en la innovación interna.

La primera actuación.

La constituyen las inversiones del gobierno en las capacidades humanas y las infraestructuras adecuadas para dar soporte a empresas chinas capaces del aprendizaje tecnológico.

Tres condiciones hay que fomentar en la empresa innovadora. El control estratégico, la integración organizativa y el compromiso financiero de suministrar fondos.

La innovación como indica Erik Smidt (Ex presidente de Google y ahora presidente de Special Competitive Studies Project) se continua a si misma.

De otra forma unas innovaciones aceleran a otras, así la Inteligencia Artificial, a la velocidad ultra rápida del ordenador cuántico, se podrán procesar cantidades mucho mayores de datos, lo que producirá sistemas de Inteligencia Artificial más inteligentes, que a su vez originaran hallazgos revolucionarios en campos como la biología sintética o la fabricación de semiconductores.

Sobre esas bases el plan estratégico chino de "Made in China 2025", estableció diez sectores. Tecnología de la información, robótica y máquinas automáticas, equipos aeroespaciales y aeronáuticos, equipamiento marítimo y barcos de alta tecnología, equipo moderno ferroviario, vehículos con nuevas energías, equipamiento de potencia, nuevos materiales de equipamiento agrícola y biofarma y productos médicos avanzados.

El plan "China Standards 2035" se centra en promocionar las tecnologías esenciales (5G, Internet de las Cosas y la Inteligencia Artificial) por las grandes empresas tecnológicas chinas con la ayuda del gobierno.

Así las inversiones en investigación R&D del 0.8% del PIB, al inicio de los años noventa ascendieron al 2.9% en el 2020, convirtiendo al país en líder mundial en producción agrícola, autopistas, ferrocarriles, aeropuertos, puertos, telefonía móvil, coches, ordenadores, electrónica, satélites grandes, en patentes de semiconductores, equipos médicos etc.

Un 27% de las 2500 empresas con mayor inversión en I+D, son chinas casi el doble que en la Unión Europea.

La base estatal la da la Academia de Ciencias de China, el mayor instituto de investigación del mundo, con 70.000 científicos.

El instituto australiano de política estratégica (ASPI) pone a la cabeza a China en 37 de las tecnologías rastreadas (incluiría inteligencia artificial, robótica, biotecnología, baterías eléctricas, 5g, etc.) dejando a Estados Unidos la primacía en solo las siete restantes, entre ellos, vacunas, computación cuántica, sistemas de lanzamiento espacial.

Creemos que es muy difícil por la lógica opacidad y secretismo saber dónde este cada país en la tecnología. Muchos análisis como el que comentamos se basa en trabajos publicados, pero no en técnicas aplicadas y además lo no publicado puede ser todavía más importante.

Así varias instituciones (Rand Corporation; Comisiones del Congreso, Ministerios de Defensa Estadounidense y Chino) consideran que Estados Unidos está todavía por delante de China en Inteligencia Artificial, muy superior en el valor añadido en rentas y en los niveles de inversión en la misma, por ahora reforzado por su ventaja en informática cuántica y semiconductores, así como en su tecnología militar.

Los gastos de defensa chino han subido un 7.2% para este año, con 220.000 millones de dólares frente a 770.000 millones de Estados

Unidos, aunque se piensa que el Gobierno oculta más gastos de defensa en otros ministerios.

Posee el ejército más numeroso del mundo (2.200.000) frente a Estados Unidos (1.400.000), una fuerza naval que supera en unidades a Estados Unidos (340 por 243) en submarinos (72) a EEUU (68) y Rusia (58) pero no en los submarinos nucleares en los que Estados Unidos está en cabeza.

En portaaviones Estados Unidos llega a 11 por 3 China y uno Rusia.

En el aire Estados Unidos (13.300 unidades aéreas) es muy superior a todos en cantidad y calidad, Rusia (4182), China (2800).

En el campo nuclear, Rusia lleva la delantera en ojivas con 5977 (el 60% no están con posibilidades de utilizarse) sobre EEUU (3708) y China 400, quizás con más potencia nuclear en cada ojiva. El alcance de los misiles balísticos nucleares alcanzan en China ya los 13.000 kilómetros.

Las redes antimisiles pertenecen al secreto, así como los vehículos no tripulados, los neutralizadores de antimisiles, la red anti satélite, las ondas de destrucción en el espacio, las armas microscópicas (basadas en la nanotecnología) la artillería de largo alcance, las actuaciones de armas conjuntas, etc.

El informe del Pentágono sobre el desarrollo de China en seguridad y poder militar resalta la aceleración en inversiones y plazos de la política cada vez más fusionada, militar-civil china (7). Destaca el cambio de lenguaje en las declaraciones en el Congreso del Partido Comunista chino en el Octubre pasado, en que se eliminó la frase de anteriores congresos "paz y desarrollo continúan siendo la clave de nuestros tiempos" por "estamos encarando cambios drásticos en el panorama internacional, por lo que debemos ser más cuidadosos de los peligros potenciales y estar preparados parar enfrentarnos a los peores escenarios".

Los líderes del partido chino declararon que una China dividida es una China débil por lo que la total reunificación, incluyendo la resolución de la cuestión taiwanesa y completando la integración de Hong Kong y Macao son objetivos fundamentales para el final del 2049.

Esta política de reforzamiento militar-civil se extiende a la política exterior para "edificar una comunidad con un destino común" (el ya comentado Belt and Road) que incluye a países de África, Sudamérica, Asia y Europa del Este, la política sanitaria como se hizo en el Covid, la cibernética y el desarrollo de la investigación química y biológica.

Subraya el informe, el liderazgo chino en el poder naval en cuanto a cantidad no en calidad (Estados Unidos sigue en primer lugar), en la capacidad de movilización de tropas, y en cuanto a potencia nuclear destaca el objetivo chino de pasar de las actuales 400 ojivas nucleares a 1500 en el 2035, tema de gran transcendencia estratégica.

Sobre el informe del Pentágono han recaído críticas internas como la de Brookings Institute, señalando que se ha exagerado la amenaza china por el Pentágono, para lograr que les aporten más fondos, y en el exterior la reacción airada vino del Ministerio de Defensa chino.

El ministro de defensa chino, Coronel Senior Tan Kefei señalaba que el informe del Pentágono distorsionaba los hechos, creando división e incitación a la confrontación. Tan Fei añadía: "China está firmemente comprometida al camino de desarrollar la paz, mantener una política de seguridad nacional que es defensiva por naturaleza y mantenerse como edificadora de la paz mundial contribuyendo al desarrollo global y a la defensa del orden internacional".

Donde más ha dolido el informe ha sido la previsión del Pentágono de que va a llegar a las 1500 cabezas nucleares en el 2035. Tan Fei replicó: "China persigue una política nuclear de autodefensa, que se adhiere a la política de no primer uso de las armas nucleares en ningún momento y bajo ninguna circunstancia, y mantiene su capacidad nuclear al mínimo nivel requerido por la seguridad nacional".

Acusa en cambio a Estados Unidos de desarrollar sin límites sus armas nucleares y el tratado entre Estados Unidos, Gran Bretaña y Australia (AUKUS) que se está volviendo una fuente progresiva de conflictos nucleares. Se refiere a la venta de submarinos nucleares de Estados Unidos a Australia.

La confrontación de estas informaciones y el grado de veracidad que se puede extraer de ellas, es una parte más de las revueltas relaciones entre Estados Unidos y Rusia.

El gran problema ante la obsolescencia tecnológica, la investigación sobre las nuevas estrategias, es la dificultad de gestionar esa ingente cantidad de recursos, y los grandes equipos en formación continua que es necesario tener en el ejército para tomar las decisiones.

Si ya vimos el acelerado crecimiento de los costes en las nuevas tecnologías y en las tierras raras, en la misma línea en el campo militar se produce la multiplicación constante de los costes iniciales en los programas de fabricación ya sea de cazas, misiles o tanques, como señalaban los analistas de Bloomberg, ante la impotencia de los gestores militares por la inferioridad de sus conocimientos respecto a los fabricantes privados en muchos casos monopolistas (un solo fabricante) u oligopolistas (más de uno pero muy pocos en cualquier caso).

China, que domina la producción y el tratamiento de las "Tierras Raras" como vimos en nuestro anterior comentario, no va a lograr su objetivo de autonomía tecnológica su objetivo para el 2025 del plan "Made in China". Por su gran dependencia ya comentada de semiconductores importados que hasta ahora no ha logrado disminuir.

La segunda actuación.

Busca promocionar las diversas variantes en que las empresas chinas pueden aprender tecnológicamente del extranjero, en lo que considera tres vertientes.

- (I) Los proyectos conjuntos con firmas extranjeras como el caso de Volkswagen con Shanghai.

- (II) La integración en las cadenas de producción, ascendiendo del puro ensamblaje a la producción y diseño con marca propia, como ha ocurrido, en computadoras, coches, teléfonos móviles, etc.

Esta elevación en las cadenas viene dada por cl incremento acelerado de los flujos comerciales, llegando en el 2020 a exportar China a Estados unidos productos de alta tecnología estadounidense por 30.000 millones de dólares y por otro lado importar productos de alta tecnología estadounidense por 130.000 millones de dólares.

China ha llegado a un dominio en la cadena de suministros de energía eólica, solar y baterías.

- (III) En la vuelta de los *postgraduados graduados en el extranjero* con alta formación técnica. En el 2018 cerca de siete millones de chinos estaban postgraduándose en el extranjero, y más de 5 millones retornando a China y convirtiéndose en un factor dinámico de creación de empresas con apoyos de todo tipo del gobierno central y los locales.

Los autores no consideran el espionaje como un tema de apropiación tecnológica que tenga importancia. Eric Smidt el ex de Google sin embargo considera que el espionaje chino y su desprecio por las patentes, han sido canales importantes de apropiación tecnológica.

La tercera actuación.

Se centra la innovación interna, que supone mejorar la calidad y la disminución de los costes de las tecnologías líderes mundiales que han sido previamente transferidas del exterior.

Los resultados han sido espectaculares en la informática, con el primer productor de ordenadores del mundo Lenovo (Antes Legend), tras los pioneros, Founder y Stone.

En coches, China produce el 40% de la producción mundial (68 millones), algo más de 27 millones de coches triplicando la producción de Estados Unidos, el segundo productor.

Entre los 15 primeros productores de coches en el 2017, en China ya había ocho marcas chinas y cinco entre las diez primeros.

Una de sus debilidades es la incapacidad de producir los semiconductores suficientes para su industria manufacturera y como vimos en nuestro artículo anterior le lleva a gastarse en sus importaciones de semiconductores más que en petróleo, superando los 350.000 millones de dólares en el último año.

Por otro lado se da la gran contradicción en la tecnología energética china ya que por un lado es el mayor inversor en energías limpias (eólica, solar, coche eléctrico y baterías) por 546.000 millones en el 2022 (cuatro veces la inversión de Estados Unidos), en energía nuclear con 440.000 millones de dólares hasta el 2035 (dobla el número de centrales de 150 a 300) y por otra es el mayor consumidor y productor mundial de carbón con 4250 millones de toneladas en el 2022, más de la mitad de una producción récord de 8000 millones.

LA RELACIÓN ESTADOS UNIDOS-CHINA: RECORD DE INTERCAMBIOS COMERCIALES

Si ya en nuestro capítulo anterior comentábamos la evolución de la guerra comercial de Estados Unidos con China, que ha ido amplificándose en las dos últimas décadas, evolucionando hacia una guerra de seguridad, con sanciones, prohibiciones de venta a China no solo a las empresas del país si incluyendo en dicha prohibición a las de sus países aliados.

No hay semana que no venga, una disputa (globos, Taiwan, Hong Kong, submarinos atómicos de Estados Unidos a Australia), un nuevo sector de restricciones, de críticas mutuas a las acusaciones de posible suministro de armas chinas a Rusia, del Plan de Paz para Ucrania presentado por los Chinos, o su mediación entre Arabia Saudita e Irán para llegar a un acuerdo.

La vigilancia sobre China se ha vuelto obsesiva, con tres nuevas comisiones en el Congreso y Senado americanos, instituciones dependientes e independientes, informes de defensa etc. que tocan los sectores y países de posible implicación, se analiza por ejemplo además de Taiwan y Hong Kong, la situación de fuerzas en el Polo Ártico, simulación de batalla en el Mar Del Sur asiático, una lista interminable de páginas de temas y objetivos.

Se realizan breves informes de la relación China con Rusia (8) señalando que están en su mejor momento con la firma del acuerdo para la cooperación militar 2012-2025 y la posición no condenatoria de invasión de Ucrania por parte china, aparte de las compras de energía y mercancías rusas por parte de China.

También la situación de la Ruta de la Seda china y el "16 más uno" referente a las fuertes inversiones en la Europa del Este, con inversiones en más de 100 países. Todo ello les ha llevado a un fuerte incremento de los impagos comenzando por Venezuela, y varios países africanos, que ha frenado su vertiginoso crecimiento que le llevó a una inversión estimada de 462.000 millones de dólares entre el 2008 y el 2019 tanto como todos los préstamos del Banco Mundial.

El más reciente informe del informe al Congreso de la Comisión de Seguridad (9) examinó los temas de:

El problema de la centralización de un poder creciente en el presidente Chino.

Los conflictos en las relaciones económicas y comerciales (prácticas comerciales, energía, vulnerabilidades en las cadenas de producción).

La seguridad Estados Unidos-China y los asuntos de política exterior (las cyber capacidades chinas: guerra y espionaje. Influencia en Asia Central y Sur).

Taiwan y Hong Kong.

Como conclusión, además de pedir nuevas instituciones, comisiones e informes, emite 32 recomendaciones de las cuales destaca diez como prioritarias:

- Establecer con los asesoramientos adecuados las nuevas condiciones para la renovación de unas relaciones comerciales normales con China.
- Crear una Oficina de preparación de la seguridad y la resiliencia, que prevea conflictos en las cadenas y las estrategias consiguientes, establezca una unidad de movilización defensiva para incidentes, tanto militares como de logística en temas o materiales críticos, y mejorar capacidades industriales para garantizar estos objetivos.
- Un comité que coordine a las agencias para la imposición de sanciones u otras medidas en un rango de posibles escenarios.
- Otros objetivos son los medicamentos con ingredientes provenientes de China, la no dependencia de la logística china en el mapa Indo-Pacifico (Abarca China, la India, otros países asiáticos y llega a Australia).
- Informar públicamente las compañías americanas con algún tipo de conexión con el sector militar chino, crear fondos de defensa para Taiwán, perseguir el cumplimiento de los derechos humanos y la democracia en Hong Kong.

La red de supervisión y planificación futura de los conflictos con China como vemos sigue expandiéndose cada vez un carácter más agresivo tanto económica, política como militarmente.

Pero la sorpresa es que los intercambios comerciales entre Estados Unidos y China a pesar de esta ambiente intervencionista cada vez más hostil, han alcanzado un récord histórico en el 2022 con 690.600 millones de dólares con un crecimiento del 2.5% sobre 2021 (que ya subió un 20% sobre el 2020).

Estados Unidos amplió su déficit en un 8% con una cifra de 382.900 millones de dólares. Las importaciones de Estados Unidos de China ascendieron a 538.500 millones de dólares con un 6.3% de incremento mientras las exportaciones a China también rompieron récords con un crecimiento del 1.5% hasta los 153.800 millones de dólares.

Estados Unidos importa de China, principalmente computadoras y equipos electrónicos por 160.000 millones de dólares en el 2022, 59.500 millones de dólares de materias manufacturadas e importan equipos eléctricos aplicaciones y componentes por 59.000 millones de dólares.

De muñecas, juguetes y juegos importó 28.000 millones de dólares de China en el último año.

Estados Unidos exporta a China 30.100 millones de dólares en productos agrícolas (excluyendo ganado, madera forestal y productos marinos), y químicas por 25.700 millones.

La desconexión de China va a ser un tema pues lento, a medio y largo plazo, ya que los intereses de las empresas estadounidenses con China son todavía muy amplios.

CONCLUSIÓN: BAJA EN EXPECTATIVAS DE CRECIMIENTO CHINO Y MUNDIAL

El que las expectativas de crecimiento del propio gobierno chino estén más de un tercio por debajo de sus tasas de crecimiento en las tres últimas décadas, es alarmante para que China continúe su camino hacia un país desarrollado de renta alta, y para el resto del mundo que depende en gran parte de la expansión china.

Pero agrava el tema la manera de financiar ese crecimiento, con un incremento desmesurado de la deuda pública, que puede llegar al 2037, lo que indica que se van apoyar en el estado y en su impulso fiscal, sin dar el protagonismo adecuado al sector privado.

En su programa de reformas para un crecimiento más intenso y de mayor calidad, enumeran:

- El fortalecimiento de la protección social de los hogares, para que rebajen su porcentaje excesivo de ahorro y consuman más.

- Las reformas de las empresas públicas para que reduzcan la diferencia de productividad que tienen con las privadas.

- Eliminar los proteccionismos locales, para abrir el mercado doméstico.

- Elevar la edad del retiro de los 60 (hombres) y 55 (mujeres) a los 65 para todos.

- Realizar las reformas en educación para mejorar el acceso y la calidad de la misma.

Con respecto al sector privado, se habla de apoyarse en la fuerzas del mercado para mejorar la asignación de recursos y promover el comercio multilateral.

Pero la empresa privada china se halla presionada interiormente, por el Partido Comunista con una serie de actividades represoras contra las grandes tecnológicas chinas, lo que llevó a perdidas en las bolsas chinas en los dos últimos años. En lo más alto de la jerarquía comunista china, dominan los ingenieros.

Por otro lado exteriormente, aparte de un entorno hostil a China en cuanto a derechos humanos, ciberespionaje, e incidentes diplomáticos y territoriales, las empresas chinas están sometidas a todos los boicots, bloqueo de suministros y listados negros por parte de Estados Unidos y sus instrucciones para los países aliados.

Decenas de empresas con éxito en Estados Unidos, ocultan su origen chino o en otros casos se presiona directamente como el de Tik-Tok, para que se desligue de su matriz china.

En fin esperemos que el desarrollo tecnológico implícito en las reformas, ayude a mejorar las previsiones de crecimiento chinas que nos gustaría creer que se han realizado voluntariamente a la baja, para luego mostrar la superación conseguida sobre las mismas.

LA INFLACIÓN PERSISTENTE

Como en todos los capítulos, seguimos la inflación que ahora nos presenta sobre todo en Europa a una inflación subyacente (sin considerar energía ni alimentos frescos) a uno niveles superiores a la inflación media.

En Estados Unidos la inflación persistente (10) que elabora la Fed de Nueva York ha descendido en Febrero al 4.5%, pero permanece inferior a la europea, aunque con una alta incertidumbre.

La tendencia en Europa es que la inflación exterior importada (11), está disminuyendo, pero ha tomado fuerza la interior al repercutir las empresas sus costes con una cierta inercia en sus precios, incrementando así sus márgenes sobre todo, las grandes empresas.

Los salarios generalmente van siempre detrás de los precios, pero de continuar la resistencia a la baja de la inflación, comenzaran a ascender sus revisiones a partir de ahora a niveles que según la Comisión Europea no serían compatibles con el adecuado control de la inflación.

Es de esperar que pasada la inercia, las empresas reduzcan sus márgenes por presión de una demanda bajista y el descenso de sus costes variables.

El hecho es que en la situación actual Europa presenta unas perspectivas de subidas de tipos de interés superiores a la de Estados Unidos.

ESPAÑA: ACUMULACIÓN DE DIAGNÓSTICOS PESIMISTAS PERO BAJA DÉFICIT PÚBLICO

La crisis bancaria ha castigado a los valores bancarios de nuestro país, al aumentar los niveles de riesgo, lo señalado por la Presidenta del Banco Central Europeo respecto a la banca, se aplican a la nuestra con una gravedad adicional:

- Menor vigor del entorno económico.
- Costes de financiación más elevados.
- Exigencias más duras en la concesión de créditos.

La Presidenta manifestaba, que estas condicionantes se van a notar con el tiempo.

El problema es que estabilizar a la banca, supone ser más relajado en la disciplina monetaria sobre todo, y fiscal, lo que lleva a alargar probablemente la persistencia de la inflación, en la que Lagarde destaca que a la presión de los salarios, se ha unido con más fuerza el incremento de precios de las empresas al subir sus márgenes.

En relación a la banca española, la realidad manifiesta la inconveniencia y desconocimiento por el gobierno de este complejo sector, al imputarle único país del euro que lo hace, el impuesto extraordinario por sus grandes beneficios al subir los tipos de interés.

Por los demás nuestro país se ha beneficiado por un lado igual que Europa, del descenso en los precios de la energía que comienza a repercutir en el descenso de la inflación.

El Banco de España (12) igual que la OCDE, ha mejorado ligeramente, en la misma línea nuestras perspectivas de crecimiento, aunque nuestra inversión sigue siendo baja en relación al PIB.

El gobernador del Banco de España ha reducido el incremento de la inversión, es decir la formación bruta de capital al 0.3%. Es de esperar que los fondos europeos de los que se ha recibido ya el tercer pago de 6000 millones (habiendo recibido ya el 53% de las subvenciones previstas 78.000 millones de euros) vayan mejorando esta dinámica tan necesaria, en estos momentos.

Ya que las expectativas del crecimiento del consumo son pobres, hasta ahora mantenidas por una reducción del ahorro de las familias a la mitad, el 5.7% de la renta disponible bruta, y una baja de la misma del 1.1%, frente a un inflación que dobla el crecimiento de los salarios y un crédito más caro y escaso.

Pero la contradicción entre lograr la estabilidad financiera y bajar la inflación es aguda en nuestro país y puede seguir incubando la crisis de las empresas vulnerables y la pérdida de dinamismo de la inversión.

Dicha contradicción está provocando que gran parte de la labor que debían hacer los tipos de interés, como decía Paul Krugman, ya la está realizando la fuerte restricción del crédito a empresas y hogares, que veníamos avisando en anteriores capítulos y que ahora con la crisis financiera se va a intensificar.

En el último informe de Funcas, Raymond Torres constataba un descenso desde el verano del crédito a hogares del 8% y a empresas del 9.3%, todo ello con una inflación media que en el año actual puede ser del 4-5%.

Por último, se ha presentado un plan de sostenibilidad de las pensiones por el gobierno severamente criticado como poco realista por la Autoridad Fiscal Independiente, Funcas y el Banco de España.

Juzgar a 27 años vista, hasta el año 2050, la sostenibilidad de las pensiones, es algo tan difícil como evaluar las probabilidades de las hipótesis de crecimiento, inflación, productividad, empleo y población que implican, y condicionadas además a reformas que se produzcan en todo o en parte. Así que la diferencia de sostenibilidad se acerque a los 13.000 millones en total para la Autoridad Independiente o a implícitamente más de doble en otras estimaciones como Funcas o el Banco de España, no nos libra de la incertidumbre.

Lo que sí está claro es que ligar las pensiones a la inflación en estos momentos, entre otras medidas tiene una trascendencia electoral clara y un herencia muy difícil, limitando el resto de prestaciones del estado de bienestar y prestaciones públicas para las décadas futuras, además de superar claramente el incremento de los salarios para todos estos años venideros, lo cual debilita otro factor de sostenibilidad de dichas pensiones.

Por el lado positivo hay que destacar la disminución del paro en marzo, en parte por el dinamismo con la que se ha iniciado el año turístico.

Y el déficit público ha descendido del 5% (4.8%) ayudado por una recaudación fiscal que se incrementó en el 15.8%, (32.000 millones de euros) un tercio de ella debido a la inflación según el gobierno, y más de la mitad en la estimación del Banco de España, la inflación también ha sido decisiva en la disminución de la relación de deuda sobre el PIB, que a pesar del incremento de la deuda ha descendido al 113.2%.

En el 2023 el impulso de la inflación va a ser menor, con un PIB con un incremento inferior y los gastos, incluidos los intereses de la deuda publica en ascenso.

El Fondo Monetario Internacional estima que por cada punto de inflación no esperado, la deuda pública se reduce en 0.6 puntos porcentuales sobre el PIB. "Sin embargo a partir de que la inflación se vuelve persistente y prevista, deja de contribuir al descenso de la deuda sobre el PIB.

De todas formas la tendencia es a una mayor tolerancia de la deuda pública marcada por las directrices de economistas influyentes como Olivier Blanchard (13) que afirman la posibilidad de endeudamiento positivo siempre que el nivel de tipo de interés sea inferior al crecimiento del país de forma estable y esta diferencia cubra de forma continuada el déficit público primario (antes de los pagos financieros) que en España ha descendido en el 2022 al 1.2% del PIB.

Los bajos tipos de interés para Blanchard implican bajos costes e incremento de beneficios económicos para la deuda y un papel preeminente de la política fiscal en la gestión macroeconómica.

Bibliografía

(1)"Lock and Load" "Ukraine ´s coming counter-offensive" The Economist, March 11th 2023. Pp 17-18
*(2)"*China *–Russia Cooperation" Andrew Radin, Andrew Scobell, Elina Treyger, J. D. Williams, Logan Ma, Howard J. Shatz, Seam M. Ziegler, Eugeniu Han, Clint Reach. RAND Corporation. 2021.*
(3)"Venture Capital. The Big Squeeze" The Economist March 4th 2023. Pp 51-52.
Sobre la crisis bancaria: los informes diarios de Bloomberg, The Economist, Adrian Tooze, Naked Capitalism, GaveKal, Jhon Authers, PIIE insider principalmente.
(4) PEOPLE ´S REPUBLIC OF CHINA. Staff Report for the 2022. Article IV. Prepared By Asia and Pacific Department. January 9, 2023. International Monetary Fund.
"Peak China Housing". Kenneth S. Rogoff, Yuanchen Yang. Working Paper 27697. National Bureau of Economic Research. August 2020.
National Bureau of Statistics of China. 2022.
La Deuda Pública en sentido amplio en China, incluye los diversos pasivos con garantía estatal ascendió al 110.1% del PIB en el 2022, frente al 51% de la deuda reducida y ascendería hasta el 167% en el 2031.
"China Great Wall of Debt" Dinny McMahon. Houghton Mifflin Harcourt HMH. Boston Nueva York 2018.
(5)"INVISIBLE CHINA. How the Urban–Rural divide Threatens China´s rise". Scott Rozelle and Natalie Hell. The University of Chicago Press. 2020.
(6)"China´s Development Path: Government, Business, and Globalization in an Innovating Economy". Yin Li and William Lazonick. Working paper Nº 190 August 11th, 2022. Institute for New Economic Thinking.
(7)"Welcome to the machine. A comparative assessment of the USA and China to 2035, focusing on the role of technology in the economy" Commissioned by the "Special Competitive Studies Project". Fathom consulting.com. March 2023. "Military and Security Developments involving the people´s Republic of China". Annual Report to the Congress. Fact Sheet. U.S. Department of Defense. 2022.
"The Military Balance. 2023" IISS

Fuentes Chinas. Ministry of National Defense (China Military Commission). Ministry of Foreign Affairs. Ministry of Industry and Information Technology. China News. People´s Bank of China.
"US-China Relations" Updated September 3, 2019. Congressional Research Service.
"U.S.-China Economic and Security Review Commission" 2022 Report to the Congress. Executive Summary and Recommendations.
(8)"China´s One Belt One Road" Updated December 22, 2022 y "China–Russia Relations" Updated February 24, 2023. Congressional Research Service.
(9)"China and America". "A representative challenge" The Economist February 4th 2023. Pp 49-50. Hay dos comisiones creadas a los finales de los noventa: Comisión Ejecutiva sobre China (CECC) que supervisa el cumplimiento de los derechos humanos y la US-China Comisión de supervisión económica y de seguridad (USCC) que examina todas las implicaciones para la seguridad de las relaciones con China, aportando testimonios de oficiales y académicos.
A dichas comisiones se añade el reciente China Selecto Comité (CSC), que investigará todos los temas conflictivos con China.
(10)"Inflation persistence decline modestly in February". Martin Almuzara and Argia Sbordone. April 6, 2023. Liberty Street Economics. Federal Reserve Bank of New York.
(11)"The labor market-supporting the economy o fuelling inflation" Speech at the OMFIM economic and Monetary Policy Institute. Joachin Nagel President of The Deutsche Bundesbank. 24.03.2023.
(12)"Informe trimestral y proyecciones macroeconómicas de la economía española". Marzo 2023. 22/03/ 2023. 2023/T1. Banco de España. Eurosistema.
(13)"Fiscal Policy under low interest rates" Olivier Blanchard. PIEE Peterson institute for International Economics. The MIT Press Cambridge. Massachusetts. USA. 2022

7 de abril de 2023
Blog del autor: camposeconomicos.blogspot.com

Capítulo 20

INFLACIÓN, DEUDAS, MÁRGENES Y SALARIOS

La inflación ha provocado el descenso de la deuda sobre el PIB en todo el mundo en el último año. Las últimas décadas han visto incrementarse el poder de mercado de las empresas respecto al poder de los trabajadores que ha ido en descenso.

Sin embargo el reparto de la responsabilidad en la fuerte alza de la inflación tras el COVID, es un problema complejo con varios factores importantes que se entrelazan, los shocks exteriores de la postpandemia y la invasión rusa de Ucrania con sus efectos sobre las cadenas de producción mundiales, la política monetaria y fiscal de los gobiernos con grandes inyecciones de dinero a los consumidores.

Y en el interior de cada país, las luchas interempresas en las cadenas de producción, los abusos en los precios, el inicio de la recuperación del poder adquisitivo de los trabajadores privados, especialmente perjudicados frente a pensionistas y trabajadores públicos, todo ello mirando el ciclo y las expectativas, con una política fiscal de altos déficits públicos frente a crecimiento bajos de la economía.

Todo lo anterior unido la crisis bancaria, y al rigor en la política monetaria de las potencias occidentales, puede llevar, especialmente en nuestro país, a las restricciones y el encarecimiento del crédito hipotecario a los hogares, y el bancario a las empresas no financieras, con una expulsión del sector privado y estancamiento de la actividad económica a pesar de los fondos europeos y de la fortaleza mostrada contra viento y marea de nuestro empresariado.

POR PRIMERA VEZ EN SETENTA AÑOS

El Fondo Monetario International ha publicado en la segunda semana de abril sus previsiones, avisando que la inestabilidad financiera puede reducir las expectativas de crecimiento, aunque la institución tan solo rebaja una décima el crecimiento mundial, estimándolo en el 2.8% para este año.

Los países más poblados son los que las mayores tasas de expansión presentan para el 2023 y 2024, con el 5.9 y 6.3% (2024) para la India, y el 5.2% y 4.5% (2024) en el caso de China.

Estados Unidos (1.6% y 1.1%) y Japón (1.3,1.1) tienen previsiones parecidas, y superiores a las de la zona del euro (0.8,1.4), con Alemania, incluso con crecimiento negativo en el 2023, e Italia por debajo del 1% para ambos años, en el furgón de cola.

Para España se dan unas previsiones algo superiores (1.5-2), y parece que en abril de este año ha alcanzado el nivel preCovid según la Autoridad Fiscal Independiente.

Latinoamérica y Caribe no llegan al crecimiento acumulado del 4% en los dos años, mientras Oriente Medio alcanza un acumulado del 6.5%.

A pesar del aviso de la inestabilidad bancaria, transmite tranquilidad dando por contenida la crisis bancaria y en las antípodas de China y Japón pide austeridad fiscal y recomienda seguir subiendo los tipos de interés, ya que la inflación no está dominada.

Por primera vez en setenta años recoge el Fondo Monetario el descenso de la deuda pública sobre el PIB.

Si en el 2020 por el Covid, la deuda pública mundial superó el 100% sobre el PIB, a finales del 2022 ha descendido al 92% del PIB, favorecida por la inflación, que ya hemos explicado que si en una primera etapa diluye la deuda, luego dicha inflación se va transmitiendo al gasto público, incrementado el déficit público y la emisión de deuda con intereses cada vez más altos.

Pero todavía la deuda sobre el PIB se halla 8 puntos porcentuales por encima del nivel del 2019.

SE CONFIRMA EL DESCENSO DE LA INFLACIÓN EN MARZO Y REBOTE EN ABRIL

Ya en el capítulo anterior se anticipaba el descenso de la inflación en España a marzo al 3,3%, provocada por compararse con el mes de máxima inflación del año anterior.

El indicador adelantado del euro también muestra por primera vez un descenso de la inflación subyacente al 5.6%, en una décima, y una subida mínima de otra decima del índice general de coste de vida al 7. %.

El índice del coste de vida adelantado de España en Abril ha ascendido como se esperaba al 4.1%, por el efecto de los carburantes, pero con un cierto descenso de los alimentos y reducción de la inflación subyacente al 6.6%, sietc décimas menos que el mes anterior.

La inflación en Estados Unidos también ha caído, al 5% en Marzo, aunque la inflación subyacente algo por encima de la general (5.6%) ha descendido, y también la inflación persistente de la Fed de Nueva York, comentado en otros capítulos como el análisis más completo de la misma, y que da para Marzo una reducción de la inflación de 0.5% al 4.3%.

Han descendido los coches usados, los servicios y también por fin la alimentación por efecto de la producción agrícola interior.

Gran Bretaña continúa en Marzo con una inflación muy superior al resto de las potencias con 10.1%, rebajando en tres décimas la del mes anterior.

Los precios energéticos siguen a la baja, con una tranquilidad estacional, continuando los descensos en el consumo, el alargamiento de los mecanismos de control de precios en el mercado del gas y eléctrico que no han entrado en funcionamiento por los bajos niveles de los precios.

El tres de mayo la Reserva Federal subió los tipos de interés al 5.25 con un 0.25 de incremento, sin anunciar nuevas subidas, anuncio del que no se privó el Banco Central Europeo con el mismo incremento de tipos de interés pero todavía con un nivel más bajo, del 3.75.

Esta diferencia de tipos es una de las razones de la mayor dureza del Banco Central Europeo, que por otra parte son los tipos europeos todavía mucho más bajos en comparación con la inflación más elevada (7%) que la estadounidense (5.%).

Por otro lado la crisis de los bancos regionales americanos y la caída de la más monetaria en Estados Unidos en un 9.6% en el primer trimestre en términos anualizados, frente al descenso del 3% en febrero de la oferta monetaria en el euro área, han moderado la postura de la Fed estadounidense.

La manifestación de la dureza monetaria en el dólar, ya venía marcada en el 2022, con la caída de la liquidez mundial descendiendo el crédito en dólares al exterior en un 2% dejándolo en 12.8 billones de dólares, frente crecimientos positivos en el euro y todavía más en el yen, por su coste tan bajo, según los datos del Banco Internacional de Pagos.

PETRÓLEO Y MATERIAS PRIMAS A LA BAJA

Se inicia Mayo con un petróleo en descenso perdiendo los 75 dólares el barril en el más caro, el Brent, y el 70 en el WTI estadounidense a pesar de la reducción de la producción ya comentada por los países de la OPEP.

Supone más de un 30% de descenso en términos anuales al viernes 5 de abril.

A este descenso se suman los metales (-22.4%), alimento (13.3%) y el general (-19.7%) en dólares.

Continúan al alza el Oro (4%) y la Plata (9%) a final de abril.

En las bolsas continua la bolsa europea con la mayor subida al final de Abril con el 14.63% año sobre año, las bolsa estadounidenses, china y japonesa en positivo pero sin llegar a los dos dígitos.

Las divisas en términos anuales continúan todas las importantes devaluadas respecto al dólar, entre el 6% y el 7%, con la excepción del euro estabilizada por su fuerte recuperación en el último semestre.

Las diferencias de tipos de interés por categorías de solvencia han permanecido inalterables en el trimestre, lo cual indica estabilidad en la percepción del riesgo en Estados Unidos.

La coyuntura de los mercados queda emplazada al uno de junio y la reacción negativa que puede provocar una decisión del Congreso de no elevar el techo de la deuda, como resultado de la batalla política entre republicanos y conservadores.

La bajada petrolífera comentada, es bastante sorprendente, ya que puede indicar que el poder de los países de Oriente Medio, (incluido Rusia y sus ventas opacas con grandes descuentos), en el mercado, no es tanto como se estimaba porque existen alternativas, o falta disciplina interna entre sus miembros y se superan las cuotas de producción marcadas, o también que la actividad económica es más débil y se resiente la demanda, o todas esas causas enunciadas a la vez.

En este sosiego energético se está recapitulando sobre las tormentas pasadas, con la Comisión de la Competencia investigando a 35 comercializadoras eléctricas por sospechas de especulación con el tope del gas.

La Unión Europea ha superado su objetivo de reducir el consumo de gas en el invierno de agosto a marzo, en un 15% al lograr de media un 17%, España logro un 11% de baja. Los almacenes de gas están al 57% el doble que hace un año.

Se sigue pergeñando el formar un grupo de compra europeo de gas, para incrementar el poder de negociación.

Y tras cumplir su aplazamiento de tres meses, se ha procedido al cierre programado de las tres centrales nucleares alemanas que supusieron el 6% de la producción eléctrica del país el último año, con la ironía de que eso lleva a que el carbón, la energía más contaminante haya cubierto un tercio de la producción eléctrica, mientras que las renovables no llegaron al 50% (44.5%). La opinión pública en un rápido vuelco, ha estado en las últimas encuestas un 59% en contra del cierre nuclear.

Todo ello contrasta con la declaración de la Unión Europea de la energía nuclear como energía verde, con la articulación de préstamos para el alargamiento de su tiempo de servicio, y con la inauguración en Finlandia de una central nuclear básica en su producción eléctrica, va a suponer el 15% de la misma.

Y en España continua el gran atasco en la tramitación de proyectos de inversión en renovables, que pone en peligro un alto porcentaje de las inversiones.

Por otro lado está el negativo efecto reputación para España de su resistencia a pagar los laudos de los tribunales de arbitraje, cuya anulación ha sido denegada en los tribunales, en relación a la supresión retroactiva de las subvenciones a las renovables.

Un fondo norteamericano, Basquet Renewable Investment ha requerido al banco agente de la deuda pública española, la ejecución de los bonos por impago al Estado, para cobrar los 200 millones que se le adeudan.

El gobierno confía en el respaldo de Bruselas que no parece pueda parar el proceso de ejecución iniciado.

La deuda por los litigios perdidos se eleva a 1400 millones de euros sumando las costas judiciales y legales.

En el 2022, por el efecto de la sequía la generación de energía renovable se quedó en el 42%.

INFLACIÓN DE ALIMENTOS. MÁS DE LA MITAD DE ESPAÑA EN SEQUÍA

En el capítulo anterior ya vimos que el índice "Paella Española" elaborado por la agencia de noticias Bloomberg, en base al seguimiento de sus componentes superaba el 19% de incremento anual.

El azúcar y la mantequilla con subidas anuales del 50.4% y 37.7% respectivamente encabezaban las subidas, seguidos del aceite de oliva (32.1%), la leche (30.5%) y con peso en la cesta de la compra, otros productos de panadería (27.9%) y las legumbres y hortalizas frescas (27.8%).

Todo ello ha llevado a un descenso de las compras de comestibles en volumen en España, del 5.4% en el 2022.

En la persistencia de la inflación, la de alimentos en este momento está siendo el factor principal, con un subida en el área del euro del 19.5% anual en febrero.

A las consecuencias de la subida energética y el transporte, la escasez de oferta de fertilizantes, ha amplificado esta alza de los precios, el bloqueo ruso de las exportaciones de granos de Ucrania, y se ha unido ahora la sequía (1) centrada especialmente en España e Italia, y la Europa del Oeste por falta de lluvias.

De cualquier forma, se están extendiendo las sequias repentinas en todas las áreas agrícolas importantes del mundo (2), entre ellas las tierras de la cebada en España, de la que es tercer productor mundial.

En España se estima que la sequía afecta al 60% del país, con la perdida irremediable de 3.5 millones de hectáreas y la previsión a corto plazo es de mantenimiento de la situación

La sequía ha afectado al nivel de los ríos más importantes, como es el caso que ya comentamos, del Mississippi en Estados Unidos con el bloqueo del 30% de las exportaciones agrícolas que van por su cauce, el Yangtse en China, el Rhin en Alemania que ha llevado a un 30% en el descenso de suministros energéticos que iban por su seno. El Danubio, el Po el mayor rio de Italia con el descenso record en 70 años.

En España se está a mediados de Abril al 42% de capacidad de los embalses, los grandes descensos se han dado en las cuencas del Guadiana (poco más del 50% de agua embalsada sobre la media de los últimos diez años) y del Guadalquivir (40% sobre la media de los diez últimos años). En Cataluña cuentan con agua embalsada inferior en un 32% a la del año anterior, con un 25.7% al final de abril de nivel de los pantanos.

Abril ha sido en España el mes más seco de los registrados, con solo un 15% sobre la media de las precipitaciones en dicho mes.

España lleva una sequía de larga duración, con 36 meses de precipitaciones mínimas.

A todo ello se añade la presión de más de medio millón de pozos ilegales.

Como el 80% del agua la consumen los agricultores, se están produciendo restricciones a los regantes, que en Cataluña en el sistema del Ter-Llobregat que abastece a Barcelona y Gerona, el agua para regadío se ha reducido en un 40% y para usos industriales en un 15%.

El problema es que la inflación de alimentos se transmite a la gran industria alimentaria y de bebidas de nuestro país, que comienza a sufrir el alza de sus materias primas.

La industria agroalimentaria española, incluye alimentación y bebidas, es la primera rama manufacturera del sector industrial con 145.000 millones de euros de ventas en el 2022, y exportaciones cercanas a los 65.000 millones en ese año.

Hasta ahora la única medida de ayuda, ha sido la concesión de 300 millones de euros para compensar del incremento del precio de los fertilizantes y que afecta a 250.000 agricultores, pero se anuncian nuevas medidas con el visto bueno y la ayuda de Bruselas.

Estados Unidos a diferencia de Europa ha comenzado reducir la inflación alimentaria, pero sigue todavía por encima de los niveles internacionales según el índice de alimentos (3) de la FAO (la Organización de Alimentos y Agricultura de las Naciones Unidas) que lleva varios meses descendiendo sobre los incrementos máximos, con una caída en Marzo del 2023, del 20.5% sobre el mismo mes del año anterior.

El Fondo monetario Internacional critica (4) gran parte de las medidas tomadas para paliar la inflación de alimentos y energía, considera que las principales medidas para proteger a los hogares de una forma equitativa son las transferencias de dinero a los hogares más vulnerables y no las medidas amplias, como bajar el IVA, capar los precios de ciertos artículos o de una bolsa de la compra estándar, que favorecen como ha mostrado el Banco de España a las rentas altas, y en cambio no permite que los precios internacionales se transmitan a los consumidores domésticos.

Al contemplar que la resistencia de los precios agrícolas es interior, se busca en la cadena alimentaria por el gobierno algún eslabón que se haya aprovechado de la situación.

Pero el tema es complejo, para determinar la responsabilidad de cada eslabón de la cadena: productor agrícola ganadero y pesquero, transformación y distribución, fase minorista (bares, restaurantes y supermercados), fase de consumo (transporte, conservación y manipulación).

Cada eslabón sufre una presión inflacionista exterior, una presión inflacionista de su antecesor en la cadena y de reducción de precios de su seguidor en la misma, dependiendo los resultados de su poder de negociación en ambas direcciones, respecto a sus costes anuales y futuros y la posibilidad de su repercusión.

Las diferencias en las situaciones son incontables, por la naturaleza más o menos perecedera del producto, su grado de necesidad, sus sustitutos, la ubicación del sujeto de la cadena etc., estamos hablando de muchas cadenas con características específicas.

Francia el país más avanzado e intervencionista en este aspecto, no ha logrado sujetar la inflación alimentaria ni estabilizar los injustos desequilibrios en las cadenas.

La persistencia de la sequía está llevando en España a intensificar una campaña de prevención de incendios, por la perspectiva de que aumente el número y amplitud de los mismos.

LA CRISIS ALIMENTARIA Y EL APOYO A UCRANIA DE LA EUROPA DEL ESTE

Polonia, Hungría, Eslovaquia y Bulgaria están planeando ante las protestas de sus agricultores y ganaderos vetar las importaciones de alimentos de Ucrania, en el caso de Hungría y Polonia hasta el 30 de Junio, contra la actitud de la Unión Europea que se opone a las medidas unilaterales de estos países, señalando que es crucial coordinar y alinear todas las decisiones dentro de la Unión Europea.

Para paliar el conflicto, Bruselas ha entregado una ayuda económica de 56 millones de euros para Polonia, Rumania y Bulgaria y está preparando un segundo paquete.

Polonia el país que más apoya a Kiev está soportando el peso de 1.200.00 refugiados, el esfuerzo está siendo muy elevado.

Todo ello supone cierta relajación en la unidad solidaria de apoyo a Ucrania

La ayuda militar a Ucrania, está suponiendo un porcentaje que supera el 30% sobre el actual PIB de Ucrania.

Se está en espera de la contraofensiva ucraniana ante las fortificaciones rusas, mientras se ha producido el atentado del Kremlin y la filtración de los documentos sobre la guerra del Pentágono.

Una muestra de la unión del pueblo ucraniano (5) en su lucha contra la invasión rusa, es la actitud en el pago de impuestos por empresas y particulares, pues mientras el PIB en el 2022 ha descendido en un 30%, la recaudación de impuestos lo ha hecho en tan solo un 14%. Se reciben ingresos por internet incluso de las zonas ocupadas por los rusos.

LA CITY DE LONDRES AGUANTA PERDIENDO CUOTA

Todavía el índice de Centros Financieros Globales sitúa a Londres en segundo lugar después de Nueva York.

Desde el Brexit en el 2016, Londres sigue dominando (6) el mercado de divisas, pero ha perdido cuota en las transacciones de tipo de interés del euro y en consecuencia en el dólar. Londres tiene un porcentaje del mercado que dobla a todos los demás centros del euro juntos.

Es el segundo centro mundial en este sector después de Estados Unidos.

Continúa su hegemonía en banca internacional, pero ha disminuido su mercado en el euro área por el traslado por la compensación y liquidación a Paris. Ha pasado del 30% antes de la Gran Recesión del 2007 al 20% en los momentos actuales, superado en lo que se refiere a los bancos del euro área por los países del euro. Continúa siendo en este terreno el líder mundial.

En cuanto a la emisión internacional de bonos en euros mantiene el liderazgo, pero los datos recientes pronostican también una disminución de su participación. Al final del 2021 dominaba el 75% del mercado del euro con gran dominio en los mercados de futuros del euro dinero.

París además de Fráncfort son las plazas emergentes.

En París (7) los bancos americanos, J.P. Morgan, Morgan Stanley, Goldman Sachs, Bank of América, están multiplicando su personal, y edificando mercados de contratación (Citigroup), así como fondos de cobertura como Millenium.

Desde el 2017, en París ha ascendido en un 80% el número de ejecutivos que ganan más de un millón de euros que asciende a 250 miembros.

En el índice de centros financieros globales elaborado con un cuestionario de 29.000 valoraciones y con datos de más de 100 organismos, Nueva York, Londres y Hong Kong son los tres primeros centros financieros aunque perdiendo algo de fuerza respecto a Shanghái y Los Ángeles.

Paris se encuentra en el número once ascendiendo y Fráncfort en el 16 descendiendo.

Madrid es la tercera ciudad europea que viene después, en el puesto 18, también mejorando en su puntuación.

Desde el 2018, nueve de los mayores bancos internacionales han incrementado sus activos en la eurozona en 1.7 billones de euros, de los que gran parte ha ido a Frankfurt, que se ha convertido en el centro europeo de la gestión del riesgo.

Las perspectivas son negativas para la City pero a un ritmo moderado. La desaparición del mercado del Libor (interbancario globales inglés) y las iniciativas y presión del Banco Central Europeo para instalar en el área euro, las Juntas de compensación y liquidación de los mercados, van a ir drenando la actividad de la plaza financiera londinense.

LA CRISIS FINANCIERA. BANCA EN SOMBRA Y TECNOLOGÍA EN SOMBRA

Los mercados estadounidense y europeo continuaban en alerta con el mantenimiento del índice de bancos regionales en Estados Unidos, en sus niveles más bajos del año con un 30% de descenso y con el continuo goteo de caída de bancos, después del First Republic, dos bancos regionales más, PacWest Bancorp y Western Alliance

Bancorp están experimentando fuertes descensos bursátiles del 60% en esta primera semana de mayo.

Un poco mejor se comportan los protagonistas de la crisis europeas, UBS y Deutsche Bank con ligeras plusvalías y mantenimiento del índice de bancos italianos, aunque el último viernes con las noticias de la caída de First Republic el índice italiano cayó un 3.4%, pero sigue por encima de su cotización de fin de año, recuperando con holgura en la primera semana de mayo.

En el mercado estadounidense (8) las emisiones de grado de inversión (límite de calidad aceptable) se ha mantenido en marzo en 108.000 millones de dólares, que supone un ritmo normal.

Sin embargo las sociedades con ese grado de inversión, han descendido su liquidez del 6.5% de sus activos récord histórico en 30 años, al 4.5% a comienzos del año actual.

El día 25 de Abril First Republic, el banco que logro una inyección de 30.000 millones de dólares de los grandes bancos, descendió en el día un 49% por debajo de los doce dólares, al anunciar que en el último trimestre los clientes retiraron 102.000 millones de dólares, el 58% de los depósitos.

En la semana termino cotizando a 3.05 dólares en el umbral del rescate manteniéndose la estabilidad en la superficie y con poco efecto en los bancos europeos marcados por la crisis.

El día 1 de mayo se anuncia la compra en subasta del First Republic por J P Morgan, en un acuerdo de compartir pérdidas así como recuperaciones del First Republic que incluye 173.000 millones de dólares en préstamos, 30.000 millones en valores y 90.000 millones en depósitos.

A su vez J.P. Morgan se compromete a pagar 10.600 millones de dólares al Fondo de Garantía pero después de realizar los saneamientos.

Este acuerdo se salta la norma que no admitía adquisiciones bancarias a un banco cuyos depósitos superaran el 10% del total nacional.

Las acciones de J.P. Morgan subieron un 3.8% en las transacciones previas a la apertura del mercado. J.P. Morgan espera reflejar 2600 millones de dólares de plusvalías ligados a la compra y estima en los primeros 18 meses 2000 millones de dólares de costes de reestructuración, con un beneficio añadido en un año, de 500 millones de dólares.

Devolverá 25.000 millones de dólares a los bancos que le apoyaron en la inyección de 30.000 millones, no rescatará por tanto los 5000 millones de dólares que puso en esa inyección.

El presidente de J P Morgan Jamie Dimon señaló que con esta operación se está casi a punto de terminar con la crisis bancaria.

El coste para el Fondo de garantía se estima en 13.000 millones de dólares con lo que sumado con lo absorbido por los otros bancos caídos Silicon Valley y Signature Bank, el total ascendería a 35.500 millones de dólares.

Los 620.000 millones de pérdidas de la banca americana estimadas a los niveles de tipos de interés actuales, hay que compararlos con sus 11 billones de activos de los que solo un tercio son créditos lo que no altera sus perspectivas estables.

La disciplina monetaria se ha tomado una pausa con los 350.000 de incremento de créditos de la FED, 170.000 en ventanilla de emergencia abierta a la banca.

La aparición de Apple en el mercado pagando un tipo de interés extraordinario el 4.1% hasta 250.000 dólares, anuncia el futuro de dura competencia que se avecina para la banca tradicional.

El inmobiliario comercial y la tecnología en sombra, ya que se desconoce su grado de endeudamiento y en que bancos se concentra, son el peligro inminente para la banca americana.

La banca europea, tiene menos riesgo de fuga de depósitos por no tener la alternativa de un mercado monetario como el estadounidense pero sin embargo su rentabilidad es menor y el mayor conservadurismo respecto al crédito le lleva a invertir en deuda pública soberana, incrementando de nuevo la conexión banca- deuda, con el peligro de un cierto grado de expulsión de la financiación al sector privado.

Europa estudia reforzar sus escudos regulatorios reforzando los mecanismos para la gestión de crisis bancarias, implementando el que se pueda dar liquidez a una entidad antes de su resolución, posibilidad de absorber perdidas en los préstamos de emergencia, sistemas de alerta temprana, agilizar el pago de los depósitos en garantía etc.

La inquietud se extiende a la llamada banca en sombra (9), que el Fondo Monetario destaca con una dimensión que se acerca al 50% de los activos financieros globales e incluye a fondos de pensiones, aseguradoras, fondos de cobertura, que incurren en altos grados de endeudamiento para financiar en muchos casos transformando plazos o usando derivados.

Destaca también el fondo, la interconexión que este sector tiene con la banca tradicional, lo que puede suponer un canal de amplificación de la desestabilización financiera.

Al final lo que propone el fondo es un mayor conocimiento, regulación y transparencia de sus actuaciones y riesgos para establecer unos apoyos de crédito discrecionales o sistemáticos, que se acercan en cierto grado a los que tiene la banca.

La expectativa es que van a acelerarse las fusiones y absorciones bancarias, incrementándose el grado de concentración en el sector y las restricciones de crédito.

LA UNIÓN EUROPEA ENTRE USA Y CHINA

La Unión Europea lucha por una política en cierto grado independiente del condicionamiento que suponen tanto los planes proteccionistas de Estados Unidos, como los compromisos exigidos por Estados Unidos a las empresas e instituciones europeas en su boicot a sus intercambios e inversiones con China.

Los intercambios comerciales entre la Unión Europea y China llegaron en el 2022 a 850.000 millones de dólares, con Alemania que supone el 28%.

Un ejemplo de la importancia china en la Unión Europea, aparte de la química y los coches alemanes, podría ser la industria aérea. De las cuatro plantas de ensamblaje de Airbus, una está en Hamburgo, otra en Toulouse, la tercera en Mobile (Estados Unidos) y la última en Tianjin China, una capacidad de 76 aparatos al mes.

Airbus tiene nuevos pedidos por China de 160 aviones y la tasa de crecimiento del tráfico aéreo prevista para China es del 5% anual.

En 20 años va suponer entregar nada menos que 8420 aviones, el 19% de las entregas mundiales.

Los nuevos pedidos suponen 32.000 millones de dólares de facturación para Airbus Francia.

La Unión Europea es mucho más sensible a la guerra comercial ya que la apertura exterior de su economía es muy superior a la de Estados Unidos.

EL problema es que el fuego cruzado entre China y Estados unidos alcanza también a la Unión Europea, en el caso de las medidas restrictivas del gobierno chino como reacción a las sanciones y prohibiciones estadounidenses.

China prohibiría la exportación de 24 artículos de tecnología restringida y se limitarían otros 115, que incluirían las tierras raras, la fotovoltaica, los vehículos inteligentes y la biotecnología.

China considera una amenaza, el proteccionismo estadounidense con su afán de desconexión de China, del espíritu de la Ley de la Reducción de la Inflación estadounidense, así como la propuesta de la Ley de Industrias de Emisiones Cero de la Unión Europea, que aspira a que el 40% de los productos ligados a las energías renovables se fabriquen en Europa.

También disiente la Unión Europea, en cuanto a las medidas a tomar contra Rusia, mientras Estados Unidos quiere bloquear todos los envíos a Rusia, excepto en el sector agrícola y farmacéutico, la Unión Europea intenta evitar aquellas sanciones que puedan tener un efecto rebote excesivamente contraproducente y se centra más en impedir la evasión rusa de las sanciones como las ventas fantasmas de petróleo de barco a barco, para ocultar su procedencia, como por ejemplo las que han llegado a Marruecos desde las costas españolas.

INFLACIÓN, MÁRGENES EMPRESARIALES, SALARIOS Y OTRAS CONSIDERACIONES

- En Estados Unidos.

En la actual situación como es lógico se está produciendo gran cantidad de análisis de que sectores, instituciones y políticas contribuyen más a la inflación.

Uno de los análisis más recientes y amplios para Estados Unidos (10), comienza afirmando que la inflación en una empresa es la suma del incremento en su coste marginal de producción más el de su margen, la diferencia entre su precio de venta y su coste.

Los márgenes de las empresas pueden incrementarse porque el consumidor admite pagar un precio mayor y la empresa eleva su poder monopolístico por la falta de competencia, pero también porque espera un alza de costes futuro en el corto plazo y prefiere ir repercutiendo la subida de precios en diversos periodos.

Los autores concluyen que los márgenes subieron en el 2021 un 3.4%, mientras el índice de gastos personales del consumidor lo hizo en un 5.8% en el mismo periodo, lo cual supone que los que márgenes aportaron más de la mitad de la inflación en ese año, lo que resulta sorprendente ya que el margen no contribuyo casi nada a la inflación, en la década anterior al COVID 19.

Una de las conclusiones del estudio es que este incremento en los márgenes se debe más a la subida de precios de las empresas en anticipación a los incrementos de costes, que al mayor poder monopolista o a una elevación de la demanda.

Por un lado el margen empresarial fluctúa a la baja en las ocasiones en que la inflación sube, lo cual indica que el poder de mercado es el que influye de forma persistente en la inflación.

Por otro, si las empresas monopolistas suben precios frente a una demanda creciente, aumentarían sus márgenes sin embargo el incremento de márgenes no es mayor en las empresas y sectores donde más ha crecido la demanda.

Ello supone que la subida de márgenes en las empresas es un indicador de futuras presiones inflacionistas.

Es decir, que los márgenes empresariales están determinados por un conjunto de factores que no son observables directamente como son los cambios en la demanda o en las expectativas empresariales sobre los costes marginales futuros.

Un incremento en los márgenes empresariales como el que estamos viviendo, es una señal de que las empresas esperan incrementos persistentes en sus costes futuros de producción.

- **En Europa.**

Fabio Panetta miembro del consejo Ejecutivo del Banco Central Europeo considera en la misma línea del estudio anterior (11), que en el último trimestre del 2022, los beneficios empresariales por unidad producida han contribuido a más de la mitad de las presiones inflacionistas ya que los índices de precios mayoristas domésticos incluso han descendido en meses pasados, lo cual indica que ciertos productores han incrementado sus márgenes, sobre todo en el sector energético, el agrícola, el comercio, el transporte y la manufactura, pero se le olvida decir que a costa de otras empresas de la cadena.

Señala que los márgenes de beneficio de las empresas cotizadas de la eurozona, llegaron al 8.5% cuando en el 2019 estaba en el 7.2%.

Algunos comentaristas resumieron el tema señalando que los salarios y los márgenes empresariales son al 50% culpables, que como iremos viendo es bastante simple, tanto por los cálculos, como por los sujetos que comparten esa culpabilidad comenzando por el Estado y otras instituciones públicas, y los sectores exteriores que impactaron con su shock inflacionista como la energía.

Y de cualquier forma la culpabilidad salarial se diluye entre muchos más sujetos que la empresarial, y por otro lado, la inflación empresarial servirá para absorber el incremento de la inflación de salarios previsible para recuperar para del poder adquisitivo perdido.

Del 2019 hasta el 2022 las ganancias unitarias empresariales contribuyeron en un tercio a la subida de la inflación del PIB, en el 2022 ascendió a dos tercios de esta inflación, que no es la que soportan para vivir los españoles en general, sino la producción nacional o el gasto de todos los sectores de la economía, que ha ascendido casi al nivel del coste de vida.

Para el economista jefe del Banco Central Europeo Phillip Lane los beneficios empresariales al final del 2022, habían crecido el doble que los gastos laborables, se habla de falta de competencia o la destrucción de la misma, como puede ser el caso de la hostelería, tema que solo se puede arreglar con políticas a largo plazo.

No se comenta nada sobre el papel de las expectativas empresariales, y si avisa del riesgo inflacionista que puede darse en la subida de salarios que comienza a acelerarse, riesgo que debe ser supervisado de cerca.

- **En España.**

El Banco de España (12) sigue la tendencia europea pero de forma más comedida señala que se ha dado un cierto repunte de los márgenes empresariales a lo largo del 2022, si bien con una elevada heterogeneidad entre sectores y empresas.

La muestra que analiza es más amplia que el análisis europeo centrado en las empresas cotizadas en bolsa, ya que la realiza en base a la Contabilidad Nacional, es decir todas las empresas del país, de calidad inferior a las cotizadas en bolsa pues esta últimas forman un club selecto.

Pero el traslado de precios tanto al consumidor como a la exportación, fue importante, ya que las ventas de las empresas recogidas en la muestra trimestral de empresas de la central de balances del Banco de España ascendieron el 41% en el 2022, y los resultados lo hicieron en un 91%.

La muestra elegida por el Banco de España de su central de balances sigue siendo menos representativa del comportamiento de las empresas, que la de contabilidad nacional con un sesgo de calidad superior.

El Banco de España no profundiza más en su análisis, pero si habido matizaciones interesantes por dos economistas:

Por un lado Rafael Myro (13) estima el peso de los beneficios empresariales en la inflación del crecimiento de la economía, es decir del PIB, y frente a los salarios y los impuestos concluye que el incremento de los beneficios (los tres conceptos sobre unidad producida), explica casi por completo el aumento del incremento de precios del PIB en el 2022.

Claro que en el 2020, debido a la pandemia aumentaron los costes laborales unitarios y se reducían intensamente los beneficios empresariales que comenzaron a recuperarse en el 2021, para alcanzar en el 2022 el 45.3% medio del PIB, destacando el incremento de la industria manufacturera.

Al final Myro concluye: en términos reales tanto los salarios como los beneficios están por debajo de los niveles de pandemia, situándose ambos un 5% por debajo del nivel del 2019.

Vicente Salas (14) sobre el análisis de Myro realiza unas aportaciones interesantes. Primero se centra en las sociedades no financieras, ya que las partidas de las cuentas de resultados son más homogéneas (y si se separan las rentas de autónomos y no se tiene en cuenta el comportamiento singular de los salarios del sector público, y si el valor añadido en vez de las ventas de las empresas, el valor que una empresa, en beneficios, salarios e impuestos añade a la economía sobre lo que recibe de sus proveedores).

La participación de los asalariados asciende del 57.5% al 62.5% en el año de la pandemia de 2020, con respecto al año anterior, y desciende al 58% en el tercer trimestre del 2022.

Los beneficios, el margen neto de explotación descendieron del 17.5% al 7.8%, para volver a acercarse al 15% en el último trimestre del 2022.

Con esto Salas nos subraya que en el ciclo los beneficios oscilan mucho más que el resto, por el carácter residual como señalaba Keynes que tienen, es decir son lo que queda después de pagar todo.

Esta variabilidad de los márgenes de beneficio está muy determinada según Salas por dos conceptos de costes cuasi fijos, el coste del trabajo y el del capital, las amortizaciones que las empresas deben dotar cada año para cubrir las depreciaciones.

Termina declarando que no se niega la posibilidad de que la política de precios de las empresas hayan contribuido a la inflación de la economía, pero la modera en relación Myro, indicando que en los márgenes hay que considerar la estructura de costes actual y prevista añadiría yo, de las empresas.

A estas interesantes consideraciones habría que incorporar el ajustar los costes de capital con la inflación, los activos se deprecian a un ritmo mayor y por otro habría que investigar los canales de interrelación entre la inflación del PIB y la del coste de la vida.

Vemos que los juicios sobre la inflación se van complicando, pero las polémicas políticas van a ampliar el entramado.

- La polémica Política.

Hace poco más de un año hubo en el Senado de Estados Unidos una serie de audiencias (15) con testimonios, preguntas y réplicas de los senadores sobre el sugerente título de "Los beneficios de las empresas están subiendo con los precios: ¿Es la avaricia corporativa y las excesivas ganancias las que están alimentando la inflación?".

Bajo este lema, los demócratas abrieron fuego declarando que las empresas habían llegado al margen de beneficios más alto en setenta años.

Se fueron enunciando cifras de empresas con grandes incrementos de beneficios en sectores como el agrícola, la carne, farmacéuticos, energía, productos de consumo etc.

Afirman que desde 1980, dos tercios de la industria estadounidense ha sufrido un continuo proceso de concentración, que ha incrementado el poder de subir los precios al consumidor, además gran parte de ese exceso de beneficios, ha ido a dividendos y recompra de acciones, con el consiguiente ascenso de los activos financieros colaborando a la desigualdad respeto a la elite del 1% y las rentas altas del 10%.

Resaltan que no hay ninguna evidencia de que los salarios hayan colaborado a este proceso, aunque reconocen que parte de la inflación se debe a factores exteriores.

Como remedios los conocidos de implantar tributos adicionales a los beneficios extraordinarios, realizar inversiones en infraestructura, control federal de los precios, reforzar la política antimonopolio.

Los republicanos culpan de la inflación al exceso de gasto gubernamental, un estímulo innecesario reforzado por una política de la Fed demasiado acomodaticia.

Desde que se firmó el Plan de Rescate en marzo del 2021, la inflación ha doblado y debido a la fortaleza de la economía antes de la pandemia, más todos los planes implantados unidos a las inyecciones monetarias, los hogares llegaron a detentar unos saldos de 11 billones de dólares.

Desde marzo del 2021, en los doce meses transcurridos, la inflación americana ha doblado a la europea.

Los análisis de la Reserva Federal de San Francisco consideran que estos estímulos han supuesto el 50% del incremento de inflación en el periodo considerado. Reconocen los factores exteriores agravados por una política energética de Presidente Biden muy restrictiva, que agravó el impacto inflacionista, reconociendo que los descuentos impositivos a empresas y rentas altas, fueron un factor más en el incremento del déficit público y no repercutieron en el crecimiento de la inversión.

- Recapitulando.

En primer lugar hay que señalar la tendencia como analizamos en nuestro blog del 29 de Marzo del 2022, del incremento del poder empresarial para subir los precios en los últimos treinta años, en un proceso de concentración que diluyo la competencia con barreras de entrada de altos beneficios persistentes y sin repercusión en la inversión.

En el estudio que citamos del banco Internacional de Pagos encabezado por Claudio Borio (16), se analiza el poder de mercado de los asalariados mediante cuatro indicadores establecidos por la OCDE con un descenso gradual y continuo desde el inicio de los años ochenta.

Los salarios van detrás de los precios y en España la pérdida de poder adquisitivo fue de las más elevadas de la eurozona en el 2022.

Pero luego los salarios han ido reduciendo la distancia y así en la primera semana de mayo se ha llegado a un acuerdo de revisión salarial entre la patronal y los sindicatos del 4% para el 2023 cuando la inflación en Abril está en el 4.1%, con lo que inician el mantenimiento de su poder adquisitivo.

En algunos casos se podría llegar a superar en los últimos tramos la subida de salarios, por inercia, al coste de vida, aunque no es lo general y en cualquier caso los trabajadores es problemático que recuperen el poder adquisitivo perdido.

Por todo ello es importante observar el ciclo y los factores estructurales de cada país.

Se ha ido gestando una política antimonopolio con restricciones más matizadas, que se debe equilibrar con los estímulos y la protección de la capacidad de innovación de las empresas, evitando los excesos de los lobbies y ahorros fiscales.

Este poder se manifiesta ante el shock de inflación sufrido con una mayor capacidad de absorción vía precios y mantenimiento o incremento de sus márgenes.

Es decir el salto de una inflación moderada a otra elevada, eleva también el poder de mercado de las empresas en el inicio como de los trabajadores posteriormente, lo que puede dar lugar a la persistencia inflacionista por la mayor ligazón de precios con salarios.

En relación a los argumentos republicanos los paquetes de estímulos es cierto que en el periodo que ellos analizan, el gobierno ha creado una gran capacidad adicional de gasto tanto a asalariados como a rentistas, con poca equidad, al no concentrarse en las rentas más bajas, sino inyectar a todos los consumidores lo que ha sido un evidente factor inflacionista.

Es evidente por ejemplo la pérdida de poder adquisitivo de los salarios españoles en el último año, pero no tanto de los hogares, ya que los pensionistas recuperaron su poder adquisitivo y suponen más de la mitad de los empleados en el sector privado, que se hallan en condiciones inferiores a los trabajadores públicos.

Pero adjudicar el tanto por ciento de la culpabilidad de la inflación al gobierno, a las empresas, al sector financiero, a los salarios o pensiones a los inversores o al impacto exterior, es una labor muy compleja.

Recordemos aquí de lo ya comentado, la necesidad de considerar el ciclo económico, las expectativas de las empresas en los costes fijos laborables y los de la depreciación, que aumentan con la inflación.

La necesidad de considerar los efectos de la política fiscal y la monetaria claramente inflacionistas en los dos últimos años.

La muestra de empresas que se tome debe ser lo más amplia posible. Por otro lado, no son lo mismo los beneficios, que los márgenes, la rentabilidad de los activos, de la de los recursos propios, o la productividad.

Hay que afinar las estadísticas para hacer un análisis serio.

Una empresa puede subir sus márgenes y bajar beneficios e incluso perder dinero, por el hecho de vender menos unidades acumulando inventarios o con una baja utilización de su capacidad productiva, es decir por descenso de su rotación.

Y adicionalmente la rentabilidad de los recursos propios puede disminuir por el grado de endeudamiento y la subida de tipos de interés.

Considerar la estructura de los diferentes índices de precios (mayorista, coste de vida, coste del consumidor, precios del PIB, precios de las ventas) y la interrelación entre los mismos.

Por otro lado como se ha destacado por el Banco Internacional de Pagos el comportamiento de los precios y por tanto de las instituciones y sectores que los producen, varia radicalmente de régimen de una inflación baja a otra alta que no se auto estabiliza, y se transmite con virulencia a los precios de otros productos o servicios, y ante el que las empresas reaccionan con agresividad en su repercusión entre sí, interempresas o sobre el consumidor.

Por todo ello la política monetaria en momentos como el actual de inflación alta, la reacción debe ser agresiva y rápida, como así ha sido tras un periodo de observación.

Habría que añadir el efecto de los precios administrados (tarifas, precios, contratos públicos) sobre los precios libres de mercado o duales, como ha ocurrido con los dos mercados de la electricidad en nuestro país.

También el impacto sobre los costes de las empresas de la subida de tipos de interés. Considerar que el impacto inflacionista exterior se puede dar en toda la cadena interna de la relación entre empresas.

Y como remate, recordar lo comentado en anteriores capítulos, el análisis de la persistencia de la inflación en Estados Unidos por la Reserva Federal de Nueva York, incluye como la mitad del componente de su previsión decenas de indicadores económicos a través de los cuales consideran que se va a transmitir la inflación sobre la economía.

En resumen, las tendencias respecto al poder de mercado creciente de las empresas están claras como hemos considerado al principio de esta recapitulación, pero intentar medir con sencillez el grado de responsabilidad, es una tarea muy compleja.

La sencillez se queda en la sencillez, la complejidad va más allá, nos amplía la visión, pero no nos permite la satisfacción de conclusiones rotundas.

Por ello las soluciones son también complejas y a medio plazo.

Por un lado se propone el control de precios, implantar impuestos a los beneficios excesivos, reforzar la política antimonopolio, por el otro subir los tipos de interés y una política fiscal más austera.

Creemos que es interesante una supervisión de los abusos evidentes de precios en el corto plazo, como se legisló en Estados Unidos con la COVID 1-19 Preventiv Act, que controlaba la especulación irracional en los precios.

Además una política monetaria disciplinada con subidas de tipos, pero con un seguimiento para que no se produzca un racionamiento severo de crédito y una política fiscal contenida pero equitativa, que se ciña en sus ayudas a los vulnerables, sin plantear topes que se pagan de manera oculta por parte del mercado, ni dobles imposiciones por el hecho de unos beneficios altos sin mirar los ciclos, y el resto de los factores, como es lo adecuado.

Cuidando además que los temas electorales no lleven a los desequilibrios entre pensiones y salarios, o a controles de precios de efectos negativos en la inflación en el medio plazo, como puede ser en la nueva regulación de la vivienda.

ESPAÑA FORTALEZA DEL EMPRESARIADO ESPAÑOL. POLÍTICA MONETARIA DURA

En España tanto las exportaciones como el turismo siguen con fuerza, aunque el componente precios de las exportaciones de mercancías y especialmente los servicios y los índices de hoteles en las zonas de concentración turística superan los dos dígitos. El índice de precios hoteleros en marzo ha subido el 10.5%, sobre el mismo mes del año anterior.

El sector exterior ha sido el que mantiene el pulso positivo en la expansión de la economía, con un consumo tocado en tres frentes: la pérdida de poder adquisitivo, el incremento de la presión fiscal y las restricciones y el encarecimiento de las hipotecas y el crédito al consumidor.

La inversión con crecimiento positivo aunque todavía no se percibe el impulso de los fondos europeos.

Con todo ello continua el excedente creciente en nuestra balanza corriente, pero Joaquín Torres, de Funcas considera que el déficit tecnológico en nuestro comercio exterior ha ascendido a Marzo a 17.200 millones, 7000 millones más que en el 2019.

Todo ello ha llevado a una población activa de 20.6 millones y a un descenso del paro de los 2.8 millones.

La inversión extranjera neta (restando las desinversiones) ha crecido un 9.8%. La inversión bruta llegó a un récord de 34.138 millones de euros.

Esos datos favorables indican la vitalidad de nuestros empresarios a pesar de poco favorable clima creado por el gobierno, que el último episodio del conflicto con Ferrovial continua empeorándolo.

Pero la política monetaria sigue siendo más dura que en la media de los países del euro tanto en hipotecas como en créditos a empresas, en parte debido a las restricciones crediticias de la banca, que como vamos comentando en los últimos capítulos, teniendo en cuenta la inflación siguen siendo severas.

En cambio nuestro déficit público continua siendo superior a la media del euro, lo que va a llevar a una mayor conexión banca–deuda pública y puede continuar con un efecto expulsión del sector privado que agrave el racionamiento de crédito.

Las exigencias de Bruselas actuales de un mayor ajuste del déficit son convenientes para reducir los desequilibrios entre el sector público y el privado.

A febrero de este año el crédito bancario a sociedades no financieras supone un descenso del 1.7% sobre final del 2020 (se habían dado los créditos ICO) en estos 26 meses, que en términos de poder adquisitivo supone una baja de 60.000 millones de euros.

Es bueno que un problema como el de la vivienda, uno de los básicos de este país (agravado con la restricción y encarecimiento actual de las hipotecas) vaya al centro de las preocupaciones, aunque sea por motivos electorales.

Lo lamentable es que tanto la gestación de la ley saltándose los cauces necesarios de supervisión y consulta de las instituciones, así como los recursos de inconstitucionalidad que está provocando tanto por invadir competencias, como sus contenidos, cargando sobre las personas y sociedades privadas las soluciones que deben ser públicas, que lamentablemente hacen prever unas consecuencias negativas por el intervencionismo en su aplicación, con su frivolidad en los compromisos en cuanto a financiación, plazos y número de viviendas.

Un problema grave que debería abordarse en un auténtico pacto de estado, se convierte en un tema instrumentado de forma sectaria y populista con una oposición política sin rigor ni amplitud.

Bibliografía

(1)"Inflation Crisis Pulls European Countries Into a Food Fight" Bloomberg. 4-3-2023

"Drought is Parching Crops across Southern Europe for Second Year" by Flavia Rotondi, Alessandro Speciale and Megan Durisin for Bloomberg Green. April 15, 2023.
(2)"Las sequias repentinas estresan todos los suelos del planeta" Miguel Ángel Criado. El País viernes 14 de abril 2023. Pp 27.
(3) "The FAO Food Price Index" March 2023. FAO
(4)"Policy Responses to High Energy and Food Prices" David Amaglobeli, Mengfei Gu, Emine Hanedar, Gee Hee Hong and Celine Thevenot. WP/23/74. 2023 MAR. International Monetary Fund
(5)"Patriotic Ukrainians are rushing to pay their taxes". The World in Brief. April 27th 2023. The Economist
(6)"London as a financial centre since Brexit: evidence from the 2022 BIS Triennial Survey". Jakub Demski, Robert N McCauley and Patrick McGuire. BIS Bulletin nº 65. 16th December 2022. BIS.
(7)"Banks betting on Paris Say There really is Life after London" by William Shaw, Alexandre Rajbhandari, Sonia Sirletti and Nicholas Gomfort. April 19, 2023 Bloomberg.
(8)"Banks post–turmoil (1)" "The Big Squeeze". The Economist April 15th 2023 P63.
(9)"Chapter 2 Nonbank Financial Intermediaries: Vulnerabilities amid Tighter Financial Conditions". Global Financial Stability Report. 2023 April.
(10)"How Much Have Record Corporate Profits Contributed to Recent Inflation?" By Andrew Glover, José Mustre-del-Río, and Alice von Ende-Beck. ECONOMIC REVIEW • FIRST QUARTER 2023. Kansas City Fed.org.
(11)"Everything everywhere all at once: responding to multiple global shocks" Speech by Fabio Panetta, member of the Executive Board of the ECB at The ECB and its Watchers XXIII Conference. Frankfurt and Main, 22 March 2023.
(12)"Informe trimestral y proyecciones macroeconómicas de la economía española". Marzo 2023. Pp 30-31. Boletin Económico 2023/T1. 22/08/ 2023. Banco de España Eurosistema.
"La actividad y los resultados de las empresas se situaron en 2022 en niveles muy superiores a los del año anterior". Nota de prensa estadística. Madrid 27 de marzo de 2023. Banco de España.
(13)"Inflación y márgenes empresariales" Rafael Myro. 10 febrero, 2023. https://alde.es /blog/inflación y márgenes empresariales/
(14)"Inflación y márgenes empresariales: otra mirada" Vicente Salas Fumás. Profesor emérito universidad de Zaragoza. 15 febrero, 2023. https://alde.es /blog/inflación y márgenes empresariales/, -otra mirada- para el articulo de Vicente Salas.
(15)"Corporates profits are soaring as prices rise: Are corporate greed and profiteering fueling inflation?" Hearing on the Budget United States Senate. 117 Congress. Second Session. April 5 2022. US. Government Publishing Office. Washington: 2022.

(16)"The two-regime view of inflation" by Claudio Boro, Marco Jacopo Lombardi, James Yetman. BIS papers Nº 133. 20 March 2023.

6 de marzo de 2023
Blog del autor: camposeconomicos.blogspot.com

Capítulo 21

DEUDAS Y ACREEDORES

Como en los anteriores capítulos, continúan ascendiendo consecuencia de la guerra de Ucrania los riesgos geopolíticos y sus consecuencias económicas, que respecto a la hegemonía mundial se focaliza en contrarrestar la influencia china en los países emergentes de Asia, África y América Latina con problemas de pago de su deuda publica en un gran número de países. Por otro lado se analiza como el mercado del Oro es otro terreno en que se lucha por independizarse del dólar en los países opuestos a los socios norteamericanos europeos y sus aliados asiáticos y australes. Las autoridades de los países comienzan a intervenir en los mercados de cripto divisas por el creciente riesgo de los mismos.

Y en el centro de las expectativas de crecimiento mundiales, aminorado por la inflación, el endeudamiento público de los países occidentales por una política fiscal decisiva de apoyo desde la gran recesión del 2007, el Covid en el 2020 y la guerra de Ucrania dos años después. La gran contradicción se da ahora en ejercer un cierto control sobre el gasto público y la inflación, frente a la necesidad de estimular la economía para arrastrar al sector privado, con un sector público condicionado a aumentar sus gastos en defensa, créditos europeos para las transiciones energética y digital, envejecimiento de la población (con presión en sanidad y pensiones) y pagos crecientes de las deudas por la subida de tipos de interés.

Japón ha sido un modelo de descontrol respecto a sus finanzas públicas para considerarlo actualmente como una trayectoria de éxito.

Contradicción intensa en Europa y en España con presiones de Alemania y países del Norte (Países Bajos, Austria, Finlandia) para unas reglas fiscales más estrictas, mientras se intensifican las restricciones crediticias a las empresas.

¿EL 90% DE LA INFLACIÓN DE ALIMENTOS EN ESPAÑA ES EXTERIOR?

Esto argumentado por el gobierno, es una cifra excesiva y evidentemente la inflación importada vía alimentos es bastante menor, según cálculos de las instituciones como el banco internacional de pagos, sería inferior de media anual al 50%.

En España se confirma la inflación para abril dada por el indicador adelantado del 4.1% y la subyacente (sin alimentos frescos ni energía) ha descendido del 7 al 6.6%.

Hay que destacar la subida de la inflación del PIB, la del conjunto de la economía, al 6.2% por encima del coste de vida y acercándose al nivel de la Inflación subyacente.

Son importantes las variaciones en los precios, pero conforme la inflación se acumula, son más importantes todavía los niveles de inflación alcanzados.

Así la inflación de alimentos ha descendido su incremento abril sobre abril al 12.9%, pero sigue ascendiendo a un ritmo fuerte. La inflación acumulada en alimentos y bebidas no alcohólicas desde el 2019 se eleva al 27.4%, es decir si realmente los precios no descienden, esto va a llevar a un cambio permanente en los componentes de la cesta de la compra, con sustitución definitiva de unos productos por otros para compensar la pérdida de poder adquisitivo.

Según Fedea la inflación fue más elevada en la España despoblada y en los municipios pequeños.

Así sobre una media de inflación en el 2022 del 8.4%, seis comunidades, Castilla La Mancha (9.9%), Castilla y León (9.2%), Extremadura (8.9%), Galicia (8.9%), la Rioja (8.6%) y Aragón (8.6%), superaron la inflación media.

Por otro lado al estar concentrada la inflación en la alimentación, el 80% de los hogares en España han tenido un índice de precios de consumo por hogar superior al índice de coste de vida.

Los hoteles cafés y restaurantes se encuentran en segundo lugar y desde el 2019 han subido un 15.1% los precios.

Hay que destacar la subida del precio del alquiler de vivienda en abril del 2%, la más elevada desde el 2009.

El indicador adelantado de mayo ha vuelto a descender al 3.2% principalmente por el descenso de los carburantes y alimentos, aunque la inflación subyacente (sin energía ni alimentos frescos) descendió del 6.7% al 6.1%, pero todavía es elevada.

Como señala Raymond Torres de Funcas, la caída del impacto exterior de la inflación, ha dejado la dinámica inflacionista entre los márgenes empresariales y los costes laborales, que en si en el 2023 todavía con una inflación prevista del PIB del 4.7%, los márgenes suponen 2.8 puntos, en el 2024 se igualan en su peso, con una inflación del 3.5%, y las subidas que suponen el pacto salarial y el salario mínimo, para pasar en el 2025 a una inflación del 2.5%, con un ligera incidencia dominante de los costes laborales de 1.3 puntos.

Hay que añadir que todavía hay influencia de la inflación importada en alimentación y cuando llegue el frio va a volver a pesar la inflación importada energética.

Continua el ascenso también de los tipos de interés, tanto nominales como reales (descontando la inflación) con el Euribor acercándose al 4% (3.86% la media de Mayo) lo que puede suponer un incremento con respecto al año anterior de 252 euros al mes para una hipoteca estándar.

En Europa desciende también la inflación, pero todavía a niveles altos destacando Italia con el 8.1% en Mayo. La inflación del euro ha descendido al 6.1% y la subyacente al 5.3% (5.6% el mes anterior) con todos los integrantes en descenso, aunque todavía los niveles de la subyacente siguen siendo elevados.

La Comisión Europea insiste en que se vayan eliminando las subvenciones energéticas.

Según Eurostat la eurozona entró en recesión técnica en el último trimestre del año con un crecimiento negativo de -0,1%, y la misma cifra para el primer trimestre del 2023, debido principalmente a la coyuntura alemana.

La OCDE ha revisado al alza el crecimiento de España para el 2023 (del 1.7 al 2.1%) y para el 2024 (del 1.7 al 1.9%) en ambos años, con una inflación del 3.9%. Continúa la fortaleza de nuestro sector exterior.

Se produjo una subida de tipos del Banco de Inglaterra al 4.5%, para una inflación que se mantiene por encima del 10% en Marzo, y continua siendo el país europeo desarrollado con la inflación más elevada, el 8.7% en Abril, por encima de todos los pronósticos, que ha llevado al bono ingles a diez años al 4.44% al 25 de Mayo, nivel paralelo al del bono italiano. Las perspectivas de crecimiento de la economía son mínimas, tan solo un 0.4% de crecimiento del PIB.

La inesperada subida de tipos de interés de los Bancos Centrales de Australia y Canadá creó expectativas de una nueva subida de la FED el 14 de junio.

Un día antes China ha recortado sus tipos de interés en los préstamos a siete días del 2% al 1.95, anunciando un paquete de estímulo para su economía.

Por otro lado y como preámbulo la inflación estadounidense descendió en mayo al 4%, frente al 4.9% de Abril, con la inflación subyacente por encima, 5.3% pero también descendiendo frente al 5.5% del mes anterior.

Todo ello llevo a la Fed el 14 de Junio a una pausa, tras 10 subidas, pero con una continuación del rigor monetario, tanto por el nivel de tipos de interés alcanzado 5-5.25%, así como el aviso de próximas subidas por el nivel elevado de la inflación subyacente ya comentado del 5.3%, que se quiere rebajar al 2-2.5%.

Por otro lado la Fed continua con sus ventas de su cartera de deuda y el mercado se va a ver inundado por las emisiones públicas retenidas ante la discusión del techo de la deuda, lo que va a suponer 850.000 millones de dólares, a todo lo anterior se añade la restricción crediticia provocada por la crisis de los bancos regionales.

Un mercado laboral fuerte provoca que se revise al alza el incremento del PIB para el 2023 del 0.4% al 1%, de cualquier forma un crecimiento pobre y un descenso de la inflación del 3.3% al 3.2%.

Al día siguiente el Banco Central Europeo elevo los tipos en un esperado ya 0.25, el interés del depósito ha pasado al 4% el tipo más alto en 20 años, anunciando nuevas subidas para julio de entrada, lo que ha colaborado al ascenso de los tipos de interés en los mercados.

Las declaraciones de la presidenta Lagarde se han concentrado en unas expectativas de inflación resistente a la baja principalmente por el repunte de los salarios.

CRISIS FINANCIERA Y TRANQUILIDAD ENERGÉTICA

Parece que hay calma en todo el mapa de 4000 bancos estadounidenses en los años ochenta había 14.000, en España hay 30 bancos.

El endeudamiento bancario estadounidense por la fuga de depósitos está siendo espectacular con un 40% de subida en el primer cuatrimestre, 1.3 billones de dólares.

El índice de bancos regionales continúa a niveles bajos sin reaccionar. Por otro lado, el pacto sobre el techo de la deuda a votar en el Congreso y el Senado contribuye a la estabilidad de los mercados y al reforzamiento del dólar con respecto al euro (de 1.10 a 1.07).

Esta calma lleva a la reanudación de las subidas de tipos por resistencia de la inflación y los avisos de que los tipos de interés continuaran elevados duran un periodo más largo de lo que estiman los mercados y todo ello ha fortalecido al dólar en los últimos meses. Las diferencias de tipos de interés entre las empresas calificadas y las de alto riesgo en relación a los del Tesoro estadounidense, permanecen estables en lo que va de año en 156 y 481 puntos básicos de diferencia. Si el Tesoro paga 3.60 a diez años las inversiones en empresas de alto riesgo retribuirían al 8.41% (3.60 más 4.81).

En Europa los indicadores de la crisis financiera. Las acciones de UBS, Deutsche Bank y los bancos italianos continúan estables a niveles bajos.

Asimismo, los indicadores energéticos, gas y carburante están a niveles preCovid repercutiendo a la baja en el precio de la electricidad.

El petróleo a pesar de la reducción anunciada por Arabia Saudita de un millón de barriles diarios (el 10% de su producción y el 1% de la producción mundial) no ha reaccionado y continua a mediados de junio a niveles de 73 dólares el barril de Brent y 68 el mercado estadounidense con descensos anuales cercanos al 35%, compensando España la reducción de suministro con compras en América Latina.

En activos, el oro se ha ajustado algo a la baja. Los tipos de interés de la renta fija han vuelto a ascender con la deuda pública española a dos años alcanzando el 3.2%.

Las tecnológicas en bolsa han continuado con su intensa recuperación, el Nasdaq ha ascendido el 25% año sobre año, descontando sus tres principales empresas la plusvalía se reduce a la mitad y el 25% de las acciones del índice sufren minusvalías. Apple alcanzó su cotización histórica máxima.

La bolsa japonesa lidera las plusvalías del año de las bolsas de los países desarrollados acercándose al 27% año sobre año, con récord dé inversión extranjera favorecida por un yen muy barato, y una política monetaria al contrario que los países desarrollados relajada. Este viernes 16 de junio ha mantenido los tipos de interés en -0.10, ya que aunque la inflación subyacente haya llegado al 4%, el incremento de salarios está tan solo en el 1%.

DEUDORES, ACREEDORES E INVERSORES

En nuestro anterior capítulo destacábamos como por primera vez en setenta años, la deuda mundial sobre el PIB global había disminuido. El mérito era de la inflación no de que se rebajara y había provocado una transferencia de recursos de acreedores a los deudores beneficiados por la subida de los precios.

La deuda total ronda el 250% sobre el PIB con una cifra de 300 billones de dólares, y la deuda pública ha ido ascendiendo su peso en el total hasta suponer el 40% de la deuda pública mundial.

Los mercados emergentes sin China, y países en desarrollo son los que menos porcentaje tienen de deuda pública (y privada) que de media supera ligeramente el 40%, ya que tienen difícil la concesión de créditos por la debilidad de sus economías.

De hecho en el pasado mes volvió a avisar la directora del Fondo Monetario Kristalina Georgieva de que un 15% de los países de renta baja se encuentran en situación de impago y otro 45% se enfrentan a grandes vulnerabilidades. Estamos hablando de un poco más 60 países en total, de los que 20 se encuentran en reestructuración de deuda o al borde del misma, y algo más de la mitad pertenecen a África, castigada por la Gran recesión del 2008, luego el COVID y finalmente la crisis energética y de alimentos provocada por la guerra de Ucrania.

El grupo en el que se encuentran gran parte de los países africanos presenta un nivel de deuda pública récord en su historia, que además es externa ya que en sus economías subdesarrolladas no hay mercados, y su debilidad exterior hace que no tengan reservas de divisas suficientes para devolver los vencimientos de deudas a corto.

Por lo que, aunque sus niveles están por debajo del 100% del PIB, su incapacidad de pago les lleva a continuos procesos de reestructuración.

La deuda de los países africanos, (especialmente el África subsahariana con 49 países que no limitan con el mar mediterráneo) tiene como acreedores principalmente (1) a China, el Banco Mundial el Fondo Monetario y otras instituciones como el Banco Africano de Desarrollo o la Agencia para el Desarrollo estadounidense, con rescates continuos como ocurre con Ghana (2) a mediados de Mayo (el decimoséptimo rescate) por 4000 millones de dólares. El pago de los intereses de la deuda africana absorbe el 17% de sus rentas, la cifra más alta desde 1999.

Desde la primavera del 2022 ningún país del África subsahariana ha emitido bonos en los mercados internacionales y casi el 60% de los países africanos (3) ha sufrido rebajas en sus categorías de crédito.

Como indica The Economist, China y los organismos occidentales comienzan a colaborar para superar la crisis. China lleva negociando con el Banco Mundial dos años los impagos de 13.000 millones de dólares de Zambia.

Sobre 2500 millones de población en África, 600 millones se encuentran todavía sin electricidad. China que llego a prestar en un año 8100 millones de dólares para estructuras eléctricas, ha reducido drásticamente su financiación. El 70% de la pobreza extrema del mundo se concentra en África.

La democracia en todo el continente está claramente en peligro.

El segundo grupo a un nivel muy superior de rentas al anterior, se encuentra Latinoamérica con situaciones muy diferentes pero muy castigadas por la crisis económica del 2008 y la pandemia que le hizo perder 25 millones de empleos.

Los problemas son permanentes y agravándose, (4) así el incremento de la pobreza y la desigualdad por unas políticas económicas populistas con unas economías sumergidas amplias, muy baja recaudación fiscal, reducción de una clase media incipiente, incremento de la emigración, y la falta de cooperación para desarrollar un mercado común, el Mercosur.

Todo ello ante unas necesidades de mejorar la seguridad jurídica para la inversión en general y de infraestructuras, tecnología y transición energética en particular, además de la urgencia de recomponer las redes sociales de sustento y atención de las clases necesitadas.

La presencia de China aquí es también dominante (5): desde el 2005 al 2020 los préstamos de los bancos estatales Chinos a Latinoamérica fueron de 138.000 millones de dólares, pero desde el 2020 han cerrado el grifo no habido nuevos préstamos, al sufrir impagos por una serie de países comenzando por Venezuela.

Lo mismo ha ocurrido con las inversiones que han caído desde el 2014.

El comercio con China de la región ha pasado de 12.000 millones de dólares (el 0,6% del PIB), a 445.000 millones de dólares (8.5% del PIB).

En el 2021 China tenía una cuota del 18% del comercio de la región, excluyendo Méjico asciende al 24%.

China consume la mitad de la producción de cobre mundial, así Chile exporta a China el 67% de su exportación de cobre, Uruguay exporta el 60% de su carne.

Brasil exporta a China el 70% de sus exportaciones de soja.

El 95% de las inversiones directas de China en el periodo 2005-2009 fueron en materias primas, destacando el aluminio, la madera y posteriormente en la energía, con la compra de compañías eléctricas en Perú y Chile.

Desde Chile a Brasil las empresas de renovables chinas controlan 17 de las 48 centrales hidroeléctricas y 11 parques eólicos.

Las compañías chinas han entrado con participaciones y contratos en el triángulo del litio formado por Argentina, Bolivia y Chile (Latinoamérica posee el 66% de las reservas mundiales de litio, metal básico para la fabricación de baterías).

Argentina tiene proyectos de inversiones chinos por 23.000 millones de dólares.

En Méjico mantiene 192 proyectos de inversión en infraestructuras regionales, ligadas a asegurar a China el suministro de alimentos.

Hay que recordar, que Méjico es el primer productor mundial de plata, Brasil posee la quinta parte de las reservas mundiales de níquel, grafito manganeso y tierras raras. Chile y Perú producen el 40% del cobre mundial.

Una compensación para América Latina proviene del volumen de remesas de emigrantes principalmente desde Estados Unidos.

En el 2022 ha ascendido a 142.000 millones de dólares un 48% más que en el 2019. Méjico ha recibido en dicho año 60.000 millones de dólares, el 4.2% de su PIB. Doce países reciben remesas que suponen al menos el 5% del PIB y cuatro países Honduras, El Salvador, Haití y Jamaica, reciben remesas de emigrantes superiores al 20% de su PIB.

El tercero está en la frontera de los pagos, la consultora Gavekal (6) selecciona a 15 países en los que unos pertenecen a África (Nigeria, Egipto, Ghana, Marruecos y Angola) otro a Latinoamérica y América central con el Caribe (Argentina, Paraguay, Ecuador,

Guatemala, Republica Dominicana, Costa Rica, Jamaica) y por último el Asia pobre, con Sri Lanka y Mongolia.

Las situaciones son diferentes, pero todos están pagando por su deuda un diferencial máximo con respecto a la rentabilidad de la deuda estadounidense. Que van desde los dos dígitos hasta tipos del 30% en Argentina y del 40%, hasta llegar a las economías de guerra. Los bonos de Ucrania pagan el 70%.

China como país es el máximo prestamista a los países emergentes, con una deuda superior al billón y medio de dólares en la que los impagos se suceden. A China se le acumulan 55.000 millones de impagos que están frenando sus políticas de expansión de la Ruta de la Seda, Latinoamérica y Europa Oriental.

La financiación privada en este grupo es importante por sus altos rendimientos y posibilidades de plusvalías en ciertos casos y los organismos multilaterales citados cubren el resto con cifras superiores a las de China.

De todas formas como señalaron en un estudio de Horn y Reinhart en el 2019 (7), estiman que el 50% de los prestamos chinos a los países en desarrollo no se informan ni al Banco Mundial ni al Fondo Monetario, lo que puede doblar las cifras reales de riesgos chinas.

El problema de la situación actual es en principio el incremento de las diferencias de riqueza (8) entre los países. Por otro lado, la situación de los países subdesarrollados plantea unas perspectivas de crecimiento exponencial en las próximas décadas de la emigración sobre todo de África a Europa, junto con la lucha geopolítica entre las grandes potencias (Estados Unidos, la Unión Europea, China y Rusia) para incrementar sus influencias en dichos países, y consolidar estrategias de suministro de productos y servicios claves.

Aliviar la deuda exterior es un inicio para aliviar el hambre, como señalaba el economista jefe del programa de alimentos de Naciones Unidas.

Está claro que la Unión Europea (prepara un paquete de inversiones para América Latina y otro de infraestructuras para África) y Estados Unidos (con el Plan de infraestructura para Edificar un Mundo Mejor) están reaccionando ante la influencia comercial y financiera creciente de China y el establecimiento de bases militares en los puertos africanos, ofreciéndose como una alternativa.

EL CLUB DE LOS 100% SOBRE EL PIB

Al inicio de la década del 2000 dos economistas, Carmen Reinhart y Kenneth Rogoff (9) publicaron una serie de artículos luego muy criticados, en que realizando un análisis histórico sobre una muestra de 44 países a lo largo de 200 años, de la relación entre crecimiento deuda pública e inflación.

Concluían que no encontraban relación entre el nivel de deuda pública y la inflación en las economías avanzadas, pero si en las emergentes.

Pero a partir de un peso del 90% de la deuda pública sobre el PIB, comprobaron que afectaba negativamente al crecimiento tanto en los países desarrollados como en los emergentes.

Dan mucha importancia a la deuda pública externa que afecta todavía más, ya que si alcanza el 60% del PIB, el crecimiento anual desciende en un 2%, si llega al 90% el crecimiento puede quedar reducido a la mitad.

En su día estos artículos provocaron una cierta alarma respecto al futuro del crecimiento global.

En los momentos actuales los más endeudados son los países desarrollados, en que ya solo algunos, están consistentemente con una deuda pública sobre el PIB inferior al 100%.

De hecho, la mayoría de los países desarrollados con Japón a la cabeza (260% de deuda bruta pública sobre el PIB) están por encima del 100% de deuda pública sobre el PIB. Así Estados Unidos (122%), y en Europa, Grecia (170%), seguida de Italia (147%), Francia (112%), España (113%).

Gracias al peso de Alemania (acompañada por Austria, Holanda e Irlanda) con un solo 70% de deuda sobre el PIB, la media de deuda sobre el PIB de los países del euro se queda en el 92%.

Por otro lado países como Gran Bretaña que estaban en el club en el 2020, la inflación les ha ayudado en parte a salirse (85%) y a Canadá a estar al borde (101%).

La deuda pública se incrementó fuertemente con la gran recesión del 2008 debido a los paquetes de estímulos fiscales que hubo que articular, posteriormente el COVID amplificó todavía más la tendencia y la inflación ha amortiguado el peso de la deuda sobre el PIB.

Se obviaron las reglas fiscales explicitas de austeridad en Europa y las implícitas en todo el mundo.

Sin embargo, en estos momentos las preocupaciones son otras como el control de la inflación protegiendo de la misma a los más vulnerables.

Pero vuelve el murmullo sobre todo en Europa, de recuperar una disciplina fiscal quizás ni tan dura ni tan uniforme para todos los países.

Por el momento todo está en calma, y los tipos en relación a la inflación están todavía bajos, aunque la tendencia es ascendente, y el PIB nominal (real más precios) que tanto ha ayudado a reducir el peso de la deuda va a caer del 13.1% en el 2022 al 3.3% en el 2024 por la reducción inflacionista.

El primer aviso se ha realizado a Francia con la rebaja del rating por la agencia Fitch por su política excesiva de gasto público.

De todas formas las necesidades de inversión pública y colaboración privada de cara a la digitalización, la transformación energética, el cambio climático y el estado de bienestar, han llevado a una vía de estímulo fiscal europeo con los fondos europeos financiados por bonos europeos, una nueva línea de endeudamiento transnacional pero con efectos indirectos en cada país.

JAPÓN, EL GRAN DEUDOR. ÉXITO Y FRACASO

Oliver Blanchard (10) ante la opinión dominante de que la política monetaria y fiscal japonesa desde 1990 ha sido un fracaso, mantiene que hay argumentos para defender que de hecho ha sido un éxito destacado.

El fracaso parece claro. Grandes déficits públicos que lo han convertido en el país desarrollado con más deuda pública sobre el PIB.

Un crecimiento de la economía, pobre el 0.8% desde 1992 frente al 2% medio de los países de la OCDE, e incapaz de cumplir sus objetivos de inflación con una media en los últimos 30 años del 0.3% anual frente a un objetivo del 2%.

Sin embargo, hay aspectos muy positivos. La población ha tenido un crecimiento cero desde 1995, con lo que la renta per cápita ha subido notablemente y la productividad por trabajador ha superado a la de la Unión Europea. El paro ha estado siempre bajo y ahora se sitúa entre los más reducidos de los países desarrollados con un 2.8%, cerca del 2.1% en 1990.

Para Blanchard hay dos razones para que Japón incurra en déficits:

- Una involuntaria. Enfrentados a fuertes shocks los gobiernos son incapaces de obtener las rentas suficientes para cubrir el gasto público.

- Otra voluntaria. Los gobiernos incurren en déficits para sostener la demanda y la producción privada.

Nuestro autor pasa a analizar cuál de las dos razones ha influido más en la política fiscal japonesa desde los noventa.

En los noventa es claro que se incurrió en un déficit involuntario, al pasar el déficit primario (antes de pagos de la deuda pública) del 3% en el 90 al 10% en 1998. Se debió en gran parte a la caída de la actividad económica por el pinchazo de la burbuja inmobiliaria y financiera, colaboró también un gran envejecimiento de la población al tirar del gasto público en salud y pensiones (en el 2021 la población mayor de 65 había doblado al 30%, respecto a los noventa).

A partir de ahí se suceden los episodios de impulso y freno, es decir política fiscal expansiva con incremento de la deuda y de freno, con subida de impuestos para lograr una mayor estabilidad financiera.

El gobierno actual tiene la convicción que comparte con Blanchard de que son necesarios los déficits para sostener la demanda y mientras el tipo de interés este por debajo del crecimiento nominal de la economía lo permite.

Así a pesar de una baja demanda privada Japón ha sido capaz de mantener la economía cercana a su producción potencial, en ese sentido hay que calificar de éxito su política.

Los déficits han llevado a la deuda pública bruta del 63% del PIB en 1990 al 257% en el primer trimestre de este año.

Haciendo los cálculos sobre las premisas de tipos de interés, crecimiento y déficit público primario (antes de pagos financieros) Japón no tiene un problema de sostenibilidad de la deuda con las tendencias actuales.

Una subida intensa de tipos de interés afectaría en un periodo más corto que el vencimiento de la deuda (8 años) ya que el 45% de la deuda pública la compro el Banco de Japón, el Banco Central.

Sin embargo, esa alza de tipos implicaría una cierta fortaleza de la economía que haría descender el déficit.

De cualquier forma señala Blanchard, Japón debe focalizarse en la vertiente del ahorro, especialmente la seguridad social para disminuir los saldos monetarios por precaución y elevar el consumo y también en la inversión pública, pero no solo en infraestructuras sino en las transformaciones energéticas y digitales.

Dado su elevado nivel de deuda, debe considerar igual que otros países, como prioridad el estimular la demanda por otro camino que los déficits públicos.

PRODUCCIÓN Y COMPRA DE ORO. CHINA Y RUSIA A LA CABEZA

El oro está en alza con compras en todos los frentes el industrial, el de los inversores y el de los bancos centrales. En consecuencia se espera que este año la producción mundial de oro bata el récord de 3300 toneladas del 2018.

Los mayores productores de oro en el 2022 fueron China con 330 toneladas Rusia con 320 toneladas y Australia con la misma cifra. Estados Unidos está en quinta posición con 170 toneladas, mientras que Sudáfrica que en el 2000 fue el primer productor mundial con 400 toneladas, ha descendido por conflictos y problemas mineros a 110 toneladas.

Los mayores productores (11) son también los compradores líderes desde 1999 hasta el final del 2021, así Rusia ha comprado 1888 toneladas el 28% de todas las compras oficiales, compras que se aceleraron tras la invasión de Crimea.

El segundo es China con 1552 toneladas, el 23% de todas las compras en el periodo y a distancia Turquía con 541 toneladas y la India con 395 toneladas y la mayoría de los compradores son países emergentes que buscan cubrirse de los riesgos financieros y geopolíticos de sus monedas en relación al dólar.

Suiza encabeza la lista de vendedores de oro en dicho periodo 1999-2021 con 49.8 millones de onzas disminuyendo el peso en sus reservas en un 34%, seguida de Francia con 18.9 millones (descenso del 17% del peso en sus reservas. España está entre los países vendedores con 7.8 millones de onzas disminuyendo en un 5% el peso en sus reservas.

Catorce países emergentes en el periodo han incrementado el peso del oro en sus reservas.

LA UNIÓN DE RUSIA Y CHINA EN EL ALZA DEL ORO CONTRA LA HEGEMONÍA DEL DÓLAR

El alza del oro que ha estado rozando el mes pasado sus máximos históricos del 2100 dólares la onza en el verano del 2020, como vemos en gran parte se debe a la política tanto de Rusia como de China de irse desligando del dólar tanto en la composición de sus reservas como en la financiación internacional y en los pagos comerciales.

Pero por otro lado los Bancos Centrales que vendieron oro (12) en los años noventa y principios del 2000, por las buenas condiciones de la economía y la debilidad del propio mercado aurífero, se han convertido en una fuente de demanda que en el 2022 se ha realizado al ritmo más intenso desde 1967.

El Banco Central de Turquía fue el primer comprador de oro en el 2022 con 148 toneladas el 13% del total, seguido del Banco Central chino con 62 toneladas, que los ha comprado en noviembre y diciembre, justo en sus choques con Estados Unidos. Del Banco Central ruso no se tienen datos.

Hoy en día el 10% de las reservas de divisas (13) de los bancos centrales están invertidos en oro. Un 17% en los países desarrollados y un 7% en los emergentes (descendiendo del 80% en 1950).

Estados Unidos es el máximo tenedor de oro al final del 2021 con 261.5 millones de onzas que supone el 66% de sus reservas, pero estas son bajas en relación al PIB (3%). El segundo país es Alemania con 108 millones de onzas que junto con Portugal (69%) tiene el máximo porcentaje de oro sobre sus reservas (el 66%).

Rusia está en quinto lugar con 74 millones de onzas el 21% de sus reservas, seguida de China con 62.6 millones de onzas y un peso mucho menor en sus reservas tan solo el 3%.

España tiene una posición baja en oro, 9.1 millones de onzas el 18% de sus reservas que también son de las más bajas en relación al PIB (5%) muy inferior a la media de los países del euro, que suman

346,4 millones de onzas, el 53% de sus reservas de divisas que alcanzan el 8% del PIB.

Otras instituciones detentan oro en cantidades notables como el Fondo Monetario Internacional con 90.5 millones de onzas, el Banco Internacional de Pagos con 16,4 millones de onzas y el Banco Central Europeo con 16.2 millones.

Los Bancos Centrales suponen 1,6 billones de dólares, el 15% del mercado del oro, el otro 25% lo constituyen las inversiones privadas y la otra mitad el mercado industrial para un total de capitalización entre 10-13 billones de euros estimados (el mercado de la plata es la décima parte).

Las compras y ventas se realizan a través de los mercados europeos.

El mayor suministrador de Oro a China es Suiza con 34.000 millones de dólares en el 2021. El mayor comprador de oro ruso (14) es Inglaterra con 15.400 millones en el 2021.

De los motivos de acumular reservas de divisas: la rentabilidad de la tesorería, la seguridad en los pagos y como cobertura a las salidas de capitales y ataques a la moneda, la incertidumbre, la geopolítica es la que domina hoy el mercado y lleva al inversión en oro en la que destacan los países sometidos a sanciones comerciales o con peligro de las mismas.

En este capítulo destacan las políticas de compras de oro de Rusia y China como otro paso para desligarse del dólar en sus reservas de divisas, en su financiación y pagos comerciales.

China ha incrementado las compras de oro a Rusia en el 2022, pero con tan solo 385 millones de dólares de cifras oficiales.

Rusia planea una moneda con patrón oro de referencia, común con Irán para evitar la red de pagos Swift y las sanciones de Occidente.

Por otro lado existe un gran mercado informal del oro tradicionalmente ubicado en Oriente sobre todo en la India que muestra unas cifras oficiales moderadas de 24,2 millones de onzas el 7% de sus reservas de divisas, y sin embargo la población atesora cifras elevadas de oro no declaradas frente a un gobierno que ha ejecutado medidas restrictivas sobre la importación del mismo.

A este mercado se han unido además de Rusia y China los países con incertidumbre política y sometidos a sanciones (Turquía, Irán, Uzbekistan, Kazakhstan etc.)

El alza del oro ha provocado la unión más importante entre los productores de dicho metal. La mayor productora Newmont Corporation ha comprado por 19.800 millones de dólares (con una prima del 30% sobre su última cotización) a su rival australiana Newcrest Mining consolidando su posición como la primera productora mundial. La adquisición aceptada por la compañía adquirida, está pendiente de la aprobación regulatoria.

Este desligamiento del dólar, además de desplazarse al oro, se va apoyando en otras materias primas, como el petróleo en el que China paga a Rusia en su moneda el yuan, el gas con la exigencia de Rusia de pago en rublos etc. y está provocando un cambio en la relación entre el dólar y las materias primas (15) que siempre se han movido en direcciones opuestas y ahora se mueven en tándem, también hay factores temporales en este comportamiento, como son los recientes shocks energéticos y el hecho de que Estados Unidos se haya convertido en un exportador de energía.

Para Luigi Federico Signorini del Banco de Italia (16) haciéndose eco del informe de Bancos Centrales del Consejo Mundial del Oro, las razones de invertir en oro son por orden de importancia:

- Su presencia histórica en los balances de los bancos centrales.
- El comportamiento de sus precios en épocas de crisis.
- Su papel como depósito de valor.
- Ausencia de riesgo de impago.
- Diversificación en las carteras de inversión, la correlación con las acciones y la renta fija es casi nula.
- Ausencia de riesgo político.

Con su aura de misterio, el oro va a continuar siendo un activo de diversificación, refugio y de cobertura contra riesgos extremos.

EL ORO VIRTUAL

Se está comenzando a llamar así a las cryptomonedas por una reacción en cierto grado paralela a la del oro ante la subida de los tipos de interés y la inflación del euro, por parte de las crypto que se consideran de primera categoría (Bitcoin, Ethereun, las ligadas a activos de primera calidad mantenidas etc.) aunque claro está no tienen ni la base productiva ni sus aplicaciones industriales y de consumo, y todavía menos el engarce histórico como atesoramiento y patrón de referencia en la gestión de las monedas y activos de los bancos centrales.

El mercado del oro es cinco veces más grande que el de las crypto monedas.

Los economistas del BIS (17) consideran que los crypto forman un mercado financiero en la sombra con todos los riesgos de un sistema financiero, más los específicos de dicho mercado, que estiman en un grado alto de endeudamiento, transformaciones de plazo con peligro de episodios de iliquidez, fragmentación por el mecanismo de estímulos e incremento de comisiones, en varios mercados que compiten entre sí, más un gran desequilibrio de la información en un mercado sin ninguna base de apoyo financiero.

En el 2022, en dos crisis, el mercado crypto bajo más de un 40% (18) con una pérdida superior al billón de dólares que se centró principalmente en el mercado de los particulares ya que la gran parte de los vendedores que se anticiparon a la baja fueron instituciones.

Por la contratación de cryptos han pasado más de 500 millones de inversores.

Aunque el gobernador del Banco de España, en un análisis (19) indicaba que iba penetrando en el sistema financiero por las inversiones de fondos y bancos, la caída según los análisis del BIS no ha tenido efecto destacable en el sistema bancario ni tampoco en los mercados de acciones o de bonos.

En un estudio exhaustivo del BIS (20) en el periodo 2015-2022, el 80% de los inversores particulares perdieron dinero en el mercado crypto, que en este 2023 está recuperando con cierta estabilidad en sus activos de primera calidad. De cualquier forma, el mercado supone tan solo el 1% de los activos financieros mundiales.

Ante la gestión de los riesgos de dicho mercado como son la protección de consumidores e inversores, preservar la integridad del mercado frente al fraude, la manipulación, el lavado de dinero, la financiación del terrorismo y salvaguardar la estabilidad financiera del sistema caben tres posturas:

Prohibir las actividades crypto. Muy difícil de llevar a cabo dado su descentralización, ya que, si se prohíbe en un país se, desplazara a otro.

Además dado su anonimato es difícil de controlar, ya que su red es ajena a la economía formal. China prohibió en el 2021, la actividad de los cryptomercados, y sin embargo continúa con gran actividad en el mercado negro.

De cualquier forma en estos momentos se dan en 24 países prohibiciones totales o parciales respecto al mercado crypto.

Por otro lado, según el BIS en una democracia, los individuos pueden elegir sus inversiones y hay que respetar las libertades, siempre que no supongan un claro daño social.

La segunda estrategia seria limitar crecimiento del mercado aislándolo.

Difícil de implementar ya que habría que controlar todo tipo de instituciones y nichos de mercado, que además surgirían clandestinamente para apoyar su crecimiento.

Se evitaría la conexión con el sistema financiero, pero no la protección del inversor y la integridad del mercado que al final implicaría a reguladores y supervisores.

La solución final sería regularlo paralelamente al sistema financiero.

El desafío es lograr una clara visión de todos los protagonistas e interinfluencia en este cada día más complejo mercado, en el que falta gobernanza entre los actores e incluso una contabilidad adecuada.

Evidentemente, según categorías de Cryptos y plataformas se pueden combinar partes de estas tres soluciones.

La otra vía podría ser la de presentar una alternativa.

Podría iniciarse mejorando la eficiencia y abaratando los pagos.

Otra opción sería la emisión por los bancos centrales de monedas digitales cubriendo necesidades reales, lo que apoyaría iniciativas de innovación financiera, mejoraría la inclusión financiera e impulsaría la integridad del mercado, mejorando además con sus avances tecnológicos al mercado financiero tradicional.

Sin embargo la comunidad inversora de las criptomonedas, comienza por ser en gran parte antisistema y defiende la descentralización como independencia frente a las instituciones financieras de la autoridad.

Por otra parte el anonimato y la falta de control del mercado cripto es un incentivo para los grupos terroristas, las mafias y el blanqueo de dinero, países sometidos a bloqueos y restricciones comerciales, especuladores sin control fiscal etc.

Es pues problemático que una moneda digital de un banco central logre drenar sustancialmente recursos del mercado cripto descentralizado.

De cualquier forma como ya hemos repetido otras veces el mercado cripto con toda su imparable base tecnológica se ha situado confortablemente entre la bolsa de acciones y el casino.

A mediados de Junio las autoridades bursátiles estadounidense han comenzado unas denuncias por un lado contra la plataforma más importante de criptodivisas Binance, por desviación de fondos y a la mayor plataforma de criptoactivos de Estados Unidos, Coinbase con más de 100 millones de usuarios, por incumplir la ley del mercado de valores, operando ilegalmente por no haberse registrado.

Por otro lado la agrupación de las principales entidades de organización de consumidores ha denunciado a Bruselas la publicidad engañosa en las redes de las criptomonedas.

LA REFORMA DE LA OTAN. FINLANDIA, UCRANIA

La entrada de Finlandia en la OTAN ha provocado el reforzamiento militar ruso de una frontera de 1400 kilómetros de extensión con Rusia, que ha desplazado armamento tropas y parte de su fuerza aérea a la zona.

Continúa el problema de la incorporación de Suecia, vetada por Polonia y Turquía a pesar de las presiones estadounidenses.

Toda la coyuntura actual ha llevado a una gran reforma de la OTAN y sus 31 países aliados, primando el despliegue de batallones más pequeños con la creación de los Planes Regionales con estrategias a diversos niveles, que se unirán a los Planes Nacionales que abarca tres grandes zonas (Noratlántica, Europa Central y Sur, desde España hasta Turquía) con examen de las amenazas y reacciones por dominios: tierra, mar, aire, espacio y ciberespacio.

Respecto a las peticiones de Ucrania de una amplia alianza, la OTAN ha contestado con alianzas parciales, evitando garantías de seguridad vinculantes o de defensa mutua.

Para todo ello hay que incrementar los gastos de defensa al 2% del PIB en el que todavía hay numerosos países por debajo incluido el nuestro (estamos en el 1.09% del PIB).

El último escalón de ascenso del riesgo de la guerra de Ucrania ha sido el permiso del Presidente Biden para que los pilotos ucranianos comiencen a entrenarse con el caza F16, lo que hace que previsiblemente en el otoño se puedan incorporar al combate. Un paso adelante en el compromiso estadounidense.

La paradoja reside en anuncio tan adelantado y extendido de esta potenciación ucraniana, cuando en la guerra impera siempre el factor sorpresa.

Por otro lado las incursiones en territorio ruso, llegando hasta Moscú, todavía incipientes están ampliando el territorio de la guerra y la dispersión de las tropas rusas.

Según The Economist Rusia tan solo lleva gastado en la guerra un 3% del PIB (67.000 millones de dólares año) algo inferior a lo gastado por Estados Unidos en Corea (4.2% del PIB) y superior al desembolso en Vietnam (2.3% del PIB). Se ha considerado prioritario que la guerra no afecte gravemente al resto de la economía.

Se prevé un descenso para el 2023 del PIB ruso del 2.2%, con un déficit del 4.4% sobre el PIB con los tipos de interés al 11% y un superávit en su balanza por cuenta corriente que alcanzará el 6% del PIB. El paro inamovible en el 3.5% se une al 70% de indicadores económicos rusos bloqueados o eliminados en sus estadísticas. Donde se ha dado un vuelco claro es en el rublo frente al dólar, ahora con una depreciación a mediados de junio del 24%.

Respecto a Ucrania después de un descenso del PIB en el 2022 del 30%, la actividad se ha estabilizado a un nivel bajo y se espera una muy ligera subida (del 1%) en el 2023, con un PIB alrededor de 120.000 millones de dólares, una cifra inferior a todo el tipo de ayudas realizadas y comprometidas a Ucrania por los países de la Alianza que ascienden a cerca de 150.000 millones de dólares. Estados Unidos encabeza la lista con 70.000 millones de dólares seguido de la Unión Europea con 35.000 millones, Reino Unido 9800 millones, Japón 6200 millones y Países Bajos con 3900 millones.

LA UNIÓN EUROPEA ANULA RESCATES

El Tribunal General de la UE anula el rescate de la compañía aérea alemana Lufthansa por 6000 millones de euros. Para el Tribunal, la Comisión Europea no examinó si había para la empresa alternativas de financiación antes de recurrir a la ayuda pública, ni que se protegiera la competencia con el auxilio, que es lo que argumentaba la compañía rival Ryanair para recurrir la ayuda.

El fallo puede recurrirse al tribunal de Justicia Europeo.

Un portavoz de la Comisión señalaba que la compañía ya ha devuelto al estado alemán el importe de la ayuda. Las ayudas estatales europeas a las aerolíneas en la pandemia alcanzaron los 30.000 millones.

La subida de tipos de interés afecta al presupuesto de la Unión Europea en sus emisiones de deuda realizadas y las previstas para financiar el Plan de Recuperación, se previeron unos tipos de interés entre 0.55% y 1.5% y la rentabilidad media del mercado se ha ido al 2.6% y en las emisiones últimas ha pagado 2.84% por 5000 millones a tres años y un 3.48% por 4000 millones a 30 años.

Estos niveles suponen que en estos momentos paga más que Alemania por los bonos lo cual puede tener alguna lógica pero la diferencia positiva que tenía ha dado el vuelco rápidamente.

Todo ello lleva a una revisión del presupuesto con más de 20.000 millones de exceso sobre lo previsto en coste financieros del periodo 2021-2027 en un momento de tensión en las inversiones (fondos de recuperación, ayudas a Ucrania, fondo para la transición digital y verde, ayudas a la sequía etc.)

Bruselas planea castigar a quienes ayuden a eludir las sanciones a Rusia, con la posibilidad de sancionar a siete empresas chinas que suministran a Moscú productos con posibilidad de uso militar.

Por otro lado planea el vetar el comercio de diamantes con Rusia, que factura 4000 millones de euros en este concepto.

España se excusa de la compra por 131 millones al año de Uranio a Rusia declarando que no hay veto de la Unión Europea, la contradicción reside en que mientras tanto prohíbe a la compañía australiana Berkeley la explotación de su yacimiento de uranio en

España en Salamanca, habiendo recurrido la compañía contra el gobierno ante la Audiencia Nacional.

Sigue la tensión respecto a la unidad en la Unión Europea. Trece países (entre los que está España) en una carta a la Comisión Europea las subvenciones dadas a la agricultura a cinco países del Este para compensarles de la importaciones agrícolas de Ucrania acusan de que se trata de un trato diferenciado a los que no han respetado las reglas en el mercado único sin la debida transparencia.

INFLACIÓN, ¿QUÉ HACER? ANÁLISIS HISTÓRICO

Brad De Long uno de los economistas destacados de la actualidad (21) analiza las medidas que tomó la Reserva federal en los episodios de elevada inflación en la postguerra en estados Unidos. En 1946 en un año la inflación llegó al 19.7%. Revivió en 1951 al 9.4% en Febrero con la guerra de Corea y en ambos casos la Reserva Federal no hizo nada.

Luego vendría el largo periodo de la inflación 1966-80 con la Fed realizando una fuerte subida de tipos provocando una recesión y la caída de la inflación.

Al pensar en la inflación actual y la política apropiada para controlarla el autor se inclina más porque la FED no haga nada, que por el tercer episodio de ajuste duro.

DeLong cita en su favor a Alan Blinder el mayor estudioso de la inflación de los años 70 con la crisis del petróleo y la inflación de los alimentos. Sus análisis en la época y veinte años después del mismo periodo, los comentamos con detalle en el capítulo de nuestro blog del 22 de Julio "Inflación Pandemia y Guerra" en el que llegaba a la conclusión de que no hubiera cambiado la coyuntura si la FED se hubiera limitado a poner el piloto automático, es decir la influencia de sus actuaciones fue irrelevante.

Posteriormente con este sesgo, Blinder ha publicado el año pasado un libro (22) que recoge la política monetaria de Estados Unidos en los últimos sesenta años, en el que en un párrafo recogido por DeLong reconoce que no encuentra un momento estelar significativo en la política monetaria que signifique un patrón de actuación para el futuro.

Para Blinder el control de la inflación y la demanda es un péndulo en el que fluctúa históricamente entre épocas de mayor uso de la política fiscal, keynesianas, alternando con otras en que predomina el uso de la política monetaria sin que el establecimiento de la independencia del Banco Central en su política respecto al gobierno, haya cambiado esencialmente esa dinámica en la que ahora predomina una política monetaria restrictiva frente a una política fiscal laxa.

Al principio de los ochenta solo había tres bancos centrales independientes, la Fed estadounidense, el Bundesbank alemán y el Banco Nacional Suizo. Luego con el euro nació el Banco Nacional más independiente de todos, el Banco Central Europeo que no depende de ningún gobierno. El peso de la política fiscal en muchos países hace que se creen condicionamientos con el gobierno, dado las intervenciones del Tesoro en los mercados, pero cree Blinder que la independencia ha sido un progreso en la lucha por la estabilidad de precios y de la economía.

Blinder indica que todo anti-keynesiano se vuelve keynesiano en cuanto hay una recesión, recurriendo a la inyección de recursos públicos, al gasto fiscal para levantar la actividad. El resultado es que ahora todos somos más keynesianos que en 1961.

Destaca tres grupos entre los presidentes americanos: los que se declararon keynesianos y actuaron como tales, Kennedy, Johnson, Nixon, Carter, Obama y Biden.

Aquellos que renegaban del keynesianismo pero en la práctica lo aplicaron Reagan, Bush II and Trump. Reagan llevo al Tesoro al mayor déficit público (6%) desde la segunda guerra mundial.

Y solo Bush y Clinton fueron verdaderamente anti-keynesianos ya que redujeron el déficit público como objetivo prioritario.

DeLong como Blinder es un escéptico respecto al crecimiento futuro y en su libro (23) "Camino a la Utopía", considera que la época gloriosa iniciada en 1870 se ha acabado en el 2010, así como el incremento constante de la riqueza.

Reconoce el gran incremento en la capacidad tecnológica, pero no la inserta como un factor que pueda cambiar esas pesimistas previsiones, lo que le lleva a razonar sobre un fondo de posible vuelta al estancamiento y descenso pronunciado de los tipos de interés.

El especialista monetario del Banco de Inglaterra Broadbent (24) se plantea ya dentro de la actuación monetaria, la elección entre actuar sobre los precios, los tipos de interés o las magnitudes monetarias.

Sin descartar ninguno, resalta su preferencia sobre la actuación en los tipos de interés, por la falta de control de la autoridad sobre las magnitudes monetarias amplias, que incluye los depósitos bancarios y activos monetarios, que dependen de la creación monetaria bancaria y del comportamiento de los depositantes.

Destaca la gran expansión de la oferta monetaria amplia en relación al PIB en las décadas de los ochenta y noventa sin que subiera la inflación a pesar de la creación monetaria restrictiva y disciplinada, de la autoridad monetaria, pero la retribución de los depósitos desde los años ochenta ha hecho que los depositantes los atesoren ante la incertidumbre del entorno.

Así en la misma línea considera que el Quantitative Easing, Facilitacion Cuantitativa (QE) la compra de bonos por el Banco Central, ha sido más efectiva por la bajada de tipos que provocó, que por los efectos expansivos de la su inyección monetaria.

Al revés ahora que se venden bonos por el Banco Central, al mercado Quantitative Tightening. Ajuste Cuantitativo (QT), el efecto más importante se va a producir en la subida de tipos.

Se inician ya los estudios (25) que relacionan directamente el cambio climático con la inflación con un amplio estudio del Fondo Monetario Internacional sobre 173 países y para el periodo 1970-2020.

Los shocks de temperatura resultan en una inflación más baja, pero las sequías y las tormentas la llevan al alza.

Distinguen en el impacto de shocks del clima que afecta a la baja claramente a los países en desarrollo, mientras que apenas afecta a los desarrollados.

El nivel de renta del país es pues importante pero para el impacto a largo plazo, el estado de la economía, en que parte del ciclo se encuentra, y el espacio fiscal, tanto menor cuanto más elevada sea su deuda pública sobre el PIB, son ambos factores muy importantes.

Mientras un shock de temperaturas lleva a una reducción en el crecimiento del PIB, el impacto de las sequias y las tormentas es más volátil y a corto plazo.

Los canales de impacto son principalmente el de incrementar o disminuir la producción agrícola y sus precios, reducir la actividad económica y la productividad laboral, así como la renta y la riqueza, afectando a la infraestructura de transportes y a los costes de distribución.

Los resultados son muy heterogéneos por las diferencias demográficas y estructurales y las distintas capacidades fiscales e institucionales.

BANCO DE ESPAÑA Y LAS REFORMAS DE PENSIONES Y VIVIENDA.

Con ocasión del informe anual del Banco de España, el gobernador criticó tanto la reforma de las pensiones como insuficiente para consolidar las prestaciones y la ley de vivienda por su intervencionismo y falta de consenso y dialogo tanto en la génesis de la ley como lo va a ser en su aplicación. Añadiríamos la falta de constitucionalidad en su forma y contenido.

En cuanto a la ley de pensiones, su reforma silenciosa sin dialogo, tecnocrática en grado sumo e incomprensible por tanto para la mayoría de la población, con hipótesis a más de 30 años que son un brindis al sol deja un duro legado a los sucesores.

Ni el Banco de España, ni la Autoridad Fiscal Independiente ven consolidada la financiación del sistema. La Agencia Standard Poor´s indica que a medio plazo el déficit de la Seguridad Social si no se toman medidas como alargar la edad de jubilación, puede poner en peligro el rating de España.

Continúa la fortaleza exterior de la economía, la debilidad del consumo y la progresiva presión de las restricciones de crédito ya comentadas en anteriores capítulos.

Sindicatos y patronal firmaron el poder que garantiza el poder adquisitivo hasta el 2025, un acuerdo importante por una vez sin intervención del gobierno.

El vuelco político que han supuesto las elecciones municipales y autonómicas, unido a las convocatorias de elecciones generales para el 23 de julio va por un lado a bloquear en gran parte la aplicación de las leyes y la paralización de las decenas de proyectos de ley.

Es lamentable que problemas como el de la vivienda haya quedado como un tema más de campaña.

Todo ello agrava el problema de la escasez de viviendas nuevas respecto a la formación de hogares previstas para los próximos 15 años según análisis del Banco de España (26) debido al gran pinchazo de la burbuja y la caída de promotores, la falta de flexibilidad en la oferta de suelo, la inflación de costes en materiales, la falta de personal y la falta de seguridad jurídica en cuanto a derechos, libertad de alquileres, tributaria y de valoraciones.

Se estima con la tendencia actual de las migraciones que en España en una previsión conservadora faltaran más de dos millones de viviendas en los próximos 15 años para cubrir las necesidades de los nuevos hogares.

El problema no solo está en el desequilibrio entre oferta y demanda, sino que la oferta estará dedicada mayoritariamente a rentas medias altas y la demanda provendrá principalmente de rentas medias bajas.

Aunque profundizaremos en el tema en posteriores capítulos, hay que considerar en estos análisis el efecto de la coyuntura en los movimientos del parque inmobiliario con 25 millones de viviendas, es decir redondeando, 250 veces la producción de anual de viviendas nuevas.

Va a empeorar pues el grave problema de la accesibilidad a la vivienda tanto por compra como por alquiler, con el factor añadido de la restricción hipotecaria con el Euribor que ha superado el 4%.

ESPAÑA, POLÍTICA MONETARIA EUROPEA Y BANCA ESPAÑOLA

Sigue incrementándose la presión del crédito en restricción y precio en las hipotecas y en las empresas con la única excepción del crédito al consumo.

En política monetaria es cada vez es menor la aportación española al crecimiento de la más monetaria amplia (M3) europea, lo que significa que la restricción monetaria española es más intensa que la europea y eso no se debe a la actuación del Banco Central Europeo sino a la creación monetaria cada vez menor de la banca, con una restricción de crédito amplificada por no pagar en general los depósitos bancarios.

En crédito a empresas los créditos en pesetas constantes han disminuido en el año más de 60.000 millones.

En la subida de tipos de interés la banca va subiendo sus tipos de activo, sus préstamos principalmente y en el momento actual no lo hace en ese grado en general en los depósitos.

Esto supone que la banca incrementa sus márgenes, pero disminuye el crecimiento incluso volviéndose negativo, del volumen sobre el que inciden esos márgenes, ya que por un lado al subir los tipos el crédito se vuelve más selectivo, y por otro la capacidad de dar crédito, de crear dinero viene limitada por la bajada de depósitos y reservas.

Los depósitos bancarios descienden ligeramente (sobre todo de las empresas) con respecto hace un año en Marzo por un lado promocionados por la propia banca, que presiona a los depositantes para venderles sus productos esencialmente fondos, con lo cual les cobra las comisiones de los mismos.

Y por otro por reacción independiente de los depositantes, que al comprobar la pérdida de poder adquisitivo con la actual inflación, trasladan sus depósitos no retribuidos a inversiones más ventajosas como pueden ser las letras del tesoro con intereses del 3% a uno y dos años y a las bolsas con alzas sostenidas.

Creo que esta tendencia que se va intensificando, en ese grado no es buena ni para la banca ni para el país, sobre todo para los hipotecados y la pequeñas y medianas empresas.

A finales de junio vencen 476.800 millones de los préstamos a largo plazo del Banco Central Europeo a la banca europea, que van a suponer cerca de 50.000 millones para la banca española que van a poder afrontar cómodamente pero que refuerza la tendencia a la restricción crediticia.

POLÍTICA FISCAL NACIONAL

España como en todos los países comentados la política económica ha sido claramente keynesiana con el gasto fiscal expansivo para sostener la actividad económica.

De hecho en varios años y sobre todo en el COVID, el déficit fiscal sobre el PIB ha superado al crecimiento nominal del PIB (crecimiento real más precios), convirtiéndose el sector público (27) en el sostén de la economía del país.

Es de enorme importancia para el crecimiento de la economía española el gasto fiscal, pero a la vez puede ser desequilibrante para toda la economía por el efecto inflacionista y la expulsión del sector privado, que puede provocar la financiación del mismo.

Bruselas ya ha dado el aviso de volver a la disciplina fiscal que supondría llegar al 3% de déficit público al 2024. España terminó el 2022 con un déficit del 4.8% y espera descender al 3.9% en el año actual, con la exigencia de disminuirlo al 3% para el 2024 con un peso de la deuda pública sobre el PIB por debajo del 110% según el Plan de Estabilidad enviado por el gobierno a Bruselas. A partir del 2024 descendería el déficit del 3% para llegar al 2.4% en el 2025.

El AiRef (la Autoridad Independiente de Responsabilidad Fiscal) habla de una reducción del déficit para este año en 6000 millones de euros. Si no se toman medidas se estancará a medio plazo en el 3% del PIB.

La Comisión Europea que se concentra más en la evolución del gasto público primario (antes de los pagos financieros y las ayudas europeas) habla de una reducción de 9000 millones de euros en el 2024.

Parecen objetivos alcanzables con el problema del efecto de subida de tipos de interés reales, la baja en el crecimiento de la recaudación fiscal (somos el país del euro que más ha incrementado su presión fiscal en este periodo inflacionista) y la reducción de liquidez en la actividad económica.

La sostenibilidad de la deuda pública española cumple las condiciones señaladas y ya comentadas de Blanchard, de que el nivel del tipo de interés de la misma sea inferior la tasa de crecimiento del PIB nominal de forma estable y esta diferencia cubra de forma continuada el déficit primario (antes de los pagos financieros) que en España descendió al 1.2% en el 2022.

La continuidad de una política fiscal de apoyo va a ser esencial para toda la transformación digital, energética y social, con el apoyo de la política fiscal europea cuya financiación va a incidir solo en parte en la política nacional.

La deuda pública española presenta una vulnerabilidad actual, ya que el sector exterior financia la mitad de la misma y otra previsible, que vuelva a crecer la inversión de la banca en deuda pública estableciendo una conexión perjudicial para la estabilidad del sistema.

De hecho, Portugal nos ha superado en su prima de riesgo de diferencial con Alemania a 80 puntos básicos frente a los 100 nuestros. Su deuda a diez años ha descendido del 3.1% por ciento al 16 de junio mientras que nosotros pagamos el 3.39%.

En los Fondos europeos El PERTE de semiconductores se estanca y sobre una inversión prevista de 12.200 millones para fábricas de chips, se han licitado tan solo 140 millones, para la segunda fase prevén 1475 millones.

Lo que parece seguro es que no va a haber fábricas de chips.

Se ha aprobado el plan de 90.000 millones de ayudas y créditos de la Unión Europea (84.000 millones en créditos), es la segunda parte de las ayudas, la primera eran subvenciones que no había que devolver.

Como contrapartida a esos créditos el gobierno se ha comprometido a 18 reformas en los ámbitos de energía (des carbonización, renovables, eficiencia, economía circular) y empleo (políticas activas, formación, ajuste entre las ofertas y demandas de trabajo).

Cerca de una parte del total, 20.000 millones de euros, España los ha cedido en gestión al Banco Europeo de Inversiones para créditos a las autonomías para asegurar la solvencia de los proyectos. Va a suponer una fuerte presión sobre la gerencia del Banco Europeo de Inversiones.

Ni Francia ni Alemania, han pedido los créditos ya que pueden financiarse a tipos de interés más bajos de los que le ofrece la Comisión Europea.

La Eurocámara critica la laxitud de España. Aprueba una resolución que cuestiona y pide más controles a la Comisión.

La Comisión señala la falta de concreción de España en los recursos realmente entregados, o en informar de los cien receptores más importantes.

En el fondo todo ello está poniendo a prueba la capacidad de la administración española para gestionar todo el proceso todavía insuficiente. De hecho, se ha aplazado la petición del cuarto pago y se está planteando la prórroga más allá del final de agosto del 2026.

La asignación al inversor final de fondos parece que está en el 20% de los fondos anuales europeos presupuestados.

España tiene a su favor el que su éxito es el éxito de los dirigentes europeos en la iniciativa, y por otro lado Italia comienza a mostrar una burocracia todavía más ineficiente que la española, respecto a los fondos lo que relativiza por comparativa su gestión, como en la deuda pública, si hay problemas en el sostenimiento de la misma, lo más probable es que se inicie con Italia, aunque es un arma de doble filo, ya que también nos puede arrastrar en su crisis.

Bibliografía

(1)Son fuentes permanentes de documentación, el "Monitor Debt" y el "International Debt Report" del Banco Mundial. El Fondo Monetario Internacional con su Fiscal Monitor y la Global Debt Database y las Perspectivas Económicas Regionales.

El Debt Sustainability Monitor 2022 de la European Union y para España el Public Debt Monitor de la AIReF.

(2)"Africa debt trouble" The Economist. Expresso. 17 May 2023.

(3)"China and the west take a step to ease Africa's debt crisis". The Economist.com /leaders. May 18th 2023.

Una monografía sobre China en África: "Unequal Partnership". "China in Africa" SPECIAL REPORT The Economist. May 28 2022 Pp 1-12.

"Africa's debts. Seeing red again". The Economist May 20 the 2023. Pp34-35.

"Credit -rating agencies in Africa" The Economist May 27th 2023. P 31.

(4)Otro análisis monográfico sobre Latinoamérica: "Between stagnation and angry streets" SPECIAL REPORT Latin America. The Economist. June18th 2022 Pp 1-12.

(5)"China and Latin America" "Boom or Bust". The Economist January 21st 2023. Pp 38-39

El informe del CEPAL, (Comisión económica para América Latina y el Caribe) "Cambio transformador en América Latina y el Caribe: un enfoque de política orientada por objetivos" propone que los gobiernos de cada país se centren en una economía orientada por metas, más que por políticas generales ya fracasadas.

"Latin American left- Wingers". A warning to the world. The Economist May 20th 2023. Pp 43-45.

(6)"The Frontier Debt Mess" Arthur Kroeber. GavekalDragonomics April 2023

(7)"China Overseas Lending" Sebastian Horn, Carmen M. Reinhart, Christoph Trebesch. Working Paper 26050. NATIONAL BUREAU OF ECONOMIC RESEARCH. Cambridge MA 02138. July 2019.

(8)"Países Acreedores y países Deudores: algunas asimetrías en la dinámica de acumulación de la riqueza externa" Ángel Estrada y Francesca Vianí 6 de Septiembre de 2018. Boletin económico 3/2018 artículos analíticos. Banco de España. Eurosistema
(9)"Growth in a time of Debt" by Carmen M. Reinhart and Kenneth S. Rogoff. American Economic Review: Papers & Proceedings 100 (May 2010) 573-578.
"Who holds sovereign debt and why it matters". By Xian Fang, Bryan Hardy and Karen K. Lewis. BIS Working Papers. Nº 1099. 08 May 2023. BIS.
(10)"Fiscal Policy under Low Interest Rates" Oliver Blanchard. The Mit Press Cambridge, Massachusetts. London, England. Pp 124-131.
(11)"Gold as International Reserves: A Barbarous Relic No More?" Prepared by Serkan Arslanalp, Barry Eichengreen, and China Simpson–Bell. Working Papers. WP /23/14. January 2023.
(12)"Here ´s why so many central banks are buying gold". World Economic Forum Nov 10, 2022.
World Gold Council. Gold Industry and Corporat.
(13)"Gold As a Bear Market Protector" by Charles Gave. Gavekal Research. 14-04 -2023.
(14)"China ´s Gold Imports from Russia Up 67.3% in 2022". Jan 23, 2023 Posted by Sil Road Briefing.
(15)"The Changing Nexus between commodity prices and the dollar: causes and implications" Boris Hofmann, Deniz Igan and Daniel Rees. Nº 74 13 April 2023. BIS bulletin. BIS.
(16)"Introductory Remarks" Luigi Federico Signorini. Senior Deputy Governor of the Bank of Italy. 2023. Central Bank Gold Custodian Conference. Rome, 18 May 2023.
(17)"Addressing the Risks in crypto: Laying out the options". Matteo Aquilina, Jhon Frost and Andreas Schrimpf. Nº 66 BIS Bulletin. 12 January 2023. BIS.
(18)"Block chain scalability and the fragmentation of crypto". Frederic Boissai, Giulio Cornelli, Sebastian Doerr and Jon Frost. Nº 56. BIS Bulletin. 7 June 2022. BIS.
(19)"Financial stability and crypto assets" Pablo Hernandez de Cos. Governor of Banco de España. SUERF Policy Note Issue Nº 271, March 2022.
En el artículo de Hernández de Cos se destacan tres diferentes grupos de crypto assets. Las monedas virtuales que sirven como medio de pago y de contratación. Las monedas de ofertas iniciales designadas para captar capital. Los "Utility Tokens" que son cupones electrónicos que pueden ser intercambiados por servicios, productos o beneficios futuros.
Una distinción alternativa se da entre crypto-assets y "stablecoins" ligadas como base colateral a una moneda, un valor financiero o una materia prima.

Por último los "non- fungible tokens" un subtipo de crypto-assets que son certificados únicos e indivisibles, los que les hace atractivos para representar obras artísticas, propiedades o documentos para coleccionistas.

(20)"Crypto Shocks and retail losses". Giulio Cornelli, Sebastian Doerr, Jhon Frost, Leonardo Gambacorta. Nº69. BIS Bulletin. 20 February 2023. BIS.

(21)"The First inflation problem of the twenty-first century". Brad DeLong. University of California. Berkeley USA. Journal Compilation 2023. Edward Elgar Publishing Ltd.

(22)"Slouching Towards Utopia" Bradford DeLong. Basic Books. 2022.

(23)"A Monetary and Fiscal Theory of the United States 1961-2021". Alan S. Blinder. Princeton University Press. Princeton and Oxford. 2022.

(24)"Monetary Policy: prices versus quantities"- speech by Ben Broadbent. Deputy Governor. Bank of England. 25 April 2023.

(25)"Eye of the Storm: The Impact of Climate Shocks on Inflation and Growth". Serhan Cevik and Joao Tovar Jalle. WP/23/86. Working Paper IFM 2023 April.

(26)"El desajuste entre la oferta y la demanda de vivienda y su relación con los precios". Lucio de San Juan. Boletín Económico 2023/ T2. Artículo 09 13/06/2023. Banco de España. Eurosistema.

(27)"The Effects of Inflation on Public Finances" Daniel García-Macía. WP 93/23/. Working Paper. IFM. 2023 May.

16 de junio de 2023
Blog del autor: camposeconomicos.blogspot.com

Capítulo 22

LA HEGEMONÍA ECONÓMICA. EL TRIÁNGULO DE PODER

En este capítulo se confirma que Estados Unidos mantiene la hegemonía mundial con una economía boyante, un paro a unos niveles históricos mínimos y un liderazgo en la nueva era tecnológica indiscutible, aunque los contrastes de desigualdad, una parte creciente de la población desprotegida socialmente, en salud, educación, violencia, adicciones y suicidios, se han incrementado en un entorno de polarización política y pérdida de unidad de actuación entre los estados del país.

China la gran potencia que aspira a disputar esa hegemonía, lleva tres años por debajo de expectativas y retrasando su acercamiento al PIB estadounidense.

La sombra futura es el actual conflicto entre las dos potencias, Estados Unidos y China, en seguridad y defensa principalmente que está llevando a restricciones comerciales y de inversiones, que sin embargo no han rebajado la magnitud de los lazos comerciales que les unen y que seguirán en estas próximas décadas.

Europa ligada a Estados Unidos en defensa y seguridad, arriesga más, ya que sus lazos con China son todavía más estrechos, por lo que intenta una vía más moderada de control de las actuaciones chinas reprobables.

En medio la fiebre digital, en la que las plataformas de pago se han repartido de acuerdo con los bloques en conflicto, Alemania hace una llamada a apreciar el efectivo como medio de pago para la población, tema del que debíamos tomar nota en nuestro país.

Ucrania piensa lo contrario respecto al efectivo, en una guerra enquistada que Rusia no puede ganar sin forzar su economía.

Por lo demás la inflación está bajando en los países desarrollados, los tipos de interés suben, pero ascienden todavía más en términos reales, por lo que la política monetario está siendo muy dura especialmente para nuestro país y para el sector privado, con la banca tras el Banco Central Europeo como actor principal, por la restricción de crédito y el coste del mismo, especialmente en hipotecas y créditos a pequeñas y medianas empresas.

El temor inflacionista a la llegada del otoño-invierno, reside en un repunte de los costes energéticos y de alimentos, con unos mercados de trabajo tensos como el de Estados Unidos en la situación actual y unos salarios que continúen recuperando el poder adquisitivo perdido.

DECADENCIA Y HEGEMONÍA ESTADOUNIDENSE

La corriente de considerar el declive de la economía estadounidense, se ha producido con poca confirmación en la realidad desde los años sesenta en variadas ocasiones, de nuevo los análisis (1) señalan el claro liderazgo de la economía de Estos Unidos con sus sombras y con una reducción de distancias de la economía china cuyo ritmo de acercamiento ha descendido.

Comparando las economías china y estadounidense por el poder adquisitivo de su producción, es decir los dólares producidos, la economía china permite comprar más productos en China que los dólares producidos por la economía estadounidense en Estados Unidos, bajo ese enfoque, la economía china es mayor que la estadounidense desde el 2016.

En estos términos China representa el 18% de la economía mundial y Estados Unidos el 16% (en 1990 los porcentajes respectivos eran del 4% y del 22%).

Sin embargo como ya hemos comentado en el capítulo de la India, se basa en unas estimaciones bastante imprecisas y generalmente sobrevaloran el PIB del país de renta más baja, aunque sirve para comparar calidad de vida entre los países.

Cuando se trata de ver el papel de una economía en el mundo, el PIB nominal a la tasa de cambio de las divisas sobre el dólar, es lo que cuenta.

En esa vertiente la hegemonía de Estados Unidos es clara. Con 25.5 billones de dólares en el 2022, supone el 25% del total mundial, manteniendo la cuota que tenía en 1990, China se queda en el 18%.

¿Cuándo alcanzara China a Estados Unidos? Los pronósticos son variados (2) pero las fechas se han retrasado, por el descenso desde la pandemia del ritmo de crecimiento de China, limitada por sus medidas antiCovid, y los temas ya analizados de la crisis inmobiliaria, la poca rentabilidad de las empresas públicas, el desequilibrio entre las ciudades y los pueblos, el endeudamiento de los organismos provinciales, el descenso del apoyo político a las empresas y la guerra comercial con Occidente.

En el 2011, Goldman Sachs pronosticaba que el PIB de China alcanzaría al de Estados Unidos en el 2026 y seria un 50% mayor a mitad del siglo.

Actualmente piensa que China no alcanzará a Estados Unidos hasta el 2035, y en el punto más alto, llegará tan solo a ser un 14% más grande.

Todavía más allá, va una firma como Capital Markets, pronosticando que China nunca alcanzará a Estados Unidos y su punto más cercano será el 90% del PIB estadounidense en el 2035. Otros pronósticos hablan de superación en 10 años, para luego descender por debajo de Estados Unidos.

The Economist intenta recoger la comparación en tres dimensiones, la económica, la de productividad y la del poder militar, con toda una serie de indicadores, en las que como resultado final, Estados Unidos sale claramente en cabeza. Hay paz para unos cuantos años como conclusión final.

NO HAY GUERRA FRÍA

En la guerra fría los intercambios comerciales entre Estados Unidos y Rusia eran casi inexistentes, ahora (3) la ligazón comercial entre China y Occidente tiene una gran dimensión.

Continua el gran déficit comercial de Estados Unidos de difícil reducción con 948.100 millones de dólares, 103.000 millones más que en el 2021, con unas exportaciones de 3.009.7 billones de dólares, 453.100 millones más y unas importaciones de 3.957.8 billones, con 556.100 millones de dólares de incremento.

Este déficit comercial se concentra en primer lugar en China (382.900 millones de dólares) con un incremento de 30.000 millones de dólares, seguido de la Unión Europea (203.900 millones de dólares) y Méjico (130.600 millones de dólares).

La Unión Europea a su vez tuvo con China intercambios comerciales en el 2022, por un total de 856.300 millones de dólares con un crecimiento del 21% y un déficit comercial de 395.700 millones de dólares con un incremento que se acerca al 60%.

China es el tercer mercado mayor para las exportaciones de la Unión Europea y el primer mercado para sus importaciones.

En los últimos diez años los déficits comerciales tanto de Estados Unidos como de la Unión Europea no han hecho más que aumentar.

Las cifras y la dependencia del comercio con China son como vemos de gran magnitud y además crecientes a pesar de todas las guerras comerciales.

Todo ello supone que Estados Unidos es un impulsor de crecimiento más intenso y amplio en el resto del mundo, que China que como saldo, vende más que compra en el mundo (aunque hay sectores de los que tira decisivamente con sus importaciones) y la diferencia final con capitales y cuenta corriente incluidos, la atesora en gran parte financieramente en reservas.

En los cinco primeros meses de este año, las exportaciones mundiales chinas han sido de 1.24 billones de euros con un incremento del 8.1% y las importaciones de 923.000 millones de euros con un 0.5% positivo.

Las reducciones de desequilibrios con Estados Unidos Y la Unión Europea, de disminuir van a ser mayores en Estados Unidos, pero limitadas según las tendencias del 2023.

Sin embargo, la lucha comercial continúa en profundidad extendida a los campos de la seguridad y de las colaboraciones entre las potencias en los temas de estrategia y cooperación humanística.

As el régimen de sanciones de Estados y bloqueo de exportaciones cada vez más duro (4) que ya alcanza 9000 empresas chinas con caídas del 30 al 70% en la actividad de sus grandes firmas productoras de chips, además de las industrias biofarmacéuticas muy dependientes de la propiedad intelectual estadounidense, así como la producción de semillas y las aerolíneas chinas.

Y como reacción las medidas chinas, que está haciendo la vida imposible a las empresas estadounidenses en China con detenciones y arrestos continuos de su personal.

Una nueva vuelta a la tuerca la ha dado Estados Unidos con un control de las inversiones de sus empresas en China, y la posibilidad de prohibir el uso de dólares para invertir en altas tecnologías en China.

Los flujos de inversiones estadounidenses a China han descendido un 80% desde su punto más alto en el 2018.

Para la Unión Europea el problema de estar entre las dos potencias es crítico, ya que depende de Estados Unidos en todo lo que se refiere a seguridad y defensa, aunque intenta cierto grado de independencia por ejemplo en su posicionamiento respecto a Taiwán, por su autonomía económica y sus grandes intereses con China.

Europa está mucho más expuesta a China que Estados Unidos, el 8% de las rentas de las firmas cotizadas europeas derivan de China, frente al 4% de las firmas cotizadas de Estados Unidos.

Las inversiones de las multinacionales europeas suponen el 2% del PIB frente al 1% las de Estados Unidos.

Además de la dependencia comercial en mercancías y servicios hay que considerar las ventas de las filiales europeas y estadounidenses en China.

La exposición en los seis principales países de la eurozona de sus afiliadas chinas supone el 5.6% del PIB (el 10% en Alemania), en Estados Unidos desciende al 4.2%. Europa es más vulnerable al desacople de las cadenas, al suministro de materiales estratégicos o a la retirada de inversiones.

Pero en ciertos casos está fomentando la autosuficiencia de sus filiales en China con un porcentaje más alto de ventas y suministros locales.

La autofinanciación de las filiales europeas chinas sin recurrir a capital enviado de Europa, han pasado del 2% en el 2002, al 52% en el 2012 y al 85% en el 2022.

Esta tendencia podría llevar a movimientos muy turbadores para las empresas europeas, como el caso de que la subsidiaria china se separara de su matriz europea, tal sería el caso extremo de una Volkswagen china desligada de su casa europea.

Respecto a Estados Unidos vamos a considerar sus perspectivas desde el punto de vista de sus déficits.

LOS DÉFICITS GEMELOS DE ESTADOS UNIDOS Y EL INCREMENTO DE SU DEUDA

Esa tracción positiva sobre el resto del mundo se apoya en un gasto publico fuertemente expansivo, que ha llevado al país a unos niveles de déficit público sostenido del 5.9%, a la par de Japón.

Esa continuidad de déficits ha llevado a la deuda pública bruta al 122% sobre el PIB.

El espacio financiero para absorber la deuda, se ha reducido por las ventas rusas y sobre todo chinas para irse independizando de la deuda pública estadounidense (el mayor inversor extranjero ahora de deuda pública de Estados Unidos es Japón), por otro lado la Reserva Federal ya no compra más deuda pública en su cartera sino que la vende.

Al final del 2021 el mercado de deuda pública USA estaba en los 25 billones de dólares, un tercio del total mundial (el euromercado estaba en 10 billones de dólares), una subida de los tipos de interés como la actual si continua de forma sostenida, puede suponer un cambio de expectativas en la financiación de la misma en el medio plazo.

En el capítulo anterior hablamos del equilibrio de Blanchard de que una deuda pública es sostenible mientras que los tipos de interés sean inferiores al crecimiento del PIB nominal de la economía y el déficit o superávit público primario (antes de los pagos financieros) esté estabilizado.

El problema de la hacienda estadounidense y en ello los dos partidos políticos por distintos caminos van a la par, las previsiones de gasto de la Oficina de Presupuestos del Congreso estima que el gasto público en diez años va a pasar de los 6 billones de gasto en el 2023 a los diez billones, diez años más tarde, por lo que el déficit público primario puede descontrolarse y afectar a la sostenibilidad de la deuda pública.

Ante esas expectativas un economista como Charle Calomiris, (5) va más allá de Blanchard y considera que el Tesoro estadounidense puede llegar una situación que no le interese financiarse en el mercado por los altos tipos de interés, y comience a ir por el canal monetario, ahorrándose los costes de intereses, planteando como primer paso no pagar al dinero que tienen los bancos en sus reservas con la FED.

Pero ese canal es limitado, ya que frente a 25 billones de deuda, con un incremento anual de nuevas emisiones superiores a 1 billón de dólares, frente a la expansión posible del efectivo en manos del público con una más total de 2 billones de dólares, y las reservas bancarias a las que se podría eliminar o disminuir los pagos con tres billones de dólares de cifra total. Es pues un canal transitorio y que depende de la demanda de dinero de público y banca, que lógicamente disminuye con la inflación, por la percepción de la pérdida de poder adquisitivo, que se retrasaría, si fuese una inflación no esperada pero nada más.

Calomiris acuña el término Fiscal Predominancia, ante la posibilidad muy probable en Estados Unidos, que ante la acumulación progresiva de déficits y deuda pública, el banco central se incapaz de controlar la inflación.

Es evidente que a largo plazo este ritmo es insostenible como ha destacado la Oficina del Presupuesto, al estimar que la deuda en Estados Unidos al ritmo actual alcanzaría el 200% del PIB en el 20250.

Todo ello va haciendo que la posición exterior financiera de Estados Unidos sea deudora, (6) es decir los extranjeros poseen más activos financieros de Estados Unidos, que los estadounidenses de activos financieros extranjeros, en una proporción que supone el 70% del PIB estadounidense, en el 2019 estaba en el 50% y hace una década en el 16%.

Conforme aumenta la deuda de Estados Unidos, tanto privada como pública suscrita por extranjeros, a igualdad de posiciones en el resto, más se incrementa la posición deudora.

Lo mismo ocurre con la compra de acciones de Estados Unidos, o de la inversión de empresas extranjeras en filiales estadounidenses.

Como señalan los autores del estudio, no hay que preocuparse del empeoramiento de la posición exterior ya que se debe a un incremento del valor de mercado de la economía de Estados Unidos.

Se basa en la confianza en la economía estadounidense y en el dólar, la moneda en que se financia exclusivamente el Tesoro, un dólar más débil mejoraría la posición.

Sin embargo como señala Calomiris, la reducción del espacio de financiación de la deuda pública, por la venta de la FED de su cartera de deuda, la retirada progresiva de China y brusca de Rusia y aliados, podría llevar en el medio plazo a unos niveles de tipos de interés que obligaran a ajustes en la economía estadounidense.

CONTINÚA LA HEGEMONÍA DE ESTADOS UNIDOS

La preeminencia de Estados Unidos sobre los países desarrollados recogidos en el G7, ha aumentado desde el 40% del PIB nominal del grupo al 58% en el último año.

Todo ello se ha traducido en la repercusión favorable para sus ciudadanos, la renta per cápita en Estados Unidos en términos de paridad del poder de compra era en 1990 un 30% más alta que la europea, actualmente la supera en un 54%.

Se destaca que un apartado que siempre ha estado detrás de Europa, el gasto social se está acercando pasando del 14% del PIB en 1990 se ha elevado hasta el 19% en el 2019.

Sin embargo la vigencia de problemas como la violencia armada, las drogas y la conducción temeraria le han llevado a que sea el primer país desarrollado que ha reducido la esperanza de vida.

Todo ello no ha reducido el crecimiento de la riqueza, cien dólares invertidos en el índice bursátil Standard´s Poor de las 500 principales empresas estadounidenses en 1990, se habrían convertido en 2300 dólares hoy. Esos mismos cien dólares invertidos en el índice de las grandes acciones del resto de los países ricos, se habrían quedado en 510 dólares.

Dos factores positivos respecto al resto de los países ricos marcan sus perspectivas en el medio y largo plazo, por un lado su fuerza laboral y su productividad.

Una fertilidad más alta y una política de inmigración más abierta sobre la de los países desarrollados, le ha llevado a una población activa, es decir en edad de trabajar (entre 25 y 64 años) que pasó de 127 millones en 1990 a 175 en el 2022, un incremento del 38% frente al 9% de Europa, que pasó de 94 millones a 102.

Aunque en Estados Unidos ha descendido la participación en el trabajo, en las últimas tres décadas la población empleada ha subido un 30%, frente a un 13% en Europa, y un 7% en Japón.

La eficiencia de sus trabajadores siempre ha sido superior al resto. Así la producción por hora trabajada entre 1990-2022 se incrementó en un 66%, frente a un 55% Europa y 51% Japón.

La productividad de las empresas estadounidenses en la década de mediados de 1990 a mediados del 2000, dobló a más de un 3% anual, mientras que en Europa no llegó al 2%.

Las empresas de Estados Unidos son el centro de la innovación mundial apoyándose en tres factores. Capacidades, dimensión y dinamismo.

Respecto a las capacidades, Estados Unidos gasta un 37% más por alumno que la media de los países de la OCDE. En los estudios postsecundarios la proporción pueda llegar al doble.

En cierta medida, la eficiencia de dicho gasto ha sido baja en cuanto a resultados en matemáticas y ciencias, con los problemas de profesores en la enseñanza pública.

En los rankings por años de enseñanza, Estados Unidos ha ocupado en capital humano el primer lugar mundial desde 1990, últimamente superada por Corea del Sur.

En el ranking mundial de Universidades, de las 15 primeras, 11 son estadounidenses, aunque y siguen los contrastes, los precios de la enseñanza han provocado que en el medio plazo, la acumulación de una deuda estudiantil (7) de 1.75 billones de dólares, con una deuda media por estudiante de 28.950 dólares, que se ha convertido en un auténtico problema creciente, ya que ha pasado del 12% de la deuda privada de los hogares excluida hipotecas, al 36% en el 2022.

Más del 50% de los estudiantes tanto del sector privado como del público han recurrido a la deuda.

El Tribunal Supremo a finales de junio, ha sentenciado en contra de la condonación de la deuda estudiantil.

Derivado de la alta calificación de la educación, el gasto en investigación y desarrollo, tanto público como privado sobre el PIB, ha ascendido al 3.5%, superior al de la mayoría de los países y su participación en las patentes en el extranjero, ha ascendido del 19% en el 2004 al 22% en el 2021, superior a la de cualquier otro país.

En cuanto a la dimensión, poco hay que explicar tanto en el aspecto geográfico por su extensión, potencia agrícola, y ahora energética con un vuelco de importador a exportador energético, y una aplicación de su tecnología en una escala que ha convertido a sus empresas en auténticos negocios globales con el 90% de sus empresas, ocupando los rankings mundiales por sus ventas y todavía más por su rentabilidad.

El tercer factor el dinamismo engarza la movilidad de los trabajadores, con la gran iniciativa de crear nuevas empresas, en el 2021 se crearon 5.4 millones de nuevos negocios, un récord histórico con un incremento del 53% sobre el año anterior.

Esta capacidad de asumir riesgos va ligada a un mercado financiero profundo y líquido, de unas dimensiones en relación a la economía, superiores a las de los demás países y que permite la financiación de una industria de capital riesgo, que supone más de dos tercios de la industria mundial.

En la misma línea se sitúa líder en las evaluaciones de la calidad de los gestores que realizan desde el 2003, John Van Reenen y Nicholas Bloom en su Informe Mundial de Gestión (WMS).

¿QUIÉN CONTROLA ESTADOS UNIDOS?

Pero aquí continúan los contrastes. La desigualdad en Estados Unidos se ha ido incrementando en la década de los noventa y en el inicio de los 2000, hasta superar a la de todos los países desarrollados del G7.

Así el 1% de mayores ingresos, pasó de suponer 8% del total en la década de los ochenta al 20% en el 2022. Los ingresos del 50% inferior de la renta en el mismo periodo, descendieron del 20% al 12.5%.

La riqueza de ese 1% llego a mayores desigualdades que en los ingresos, por la mayor acumulación y rentabilidad, además del efecto de las herencias, con lo que de suponer el 25% del total en 1970, ascendió al 40% en el último año.

Un mercado laboral en auge, ha estabilizado la desigualdad en la última década, y desde el COVID, se ha producido un incremento de los trabajos de renta baja, reduciendo la distancia con la clase media, pero esta última sigue sin recortar la diferencia con las rentas altas y ha aumentado respecto a las elites económicas que corresponden al 1% de la población y todavía se ha ampliado más con el uno mil de los multimillonarios sobre el total de la población.

Las elites familiares controlan pues Estados Unidos en un grado superior al resto de los países desarrollados. En un estudio realizado sobre el tema en el 2005 (la tendencia se ha intensificado actualmente) por tres economistas (8) señalan que en su muestreo de las sociedades de Wall Street que clasifican en quintas partes de mayor a menor valoración en todos los niveles, el mayor control lo realizan las entidades familiares (trusts) y los resultados están infravalorados porque en muchos casos no han considerado entidades familiares encubiertas que no publican los nombres de las mismas.

El 60% de las sociedades estadounidenses tiene un accionista que controla más del 10% de los derechos de voto, y casi en ese mismo porcentaje no son ejecutivos. El 25% está controlado y gestionado por una familia, 13.5% por una entidad familiar (trust), y el 16% por una entidad financiera.

El control familiar transparente, supone casi el 40% (25+13.5%) de las sociedades de Wall Street, y excede con toda probabilidad del 50%, incluyendo los trust de paraísos fiscales sin información de propietarios.

Las sociedades con un solo propietario controlando al menos el 10% de los derechos de voto suponen el 63% del total (incluye grupos familiares y gerentes).

La tendencia tiende a la concentración cada vez mayor y el problema aparte de lo que supone para toda la sociedad, es el de la desprotección que implica para los accionistas minoritarios frente a los controladores mayoritarios.

Angus Deaton (9) el premio Nobel que ha analizado los procesos económicos, políticos y sociales, diferencia entre la desigualdad y la injusticia. Para él hay procesos que generan desigualdad que son justos, como los de innovación que enriquecen a quien los realiza con éxito, que mejoran la vida y las condiciones de salud de los ciudadanos.

Pero hay otros procesos para él que son profunda y obviamente injustos, como son los sobornos al gobierno para obtener favores, o la financiación de la atención medica que está teniendo un efecto desastroso en los salarios. La mayoría de los seguros de salud en Estados Unidos están provistos por los empleadores, con lo que los trabajadores son los que pagan por las ganancias y los altos salarios que se perciben en la industria médica. Deaton consideraba en el 2017, que cerca de un billón de dólares era un exceso de gasto en Estados Unidos con relación a otros países, y con peores resultados.

Los estadounidenses hoy tienen una esperanza de vida que ha retrocedido de 77 años, cinco años más corta que los países con una renta equivalente a la suya. Para la población más pobre 20-25% del total, las cifras son peores. Las muertes por armas, opiáceos, suicidios, falta de la debida prevención y atención medica están en la raíz del problema, más grave en la población de color e hispánica.

El gasto en salud de Estados Unidos supone un 18% del PIB en el 2021 cuando la media de los países desarrollados está en el 10%.

Unos resultados tan deficientes indican que la cadena empresarial sanitaria, las empresas de seguros médicos, hospitalarias y los gabinetes de medicina privada, absorben gran parte de los beneficios a costa de los pacientes.

Deaton cita otros procesos que generan desigualdad y polarización política que aquí nos limitaremos a enumerar, la dificultad de subir el salario mínimo federal, la reducción del poder de negociación de los trabajadores por la cláusulas de no competencia, la subcontratación, la inmigración no calificada, el gasto ilimitado para apoyar candidatos en las elecciones, el mercado de valores que fomenta la innovación pero para él, también el aumento de la participación del capital en la economía frente al trabajo, con las grandes cifras de dividendos y recompra de acciones realizadas por las sociedades y muy superiores, a los beneficios que van a la inversión.

Habría que añadir la expulsión por niveles de precios en el mercado inmobiliario (10) de la propiedad, sobre todo a la población de color, con los niveles más dificultosos de acceso al alquiler en 22 años.

La polarización política ha llevado a una política restrictiva en la emigración, sin embargo totalmente necesaria por el descenso previsible de la población en relación a las necesidades de la economía.

Ha provocado también conflictos entre los estados americanos que ponen en peligro las ventajas del mercado único, así Texas ha prohibido la actividad de las firmas financieras que hayan excluido el petróleo en sus inversiones.

Por otro lado se da el consenso entre los partidos en repudiar la globalización, que fue básica en el crecimiento pasado del país y lo será en el futuro.

Entre las grandes potencias la hegemonía se está disputando con una batalla de subvenciones por cada lado que no va a favorecer ni el crecimiento ni la productividad.

El impulso a los lobbies es cada vez más creciente en Estados Unidos (11), tradicionalmente en las industrias que buscan los favores de los gobiernos en subvenciones, créditos fiscales y contratos, como la farmacéutica, con 380 millones gastados a los despachos de los lobbies en el 2022, seguido de las empresas de energía con 300 millones.

Las dos nuevas leyes de Inflation Reduction Act y la de Infraestructuras van a elevar las actividades de los despachos, ya que en cinco a diez años se van a repartir 800.000 millones de dólares de subvenciones, créditos fiscales, créditos privilegiados en procesos de gran complejidad en los que los despachos con fichajes de expertos que además de buscar sus propios intereses van a tener una función asesora con el gobierno.

Con el tantas veces citado Alan Blinder en nuestros capítulos, hay que destacar su análisis de los complejos procesos de elaboración las leyes durante años, con borradores de 4000 páginas de gran complejidad, en los que en algunos casos en las webs del congreso llegan a publicar hasta 100.00 enmiendas, en las que el hombre de la calle no puede absorber ni argumentar.

Por ello es interesante la iniciativa denominada "The Good Lobby" (12) de formar un núcleo en la sociedad civil de ciudadanos, empresas y expertos de diversos ámbitos para en una serie de pasos, participar en todo ese proceso de reformas legales y decisiones.

El proteccionismo americano de inversión nacional en todos los procesos de desarrollo puede reducir la productividad y el crecimiento de Estados Unidos, y responde, y estamos de acuerdo en ello con la apreciación de la revista "The Economist", a una visión pesimista del país que no se corresponde con la grandeza y la capacidad de la economía estadounidense.

INFLACIÓN DESCIENDE, TIPOS TODAVÍA NO

Sube la inflación subyacente en Gran Bretaña en Mayo del 6.85 al 7.1%, mientras la inflación general se ha mantenido en el 8.1%, ante estos datos el 22 de Junio el Banco de Inglaterra subió los tipos del 4.5 al 5% la actuación más dura de todos los bancos centrales tras la decimotercera subida y los niveles más altos desde el 2008.

La inflación de junio ha supuesto un cierto alivio la descender del 8% con el 7.9%.

No cabe duda que las huelgas masivas que sufrió el país meses atrás, han pasado factura con incremento de los salarios en Abril, año sobre año del 7.5% frente al 3.4% en el 2021 y el paro situado en el 3.5% el más bajo en 49 años. La subida del coste de las hipotecas se estima que va a suponer para los hogares británicos endeudados una subida de 3400 euros en el año.

Como contraste la inflación en España ha descendido al 1.9% en el adelantado de mayo por el efecto base de una inflación muy elevada en el mismo mes del año anterior, la caída de la energía (un 40% ha sido básica) pero la inflación subyacente al 5.9% con un ligero descenso indica que la tendencia de fondo sigue alta y se piensa que para diciembre de este año la inflación se situé entre el 3 y el 3.5%. En el euro el peso de Alemania e Italia hace que la inflación este todavía a niveles más altos del 5.5% y con la subyacente al 6.8%.

En junio la inflación española ha continuado al 1.9%, con el descenso energético y de los alimentos al 10.3%, frente al 12.3% de Mayo.

En el área del euro aunque ha descendido la inflación en Junio al 5.5% por la caída de la energía, sin embargo la subyacente se ha elevado del 5.3% en Mayo al 5.5% en Junio, lo que endurece la perspectiva de tipos por el Banco Central Europeo.

Continúa la energía y el transporte con descensos, los niveles de tipos de interés que exige la inflación del euro, comienzan a ser más duros para España.

A final de mayo la inflación subyacente, en Estados Unidos y Europa está cercana, al 5.3% la subyacente europea lo mismo que la estadounidense en tanto, la general, ha descendido más en Estados Unidos (poco más del 3%) frente al 5,5% en el euro área.

En el inicio la inflación de origen exterior fue mucho más elevada en Europa por efecto de la guerra, mientras que en Estados Unidos el origen es más interno ya que la inyección de liquidez debido al COVID fue del 26% del PIB frente al 11% de media en la economía europea.

Los salarios están creciendo al ritmo anualizado del 4-4,5% en Estados Unidos y al 5,5% en el euro área.

Los pronósticos a mediados de julio sobre el pico que alcanzarán los tipos de interés según recoge The Economist, son del 4% en la eurozona, frente al 5,5 en Estados Unidos.

En la misma revista se plantea si para controlar la inflación sería necesario en Estados Unidos incrementar el paro, dada la fortaleza del mercado de trabajo. Un economista de la Fed lo niega, señalando que solo es necesario que bajen las peticiones no cubiertas de empleo, mientras economistas como Blanchard y Summers son más pesimistas. Sin embargo, las vacantes han descendido sin aumentar el paro, que continua a niveles récord de mínimos, el 3.7%, lo que confirma el pronóstico optimista de la Fed.

En Europa el camino al control de la inflación se presenta más severo ya que las vacantes de empleo no son altas en relación al nivel de desempleo, lo que hace que sea el incremento del paro, como resultado más probable del descenso de la inflación.

En la segunda semana de julio se ha publicado la inflación estadounidense que ha descendido al 3%, con los costes de la vivienda colaborando en un 70% a la subida, aunque se piensa que este descenso no va a evitar la subida de tipos de la FED, sin embargo el panorama se relaja.

La inflación subyacente descendió también al 4.8% frente al 5.3% de Mayo.

La inflación estructural que elabora la Fed de Nueva York, que hemos comentado en otros capítulos, ha descendido claramente al 3.2%.

El dólar se debilitó con el euro llegando al 1.12, el índice de bolsa de Standards Poor´s llegó al nivel más alto de un año y los tipos de interés a corto descendieron.

En estos tiempos, continúan las recomendaciones de inversión, destacando el impacto negativo de la inflación sobre los rendimientos de la renta fija a medio y largo plazo, The Economist pone ejemplos (13) de dos vías de este impacto negativo en la renta fija.

La primera vía es la pérdida de poder adquisitivo por no cubrir su rentabilidad la inflación. Así en un bono a diez años el principal recibido al final del periodo será del 82% en poder adquisitivo con una inflación del 2%, pero descenderá al 68%, si la inflación sube al 4%.

La segunda vía es el efecto de la subida de los tipos de interés y sus efectos haciendo descender el valor de los bonos tanto más cuanto mayor sea su duración. Así para un bono de duración de un año una subida del tipo de interés en el mismo plazo de un año del 4 al 5%, supondría una minusvalía transitoria en la valoración de mercado del 20%.

Son las acciones el activo más claro en tiempos de inflación, pero no tanto si la inflación es muy elevada. Así los análisis del periodo 1900-2022 suponen un 5% por encima de la inflación para las acciones, pero en los periodos de inflación aguda por encima del 7.5%, la rentabilidad de las acciones se vuelve negativa.

Las acciones dan una cobertura respecto a la inflación en el largo plazo, pero no en el corto.

En el corto plazo los activos reales inmobiliarios y las materias primas dan mejores resultados, estas últimas superan en un 11% a la inflación en los momentos agudos de la misma, aunque por la estrechez de su mercado, medio billón dólares, (supone tan solo el 1% del mercado bursátil), los inversores pueden provocar rápidamente una burbuja.

El gobierno es uno de los beneficiarios de la inflación por el efecto de disminuir la deuda sobre un PIB hinchado, aunque los consumidores como gran parte de los votantes, se vean perjudicados por la pérdida de poder adquisitivo, así como los inversores en bonos.

La Bolsa sigue subiendo la valoración de los beneficios futuros de las empresas, con multiplicadores del precio–beneficio, cada vez más altos, basándose en la resistencia de la economía estadounidense y la perspectiva de estar cercano el pico más alto de los tipos de interés.

La valoración está muy concentrada (14) en las empresas favorecidas por la crisis energética y de los alimentos, pero de manera sostenida en las tecnológicas y el horizonte de la incipiente Inteligencia Artificial que analizaremos en nuestro próximo capítulo con detalle.

De hecho frente a una subida a mediados de Julio del índice tecnológico de Estados Unidos Nasdaq, del 33%, la subida de las sociedades de Inteligencia Artificial superan el 120%, y el multiplicador precio–beneficios de dicho sector ha pasado de Noviembre a la actualidad, de 43 a 77 veces, frente al resto del mercado del Standard & Poor´s 500 que excluyendo a las 14 sociedades más expuestas a la Inteligencia Artificial, se mantuvo estable, con un descenso mínimo de 27 a 26 veces ganancias.

La firma de análisis macroeconómico Alpine Macro considera dentro de los valores influidos en sus plusvalías por las expectativas de la Inteligencia Artificial, a todas las grandes tecnológicas, más los índices de semiconductores y fabricantes de equipos de semiconductores, que estarían con una plusvalía cercana al 50% frente al resto del S&P 500, con ligeras pérdidas.

Hay que destacar la revalorización sobre todo en Europa del sector bancario. Uno de los indicadores de la reciente crisis financiera, el índice bursátil de los bancos italianos ha marcado récords en el último año.

Y el índice de bancos regionales de Estados Unidos sin llegar a recuperar sus niveles normales se ha revalorizado un 30% sobre sus mininos en la crisis pasada.

EL DÓLAR Y LOS MEDIOS DE PAGO

En su informe sobre los medios de pago (15), The Economist analiza los avances que la guerra de Ucrania ha provocado en las transacciones en monedas diferentes al dólar que han sido pequeños. De hecho, la participación del yuan chino en la financiación del comercio ha pasado del 2% al 4.5% desde febrero del 2022, aunque avances posteriores están limitados porque China sigue sin tener libertad de capitales.

Sin embargo expertos advierten de los ahorros de costes que se están dando en las redes digitales, especialmente la UPI iniciada por la India, el CIPS chino, y la posibilidad de una moneda estándard por los bancos centrales y de las que Estados Unidos esté ausente, y pueden perjudicar al dólar.

El descenso de la moneda en efectivo, billetes y monedas, está siendo espectacular sobre todo en los países emergentes, de 2011 a 2021 ha descendido en un 25%, con Suecia que llega al 90% de pagos sin efectivo, y Gran Bretaña, Finlandia, Estados Unidos y Corea del Sur por encima del 70%.

Tres modelos de pagos destacan en el momento actual, el canal de las tarjetas de crédito bancario que se defiende muy bien en los países ricos, más caro en Estados Unidos que en Europa

En India y Brasil las plataformas de pagos promocionadas por el estado con éxito, con costes muy bajos que por otro lado lo son demasiado para una gestión adecuada.

En China el duopolio de Alipay y WeChatPay que dominan el 90% del mercado con el control del gobierno que les fuerza a ceder los datos.

Las monedas digitales de los bancos centrales se están haciendo esperar. 114 países están estudiando el tema, pero por ahora ninguno ve una clara utilidad como resultado y las simulaciones chinas y de otros países no han tenido éxito.

Las criptomonedas como medio de pago han recibido descalificaciones generales de los bancos centrales.

La falta de efectivo tiene sus riesgos, así durante la pandemia el efectivo en circulación en Gran Bretaña ascendió en un 10% por precaución.

En Europa desde la guerra, se ha producido un incremento de efectivo en euros en todos los países del Este. Más del 50% de los ciudadanos europeos que no están en el euro, han atesorado efectivo en euros.

En España y Portugal el efectivo ha ido descendiendo continuadamente de sus medias históricas.

Por otro lado, estos sistemas digitales, permiten salidas muy rápidas de los depósitos de un banco con problemas, como ha ocurrido con la reciente crisis de los bancos regionales estadounidenses.

LA DEFENSA ALEMANA DEL EFECTIVO

Contrariamente a la corriente revolucionaria de los medios que está llevando a la extinción del efectivo como medio de pago, el Presidente del Bundesbank, Joachim Nagel como su antecesor en el cargo, ha dedicado un discurso (16) a la defensa del efectivo.

Inicia su charla afirmando que a pesar de la corriente de digitalización actual el efectivo es popular en Alemania, siendo el medio más usado para los pagos según las estadísticas publicadas por el Bundesbank en su último y amplio informe (17) sobre el comportamiento del público en sus pagos, en el cual se analiza el acceso y la utilización de los diversos medios de pago.

Destaca que la utilización del efectivo para pagos ha ido descendiendo a lo largo de los años, pero sin embargo el volumen de efectivo se ha incrementado en los últimos diez años al 6% anual, y ello se debe a que no se utiliza solamente para pagos sino como depósito de valor y también como demanda de precaución, acelerada por episodios como el de un virus que trastornó durante dos meses las transacciones con tarjetas de crédito en el país.

Según Nagel, queda mucho tiempo para que desaparezca el efectivo ya que está muy enraizado en nuestras vidas

La singularidad del efectivo reside en que es el único camino para los individuos de poseer dinero del Banco Central.

Por otro lado, es inclusivo, nos permite a todos participar en el ciclo de dinero y en la actividad económica, lo que es importante para los más desventajados sectores de la sociedad.

Para los adultos les da una visión de su comportamiento de gasto, lo que supone una gran ayuda para cierta gente.

Otra gente puede apreciar el nivel de privacidad garantizado por el efectivo.

Como conclusión el efectivo reúne un conjunto de características únicas que responden a necesidades del consumidor.

El Bundesbank y Eurosistema se han comprometido por consiguiente, en palabras de Nagel, a que el efectivo en euros permanezca accesible en el futuro como medio de pago y depósito de valor.

El euro digital está en fase de preparación y si el Banco Central Europeo decide este otoño continuar con el proyecto, seguirá una fase de preparación de tres años, va a ser un complemento del euro en efectivo y no va a intentar reemplazarlo.

Todo este discurso debería ser un tema de meditación en nuestro país en que todas las anteriores consideraciones, no han servido y se ha establecido una política cada vez más restrictiva y controladora del efectivo, pero que ya está provocando ciertas iniciativas colectivas en contra

LA RECUPERACIÓN DE UCRANIA Y EL MOTÍN RUSO

En el extremo opuesto de las consideraciones de Nagel se encuentra Ucrania, en el panel de discusiones sobre la Conferencia sobre la Recuperación de Ucrania, el diputado a cargo de la oficina del Presidente Zelensky, informó de que están pensando seriamente en prohibir el efectivo, lo que reduciría los problemas de corrupción en un 95-99%.

Parece un tanto desenfocado ya que el efectivo supone del 40 al 50% de la moneda y los depósitos a la vista actualmente en el país, y a pesar del gran progreso de la digitalización (Proyecto DII) de todos los servicios con la ayuda de Estados Unidos, crearía muchos problemas a la población en su situación actual.

Ucrania ha sido el centro de todas las conversaciones en la reunión de la OTAN, aunque todavía, en plena guerra no puede cumplir los requisitos de democratización de las instituciones y organización de las fuerzas armadas exigidos, además, como indicó el Presidente estadounidense Biden, incluirla supondría una declaración de guerra a Rusia.

La incorporación de Suecia a la OTAN en principio con el visto bueno de Turquía, supone un control del Mar Báltico y un incremento del dominio del Ártico frente a Rusia.

Por otra parte, una de las contrapartidas para el acuerdo con Turquía la venta de los cazas F16 por 20.000 millones de dólares, incrementa los lazos con Estados Unidos.

Es sorpresiva la petición de Turquía de abrir conversaciones para su adhesión a la Unión Europea, un viejo tema abandonado, que refuerza la alianza y el apoyo a Ucrania.

El sorprendente motín del grupo Wagner, con el silencio de mandos militares alrededor, y la indiferencia del pueblo ruso ante el golpe, debilita la autoridad y la capacidad de maniobra de Putin.

El frente ucraniano al no incorporarse en su totalidad el grupo Wagner, el más efectivo, queda también debilitado, así como la influencia africana de Rusia.

Rusia es capaz de alargar la guerra, pero intensificarla para poder ganarla (18) sin dañar gravemente su economía, no parece viable.

A pesar de haber bloqueado ya los gobiernos occidentales 100.000 millones de dólares de capital privado ruso, de los 400.000 millones de dólares que se estima que están fuera de Rusia.

Pero el hecho es que Rusia ha encajado las sanciones sin disminuir demasiado el nivel de vida de sus conciudadanos, pero si con grandes limitaciones en su capacidad de producción militar, debido a las prohibiciones de exportaciones de chips y material electrónico y que ha impedido la reposición de su armamento destruido y con problemas de cubrir las necesidades laborales en estos sectores. Así las necesidades de tanques son diez veces la capacidad de producción anual rusa.

El último año el gobierno inyectó un paquete de estímulo del 3% sobre el PIB y aunque la intensa depreciación del rublo (31% en un año, a mediados de Julio) ha llevado a una inflación del 12% que va a descender al 6% este año, con unos tipos de interés muy altos, del 11.5%

La política de revisión salarial evito en gran parte la pérdida de poder adquisitivo, y las exportaciones energéticas a pesar del descenso de los precios (sobre todo en gas) por tener que ir a los mercados alternativos, llevaron a un superávit exterior por cuenta corriente del 5.4% del PIB que va a disminuir en el próximo año.

En el 2023, la presión es todavía mayor pues los gastos de guerra van a superar el 20% del PIB, y se hace muy difícil establecer una infraestructura industrial militar que les dé posibilidades de ganar la guerra.

La perspectiva de que Rusia no respete el pacto para la exportación de grano ucraniana y bombardee incluso los puertos de salida de los buques que lo transportan, como respuesta a los ataques a Crimea puede volver a afectar a la cadena alimentaria y los precios de los alimentos.

BAJA DE LA INFLACIÓN. CAUCES TRADICIONALES

Un grupo de economistas del Banco Internacional de Pagos (19) señala que los pasos para que se cumplan los descensos de la inflación en Estados Unidos y el Euro área previstos para el 2023 y el 2024, están en línea con los episodios históricos de descensos de la inflación en ambas economías.

Descomponen los factores inflacionistas del PIB, en precios de importación, márgenes empresariales, subida nominal y real de los salarios y productividad del trabajo.

El incremento de la inflación del 9.6% en el último trimestre del 2022 en la Europa del euro se canalizó por una subida de los precios de importación del 15.7% en el mismo periodo, un mantenimiento de los márgenes, un descenso de los salarios reales del 4.1% y una productividad plana.

En Estados Unidos con el 7.1% de inflación en ese mismo cuarto trimestre, el impacto exterior de las importaciones fue muy inferior, el 5.5%, pero la presión salarial fue mayor, sin pérdida de poder adquisitivo por parte de los salarios y una caída de la productividad del 1.6%.

El descenso previsto de la inflación para el 2023 y 2024, 2.9% al final del 2024 para el Euro área y 2.3% para Estados Unidos, se va a producir en ambas economías con una baja de la inflación de importaciones, una contención en los márgenes empresariales y un ligero incremento de los salarios reales (alrededor del 1%) y de la productividad, más pronunciado en Estados Unidos (1.6%) que en el Euro área (1.2%).

Estos pronósticos pueden quebrarse por una mayor presión laboral, mayor agresividad en la política de las empresas o aparición de nuevos schocks exteriores.

Hay que tener en cuenta que si el invierno es duro volverán a presionar las subida de los precios energéticos y a través de su repercusión en el transporte, sobre los alimentos, aunque el impacto pueda ser menor, sin embargo la presión salarial para recuperar la pérdida de poder adquisitivo es mayor que la de hace un año.

¿Hasta dónde tiene que bajar la inflación? Es una pregunta que se hacía el economista Paul Krugman (20) de hasta qué punto el objetivo de llegar al 2% está justificado, ya que puede ser que cueste más bajar del 3 al 2% que del 10% al 3%.

El 2% se convirtió en un incremento que satisfacía dos opciones políticas opuestas, por un lado, a los que defendían el papel de la política monetaria como estabilizadora de los precios y por otro a los que les preocupaba que una tasa de inflación demasiado baja pudiera mermar la capacidad de combatir las recesiones, ya que se llegaría a un suelo cero de los tipos de interés, en el que ya no sería posible disminuirlos más para combatir las recesiones.

Considera positivo que a pesar del brote inflacionario las expectativas se han mantenido estables debido al largo periodo de inflación tan baja como para que la gente no se preocupara por ella.

Citando a Gallup señala que en octubre el 20% consideraba que la inflación era nuestro principal problema, habiendo descendido en abril al 9%.

Termina Krugman señalando que quizá el 3% sea el objetivo de inflación adecuado.

Desde el COVID y amplificado por la guerra de Ucrania se ha incrementado la volatilidad, las oscilaciones de la actividad económica, dando lugar a revisiones de una amplitud nunca vista en las estadísticas económicas, incluida la inflación, lo que da lugar a una variabilidad en el optimismo o pesimismo que nos transmiten los datos de coyuntura económica, es lo que The Economist llama el efecto Mona Lisa,(21) en una mirada la Gioconda sonríe, en otra ha desaparecido la sonrisa y en una nueva mirada la sonrisa no es la misma

En este año hay instituciones que han modificado los factores que aplican para el cálculo de la inflación lo que dificulta las comparaciones y el análisis de tendencias. Así por ejemplo un técnico de la agencia Moodys señala que dependiendo de qué ajuste estacional se realice, la inflación subyacente mes sobre mes de Marzo puede ser del 0.2% o del doble 0.4%.

Ha colaborado a ello el porcentaje mucho menor de respuesta en las encuestas y la disparidad actual entre los datos objetivos expansionistas y los subjetivos de expectativas recesionistas.

En esta corriente se incluye el estudio (22) del economista del Banco de España Alfredo Garcia Hiernaux, sobre la volatilidad de la inflación y el factor sorpresa, no esperado de la misma

En un análisis histórico de las espirales precios–salarios (23) en la que un factor los precios alimentan al otro los salarios en las subidas en espiral de los precios, tan temida por los gobiernos, realizada por el Fondo Monetario Internacional.

En dicho estudios la entidad analiza 79 episodios, en los que se da durante al menos de tres a cuatro trimestres en los que se aceleran los precios del consumo y se elevan los salarios nominales y en la gran mayoría de episodios la espiral a corto plazo, no era seguida de una aceleración sostenida de salarios y precios.

Un estudio de Bernanke, Blanchard y Petersen (24) destaca la importancia en la inflación de los shocks de oferta energéticos y de alimentos, sin que todavía los efectos indirectos en las expectativas a corto plazo y en el mercado laboral hayan presionado, aunque la tensión en el mercado laboral, si mantuviera un número de vacantes de puestos de trabajo sin cubrir superior a los desempleados, podría incrementar la inflación progresivamente y las expectativas a corto plazo, aunque por el momento, inicios del 2023, no aprecian esa tendencia.

REVISIÓN AL ALZA DE LA ECONOMÍA ESPAÑOLA, PERO RETROCEDEMOS EN RENTA PER CÁPITA

El Banco de España revisó al alza el crecimiento de la economía española al 2.3% (2 décimas más que el gobierno), baja de la inflación al 3.2% (con descenso de 3 décimas sobre las previsiones) con una notable disminución de la inflación subyacente al 4.3% y también del déficit 'público al 3.9% (3 décimas menos).

Hemos sido de los últimos en recuperar el nivel de actividad de antes de la pandemia, lo que ha repercutido en un descenso de la renta per cápita, frente a otros países europeos que nos han sobrepasado como Chipre, Eslovenia, Chequia, Lituania y Polonia, ocupando el puesto 18 en la clasificación de la Unión Europea. Y la renta per cápita se sitúa como en 1996, al mismo nivel que la media del euro

Hemos comentado en anteriores capítulos la fortaleza del sector exterior y las inversiones extranjeras, frente a la lógica debilidad del consumo por pérdida del poder adquisitivo y la carga tributaria por la inflación. Sorprende la debilidad de la inversión con descensos de la misma en bienes de equipo y un nivel bajo de la inversión en construcción, con un incremento mínimo pero por debajo de los niveles preCovid, entre cuyas causas pueda estar la baja ejecución de los fondos europeos. Hemos sido los primeros en pedirlos, pero estamos muy bajos en la comparativa de países europeos en cuanto a ejecución.

Según datos de Ernst and Young (25) con datos de la Comisión Europea, once países superan a España en la absorción de los fondos, Francia a la cabeza con un 57,3% de ejecución, seguida de Suecia (48.9%) y Alemania (41.8%). España está tan solo en el 10,4%, superada incluso por Italia con el 21%.

Si en el anterior capítulo comentábamos la insignificante inversión respecto a lo previsto en semiconductores, ahora es en la fabricación de baterías en donde no arrancamos, al 2025 se prevén 28 GHz/año, mientras nos adelantan otros países europeos como Alemania (155), Suecia (96), Italia (77), Hungría (58), Polonia (50) y Francia (40).

EL PARO MEJORA. AUMENTAN LAS RESTRICCIONES MONETARIAS

Al ritmo actual de crecimiento de la economía ha continuado mejorando el empleo con más de 20.800.000 activos, récord histórico y una disminución del paro por debajo de los 2.700.000, por primera vez desde el 2008, aunque las cifras de mayo indican una desaceleración del ritmo de creación de empleo. Hostelería con 83.000, Comercio y Reparación de vehículos (64.000), Actividades sanitarias y Servicios Sociales (57.000) y Construcción (50.000), los más dinámicos en la creación de empleo.

Una vez más hay que destacar la actuación de los empresarios en su conjunto, a pesar de las adversidades para lograr estas cifras.

El problema es que la política monetaria española es cada más restrictiva en términos comparativos, cada vez es menor la aportación española a la masa monetaria del euro y en términos absolutos, a causa en gran parte de la reducción de crédito de la banca, que a final de mayo ha disminuido en 41.000 millones de euros el crédito a las sociedades no financieras, año sobre año, que si consideramos una inflación media de la actividad económica del 4% en el periodo, en euros constantes se acerca a los 100.000 millones y a unos costes superiores a la media del crédito del euro.

Por otro lado, eso supone dado el comportamiento a la baja de la inflación española, de un ascenso de los tipos de interés reales (descontando la inflación) superiores a la media del euro. Así el Euribor superando el 4% está presionando a las hipotecas con desembolso adicionales en un año que se acercan a los 3000 euros con una fuerte presión sobre el 20% de los hogares con hipoteca renta más baja.

Si en España están hipotecados el 26% de los hogares, cerca de tres millones de personas están en grave riesgo de reducción de gastos o impagos de su hipoteca. Estos hogares se añaden a los que por falta de capacidad económica están fuera de los circuitos financieros, que añadirían otros cuatro millones de personas con problemas de supervivencia.

Es posible que en el otoño de continuar esta presión de falta de crédito y encarecimiento del mismo, comiencen a asomar entre las pequeñas y medianas empresas (Pymes), las empresas zombies (26) que pesaran sobre los balances bancarios.

El análisis del Fondo Monetario que se realiza sobre sociedades cotizadas y no cotizadas, abarca 63 países, 32 emergentes y 31 desarrollados, estima las firmas zombies en el 10% del total para las cotizadas, con un porcentaje menor (5%) de las firmas no cotizadas, pero creen que se debe a una menor supervivencia.

Consideran firmas zombies en el estudio citado aquellas que durante dos años presentan una incapacidad de sus recursos generados antes de intereses e impuestos para pagar los intereses de su deuda y una relación de endeudamiento en relación a sus recursos, superior a la media del sector.

El porcentaje de empresas zombies se ha ido incrementando a lo largo de los últimos veinte años desde el 6% en el 2000 al 10% en el 2021.

Hay que considerar el problema añadido para las pymes en nuestro país de una subida estimada de los alquileres de locales comerciales en España del 40%, desde que se normalizó el trabajo tras el confinamiento, según la consultora Quonto, la más alta de la Unión Europea.

De hecho, el ministro alemán ha frenado la larga iniciativa del fondo de garantía de depósitos europeo, y no ha ayudado el incremento de deuda pública en 32.000 millones en los balances de la banca española, desde que se iniciaron las alzas de tipos de interés, ya que el fondo de garantia europeo de depósitos bancarios, lo seria indirectamente en parte de la deuda española.

El Banco de España desde otra vertiente, señala que la orientación de los fondos está excesivamente sesgada hacia las empresas grandes en detrimento de las pequeñas y medianas empresas, lo cual si bien es beneficioso para la inversión a corto plazo puede perjudicar la inversión a plazos más largos.

Estos porcentajes llevarían a la banca española a absorber una creciente masa de morosos de empresas zombis que podría acercarse de 80.000 a 100.000 millones a finales del 2024, aunque los fondos europeos pueden actuar de contrapeso.

La refinanciación de empresas en esa situación financiera, crearía efectos de congestión, con reducción del crédito para el resto de empresas.

LA SENTENCIA DEL SUPREMO SOBRE EL BONO SOCIAL

El 5 de Julio la prensa se hacía eco de la sentencia del Tribunal Supremo que ha instado al Gobierno a devolver más de 320 millones del bono social considerando que es el Estado y no las eléctricas quien debe afrontar el pago. Una historia que comenzó en el 2014 con la protesta de las compañías eléctricas y se ha ido alargando en sucesivas instancias y sentencias favorables a las compañías.

Es una sentencia muy importante ya que pone de manifiesto la inconstitucionalidad de la actuación del gobierno al hacer recaer en el sector privado pagos que le corresponden. Así ocurrió también en el mismo mercado eléctrico al implantar un techo de precio sobre un mercado, lo que provocó que las compañías que soportaron la carga de la diferencia con el mercado, fueron repercutiendo con fuertes subidas no esperadas en el mercado de contratos a plazo.

Esta actuación anticonstitucional del Gobierno se ha extendido al mercado de la vivienda (y en general a toda intervención en cualquier mercado cuyos costes se repercuten en el sector privado) con los topes al alquiler que soporta el sector privado, que corresponderían asimismo al gobierno soportar las diferencias con el mercado o a la discriminación en dicha regulación al gran propietario frente al pequeño, cuando en un estado de derecho tendría que ir todo lo comentado, en todo caso por vía impositiva.

Bibliografía

(1)"From Strength to Strength". "America's economic outperformance is a marvel to behold and to squander". The Economist April 15 Th 2023. Pp 17-20.

"The Needle in Threadneedle Street". Nick Andrews. The Daily. June 23, 2023. Gavekal Research.

Para las comparaciones de PIB entre países con todos los matices, son básicas las Penn World Tables. Con el articulo básico de explicación de sus fundamentos. "The Next Generation of The Penn World Table". By Robert C. Feenstra, Robert Inklaar and Marcel P. Timmer. American Economic Review 2015, 105(10): 3150-3182.

(2)"The Age of superpower parity". The meteoric rise of China's economy is ending. Will it ever overtake America's? The Economist. May 13th 2023.Pp 14-19.
(3)"Great Power- Rivalry" decoding the détente. The Economist May 20th 2023 Pp37-39.
"Europa and China. Why unplugging is so hard". The Economist may 20th 2023. Pp 54-56
(4)"Commercial sanctions on China". The Economist. April 1st 2023. Pp17-19.
"Enter the investment police". Citing national security, America plans to screen investments into China". The Economist June 24th 2023
"Spooked". "China is becoming and impossible place for foreigners to do business". The economist June 17th 2023. Pp 52-54.
(5)"Fiscal Dominance and the Return of Zero-Interest Bank Reserve Requirements". Charles W. Calomiris. Federal Reserve Bank of ST. Louis.2023.
(6)"The US is increasingly a debtor nation. Should we worry?" Gian Maria Milesi- Ferreti Wesdnesday, April 14, 2021. Brookins Institute.
(7)"Why Student Debt is so high". June 16, 2023. Thomás Neuburger. Naked Capitalism.
(8)"Who controls US?" Yoser Gadhoum, Larry H. P. Lang and Lesli Young. European Financial Management, Vol11, Nº3, 2005, 339 -363.
(9)"Como funciona la desigualdad" Angus Deaton. Dec 21, 2017. Project Syndicate. Posteriormente en el 2020, Deaton amplió, sus argumentos a un libro: "Muertes por Desesperación y el Futuro del Capitalismo. Ann Case y Angus Deaton. Editorial Deusto. 2020.
Sobre la desigualdad en Estados Unidos recomendamos el libro coordinado por Dani Rodrik y Oliver Blanchard: "Combatiendo la desigualdad". Un nuevo planteamiento del papel del Gobierno". Editorial Deusto. 2022
(10)"THE STATE OF THE NATION'S HOUSING 2023. Joint Center for Housing Studies of Harvard University.Harvard Graduate School of Design / Harvard Kennedy School.
(11)"Lobbying in America" "Welcome to the Green Swamp". The Economist April 15th 2023. Pp 53-54.
(12)"Lobbying for Change". "El cambio social a tu alcance". Editorial Nora. 2023.
(13)"Inflation and investing". "A steady grind". The Economist June 24th 2023. Pp 57.
(14)"The current stock market surge is powered by artificial intelligence" The Economist. June 10th 2023.
(15)"Could digital payments systems help unseat the dollar" Cashless Talks. Special Report Pp 10. The Economist. May 20 th 2023
(16)"Ensuring the supply of cash – including in times of crisis" Joachim Nagel, President of the Deutsche Bundesbank. Berlin 15 June 2023

(17)"Payment behaviour in Germany in 2021" Last updated July 2022. Deutsche Bundesbank. Eurosystem.
(18)"Russia´s economy" "Military – industrial complexity". The Economist April 29th 2023. Pp 14-16
(19)"Disinflation milestones" by Benoit Mojon, Gabriela Nodari and Stefano Siviero. BIS Bulletin Nº 75. 19 May 2023 BIS.
(20)"¿Cuánto más tiene que bajar la inflación?" Paul Krugman Pais Negocios P16. EL PAIS domingo 18 de junio de 2023.
(21)"The Mona Lisa effect". The Economist. April 22nd 2023.Pp 59-60.
(22)"How to measure inflation volatility. A note" Alfredo García-Hiernaux, Maria T. González Pérez and David E. Guerrero. Documentos de trabajo N. º 2314 June 2023. Banco de España Eurosistema.
(23)"Wage-Price Spiral Risks Still Contained, Latest data Suggests" Jorge Álvarez, Niels-Jakob Hansen. February 24, 2023. IFM blog
(24)"What caused the U.S. Pandemic-Era inflation?" Ben Bernanke, Olivier Blanchard and Fred Bergsten. May 23, 2023. Conference Draft. Hutchins Center on Fiscal and Monetary Policy at Brookings.
(25)"Radar Next Generation EU 28" EY Insights. EY España.
(26)"The Rise of the Walking Dead: Zombie Firms Around the World". Bruno Albuquerque and Rosahn Lyer. WP/23/125. 2023 JUN. International Monetary Fund.

20 de julio de 2023
Blog del autor: camposeconomicos.blogspot.com

Capítulo 23

LA NUEVA OLEADA TECNOLÓGICA

La ley de Amara:
"Tendemos a sobreestimar el efecto de una nueva tecnología en el corto plazo e infraestimarla en el largo plazo."
(Roy Amara fue presidente del Instituto del Futuro)

Este blog se ha creado con la idea de que cada mes, mes y medio, suponga un capítulo, agrupable con el tiempo a los demás, de análisis de la economía mundial recogiendo los más trascendente de la misma, con detenimiento en cada caso en algunos aspectos, examinando los estudios del momento, los precedentes clásicos y la selección entre la vorágine actual de obras publicadas. Siempre con la idea de que se puede comprender con una exposición adecuada, por todas las personas la complejidad de los temas y sus consecuencias.

El capítulo actual abarca dos meses con una actividad fiscal y monetaria intensa y una invasión de publicaciones sobre la tecnología en general y la Inteligencia Artificial en particular, en el marco de guerra y enfrentamiento actual de países en alianzas.

Creo que el tema, para dar una idea de la abrumadora diversidad de puntos de vista sobre el tema tecnológico, con sus límites claramente marcados, era necesaria la gran extensión de este capítulo, que, en relación al esfuerzo de síntesis, soy consciente que corresponde una lectura prolongada de mismo.

RESISTENCIA DE LA INFLACIÓN, HASTA JAPÓN DUDA

Japón que durante décadas ha considerado un cierto nivel de inflación al alza inalcanzable, por lo que ha sido el único país desarrollado que ha recibido a la inflación como un buen acontecimiento y han tenido una política monetaria relajada sin subida de tipos de interés y comprando deuda pública por su banco central

Pero se ha dado un cierto cambio en la política monetaria japonesa a finales de Julio, ante la presión inflacionista, ya que la inflación subyacente ha llegado al 4%, manteniendo su objetivo de tipos de interés al 0% en los bonos a diez años pero la horquilla de movimientos en el mismo del 0.5% como límite va a ser un punto de referencia pero ya no rígido, anunciando que comprara bonos al 1%, el mercado de bonos se ha endurecido, y el yen ha entrado en oscilaciones a la baja y al alza del 2% en el día y un leve descenso de la bolsa japonesa.

La perspectiva más probable es que el Banco de Japón eleve su tipo de interés de -1% al 0%.

Iniciando agosto, el Banco de Japón vuelve a reafirmar la relajación de su política monetaria anunciando su segunda compra de bonos en la semana, ante un bono a diez años que alcanzó la mayor rentabilidad en nueve años llegando al 0.65%, con lo que el yen sigue depreciándose frente a un dólar reforzado por la fortaleza de su mercado de trabajo. A primeros de septiembre el yen ha alcanzado el nivel más bajo respecto al dólar en 10 meses.

El miércoles 26 de julio la Fed incrementó el precio del dinero en un 0.25% hasta el 5.5%, indicando que en septiembre es posible una nueva subida, aunque la mayoría de los economistas piensan que no habrá más alzas dado el comportamiento de la inflación (al 3%).

Este nivel de los tipos de interés es el más alto desde el 2001, y supone la undécima subida desde que comenzaron las subidas y es la cadena de ascensos más rápida en 40 años.

Al día siguiente el Banco Central Europeo realizo la esperada subida, la novena, del 0.25 en los tipos de interés hasta el 4.25, con unos datos de inflación en su conjunto elevados, al 5.5%, con gran dispersión, Alemania al 6.8% en junio y España y Bélgica por debajo del 2%, por lo que, en conjunto dado el peso germánico en el euro, se va a sacrificar crecimiento para controlar la inflación.

El BCE vuelve a repetir que la subida de salarios está pesando demasiado en la inflación y que la caída en la demanda de hipotecas está suponiendo una desaceleración en la subida de precios de la vivienda, pero todavía no se da ninguna caída de los pisos, exceptuando a Alemania. Destaca el efecto negativo en el mercado de oficinas.

Los mercados bursátiles, sobre todos los europeos, reaccionaron con notables alzas, con el euro cayendo por debajo del 1.10 respecto al dólar, con la convicción de que no va a haber recesión en Estados Unidos y que los tipos en Europa están ya cercanos al pico más alto, con "las probabilidades repartidas al 50% de nueva subida de los tipos o pausa en septiembre".

A finales de Julio ha salido el indicador adelantado de coste de vida para España que ha ascendido al 2.3% frente al 1.6% en junio, y la subyacente también se ha incrementado del 5.9% al 6.2

Los alimentos están un 31% más caros que en el 2019.

La inflación subyacente también ascendió del 5.9% al 6.2%, lo que supone una resistencia preocupante en los precios de los servicios, amplificado por la progresiva aceleración de los salarios para recuperar el poder de compra perdido y que supera el 5% en los dos últimos meses Estos problemas son comunes a todo el área del euro.

En agosto de acuerdo con lo esperado, la inflación ascendió al 2.6% con gran resistencia como en el euro, de la inflación subyacente al 6.1%.

La tendencia hasta diciembre es de un ascenso del coste de vida que se puede acercar al 4.5-5%, por una base del año anterior más baja y unas perspectivas para la energía por el cambio de estación menos favorables y una inflación media del 4% para el año, que va a ser la base de revisión de las pensiones.

En el euro área, la tendencia es la misma sobre unas bases de partida más elevadas a pesar de la ayuda de la revalorización del 10% del euro respecto al dólar en el año, ya que reduce la inflación importada, aunque la mitad de dicha revalorización se ha reducido por la fortaleza del dólar hasta mediados de septiembre

La inflación de julio en el euro área ha sido del 5.3% con los alimentos por encima del 10% y un cierto endurecimiento de los tipos de interés ante las perspectivas. En Agosto se ha repetido la inflación del 5.3% lo que hace difícil que el Banco Central Europeo relaje su política, aunque la cierta debilidad de la economía estadounidense puede ayudar

En el inicio de agosto, la agencia de rating Fitch rebajó el rating de Estados Unidos de triple A (AAA) a doble A más (AA +), a causa principalmente del deterioro previsto en el déficit público para los próximos tres años y la falta de medidas por el gobierno y la oposición sobre el tema.

Janet Yellen que fue presidenta de la Fed, descalificó a la agencia y Blanchard señaló que el problema no estaba en la deuda sino en que el presupuesto estadounidense, no está bien diseñado y es disfuncional.

Unido a la fortaleza del mercado laboral estadounidense, todo ello ha llevado ascenso de los tipos de interés a largo, y a notables perdidas en las bolsas en el inicio de la primera semana de agosto.

Pero a lo largo de Agosto el mercado laboral estadounidense ha dado síntomas de debilidad, con subida del paro al 3.8% (frente al

3.5%), y una buena creación de empleo, diluida por el crecimiento de la población activa y una desaceleración en el crecimiento de la creación de empleo desestacionalizada, en el crecimiento de los salarios, en las revisiones del número de nóminas, en los abandonos de empleo y en la renta laborales, afectando especialmente a los servicios empresariales, financieros y de información y un empobrecimiento de las expectativas de contratación de las empresas con la perspectiva de un descenso en la presión de los costes.

El 3 de agosto el Banco de Inglaterra volvió a subir los tipos de interés por decimocuarta vez, pero el 0.25, frente al alza de medio punto en Julio, los tipos ascienden al nivel del 5.25%, el más alto desde el 2008. Dos de los 9 consejeros pedían una subida de medio punto.

Los datos de inflación fueron elevados, el 7.9% en junio, que no se vislumbraba un relajamiento en el corto plazo y lleva el conseguimiento del objetivo del 2% de inflación al segundo trimestre del 2025. Los salarios en los dos últimos meses se estaban incrementando al 7.7% aunque esperaban un descenso de al menos un punto sobre esa expansión para fin de año.

En julio descendió la inflación al 6.9%, pero con una presión continuada de los salarios como la siguiente fase del ciclo inflacionista que está ocurriendo en los países desarrollados

La consecuencia de todo este periodo de alzas, aparte de un crecimiento mínimo de la economía, ha sido la de doblar el coste de las hipotecas del 3% al 6%, y duplicar asimismo el coste de los intereses de la deuda pública inglesa del 2% del PIB en el 2020 al 4% dl PIB en el momento actual.

En consecuencia la vivienda en Gran Bretaña ha descendido en Agosto el 5.3% de su nivel más alto del 2022, el mayor descenso en 14 años.

Y otro efecto derivado es que con una deuda pública del 103% sobre el PIB, Gran Bretaña paga los mismos intereses sobre el PIB, del 4%, que Italia con un 145% de deuda pública sobre el PIB.

En la segunda semana de agosto se produjeron dos hechos, en primer lugar la rebaja por la agencia Moodys del rating de una decena de bancos medianos y pequeños estadounidenses y por otra el establecimiento por el gobierno italiano de un impuesto sobre el 40% de los beneficios extraordinarios de algunos bancos italianos como se aclaró después.

Todo ello provocó una continuación del descenso de las bolsas ahora por el sector bancario, y una gran caída de la banca italiana que llevó al gobierno italiano un día después, a minimizar el impuesto limitándolo al 0.1% de los activos, lo que rebajará en más de mil millones de euros la recaudación prevista en principio de 3000 millones.

En la segunda semana de Agosto de acuerdo con los pronósticos la inflación estadounidense de julio se mantuvo estable con una ligera subida de 0.2 al 3.2% por el efecto de la vivienda y una inflación subyacente del 4.7% (4.8% en Junio) lo que no alteró a los mercados y acerca la esperanza de un término más cercano de la bajada de tipos de interés.

Hay más pesimismo en las expectativas inversoras por la resistencia inflacionista que después del intenso crecimiento de márgenes en activos empresariales, pasa al ciclo de presión de los salarios por recuperar poder de compra.

La fortaleza del oro subiendo los tipos de interés, lo que supone un incremento en el coste de mantenimiento, indica las expectativas de resistencia de la inflación.

En esa idea, en la tercera semana de Agosto el bono americano a diez años alcanzo la rentabilidad del 4.35%, el tipo más alto en 16 años, y el bono español a diez años llegó 3.80 inédito desde el 2014, para en las semanas siguientes descender al 3.40%.

La inflación americana de Agosto 13 de septiembre fue un poco más elevada de lo esperado al 3.7% con incidencia de la gasolina y la subyacente descendió del 4.7% al 4.3% pero todavía a niveles elevados.

Al día siguiente 14 de septiembre el Banco Central Europeo subió (en una decisión no unánime, algunos se opusieron a la subida) por décima vez consecutiva, los tipos de interés en un 0.25, llegando al 4.5%, el nivel más alto desde el 2001.

La subida fue a pesar de la debilidad de la actividad económica en los países del euro, las bolsas ascendieron quizás porque piensan que va a ser el último incremento al menos en cierto tiempo, aunque los tipos a largo de la deuda pública en el mercado han ascendido y el dólar se ha apreciado sobre el euro de forma notable.

La inflación del 2023 y 2024 se ha revisado ligeramente al alza por el ascenso de la expectativa de incrementos en la energía principalmente los precios del petróleo. El Brent ha alcanzado los 94 dólares el viernes 15 y en consecuencia los carburantes llevan diez semanas de subidas continuadas.

Según el Bank of América se están intensificando a niveles récord la salida de fondos de acciones en Europa que pasan a fondos de renta fija que se han incrementado 45.000 millones de dólares hasta mercado.

En conclusión, el mantenimiento de la inflación subyacente está creando más perspectivas de recesión en Europa que en Estados Unidos,

Esta situación de Estados Unidos respecto a Europa ha llevado al dólar a sus máximos respecto al euro con una apreciación continuada de ocho semanas seguidas, la mejor racha desde el 2005. Las bolsas lo han cotizado quizás excesivamente, la valoración de los beneficios futuros de la bolsa europea es el 60% de la de los beneficios futuros de la bolsa estadounidense.

China puede ser un factor de compensación anti inflacionista como comentamos a continuación.

LA DEFLACIÓN CHINA

Lo más preocupante para el dinamismo económico mundial, son los síntomas que suponen la caída de los precios en China. El coste de vida y los precios de producción han descendido ambos en Julio, -0.3% y -4.4% respectivamente, lo que no había ocurrido en el coste de vida desde el 2020, la subyacente está en positivo del 0.8%. Los precios de producción llevan diez meses consecutivos cayendo.

La inflación media en lo que va de año es del 0.5% frente al objetivo del 3%.

La caída de exportaciones en Julio del 14.5% (las importaciones han descendido también el 12.4%) le ha llevado a la mayor bajada de los precios en las mismas en diez años (más del 10%).

Las exportaciones a la Unión Europea descendieron en un 23.1% y a Estados Unidos el 20.6%.

A ello se añade la orden ejecutiva del Presidente Biden de restringir las inversiones en China de las sociedades de computación cuántica, inteligencia artificial y fabricación de microprocesadores.

Todo está llevando a un descenso de las inversiones estadounidenses en China y a un 10% de sociedades extranjeras que están planeando salirse del país

Se está dando una ralentización del consumo, que no logran reactivar por la tendencia al ahorro por la incertidumbre provocada en parte por la crisis inmobiliaria, con Country Garden gran promotora inmobiliaria china que llegó a valer 50. 000 millones de dólares y ahora cotiza por menos de 4000 millones, con sus bonos en el mercado por debajo del 10% de su valor inicial.

Los pasivos totales de Country Garden ascienden a 190.000 millones de dólares

Evergrande la gran inmobiliaria china en suspensión de pagos ha declarado cerca de 80.000 millones de dólares de pérdidas en los dos últimos años y el 18 de agosto se acogió al capítulo 15 de la ley de quiebras estadounidense suspendiendo pagos de su deuda en dólares.

La deuda total (bancos, bonistas, proveedores y compradores de sus viviendas asciende a más de 300.000 millones de dólares).

En la segunda semana de Agosto se han producido impagos en pasivos de uno de los grupos principales chinos de gestión de activos combinada con actividades de banco de inversión y capital riesgo, Zhongzi Enterprise Group que maneja 138.000 millones de dólares en activos.

De las 50 principales promotoras inmobiliarias chinas, 34 han realizado algún tipo de impago.

Toda esta caída de la actividad tanto interna como externa han llevado a una deflación que puede ser un factor más para reducir la inflación en el resto de los países (de hecho, ha frenado a corto plazo la subida del petróleo).

Consecuencia lógica su moneda el yuan ha hecho mínimo en 15 años respecto al dólar y las bolsas siguen deslizándose a la baja.

Se espera que este descenso de la inflación debida en gran parte a la comparación con una base alta del año anterior, se vaya corrigiendo a lo largo del año, aunque el gobierno chino tiene margen para articular estímulos monetarios y fiscales que le lleven al objetivo de crecimiento del PIB para este año del 5% y no afecte de forma importante al crecimiento mundial.

Los créditos bancarios chinos a las empresas han descendido al nivel más bajo desde el 2009.

Sorpresivamente el 15 de agosto, China bajó el tipo de interés levemente al 2.5% desde el 2.65, volviendo a retocar días después otros tipos de interés de referencia en la misma línea de pequeños descensos que el mercado considera insuficientes.

El influjo de china sobre la economía es mayor de lo que indican sus lazos comerciales y financieros directos ya que su influencia se agranda a través de las cadenas. Así por ejemplo en las importaciones europeas y estadounidenses de Vietnam, sigue habiendo un componente importante de manufactura china.

China es el primer destino de exportaciones para cuarenta países, y va a comenzar a presionar a la baja la inflación en Occidente comenzando por los precios de las materias primas.

Las firmas de lujo, con China como principal cliente han perdido 90.000 millones de dólares en bolsa, en el último mes, por el descenso de la demanda china

Consecuencia de todo lo anterior, mientras la bolsa china sigue en caída continua, 11% en este mes de agosto por las malas noticias inmobiliarias, la bolsa norteamericana ha recuperado dos tercios de su bajada en el 2022.

Las acciones chinas han descendido respecto a las acciones norteamericanas al nivel del 2001 con salidas de capitales ante las malas expectativas.

A finales de agosto las bolsas chinas han comenzado a subir ligeramente por las medidas de estímulo, de efecto directo, como la rebaja del impuesto a la mitad en las transacciones en acciones.

En el inicio de septiembre se ha rebajado el coeficiente de reservas divisas de los bancos para fortalecer la moneda, así como la cuota de entrada en las compras de vivienda con hipoteca y la negociación hipotecaria a la baja.

Esta coyuntura China está frenando la subida del petróleo, aunque la prolongación por parte de Arabia Saudita y Rusia de la reducción un millón y trescientos mil barriles hasta diciembre, ha hecho repuntar el barril de Brent hasta 90 dólares barril el 5 de septiembre y 94 diez días después

A mediados de Septiembre han habido incrementos positivos en la producción industrial y en las ventas al por menor de Agosto que dan cierta esperanza de estabilidad.

EL PESIMISMO TECNOLÓGICO. GORDON

Robert Gordon considera y resume en su obra, "La elevación y la caída del crecimiento en Estados Unidos" (1) la idea de que el siglo 1870-1970 fue único por el crecimiento que provocó. Para él, el crecimiento no es un proceso continuado y firme, sino que se produce mucho más rápido en unos periodos que en otros.

"Los grandes inventos" como los llama Gordon, la energía eléctrica, el ferrocarril, el motor de combustión, el telégrafo, el teléfono, transformaron totalmente la sociedad en un proceso irrepetible que llevaron a una gran ritmo de crecimiento en el siglo hasta 1970, posteriormente, el crecimiento ha disminuido claramente, las innovaciones actuales plantean una evolución no una revolución, como fueron las grandes del siglo de referencia, y el futuro se presenta con grandes posibilidades de estancamiento.

Así como ejemplo de subimientos, la electricidad llevó a la luz, transformó la energía mecánica en eléctrica, posibilitó los ascensores que permitió la construcción de los edificios en altura, conformando la posibilidad de las ciudades actuales, más todos los inicios del automóvil y la introducción en las casas e industrias de la congelación de alimentos, de las lavadoras, secadoras, calefacción, aire a condicionado etc. y la electrónica, con la radio y luego la televisión y el cine.

Reorganizó todos los lugares de trabajo con la luz, las maquinarias eléctricas, que incrementaron la precisión y medida de la producción, así como la posibilidad de nuevos procesos químicos, la creación de los plásticos etc.

Es lo que llama de otra forma "tecnologías de propósito general" que suponen una plataforma para una gran variedad de aplicaciones

El motor de combustión llevó al automóvil, que transformo con el camión la vida rural y de las ciudades, la cadena de ensamblaje establecida por Henry Ford fue una revolución organizativa que unida a la creación de las herramientas de máquinas eléctricas, transformó toda la industria manufacturera incluida la química, la farmacéutica, el transporte aéreo y el naval. La química a su vez redujo el tiempo de pintura del coche de semanas a horas y el desarrollo de los neumáticos transformó las capacidades de los vehículos y el transporte.

Habría que añadir la revolución higiénica con el suministro de agua, alcantarillado calefacción, la organización de los hospitales y la clase médica y los antibióticos, el progreso en la cardiología, la medicina nuclear, la gran caída de la mortandad infantil con el gran salto en la esperanza de vida

Muchas de las invenciones que surgieron solo pueden ocurrir una vez y otras han alcanzado sus límites naturales.

Después de 1970 no es que los inventores hayan perdido su capacidad, sino que se han alcanzado niveles muy elevados de nivel de vida en numerosas dimensiones, que incluyen alimentación, ropa, vivienda, transporte entretenimiento, comunicación, salud y condiciones de trabajo.

Reconoce que muchas mejoras de calidad y bienestar en los productos y servicios no están medidas en Producto Interior Bruto de la economía o se han incorporado muy tarde al mismo, pero por otro lado suponen un gran número de comodidades y aceleración en la comunicación y el entretenimiento que no afectan a la productividad.

Han cuajado en 40 años todos los grandes inventos, electricidad, motor de combustión, máquina de vapor, teléfono, medicina, transporte, que se han extendido a todas las facetas de la actividad del país.

Con un inicio de un gran número de patentes por habitante (con unos costes muy bajos de registro) que luego evolucionaron a un peso mayor de las patentes empresariales

Todos estos grandes inventos han necesitado 40 años para cuajar en parte por el retraso que implico la Gran Depresión y el impulso en eficiencia y nuevos métodos en un entorno de una gran unión social en el país, por la batalla, que supuso la Segunda Guerra Mundial, e impulsaron el gran boom de la posguerra.

Los siguientes inventos no han tenido la misma capacidad de transformación a partir de 1970. Ordenadores, teléfono móvil, internet, etc.

Posteriormente a 1970, hubo una bajada del incremento la productividad y como consecuencia, del crecimiento, estas innovaciones han provocado un ciclo corto de subida de la productividad en el periodo 1994–2024 el ordenador personal, las comunicaciones y la información, para luego volver a descender.

Gordon que considera este periodo, como la tercera revolución industrial, con un impacto limitado sobre espacios concretos de nuestra vida como el entretenimiento, la comunicación y el procesamiento de la información, pero para el transporte, la salud, los vestidos, la alimentación, las condiciones de trabajo tanto en casa como fuera y la vivienda no supone grandes cambios.

Así por ejemplo el teléfono móvil le parece un refinamiento del teléfono el invento base.

Cuatro factores incidieron sobre ese periodo 1994-2004. El incremento de la capacidad manufacturera, la subida de la inversión en relación al inventario de capital, la gran bajada de precios de los ordenadores que contribuyó de forma importante a la productividad laboral, el multiplicador de la potencia de los procesadores, doblando el número de chips cada año, la llamada ley de Moore, que a partir del 2006 quebró su tendencia.

Posteriormente al 2004 hasta hoy y la previsión del futuro cercano, no se contempla que ninguno de estos factores experimente un impulso para impulsar la productividad.

A la conocida frase del gran economista Robert Solow, "veo el ordenador en todas partes menos en el PIB" contesta Gordon, "el ordenador no está en todas partes solo en algunos sectores, no afecta a gran parte de la economía como son los servicios. No comemos ordenadores, ni nos vestimos con ellos, no vamos en coche de forma diferente a hace 50 años, ni han cambiado los cortes de pelo ni los conciertos".

Por último estima que en la situación actual se puede prever el desarrollo de las innovaciones que se están fraguando y cree que frente a los desafíos que se enfrenta la economía norteamericana, incremento de la desigualdad, con la erosión de los niveles educativos, de la deuda, pública, la demografía con el envejecimiento, es muy problemático que Estados Unidos no entre en unas décadas de bajo crecimiento añadiendo la globalización y la transición energética. En el momento actual la guerra de Ucrania y la situación geopolítica de bandos de naciones que ha creado y la polarización política interna estadounidense, son otros tantos factores adversos a las perspectivas de crecimiento.

EL OPTIMISMO. MOKYR

Para el historiador económico Joel Mokir (2) los inicios del crecimiento económico moderno dependen en gran parte de lo que la gente conocía y creía y como esas creencias afectaron a su comportamiento económico.

Para él, en el siglo XIX el siglo de la Ilustración, de la Revolución Industrial liderada por Gran Bretaña de la que él es un gran estudioso, se produce una interacción entre la ideología, la cultura y los intereses económicos.

Por un lado la sociedad inglesa invalido la teoría malthusiana de que el crecimiento de la población era superior al incremento de los recursos, debido a los controles de natalidad, basándose en el incremento de los recursos de la economía por la expansión de sus importaciones y exportaciones como su productividad, frente al concepto de Malthus tan restringido de la economía.

Pero no bastó el que una mejora de la tecnología rompiera el régimen malthusiano, fue necesario para la transformación de la economía el cambio de las instituciones promovido por el cambio en las ideas y en las creencias, creando los incentivos adecuados para el comercio, las finanzas y la innovación, eliminando los viejos privilegios, monopolios, regulaciones laborales, fiscalidad injusta y parcial.

Y a todo lo anterior según Mokyr hay que añadir un factor fundamental, la relación entre el conocimiento útil del experto científico en la resolución de los problemas tecnológicos.

La esencia del impacto de la Ilustración reside en el impulso para expandir la acumulación de conocimiento útil y dirigirlo a su uso práctico.

Todo ello llevó al desarrollo de la ingeniería, la mecánica, la localización y extracción de minerales, la construcción de instrumentos para la navegación, la manufactura de productos de material intensivo como los metales, papel, alfarería de arcilla.

Instituciones, avances científicos y tecnología práctica interactuaron a muchos niveles.

Y este es el caso en que nos encontramos actualmente, con un enorme avance científico en muchos campos incidiendo sobre unas tecnologías en sus inicios cuyo alcance con un periodo de maduración de décadas es imprevisible.

Para Mokyr el futuro de las innovaciones contrariamente a Gordon es imprevisible, Gordon se apoya en argumentos un tanto peregrinos, como Julio Verne, encuestas sobre el futuro, revistas de ciencia ficción.

La postura de Mokyr parece más realista que la de Gordon.

Mokyr en el campo de los ordenadores, frente a Gordon que señala que con el ordenador personal se ha realizado la aportación más importante para el hombre de a pie, indica que nadie sabe hasta dónde va a llegar la computación cuántica, es decir el avance científico ayudando a la tecnología, ya que ha aumentado de tal modo su capacidad para realizar simulaciones y aprendizajes que elaboran correlaciones y regularidades que nunca se habían concebido, y permiten soluciones a ecuaciones para que los científicos comprendan procesos de gran complejidad.

Los científicos se encuentran con unos instrumentos que afectaran a medio y largo plazo nuestras capacidades y en consecuencia es de esperar, a nuestra productividad y bienestar.

En el lado inverso está el láser, un invento buscando aplicaciones, y que al cabo de poco tiempo se iniciaron un sinnúmero de usos en todos los campos de la biología, elaboración de chips, radares ligeros, análisis químico miniaturizado medicina personalizada, mecánica fina, geología, sensores remotos, biología, detección de las ondas gravitacionales.

Para Mokyr el siglo XXI va a ser el siglo de la biología tanto por el desarrollo de la biología molecular y la genética con asombrosos descensos de los costes, como el de secuenciar el genoma humano que ha pasado de 95 millones de dólares por genoma en 2001, a tan solo 1250 dólares en el 2015.

Si las dos primeras revoluciones industriales se basaron en la energía, la actual vivirá del progreso radical en el diseño y elaboración de nuevos materiales sintéticos elaborados a niveles microscópicos (nivel nanotecnológico) que nunca se habían concebido en la naturaleza, y que van a permitir el desarrollo de ideas tecnológicas que no eran posibles sin las propiedades de estos materiales (nuevas resinas y cerámicas, nuevos solidos).

Tres grandes plataformas se dan actualmente, la Inteligencia Artificial, los Laser y la Ingeniería Genética que afectan a toda la economía.

Las predicciones sobre ellas según Mokyr, son inciertas, requieren innovaciones complementarias y unas exigencias de inversión, pero la velocidad de actuación entre las herramientas nuevas de la tecnología y la ciencia, la simbiosis ciencia tecnología va a transformar la condición humana en muchas dimensiones, independiente de que haya ciertos avances que fracasen

Acemoglu y Johnson (3) señalan que es muy importante la dirección que tome la tecnología, que en estos momentos no es la correcta para ellos porque no se da la participación general adecuada en sus beneficios, por lo que hay que redirigirla para evitar sus efectos de incrementar la ya elevada desigualdad social.

Citan toda una serie de inventos que fracasaron desde la Primera Revolución Industrial del siglo XIX, porque sus beneficios no se extendieron, beneficiando durante largo tiempo solo a las elites. Como el diseño de los nuevos barcos que expansionó el comercio creando verdaderas fortunas y sirvió para trasladar esclavos, la industria textil que tardo casi cien años en incrementar la renta de los trabajadores, lo mismo que la del algodón y la química en Alemania.

Como se comparten los beneficios del aumento de productividad, depende de que ese incremento lleve a un alza en la demanda de trabajadores y en un segundo paso, esa demanda lleve a una subida de los salarios ofrecidos para retener y atraer a nuevos trabajadores.

Como ellos detallan ninguno de esos pasos lleva automáticamente al otro, ya que el trabajador incorporado debe aportar una productividad marginal al empresario y muchas veces no es el caso, la automatización puede llevar a una disminución del empleo si no se crean nuevas tareas en el sector o en otros sectores.

Ahí está el caso del coche eléctrico que necesita un tercio de personal para su producción, con Ford dando de baja a 1500 personas en su planta de Almusafes en Valencia como medida preventiva.

El Banco de España (4) percibe que los sectores que usan más la IA son los que más empleo crean, aunque reconoce que es un poco temprano para llegar a conclusiones.

En España, (5) Comisiones Obreras ha denunciado que se está utilizando la IA con el uso de logaritmos en los convenios colectivos, se emplean también para contratar y despedir y pide que tengan una supervisión humana.

Para el progreso adecuado no basta que las tecnologías incrementen la productividad, sino que esta productividad se traduzca en un incremento de los salarios reales, lo que realmente no se ha producido en épocas pasadas ni se va a producir automáticamente.

Por ello los autores son partidarios de redirigir el progreso tecnológico incrementando el número de personas que se benefician del mismo basándose en tres líneas de cambio:

Alterar el relato actual y cambiar las normas. Hay que informar a las personas acerca de los problemas que puede provocar la tecnología en la economía y la sociedad, más allá de la línea marcada por los reguladores, los magnates empresariales y los periodistas sensacionalistas. Aquí se refiere a progresistas independientes como fue Tarbell que denunció sobre el terreno el monopolio de la Standard Oil de Rockefeller.

El segundo cultivar los poderes compensatorios, de asociaciones, sindicatos y otros movimientos civiles, principalmente que lleve al control de las grandes tecnológicas por la regulación.

Buscar soluciones políticas aunando la crítica, la investigación y los expertos.

Todo debe llevar a que las tecnologías digitales complementen a las personas, mejorando la productividad de los trabajadores en sus puestos.

Creando nuevas tareas con la ayuda de las maquinas inteligentes que aumenten las capacidades humanas.

Proveyendo de una mejor y más utilizable dimensión para la toma de decisiones.

Elaborando nuevas plataformas que junten a personas con diferentes capacidades y necesidades.

DEFINICIONES DE INTELIGENCIA ARTIFICIAL. EXPANSIÓN Y LIMITACIONES

Comenzaremos por una breve descripción: "La IA es un campo de la informática que se enfoca en crear sistemas que puedan realizar tareas que normalmente requieren inteligencia humana".

Según técnicos como John Mccarthy: "Es la ciencia y la ingeniería de crear máquinas inteligentes especialmente programadas por computación inteligente". Aquí la definición es algo más amplia ya que añade la palabra ciencia separada de la ingeniería su aplicación. Pero todavía el concepto de inteligencia es genérico

Ocho años antes, Gordon relacionaba la IA solo con los grandes Datos (Big Data), añadiendo la revolución médico-biológica que ya hemos comentado, el 3D, los pequeños robots y los coches sin conductor, pero como ya indicaba Mokyr, la IA se ha convertido en una plataforma de múltiples aplicaciones en un gran número de sectores y actividades, encabezados en sus denominaciones por las dos palabras de Inteligencia Artificial.

El concepto de IT es escurridizo por su evolución y por la filosofía subyacente en las definiciones de su relación con la inteligencia humana.

Erik Larsson (6) fundador de varias empresas de IA e investigador de la misma en la Universidad de Texas, habla del mito de la IA en el sentido de afirmar que su llegada es inevitable y que nos lleva por un sendero que conducirá a una inteligencia de nivel humano y más tarde a una supe inteligencia con todas las fantasías existenciales de pérdidas de control, catástrofes etc.

El autor afirma que la inteligencia humana y la artificial son radicalmente diferentes. Se ha comprendido como ha sido el caso del gran matemático ingles Alan Turing, que la IA es solo aquella parte de la inteligencia que se dedica a resolver problemas.

Otro grande, el también lógico y matemático austriaco Kurt Godel con sus teoremas de la incompletita, rompió todos los esquemas de Turing, y de la filosofía en general sobre el tema, respecto al progreso de inteligencia de las máquinas. Dicho de una forma muy reducida, argumentaba que ni la matemática ni las máquinas se bastan a sí mismas. O como dice Larsson, "podemos ver cosas que al ordenador se le escapan" y así ocurrirá siempre.

Otra visión de esta diferencia fundamental es que la conciencia humana no conoce sus límites, ni su esencia, ni su funcionamiento que llamamos intuición en sentido amplio que se basa en el inconsciente como la caja negra que alimenta e interactúa

El aprendizaje más profundo automático, busca las regularidades y como señala un gran informático, Judea Pearl, nunca podrá lograr una comprensión real porque el análisis de los datos no abarca el conocimiento de la estructura causal del mundo real y menos todavía el pensamiento contra factual como la imaginación, el entendimiento y las preguntas del tipo "y si lo hubiera hecho de forma diferente".

El concepto de entendimiento es mucho más amplio que el de razón.

El aprendizaje automático se encuentra en la escala más baja de la causalidad, la asociación, lo que lleva un grado de simplificación extremo del mundo y las personas aunque en esos niveles de asociación se están produciendo saltos cualitativos importantes.

Eso no quiere decir que en el crecimiento de las capacidades las máquinas no se estén produciendo diferencias cualitativas importantes que nos van a afectar en nuestras actividades y en nuestras relaciones con ellas, pero siempre serán ciegas como decía Gödel con respecto a lo que sus normas no cubren.

El tema es más amplio en la diferencia de dos universos que nunca se encontraran

La inteligencia humana es situacional, social, contenida en la civilización, depende tanto de la biología como de la cultura

La mente humana es un misterio para todos nosotros que excede nuestra capacidad para mecanizarla y hasta donde sabemos es eficazmente ilimitada.

En la misma línea pero con un desarrollo más concreto del substrato físico político y económico, descendiendo toda la cadena de la IA se halla Kate Crawford (7), investigadora principal en Microsoft de IA y profesora visitante en el MIT (Instituto Tecnológico de Massachusetts).

Para Cawford "la IA no es artificial ni inteligente, más bien existe de forma corpórea, como algo material, hecho de recursos naturales, combustible, mano de obra, infraestructura, logística y clasificaciones".

Los sistemas de IA no son autónomos ni racionales, tampoco capaces de discernir sin un entrenamiento extenso y computacionalmente intensivo con enormes conjuntos de datos o reglas y recompensas predefinidas. De hecho, la IA tal como la conocemos depende de un conjunto más vasto de estructuras políticas y sociales.

PODER Y PROGRESO DE LA IA. POR QUIÉN Y PARA QUÉ

La IA ha experimentado un progreso irregular con caídas y recuperaciones, así antes de Internet en los años ochenta, experimentó un desarrollo que se vio marcado por fracasos sonados con fuertes pérdidas. Con la llegada de Internet se potenciaron las grandes bases de datos y la capacidad de los ordenadores para tratarlas estadísticamente en procesos de clasificación, elección y pronóstico. Todo ello con los procesos de entrenamiento y aprendizaje de los programas y máquinas para filtrar las desviaciones.

Todavía a pesar de ese aprendizaje autónomo necesitaban supervisión humana y bases de datos estructuradas con frecuentes correcciones de sesgos absurdos.

El siguiente salto lo constituye la creación de los sistemas de lenguaje en base a los cuales los modelos aprenden solos con un incremento exponencial en la capacidad de proceso y sobre bases de datos que no necesitan ser etiquetadas (etiquetar una base de datos es identificar sus propiedades de textos o imágenes y anotarlas) se procesan miles de millones de parámetros, es la IA llamada generativa.

En ella se reconocen textos, imágenes, audios, procesos, juegos con transformaciones de unos en otros.

Desde hace décadas en esas tareas de producción con reglas definidas sobre una gran masa de datos, se superan cada vez más las capacidades humanas, pero a su vez les da una plataforma con muchas más posibilidades.

Recordemos la victoria informática del ordenador de IBM, Deep Blue hace 27 años sobre el entonces campeón mundial de ajedrez Garry Kasparov.

El especialista chino de IA Kai-Fullee (8) considera un salto cualitativo en la IA respecto a Deep Blue, la de Alpha Go en su victoria en el 2017 contra la figura mundial del juego chino de Go, Ke Jie, ya que estaba vinculado a radicales variaciones en el mundo real.

Alpha Go se basaba en el aprendizaje profundo, un enfoque innovador de la IA que ha incrementado las capacidades cognitivas a problemas mucho más amplios que el ajedrez con sus normas, lo que él llama el desarrollo y entrenamiento de las redes neuronales aceleradas y que en general se denomina Inteligencia Artificial Generativa que ya hemos comentado.

Y actualmente el último informe de seguridad de Google, informaba que diariamente la sociedad eliminaba 5000 millones de anuncios no convenientes.

En la bolsa se ha pasado de analizar por colaboraciones entre finanzas y universidades, la aparición de una sola palabra, "baja o alza", en el universo de datos, a evaluar frases enteras con juicios de bolsa y sus pesos diarios en cerca de 6 millones de webs de comentaristas, analistas, casa de bolsa, brokers, etc.

La manifestación popular de este salto la constituye la aparición creado por Open AI de su Chatbot, ChatGPT, un software que permite mantener una conversación con preguntas y respuestas en tiempo real por texto o por voz, con un acceso sin límites, generando poemas ensayos, canciones, novelas etc.

Estos modelos no solo entran en diálogo, sino que además actúan sobre otros programas del sistema en la red formando cadenas de gran potencial.

De cualquier forma continúan los resultados absurdos, dañinos en muchos casos que no se logra entender por la caja negra que supone la frecuente falta de comprensión de estos procesos.

El último ejemplo de este mes de junio lo tenemos en el GPT 4, el último y más potente Chatbot que está empeorando en algunos casos (9) de manera alarmante cuando se aumenta el entrenamiento y los datos, pasando de por ejemplo, en la selección de números primos sobre un grupo de 500 números del 97.6% de acierto en Marzo a un derrumbe en Junio al 2.7% de acierto.

Este fenómeno que los técnicos llaman "Saturación" y al que no encuentran explicación, se está produciendo quizás no con tanta intensidad, pero si con más frecuencia.

Pero el tema más trascendental como señala Crawford es que la IA con las capacidades ya en marcha y el progreso esperable en las mismas, interviene mundialmente en la creación del conocimiento la comunicación y el poder

Este proceso de intervención en el mundo no es democrático, dominado por las grandes casas de la IA, que constan de media docena de compañías que dominan la computación planetaria a gran escala.

Se está produciendo una apropiación de los espacios públicos sin apenas una percepción colectiva.

Pensemos en el reconocimiento facial en todo un país como China, la selección y calificación de personas realizadas a gran escala según las emociones en el escaneo de los rostros, la invasión de los archivos de fotos, las posibilidades de intervención en los medios y redes, en la educación, las clasificaciones sanitarias con filtros de admisión, en fin la capacidad de registro, influencia y simplificación de cualquier factor humano para su uso político, económico y militar.

La conexión militar y el enfrentamiento con China, da lugar a que las grandes tecnológicas estadounidenses busquen el operar con mayor apoyo estatal y menos restricciones. El arsenal de vigilancia preventiva y predictiva, como la llama Crawford sobre los ciudadanos, está aumentando con la integración de redes que antes se mantenían separadas

"Los sistemas de IA están construidos para ver e intervenir en el mundo de maneras que beneficien a los estados, las instituciones y las corporaciones a las que sirven" afirma Crawford.

Es necesario huir tanto de la utopía de la gran solución universal como del catastrofismo.

En un espacio democrático se debe resolver el complejo desafío de ir regulando la IA, para equilibrar los beneficios que puede traer con los grandes peligros que puede acarrear en su dinámica actual que se está acelerando. Una regulación comprensiva justa flexible y con pragmatismo ético.

L a Comisión Europea ha elaborado la IA Act (10) después de varios años y habrá que ver cómo va su aplicación (en Europa había 128 borradores de ética para IA). En ella gradúa riesgos como inaceptables (manipulación de comportamientos de grupos vulnerables, clasificaciones de personas por su nivel social o sus características personales, y el reconocimiento facial).

Otros los califican de alto riesgo a los que afectan a la seguridad y derechos fundamentales

Es necesario que no solo los fines, sino que los medios sean también éticos.

A principios de Septiembre un real decreto ha establecido los estatutos de la agencia española de la IA que tendrá su sede en la Coruña cumpliendo así con anticipación al resto de los países europeos, la creación prevista por los organismos europeos de una autoridad nacional que supervise la aplicación de la normativa en Inteligencia Artificial.

IA Y RENTABILIDAD. SOCIEDADES PIONERAS EN LA INTELIGENCIA ARTIFICIAL

Hay un punto entre la conexión ciencia-tecnología que se comenta de paso, pero que tiene una importancia capital y es lograr que el invento se venda a un precio asequible para que abarque un gran número de usuarios, que a su vez sea rentable para las empresas, producirlo e invertir, e ir consiguiendo cada más eficiencia. Tenemos los ejemplos comentados, de la multiplicación de la potencia en relación al precio de los chips, la gran caída del coste del genoma humano, como la gran baja de costes del modelo Ford T llevó a la gran expansión del automóvil, o la conocida información de la gran baja de costes en las energías alternativas.

Pero este proceso es muy creativo, no es un éxito dado, sino supone una gran capacidad de las personas y las organizaciones.

De hecho, una potencia como Meta que está invirtiendo en el Meta verso, el universo virtual paralelo al real, en el que interviene la Inteligencia Artificial entre otros temas en la identificación de los Avatares (las identidades virtuales) ha perdido en el último año y medio 21.000 millones de dólares y se espera otro tanto en otro año y medio por la dificultad de acoplar tantos programas.

La revista The Economist (11) ha elaborado un índice de los pioneros en la adopción de la IA (Inteligencia Artificial) de los que están iniciando esa vía de eficiencia.

Destaca a los cinco grandes tecnológicos (Alphabet, Amazon, Apple, Meta y Microsoft) y su revalorización bursátil del 60% desde Enero.

Nvidia la gran estrella en la fabricación de chips como base de la IA, ha triplicado su cotización, lo mismo que AMD también fabricante ha doblado la suya.

Arm fabricante de microprocesadores base para el diseño de los chips que domina el mercado de los móviles (8), va a protagonizar la mayor salida bolsa de los dos últimos años con una valoración a priori de 65.000 millones de dólares. Nvidia intentó adquirirla hace dos años a 40.000 millones de dólares, pero los reguladores frenaron la iniciativa por problemas de monopolio.

El día 13 de septiembre entro a cotizar al alza alcanzando los 64.000 millones de dólares.

El 25 de agosto Nvidia como consecuencia de la subida de su cotización al presentar unos resultados superiores a los esperados, entró en el club de las sociedades que superan el billón de dólares en su valor bursátil.

Todos los ejecutivos de las grandes empresas quieren demostrar que están aplicando los medios para establecer la IA.

La revista adopta cinco criterios para ver el grado de compromiso con la IA en las sociedades del S&P 500.

El porcentaje de patentes que nombran la IA, la actividad de capital riesgo con objetivos de empresas de IA, adquisiciones de empresas de IA, lista pidiendo trabajadores en IA y menciones de la IA en los avisos de beneficios.

Respecto a las patentes relacionadas con IA la tendencia es ascendente.

La compra de sociedades dedicadas a la IA ha pasado del 19% de todas las compras en el 2021, al 25% en el 2022.

La mitad de las sociedades analizadas en sus informes sobre beneficios hacen referencia a la IA.

Según Mackinsey tres cuartas partes del negocio de IA se va a centrar en cuatro áreas de negocio empresarial, investigación y desarrollo, ingeniería de software, marketing y servicio al cliente.

Los puestos de cabeza están dominados por las sociedades de Silicon Walley. El S&P 500 contiene 82 firmas técnicas, 50 se encuentran entre las 100 primeras.

A la cabeza está la ya comentada Nvidia, el fabricante de microprocesadores que surte a los grandes de la tecnología que en los tres últimos años más de la mitad de sus requerimientos de empleo se referían a la IA. El año pasado en sus informes de beneficios nombraron la IA más de 200 veces.

Actualmente Nvidia no puede cubrir la demanda y está ralentizando las actividades de IA.

A continuación hay que destacar a los gigantes tecnológicos Alphabet (tercera) Microsoft (duodécima) y Amazon (34) que venden acceso a las herramientas de IA para entrenar modelos sofisticados para aplicar la IA.

Aparte de la tecnología según The Economist, dos tipos de industrias destacan por su rapidez en la aplicación de la IA.

Por un lado las que trabajan con un gran volumen de datos como son las aseguradoras, servicios financieros y farmacéuticas, ellas suponen como una cuarta parte de las primeras cien. Una décima parte de los requerimientos de empleo en J.P. Morgan se refieren a la IA.

El amplio informe del 2023 sobre Inteligencia Artificial de la Universidad de Stanford (12) señala que en el 2022 Estados Unidos invirtió en IA, 47.400 millones de dólares casi la mitad de la inversión mundial y más de cuatro veces la inversión china y está concentrada en salud, gestión de datos, en la nube, en Internet y Fintech (las financieras digitales).

Farmacéuticas como Gilead o Moderna usan la IA para el descubrimiento de nuevos medicamentos, otros como Abbot o Align construyen con AI nuevos dispositivos médicos.

Un segundo grupo de industrias están ya afectadas por la nueva tecnología. Comprende a los coches, telecomunicaciones, industria de los medios y el comercio al por menor.

El crecimiento del coche eléctrico y la perspectiva de los coches auto conducidos ha llevado a las firmas como el caso de Ford a crear en marzo Latitude IA, una subsidiaria para desarrollar el coche autónomo, en el mismo caso están Tesla y General Motors.

En el comercio al por menor, Nike presentó una patente en el 2021 para genera un modelo en tres dimensiones de computadora para entrenadores.

Procter & Gamble ha registrado una patente de IA que analiza la piel y el pelo basado en fotos y recomienda el tratamiento adecuado.

Setenta compañías del S&P 500 no presentan ninguna medida sobre IA, se concentran en las pequeñas empresas y su inversión en investigación y desarrollo es casi nula.

Dentro de una misma empresa hay secciones adelantadas en IA y otras que no se han iniciado en la misma.

Por seguridad de no depender de modelos de las tecnológicas, hay 45 empresas no tecnológicas en el S&P 500 que han entrado en la IA para elaborar sus propios modelos como Boeing, United Health o State Street (un banco).

Otro riesgo se ha manifestado en la demanda a OPEN AI la sociedad adquirida por Microsoft, por violación de los derechos de propiedad en el uso de los datos de Internet.

Por otro lado el desarrollo de la IA lleva a la obligada expansión de las empresas que constituyen su infraestructura: así por ejemplo las sociedades que alquilan espacios para los centros de datos como Equinix, las ya comentadas empresas de diseños de chips como la taiwanesa AMD, o la fabricación de microprocesadores para procesamiento de unidades graficas como la comentada Nvidia y su rival Arista Networks.

Hay que añadir las empresas de cableado, routers, conmutadores, de aire acondicionado y la gran demanda a las energéticas.

Pero la mayor demanda de infraestructura se va a producir tanto en hardware y software en la gran potencia de ordenador que va a exigir, ya que los modelos de IA están multiplicando su dimensión por diez cada año, en los últimos seis años. Y la última versión del GPT4 usa tres billones de parámetros, la potencia de los ordenadores debe incrementarse en paralelo.

El servicio se cubre computando en la nube (el almacenamiento, los servidores y aplicaciones se integran en Internet) por los principales tanto para el hardware como el software, y los clientes son los gigantes que trabajan en la nube, Amazon, Alphabet y Microsoft que planean inversiones de 128.000 de dólares para este año 2023.

Los beneficiados son los ensambladores como Digital Realty y fabricantes de servidores para los grandes, como Winstron e Inventec ambos taiwaneses.

EL EFECTO DE LA IA EN LA ECONOMÍA

Ya vimos el optimismo del inversor bursátil respecto a la futura rentabilidad de la IA en la cuenta de las empresas y el crecimiento de la economía.

Los grandes optimistas como el banco Goldman Sachs pronostican que si la IA se generaliza podría llegarse a un 7% de incremento del PIB (7 billones de dólares de incremento) en la próxima década.

Otros estudios académicos hablan de una fuerte subida de la productividad del 3% anual para las empresas que lo adopten.

En la misma línea están las consultoras multinacionales, que ven el gran negocio y trazan grandes líneas futuras de crecimiento y beneficios con hipótesis especulativas

Para este tipo de repercusión en toda una economía se tienen que juntar toda una serie de factores de innovación, de coordinación con otros hallazgos, regulación adecuada que no reprima, pero tampoco permita descontroles, así como los efectos de pérdidas de puestos de trabajo que puede provocar en los sectores más vulnerables proclives a automatizarse, así como la escalada de costes que está provocando el crecimiento de las dimensiones de sus modelos que pueden afectar a su rentabilidad y a las inversiones futuras, que en el 2023 han experimentado un cierto retroceso como informa el análisis de coyuntura 2023 de la IA realizado por la Universidad de Stanford.

The Economist analizaba el efecto en la economía en tres vertientes: el monopolio de mercado que puede producirse. El impacto en el mercado laboral y en tercer lugar la incidencia en la productividad.

Respecto al monopolio, se considera que hay pocas probabilidades de que se produzca el dominio de una sola compañía, sino que dadas las inversiones necesarias puede darse un mercado con un número modesto de compañías, ya que el poder de las computadoras es genérico y los códigos así como las posibilidades de aprendizaje en la red son accesibles en internet, no se dan pues grandes barreras de entrada.

En un estudio más específico de Goldman Sachs, en el que asume que 1300 millones de trabajadores en oficinas usan la IA pagando 400 dólares por persona, llevaría a unas rentas adicionales para las sociedades del sector de 430.000 millones de dólares anuales, si consideramos que todo lo ingresan sociedades estadounidenses supondría incrementar los beneficios de las sociedades en Estados Unidos del 12 al 14% sobre el PIB por encima de la media pero inferior al nivel del último trimestre del 2021.

De hecho, la sociedad más beneficiada por la IA, no pertenece al sector, la tan citada Nvidia que fabrica los microprocesadores para las sociedades del sector. Las sociedades especializadas en IA forman un pequeño grupo que supera los 1000 millones de dólares de capitalización.

Sobre el empleo vuelven algunos pronósticos apocalípticos sobre la pérdida de puestos de trabajo por la automatización de tareas, por lo que hay que recordar una popular profecía realizada por economistas de Oxford en el 2013 en la que auguraban que se perderían el 47% de los puestos de trabajo en Estados Unidos en la siguiente década.

Una década después, resulta que el paro en el mundo ha descendido a la mitad y la participación en el trabajo de la población activa está en su punto más alto y precisamente los países con un mayor grado de automatización y robótica, Japón, Singapur y Corea del Sur son los que presentan un desempleo más bajo.

Hay que tener en cuenta que la destrucción de empleo en los trabajos más vulnerables a la automatización se ha producido muy lentamente. Así por ejemplo desde que se inventó el teléfono en 1892 transcurrieron 29 años, llegándose a la primera central telefónica automatizada en 1921 y hasta 1980 estuvo creciendo el empleo en el sector, nueve décadas después de establecida la automatización.

Por otro lado, los sectores con más riesgo respecto a la IA son los más regulados, como son los profesores, de idiomas, de historia, de filosofía, abogados, los trabajadores de tele marketing, consulting clínicos, contables, agencias de viajes.

La prohibición de Italia del modelo ChatGPT de AI por razones de privacidad, y las decisiones pendientes de Francia y Alemania, denotan la preocupación por el poder destructivo de empleo de la IA.

Aunque en el proceso, no corto, habrá una sustitución de unos empleos por otros. The Economist cita un estudio del 2020 de David Autor y otros en el que resalta que el 60% de los trabajos existentes en ese momento en Estados Unidos no existían en 1940.

En el tercer capítulo el de la productividad.

La productividad, la producción por trabajador, depende de lo que se produzca, del número de trabajadores que lo produzcan y del número de horas empleadas por esos trabajadores.

Si el impacto laboral de la IA es pequeño, lo mismo se da en la productividad, ya que no se reduce el número de personas para producir lo mismo y el número de horas de cada persona trabajando está disminuyendo en todos los países desarrollados.

Se está esperando un surgimiento de la productividad y el crecimiento, ligado a las recientes innovaciones, internet, los móviles, los modelos de IA con el tratamiento de datos y los diálogos con la generación de conocimientos, el crecimiento de la robótica, de la automatización, con sectores a los que debe estar afectando muy positivamente.

The Economist destaca que sin embargo hay en la economía una serie de factores en contra de la productividad.

Por una parte hay una serie de sectores en los que impera el trabajo físico como el agrícola u la construcción que suponen el 29% de la economía estadounidense en los que tiene muy poca incidencia la IA.

William Baumol un gran economista examinó en otros sectores, el del arte y la evolución de sus salarios: "La producción por hora de un violinista de cuarteto tocando a Schubert, en un concierto estándar es relativamente fija", el progreso tecnológico no le afecta.

Aunque suban los precios, la demanda de arte continuará por lo que ganara peso en la economía un sector sin incremento en la productividad lo que afectará negativamente al crecimiento.

La tendencia general que se deriva del razonamiento anterior, es que aquellos sectores en los que es poco aplicable la automatización, los cuidados de salud, recreativos, las artes, el deporte etc. ganarán peso en la economía los sectores menos productivos en relación al impacto tecnológico.

Otro retroceso en la productividad son las orientaciones equivocadas en las planificaciones de los gobiernos y las empresas, en los diseños de las ciudades, las infraestructuras, las inversiones en manufactura, etc.

El factor de distracción en el uso de las tecnologías respecto al trabajo, se está produciendo. Investigaciones empíricas concluyen que cuanto más largo es el tiempo diario empleado en los e-mails, más descenso se percibe en la productividad.

Los mismos modelos generativos de IA pueden disminuir la productividad, provocando entretenimiento a voluntad en gran escala, y por otro lado está el incremento en los capítulos de coste por la necesidad de control de la gran expansión de noticias falsas, spams y ataque informáticos.

En los modelos de lenguaje de la IA se amplifican los daños y problemas que se producen en Internet. Aparte los peligros que se derivan de las nuevas capacidades respecto a la elaboración de bombas, drogas medicamentos y productos químicos, por ejemplo, a precios accesibles en todo el mundo. Así como la manipulación de elecciones, terrorismo y ciberdelitos.

Se pueden producir los incidentes de aprendiz de brujo y aunque por ejemplo Open AI tiene sus propios mecanismos de autocontrol para reducir riesgos, las conexiones de las redes de las computadoras pueden generar resultados imprevistos caóticos, ya que se da un gran porcentaje de caja negra en los procesos para los técnicos, que intentan interpretar con escaso éxito esos resultados extraños que conforme aumenta la complejidad de los procesos, no disminuyen sino incluso se incrementan.

Asimismo, se intenta controlar la nueva vía de "las fuentes abiertas de IA" con posibilidades de desarrollar modelos a precio bajo accesible a pequeños grupos técnicos.

Un hecho diferencial de este desarrollo de la IA es el respeto por la jerarquía de las grandes tecnológicas y su incorporación a ellas.

OpenAI está unida a Microsoft, Alphabet-Google tiene una participación importante en Anthropic y aunque compiten intensamente, destacan la necesidad de un marco legislativo. El CEO de Alphabet afirma "IA es demasiado importante para no regularla y demasiado importante para no regularla bien".

La potencia de computación para elaborar los modelos de dialogo se está incrementando exponencialmente, ya que la absorción de datos es descomunal. El GPT 3 tiene miles de millones de ponderaciones y se le entrena en cientos de miles de millones de palabras, la primera versión creada hace cinco años era 10.000 veces más pequeña.

La mayor limitación para mejorar estos cuadros de dialogo mediante el entrenamiento es la escasez del inventario de lenguaje de alta calidad en la red de Internet que debe usar, que puede estar agotado en el 2026.

Otra limitación se ha producido con lo sucedido con Stability AI, que genera imágenes con un programa llamado Stable Diffusion, llevada a juicio por Getty Imágenes, la agencia fotográfica, por reproducir sus imágenes sin permiso. Puede llevar a la desaparición de la empresa si la sentencia es desfavorable a la misma.

O el chasco del abogado Steven Schwartz en la preparación de un caso ante los tribunales con la información de jurisprudencia de un

Chatbot, en la que gran parte de los casos de jurisprudencia eran falsos.

En general la rentabilidad a medio plazo en la IA, que es lo que va a provocar la eficiencia en las aplicaciones, se enfrenta a capítulos de coste desconocidos tanto en energía, en hardware, software, personal y sus elaboraciones, además de los riesgos dañinos de malos usos o resultados no previstos.

Es la primera vez que en el desarrollo tecnológico, todo el sector está dando tanto o más peso a la seguridad que a la rentabilidad.

LA COMPETENCIA CHINA EN LA INTELIGENCIA ARTIFICIAL

En lo que se refiere a citaciones en artículos (13) sobre IA, China sobrepasó a Estados Unidos en el 2019.

En el 2021, 26% de las publicaciones de conferencias sobre IA vinieron de China mientras Estados Unidos supuso el 17%.

Nueve de las diez instituciones mundiales con más publicaciones sobre IA son chinas, así como los cinco laboratorios más importantes.

Pero la superioridad estadounidense en la práctica con los modelos fundamentales en la IA generativa de conversaciones, es notoria.

Cada una de las grandes firmas tecnológicas estadounidenses tiene ya su chat de IA generativa (actúa sin intervención de los supervisores) muy superior según los expertos al ChatGPT chino ERNIE de Baidu, el buscador chino en Internet, los otros dos grandes gigantes chinos Alibaba y Tencent todavía no han producido sus propios ChatGPT.

Tres razones señalan The Economist para este retraso de China:

El primer problema en China son los datos, paradójicamente por la gran cantidad de datos chinos, pero no en Internet, en el que China actúa con la superaplicaciones de dos grandes empresas WeChat y Weibo, que se convierten en "jardines cerrados" al no estar incluidos en los motores de búsqueda imperantes (56% de los datos de los sitios web están en ingles solo el 1.5% están escritos en chino).

Esta falta de datos interrelacionados, llevó al fracaso en la elaboración de su modelo de IA a la Academia de Pekín de IA.

La segunda razón se encuentra en el hardware al boicotearle Estados Unidos los microprocesadores usados en los centros de computadores en la nube, donde los modelos de IA realizan su aprendizaje.

Según análisis de expertos, de los 26 grandes proyectos chinos de IA, más de la mitad se encuentran bloqueados por depender de la empresa estadounidense Nvidia.

El tercer problema para China es la superioridad de Estados Unidos en atraer talento. Dos tercios de los expertos en AI que presentaron estudios, eran extranjeros, de ellos en el 2019 el 27% lo constituían ingenieros chinos.

China está reaccionando sobre estas tres desventajas, pero una consolidada superioridad estadounidense en IA puede basarse en su capacidad de extender sus innovaciones a lo largo de toda su economía, su capacidad de difusión tecnológica es superior a la china, especialmente en las pequeñas y medianas empresas y el hándicap político para el sector privado chino del control estatal de los contenidos de su modelos y el efecto residual de la campaña anti tecnológica estatal que parece ya finalizada.

Las inversiones en el inicio de empresas de IA en China ascendieron a 13.500 millones de dólares en el 2022, menos de la tercera parte de las inversiones de las empresas estadounidenses. En el 2023 parece que las diferencias aumentan.

El especialista chino Kai Fu Lee ya citado, piensa al contrario, que China ha desarrollado su propio Internet a unos niveles en servicios con sus gigantes como Wechat sobre una gran riqueza de datos, superiores a las grandes tecnológicas estadounidenses, sin considerar los problemas que hemos expuesto.

Acemoglu (14) uno de los autores de la obra citada anteriormente, en la que defienden que el progreso se produce cuando las innovaciones tecnológicos benefician a todos, considera que para ello es necesaria una democracia activa en la que se produzca la descentralización frente a las fuerzas monopolistas.

Considera que el grado de centralización y control del gobierno chino va a perjudicar a la larga a los posibles beneficios del desarrollo de la IA.

Es inquietante el establecimiento a gran escala del reconocimiento facial establecido dictatorialmente por el gobierno chino.

TECNOLOGÍA Y LA GUERRA DE UCRANIA, LA GRAN AMENAZA

El bloqueo de las exportaciones de grano de Ucrania, unido a la restricción parcial de las exportaciones de arroz en la India y la sequía en ciertos países, ha llevado por primera vez en tres meses al ascenso en el índice de alimentación de Naciones Unidas.

Ucrania ha reducido su producción de granos en un 37%, y la India supone el 40% de las exportaciones mundiales de arroz. Vietnam que supone el 15% también está marcando cuotas de exportación.

Por otra parte, el inicio de ataques de Ucrania al tráfico ruso en el Mar Negro puede amenazar el 15% de las exportaciones rusas de grano y el 20% de las de petróleo.

En otra vertiente el presidente estadounidense Biden ha solicitado al Congreso 19.000 millones de dólares para ayuda militar a Ucrania, de ellos casi dos tercios en ayuda militar y el resto en fondos para la reconstrucción. Hasta ahora los fondos suministrados ascienden a 70.000 millones. El apoyo a la ayuda estadounidense se va debilitando en la opinión pública del país, con menos de la mitad apoyando la guerra, lo que plantea unas perspectivas duras de futuro para Europa.

En un informe monográfico, (15) The Economist analizaba como los desarrollos tecnológicos están afectando a la estrategia en la guerra de Ucrania.

En primer lugar, planteaba que los sensores detectan los objetivos con una gran fidelidad y la IA transmite ubicaciones con rapidez y una gran cantidad de datos a drones, misiles y otras municiones que en minutos golpean con una gran precisión, por lo que los desplazamientos tras los lanzamientos tienen que ser rápidos, minutos después para evitar ser ubicados

Así se provoca la guerra de las contrabaterías de artillería de quien golpea al objetivo antes, al ser en ambos lados detectadas por el enemigo su ubicación. La vertiente defensiva es prioritaria.

Consecuencia de lo anterior, el segundo tema es que los acuartelamientos deben ser pequeños y en continuo movimiento para evitar ser ubicados y dejando el mínimo rastro electrónico. El camuflaje y el engaño vuelven a estar de moda. El desgaste físico de este dinamismo es enorme.

El ataque que exigía una proporción de 3 a 1 respecto al defensor, ahora pasa a ser de nueva a uno.

El tercer punto es el cambio total en la cadena de mando. Un simple pelotón con acceso a la aplicación ucraniana de municiones y las terminales de los satélites starlinks puede alcanzar objetivos de gran rango.

La caída del primer avión ruso parece que la realizó un solo soldado con un móvil, un dron y un misil Stinger conectando la cadena. Todo ello complica la logística, que se dispersa y lleva a que los soldados deben tener iniciativa y conocimientos técnicos.

Los civiles entran a formar parte de la cadena de información y se implican más en la guerra. En multitud de ocasiones los mandos militares llaman o reciben información, de los móviles de ciudadanos en pisos y comercios de los movimientos rusos en la zona.

Los cambios se extienden a la lucha naval en el Mar Negro, con drones sobre la superficie de largo recorrido nocturno contra los buques rusos.

Y los drones bajo la superficie como prevención a los ataques a las estructuras de cableado bajo el mar.

Un riesgo nuclear surgido en la guerra, son los posibles daños que puedan recaer y su irradiación, sobre la central nuclear ucraniana que a pesar de pararla, necesita actividades de mantenimiento y refrigeración de difícil realización en estos momentos.

Por último las tecnologías se enfrentan con una gran batalla en potenciar la anulación de la electrónica rival, alterando sus señales de GPS y datos y la precisión de sus armas, con la contra reacción en el bando contrario.

Pero el desgaste es muy grande en pérdidas tecnológicas y humanas, Ucrania está perdiendo 10.000 drones al mes tanto por impactos de proyectiles como por interferencias en el software que lo alimenta por parte de la electrónica rusa, y las bajas humanas por muertes y heridos son crecientes.

La reconstrucción de Ucrania que en el primer año de guerra se estimó que supondría unos fondos de medio billón de dólares, un año después se revisó, ascendiendo a 750.000 millones de dólares y actualmente el comité de reconstrucción lo tasa en un billón de dólares.

La economía rusa sintió la progresiva presión del conflicto que le ha llevado a que suponga un tercio del presupuesto, y a una caída del rublo a mediados de agosto por encima de los 100 rublos dólar, niveles de inicio de la guerra. El déficit público está ascendiendo con un descenso a julio de los ingresos de petróleo y gas del 41% sobre el mismo mes del año anterior. La amenaza de la inflación por esta depreciación ha llevado al segundo incremento del tipo de interés desde el inicio de la invasión de Ucrania del 8.5% al 12% y la suspensión de la compra de divisas.

Se dan perspectivas de incremento de impuestos en el sector financiero (impuestos a los beneficios extraordinarios de los bancos y a las transferencias bancarias).

LA GRAN AMENAZA NUCLEAR

El gran matemático y filósofo estadunidense Norbert Wiener padre de la cibernética, la base primera de la IA, sentía que las nuevas tecnologías tendían siempre a una tendencia deshumanizadora y el tiempo le está dando la razón.

Una amenaza creciente en las tendencias negativas de la IA la constituye el gran desarrollo del cybercrimen basado en la IA que algunos científicos califican como un tsunami (16)

Pero la gran amenaza que todos vivimos desde la segunda guerra mundial es el desarrollo tecnológico continuo del armamento atómico con un poder destructor sobre nuestro planeta cada vez más creciente y secreto.

La bomba de hidrogeno de la URSS que explosionó en 1960, solo 15 años más tarde, era más de tres mil veces más potente que la de Hiroshima, desde entonces el poder y la logística del lugar de lanzamiento y alcance no han hecho más que progresar. (Los gigantescos submarinos atómicos actuales son capaces de lanzar 80 cabezas nucleares alojadas en misiles, a 12.000 kilómetros).

Las cifras de armamento nuclear declaradas alcanzaron las 37.000 cabezas nucleares en Estados Unidos y las 46.000 en Rusia en los años ochenta. Posteriormente se plantearon los desarmes, pero nadie piensa que eso frenó la investigación y el desarrollo tecnológico, que se va a acelerar en la coyuntura actual con el inicio ya por ejemplo, de los drones nucleares y la actuación de multidispositivos de armamento en coordinación.

55 años después las cabezas nucleares de todos los países se estiman en 12.500 (con una potencia acumulada de 135.000 veces la bomba de Hiroshima) habiéndose parado su reducción y según las webs (AA, SIPRI) especialistas, con una inversiones en el 2022 en armamento nuclear de 82.500 millones de dólares estimadas, las reales directa o indirectamente implicadas no es posible conocerlas por su carácter de secreto prioritario.

Como señaló un clásico en el análisis de las armas nucleares Thomas Schelling: "La diferencia entre las armas nucleares y las bayonetas no está solo en el número de personas que puede matar, sino en la velocidad con que puede realizarse, en la centralización de la decisión, en el divorcio de la guerra de los procesos políticos y en los programas computerizados que amenazan con llevar la guerra fuera de las manos humanas una vez que se inicie".

Un amenaza bloqueada por el momento por la expectativa cada vez más inminente, de la mutua destrucción de los contendientes si se llegara a una contienda.

El desarrollo del armamento atómico nos ha librado hasta el momento de una probable tercera guerra mundial.

RECUPERACIÓN DEL RETRASO Y DESACELERACIÓN DE LA ECONOMÍA

La economía española sigue creciendo por encima de la europea recuperando el retraso de estos últimos años, pero descendiendo el ritmo en el segundo semestre, un 1.8% interanual frente al 4% en el trimestre anterior.

Las exportaciones de mercancías han descendido casi un 6% trimestral, debido a la caída de la actividad sobre todo en el área europea y la sensibilidad a las fuertes subidas de precios de las mismas.

El consumo ha mejorado, por el incremento de salarios, del empleo y la bajada de la inflación, pero la productividad se ha estancado al basarse la expansión en ramas menos productivas que las exportadoras.

Ha habido descenso del paro al 11.6% y creación de puestos de trabajo superando los 21 millones de trabajadores hasta junio, con la industria el único sector que ha destruido empleo (-64.500) y la hostelería la más creadora de empleo, con 270.900.

En julio y agosto se ha ido debilitando la tendencia aunque la población activa en este último mes está en máximos históricos correspondientes a ese mes.

Pero los comentarios sobre el paro oculto por el abuso de los discontinuos exigen una mejora de la estadística y la transparencia, básica para abordar también el problema permanente y siempre urgente de nuestro alto nivel de paro.

Repetimos, parte importante del mérito de esta creación de empleo hay que adjudicárselo a los empresarios de este país a pesar de difícil entorno y falta de aprecio demostrada en ocasiones por sectores del gobierno y de la sociedad de nuestro país. Sin embargo lo más trascendente para la armonía social y económica futura de nuestro país se ha producido por el pacto salarial sin intervención gubernamental entre la patronal y los sindicatos, un estimulante muestra de madurez y visión que debería servir de ejemplo a nuestros políticos y votantes.

Un análisis necesario y que se ha vuelto a plantear es el de nuestro nivel de paro que dobla a la media de los países del euro, problema de todos los gobiernos pasados que habría que analizar y tomar medidas también pactadas.

Como la vivienda, el nivel de paro es una lacra de este país que habría que afrontar desde un trabajo en común de las instituciones políticas, sociales y civiles implicadas. Desgraciadamente no hay ninguna señal de la respuesta que merece.

ESPAÑA, DESCENSO DE LA DEMANDA Y LA OFERTA DE CRÉDITO

Paralelamente a la Europa del euro continua el encarecimiento del crédito y las restricciones, pero con más intensidad tanto en el nivel de los tipos de interés del crédito como en la reducción de cantidades en oferta, que la media europea.

A Julio de este año el crédito bancario a hogares y empresas no financieras ha descendido el 2.7% sobre el mismo mes del año anterior, que supone 31.400 millones menos. El hipotecario ha descendido en 16.000 millones con una subida de tipos de interés del 2 al 3.75%, el crédito al consumo estancado con una subida de más de dos puntos y llegando al 10% y por último el crédito a sociedades con una disminución casi idéntica en volumen a las hipotecas y una subida de los tipos de interés del 2% al 4.84%.

En resumen, si sigue el mismo ritmo de restricciones hasta diciembre y con una inflación media del 4%, la perdida de financiación en términos reales se acerca a los 110.000 millones con una bajada en el año del 9%.

En estas disminuciones de crédito tanto de hogares como de empresas, hay hogares y sociedades que han encontrado en las devoluciones el mejor empleo de sus recursos, en vez de gastarlos o invertir, lo cual es recesivo y por otro se da una negación a otros hogares o sociedades de la renovación o nuevos créditos que va a impactar negativamente en la actividad económica.

Añadimos a esto la intensa subida de los tipos de interés sobre los créditos vivos que lleva a la sección inferior de empresas y hogares frágiles (20-25% en ambos capítulos del total) a restringir sus gastos esenciales.

En resumen, una política monetaria severa compensada por una política fiscal hasta el momento más relajada

Se está produciendo un fenómeno de disociación en la clientela, por un lado, desciende la demanda tanto de empresas como de particulares que no necesitan del crédito por tener saldos de tesorería suficientes o renunciar a inversiones o gastos, clientes a los que la banca si prestaría.

Y por otra vía se niega el crédito por parte de la banca a los clientes que si lo necesitan, pero superan los niéveles de riesgo tolerables que está elevando la banca para poder prestar.

Consecuencia de todo ello es que la banca no tiene clientes para prestar en el sector privado y comienza reducir sus cifras de crédito, y su cifra de negocio, el volumen de base de sus márgenes, destruyendo dinero en el proceso.

Las empresas en general están presentando debilidad en sus cifras de ventas ligeramente negativas tanto en las cifras de la Agencia Tributaria como en las del Instituto Nacional de Estadística.

Como alternativa la banca compra deuda pública creando dinero como contrapartida, compensando la perdida de dimensión de su balance privado, pero con ello provoca una ampliación de la financiación de la política fiscal en perjuicio del suministro de recursos al sector privado, incrementado la expulsión de clientes del mismo.

Mientras la deuda sobre el PIB (17) no de sorpresas al alza, no caben incremento de las expectativas de inflación por ese lado, pero cada vez más el sector público va a presionar el espacio de financiación del sector privado

Por otro lado, la banca en ese circuito de moneda, depósitos y activos financieros del mercado (18), se encuentra con la presión de las transferencias de los depositantes a deuda del tesoro, bonos, pagares privados o fondos de inversión y el gasto de los ahorros acumulados.

Los particulares y sobre todo la banca, continúan incrementando sus inversiones en deuda pública, en la que en un horizonte a medio plazo el Banco Central Europeo debe descargar el tercio del total de deuda pública española cargado en su balance.

Italia está experimentando también rápidos cambios en los tenedores de su deuda pública, con una baja de la inversión extranjera compensada, como en España por la inversión de la banca. Los particulares y fondos de inversión, también creciente en nuestro país

Los extranjeros apenas han incrementado ligeramente su participación en deuda pública española en el 2023 a Junio, de 539.000 millones a 553.000 (suponen el 43% del total de la deuda), con la banca ascendiendo en 83.000 millones hasta 184.000 millones (el 14% del total). El Banco de España continua en la misma posición con 413.000 millones (el 32.5% del total).

Los particulares han incrementado sus tenencias de deuda pública en el 2023, de 3200 millones a 18.500 en junio, lo mismo que los Fondos de Inversión de 24.000 millones a 34.000 millones.

En consecuencia la deuda pública española continua con las muletas del Banco Central Europeo y en los primeros cinco meses los particulares a través de fondos y directamente, han comprado 26.000 millones de deuda.

De cualquier forma por el momento la situación de la banca española es sólida como se desprende de nuestros buenos resultados en las pruebas de stress de la Unión Europea.

La destrucción de capital que se produciría en la banca española ante los duros escenarios de las pruebas, es casi la mitad de lo que supondría a la media de los bancos de la Unión Europea, y menos de la mitad que la destrucción en los bancos franceses o alemanes.

LA INERCIA DEL GASTO PÚBLICO EN ESPAÑA

Se está produciendo una inercia del gasto público en capítulos importantes:

- El 40% del gasto extra en sanidad por el COVID permanece, así como otro porcentaje en educación que alcanzan sumados en total los 15.000 millones de euros anuales.
- La acumulación del gasto de pensiones que pasa ya de los 12.000 millones mensuales, el incremento de pensionistas a niveles de retribución superiores a los de los salarios, y la revisión inflacionista igual para todos los niveles de pensiones, son otras tantas cargas a corto, medio y largo plazo. A principios de septiembre la agencia Moody´s ha pedido a España un ajuste en el sistema de pensiones.
- El incremento de las nóminas de funcionarios por el crecimiento de las plantillas públicas en estos últimos años y la recuperación parcial de su poder adquisitivo.
- El alza los intereses de la deuda pública, si se mantienen los niveles actuales de los tipos de interés, de aquí al 2026, la elevación de pagos por intereses sería de 15.000 millones de euros.
- La necesidad de ajuste previsible del déficit público con las nuevas recomendaciones europeas, va a suponer una reducción de 12.000 millones de euros cada año.

Por todo ello, el cambio a una política más restrictiva del gasto público puede impactar negativamente en el crecimiento económico.

Hasta ahora la recaudación fiscal que continúa creciendo al 10% en el primer semestre, supera al ritmo del gasto fiscal, un 5% de expansión, pero el descenso de la inflación puede trastocar el equilibrio.

FONDOS EUROPEOS. RETRASO

La inversión está despegando con un incremento trimestral del 4.6% y el 2%, año sobre año, basada en la construcción, quizás impulsada por los fondos europeos o la perspectiva de los mismos, ya que están pendientes el 77% de los fondos condicionados a los objetivos del plan de recuperación.

Fuimos los primeros en pedirlos, pero nos vamos quedando los últimos en ejecutarlos. Se van retrasando las peticiones de pago por no haber realizado con antelación las reformas estructurales necesarias para pedirlos.

El Banco de España en septiembre señalaba que las inversiones completadas no llegan al 10%.

Que se consolide este tímido despegue de la inversión es básico para el crecimiento productivo de nuestro país. Ante la incertidumbre las buenas empresas mantienen saldos financieros, las más endeudadas devuelven deuda y las problemáticas les obligan a devolverla, mientras la inversión extranjera en nuestro país sigue a niveles de récord histórico pero con una incidencia menor (poco más del 1% del PIB en el primer trimestre).

Bibliografía

(1)"The Rise and fall of American Growth". Robert J. Gordon. Princeton University Press. 2016. Especialmente el capítulo 17, "Innovation: can the future match the great inventions of the past?"

(2)"Is Technological Progress a Thing of the Past" Joel Mokyr. International Atlantic Economic Society. Washington Oct. 15 2016. NORTHWESTERN UNIVERSITY.

"Building Taller ladders" "Technology and science reinforced each other to take the global economy ever higher" Joel Mokyr. June 2018. FD Finance & Development. International Monetary Fund.

"The Enlightened Economy". Joel Mokyr. Yale University Press 2009.

Un buen reportaje sobre la polémica entre Gordon y Mokyr en: "Has all the Important Stuff Already Been Invented" by Timothy Aeppel. The Wall Street Journal. Tuesday, June 2014. Pp 10-11.

(3)"Power and Progress". "Our Thousand -year struggle over Technology and Prosperity". Daren Acemoglu and Simon Jhonson. Basic Books. London. 2023.

El Instituto Wyss se ha creado por la Universidad de Harvard para, inspirado en la Ingeniería Biológica, aplicar los principales diseños biológicos en el desarrollo de innovaciones que transformaran la medicina y crear un mundo más sostenible. En la misma idea de Mokyr sentencia en su lema: "Los descubrimientos no cambiarán el mundo si no salen del laboratorio".

(4)"New Technologies and Jobs in Europe" Stefania Albanesi, Antonio Dias Silva, Juan F. Jimeno, Ana Lamo and Alena Wabitsch. Documentos de Trabajo Nº 2322. Banco de España. Eurosistema 2023.

(5)"Información algorítmica en el ámbito laboral" Ministerio de Trabajo 2022.

(6)"El Mito de la Inteligencia Artificial". "Por qué las maquinas no pueden pensar como nosotros lo hacemos". Erik J. Larsson. Shacklton Books. 2022. Larsson en su capítulo 3, "Aprendizaje y Big Data" explica en profundidad los procesos de aprendizaje y de tratamiento de datos con las sucesivas innovaciones y los problemas que van surgiendo.

(7)"Atlas de la IA". Kate Crawford. Ned Ediciones. 2023.

(8)"Superpotencias de la Inteligencia Artificial". Kai-Fullee. Editorial Deusto. 2020.

(9)"Yes, AI Models can Get Worse over time" by Lauren Leffer on August 2, 2023. Scientific American.www. scientificamerican.com

(10)EU AI Act: first regulation on artificial intelligence. European Parliament.

(11)Aquí recogemos todos los artículos de la revista The Economist utilizados en este capítulo sobre el tema por orden cronológico.

"The new AI (1) The generation game. Science &Technology". The Economist April 22nd2023. Pp 65, 66.

"Amazing Inventions". "How powerful new technologies, like artificial intelligence, transform economies". The Economist February 4th 2023. P 66.

"How generative models could go wrong" (I-II-III) The Economist April 22nd 2023. Pp 65-70.

"The new AI (II) How generative models could go wrong" and "The new AI" (III). Science & Technology. The Economist April 22nd 2023. Pp 68-70.

"The future of work". "Your new colleague" The Economist. May 13th 2023. Pp 55-57.

"Why the tech giants have interest in regulating generative AI" The Economist. May 27th 2023. P61.

"Technology. There´s AI in them that hills". The Economist June 3rd 2023. Pp 53-55.

"Artificial Intelligence and the law" The Economist June 10th 2023 P54

"Artificial Intelligence. ChatGPT In" The Economist July 1st 2023. Pp48-50.

(12)"Artificial Intelligence Index Report. 2023". Stanford University. Human-Centered Artificial Intelligence.

La Universidad de Pennsylvania con la de Nueva York, elabora un índice de "Riesgo Ocupacional" determinando los trabajos e industrias en los que va a ser mayor la expansión de la Inteligencia Artificial.

(13)"Artificial Intelligence. Model Socialists". The Economist May 13th 2023.
(14)"¿Funcionaría el comunismo con la inteligencia artificial?". Daron Acemoglu. El País. Domingo 23 de julio. Negocios. Página 11.
(15)"Battlefield Lessons Warfare after Ukraine" Special Report. The Economist. July 8th2023.Pp1-12.
(16)"The Future of Cybercrime: AI and Emerging Technologies Are Creating a Cybercrime Tsunami" Nueve analistas encabezados por Philip Treleaven. Development of Innovation Journal. Vol11, Nº 41: Aug 28, 2023. SSNR.
(17)"Is High Debt Constraining Monetary Policy? Evidence from Inflation Expectations". WP/23/143. 2023 JUN. Working Paper International Monetary Fund.
(18)"Money, Banking and Financial Markets". David Andolfatto, Aleksander Bernstein and Fernando M. Martin. Working Paper 2017. Revised August 2019. Economic Research. Federal Reserve Bank of St. Louis.
Por primera vez aquí se establece un modelo a tres bandas en que se incluye la política monetaria, la banca y los mercados financieros.

15 de septiembre de 2023
Blog del autor: camposeconomicos.blogspot.com

Capítulo 24

LAS RUTAS DEL PODER
Y LAS EXPECTATIVAS DE CRECIMIENTO

Si 2024 se presentaba ya como un año de baja en el crecimiento y subida de la inflación para la gran parte de los países, la nueva guerra en Oriente Medio provocada por el grave ataque terrorista de Hamás a Israel, además de aumentar el riesgo geopolítico que en la guerra de Ucrania no hace más que aumentar, ensombrece todavía más las expectativas pesimistas.

En este contexto analizamos, el creciente poder sindical, el incremento a doble nivel del poder empresarial de las familias y el juicio histórico a Google que puede marcar una nueva época en la lucha de los Estados contra las grandes corporaciones.

2024 DURA PERSPECTIVA. REPUNTE DE INFLACIÓN BAJA DE CRECIMIENTO

Tanto la Reserva Federal estadounidense, como el Banco de Inglaterra y el Banco Central de Japón el miércoles 21 y 22 de septiembre, han realizado una pausa en sus subidas los dos primeros y sigue sin tocarlos el último.

Sin embargo, las previsiones tanto en Estados Unidos como en Europa son de estabilidad de los niveles de tipos para el 2024, debido al mantenimiento de la inflación, energética, de alimentos y de servicios, con un crecimiento inferior al previsto para el 2023 para Estados Unidos, y una expansión para la eurozona de tan solo el 1.1% a pesar del impacto de los fondos europeos.

Para España las previsiones van en la misma línea.

En su informe trimestral de la economía publicado en la semana del 18 de septiembre el Banco de España pronostica una subida de la inflación al 4.3% frente a una media en el 2023 del 3.6% y un descenso del crecimiento del 1.8% en el 2024 frente al 2.5 previsto para el 2023, por la caída de actividad china y de la eurozona, más el efecto del alza de los tipos de interés sobre la inversión y el consumo, con aportación menor del comercio exterior.

La entidad ha revisado al alza el incremento de precios de la energía para el 2024, al 19.5% revisando el pronóstico del 12.3% en junio principalmente por la subida de precios del petróleo y la retirada de las ayudas públicas a la energía y del COVID, que suman 35.000 millones, la mitad de esa cifra suponen las aplicadas a la energía.

El déficit público con el gobierno solo en funciones, disminuirá en 25.000 millones según S&P al no poder prorrogar dichas medidas, lo que, si bien incrementara la inflación, por otro lado disminuirá el déficit en un 1% sobre el PIB.

El resultado en ese mes fue una subida récord en los tipos de interés en lo que va de año en Estados Unidos (4.6%) y en gran parte de los países del euro entre ellos España (3.86%) lo que afectó negativamente a las bolsas.

A finales de septiembre la inflación adelantada en dicho mes en la eurozona descendió al 4.3%, frente al 5.2% el mes anterior, el nivel más bajo de los dos últimos años, con la subyacente al 4.5% frente al 5.3% de agosto.

En España el Instituto de Estadística publicó la inflación adelantada para este mes que ascendió en nueve décimas sobre agosto para llegar al 3.5% con la subyacente todavía alta, al 5.8% descendiendo tres décimas.

La subida de la inflación estaba prevista por el efecto de base de su comparación con cifras muy altas de los meses del año pasado.

Con estos datos se podría pensar que el Banco Central Europeo puede tomarse otra pausa en las subidas, pero los mercados con niveles de tipos de interés récords en décadas, han recogido unas expectativas de inflación debidas al crecimiento y la fortaleza del mercado laboral americano y a la subida del petróleo que en el Mar del Norte (El Brent) ha marcado los 95 dólares por barril.

Así el día 28, se superaron en los bonos estatales a diez años el 4.70% en el mercado estadounidense (en octubre llegó al 4.88), el 5% en el mercado italiano y el 4% en el español, con lo cual si estos niveles se mantienen, los mercados les van a ahorrar gran parte del ajuste a los bancos centrales por la presión que va a suponer sobre la economía real

Para la eurozona y España se da una doble presión inflacionista exterior la de los carburantes y la gran fortaleza del dólar y la depreciación del euro.

Los carburantes que llevan a finales de septiembre doce semanas de subida desde el inicio del verano a finales de septiembre, han subido el 17% el gasóleo y el 11% la gasolina y las expectativas continúan al alza.

El 3 de octubre se marcaron máximos de rentabilidad de la deuda pública tanto en Estados Unidos como en Europa con el 4.80 en Estados Unidos (con las hipotecas al 8%), 4.96 en Italia y 4.11 en España.

Las bolsas lógicamente reaccionaron a la baja que en el índice europeo Eurostoxx supone un descenso del 10% sobre los máximos del verano y descendiendo la plusvalía en el año al 7.9%.

La bolsa japonesa sigue siendo la líder de las desarrolladas con el 19.7% (el banco central japonés continúa comprando bonos) y dos de los principales índices de bolsa chinos está en negativo desde principios de año.

Las pérdidas sobre las compras del bono largo americano a 30 años a los mínimos de tipos de los últimos años alcanzan el 46% en estos años, las perdidas sobre los picos de cotización en el bono de 10 años suponen el 9%.

Los bonos japoneses apenas han perdido en 10 años poco más de un 3% sobre la cotización más elevada del año, el Banco Central Japonés sigue resistiendo.

Es evidente que en la fortaleza del dólar, los flujos que están entrando comprando dólares están invirtiendo a corto plazo tanto en deuda del Tesoro estadounidense como en deuda privada con cierto equilibrio, ya que los diferenciales de riesgo entre la deuda pública y la privada, en las dos categorías de esta última de riesgo moderado y alto en el mercado estadounidense no se han incrementado.

Al cierre de este capítulo el bono americano a diez años está rozando el 5%, las bolsas deslizándose a la baja con el mercado petrolero volviendo a niveles por debajo de los noventa dólares barril el norteamericano, y a 92 dólares el barril de Brent europeo y el oro el viernes 20 por unos instantes cotizó por encima de los 2000 dólares la onza, lo que indica que el conflicto terrorista en Oriente medio está incrementando las expectativas de recesión de la actividad económica.

SIEMPRE CHINA

Volvemos a China y su continua aparición en los titulares.

Las reuniones entre altos cargos chinos y estadounidenses en Malta y en otros puntos suponen un síntoma diferente a lo vivido últimamente.

La posible decisión italiana de apartarse de la ruta de la seda china, ya que en su periodo de permanencia se ha doblado el déficit comercial italiano con China desde el 2014.

Asimismo el comisario europeo Dombrovskis denuncia en el marco de una negociación comercial con China a alto nivel, que el comercio está muy desequilibrado y es que el déficit europeo con China sigue siendo muy elevado sobre los 250.000 millones de dólares en términos anuales.

La Comisión Europea ha comenzado a analizar el problema acusando al gobierno chino de un exceso de subvenciones al coche eléctrico para su venta en Europa lo que considera una competencia desleal

La reunión del Presidente Chino con el sirio con la promesa de ayuda y colaboración, para un mandatario repudiado por la comunidad internacional.

La pérdida de valor de Apple en bolsa en unos días de 180.000 millones de dólares tras prohibir el Gobierno chino a sus funcionarios el uso de los móviles inteligentes de la empresa estadounidense.

El nuevo proyecto chino de ampliar la participación extranjera en sus sociedades actualmente limitada al 30%.

Al 11 de Octubre un dato optimista ha sido la compra por el fondo soberano chino Huijin Investment, de 65 millones de acciones de los principales bancos del país (El Agrícola, de la Construcción, Industrial y Comercial y el Banco de China).

La acogida a la ley de quiebras estadounidense de una nueva promotora china, Sunac con una deuda extranjera de 9700 millones de euros.

Evergrande la gran promotora china que ya se acogió también con anterioridad a la ley de quiebras estadounidense por impago de una deuda de una de sus filiales, vuelve a caer en bolsa un 20% con lo cual lleva un descenso del 87% desde que volvió a entrar en el mercado el 18 de agosto.

El índice inmobiliario chino ha descendido un 37% en lo que va de año hasta finales de septiembre. Las ventas de viviendas en agosto han descendido un 47% sobre el nivel PreCovid del 2019.

Al presidente de Evergrande se le ha puesto bajo control policial según la agencia Bloomberg, llevándole a una residencia no identificada según la ley de procedimiento criminal. Todo ello aumenta el riesgo de liquidación de la inmobiliaria

La pionera publicación en agosto de la regulación ética de la Inteligencia Artificial en China, siendo el primer país del mundo que la realiza.

Las compras de oro por China en su campaña anti dólar está manteniendo su cotización con descensos suaves, a pesar de la fuerte subida de los tipos de interés rompiendo una relación histórica, ya que el episodio anterior de igual subida de tipos de interés el oro descendió a la mitad de su cotización actual.

Los analistas piensan que está sobrevalorado en más de un 15% a corto plazo, pero también concluyen que dada la situación geopolítica tiene un gran futuro a medio plazo como inversión.

La nueva desaparición de ministros y altos cargos chinos alrededor del presidente.

El informe sobre política monetaria, (1) del Banco de la Republica del Pueblo, el Banco Central Chino, presentado por el anterior gobernador del Banco Central que fue relevado en Julio, presumía de que la política monetaria china era mucho más estable y sin la vertiginosa subida de tipos de interés de la Reserva Federal estadounidense.

Se le olvidaba decir que la estabilidad china se debía a la baja inflación crónica del país, que ahora amenaza con la deflación, debida entre otras razones al exceso estructural de su capacidad de producción, que, al irse debilitando el dinamismo del comercio exterior, se está haciendo muy difícil que los hogares chinos tomen el relevo incrementando su consumo.

Por último han surgido varios análisis sobre las dificultades del modelo de crecimiento chino en contraste con la fortaleza del crecimiento estadunidense que va a ser el segundo año en que su PIB en términos nominales, contando la inflación, supera al chino, debido a su baja inflación.

En este sentido está la versión determinista (2) de que China ha llegado a la frontera tecnológica, de población y de productividad lo que supone un claro descenso del crecimiento económico futuro.

Otra análisis más optimista (3) es el Richard Koo el economista que acuñó el término "Depresión de Balance " que es lo que se está dando en China al ser el objetivo principal tanto de hogares como de empresas el de devolver deuda en vez de gastar, lo que lleva a la caída de la actividad económica. Para Koo el remedio está muy claro, el estado debe compensar incrementando el déficit público hasta que termine el proceso de devolución de deuda privada. Para él es totalmente viable esta política y la situación es muy distinta al de la economía japonesa tras estallar la burbuja.

El problema es que las entidades locales chinas no pueden incrementar su ya abundante endeudamiento que supera los ocho billones de dólares en los vehículos financieros creados al efecto, y el Estado por el momento no muestra una decisión firme de impulsar la economía.

Se examinan también con detalles la situación actual de los hogares chinos (4) con una gran bajada de la confianza y endeudados por el Covid y la crisis inmobiliaria, con lo que han restringido el consumo, incrementado el ahorro y han frenado la toma de créditos (la mitad de su deuda es hipotecaria) a menos de la tercera parte del periodo 2017-2019, multiplicando los nuevos depósitos bancarios por cuatro sobre ese mismo periodo en este año.

El sector inmobiliario supone el 75% de los activos de las familias chinas y el 80% de los hogares chinos son propietarios de una vivienda. Aunque de menor dimensión. Los metros cuadrados de vivienda por persona en China ascienden a 35 metros cuadrados, casi la mitad de espacio que en Occidente.

Asimismo se ha hecho un balance negativo de la actual situación tras diez años de actuaciones y expectativas de la Ruta de la Seda china (5) su política de inversión y promoción de países emergentes, que ha recaído en un gran volumen de créditos con problemas de pago para la banca china (más de 100.000 millones de dólares)

Se comenta la situación de la juventud china (6) con un 21% de paro en junio, suprimiendo esta estadística desde entonces por estar sometida a revisión. Se ha suprimido también la estadística de igualdad ya que salió mal y la del sentimiento del consumidor.

El cuadro de todas estas apreciaciones es bastante sombrío para el futuro de la economía china.

Podríamos terminar con las palabras de Tao Wang una economista nacida en China y que lleva décadas como analista jefe económico de China en UBS, viviendo en Hong-Kong y que este año ha publicado un libro (7) "Buscando el sentido de la economía china"

"La economía de China es simplemente multidimensional, con algunas de esas dimensiones, únicas. En consecuencia la extrapolación o las simples comparaciones con otra economías pueden resultar erróneas para analizar la experiencia china y predecir resultados futuros o tendencias".

"Es crucial unir todos esos elementos, ponerlos en una perspectiva histórica y recordar nosotros mismos la especifica evolución de las políticas y de la economía china".

LA GUERRA Y LA AMPLIACIÓN EUROPEA. LA GUERRA DE ORIENTE MEDIO

De nuevo insistimos en la nueva escalada de la guerra de Ucrania con la intensificación de los ataques ucranianos a Crimea y la posibilidad de disponer por entrega de los estadounidenses de misiles de largo alcance.

Por otro lado, el conflicto de alimentario con varios países del Este, Polonia, Hungría entre otros, por las exportaciones ucranianas de grano a precios muy perjudiciales para los agricultores de dichos países, está trayendo posiciones de revancha como la de Polonia, con el anuncio de no suministrar armamento propio a Ucrania.

Otro problema asoma en Estados Unidos, ya que los republicanos se oponen a la implementación de paquetes de ayuda a Ucrania como el último de 24.000 millones de dólares, tema que se agrava con la dimisión del presidente de la Cámara de representantes Kevin McCarthy.

Ha alarmado también que en el presupuesto estadounidense no se consigne ninguna partida para financiar a Ucrania.

Por el frente ruso, debido al consumo militar se está produciendo una escasez interna de gasolina y diésel que está impactando en su agricultura hasta el punto de suspender temporalmente la exportación de carburantes.

Los gastos de defensa rusos presupuestados van a pasar del 3.9% del PIB del 2023 al 6% para el 2024 y estaban en el 2.7% en el 2021.

Ello va a suponer un gasto de 112.000 millones de dólares, pero como señala la agencia Bloomberg, hay un gasto oculto en partidas no específicas, que puede elevar sustancialmente esas cifras.

Al 11 de octubre Rusia ha establecido unas medidas de control de capitales para evitar la caída del rublo.

La guerra va a alargarse y con ella todos los riesgos de ampliación de la misma, ya que Rusia está incrementando sus recursos bélicos, con lo cual Ucrania debe adaptar su estrategia con el temor de que al final acabe, como ya hemos comentado en otros capítulos, en un armisticio, dividida como Corea.

Muchos expertos consideran que es la posición más realista, aunque nadie lo ve fácil de conseguir.

Rusia posee actualmente el 18% del territorio ucraniano con pocos cambios en casi un año. Ucrania invierte en defensa el 26% de su PIB, y ha recibido una ayuda exterior de 31.000 millones de dólares, pero a largo plazo puede haber limites sobre todo por el lado de Estados Unidos debido al descenso del apoyo a Ucrania en las encuestas, ya comentado.

Ucrania esta expansionando a un ritmo acelerado la producción doméstica de armamento con la ayuda de filiales alemanas e inglesas principalmente.

En la propia Ucrania ha descendido el sentimiento positivo ante la actual situación. Siete millones de ucranianos, el 20% de la población antes de la invasión han emigrado.

Toda esta dinámica está llevando a acelerar los trámites para la ampliación de la Unión Europea especificando la forma en que deberían entrar los nuevos miembros.

También se estudia dar al gasto militar un trato fiscal especial en las reglas fiscales.

Se piensa para el 2030 en una Unión Europea con 37 miembros.

Se incorporarían los seis países balcánicos (Serbia, Albania, Bosnia, Montenegro, Macedonia del Norte y Kosovo) más Moldavia, Ucrania y Georgia y se piensa también en Turquía.

Prevén cuatro niveles de incorporación. La más profunda la de la zona euro y Schengen.

Otro nivel sería entrar a formar parte de los 27 miembros actuales.

Un círculo de miembros asociados con participación en el mercado único y adhesión a principios comunes.

Y finalmente formar parte de la Comunidad Económica Europea.

Para la articulación de esta gran expansión habría que restringir la unanimidad en las votaciones tan solo a defensa, política exterior y seguridad, que no suponga un incremento proporcional del número de comisarios y el estado de derecho como principio institucional no negociable, para el funcionamiento de la Unión Europea.

El sábado siete de Octubre, el grado histórico de amplitud y crueldad de la acción terrorista de Hamás sobre Israel, ha sumido a la comunidad mundial en la incertidumbre de hasta dónde se va extender la inmediata guerra provocada por estas acciones.

En la segunda semana de Octubre el péndulo en los mercados ha llevado al final de la semana a una subida del petróleo, de las sociedades energéticas, y las de defensa, del oro, de los tipos de interés y el dólar, con la bajada de los mercados de renta variable, principalmente los ligados al turismo y transporte aéreo, renta fija y del cobre (como indicador de la industria manufacturera) incrementando las expectativas de inflación y rebajando las de crecimiento, con unos mercados a la espera de la gran incertidumbre del desarrollo de la contienda.

La alineación de países que condenan el terrorismo por un lado y los que se abstienen por otra es bastante paralela a la de la inversión rusa de Ucrania con la excepción destacada de India que esta vez sí ha condenado a Hamás y la sorpresa para Israel, que no condenó la invasión de Ucrania, por la abstención de Putin, a quien admiraba el primer ministro israelí Netanyahu y agradecía su intervención en Siria, enemigo de Israel, y a pesar de que el 15% de los israelitas hablan ruso, y ciudadanos rusos se contaban entre las bajas y secuestros de los terroristas.

LA RUTA DE LOS PODERES

En anteriores capítulos hemos analizado la hegemonía de las grandes potencias, por otro lado, se ha expuesto el poder ciertos países al dominar la producción de metales raros (capítulo del 3 marzo 2023), estratégicos o materias primas básicas.

Asimismo, se dedicó un amplio apartado a la concentración de una producción básica la de semiconductores (27 de enero 2023) en la carrera de las grandes potencias, principalmente entre China y Estados Unidos, así como en la Inteligencia Artificial en nuestro anterior capítulo.

Repetidamente hemos analizado el poder de las grandes empresas (capítulo 29 de marzo 2023) multinacionales, especialmente las tecnológicas estadounidenses.

Ahora vamos a analizar otras vertientes de poder y comenzaremos con el poder sindical.

PODER SINDICAL. LA HUELGA DEL AUTOMÓVIL

Estados Unidos está sufriendo en el 2023 un número de huelgas (8) no conocido en 40 años, 362.000 trabajadores han ido a la huelga de uno de enero a 15 de septiembre del 2023, frente a 123.000 en el 2022 para el mismo periodo y 37.000 en el 2021.

El movimiento sindical ha vuelto a coger fuerza en un entorno de años de paro bajo inferior al 4% y escasez de oferta laboral. Si en 1970 el 30% de los trabajadores del sector privado estaban sindicados, esta cifra ha descendido hasta el 6% actual en el sector privado.

El activismo laboral se intensificó en el 2018-19, con la huelga de trabajadores del sector público, especialmente los maestros y se ha extendido en el último año a la construcción, entretenimiento, logística, manufactura y servicios de limpieza.

Nada más iniciar su huelga el automóvil, se produjo en California una gran huelga de 72 horas en California de la sanidad, con una gran red de hospitales implicados.

Cada cuatro años en el sector del automóvil se negocia el convenio con las empresas cuyos trabajadores están sindicados. Tesla por ejemplo está fuera de la sindicación igual que las marcas asiáticas (Toyota, Honda, Hyundai).

Todo ello hace que la huelga perjudique doblemente a las empresas afectadas, por un lado con la reducción de márgenes de explotación, y por otro el agravio comparativo con las empresas que no sufren la huelga por no estar sindicados sus trabajadores, y sin embargo reciben una gran parte de las subvenciones para el coche eléctrico.

La huelga del automóvil en Estados Unidos que estalló el 15 de septiembre se ha ido extendiendo por semanas de unas fábricas en unos estados a otras factorías en otros estados, para las tres firmas principales, General Motors, Ford y Stellantis (Peugeot, Citroën, Chrysler Fiat, Opel, Lancia, Máserati Alfa Romeo, Jeep) hasta llegar a la tercera semana de septiembre.

Al 11 de Octubre, la huelga se ha extendido a la factoría de Ford en Kentucky, la más grande y rentable de la empresa con lo que se ha incrementado la tensión en el sector.

El líder sindical Swan Fein, antiguo electricista en Chrysler, elegido por primera vez por votación, en vez de negociar con una sola compañía para presionarla con la huelga por perdida de mercado respecto a las otras, como era tradicional, ha ido a presionar simultáneamente a las tres, con una presión progresiva que se va extendiendo hacia el total de 146.000 trabajadores.

La última huelga centrada en una sola empresa se dio en el 2019 en General Motors (9) en la que tras seis semanas de huelga de 48.000 trabajadores y con una reducción de la producción de 300.000 coches, se saldó con unas pérdidas para la compañía de 3600 millones de dólares.

Pero esta vez las empresas deben prepararse para una huelga en principio larga si no se llega a un acuerdo rápido, difícil porque las peticiones de los sindicalistas son duras debido a la perdida histórica de capacidad adquisitiva de los salarios en las cuatro últimas décadas del 30% y el agravio comparativo respecto a unas retribuciones de los ejecutivos que han pasado de multiplicar 20 veces el salario medio del sector a 300 veces en esas mismas décadas.

Además de los pagos de dividendos en los últimos años, con las recompras de acciones que en General Motors se han ampliado a 5000 millones de dólares este año.

Una huelga larga y total supondría que en dos meses los trabajadores consumirían los 825 millones de su fondo de huelga, ya que mientras dure la huelga no reciben salarios ni funciona el seguro de salud.

La primera petición de los trabajadores bajo su líder Fain ha sido de un incremento salarial del 40% en un acuerdo a cuatro años, descendiendo al 36% en semanas posteriores, la oferta de contrapartida de las empresas ha ascendido hasta el 20%.

Se está hablando sobre un salario bruto mediano (que deja a cada lado al mismo número de trabajadores) de 122.000 dólares brutos al año que con la oferta empresarial subir a cerca de 150.000 dólares, unos de los sueldos más altos de los sectores manufactureros. Lo que indica el gran nivel de los salarios de cuatro décadas atrás, que repetimos han perdido un 30% de poder adquisitivo hasta hoy.

Además, se pide por el sindicato la restauración de las pensiones tradicionales, la atención sanitaria para los jubilados y la reducción de la semana de trabajo de 40 horas a 32.

Por otro lado, se oponen a la doble escala salarial que reduce a la mitad los salarios de los nuevos trabajadores.

Y argumentan acto seguido, que es un momento de vacas gordas para el sector con el añadido de las subvenciones del gobierno para las baterías y el coche eléctrico, a lo que las empresas avisan que la transición al coche eléctrico presenta grandes desafíos de inversión de rentabilidad incierta y que las demandas de los trabajadores agravan dicho tránsito.

Las empresas señalan que esas subidas de costes les pondrían en inferioridad de condiciones frente a las marcas no sindicalizadas como Tesla y Toyota que tendrían unos costes por hora casi un 20% inferior.

Kristin Dziczek asesor de la Reserva Federal de Chicago, señala (10) que las tres marcas han perdido cuota de mercado del 67% en 1999 al 39% en el 2023 frente a Tesla y los asiáticos.

En el mismo periodo ha habido una subida del coste salarial por hora de 45 a 66 dólares, el 47%, mientras el salario más alto al trabajador de producción, de factoría por hora ascendió de 26 a 32 dólares, el 23%.

Esta gran diferencia se debe por una parte a que se han incrementado los conceptos de coste (impuestos, primas de seguro, pagos desempleo, fondo de jubilación, bajas enfermedad, despidos etc.) que no van al bolsillo del trabajador.

Por otra, ha influido también una mayor subida de los salarios y resto de costes, de trabajadores fuera de factoría, directivos y ejecutivos, asimismo los cambios de perfiles de las plantillas en cuanto, duración de jornada, juventud, capacidades técnicas etc.

Ambos factores han supuesto un ascenso de los costes laborales por hora para la empresa a un ritmo muy superior, al dinero que se lleva a casa el trabajador.

Esta subida de los costes ha sido por tanto un factor clave en la pérdida de poder adquisitivo de los trabajadores ya comentada.

Los tres últimos años han sido buenos para las tres empresas, Ford con 14.700 millones de dólares de beneficios en los tres años y unos beneficios previstos para este año de 11.000 millones, General Motors 26.000 millones sus beneficios en los últimos tres años con unos beneficios previstos de 10.000 millones para este año y Stellantis 33.000 millones en los tres años últimos y 23.000 previstos para el 2023. (11) Pero se enfrentan a grandes inversiones de rentabilidad incierta.

Las inversiones anunciadas en Estados Unidos ascienden () a 210.000 millones de dólares en vehículos eléctricos y baterías, frente a 51.000 millones previstos en el 2020, (los subsidios estatales suponen 12.000 millones), por el momento no se detecta una migración de fábricas al Sur de Estados Unidos en el que el poder sindical se haya más diluido.

Al final de septiembre dos de los tres fabricantes de coches, se encuentran en bolsa por debajo de los máximos de un año con mayor descenso en General Motors de -24% que en Ford, -19.5%, mientras Stellantis está casi en máximos, 18,21 euros al 29 de Septiembre frente 18.88 de máximo en las últimas 52 semanas.

Hay que tener en cuenta que el problema ha surgido en estados americanos que son claves para las elecciones presidenciales, por ello el Presidente Biden siempre favorable a los sindicatos, se ha apresurado a visitar la zona lo mismo que el republicano Trump, ambos para mostrar su apoyo a la huelga y el día 27 de septiembre se puso al frente de los huelguistas. Aunque no le tembló el pulso de forzar por decreto a los trabajadores de los ferrocarriles, a llegar a un acuerdo para evitar una huelga que hubiera tenido gran trascendencia.

Las encuestas muestran que el 70% de los estadounidenses apoyan a los sindicatos, la aprobación más alta en sesenta años.

Todo ello en un entorno en el que los últimos años se está dando un retorno de los movimientos sindicales con las huelgas de Amazon, UPS, Dollar General, los guionistas y actores de Hollywood etc., en la onda del nuevo intento de industrialización de Estados Unidos.

De cualquier forma, las peticiones sindicales no se centran solo en los salarios sino también en recibir garantías de no cerrar factorías ni expulsiones de plantillas con la transición al coche eléctrico.

EL REFUERZO DEL PODER DE LAS FAMILIAS EN ESTADOS UNIDOS

Ya comentamos en el capítulo del 20 de julio de este año el incremento del poder empresarial de las familias.

Por contraste la desigualdad en Estados Unidos se ha ido incrementando en la década de los noventa y en el inicio de los 2000, hasta superar a la de todos los países desarrollados del G7.

Las élites familiares controlan pues Estados Unidos en un grado superior al resto de los países desarrollados. En un estudio realizado sobre el tema en el 2005 (la tendencia se ha intensificado actualmente) por tres economistas (12) señalan que en su muestreo de las sociedades de Wall Street que clasifican en quintas partes de mayor a menor valoración en todos los niveles, el mayor control lo realizan las entidades familiares (trusts) y los resultados están infravalorados porque en muchos casos no han considerado entidades familiares encubiertas que no publican los nombres de las mismas.

El 60% de las sociedades estadounidenses tiene un accionista que controla más del 10% de los derechos de voto, y casi en ese mismo porcentaje no son ejecutivos. El 25% está controlado y gestionado por una familia, 13.5% por una entidad familiar (trust), y el 16% por una entidad financiera.

El control familiar transparente, supone casi el 40% (25+13.5%) de las sociedades de Wall Street, y excede con toda probabilidad del 50%, incluyendo los trust de paraísos fiscales sin información de propietarios.

Las sociedades con un solo propietario controlando al menos el 10% de los derechos de voto suponen el 63% del total (incluye grupos familiares y gerentes).

La tendencia tiende a la concentración cada vez mayor y el problema aparte de lo que supone para toda la sociedad, es el de la desprotección que implica para los accionistas minoritarios frente a los controladores mayoritarios.

Un nuevo estudio (13) ha señalado el incremento constante en los últimos cien años de la concentración empresarial, tanto en lo que se refiere a participación de los activos de sociedades sobre el total de su sector, como desde el punto de vista de las ventas.

Antes de 1970 se dio especialmente la concentración en la industria manufacturera y minera y desde ese año 1970, se incrementó en los servicios y las ventas de mayorista y minoristas.

Este incremento de la concentración empresarial ha ido acompañado de una mayor intensidad en la investigación y el desarrollo tecnológico, con cada vez más fuertes economías de escala.

Lo que queremos destacar aquí es que si las familias han incrementado su participación en las empresas y esta ha ido incrementando su cuota de mercado, el resultado es que las familias han reforzado su poder empresarial en los dos niveles, el incremento de la propiedad en empresas cada vez, con una mayor cuota del mercado.

PODER DE LAS MULTINACIONALES. EL JUICIO DEL SIGLO A GOOGLE

Economistas importantes (14) el año pasado, destacaban que la política antitrust había perdido fuerza en Estados Unidos desde 1960. Basándose en una serie de datos, declaraban que este declive no correspondía a una demanda popular de debilitar dicha política, sino estaba articulado por unos reguladores y jueces no elegidos democráticamente.

Las ideas académicas no han jugado un papel en el declive, excepto en las ocasiones en que han coincidido con los intereses de las grandes empresas.

De los dos casos que vamos a analizar la visión es muy diferente la de los reguladores intervinientes en la demanda contra Amazon, de la de los jueces en el caso del juicio a Google.

Gran parte de los jueces en Estados Unidos están formados en el movimiento "ley-y-economía" en el que bajo el influjo de los economistas de Chicago, se deducen principios formales de la ley basándose en la teoría económica, en frase del pionero Richard Posner, él mismo juez federal y autor del libro "Análisis Económico de la Ley".

Consecuencia de todo ello es la abundancia en las sentencias de términos como eficiencia y mercado, con una postura mucho menos "antitrust" que los reguladores.

Asimismo, producto de esa diferencia de visión, es la sentencia judicial que rechazó la petición de bloqueo de los reguladores de la FTC (Comisión Federal del Comercio) de la adquisición de Activision Blizzard por Microsoft en 69.000 millones de dólares

Tres razones según The Economist (15) se dan para este despertar de la política antitrust:

- Mayor concentración del mercado.
- Menor rotación entre las mayores sociedades, siempre son las mismas.
- La explosión de beneficios.

La concentración del mercado está clara, la hemos visto en las sociedades estadounidenses en el artículo anteriormente comentado que lo reafirma The Economist:

La revista ha seguido 900 sectores y el número de los mismos en las que las cuatro mayores firmas dominan más de dos tercios del mercado, ha pasado de 65 a 97 desde 1997 al 2017.

Y se confirma también en los estudios del mercado europeo, la cuota de mercado de las cuatro mayores firmas ha crecido en un 73%, para 700 sectores de 1998 al 2019, con un incremento de siete puntos de tanto por ciento.

Respecto a la rotación.

No tiene importancia si los dominadores siguen invirtiendo. La inversión privada en estados Unidos en el primer trimestre ha alcanzado el 17.2% del PIB, niveles de antes del Covid.

Las cinco grandes tecnológicas, Alphabet, Amazon, Apple, Meta y Microsoft han invertido en investigación y desarrollo 200.000 millones de dólares en el 2022.

Beneficios excesivos.

Considerándolos excesivos por encima de una rentabilidad del 10% de los recursos propios, en el 2022 supusieron en las sociedades mundiales 4 billones de dólares, con Norteamérica abarcando el 41% y Europa el 21%. Energía, tecnología y en Norteamérica la salud, han sido los sectores con más excesos de beneficios. Tendencia que viene a la baja, pues fue favorecida por las crisis energéticas en algunos casos y el descenso de impuesto de sociedades en otros.

Todo ello no es necesariamente malo.

The Economist defiende la concentración, ya que estas tendencias han ido a la par con una gran mejora del nivel de vida del consumidor

Asimismo, la gran concentración al nivel del país, ha llevado a un gran incremento de a la competencia a nivel local en Estados Unidos, con una revolución y mejora de los servicios, como sería el caso de la expansión de los almacenes Wallmart o el efecto de la empresa de café Starbucks en la mejora de calidad y precios.

Así pues en el 2023 la política antitrust ha vuelto a los grandes titulares con el juicio a Google y la demanda de 17 estados estadounidenses contra Amazon.

El juicio a Google (16) que se ha iniciado en la segunda semana de septiembre ha dado lugar a declaraciones del fiscal del caso como: "está en juego el futuro de Internet" y señala que la empresa mantiene actividades irregulares desde el 2010, va a durar unas diez semanas.

De hecho, la demanda se presentó en el 2020, por el entonces presidente Donald Trump y en estos tres años han testificado 150 testigos y se ha llegado a un expediente de 5 millones de folios.

Google ya llegó a acuerdos en temas anteriores, como en la acusación de prácticas monopolísticas en la tienda de aplicaciones de Android, o el abuso en el mercado de la publicidad digital.

La acusación que permanece para el juicio, es la de que Google abusa de su posición en los servicios de búsqueda (supone el 90% del mercado de búsquedas en Estados Unidos).

Para el año que viene, tiene ya programado un segundo juicio sobre la publicidad digital.

La acusación detalla en esta área los acuerdos con los fabricantes de móviles y con los navegadores como Apple, Samsung o Mozilla para que se convirtiera en el buscador por defecto.

Google paga más de 10.000 millones de dólares al año por estos acuerdos de privilegio según el fiscal Ditzer, que añadió acusaciones de que Google había borrado mensajes y correos que podían haber sido pruebas de sus presiones y abusos.

La defensa de la empresa.

Afirman que ahora el mercado tiene más opciones y capacidad de elegir que nunca, considerando que el concepto de mercado incluya las búsquedas de Amazon, redes sociales, firmas de viaje, de comida o empresas de Inteligencia Artificial.

Argumenta también que dominio del mercado se debe a que su buscador es mejor y la posibilidad de cambiar de buscador es muy fácil.

Por último, afirma que sus acuerdos de distribución de búsquedas refleja la elección de los navegadores y fabricantes de dispositivos basados en la calidad.

Efectos económicos.

Hay numerosas quejas del secretismo con el que se está llevando el juicio con lo cual es difícil prever los resultados del mismo.

Cada punto de cuota de mercado en el buscador suponen 2000 millones de dólares en Estados Unidos, si baja lo mismo que se le impuso por los organismos europeos (cuatro puntos de 94% a 90%) estaríamos hablando de 8.000 millones de dólares durante varios años. Google viene a ganar entre 60.00 y 70.000 millones de beneficios netos de media anual.

Número de usuarios de Google: 4700 millones en todo el mundo.

17 ESTADOS CONTRA AMAZON

- **La acusación.**

La Comisión General del Comercio (FTC), junto a los 17 fiscales de cada estado de Estados Unidos acusa a Amazon (17) de impedir que sus rivales bajen los precios.

Degradar la calidad para sus clientes.

Cobrar de más a los vendedores.

Poner trabas a la innovación.

Impedir que los demás compitan de manera justa.

La demanda considera que más de 100 millones de usuarios han sido perjudicados por estas prácticas.

La presidenta de la FTC es Lina M. Khan de la que realizamos un amplio informe de su amplio reportaje sobre Amazon (18) en anterior capítulo (29 de marzo), destacando las nuevas formas de actuación monopolista en la economía digital que en numerosos casos actúan como una comisión oculta en el precio.

Khan detalla las medidas anti descuento (a través de un algoritmo) que castiga a los vendedores y disuaden a otros minoristas de ofrecer precios más bajos que Amazon y colocan en los lugares más bajos en la búsqueda, a las empresas que realizan ofertas mejores que las de la compañía.

El algoritmo se ha ampliado a un proyecto de Inteligencia Artificial para coordinar precios y descuentos llamado proyecto Nessie que por ahora la compañía se ha negado a desvelar y que se prevé que la Comisión Federal de Comercio le va a obligar a informar.

El exigir a los vendedores que usen sus servicios logísticos internos u obligarles a que vendan sus productos en la web de Amazon a precios más bajos que en cualquier otro lugar.

Por un lado, reprime a las empresas con las que compite en vender productos comunes, para que no muestren precios más bajos, y por otra presiona a la baja los precios de las empresas en las que no tiene mercado.

También como Google está destruyendo documentos y conversaciones internas.

- **La defensa.**

Por un lado, indican que su cuota en el comercio digital es del 38% pero solo supone el 6% de las ventas minoristas lo que no es un monopolio.

Defienden que ofrecen un competitivo modelo de precios para los vendedores que les utilizan.

Afirman que la conveniencia, fiabilidad y escala de su programa compensa el incremento de los costes.

Por otro el Departamento Federal de Comercio no ha encontrado un camino para acusar de fijación de precios a la sociedad por la prohibición de Amazon de ofrecer precios más bajos a sus clientes vendedores, por la dificultad de distinguir ejemplos claros de esas prácticas.

- **Efectos económicos.**

La batalla va a ser intricada e implicando muchos factores.

El caso es de difícil concreción para la Comisión de Comercio podría ir por el camino de Google comentado, o a establecer una multa de una vez, que podría llegar a un porcentaje de sus ingresos.

Amazon ya fue multada por el estado italiano con 1128 millones de euros.

En ambos casos el deseo de los reguladores de trocear las compañías como se intentó fallidamente con Microsoft hace 25 años no parece realista.

Amazon que cerró con pérdidas en el 2022 lleva unos beneficios de 10.000 millones de dólares a mitad del 2023, y que duplicará con creces esa cifra a fin de año.

El mercado evalúa su capacidad de beneficio muy por encima de esas cifras, por eso continua en el club de las sociedades por encima del billón de dólares de valoración, con 1.3 billones de capitalización bursátil.

La cotización continua fuerte a principios de octubre a 127 dólares un 3% por encima de hace un año, pero después de tocar unos mínimos de 81,4 dólares.

Número de usuarios de Amazon: 310 millones en todo el mundo

The Economist señala que la concentración empresarial en los últimos años se ha estabilizado por el gran descenso de las fusiones y adquisiciones y avisa que el excesivo celo en oponerse a cualquier operación que haga una empresa, puede perjudicar a la capacidad de innovación y por tanto al progreso de la economía.

"Las autoridades de la competencia han estado dormidas demasiado tiempo, pero quizás actualmente se están levantando demasiado rápido".

Creemos que The Economist no profundiza todo lo que debiera en la actual situación.

En nuestro capítulo de 29 de marzo titulado "El poder empresarial y el declive de la competencia tras el Covid" analizamos un poder creciente con unos beneficios y márgenes persistentemente anormales.

Por otro lado gran parte de estos beneficios ha ido a saldos en inversiones financieras, dividendos y recompra de acciones más que a la inversión real en la economía.

Sin embargo en el último año, algunas de las grandes han incrementado considerablemente su inversión en investigación y desarrollo, destacando Amazon con 73.200 millones de dólares (con un incremento del 31% sobre el año anterior) seguida de Alphabet (Google) con 40.000 millones. Apple es la que menos invierte en relación a sus rentas (el 7%) y Meta (Facebook) la que más (30%).

Este poder se manifiesta en nuevas formas de dominio que se ejerce en distintos aspectos de estímulos e incentivos sobre nuestros comportamientos, influyendo a más de 4000 millones de personas y que el progreso científico y tecnológico amplifica sus posibilidades, por lo que cada vez es más importante la supervisión y regulación de sus únicos interlocutores los Estados y la Unión Europea.

El juicio de Google va a marcar la pauta para las sucesivas actuaciones, ya que Apple está bajo investigación y La FTC está planificando trocear Meta.

La UE ha elegido ya las tecnológicas que deberán cumplir con la ley Antimonopolio y actuar como guardianes de acceso a servicios digitales clave, bajo las obligaciones y prohibiciones para evitar su abuso como plataformas fundamentales.

Las seis empresas elegidas son Alphabet, Amazon, Apple, Bytedance (la compañía china que posee Tik -Tok), Meta y Microsoft.

Las multas por incumplimiento podrán ascender a un 10% de las ventas y si reinciden al 20%.

ESPAÑA, FONDOS EUROPEOS Y CRECIMIENTO

Todavía no se ve claro el efecto de los fondos europeos en la actividad económica, quizás por la falta de ejecución, según la CEOE el 75% de los PERTE está sin resolver.

Los más retrasados son los de los Chips, dotado con 12.000 millones y solo hay una partida convocada de 60 millones a final de septiembre. El de descarbonización con 3000 millones de euros asignados no se ha estrenado, y el del agua con 3485 millones hay 425 de convocatorias resueltas y abiertas.

La prensa da cuenta en esta segunda semana de septiembre del descontento de Stellantis por la concesión de 53 millones de euros cuando había pedido 200, para su fábrica de baterías de coches eléctricos en Zaragoza, presentará alegaciones y está pendiente donde ubicará la factoría que supondrá una inversión total de 3000 millones de euros.

A primeros de octubre Bruselas aprueba 93.500 millones del plan de recuperación después de presentar las modificaciones requeridas.

De los 17.000 millones de desembolsos previstos para el 2023, 7000 quedaran para el 2024.

La fecha límite de ejecución de los fondos es agosto del 2026, con la posibilidad de que las empresas públicas cumpliendo ciertas condiciones de saneamiento y ejecución vayan más allá de dicha fecha.

El hecho es que el crecimiento de la inversión en España para el 2024 no llega al 2%, disminuyendo respectó al 2023 (que va a superar el 3%) lo que limita el horizonte futuro de nuestra economía.

La inversión pública está teniendo cada vez un papel menor debido al peso del déficit público y la prioridad de los gastos de cobertura para el Covid y la crisis energética por la invasión de Ucrania. De hecho la inversión en infraestructuras está casi en la mitad de la realizada en el 2009.

El esfuerzo inversor público en el periodo 2014-2022 se ha situado en una media del 1.9% del PIB, mientras la media de la Unión Europea de los 27 asciende al 3%.

España por la inferior rentabilidad de sus empresas y su banca con respecto a las potencias del euro, necesita una inversión sobre el PIB superior para que este crezca lo mismo, y la realidad es que el peso de la inversión es inferior en los últimos diez años de media a los países fuertes de la eurozona, a pesar de una adjudicación de fondos europeos superior en relación a la dimensión de la economía y que ha provocado un ligero repunte de la inversión.

De hecho un sector como el industrial, lleva en España seis meses de caída, la producción desciende ante la caída de las ventas según informa la consultora S& P.

RENTA FIJA, EXPECTATIVAS Y PÉRDIDAS EN EL MERCADO ESPAÑOL

La subida de los tipos de interés de los bonos ha provocado fuertes minusvalías en las carteras de los tenedores de bonos (19) Gavekal Research estima que el volumen de minusvalías en la deuda pública de Estados Unidos y Europa se acerca al billón de dólares.

La consultora cree que, si los tipos se mantienen a este nivel durante un tiempo, los riesgos en los mercados de renta fija pueden llegar a niveles históricos.

En Europa como en Estados Unidos, las mayores pérdidas las van a soportar los bancos centrales por los grandes volúmenes de deuda acumuladas por sus compras.

España con 1.600.000 millones de deuda pública (un billón seiscientos mil millones) es el Banco Central Europeo el que va a soportar un tercio de las pérdidas que se podrían incubar en este año.

Si se mantienen los niveles de tipos y al tipo medio actual de la deuda del 2% y una vida media de ocho años, podrían ascender las pérdidas en previsión conservadora a los 60-70.000 millones de euros, de los que 20-23.000 millones corresponderían al Banco Central Europeo.

Le seguirán los extranjeros con casi 30.000 millones de pérdidas y luego las compañías de seguros los fondos de pensiones y de inversión.

La banca tendría unas pérdidas adicionales de 10.000 millones, el problema añadido es cuantos bancos, como ha ocurrido en otras ocasiones, han comprado deuda soberana extranjera, especialmente la italiana por su elevada rentabilidad.

El gobernador del Banco de España, se ha alineado con lo pedido por una serie de instituciones: la Autoridad Fiscal Independiente, la Comisión Europea, el Banco de Bilbao, una senda de reducción del déficit fiscal que en su caso se iniciaría con la retirada en tres meses de las rebajas del IVA en la energía, a medida que caigan los precios.

Ese descenso de un 1% en el déficit público va a suponer un ajuste de 13.000 millones de euros que en gran parte tendrá que basarse en un descenso del gasto estatal.

Pero las previsiones presupuestarias para el 2024 van más por el incremento de ingresos por la subida de impuestos y cotizaciones de 6500 millones de euros, y el incremento de cuotas de la Seguridad Social de 4000 millones.

En resumen, el Banco de España señala la alternativa o ajuste fiscal o subirán más los tipos de interés.

La subida de tipos de interés ha encarecido todas las actividades desde la compra de vivienda con los tipos hipotecarios doblando al 3.9% de media en un año, los promotores con igual grado de incremento llegando al 6.25% el crédito al consumo al 10%, y el crédito a las empresas ascendiendo al 5% a mediados de octubre frente al 1.90 en el 2022.

Con respecto a la vivienda, hay que señalar que si la coyuntura va a peor en cuanto a tipos, restricciones de crédito, rentas y regulación e impuestos, hay un factor ausente en los comentarios actuales, que es el gran crecimiento que se puede dar en la oferta de vivienda usada por diversas canales que puede arrastrar al mercado a la baja y que será objeto de análisis en próximo capítulo.

Afecta también especialmente a las expectativas de financiación del déficit público con los inversores frenados con las perdidas y la subida de los intereses a pagar cada punto de tanto por ciento de subida en los tipos de interés que repercuta en toda la deuda pública son 16.000 millones de euros. Los intereses a pagar para el 2024 superarán los 39.000 millones de euros con una subida de 3500 millones. Antes del Covid los intereses llegaron a ser de 10.000 millones menos.

Todo ello frena el ritmo del consumo y de la inversión, esta última afectada por la preferencia del mantenimiento de los saldos financieros al subir la retribución de los mismos por empresas y particulares frente a la incertidumbre creciente.

Respecto a la inflación, ya hemos comentado la presión exterior energética y de un dólar fuerte y una resistencia de los alimentos y servicios al descenso.

Por otro lado nos encontramos con un mercado laboral en los países desarrollados con unas cifras de paro medias del 5%, el nivel más bajo de la historia y unas demandas elevadas de puestos sin cubrir en las empresas también en récord histórico.

En Estados Unidos y otros países han descendido bruscamente las vacantes de trabajo (20) pero sin embargo contrariamente a la experiencia histórica, no se ha transmitido a un incremento del desempleo, aunque están descendiendo algo el incremento de salarios.

En España también sumergida en esta tendencia aunque con menos intensidad, el gobernador del Banco de España ha declarado que el poder adquisitivo perdido por los trabajadores al 2022 no se recuperará antes del 2026, mientras, los salarios seguirán subiendo, por el momento al 4.5% por encima de la productividad (que tendrá signo positivo) por lo que seguirán las presiones inflacionistas.

Como colofón, la OCDE y el Fondo Monetario Internacional en octubre han reforzado sus pesimistas previsiones para el 2024 con menor crecimiento y mayor inflación y una revisión a la baja de los anteriores pronósticos excepto para Estados Unidos.

Y las consecuencias del atentado terrorista de Hamás no hacen más que amplificar este pesimismo.

Bibliografía

(1) *"Is China better at monetary policy than America" The Economist April 22nd*

(2)"The Neoclassical growth of China" Jesus Fernandez Villaverde, Lee Ohanian, Wen Yao 29 September. VOX EU CEPR.

(3)"Does China face a lost decade?" The Economist Finance and Economics Free Exchange. September 10th 2023.

"Absent Demand. Deflation and Default haunt China's economy" The Economist. August 12th 2023. P.59.

(4)"Why Are China 's Households in the Doldrums?" Jeff Dawson. Liberty Street Economics. Federal Reserve Bank of New York. September 28 2023.

(5)"The Belt and Road Initiative. Where to from here?" The Economist September 9th 2023. Pp 46-48.

(6)"China's defeated youth". The Economist August 19th 2023.

(7)"Making Sense of China´s Economy". Tao Wang. Routledge. Taylor & Francis Group. London and New York 2023.
(8)"Number of strikes" Annie Nova. CNBC September. 22 2023.
"Striking Times. Trade Unions" The Economist September 16th 2023. Pp 33-34.
(9)"How Auto Executives Misread the UAW Ahead of Historic Strike" by David Welch, Keith Naught, Gabrielle Coppola "America´s big car firms face lengthy strikes" The Economist Sept 20th 2023. Digital Edition.
(10)"Recent UAW contracts with Ford, GM, and Stellantis" August 21, 2023. By Kristin Dziczek. Chicago Fed Insights. Federal Reserve of Chicago.
(11)"Does the car-workers'strike threaten America´s industrial boom?" The Economist Digital Edition. Sept 24th 2023
"Will strikes scupper Bidens´ industrial revival". Tom Nutall at Theconomistnewsletter@e.economist.com. 24 de septiembre 2023.
(12)"Who controls US?" Yoser Gadhoum, Larry H. P. Lang and Lesli Young. European Financial Management, Vol 11, Nº3, 2005, 339 -363.
(13)"100 years of Rising Corporate Concentration". Spencer Y. Kwon, Yueeren Ma, Kaspar Zimmermann. Leibnitz Institute for Financial Research SAFE, May 2022.
"Concentration and Competition: Evidence from Europe and Implications for Policy". Gabor Koltai, Szabolcs Lorinzc and Tomásso Valleti. Posted 28 Dec 2021. Last Revised 15 Mar 2022.
(14)"The Political Economy of the Decline of Antitrust Enforcement in the United States" Filippo Lancieri, Eric Posner, Luigi Zingales. August 10, 2022 Research /BFI Working Paper. Becker Friedman Institute for economics at the University Of Chicago.
(15)"Market Power" "How bad is being big" The Economist July 15th2023.Pp 49-51
"Prophets of maximization" The Economist September 9th 2023. P.64
(16)"Everyone versus Google: Will Big Tech Be Held Accountable?" Lynn Parramore. INET Institute for New Economic Thinking. September 28 2023.
"The Doj versus Google" "Search on the dock ". The Economist. September 16th 2023. Pp 52-53.
(17)"The State of Antitrust and the FTC´s case against Amazon" Yves Smith NAKED Capitalism September 28. El expediente concreto: UNITED STATES DISTRICT COURT WESTERN DISTRICT OF WASHINGTON.
(18)"Amazon Antitrust Paradox" Lindsay Khan. Yale Law Journal 126 (3)564-907. 2018.
(19)"More Uncomfortable Memories" by Charles Gave. Gavekal Daily. Gavekal Research. October 10 2023.
(20)"How tight are US labour markets?" Lawrence H. Summers, Alex Domásh. 16 Mar 2022.VOXeu CEPR.

20 de octubre de 2023
Blog del autor: camposeconomicos.blogspot.com

Capítulo 25

GUERRAS, PETRÓLEO Y AMNISTÍA

Las dos guerras actuales de Ucrania y Oriente Medio han exacerbado las alianzas de los países, la mayoría en dos bandos, que están minando el dinamismo del comercio exterior y movimientos de capitales, orientando los recursos a la autosuficiencia en los temas estratégicos y de defensa.

Examinamos como se están removiendo los poderes de producción y consumo en el mundo de la energía y en nuestro país, con un gobierno que provoca la fractura social y la ruptura del estado de derecho con la tramitación de la ley de amnistía y sus pactos, que arroja una sombra sobre el ya problemático crecimiento futuro de la economía y el consenso para llevar a cabo las reformas necesarias para mejorarlo.

UNA PAUSA. SE ENCARGA EL MERCADO

El jueves 26 el Banco Central Europeo después de diez subidas consecutivas se tomó una pausa y dejó el tipo de interés en el 4.5%, ya que el nivel actual de los tipos de interés está produciendo un impacto intenso en las condiciones de financiación en una economía que se muestra débil.

"Hasta diciembre no se va a volver a revisar la coyuntura y la pausa". "No significa que nunca más los vayamos a subir".

La presidenta Lagarde considera que la presión de los tipos durara hasta el final del primer trimestre del 2024, ya que la inflación está descendiendo.

No se habló de ningún cambio en la política de venta de su cartera de bonos.

Como contraste, la economía estadounidense está presentando un crecimiento dinámico en el tercer trimestre del 1.2%, que supone un 4.9% anualizado del PIB basado en la fortaleza del consumo, todo ello supone una aceleración en el ritmo de crecimiento del año que está fortaleciendo al dólar, y ha provocado que el bono del tesoro de Estados Unidos haya superado el 5%, lo que está presionando sobre los mercados alternativos de acciones e inmuebles.

La inflación en España adelantada de octubre, se ha mantenido en el 3.5% con un descenso de la subyacente de cuatro décimas al 5.2%. Casi todos los precios energéticos han colaborado en la bajada.

Los analistas de ciertas entidades cono Funcas piensan que vamos a llegar en diciembre al nivel del 3.6%.

En la zona euro si ha bajado la inflación en octubre al 2.9%, frente a un 4.3% en septiembre, aunque con un crecimiento en el trimestre casi nulo (0,1%), sostenido por un mercado laboral que no destruye empleo.

El miércoles uno de noviembre, la Fed marco una pausa en la subida de tipos de interés, sin prometer que no subirían más y con la amenaza de que se podrían mantener a estos niveles más tiempo de lo esperado.

La bolsa reaccionó positivamente al alza y descendieron los tipos a largo y el dólar, reacción que se extendió a los países europeos y Japón.

El Banco de Inglaterra acentuó la tendencia al día siguiente, al hacer también una pausa en sus incrementos de tipos de interés, apoyada en un descenso de la inflación en Octubre al 5.2% frente al 6.2% en Septiembre.

El 14 de noviembre se publicó un descenso de la inflación al 3.2% (subyacente al 4%) superior al esperado en Estados Unidos influido por el abaratamiento de la gasolina, y que ha llevado a que la deuda estadounidense a diez años haya descendido del 4.5% (y posteriormente del 4.4%), arrastrando a todos los mercados de renta fija a la baja, provocando una subida vigorosa de las bolsas, descenso del dólar superando el 1.08 con el euro (el 1.09 al 21 de Noviembre) y el petróleo con descensos leves, alrededor de los 80 dólares barril.

Los indicadores adelantados de la inflación en Noviembre continuaron con su tendencia la baja en España al 3.2% (descenso de tres décimas) y en la eurozona al 2.5% (medio punto por debajo de Octubre) que junto con la previsión estadounidense ha hecho que continúe la subida de la bolsa y descenso de los tipos de interés, los bonos del tesoro estadounidense a diez años descendieron al 4.21% y la deuda pública española al mismo plazo al 3.35% el 1 de diciembre.

LES HEMOS HECHO INVERTIR. LA HUELGA DEL AUTOMÓVIL

La huelga de los fabricantes de automóviles a finales de octubre ha llegado a su fin con el triunfo del sindicato, parece que se han firmado acuerdos tentativos hasta el momento con Ford y Stellantis y General Motors estaba perdiendo 200 millones de dólares por semana. Las dos firmas estadounidenses están tocando en bolsa a mínimos de las últimas 52 semanas. En total las tres firmas han perdido 25.000 millones de dólares en el transcurso de la huelga.

Han pactado subidas del 25% mínima en convenios de cuatro años y medio, revisiones con la inflación, subidas superiores para los salarios iniciales y los más bajos. Mejora de las pensiones, reconocimiento del derecho a la huelga por cierre de fábricas.

Es una subida superior a la acumulada de los últimos 22 años, lograda por un líder elegido por primera vez por votación directa de los afiliados en los 88 años de existencia del sindicato.

Pero el tema va más allá de retribuciones y condiciones de trabajo, el liderazgo de Shawn Fain, al fomentar la inversión real de las empresas, va contra la corriente de las últimas décadas de fomentar el sesgo financiero de invertir los beneficios en saldos financieros de tesorería, recompra de acciones y dividendos en tal grado, que grandes multinacionales norteamericanas han perdido posiciones por la falta de inversión industrial y de investigación. En otros capítulos comentábamos la perdida de terreno de Intel, la caída de General Electric convertida en su núcleo en una financiera o de Cisco.

De ahí la frase del líder del sindicato que encabeza este apartado: "Les hemos hecho invertir" y muchos analistas (1) piensan que puede ser el inicio en las grandes sociedades de Occidente de variar el rumbo de la tendencia hacia optimización del valor en bolsa, que tanto ha contribuido al incremento de la participación de las elites ejecutivas en la riqueza total, y substituirlo en parte por una mayor reinversión de los beneficios en investigación y desarrollo y en la economía real.

LAS GUERRA DE ISRAEL. LOS ESTRECHOS DEL GLOBO

La guerra de Israel contra los terroristas de Hamás, (2) enfrenta a los vecinos palestinos de Gaza (Palestina incluye también a Cisjordania) e Israel, con la mayor diferencia de renta per cápita del mundo, 58.000 dólares per cápita año (casi el doble de

España) para Israel y 18 veces menos, 2500 dólares para los habitantes de Gaza.

La Palestina de Cisjordania (West Bank), realmente regida por ambas partes pero con dominio de Israel con sus asentamientos, tiene una renta tres veces superior a la de Gaza.

Los asentamientos en Cisjordania son ilegales para la comunidad internacional, protegidos por el ejército con comunicaciones vetadas a los palestinos, el presidente Trump los declaró legales (600.000 israelitas están asentados entre el West Bank y Jerusalén oriental, en principio de dominio árabe).

Israel tiene una población de 9 millones 656.000 habitantes de Israel (de los que un 21% son árabes) con tan solo 22.000 kilómetros cuadrados frente a 550.000 kilómetros cuadrados de extensión de España.

Palestina al 2023 tiene 5.48 millones divididos entre 2.26 millones en Gaza y 3.25 en Cisjordania (hay siete millones de refugiados de todos los tiempos pasados principalmente en países árabes). Palestina se extiende en una superficie de 6200 kilómetros cuadrados, pero la franja de Gaza con tan solo 325 kilómetros cuadrados es el territorio más densamente poblado del planeta.

La idea del pacto promocionado por Naciones Unidas en 1994, era que los palestinos trabajaran en Israel y el capital israelí fluyera hacia Gaza y Cisjordania.

Pero las restricciones israelís hicieron que la economía palestina dependiera en mayor grado de las donaciones y transferencias.

En Cisjordania solo un tercio de la población dispone de un sistema de alcantarillado y un 10% no tiene suministro de agua.

Unos 130.000 palestinos principalmente de Cisjordania son admitidos a trabajar en Israel en tareas que no exigen capacidades, pero muy controlados en sus movimientos. Los palestinos de Gaza trabajando en Israel son tan solo 10.000.

Pero desde el año dos mil en Cisjordania su renta per cápita se ha multiplicado por tres mientras la de Gaza se ha reducido a la mitad.

Así el paro en Cisjordania es del 11% y en Gaza del 45%.

La principal fuente de ingresos son las tasas sobre el comercio de fronteras que Gaza realiza con Egipto y Cisjordania, y esta última con Israel, financiando así un tercio del presupuesto de la Autoridad Palestina y que recauda Israel por su cuenta, así como los impuestos domésticos.

La industria domestica principal en Gaza es la construcción, con un nivel de actividad garantizado por la reconstrucción de edificios.

La Autoridad Palestina tiene en nómina 40.000 funcionarios y 50.000 Hamás en Gaza.

Las donaciones es el capítulo más pequeño y su porcentaje sobre el total ha disminuido en los últimos años, aunque se desconocen las cifras reales que van con fines militares. Así por ejemplo Irán financia Gaza con 100 millones o la Unión Europea con 380 millones de euros anuales a Palestina.

Estados Unidos colabora en la ayuda a Palestina reanudando la financiación a la UNRWA, la agencia de Naciones Unidas que suministra fondos a los refugiados palestinos, aunque parece que condicionado en parte a que las contrataciones se realicen con empresas estadounidenses.

Más de la mitad de la población adulta de Gaza según el Fondo Monetario estaba en el 2021 por debajo de la línea de pobreza.

Con esta decadencia Económica de Gaza no es de extrañar que cuando se realizaron elecciones en el 2006, Hamás que ya había forzado a los israelitas para salir de Gaza, las ganó con el 70% de los votos expulsando al año siguiente a la Autoridad Palestina en una guerra civil, en la que Netanyahu primer ministro también entonces de Israel, en un error trágico apoyó a Hamás para debilitar a la Autoridad Palestina

Israel es una potencia económica y todavía más militar, tiene un gasto en defensa del 6% del PIB, pero sobre 540.000 millones de dólares de Producto Nacional Bruto, lo que supone 34.000 millones de inversión a la que se añade ahora la ayuda estadounidense.

Israel recibe una subvención anual de Estados Unidos de 3.3800 millones, aunque desde el estallido de la guerra ha habilitado otra transferencia de 14.000 millones. Es el país que dedica más inversión a investigación y desarrollo sobre PIB del mundo, y la Bolsa de Tel Aviv con una capitalización de 270.000 millones de dólares (un poco más de la mitad del IBEX español), tiene un gran peso de empresas tecnológicas, con un descenso desde el inicio de la guerra del 12%. Cotizan más de 600 empresas y 60 de ellas cotizan en otros mercados principalmente en el Nasdaq, el mercado tecnológico estadounidense.

La moneda israelí el shekel se ha depreciado un 10% desde que comenzó la guerra rompiendo la barrera de 4 shekels por dólar.

Tiene pues capacidad de financiar una guerra cuyo coste diario se estima en 250 millones de dólares (7500 millones al mes, 90.000 millones de dólares al año) aunque les va a llevar a reformar su presupuesto.

El Banco Central Israelita prevé una duración de la guerra de dos meses, lo cual llevaría a una estimación del coste total de la guerra de 12-13000 millones de dólares.

Por otro lado, la llamada a 360.000 reservistas en Israel, va a afectar aún 8% de puestos de trabajo que se van a abandonar con la consiguiente falta de servicios en la economía cotidiana.

A ello hay que añadir la expulsión de los 140.000 trabajadores que venían de Cisjordania y los 18.000 de Gaza.

El coste para Hamás a la defensiva y en guerra de guerrillas, es mucho menor pero no se conocen las cifras con exactitud según el presupuesto de la Autoridad Palestina del que recibe un tercio, el presupuesto anual de Hamás para Gaza está entre 2000-2500 millones de dólares anuales según la Web Israel Hayom.

Los Cataris donan 360 millones que amplían estas cantidades financiando ONGes ligadas a Hamás a través de bancos estadounidenses.

500 millones vienen por el mismo clan a Hamás por sus ONG y bancos de origen turco y cifras no concretadas de Emiratos Árabes.

Y lógicamente el mayor financiador junto con Catar es Irán cuyas cifras se desconocen.

De cualquier forma, el desequilibrio de fuerzas es evidente y la indefensión económica y física de la población palestina es desoladora.

POR QUÉ LOS PAÍSES ÁRABES NO ADMITEN REFUGIADOS

Egipto que estuvo gestionando Gaza durante quince años y guarda muy malos recuerdos, señala su negativa total para acoger refugiados por los problemas económicos y sociales que supondrían, esencialmente la entrada de grupos terroristas que atacarían Israel desde su territorio, un problema que no quieren con ese país.

Ese conflicto lo vivió Jordania con el terrorismo creado por los palestinos dentro de su estado, que le obligó a una devastadora lucha interna en 1970 que se inició con el asesinato por el grupo terrorista Septiembre Negro del Primer Ministro Jordano.

Expulsados de Jordania pasaron al Líbano, sufriendo matanzas por ambos lados, llevando a un caos de guerra civil al país, del que todavía no se ha recuperado.

En Kuwait fueron expulsados 300.000 palestinos por su apoyo a Irak con atentados terroristas en la guerra del Golfo.

HASTA AHORA EL CONFLICTO NO SE HA EXTENDIDO

El conflicto palestino israelí tiene un riesgo de ampliación en varias vertientes una de las cuales es la de los pasos cruciales por la geografía del globo. El Canal de Panamá, el de Suez, Dardanelos (en Turquía) u Ormuz (en el Golfo Pérsico) son pasos del transporte mundial cuyo bloqueo provocaría un shock en las cadenas económicas que enlazan a gran número de países.

Jean Paul Rodrigue y Theo Noteboom (3) especialistas en la geografía del transporte, señalan la importancia de los estrechos en el transporte marítimo que abarca el 80% del transporte mundial.

Los autores señalan los estrechos del mundo más importantes por el flujo de mercancías, claves, ya que más del 80% del comercio mundial transcurre por ellos, por lo que cualquier alteración en el tráfico se amplifica en la economía mundial, ya que supone un auténtico cuello de botella en la cadena productiva, y pertenecen en general a países políticamente inestables y que invierten con cierta discontinuidad en la ampliación de capacidades de dichos estrechos.

Para ellos, el canal de Suez, el de Panamá con problemas de sequía (vital para Estados Unidos al conectar el este con el oeste y un ahorro medio de 13.000 kilómetros), el estrecho de Malaca (entre Singapur, Indonesia y Malasia) Ormuz (entre el Golfo pérsico y el Golfo de Omán) son los cuatro más importantes del mundo.

Añaden luego como también estratégicos, el estrecho de Bab el Mandab que controla el acceso al Canal de Suez en el Mar Rojo y al

Océano Índico, el estrecho de Oresud, entre Dinamarca y Suecia conectando el mar del Norte con el Báltico, los estrechos turcos del Bósforo y los Dardanelos (conectando Europa con Asia y con el Mar Negro), Gibraltar, El estrecho de Magallanes (separando Sudamérica de la Tierra de Fuego) y el Cabo de Buena Esperanza en Sudáfrica.

LOS ESTRECHOS DEL PETRÓLEO

Por orden de importancia respecto al tráfico de petróleo (4) tendríamos con datos del 2021: Ormuz (17 millones de barriles/día) Malaca (15), Bab el Mandeb (3.2), Daneses (3), Turquía (3), Suez (2.4) y Panamá (1.2)

De hecho, al inicio de la contienda entre israelí y Hamás, Omán ya había propuesto cerrar el estrecho de Ormuz según fuentes de Twitter, que une los Golfos Pérsico y el de Omán y por el que circula la tercera parte del petróleo transportado por vía marítima, lo que llevaría al petróleo según los analistas por encima de los 120 dólares que sería traumático para la economía mundial.

Malaca es clave para las compras de China e India y el canal principal para Irán para su venta de petróleo, con la tentación para Estados Unidos de abortar esa ruta, abandonada por sus consecuencias.

Bal el Mandeb, es un gran amenaza, ya que después de una guerra entre Eritrea y Etiopia de un medio millón de muertos, el primer mandatario de Etiopia pide recuperar los puertos que fueron suyos en el Mar Rojo al precio que sea, pegada en la costa a ambos países se encuentra Dibojuti donde está establecida una base militar china.

Y al otro lado del estrecho, está Arabia Saudita y Yemen que el 19 de noviembre secuestró un barco israelita provocando una subida del precio del gas y el planteamiento de rutas alternativas para algunos países, entre ellos Japón.

Los estrechos turcos son básicos en cuanto a la guerra de Ucrania por su conexión con el Mar Negro, en la que el gobierno turco ha tomado una posición neutral.

Egipto que bloqueo el Canal de Suez en la guerra contra Israel de los Seis días durante ocho años de 1967 a 1975, está ahora en una situación opuesta protegiéndolo con un gran despliegue de armamento.

Sin embargo hay analistas que consideran que el cierre de Ormuz perjudicaría menos a los países occidentales que a China, India y otros países árabes y asiáticos, lo que perjudicaría tanto a Irán como a Omán en sus intereses económicos.

Por otro lado Egipto ha hecho un despliegue de tropas y tanques en el estrecho de Suez sobre el que transcurre el 30% del tráfico mundial comercial marítimo.

Hasta el momento no se ha producido la espiral que se podía esperar ya que el apoyo a los terroristas de Hamás ha sido muy escaso, excepto los casos de Irán, Yemen, Líbano y Siria en cualquier caso contenidos, e Irak pasivo.

Le guerrilla Hezbola del Líbano señala que el país no soportaría una guerra abierta con Israel, Yemen aparte del secuestro ya comentado del barco, desde la esquina de la península de Arabia Saudita ha lanzado algunos cohetes sin continuidad, y Rusia permanece callada respecto a los ataques de Israel a los aeropuerto sirios y de los estadounidenses a los centros de donde partieron los ataques a sus bases de Siria e Irak.

Para The Economist, Hamás hasta el momento ha fracasado en el intento de atraer al Medio Oriente a su causa. Se están produciendo rupturas diplomáticas con Israel, y la suspensión de firma de un acuerdo entre Israel y Arabia Saudita, pero no se pasa de ahí.

Se habla del agotamiento de la calle tras el fracaso de la Primavera Árabe del 2011.

Para la web Noahopinion (5) una razón importante para la falta de reacción de los países árabes es que el Medio Este se va volviendo viejo, lo que da lugar al optimismo sobre el desarrollo del conflicto.

Citan un estudio de Cincotta y Weber en el que señalan que países con una edad media de 25 años o menos tiene muchas más probabilidades de tener revoluciones.

Otros analistas señalan que entre 1970 y 2007, el 80% de los conflictos civiles se han dado en países en los que al menos el 60% de la población estaba por debajo de los treinta años.

La correlación es máxima cuando se produce tasas altas de fertilidad.

Irán, Israel, Emiratos, Arabia Saudita, Líbano, Libia y Argelia están envejeciendo a un ritmo rápido y la edad media ya supera los 30 años.

Quedan todavía con una población por debajo de los 25 años y con una pobreza más aguda: Jordania, Siria, Egipto, Pakistán. Iraq, Palestina, Yemen y Afganistán, que son efectivamente los que más guerras han tenido en la última década.

Es evidente que la resaca de la Primavera Árabe y los crecientes intereses económicos de los países árabes son factores de contención muy importantes además de la madurez de la población en los gobiernos árabes.

NUNCA MÁS. LA TRAGEDIA

Si la continua dinámica de inicio de atentados terroristas de los palestinos y respuestas de Israel, ya en el 2022 había empeorado (el peor balance desde la segunda intifada en el 2005) con 31 muertos israelís y 202 palestinos, con unas cifras en la misma línea hasta el siete de octubre del 2023, ese día marcó un precedente inédito y dramático.

En toda la historia del estado de Israel nunca se había producido un asesinato inesperado y masivo de inocentes con esa crueldad y extensión 1300 víctimas, con el añadido de 280 secuestros y 200.000 refugiados israelíes el siete de octubre.

La reacción con ecos del holocausto, es que no puede volver a suceder, para lo cual hay que eliminar a Hamás, lo que está llevando a una masacre con bloqueo casi total de víveres y medicinas a los palestinos de Gaza con un número de muertes en continuo ascenso por las bombas, sobre una zona tan densamente poblada, utilizada con frecuencia, como escudo por los terroristas y las condiciones infrahumanas de vida.

No sabemos a qué dimensión puede llegar la tragedia y sus repercusiones, el día 7 de noviembre Netanyahu declaró que planea mantener el control de seguridad sobre Gaza por un periodo indefinido.

Se piensa que va a ser necesaria al final de la guerra una renovación del actual gobierno extremista israelita, y resolver el difícil problema de los de más de 500.000 israelíes asentados en Cisjordania.

Y es obligado un fondo de reconstrucción para Palestina (la mitad de los edificios de Gaza están seriamente dañados a final de noviembre) que va a ser importante dado el grado de destrucción. Hace más de treinta años en los acuerdos de Camp David era de 28.000 millones de dólares.

Estados Unidos plantea un Consejo de Gobierno con la participación de Israel, Egipto y un nuevo gobierno también de la Autoridad Palestina, con Irán al fondo como problema.

Es muy difícil que Israel después de las matanzas de los bombardeos de Gaza, y los asesinatos de Hamás a los que un porcentaje importante de los palestinos siguen apoyando (aunque con un descenso en la última encuesta realizada justo a finales de septiembre), puedan llegar las dos partes por si solas a ningún acuerdo. Como dijo el poeta: "El daño que se está haciendo es muy grave pero la herida es todavía más profunda".

Hace falta tiempo y una actuación de la comunidad internacional para un conflicto nunca resuelto y quizás ahora en uno de los peores momentos de su historia.

UCRANIA, ALGO OLVIDADA

Para Ucrania, la nueva guerra de Israel contra Hamás le perjudica claramente en todos los aspectos, económicos, de unidad occidental para seguir manteniendo el esfuerzo de financiación y en un momento en que las posiciones de la guerra se mueven muy lentamente, con ganancias mínimas de terreno (17 kilómetros en la operación reconquista), acceso ucraniano al otro lado rio Dniéper, pero soportando el asedio ruso sobre Avdikva ciudad bajo dominio ucraniano, pero con fuertes bajas humanas y de material en la batalla.

La carta del comandante en jefe.

El comandante en jefe del ejército ucraniano Valery Zalluzhny publicó un informe (6) sobre la situación de la guerra a la que calificó de estática, pero con gran número de bajas y armamento, lo que favorece a Rusia y amenaza a las fuerzas armadas ucranianas y al propio Estado.

Ucrania necesita incrementar sus capacidades militares y tecnológicas para avanzar en esta guerra.

Lo prioritario es el poder en el aire, es esencial para apoyar operaciones a gran escala en tierra.

Las armas electrónicas son básicas para la guerra de drones en la que los rusos están muy avanzados.

La artillería, los cohetes y los misiles realizan el 80% de las tareas en la guerra y las contrabaterías neutralizando la artillería enemiga son básicas.

La cuarta prioridad es la tecnología para destruir las minas, en la que los rusos son unos maestros en reponer rápidamente.

Por último y quizás el tema de fondo más importante, establecer reservas de soldados. La capacidad de Ucrania de incorporar soldados entrenados, en contraste con Rusia es limitada. Por otro lado, se dan lagunas legislativas que permiten a los ciudadanos evadir responsabilidades.

Por último, recomienda no infravalorar a Rusia que les supera en armas, equipos, misiles y munición a pesar de sus fuertes pérdidas.

El presidente Zelensky lógicamente negó que la recuperación de territorio estuviera estancada.

Continúa la presión sobre la economía rusa con una depreciación del rublo superior al 30%. Se va a producir también el bloqueo de su comercio de diamantes en el que factura anualmente más de 4000 millones de euros.

Todo ello con la perspectiva de un importante descenso en los precios y cantidades de sus exportaciones de hidrocarburos respecto al invierno del año pasado.

La decisión anunciada de la Unión Europea de adelantar y acelerar las conversaciones con Ucrania para entrar en la Unión, supone una decisión trascendental.

Con todos sus compromisos la Unión Europea ve incrementada su presión sobre el gasto que se está manifestando en la dura negociación para reducir el mismo en un 30% en el presupuesto de la Unión Europea.

Es también un factor positivo el encuentro físico por dos veces en un mes de los presidentes estadounidense y chino con declaraciones diplomáticas por ambas partes y la reanudación de los contactos entre los dos ejércitos.

- Petróleo

Principales productores:

Estados Unidos 17.7 millones de barriles diarios (19% del total). Arabia Saudita 12,1(13%). Rusia 11.2 (12%). Canadá 5.6 (6%). China 4.99 (5.3%)

Principales consumidores:

Estados Unidos 19.2 millones de barriles (20%). China 14.3 (14%). India 5.2 (5%). Arabia Saudí 3.9 (4%). Japón 3.9 (4%)

Valor en dólares de la producción total anual: dos billones seiscientos treinta mil dólares. 2. 630.000 millones de dólares.

Las importaciones superan el billón de dólares es decir el 40% del valor de la producción, lo que indica la interdependencia entre los países.

Es sabido que la asociación de países árabes productores de petróleo domina el mercado de exportación junto con Rusia y con mayores márgenes de beneficio que el resto.

La dependencia de la Unión Europea es grande ya que no es productora y el techo al precio del petróleo ruso ha desviado la exportación rusa a la India y China con fuertes rebajas del precio y la Unión Europea a comprar al resto de países exportadores, incluidos Canadá y Estados Unidos.

Estados Unidos es importante exportador (número 5 del mundo en el 2021), pero también importador (número 2) principalmente de Canadá, Arabia Saudita y Méjico.

China es el gran importador, con el 50% de compra en el mercado del Golfo Pérsico, y con una mayor orientación a Rusia como ya hemos comentado, convirtiéndose, también en el mayor importador de Irán en los últimos meses de este 2023, comprando de este país hasta el 70% de sus exportaciones.

Las importaciones petrolíferas españolas en el 2022 han venido principalmente de Nigeria (12,8%), Estados Unidos (10.5%), Méjico (9.6%) e Irak (8.2%).

Esta orientación del comercio hacia Asia y países no alineados con Estados Unidos ha llevado a disminuir algo el peso del dólar en el comercio energético mundial, aunque India por ejemplo se resiste a pagar todo el petróleo en rublos.

- Gas

Principales productores:
Estados Unidos (25% de la producción mundial), Rusia (17.4%), Irán (6.1%), China (5.5%), Canadá (5,1%).

Principales consumidores:
Estados Unidos (22.8%), Rusia (13.1%), China (9%), Irán (5.5%), Canadá (3.5%).

Valor de la producción total: un billón cien mil millones de dólares. 1.100.000 millones de dólares.

La dimensión económica del mercado es menos de la mitad que el petrolífero. Y la comercialización supone el 38% de la producción, equivalente al del petróleo, pero creando más interdependencia por la dificultad del transporte y la crisis energética.

Un mercado concentrado en su producción en Estados Unidos y Rusia, ambos exportadores, así como el peso menor de China y que ha experimentado una enorme variación en los precios ya que la sustitución de las fuentes de aprovisionamiento es muy difícil, ya que el transporte a distancia es muy difícil y caro, por la necesidad de infraestructuras como los gasoductos o de plantas para el tratamiento del gas si el transporte es marítimo.

Al usarlo Rusia como arma en su invasión de Ucrania, reduciendo sus exportaciones a los países europeos por su ayuda a Ucrania, provocó la multiplicación de los precios.

Hay que destacar a Omán, que ha incrementado en este año su producción, convirtiéndose en uno de los principales exportadores mundiales y Noruega un proveedor clave de gas a Europa.

España sufrió el episodio del corte de gas de uno de sus principales proveedores Argelia, por alinearse con Marruecos respecto al tema del Sahara Occidental, compensado en 24 horas con los suministros por mar de Estados Unidos, pero a un precio muy superior.

Así Estados Unidos fue el líder en el suministro de gas a España con el 29% del total seguido de Argelia (24%), Nigeria (14%) y Rusia (12%).

- Carbón

Principales Productores:
China 4430 millones de toneladas (55% producción mundial). India 947 millones (12%). Indonesia 690 (8.6%) Estados Unidos 540 (6.7%) Australia 459 (5.7%).

Principales Consumidores:
China 4554 millones de toneladas (57%). India 1557 millones (19.4%). Estados Unidos 469 (6%). Rusia 249 (3.1%). Indonesia 216 (2.7%).

Valor de la Producción Total: dos billones setecientos sesenta mil dólares. 2.760.000 millones. En el 2023 el valor de la producción en dólares descenderá respecto a la del petróleo.

Las exportaciones mundiales en dólares fueron 238.000 millones de dólares que no llegan al 10%, el grado de interdependencia es pues menor que en los otros mercados. Hay casos conflictivos de interdependencia como es el caso de Australia respecto a China.

Sorprendentemente el carbón, el condenado a quedarse en un corto plazo sepultado en tierra por su grado de contaminación, ha sido el de mayor dimensión económica el año pasado, con incremento en su producción y precios en base al gran tirón de China e India, que suponen los dos tercios del consumo mundial.

Por otro lado, la crisis energética les ha llevado a algunos países a consumir carbón de forma vergonzante por haber renunciado a la energía nuclear.

Así en el 2022, Japón con 179 millones de toneladas y Alemania con 168 millones, están inmediatamente después de los citados como mayores consumidores.

China a pesar de ser el primer inversor mundial en renovables eólica y solar, y tener en proyecto más de 20 centrales nucleares frente a la India en segundo lugar con ocho, ha incrementado su consumo de carbón en el 2023 y va aumentar su capacidad de producción en un 30% respecto al 2022.

Todo ello ha llevado a que la demanda mundial de carbón se haya incrementado en los seis primeros meses del 2023 en un 1.3% a 4550 millones de toneladas, aunque a un precio claramente inferior al del 2022 que ha descendido a la mitad del pico alcanzado en el 2022.

Hace falta alguna década más de lo esperado para que el carbón sea enterrado y desaparezca como fuente contaminante.

EL NUEVO PODER DE LOS PETRODÓLARES

Los países árabes productores del Medio Este, acaparan el 46% de las exportaciones de petróleo, el 30% de las de gas natural licuado. Aparte tienen grandes reservas, el 52% de las reservas mundiales de petróleo y el 43% de las de gas.

En el comercio, la región en los últimos treinta años ha incrementado las exportaciones a China e India del 6% al 26%. Europa y Estados Unidos han descendido en el mismo periodo como destino de exportaciones, del 34% al 16%.

La revista The Economist (8) estima que el excedente exterior en cuenta corriente de los países productores árabes del Golfo, puede alcanzar en el periodo 2022-2023 los 660.000 millones de dólares.

¿Dónde va ese dinero?

La opinión es que cada vez va menos a Occidente, y más a conseguir objetivos políticos domésticos e incrementar la influencia exterior, aunque por su opacidad es difícil seguirle la pista.

No solo los países del Golfo son los grandes beneficiados de estos niveles del petróleo, Noruega se estima que ha recaudado 160.000 millones de dólares en sus ventas de hidrocarburos (especialmente gas) en el 2022 con una subida del 160% sobre el 2021, y Rusia logró unas rentas de 210.000 millones de dólares.

Si los precios siguen a los niveles actuales según la consultora Alex Etra of Exante, los cuatro gigantes del Golfo (Arabia Saudita, Kuwait, Qatar y la UAE) obtendrían 300.000 millones de dólares de rentas que unidos a los 350.000 del 2022, supondrían 650.000 millones de dólares en dos años.

La tesis de la revista es que ese dinero con actores como los gobiernos, los fondos soberanos y los bancos centrales se ha usado por caminos nuevos a la tradición de invertirlos en Occidente, por ejemplo bonos del tesoro estadounidense, o acciones de Wall Street.

Se distinguen tres aplicaciones:

- **Pagar deuda externa.**

Kuwait ha reducido su deuda a la mitad, Abu Dhabi ha devuelto 3000 millones de dólares desde el 2021 (el 7% del total). Qatar ha reducido su deuda en 4000 millones de dólares (4%).

- **Prestar a los amigos.**

Así el Banco central de Egipto recibió un depósito de 12.000 millones de dólares de Qatar, Arabia Saudita y los Emiratos. Arabia Saudita le ha permitido retrasar sus pagos por compras de petróleo por varios miles de millones de dólares.

En marzo Arabia Saudita depositó 5000 millones de dólares en el Banco Central turco y Qatar y Emiratos establecieron una línea de crédito en dólares de 19.000 millones.

- **Inversiones Extranjeras.**

El capítulo más importante. En el pasado los Bancos Centrales de Rusia y Arabia Saudita eran los que reciclaban los recursos. Ahora Rusia con sus reservas bloqueadas va colocando sus ingresos energéticos en los bancos de los países del Golfo y deja a Arabia Saudita como líder que desde el 2015, invierte los recursos más a través de su Fondo Soberano PIF (Public Investment Bank) del que al igual que los demás fondos soberanos (excepto el de Noruega) no se da información.

Así es el caso del fondo de Abu Dhabi, ADIA (Abu Dhabi Investment Authority) o el de Qatar, QIA (Quatar Investment Authority).

Se puede estimar que en principio invierten la liquidez en las cuentas de bancos extranjeros, compran más acciones en Estados Unidos que bonos del Tesoro, e invierten en acciones privadas directamente en ocasiones y con gradual independencia de los servicios de gestión de patrimonios ya que van formando sus propias plantillas de gestores.

Así por ejemplo el fondo de Abu Dhabi, ADIA tiene una plantilla de 1300 personas con grupos de matemáticos liderados por expertos de las grandes universidades estadounidenses

PIF el Fondo de Arabia Saudita ha invertido en los países vecinos, abriendo sucursales en Bahrain, Egipto, Irak, Jordania, Oman y Sudan con inversiones de 24.000 millones de dólares.

Han creado también grupos especializados en China, India y el Sudeste Asiático, ellos quieren invertir en las industrias de los países que usan el petróleo que les compran a ellos.

Por otro lado, la fortuna de las familias reales en esta evolución no está clara por no separarse de la de los fondos soberanos.

La consecuencia de todo ello es la independencia de los recursos procedentes de Occidente por sus ventas de hidrocarburos, ya que no se reciclan hacia allí, lo mismo que muchos países de los otros continentes buscan la financiación fuera de Occidente, principalmente en Oriente Medio y otros mercados asiáticos.

Las grandes empresas privadas petrolíferas también han ganado mucho dinero especialmente las estadounidenses, con fuertes subidas en las bolsas que han valorado a casi el doble sus beneficios que el de las petroleras europeas.

Las siete empresas petrolíferas punteras, pasaron de ganar 200.000 millones de dólares en el 2021, a 376.000 millones en el 2022. La única empresa pública de ellas, Saudí Aramco perteneciente a Arabia Saudí ganó 161.000 millones de dólares (Las otras seis son British Petroleum, Chevron, ENI, Shell y Total Energies).

Han sido también las estadounidenses, las más dinámicas (9) realizando las dos operaciones más importantes de adquisición, con la compra por un lado de Exxon por 60.000 millones de dólares de Pioneer, uno de los líderes del craking oil que extrae el petróleo de las formaciones de rocas. La compra dobla la producción doméstica de Exxon convirtiéndole en líder del país con 8 millones de barriles diarios.

El craking ha experimentado una gran mejora en eficiencia, se estima que un dólar invertido actualmente produce el doble de petróleo que en el 2014 y con menos contaminación por ser menos intensivo en carbono que los campos convencionales y más barato y rápido en su desarrollo.

Chevron por otro lado anunció la compra de Hess Corporation por 52.000 millones de dólares tomando así participación en uno de los proyectos más grandes y de desarrollo más rápidos del mundo en Guyana (al lado de Venezuela). Curiosamente mientras Exxon informaba de una fuerte baja de beneficios en su sección química, Chebrón informaba de toda una serie de problemas técnicos en su explotación del fracking gas.

Ambas compras tuvieron una prima moderada sobre la cotización del mercado pero fue bajista para sus acciones, que continúan deslizándose ligeramente a la baja por la coyuntura de tipos de interés y el descenso de los precios petrolíferos hasta el final de noviembre a pesar del anuncio de la OPEP de nueva bajada de cuotas para el 2024.

PRECIOS DEL PETRÓLEO E INFLACIÓN

Hay análisis muy rotundos (10) respecto al efecto de los precios del petróleo en el coste de la vida, señalando que es responsable del 21% de la subida del coste de vida en el que el precio del barril ascendió de 40 dólares a 115 dólares para el consumidor, en el periodo junio 2020–2022, en el que el precio del barril ascendió de 40 dólares a 115 dólares.

De ese 21% de responsabilidad de la inflación en la subida del petróleo, de un 24 a un 48% se debía a la actuación especulativa en el mercado de futuros de los inversores financieros, sin motivaciones comerciales de cobertura, que acumularon posiciones de compra. Es una oscilación muy grande en la estimación.

Podemos señalar que sin perjuicio de algunos casos particulares, los análisis completos y en periodos temporales adecuados, no han encontrado ni en los mercados de futuros de bolsa de acciones ni en los de materias primas variaciones sustantivas ni siquiera de la volatilidad (11) ya que las actuaciones de los sujetos en el mercado pueden tomar actitudes contrapuestas y no previsibles. Hay una larga serie de análisis de partidarios de esa hipótesis y también de contrarios a la misma, sin que se llegue a una conclusión convincente.

Por el lado opuesto (12) se cita la situación actual del petróleo que a finales de Octubre suponía un 30% de subida de los precios sobre Junio, hay una serie de factores que actúan de contrapeso, para que ese incremento no haya impactado en el coste de vida, como son la suavización del mercado laboral estadounidense, también influyó el descenso en el incremento de la renta de la vivienda en el coste de vida y el crecimiento negativo de la oferta monetaria.

Arabia Saudita piensa que es el Banco Central del Petróleo.

Así le tacha el analista del petróleo más influyente del mundo, Daniel Yergin (13) añadiendo a continuación que por ejemplo Rusia, escapa a su control ya que produce petróleo por encima de lo acordado.

Y ante la sorpresa de todos a finales de Noviembre y a pesar del anuncio de reducción de producción de la OPEP, el petróleo se situaba por debajo de los ochenta dólares, que según los especialistas (14) se debe a dos factores, el descenso del consumo de gasolina en Estados Unidos y el incremento de sus inventarios y al claro descenso de la demanda china debido a la caída de su actividad manufacturera y probablemente aunque no tenemos información al acopio de inventarios realizado, así como hay que tener en cuenta la enorme inversión sustitutiva en China en renovables, nuclear y centrales de carbón, casi cada día se incorpora un nuevo centro de producción.

China que acaba de instrumentar un fondo de casi 140.000 millones de dólares para apoyar al mercado inmobiliario.

Arabia Saudita tiene un control del mercado claramente inferior al que pretenden.

Y los árabes han señalado al mercado de futuros de petróleo como culpable de la actual situación del mercado, la historia se repite.

FUTURO DEL PETRÓLEO. LA AGENCIA Y LA OPEP

Se dan dos versiones diferentes respecto al peso del petróleo en las próximas décadas.

- La Agencia de la Energía.

Organismo Autónomo creado por la OCDE, en su informe anual (15) señala como por la crisis energética debida a la guerra, hay que acelerar la implantación de las energías renovables, lo cual requiere un volumen de inversiones que por el momento no se están cubriendo en su totalidad.

Por otra parte, señalan que el consumo de petróleo tiene que bajar a partir de la próxima década y en 20 años desaparecer el carbón, siempre dentro del escenario cero emisiones netas en el 2050.

Pero ya en esta década prevén que el consumo de China de carbón y petróleo alcanzará su punto máximo para comenzar su descenso, que será más intenso para Estados Unidos y la Unión Europea en la que se prevé un descenso en la década del 20% en el gas natural y petróleo y el 50% para el carbón.

Por supuesto el informe climático sobre la brecha mundial de producción de combustibles fósiles, elaborado por cuatro organismos entre los que se encuentra el Programa de las Naciones Unidas para el Medio Ambiente señala que el calentamiento se halla muy cerca del límite marcado y la producción de fósiles supera en un 110% el objetivo establecido.

- **La Opep.**

Controlan el 40 de la producción mundial de petróleo y están en contra de los pronósticos de la Agencia de la Energía.

En su informe (16) defienden que todo indica que el petróleo va a seguir siendo esencial y se va a incrementar su consumo hasta por lo menos el 2045, basándose en las cifras de demanda energética global e incremento de la población.

Consideran que hay que invertir en todas las fuentes de energía para cubrir las necesidades y las inversiones se van quedando cortas en todas la fuentes de energía, y también en el petróleo, en el que no considera la Agencia las inversiones que está realizando la OPEP para conseguir una energía más limpia y descarbonizar la industria.

Está claro que la postura de la OPEP parece más realista y acorde con la coyuntura y las expectativas del sector.

EL INVIERNO EN EUROPA

Se presenta claramente mejor que el pasado.

Entre las primeras mitades del 2021 y 2023, la Unión Europea (17) ha descendido sus importaciones de gas en un 14% y el comprado a Rusia ha pasado del 43% al 8% del total. Noruega ha jugado un papel importante como suministrador substitutivo y por otro lado las importaciones de gas natural licuado han pasado del 21% del total al 41%.

Las condiciones de oferta siguen siendo favorables a pesar de las dos guerras. Catar que suministra el 14% de las importaciones europeas de gas presenta una continuidad como proveedor.

Para España parece que la postura de Argelia podría mejorar como suministrador.

Los inventarios de gas europeos están a tope. Al 12 de octubre estaban al 99% de capacidad, que supone cubrir el consumo del 40% de la demanda en un invierno de temperaturas medias de los últimos cinco años.

Hay una caída estructural de la demanda de gas.

En el segundo trimestre del 2023, el consumo de gas de hogares y empresas ha descendido un 15% sobre su media prepandemia. Las inversiones añadidas en eficiencia y en energías alternativas, solar y eólica pueden incrementar esta caída del consumo.

Otro factor a añadir es la normalización este año de la capacidad nuclear francesa que se redujo a la mitad el pasado por averías y revisiones, y la hidroeléctrica también francesa, al mejorar actualmente la sequía.

Todo ello supone que vamos a experimentar incrementos de precios, pero claramente inferiores a los del año pasado lo cual va a hacer disminuir el componente energético en el incremento del coste de vida respecto al pasado año.

LA GRAN OPORTUNIDAD ESPAÑOLA

El especialista en energías renovables Daniel Pérez en un interesante libro (18) señala a España como el paraíso de la energía barata.

Es el país con más sol de la Unión Europea y uno de los primeros en recursos eólicos con un gran margen de espacio en sus territorios vacíos.

El tema ya lo respaldan los mercados. Las empresas con elevados consumos energéticos suelen fijar la compra de contratos a largo plazo de la electricidad. Power Purchase Agreements (PPAs).

En el 2022 los PPA ibéricos cotizaban a diez años, 48 euros por MWh, frente a los 93 de Francia y los 92 de Alemania.

Esta diferencia de costes de la energía ha llevado a que el 35% de los nuevos contratos europeos se firmen con España.

En algunos casos son empresas ya en funcionamiento que rebajan sus expectativas de costes. Otras son inversiones de multinacionales que pretender cubrir con renovables, todo su consumo energético.

Por último hay sociedades que se establecen en España para aprovechar la energía barata y los fondos europeos.

Así cita los casos de la fábrica de diamantes de Diamond Foundry en Trujillo (Cáceres), la fábrica de componentes de baterías en Tarragona, el proyecto de Maersk en Galicia y Andalucía para producir combustibles verdes para el transporte marítimo (10.000 millones de euros de inversión) o la gigafactoria de baterías de Volkswagen en Sagunto (Valencia).

El autor también señala que España es el segundo país más atractivo del mundo según el Hydrogen Investability Index, para invertir en hidrogeno por detrás de Alemania, con proyectos que suponen ya el 10% de la producción mundial.

Otro sector además de industria y transporte, sensible a la energía es el de centros de datos. Así Amazon ha abierto en los 2022 tres centros de datos en Aragón que suponen el 20% del consumo de energía de la región, con el suministro de la energía renovable propiedad de la propia Amazon.

Para Pérez la mejor opción para España dada la falta de acuerdos para reforzar las infraestructuras que permitirían la exportación de energía, es la de que viaje el producto no la energía, es decir que las industrias y centros de datos se instalen en España para aprovechar la energía barata.

Tres problemas básicos considera el autor respecto a las renovables en España:

- El mercado y la rentabilidad.

El mercado de la electricidad se rige marginalmente por el último productor que suministre a la red, como la eólica y la solar no tienen costes es posible que un momento de oferta abundante su retribución sea nula, esta situación que puede darse en el futuro con más frecuencia cuanta más inversión se realice, puede afectar a la inversiones futuras en renovables y la inversión en redes que traen consigo.

Si desde el 2018 España ha multiplicado por cuatro su potencia solar, queda mucho camino por recorrer. En España hay 20 GW instalados solares y 30 GW eólicos, y se necesitan 120 GW solares y 130 GW eólicos para el año 2050.

Contrariamente a la moda imperante en el mercado eléctrico de señalar topes al alza, habría que cubrir la rentabilidad de las renovables marcando un precio mínimo.

En la situación actual, son factores negativos añadidos de rentabilidad el incremento de costes de los equipos, la falta de personal adecuado, y la competencia en el mercado de las grandes inversiones eólicas marinas en el mar del Norte.

- **Oposición a los proyectos.**

Es necesaria una regulación de este tipo de proyectos, que mida su impacto ambiental, la protección patrimonial, el consenso territorial, la alteración del paisaje

Las ventajas tienen que superar a los inconvenientes, los incrementos de ingresos municipales, la participación en proyectos colectivos de autoconsumo etc.

Es preocupante el sesgo que está tomando la energía eólica en Galicia en la que, a principios de noviembre, hay ya bloqueados por los tribunales instalaciones de siete parques ante las denuncias vecinales y de ecologistas.

- **La burocracia.**

Lo complicado de los procedimientos, el miedo a firmar del funcionario ante un entorno hostil que le exija responsabilidades, y la falta de medios materiales y humanos ante al aluvión de proyectos en proceso, está provocando unas grandes listas de espera que puede hacer peligrar muchos proyectos por vencimientos de plazos.

En este sentido el periodista Carlos Segovia recoge la paradoja de que Alemania haya invertido el doble que nosotros en renovables en lo que va de año.

De cualquier forma estos problemas son comunes a todos los países y la crisis energética ha llevado a que el índice de bursátil mundial (MSCI World alternativa Energy Index) de energías alternativas haya descendido de su pico de hace tres años a casi a un tercio, mientras que el índice mundial de energía (MSCI World Energy Index) se haya más que triplicado desde su punto más bajo al inicio del 2020.

LA DEMANDA A META

Presentada por California y otros 40 estados de Estados Unidos, basada (19) en la denuncia realizada en el 2021 por una ex empleada Frances Haugen, que presentó una serie de documentos denunciando que en un estudio interno realizado sobre Instagram, se encontraron evidencias de que muchas mujeres adolescentes en el uso de fotos compartidas estaban sufriendo ansiedad y depresión acerca de sus imágenes corporales.

Meses antes se había ya cernido la denuncia, con la creación de Instagram Kids una versión de su red dirigida a menores de 14 años.

Meta ya anteriormente como Tik-Tok, Snap o Google estaba sufriendo cientos de litigios, pero Meta quizás se lleva la palma en el 2023: de 14 litigios en el 2019 pasó a 50 en el 2021, 342 en el 2022, y 515 en el año actual.

La acusación de la demanda actual se centra en el abuso del consumidor y el desprecio al bienestar del mismo y de la salud física y mental del usuario menor de edad, así como de la violación intencionada y a sabiendas de las leyes de protección al consumidor y de privacidad de los menores, con un modelo que crea adicción, recopila datos de los menores de 13 años sin consentimiento de los padres y ha expandido el uso de estas prácticas a otras plataformas suyas como WhatsApp, Messenger y el Metaverso.

- La defensa.

De una manera general Meta en su informe de seguridad (20) y protección de consumidores y empresas del 2023, traza la trayectoria temporal y todos los frentes en los que combate para el funcionamiento justo y moral de la empresa.

Respecto a la demanda en concreto, Meta señala que estaba trabajando en elaborar estándares de edad claros para todos los jóvenes que usen la aplicación con la colaboración de los reguladores y sin embargo los fiscales no han valorado esa iniciativa considerándola insuficiente para la protección de los menores.

- Efectos económicos.

Meta se está recuperando de su gran caída de ingresos de la publicidad del 2022 que le llevó a un gran descenso en bolsa y a despedir a 11.000 empleados el 13% de su plantilla

. De hecho, formó parte en su día del club de los que valían más de un billón de dólares y actualmente a finales de octubre vale 740.000 millones de dólares a pesar de una plusvalía del 194% en el año al día 27 de octubre.

A finales de noviembre había se acercaba a los 840.000 millones de dólares.

Hasta ahora las multas a Meta en Europa suman 2000 millones de dólares por el traslado ilegal de datos de sus usuarios a Estados Unidos, pero esta demanda actual no tiene precedentes y es mucho más grave.

El tema de la demanda el posible daño a los menores, es de los más graves y sensibles socialmente, lo que ha repercutido en los primeros días a en la sociedad que ha perdido un 7%, a pesar de presentar unos resultados mejores de lo esperado aunque en Noviembre se ha recuperado totalmente. El beneficio acumulado de los nueve primeros meses asciende a 25.081 millones, con un incremento del 35%.

Si ya Meta era quizás la gran tecnológica más desacreditada jurídica y socialmente con sus 3100 millones de usuarios, esta demanda puede tener consecuencias de gravedad imprevisible.

Para agravar el tema paralelamente a presentación de la demanda, la Junta Europea de Protección de Datos ha prohibido a primeros de noviembre a Meta a procesar datos personales de usuarios para servirles publicidad personalizada. La prohibición se debe estar cumpliendo desde el día siete de noviembre.

UNA UTOPÍA AL ALCANCE. EL GRAN ESPACIO MUNDIAL DE LA COMUNICACIÓN

Si a la gran ensayista y filosofa Hanna Arendt que era partidaria de que el ciudadano pudiera hacer política fuera del parlamento, en libertad, ella tan experta en autoritarismos ¿qué diría ante las posibilidades Meta y sus plataformas, Facebook en concreto?

Uno de los filósofos más importantes de este siglo, Jurgen Habermás que pensaba como un embrión de su visión de un foro de comunicación mundial, los comentarios en los cafés londinenses con las publicaciones de noticias de los periódicos de la época, quizás en sus juicios actuales es pesimista respecto al gran ámbito de dialogo e información, de encuentros y asistencias, de ejemplaridad, de acción conjunta y fraternidad, que ofrecen las redes frente a los aspectos negativos mucho más publicitados de manipulación, informaciones falsas, ciberdelincuencia, agresiones verbales y difamaciones en episodios de odio y conspiraciones.

Habermás tiene una visión cosmopolita de la democracia, en un espacio de razón comunicativa que por encima de las identidades nacionales y las represiones políticas y de las redes, intenta lograr una opinión pública mundial.

Comprende que esto no se logra si no cuaja una sociedad mundial política como base de control para las redes mundiales.

De manera utópica propone su proyecto en una Asamblea General de las Naciones Unidas, renovada.

Lo que es claro es que el ejemplo de Facebook con dos mil millones de usuarios con intercambios de todo tipo de personas y grupos (noticias, imágenes diálogos, informaciones individuales, convocatorias, búsquedas etc.) El control público es parcial de cada país, o la Unión Europea en el caso de nuestro continente, siendo en el interior de la propia red donde se dan los controles y las denuncias.

LA COMPLEJIDAD EN EL CONTROL DE META. LOS MODERADORES

En los espacios de las plataformas de Meta se cruzan varias líneas morales Así en Facebook, está por un lado la responsabilidad moral de los usuarios en sus actuaciones y en sus denuncias tanto en los denunciantes como en los denunciados.

Por otro lado, están los guardianes de la moral, los moderadores, Facebook tiene hasta 20.000 personas y 8000 permanentes vigilando los contenidos morales en la red, aparte de su elevado coste económico, está la incógnita de cuáles son las pautas morales marcadas y como se cumplen de acuerdo con la ética y la democracia.

A esto se añaden una cifra estimada de 50 millones de moderadores voluntarios en gran parte ligados a los 10 millones de grupos existentes.

Finalmente queda a examen el comportamiento del propio Facebook, respecto a manipulaciones en los usos de datos personales etc., con actuaciones discontinuas y reglas diferentes según el país.

¿Hasta qué punto Facebook es responsable y en qué grado y según episodios de sus dos mil millones de usuarios?

Con todas las amenazas y conflictos de intereses que se están viviendo, las inmensas posibilidades de estos espacios de comunicación se están ya desarrollando y los gobiernos deben cooperar para que vayan por el mejor camino posible.

ESPAÑA, DESCENSO EN EL NIVEL DE VIDA COMPARATIVO

Este año, así como para el siguiente el crecimiento de España ha recuperado gran parte del retraso respecto a sus socios del euro.

Sin embargo, este crecimiento se ha dado con un incremento del empleo la mitad extranjero en gran parte proveniente de la emigración. Esto supone que al ver el nivel de vida dado por la renta per cápita este se encuentra estancado (21) sin incremento en los últimos cuatro años, mientras que en la Unión Europea ha subido tres puntos.

Estamos el décimo país por la cola de los 27 en PIB per cápita en datos del 2022. Nos situamos al 85% de la media comunitaria.

Esta caída en el ranking nos ha acercado al club de los pobres y tendría derecho a los Fondos de Cohesión con 6600 millones, hacienda permanece pasiva quizás el tema no gusta al gobierno por el golpe que supondría para su reputación.

Todo ello ha influido negativamente en la productividad en la que Estados Unidos (22) distancia a Europa por la fortaleza del dólar, la demografía Europa tiene una población más envejecida) y la dedicación de más horas al trabajo. España sigue descendiendo en productividad y se encuentra en el puesto 18 entre 34 países.

The Economist estableció un medallero comparativo (23) entre los países europeos en cinco capítulos: demanda, deuda, demografía, descarbonización y desligamiento de los países no democráticos.

Diecinueve países obtienen medalla de oro en algún apartado entre los que no está España que ocupa el lugar 20 entre los 27 países analizados.

Tiene una colocación de medalla de plata en cuatro apartados, principalmente en demanda por su baja inflación y en el comercio con países democráticos.

LA AMNISTÍA Y SUS PACTOS

La ruptura constitucional, de la igualdad de todos ante la ley y del estado de derecho que supone toda la gestación de la ley de amnistía y los pactos de control, a las concesiones actuales y futuras a los independentistas, proyectan una sombra creciente sobre las expectativas económicas en todos los órdenes de nuestro país.

Se producen y seguirán produciéndose enfrentamientos entre las diversas instituciones gobiernos y cámaras, por no respetar la división de poderes y los procedimientos y canales adecuados en la elaboración de sus leyes discriminatorias e unilateralmente impuestas.

Y todo ello en un momento de un necesario ajuste fiscal y descenso del comercio internacional.

De momento la fractura social inmediata con enfrentamientos entre las instituciones y gobiernos, se va a traducir en lo económico en un incremento de los gastos de la administración central cuya cuantía puede ir creciendo progresivamente según se vayan concretando los pactos.

Las Agencias de Rating que iban a poner en negativo la deuda italiana, han puesto su foco también en la deuda pública española para seguir su evolución.

Moodys la agencia de rating ha sido la que más ha concretado, señalando que la condonación del 20% de la deuda del Fondo de Liquidez Autonómica a todas las Autonomías (que caso excepcional en Europa dicha deuda se halla en manos del gobierno) a Cataluña le supondría unos 15.000 millones, al ser la más endeudada le favorece en mucha mayor proporción por habitante que la media del resto (más de diez veces más que por ejemplo a Extremadura) como premio a su falta de disciplina financiera.

La agencia de rating estima un desembolso del estado a lo largo del proceso (la deuda pública estatal está cerca los ocho años de vida media) de 45.000 millones para todas las autonomías, el 3.3% del PIB.

A esto habría que añadir el montante económico resto de concesiones ya conocidas (baja de los peajes a Galicia, transferencias del ferrocarril a Cataluña, las compensaciones la país vasco y canarias por el apoyo etc.) y futuras que nos iremos enterando.

En uno de los países con la Administración Pública más descentralizada de Europa, la arbitrariedad jurídica y fiscal en particular, del gobierno, ha creado una situación de insolidaridad, que hace difícil la coordinación con y entre las comunidades autónomas, que se ven discriminadas, con amenazas de rompimiento de la unidad de gestión de transportes, tributaria y de pensiones y los problemas para la aplicación de las leyes.

La perspectiva es de ajuste fiscal de cerca de un punto del PIB para el próximo año como declaraba un miembro del gobierno, retirar las medidas de lucha contra la inflación que finalizan el 31 de Diciembre elevaría el IPC en 1.5 puntos y por otro lado provocaría una reducción del gasto por impacto de los precios y reducción de la liquidez del sistema que afectaría a la economía real en una bajada estimada de 0.30-0.35 en el crecimiento real del PIB por un descenso del déficit público de un punto del 4 al 3% sobre el PIB.

La paradoja estriba en que sin embargo esta retirada de subvenciones es necesaria para hacer descender la inflación en el medio plazo que permita un crecimiento estable.

La retirada debe realizarse de forma gradual y de los niveles de renta menos vulnerables, ya que la política monetaria con la restricción crediticia creciente de la banca va reduciendo la liquidez disponible.

Para la agencia Standard Poors el enfrentamiento político va a ser en sí mismo una dificultad para un gobierno con un parlamento fragmentado.

Con una coalición de gobierno tan amplia cualquiera de los partidos puede bloquear la aplicación de las leyes y las reformas pendientes.

El empresario y los trabajadores son la gran baza de nuestro país.

Por ahora los empresarios y los mercados (la prima de riesgo de la deuda pública) por el momento aguantan el envite a la espera de la espiral a la que pueda llevarnos la crisis política y social, sobre todo por el lado del descenso de la inversión, uno de los puntos débiles de la economía y la salida de capitales con el retroceso de las entradas.

Los empresarios van a tener un gobierno cada vez más intervencionista y que así lo declara expresamente.

- Hay un intervencionismo para impulsar al sector privado, como sería el caso de la utilización de los fondos europeos, en lo que tenemos mucho que mejorar.
- Otro intervencionismo que se está volviendo autoritario, cuando debía haber dialogo público exponiendo ventajas e inconvenientes en profundidad que es el de las reformas, de impuestos por ejemplo en que la recaudación se piensa incrementar, con reducción del fraude, los sectores con exceso de beneficios empresariales, los ricos y los nuevos tributos de medio ambiente, cuando de hecho es la clase media con su esfuerzo la que sigue soportando y continuara cargando con la mayor presión fiscal.
- O en el mercado laboral (revisión del salario mínimo que ha comenzado con un diálogo) incremento de la indemnización por despido, subida de las cuotas sociales, representación trabajadores en los consejos, reducción de la jornada de trabajo, incentivos para los receptores del paro. Siempre hay que recordar que uno de los mayores logros laborables ha sido la firma del convenio de salarios sin intervención del gobierno.
- En los sectores y empresas aparte de las discriminaciones fiscales con las intervenciones en Indra, Ferrovial, Telefónica,

supermercados y la restricción de los vuelos a corto plazo en el mercado aéreo que ha provocado las quejas de Airbus.

Los primeros síntomas aparte del sinnúmero de manifestaciones multitudinarias por todas y las declaraciones contrarias de asociaciones de numerosos cuerpos profesionales (jueces, diplomáticos, militares, policía, abogados, agentes inmobiliarios, de empresas, etc.) los tenemos en la huelga con 1550 trenes bloqueados en el puente de diciembre después anulada, o la paralización de la naviera Maersk de su inversión en Valencia con un año frenando el gobierno la ampliación del puerto de Valencia en la que la naviera tiene comprometidos 1050 millones de euros.

El gobernador del Banco de España Pablo Hernández de Cos no considera la condonación de deuda como una solución ya que podría llevar a más descontroles futuros. Hay que cambiar el modelo de financiación para que la gestión no dependa de la misma, sino de los saldos entre ingresos y gastos.

Los grandes retos según el gobernador son los desequilibrios fiscales, la baja productividad que nos hace perder potencial de crecimiento y nos aleja de la media europea en la renta per cápita.

Las reformas necesarias para impulsarnos son difíciles de realizar ante la falta de consenso entre las fuerzas políticas, empresariales y sociales.

En conclusión por el momento la gran labor empresarial de este país a pesar de no tener el ambiente más favorable, hace que se encaje el inicio de esta polarización ante las actuaciones anticonstitucionales y contra el estado de derecho con estabilidad, pero este proceso de concesiones pactadas puede ir minando en el medio y largo plazo las expectativas de inversión doméstica y extranjera, reduciendo las perspectivas de crecimiento en un entorno ya de por sí difícil económicamente.

Bibliografía

(1)"Labor Unions Are Industrial Policy" Mat Stoller. Lee Hepner 6 November 2023.

(2)"The regional reverberations" "Resisting the call, for now" "Briefing Israel and Gaza". The Economist October 14th 2023 Pp. 19-20.

(3)"The Geography of the Transport Systems". Jean Paul Rodrigue. Routledge. 2020.
"Port Economics, Management and Policy 2" Chapter 1.6 – Interoceanic Passages. DR Jean Paul Rodrigue and Dr Theo Noteboom.
Porteconomicsmanagement.org
(4)"Los siete estrechos más importantes en las rutas marítimas" Lenin David Rodriguez. Abril 9 2021.Informemaritimo.com
"Geopolitics and Trade" "Fleet-Footed. America would struggle to break Iran sophisticated oil-smuggling complex". The Economist. October 28 th 2023. Pp67-68.
"Red Sea geopolitics. Ports in a storm". The Economist November 4th 2023. Pp36
(5)"The Middle East is getting older" Noahpinion. Noah Smith. Nov5.
(6)"Zaluzhnyi: War with Rusia moving to a new stage" ukinform.net. 07 November 2023.
"Hacktivistas para una ciberguerra asimétrica". Pablo Pardo. El Mundo Lunes 23 octubre 2023. P4.
(7)Informaciones de Enerdata. Una excelente información sistematizada del tema en: "Geopolítica de los recursos energéticos". Eva María Martín Roda. Editorial Síntesis. 2021.
"Una síntesis de los conflictos del petróleo y las actuaciones de los diversos países desde la crisis de 1973 en The New Global Oil Market Order and How to Trade it". Simon Watkins. Editorial Amazon. 2023
(8)"The financial Conflict" "War by other means" The Economist October 21st 2023.Pp60-61.
"The Middle East" "Reorientation". The Economist September 9th 2023. Pp17-19
"A new era of petrodollar power". The Economist April 15th2023. Pp59-61
(9)"Why Exxon Mobil is paying 60 billion for Pioneer" Oct 11th 2023. economist.com/business.
"Exxon and Chevron Megadeals Reveal Why Days of Easy Oil Are Over" by Kevin Crowley, Mitchell Ferman and David Wethe. October 28, 2023 Bloomberg
(10)"Oil Prices, Oil Profits, Speculation, and Inflation". By Carlotta Breman and Seervaas Storm. June 26, 2023. Institute for New Economic Thinking.
(11)Ver páginas 97 a 103 de "Economía y Bolsa" José Luis Campos Echeverría. Profit. 2003.
(12)"The non- inflationary impact of Higher Oil Prices". Tan Kai Xian. The Daily. October 19, 2023. GavekalResearch.
(13)"Saudi Thinks It's the central Bank of Oil ", Yergin Says. Bloomberg Television. Youthtube. June 2023
(14)"Oil After The Gaza Factor". Tom Holland Strategy Monthly – November 2023. GKMonthlyReview2311023.pdf
(15)"World Energy Outlook 2022" Resumen Ejecutivo. IEA.
(16)"Monthly Oil market Report 2023" OPEC.

"Por qué el mundo necesita más petróleo no menos". Haitham Al Ghais. Secretario General de la Organización de Países Exportadores de Petróleo (OPEP). El Mundo. Miércoles 11 de Octubre 2023.

(17)"Assessing Europe´ Winter gas Risk" Cedric Gemehl. The Daily October 17, 2023. GavekalResearch.

(18)"La superpotencia renovable" Daniel Perez Rodriguez. Editorial Arpa. 2023.

(19)"Meta Sued by California, States Over Harmful Youth Marketing" by Madlin Mekelburg. October24. Bloomberg.com/news/ articles.

(20)"How Mark Zuckerberg escaped a metaverse-sized hole" Economist.com/business. 26-10-2023

(21)"¿Crecimiento sin mejoras de productividad?" Rafael Doménech. Macro. Opinión Semana del 5 al 11 de noviembre. Actualidad Económica. Pp30.

(22)"All Work and no play" "Graphic detail Productivity ". The Economist October 7th 2023. Pp77.

(23)"Our European economic pentathlon" The Economist October 14th 2023. Pp 21-22.

1 de diciembre de 2023
Blog del autor: camposeconomicos.blogspot.com

Capítulo 26

¿LA INFLACIÓN VENCIDA? ¿Y EL CRECIMIENTO?

La inflación desciende con dudas más rápido de lo esperado, los tipos de interés no le siguen en la misma medida elevándose en términos reales, con una bolsa culminando un buen año ante el mantenimiento de la actividad económica.

Se anuncia el fin de la época dorada bursátil lo que parece excesivo dada la incertidumbre existente.

Se analizan las distintas inflaciones que viven los hogares españoles y el comportamiento de los precios sobre el total de la economía.

España ha llegado a un récord de población, con hogares cada vez más solitarios, pobres y viejos.

La gran crisis china del agua se va destapando en los medios y hay que destacar el protagonismo de Apple en el juicio a Google.

Comienzan las críticas a las grandes empresas consultoras por su creciente poder sobre los gobiernos.

Las dos guerras continúan su escalada y desgaste sin grandes impactos económicos adicionales.

Los riesgos geopolíticos en el año de mayor número de países en elecciones de la historia con el cambio de perfil de la globalización.

Y finalmente una consideración de las previsiones pesimistas del Banco de España con un descenso en el crecimiento, pocas perspectivas de disminución del déficit público, aunque con mejora en el paro, sin constatar la necesaria recuperación de la inversión.

ATAQUES A LOS BANCOS CENTRALES

Economistas como Stiglitz (1) cantan victoria indicando que ya pronosticaron que la inflación caería en cuanto se recompusieran las cadenas de oferta, la inflación se ha corregido así sin la intervención de los bancos centrales.

Sitiglitz se olvida de que las subidas de tipos de interés aparte de subir los costes de los proyectos y gastos, con la reducción de la actividad que provocan, una bajada del volumen acumulado del crédito bancario supone una destrucción de dinero que trae consigo una disminución de la oferta monetaria o sea de la liquidez, que ha sido un factor importante en la reducción de dicha inflación.

En diciembre se ha acentuado más la caída de los tipos de interés ante una inflación estadounidense del 3.1% en noviembre y la decisión el día 13 de la Fed de mantener los tipos anunciando reducciones en los mismos para el 2024. El tipo de interés de la deuda estadounidense descendió del 4% y en Europa la deuda italiana a diez años bajó del 4% y la española en el mismo plazo ha descendido del 3% junto con la deuda a dos años.

Los mercados bursátiles iniciaron la siguiente jornada con subidas de alrededor del 1%.

Al día siguiente ante el fuerte descenso de la inflación en la zona euro en noviembre al 2.4%, frente al 2.9% de octubre, el Banco Central Europeo mantuvo los tipos de interés, pero en una postura más dura que la Fed estadounidense no anunció bajadas de tipos para el año próximo y si, un cierre en las compras de deuda para apoyar al mercado.

Todavía permanece la preocupación inflacionista por la subida de los costes unitarios debida entre otros factores al bajo crecimiento y productividad.

En España también descendió la inflación en Noviembre al 3.2% frente al 3.5% de Octubre, para volver a bajar una décima en Diciembre al 3.1% y llegar a una inflación media del año del 3.5%.

A principios de año, el día 5 de enero se publicó la inflación del euro a diciembre el 2.9% con un subida de 4 décimas respecto a Noviembre pero menor de la esperada (en diciembre del 2022 era del 9.2%).

Todo ello unido a la fortaleza del mercado laboral estadounidense que ha creado 2.7 millones de puestos de trabajo en el 2023 y un paro de tan solo el 3.7% dando lugar a una ligera subida de los tipos de interés que ha llevado a un inicio negativo de las bolsas.

LAS BOLSAS FINALIZAN EUFÓRICAS

El índice mundial más importante el S&P 500 estadounidense ha experimentado una plusvalía del 24% en el 2023 (supone 8 billones de dólares de mayor riqueza), mientras el Nasdaq 100 el índice tecnológico, realizaba su mejor año desde 1999 con un 53% de revalorización.

El índice europeo del Eurostoxx 50 se incrementó en un 19.2%, mientras que la bolsa japonesa superaba sus niveles anteriores al pinchazo de su gran burbuja bursátil e inmobiliaria de hace 34 años, con una plusvalía del 28.2%.

La bolsa española con un 22.6% ha obtenido el mejor resultado desde el 2009.

Solo las bolsas chinas han tenido todo un comportamiento negativo incluso de dos dígitos en algunos índices, por las interferencias políticas y la caída de expectativas de crecimiento en la actividad económica.

A principios de año ha presentado la financiera china Zhongzhi, solicitud de liquidación por bancarrota, con un agujero declarado de 36.400 millones de dólares.

Las deudas suponen 64.300 millones de dólares y los activos son menos de la mitad de las deudas.

En los últimos diez años el S&P 500 (2) con una revalorización anual del 11.9% supera a todas las estrategias más conocidas de inversión.

El índice mundial de bolsas MSCI excluido Estados Unidos, tan solo ha subido en el mismo periodo un 4.4%.

La caída tan rápida de la inflación y los tipos de interés a largo en las economías avanzadas arrastradas por Estados Unidos, que ha ido manteniendo crecimientos positivos en la economía y en el mercado de trabajo, que prometen buenos beneficios empresariales, aceleraron las subidas antes de finalizar el año.

Las grandes tecnológicas estadounidenses han tenido el papel principal en estos resultados. Los "7 magníficos" subiendo de media más de un 100% han aportado casi la totalidad de la plusvalía del Standard&Poors 500.

Apple, Microsoft, Alphabet (Google), Amazon, Nvidia, Meta y Tesla han añadido en conjunto casi 4 billones de dólares al índice mundial de bolsas MSCI, que hubiera sido negativo sin su aportación.

The Economist ha llegado a proponer (3) un índice S&P 493, excluyendo a los magníficos, como más representativo de la bolsa estadounidense y quizás con más estabilidad. Con empresas veteranas como Berkshire Hathaway la compañía de Warren Buffet, seguida de los laboratorios Eli Lilly establecidos en el siglo XIX.

En los tres últimos años los siete magníficos han duplicado sus cotizaciones mientras el índice S&P 493 apenas ha dado un resultado positivo.

Las empresas estadounidenses suponen el 61% del índice bursátil mundial que capitaliza 60 billones de dólares, frente al 50% de hace una década y las diez más grandes han más que doblado su participación en el total en la última década, del 8% al 19%.

En España el IBEX con una subida del 22% ha estado entre las mejores bolsas europeas, destacando las plusvalías de la banca con subidas superiores al 30%, lo mismo que Inditex, ACS y las empresas ligadas al turismo Aena, Meliá y Amadeus. Se ha dado un comportamiento pobre de las energéticas y muy negativo de las de energías alternativas con Acciona Energía descendiendo un 22%.

En el mercado estadounidense, además de las grandes tecnológicas, han destacado las firmas de energía, seguidas de tecnología de la información y salud, el fabricante de vacunas Moderna, ha sido la segunda empresa con más plusvalía del índice con un 800%. Los sectores con peor comportamiento han sido el inmobiliario, servicios de comunicación y la banca.

Respecto a un incierto 2024, continúan las recomendaciones favorables (4) a las tecnológicas, aunque concentran inversiones de todas las instituciones y pueden ser sensibles al cambio de ciclo.

Se prevé una cierta transferencia de fondos de Wall Street a otros mercados incluido el europeo, por las previsiones sobre el dólar y los tipos de interés.

Y la inversión europea se considera en salud, Infraestructuras y empresas energéticas.

Continuará la tendencia a las inversiones en el mercado japonés con el problema de su fragilidad respecto a la energía y la inestabilidad de su moneda, aunque va a beneficiarse del gran boom turístico que se avecina por su integración asiática.

Se considera que los mercados creíbles de Latinoamérica (Méjico, Brasil, Chile, Colombia, Perú y Uruguay) se van a beneficiar de un triple escenario positivo, de caída de tipos, revalorización de las monedas y subida de los activos domésticos, acciones y bonos. Desde el 2020 el mercado de acciones mejicano y brasileño ha superado al estadounidense.

El inconveniente es que siguen ligados al ciclo de las materias primas.

Y se recomienda los mercados asiáticos excluyendo China, principalmente India y Vietnam.

La India con intenso crecimiento económico es uno de los mejores mercados de acciones en los últimos cinco años y ha logrado una estabilidad exterior gracias a sus exportaciones e inversiones extranjeras, que le han permitido incrementar sus reservas de divisas en 700.000 millones de dólares

El oro con un 13% de plusvalía en el 2023 va a continuar al alza según los diagnósticos de la economía estadounidense con la tradicional demanda de China, India y el Medio Este de Asia. Ha superado desde el 2015 de manera contundente a la inversión en los Treasury, los bonos estadounidenses.

Y se singularizan algunas materias primas como el uranio, con la intensa inversión prevista en la industria nuclear civil y militar, con el problema de que aparte Canadá y Australia, el gran productor además de Kazajistán es Rusia con gran influencia en el otro área productora que es el Sahel en África.

Un tema importante es la estrategia de inversión en la que para unos innovadores analistas, más importante que el que comprar es cuanto comprar (5), propuesta que no ha sido considerada adecuadamente en las políticas de inversión y con los experimentos prácticos que ellos muestran en el libro, se producen graves incoherencias que llevan a resultados catastróficos.

Las asignaciones de inversión según los autores deben elevarse en proporción a las rentabilidades esperadas, disminuirlas también en proporción a la aversión al riesgo y disminuirlas notablemente en proporción a la volatilidad.

LA ÉPOCA DORADA DE LA BOLSA HA TERMINADO

Los últimos cuarenta años de bolsa han sido extraordinarios con una rentabilidad anual de las acciones descontando la inflación del 7.4%, frente al 4.3% de los ochenta años anteriores.

Ha sido también una época extraordinaria para los bonos globales, con una rentabilidad anual real del 6.3% en los mismos cuarenta años.

Para The Economist (6) esta gran época se ha acabado, se debió al incremento de la globalización, una inflación evanescente y un largo declive de los tipos de interés, y todo ello actualmente ha cambiado radicalmente.

Uno de los analistas más influyentes en el mercado, Antti Ilmanen (7) señala que todas estas plusvalías acumuladas durante décadas, han llevado a una situación actual de la prima de riesgo, es decir el rendimiento a recibir de las acciones por encima del de los bonos del gobierno para compensar el mayor riesgo, y dicha prima se ha reducido a su nivel más bajo en décadas, lo que indica unas expectativas muy negativas para el rendimiento futuro de las bolsas.

Sin un improbable alto y sostenido crecimiento de los beneficios de las empresas, los resultados serán un "crash" de las bolsas, o bien una serie de años de crecimientos negativos.

Contrariamente a sus padres los jóvenes en sus políticas de inversión se encuentran con tres trampas:

- La primera un exceso de liquidez en sus inversiones que les ha perjudicado frente a la inflación.
- La segunda una cierta marginación en sus inversiones de los bonos, cuyos resultados han superado ampliamente a los de la liquidez.
- Y por último, "la inversión temática ", en gran parte engañosa cuya muestra principal se encuentra en las inversiones en medio ambiente, sociales y de gobernanza (ESG).

En un estudio reciente de Harvard, los fondos ESG cargan unas comisiones muy superiores a los fondos "Normales" y sin embargo el 68% de sus inversiones se realizan en los mismos valores que dichos fondos "Normales".

Las conclusiones sobre el futuro de las bolsas son un tanto dogmáticas, aunque a medio plazo la incertidumbre es grande, pero hay que recordar en el corto plazo, que el 2023 ha roto la mayoría de los pronósticos pesimistas, entre ellos el del propio The Economist que en enero del 2023 (8) señalaba que si el 2022 había sido nefasto con una caída del 19.4% en el S&P 500, el 2023 podría ser igual de negativo por estar valorado el mercado muy por encima de la media histórica en relación a los beneficios, el ascenso de los tipos de interés por la inflación y las necesidades del tesoro americano y finalmente los economistas eran mucho más pesimistas que los inversores, los cuales al final del año son los que han acertado.

Anti Illmanen termina recomendando la serenidad para aceptar las cosas que no se pueden cambiar, el coraje para cambiar las que si se puede y la sabiduría para conocer la diferencia. Según The Economist el mejor consejo de inversión.

MATERIAS PRIMAS E INFLACIÓN

Asimismo, la caída de la demanda, de la actividad económica ha sido un canal de la restricción monetaria para provocar la caída de las materias primas (9) como es el caso de la energía y especialmente el petróleo.

En el análisis del Fondo Monetario Internacional sobre 37 materias primas y 24 países, las conclusiones para Estados Unidos son que 10 puntos básicos en la subida de tipos de interés, llevan a una caída en los precios de las materias primas del 0.5% al 2.5% en el plazo de un mes.

La respuesta de los precios de las materias primas a la política monetaria en Estados Unidos supone el 47% en el comportamiento de la inflación en la inflación estadounidense y el 57% del efecto de la política monetaria de Estados Unidos en la inflación de otros países.

Los canales más importantes por los que la política monetaria afecta a los precios de las materias primas serian:

El coste de financiar el almacenamiento de materias primas.

Sobre la economía real. Los efectos sobre el consumo de materias primas de la subida de tipos de interés, al restringir la inversión y el consumo.

Los efectos en los mercados tanto al contado como de futuros de las materias primas al reducir la liquidez.

Y por último la apreciación del dólar incrementaría los precios en las divisas locales de los demás países, al contratarse la gran mayoría de las materias primas en dólares.

Respecto a Europa señala el estudio que el influjo de los movimientos en los tipos de interés quedaría casi reducido al mercado de petróleo.

De cualquier forma, el fenómeno de la inflación ha sido objeto de análisis cada vez más detallados tanto en lo que se refiere a los componentes del coste de vida, como al comportamiento de precios en toda la economía (producción, gasto, sector exterior, empresas, mercados financieros) y sus efectos sobre la misma. En capítulos anteriores describimos la inflación estructural que analiza la Reserva federal de Nueva York o el tablero de indicadores de inflación de la Reserva Federal de Atlanta.

Algunos economistas (10) citan a Keynes como el ejemplo práctico de un método adecuado, con su análisis de los efectos de la inflación en una economía, en su caso en aquella época, de guerra.

Entre los críticos está la tradicional del economista Daniel Tarullo (11) que señalaba hace seis años que es difícil articular una política monetaria sin una teoría de la dinámica inflacionista que hasta al momento no se ha conseguido.

Por otro lado están los economistas de la FED, la institución más capacitada del mundo para el análisis de la coyuntura, pero con las limitaciones inevitables ante un mundo incierto y en última instancia inaprensible.

Estos economistas, están en su mayoría adscritos a los modelos económicos convencionales con variables y conceptos difíciles de estimar, por lo que sería conveniente una mayor diversificación profesional en los equipos para renovar los marcos tradicionales de análisis.

Otros economistas lo han resumido más contundentemente: la FED no puede gestionar adecuadamente la política monetaria sino entiende como se ha producido la inflación.

Creemos que hay una gran parte de falacia verbal en estas afirmaciones, cada episodio de inflación es diferente y se vive con una actuación monetaria que con retraso va viendo su influencia en la misma. La gestión y el conocimiento se van viviendo sobre el terreno y atendiendo a las señales tan complejas de un sistema económico nacional e internacional.

Todo ello supone una interrelación que transforma los comportamientos de la inflación y las decisiones de los gestores monetarios.

Así el caso como indican los recientes estudios (12) del Banco Internacional de Pagos, del efecto de la política monetaria en la estabilidad financiera, cuestión olvidada por los críticos, y que en la primavera de este año que termina, la crisis de la banca regional estadounidense frenó en seco el alza de tipos de interés de la FED.

La conclusión es que la amenaza a la banca de una política restrictiva es mayor cuan la inflación se ha originado en un shock de oferta.

Otro factor en estos análisis, son los cambios de modelos instrumentales para la gestión monetaria en relación al Covid. Las expectativas de inflación estuvieron ancladas en los dos últimos años

(2020-21) y una política gradual en los objetivos de reducción inflacionistas tuvo la misma eficacia que una política más agresiva con menos costes que esta última, en cuanto a desequilibrios y volatilidad en la capacidad de producción utilizada por la economía.

Por último señalan que gran parte de la inflación en el 2021 y 2022 se debió a choques sectoriales, sobre los que la política monetaria no tiene una intervención directa sino que debe aspirar a que se vayan diluyendo.

Sin los vigorosos incrementos de los tipos de interés desde el 2022 la inflación no hubiera descendido a ese ritmo sino más lentamente.

La principal aportación de los bancos centrales es haber demostrado su compromiso en conseguir sus objetivos y asegurar que una baja inflación continúa siendo la norma para las decisiones de precios y salarios.

LA INFLACIÓN SIGILOSA

The Economist en su número dedicado al 2024 (p16) analiza de la mano de su corresponsal en Bombai, Leo Mirani, el fenómeno de que las empresas facturan precios adicionales por servicios que antes iban incluidos en el precio. Las compañías aéreas sobre todo las de bajo coste, cobrando adicionalmente, el equipaje de cabina, también cargos por reservar por internet, selección de asientos ya por su situación (en la puerta de emergencia permite estirar más las piernas) o por estar juntos.

Se ha extendido a los hoteles, que están cargando también comisiones por las reservas informáticas. Airbnb la plataforma de alquiler está siendo motivo de quejas por la excesiva facturación adicional por servicios y limpieza.

El tema no se limita a los servicios ya que se está extendiendo a los productos, así BMW está cobrando una comisión de 18 dólares mensuales para activar los calentadores de asientos en su coches, Mercedes Benz, 60 dólares mensuales por la opción de elevar la aceleración de sus vehículos eléctricos.

Otro canal de subidas de precios, el que surge de aprovechar la ocasión, como los pubs en Inglaterra que cobran más por la cerveza los fines de semana o cuando hay un acontecimiento deportivo.

Uber y otras empresas lo ajustan minuto a minuto, subiéndolo si ven una demanda creciente, en otras industrias depende de la estación.

Estas prácticas se van extendiendo en todos los sectores. Así ocurre con la práctica estadunidense de la propina, la más alta del mundo ya que supone el 20% de la facturación, lo que a las empresas del sector supone pagar el sueldo mínimo. Se convierte en una comisión oculta.

Todo ello es una inflación, como la llama el articulista "sigilosa", que está extendiéndose de forma creciente en toda la economía.

A todo lo anterior habría que añadir la práctica de la "reducción" en los artículos que se venden al mismo precio con reducción de cantidad y peso.

CUÁL ES EL FUTURO DE LA INFLACIÓN. EL MERCADO DE TRABAJO

En un análisis de los indicadores en el mercado de trabajo estadounidense (13) tanto en lo que se refiere a los específicos (paro, participación en el trabajo, horas trabajadas, planes de contratación, abandonos de puestos de trabajo, puestos sin cubrir, número de empleados, incremento de salarios) como a los más amplios de la economía (tendencia de los beneficios, empleo en los sectores sensibles a los tipos de interés, impagos de las empresas, comportamiento bursátiles de las empresas de recursos humanos y servicios de empleo) llevan a una contracción en el empleo y un porcentaje de paro más alto que va a afectar a las rentas y el consumo y que va a aumentar las probabilidades de una recesión.

LA INFLACIÓN Y LOS HOGARES ESPAÑOLES

En este mes de diciembre se han acumulado una serie de análisis (14) de los hogares españoles, tanto el influjo de la inflación sobre ellos, como sus tendencias, su dinamismo según rentas y edades y las interinfluencias respecto a la situación de la vivienda.

Así un grupo de economistas españoles en un estudio publicado por el Banco Internacional de Pagos considera que los hogares se han visto afectados por la inflación en tres canales.

El canal de riqueza por el que la inflación redistribuye la riqueza real de los acreedores que ven disminuido el valor real de sus créditos, a los deudores que se benefician de esa circunstancia frente a sus activos.

El de renta: la inflación al no ir acompañada por una subida equivalente de salarios y pensiones, hace perder poder adquisitivo a los hogares.

La inflación no afecta a todos los precios de manera homogénea, dado que unos individuos consumen diferentes bolsas de mercancías y servicios que otros, la inflación es desigual, impacta más en unas personas que en otras.

Concentrándose en el despegue de la inflación del 2021 señalan que como se venía de un largo periodo de siete años de una inflación muy baja, tanto las empresas como los hogares han pagado un coste de la lógica inercia para reaccionar en sus comportamientos.

Tres conclusiones se extraen de su estudio:

- La primera es que los canales de renta y riqueza son más importantes que los efectos desiguales de la inflación. Los efectos de renta y riqueza son equivalentes en valores absolutos, aunque la renta precede como es lógico a la riqueza.
- Por otro lado, como los deudores salen favorecidos respecto a los acreedores, los hogares de mediana edad que están más hipotecados se han beneficiado incluso de la inflación contrariamente a los de más edad que al estar menos endeudados han sido perjudicados por la misma.
- Por último no se ve fuera de esta tendencia una diferencia de impacto de la inflación para el periodo del 2020 al final del 2022, aunque en el 2022 la inflación individual presenta variabilidad según la edad, perjudicando a los jóvenes o sea que tiene más peso el canal de consumo con su desigualdad de la inflación.

HOGARES, BAJADA DE RENTA, SUBIDA DE LA POBLACIÓN. LAS BRECHAS

El estudio que citamos de la Fundación AFI se inicia constatando la baja de la renta bruta per cápita de los hogares españoles aumentando su brecha con Europa y se debe como factor principal a un incremento de la población en España muy superior a los grandes de la eurozona, debido en un 70% a un intenso volumen de inmigrantes.

La población en España ha llegado a un récord histórico el 1 de Enero del 2023 superando los 48 millones de habitantes con un 14.5% de extranjeros (más de 6 millones con un incremento de 580.000, sobre uno de enero del 2022) frente al 13.1% en el año anterior.

Los mayores aumentos han venido países con situación política delicada, Colombia (142.000), Ucrania (83.000) y Venezuela (64.500).

Consecuencia del alto paro juvenil y la precariedad de los salarios de los jóvenes frente al resto de los salarios y pensiones, la formación de hogares con los cabezas de familia menores de 35 años ha bajado ocho puntos de tanto por ciento su participación, y en cambio los hogares con solo uno o dos miembros han crecido en 10 puntos de tanto por ciento.

Concluyendo, que los hogares españoles han crecido, pero son más pequeños, viejos y solitarios.

El estudio del CEU señala el influjo de las separaciones y divorcios en el alza de los hogares solitarios. El mismo estudio informa de que los españoles son propietarios en su mayoría de su vivienda y los extranjeros se concentran en el alquiler, matiza que el 57% de los habitantes vive con amplitud en su casa (30 metros cuadrados por persona) y tan solo un 0,7% vive hacinada (menos de diez metros cuadrados por persona) y un 14,3% en un espacio de 10 a 20 metros cuadrados, creemos que estas cifras están tendiendo a la disminución del espacio personal.

Como encabeza el estudio de AFI, la segunda brecha la generacional entre viejos y jóvenes, padres e hijos, se ha ensanchado a favor de los primeros. La primera brecha recordamos, era con Europa. Esta tendencia ha dado lugar a titulares como "La desigualdad entre padres e hijos se ensancha por los salarios y la vivienda". "Un tercio de los padres ha ayudado a sus hijos a llegar a fin de mes en el último año".

Todo ello ha dificultado el acceso de los jóvenes a la vivienda tanto en propiedad, la propensión a la compra de vivienda ha descendido a la mitad desde el año 2000 del 70% al 35%, lo que ha desplazado la gran parte de una demanda intensa por parte de una población creciente al alquiler, que corto de oferta, se ha encarecido extraordinariamente.

La intensa subida del alquiler ha provocado un retraso en edad de emancipación de los jóvenes (se acerca a los 40 años), la expulsión al extrarradio de las ciudades, y un gran crecimiento del número de personas y familias que comparten pisos.

El futuro no es risueño, más soledad, hogares más pequeños para los inmigrantes, reducción de espacio personal general y un acceso cada vez más difícil a la propiedad y el alquiler especialmente para los jóvenes.

Los jóvenes de media viven peor que sus padres actualmente, viven peor que sus padres cuando eran jóvenes y en el futuro cuando tengan la edad de sus padres van a vivir peor que como viven sus padres actualmente.

¿TENDREMOS TIPOS DE INTERÉS ALTOS POR MUCHO TIEMPO?

Hasta este final de año la inflación ha descendido más rápido que los tipos de interés con lo cual han subido por el momento los tipos de interés reales descontados con la inflación, sobre todos los tipos de interés a corto, hasta dos años, que han caído por lo general menos que los de largo plazo (diez años).

Según The Economist en Noviembre (15), los mercados piensan que los tipos de interés pueden permanecer altos por una década lo que tendría importantes consecuencias.

Comenzando por la economía real, la sorpresa hasta el momento es lo bien que ha resistido la subida de tipo de interés con la economía estadounidense creciendo en el tercer trimestre al 4.9%.

Muchas empresas se financiaron a largo cuando los tipos de interés estaban bajos y por el momento no les afecta el ascenso de los tipos.

Así se da el caso de que los pagos netos de intereses de las compañías estadounidenses en el 2023 han descendido, ya que las retribuciones de sus saldos de tesorería han subido más que sus costes financieros.

Y la cobertura va para largo, ya que según Goldman Sachs solo el 16% de la deuda de las sociedades se tiene que refinanciar en los próximos años, lo que supone que el 4.2% de coste medio de la deuda actual subirá mínimamente al 4.5% en el 2025.

No ocurre en la generalidad de las pequeñas y medianas empresas en las que comienzan a ascender los impagos y en otros países como Italia y España con un vencimiento medio de la deuda privada societaria en 2.6 y 2.1 años respectivamente.

El problema a medio plazo es que si siguen los tipos elevados estos van a pesar sobre el notable incremento de la deuda de las empresas en la década pasada.

En Estados Unidos emitieron deuda por 4.1 billones de dólares mientras se retiraban 3.1 billones de recursos propios mediante dividendos y recompra de acciones.

En las economías avanzadas la deuda corporativa está en el 93% del PIB frente a menos del 80% a mediados de los 2000.

Respecto a las economías domésticas, el gran colchón de liquidez en Estados Unidos, de un billón de dólares de exceso, el 5% de su renta personal anual, todavía supone una cobertura, aunque la subida de tipos sobre todo el hipotecario, en gran parte es fijo, está afectando a las expectativas de compras y de precios de las casas.

La vivienda en la media de los países desarrollados está descendiendo en términos reales descontando la inflación y las previsiones son de un 14% de baja descontando los precios del mercado inmobiliario para el 2025.

La subida de tipos y su mantenimiento puede tener un gran impacto en el sector financiero. Ya en marzo la banca regional y pequeña sufrió una crisis por sus minusvalías que alcanzaron los 600.000 millones de dólares, en sus inversiones de bonos del tesoro a largo plazo, al subir los tipos de los mismos del 1.5% al 3.5%.

Un grupo de economistas ha analizado la situación bancaria en el momento actual concluyendo que ha habido a las cotizaciones actuales de la renta fija, un desplazamiento de las pérdidas potenciales de la banca pequeña a concentrarse en la gran banca.

De las pérdidas potenciales estimadas de 2.5 billones de dólares alrededor de dos tercios se concentran en los bancos etiquetados por los reguladores como sistemáticamente importantes.

En consecuencia en Estados Unidos la fragilidad del sistema bancario frena las perspectivas de disciplina monetaria, mientras en Europa es la vulnerabilidad de la economía real el factor restrictivo para políticas monetarias más duras.

Y por último son los Gobiernos por su acumulación constante de deuda los que se pueden ver afectados por la subida de los tipos de interés.

Por el momento en estos tres últimos años la inflación ha diluido el peso de la deuda pública sobre el PIB en gran número de países, aunque este es un fenómeno transitorio.

El Fondo Monetario Internacional da una nota optimista señalando que en los países avanzados entre 2023 y 2028, el crecimiento de la economía va a superar al tipo de interés pagados por los gobiernos en 1.4 puntos de media, lo que en principio supone una estabilidad si hay disciplina respecto a los déficits públicos.

Se considera que esta disciplina no se da en Estados Unidos ya que el déficit se ha disparado al 7% del PIB, tendría que reducir anualmente su déficit antes de los pagos financieros en un 2.4% del PIB que sería claramente recesivo.

Frente a los ajustes fiscales, y de deuda privada, la caída de precios de los inmuebles y los problemas bancarios, las bolsas y los medios están cotizando un crecimiento futuro basado en el gran salto tecnológico y de transformación energética, que justificaría los tipos elevados por las alzas de productividad esperables, descartando el fantasma del "estancamiento secular" que se cernía antes de la pandemia.

Este es un tema omnipresente ahora y en los comentarios futuros.

EL AGUA, EL TALÓN DE AQUILES CHINO

Además de ser colocada la deuda país china por Moodys en revisión negativa junto con 18 empresas (16 estatales) días después, lo que ha llevado a la depreciación del yen y caída de las bolsas y un descenso de las importaciones, está emergiendo un problema central del país como es la escasez de agua.

El 80% de las aguas subterráneas por la polución en China no son potables y el 50% no es adecuada ni para la industria ni para la agricultura. En los ríos los porcentajes son respectivamente del 50 y del 25%.

China supone el 20% de la población mundial y el 6% de los recursos acuíferos. Esto se agrava en el noroeste en el que se concentra la producción agrícola y que sin embargo tan solo detenta el 4% del agua China.

Hay zonas y ciudades en China por debajo del nivel de agua por habitante de los países africanos en crisis y del límite para la supervivencia.

Ya en el 2020 la oferta de agua per cápita en las llanuras del Norte era de 253 metros cúbicos o cerca del 50% de lo que Naciones Unidas considera una escasez de agua aguda. 40 ciudades entre las que se encuentran Pekín, Shangai y Tianjin se encuentran a niveles similares.

El consumo de agua por persona de Estados Unidos es de cinco veces superior al chino y el de Canadá treinta veces (16).

Ya hace diez años se dieron las señales de alarma de la escasez de agua en China (17), tema que fue empeorando (18) obligando al gobierno a elaborar un mega plan para paliar un futuro que amenazaba a la población directamente e indirectamente a la producción de alimentos.

Un plan que supone mover una más de agua de los tres ríos más importantes al Norte en unas dimensiones un 50% superior a la obra de "Las Tres Gargantas".

El problema en el Norte se agrava además de por las sequias, por el hecho de que allí se encuentran las tres cuartas partes de las productoras de carbón de China que utilizan el 14% del agua del país.

La agricultura supone el 60% del consumo de agua chino.

El gran plan para cubrir las necesidades de agua en China, ha llevado según Reuters a una inversiones de 154.000 millones de dólares en el 2022, que supone un incremento del 44% sobre el 2021, a su vez en el primer trimestre del 2023 la inversiones se han incrementado en un 16% con lo que a fin de año se situarían en los 180.000 millones de dólares.

Es un gran reto al que se une además de aportar agua, un gran plan de construcción de presas para suministrar energía hidroeléctrica.

China posee cerca de 4000 presas, el doble que Estados Unidos y cinco veces más que la India. Su capacidad hidroeléctrica es el 25% de la capacidad mundial.

Los problemas políticos surgen de los países que comparten los ríos con China con los que ha suscrito tratados excepto con dos, Bután e India.

La base del suministro de agua se da en el Tíbet en lo que se llama "la Torre del Agua de Asia" que abarca el Himalaya, el Hindu Kush y otros macizos montañosos, que reúnen tras los círculos Polar Ártico y Antártico la mayor concentración de glaciares del planeta, con el 15% del mismo y suministra a los diez ríos más grandes del mundo.

En uno de esos ríos el Brahmaputra, con grandes proyectos de los dos países China e India, es donde confluyen los conflictos que pueden agudizarse en cualquier momento.

Entre el cambio climático y la falta de coordinación entre los países afectados, "la Torre del Agua" está sometida a un cierto grado de degradación continuada.

Una de las innovaciones en el uso eficiente del agua en China es el ejemplo de las "Ciudades Esponja" cuyo objetivo es garantizar que el 80% de las zonas urbanas de China absorban y reutilicen al menos el 70% con unos costes tope estimados. Ya está en marcha el plan en un grupo de ciudades con resultados satisfactorios.

A esto habría que añadir la masiva inversión en las desalinizadoras más sofisticadas del planeta, producto de sus investigaciones sobre el tema.

Del 2020 al 2025 el plan es casi doblar la capacidad desalinizadora de 1.6 millones a 3 millones de metros cúbicos.

A medio plazo otro gran proyecto trazado en los años setenta es "la Gran Muralla China Verde" de reforestar hasta el 2050 un territorio de 4480 kilómetros de longitud para frenar el avance del Desierto de Gobi que supone el 27% de la superficie china.

Es un problema que afecta a la sequía y a los alimentos, China está perdiendo anualmente 3200 kilómetros cuadrados (Guipúzcoa tiene una extensión de 2000 kilómetros cuadrados) debido a las tempestades de arena que destruyen las plantaciones agrícolas y dañan las ciudades.

El proyecto supone elevar el porcentaje de bosques del 5 al 15% para reducir las zonas desertificadas.

Se ha logrado reducir en un 20% las tormentas de arena y se han estabilizado un gran número de dunas, aunque también se han recibido críticas por el difícil mantenimiento de los árboles y el rápido descenso provocado con esta política de la humedad del suelo.

La inversión total del plan en este momento se acerca a los 200.000 millones de dólares.

EL MÁS RICO DE CHINA VENDE AGUA

En este contexto de escasez destaca que Zhong Shanshan (19) el hombre que lidera la empresa de venta de agua mineral con un 20% de cuota de mercado, sea el hombre más rico de China con una fortuna de 65.000 millones de dólares.

Nongfu Spring, su empresa, se alimenta en China de doce manantiales de los cuales siete están en lugares protegidos, reservas naturales establecidas por el gobierno chino y en otros forman parte del patrimonio de la Humanidad catalogados por la UNESCO.

Varios de ellos han sido afectados por la sequía y la empresa ha continuado extrayendo agua al mismo ritmo.

En el 2019 se extrajeron 33 millones de metros cúbicos suficientes para llenar 13.000 piscinas olímpicas y la demanda sigue aumentando con lo que continua la búsqueda de nuevos manantiales.

"Es un monopolio del agua, ¿cómo las fuentes de agua se han convertido en el instrumento para enriquecerse?"

Su empresa ha sido objeto pues de polémicas ya que se nutre de varios manantiales estratégicamente situados, en el que se duda que los mantengan limpios y verdes según sus críticos y un escaso porcentaje de reciclamiento de sus envases de plástico, pero la empresa ha logrado mantener una imagen saludable y cuidadosa del medio ambiente.

Estos desafíos de China son ya comunes cada vez más a un número mayor de países. El cambio climático está provocando una intensidad de las sequias en un numeroso grupo de países e irregularidades climáticas (temporales, terremotos, huracanes, incendios, inundaciones, etc.) que supone que las compañías de seguros están comenzando a no cubrir riesgos ya no solo agrícolas sino inmobiliarios e incluso industriales de forma cada vez más progresiva.

En España se están intensificando las sequias, con la situación actual de Andalucía y Cataluña, la erosión de los humedales, las luchas autonómicas sobre el agua que se van enquistando y los avisos de la OCDE de que España tiene uno de los costes más bajos de Europa en el precio de la factura sobre el presupuesto familiar, situación que no se corresponde con su escasez.

La agricultura española la gran subvencionada del país, se declara muy vulnerable ante cualquier subida.

Por otro el desarrollo tecnológico implica un gran incremento del consumo de agua, como muestra dos botones, por un lado el centro de datos de Google en The Dalles en Oregón con una población de 15.000 habitantes, la empresa consume la cuarta parte del agua de la zona y está ampliando sus centros de datos en la misma. Las grandes tecnológicas especialmente Google, Amazon y Microsoft están incrementando su consumo de agua en más de un 50% en los dos últimos años en parte debido a la Inteligencia Artificial.

En otro sector como las criptomonedas cada transacción en el mercado de Bitcoins siguiendo toda la cadena de compra y mantenimiento supone el consumo de 16.000 litros de agua, aunque no se dan los argumentos para esa estimación.

VOLVEMOS A GOOGLE. APARECE APPLE

Vimos con todo detalle el inicio de un juicio histórico a Google en nuestro capítulo de octubre. A mediados de diciembre han terminado los testimonios y hasta mayo pueden presentar sus conclusiones ambas partes.

El hecho más relevante (20) se produjo con la declaración del testigo Kevin Murphy que fue profesor de economía en la Universidad de Chicago, un veterano que proclamaba que los monopolios son buenos para todos.

Murphy filtró en su testimonio que Google pagaba a Apple el 36% de su renta por el acuerdo de presentar su buscador como la primera opción en sus teléfonos inteligentes y otros dispositivos. En el 2021 había supuesto unos ingresos para Apple de 26.300 millones de dólares.

De todo ello se deduce que Google obtuvo 73.000 millones de dólares del acuerdo con Apple.

Este acuerdo se ha convertido en un tema central del juicio a Google.

El economista Bradford DeLong (21) analiza las diversas posturas que se pueden tomar al respecto: "Se podría comenzar señalando Google como el culpable, pero también se podría decir que este papel le corresponde a Apple pues le da a Google una ventaja injusta a cambio de un honorario voluminoso. Quizá Google sea la víctima, ya que al ser el mejor motor de búsqueda los usuarios deberían elegirlo de todas maneras y Apple en vez de que sea la opción predeterminada sin coste, Apple le extorsiona con la amenaza de venderle esa condición al mejor postor".

Pero Apple con sus grandes inversiones y creatividad además de vender el iPhone. ¿No tiene derecho a cobrar la atención de los usuarios a empresas que estén dispuestos a pagar por ella?

Por último, DeLong plantea una tercera alternativa para ofrecer a los usuarios un campo equilibrado, como sería el de limitar la cuota de mercado de Google al 60% y garantizar el 10% a otros cuatro buscadores, podría ocurrir que los usuarios que no estén plenamente informados podrían optar sin querer por un servicio inferior.

Y termina planteando la compleja cuestión: ¿Cómo funciona, exactamente la atención humana y quien debería tener el derecho de captarla, dirigirla o acopiarla para obtener datos de los usuarios?

Mientras tanto Google ha resuelto con el pago de 700 millones de dólares su litigio con Epic en el sector de los juegos, y ha presentado su proyecto de Inteligencia Artificial, Genesis, con seis niveles de comercialización, por precios, potencia, complejidad e usuarios.

En bolsa continua su ascenso en el camino a la valoración de 2 billones de dólares, ha terminado el año algo por encima de 1.7 billones de dólares con un 50% de plusvalía anual y la tercera máxima valoración tras Apple (por encima de tres billones de dólares) y Microsoft en 2,7 Billones.

CONSULTORAS Y GOBIERNOS

Otro grupo de multinacionales que comienza a estar en el punto de mira de los antitrust son las grandes consultoras (22), Accenture, McKinsey, Deloitte, Pricewaterhouse, Ernst & Young, KPMG, Kearney, Boston Consulting Group, Bain & Company, entre las principales.

Los críticos señalan que las grandes consultoras al apoyarse los gobiernos cada vez más en ellas, están erosionando las capacidades de los mismos, las economías nacionales, el progreso del buen gobierno y la legitimidad.

El COVID 19 con el análisis de los programas de vacunas, el Brexit, del Cambio Climático son campos de actuaciones problemáticas del sector.

Francia uno de los países europeos con más contratos de consultoras (en el 2018 el gobierno subcontrató 2400 millones de euros, las cifras actuales serán muy superiores), entre ellos los realizados para un control de los costes estatales más eficientes.
Inglaterra ha contratado a Deloitte para analizar su Sistema Nacional de Salud.

Puerto Rico contrató a Mckinsey para aconsejar a la Cámara Supervisora de la Reserva Federal desde la bancarrota del país en el 2016.

La tendencia a la subcontratación es cada vez más creciente tanto en gobiernos (con Estados Unidos a la cabeza) como en empresas.

En cierto aspecto esta corriente de subcontratar supone pasar la responsabilidad de soluciones políticas difíciles a una parte externa, también en otras tareas internas difíciles de enseñanza y aprendizaje.

Los defensores de las consultoras argumentan que los gobiernos y las empresas necesitan a los expertos, ya que no pueden ser buenos en todo ni estar familiarizados con las últimas tendencias, y los desafíos que plantean las nuevas técnicas.

Otros argumentan que en muchos casos se piden segundas opiniones también necesarias.

En la interpretación de fondo, unos aducen que el conocimiento no se compra y frente a los expertos internos de la institución, muchas veces los consultores jóvenes pretenden venir con las soluciones. La defensa señala que la innovación está en la organización que permite coordinar los conocimientos internos y darles una visión de conjunto operativa.

El sociólogo Daniel Green en su libro "La promesa del acceso" señala lo difícil que resulta para los políticos y las instituciones públicas rechazar la creencia de que la pobreza y otros problemas sociales pueden ser superados simplemente por las nuevas tecnologías y las capacidades personales sin entrar en complejidades.

Para él esta tendencia extrema no es realista y perjudica a la economía social y a las instituciones.

SE INICIA LA PRESIÓN SOBRE LOS ESTRECHOS

En la guerra de Israel, los ataques de los Houties los rebeldes del Yemen apoyados por Irán a los barcos que surcan el Mar Rojo, ha provocado en principio la retirada de las grandes navieras, la reacción de Estados Unidos intentado el control del Mar Rojo y pidiendo una alianza marítima, junto con los ataques a los naves houties, facilitó la vuelta de las navieras, pero la situación con barcos de Irán, chinos y de la alianza occidental con Japón, ha elevado los riesgos de enfrentamientos.

Sin embargo aunque han ascendido los fletes de transporte más del doble de lo habitual, no ha influido en los precios del petróleo que siguen por debajo de los ochenta dólares el barril, aunque si, en los suministros a la industria, como es el caso de Michelin en España.

En esta estabilidad del petróleo ha influido la sorpresa de que China ha presentado sus cuotas de importación de petróleo para todo el año 2024 a refinadores y traders, que alcanzan los 179 millones de toneladas que sumadas a las ya emitidas supone un total de 184,7 millones de toneladas ligeramente por debajo de las cuotas del 2023.

VISIÓN PALESTINA. VISIÓN ISRAEL

La fuentes palestinas (23) están dando noticia del continuo incremento de las muertes, cerca de 20.000 palestinos muertos (5150 mujeres y 7700 niños) y 52.000 heridos al 18 de diciembre, de las ruinas de viviendas provocados por los bombarderos, que en Gaza a la misma fecha, el 60% de las viviendas están destruidas (el 17%) o seriamente dañadas (el 83%). 352 centros educativos dañados y 23 hospitales y 52 centros de salud fuera de servicio.

El 85% de la población de Gaza está desplazada internamente.

Las condiciones higiénicas han ido empeorando con 55% del suministro de agua inoperable y solo el 35% de las necesidades de combustible cubiertas.

Las pausas humanitarias según las fuentes palestinas cubren un porcentaje pequeño del 10 al 15% de las necesidades sanitarias, de higiene (83%), salud y nutrición (83%), refugio y necesidades no alimentarias (79%).

La crisis se ha extendido a Cisjordania con una gran caída de la actividad con el 95% de los negocios con caída de ventas superior al 50% e incremento de los despidos y una caída superior al 60% de los empleos.

El 18 de Diciembre la Autoridad nacional palestina y el Gobierno Israelí firmaron un acuerdo de transferencia de las rentas que el gobierno colecta en nombre de la Autoridad Palestina pero sometido a una inspección detallada por parte del gobierno israelí de adonde van los fondos, lo que está retrasando la entrega y llevando a un problema de pagos a 243.000 funcionarios y retirados palestinos.

Frente a este panorama crecientemente caótico, la información israelita (24) respecto a la guerra se ha centrado en las gestiones humanitarias y de canje de rehenes y afirmar que han entrado en la tercera fase de la guerra con menos efectivos y los objetivos más concretos que supondrá menos muertos civiles.

Por otro lado el gobierno israelita ha lanzado la imagen de las siete guerras de Israel subrayando la imagen del bastión ante el terrorismo que le rodea., Palestina, Líbano, Siria, Irak, Yemen e Irán.

El ataque israelí a Hezbolá y la muerte de uno de los cabecillas de Hamás en territorio libanés en repuesta a los atentados del grupo terrorista del Líbano, supone un incremento de la escalada.

El Ministro de Defensa israelí declaró que continuará la guerra hasta que Israel esté seguro de que no haya otra matanza terrorista, pero que al final Gaza quedará bajo control palestino, sin especificar qué partido. Se piensa sería la Autoridad Nacional Palestina.

¿QUIÉN GANA LA GUERRA DE UCRANIA?

A pesar de la no liberación del dinero todavía por el bloqueo de Hungría, la significación del compromiso de la UE con Ucrania lleva a una auténtica política de defensa europea de cara a Rusia y a un futuro final de la guerra con el reparto actual de los territorios ocupados: 80% Ucrania - 20% Rusia.

Ucrania ha avisado que si no recibe el dinero se pondrá en peligro la nómina de dos millones de funcionarios.

Europa ya ha desbordado a Estados Unidos en cuanto las ayudas realizadas y programadas a Ucrania.

Las posiciones de combate se mantienen con una mínima ganancia de territorio de Rusia, pero a costa de grandes bajas, los servicios de inteligencia británicos hablan de más de 1000 bajas diarias rusas, sin datos de las bajas ucranianas, pero también en claro ascenso.

Ucrania ha bajado a la tercera el ritmo de lanzamiento de su artillería de gran calibre de 220 -240.000 al mes, a 80.000-90.000.

Entre Europa y Estados Unidos, aunque se piensa en incrementar grandemente la producción, escasamente llegan a una producción de 60.000 al mes.

Ucrania por otro lado ha progresado mucho en su defensa antiaérea que neutraliza los bombardeos rusos, pero el bombardeo masivo de fin y principio de año de Rusia como revancha por el ataque al buque en Crimea, causó daños notables aunque las defensas ucranianas neutralizaron un 80%.

Se estima que los rusos en esos cuatro días consumieron dos meses de producción.

Se ha entrado en la fase de los bombardeos estratégicos no sobre el campo de batalla, sino de los centros neurálgicos que suministran los armamentos y logística claves para la batalla.

El problema de la población de Ucrania, que está sufriendo una gran crisis demográfica, por los refugiados, más de siete millones que salieron del país, los dedicados a la guerra y el gran número de bajas, con la falta de empleos para mantener la economía, y de soldados para esa guerra de desgaste. La esperanza media de vida de los hombres ha pasado de 66.4 años a 57.3 la tasa de nacimientos es la menor de Europa.

Las previsiones son que dentro de 9 años Ucrania tendrá un 42% menos de población que los 52 millones que tenía en el año de su independencia en 1991.

Por el lado ruso, se sigue substituyendo mantequilla por cañones, pues un tercio del presupuesto está dedicado a la guerra, con los problemas humanos de Ucrania pero en menor medida.

Aunque el gobierno señala que para un coste de la guerra de 100.000 millones de dólares, esperan unas rentas energéticas de 65.000 millones de dólares por encima de la media, con lo cual ya tendrían financiada una parte importante del conflicto (en el 2023 las ganancias extraordinarias de la energía fueron de 160.000 millones de dólares).

La duodécima ronda de sanciones a Rusia ha bloqueado la importación de los diamantes no industriales extraídos, transformados o producidos en Rusia que supone 4000 millones de euros para Rusia, lo que ha provocado las protestas de Bélgica señalando que va a perjudicar más a su economía que a la rusa que tiene métodos para saltarse los controles.

En el tema de los controles se van a estrechar los mismos para evitar que Rusia se salte los topes de precios utilizando la flota de" petroleros en sombra" con terceros países que recibirán duras sanciones si ayudan a Rusia eludir las sanciones.

De hecho Rusia está sufriendo incidentes en sus suministros petroleros ya que el bloqueo le ha provocado ya más de media docena de entregas, que no se han podido realizar a la India.

Por último 140 empresas e individuos son añadidos a las listas negras para el bloqueo de bienes y cuentas.

Se está produciendo por la concentración de fuerzas rusas en Ucrania y en las fronteras con Europa, y su mayor atención a África, la pérdida de poder ruso en el Cáucaso. Azerbaiyán el gran productor de petróleo (uno de los principales suministradores de petroleó a Israel) se va desligando cada vez más de la autoridad rusa, como ocurre en otros países del Cáucaso y con el ascenso de poder e independencia respecto a Rusia asimismo de Turquía.

Destaca el giro total en compras de armas y comercio desligándose de Rusia, de Armenia al no recibir ayuda de Rusia en su conflicto territorial de Nagorno, perdido con Azerbaiyán.

Otro problema creciente en Rusia es el de la vivienda por la inflación con la fuerte depreciación del rublo y los altos tipos de interés, por lo que el gobierno se ha embarcado en un plan masivo de subvenciones a la vivienda y a las hipotecas.

2024, RIESGOS GEOPOLÍTICOS

El 2024 es el año con más elecciones políticas de la historia (25) unas más democráticas que otras.

Van a entrar a votar países con una población de 4170 millones de habitantes, el 51% de la población mundial.

Elecciones claramente democráticas según el índice de Democracia establecido por The Economist, solo lo serán en 43 países de los 76 que van a tener elecciones.

Europa va a tener elecciones al Parlamento, la India, Méjico, Indonesia, Pakistán, Corea del Sur y Rusia se prevé que mantengan los gobiernos actuales. Es importante el caso de la India de estabilidad del actual gobierno por su papel cada vez más preponderante como árbitro en los enfrentamientos geopolíticos.

Las de Estados Unidos van a ser las más trascendentes, con un grado de incertidumbre en cuanto a la victoria de un presidente republicano o demócrata y las importantes consecuencias que pueden tener para los conflictos de poder mundiales, el mantenimiento de las guerras sobre todo el apoyo a Ucrania, la participación en las instituciones mundiales y el nacionalismo en todos los órdenes.

Un conflicto inminente es el de China en el Mar del Sur, especialmente en las islas Spratly, en el que China rechazando la sentencia de la Corte de Arbitraje permanente de la Haya del 2016, en el que no le autorizaba a tomar el control territorial de unas aguas por las que pasa el 50% del comercio mundial y en las que está teniendo conflictos militares con todos los países afectados (Vietnam, Filipinas, Malasia, Singapur, Filipinas, Brunei y Taiwan) ante la postura de crear bases militares en las diversas islas y llevar población china a las mismas.

El problema se ha agravado por el descubrimiento reciente de grandes yacimientos de petróleo y gas en la zona de las Spratly y el propósito de Estados Unidos con su flota de controlar la zona.

Todo ello coincide a principios del 2024 con la información de los servicios de inteligencia estadounidense, de una auténtica purga en el ejército chino ante la extendida corrupción que ha afectado a su operatividad con el fracaso en los lanzamientos de misiles (se había substituido de forma masiva, el fuel por agua), que va a llevar a una revisión total de su política de defensa que puede llevar varios años.

Se ha producido un surgimiento de las dos grandes potencias, China y Estados Unidos en dos sectores básicos desplazando a los líderes tradicionales.

Así en el mercado petrolífero, Estados Unidos va a iniciar el año como destaca líder de producción mundial (contando la petroquímica supera a Rusia y Arabia Saudita juntos) de petróleo, con un gran despegue en la exportación de petróleo y sobre todo de gas natural.

China en el capítulo de coches va a desplazar a Japón en la producción y exportación de coches, provocando con sus subvenciones a los coches híbridos y eléctricos las reacciones defensivas en principio de la Unión Europea

La empresa de automóviles china BYD ha superado a Tesla en el liderazgo mundial de coches eléctricos.

La Unión Europea ha finalizado el año además abriendo conversaciones para la entrada de Ucrania, cerrando pactos sobre emigración y los acuerdos en las reglas fiscales.

En emigración después de siete años y cinco borradores, se ha llegado a un texto que ha endurecido la política con los requisitos exigidos para la acogida y señalando una cuota de emigrantes por países lo que supone una solidaridad con los países mediterráneos, España, Italia y Grecia, que son los que soportan en mayor grado las oleadas de emigrantes.

Esta solidaridad en la cuota ya fracasó en la Unión Europea en incidentes anteriores a pesar de amenazar con la retirada de fondos a los países que se negaron a admitir emigrantes llegados de otros países de la Unión.

Se permite una excepción a esta solidaridad si pagan 20.000 euros por cada peticionario de asilo a un fondo europeo común.

Para desincentivar las llegadas se articulan instalaciones especiales en terreno comunitario, pero cerca de las fronteras, mientras duran los trámites de solicitud de asilo que pueden prolongarse hasta 18 meses.

En las reglas fiscales se ha señalado un tratamiento común en dos escalas: los países que tengan una deuda superior al 90% deben reducir a partir del 2025, un 1% cada año del PIB durante el periodo de ajuste que se revisara cada cuatro años. Parece pues que se va alargar a un plazo excesivo. El ajuste será tan solo del 0.5% anual para los países con una deuda del 60 al 90%.

Por otro lado, el déficit público no debe superar el 3% con excepciones como un brusco ascenso en un año por necesidad del gasto en seguridad y defensa.

Los países que logren rebajar el déficit público del 3% pero sigan por encima del 3%, seguirán con un plan de ajuste de reducción de déficit y deuda.

Se mantienen por tanto los límites del 3% de déficit público sobre el PIB y del 60% de la deuda pública también sobre el PIB como objetivos.

LA GLOBALIZACIÓN NO DISMINUYE, CAMBIA DE PERFIL

Los intereses comerciales entre las tres potencias, Estados Unidos, China y la Unión Europea siguen mostrando unas cifras de gran dimensión, pero se ha iniciado una desconexión de las mutuas dependencias en algunos sectores estratégicos.

Así en el periodo 2018-2022 las importaciones de bienes manufacturados de Estados Unidos provenientes de China bajaron del 68% al casi el 50% del total de importaciones provenientes de países asiáticos, aumentando como contrapartida las compras a Vietnam (del 6 al 12%) India (del 6 casi el 9%) y Taiwán (del 5 al 9%).

Por otro lado, Méjico ha desbordado a China como primer exportador a Estados Unidos (The Economist 2024 Mike Bird P.80.)

Hay que considerar que el desplazamiento de las compras de paneles solares de China a Vietnam sin embargo tiene un componente chino importante.

Por otro lado, estos países como es el caso de Vietnam y otros, han incrementado sus relaciones comerciales con China, mientras que inversiones estratégicas de empresas taiwanesas se han cerrado en la India por falta de rentabilidad

Esta desconexión se ha trasladado también a los movimientos de capitales (26) con grandes salidas de los inversores extranjeros de China tanto de los mercados bursátiles con caídas en el 2023 de dos dígitos, como de las inversiones directas con saldo negativo por primera vez desde que se inició la estadística hace 25 años. No hay cifras claras, pero se estiman en medio billón de dólares las salidas de fondos de China.

Pero también salen capitales de los propios chinos. La inversión china en el exterior de las empresas no financieras vía Hong Kong o Singapur en muchas ocasiones, se mantiene creciente habiendo superado los 120.000 millones de dólares en el 2023.

La reacción de China (27) ha sido incrementar su comercio con Asia y Rusia casi expulsada del comercio con Occidente por el régimen de sanciones.

Las importaciones mensuales chinas de Rusia han pasado en dos años de 4000 millones de dólares a 11.200 millones y las compras a la India en esos dos años de escasamente 1000 millones de dólares a 5200 millones mensuales.

La reorientación del comercio chino a los países asiáticos miembros del Asean (Brunei, Darusslam, Camboya, Indonesia, Laos, Malasia, Myannmar, Filipinas, Singapur, Tailandia y Vietnam) ha sido, progresiva y muy notable, desde el 2017 las exportaciones chinas al Asean suponían el 60% de las exportaciones chinas a Estados Unidos, en el momento actual se elevan al 120%.

Además, hay que incluir el eje Estambul-Yakarta pasando por los productores del Golfo, 2300 millones de habitantes sin contar China.

Todo este incremento del comercio chino se realiza en monedas locales si hay alianzas o en la moneda china en otro caso prescindiendo del dólar.

De hecho, los préstamos de China en su moneda el Renmibi a los países emergentes han superado a los préstamos en dólares. Los países emergentes han experimentado una fuerte alza del porcentaje de sus exportaciones entre los mismos sobre el total de exportaciones (que incluye las que van a los países desarrollados).

Toda esta dinámica ha supuesto que China esté multiplicando su superávit comercial superando la media de seis meses en este año los 80.000 millones de dólares.

Esta dinámica exportadora está por el momento compensando la tendencia recesiva del estallido de su burbuja inmobiliaria.

En resumen, el comercio en el mundo está girando y el peso de Asia y los países emergentes se va incrementado en la economía y el comercio mundial de manera constante.

ESPAÑA, PREVISIONES BANCO DE ESPAÑA

Como siempre son inferiores (28) en cuanto a crecimiento y capacidad de reducir el paro y el déficit público, a las del gobierno.

Lo realmente trascendente para el crecimiento de Europa y de nuestro país es el grado de exigencia en relación a la disminución del déficit que puede reducir unas ya pobres expectativas de crecimiento, sin embargo, el Banco de España en sus previsiones sobre la economía española ve difícil que España rebaje su déficit público del 3%, ya que prevé un déficit público del 3.4% para el 2024 que asciende al 3.6% en el 2025 y repitiendo el mismo porcentaje en el 2026. No ve que haya medidas tomadas ni anunciadas que puedan disminuirlo.

España en todo el periodo 2024-2026 va a crecer por debajo del 2% acercándose a su crecimiento potencial que se halla en el 1.5%. La inflación descenderá muy poco en el 2024 del 3.4% al 3.3% para en el 2025 alcanzar el objetivo del 2% y del 1.95 en el 2026.

La economía española entra en el 2024 con un consumo sostenido por el mercado laboral y la recuperación de poder adquisitivo, un cierto descenso de las ganancias de cuota de mercado de nuestras exportación con un saldo exterior negativo y el otro motor de nuestra economía, el turismo con la cada vez mayor importancia económica de la gestión de las ciudades para atraer turismo y residencias permanentes, así la compra de viviendas por extranjeros se ha situado al nivel récord del 21.5% del total en el primer semestre del 2023, con los británicos (9.6%) en cabeza seguidos de los alemanes (8.1%).

La afluencia de emigrantes de Latinoamérica y Europa a España es creciente y una fuerza impulsora de nuestra actividad económica.

Ya hemos comentado que precisamente la incorporación de los extranjeros a la población ocupada de España en mayor grado que los demás países europeos, es uno de los factores que ha hecho estancarse nuestra renta per cápita y perder posiciones en los rankings mundiales y europeos al no incrementar la productividad.

La inversión es la clave para el despegue en este capítulo, sin embargo por un lado el descenso de la inversión pública y por otro la falta de transparencia en la colocación y eficiencia de los fondos europeos, hace que todavía vemos que el nivel de inversión en relación al PIB es bajo respecto a nuestros vecinos del euro y por otro también lo es la rentabilidad de esa inversión en relación a sus efectos en el crecimiento.

Un factor básico de la inversión son los beneficios esperados de las empresas (aunque en un ambiente incierto y hostil como el de nuestro país puede atesorarse o pagar dividendos en vez de ir los recursos a la inversión real).

Y un sostén de los beneficios de las empresas lo constituye el déficit público como factor de impulso con un 3.9% sobre el PIB estimado para el 2023 y es de los más altos de los grandes países de la eurozona, con Francia e Italia.

Por otro lado, la política monetaria española está siendo muy dura en términos absolutos, con el crédito vivo a empresas y las hipotecas a particulares descendiendo en términos nominales y todavía más en relación a la inflación.

El stock del crédito bancario a las empresas no financieras, ha disminuido a octubre del 2023 frente al mismo mes del año anterior el 5.6% que supone 27.000 millones, lo que teniendo en cuenta la inflación media del 3.5% supondría un drenaje de liquidez en términos reales de 45.000 millones (los valores de deuda y los prestamos exteriores, son canales de financiación alternativa que en general se abren para las grandes y algunas medianas empresas).

Y el volumen de crédito hipotecario de la banca para la adquisición de vivienda ha disminuido a octubre 2023 sobre el mismo mes del año anterior el 3.3%, 18.000 millones menos que teniendo en cuenta la inflación, en poder adquisitivo se acerca a los 40.000 millones la disminución real de recursos.

Entre los dos créditos, supone una pérdida de financiación constante de 85.000 millones, un 6% del PIB.

Y comparativamente con los demás países del euro la política monetaria es también más dura ya que la aportación de España a la expansión monetaria europea es escasamente del 1%, cuando por dimensión de la economía le correspondería de forma estable un 10%. Ante esta situación la reducción del déficit público para los años venideros que debe realizar nuestro país, debería suponer como compensación que tomara el relevo el sector privado, principalmente con la aceleración de la inversión ayudada por los fondos europeos, la inversión pública y la inversión extranjera.

Por otro lado, esta reducción del déficit público va a dejar más espacio para la financiación del sector privado, que debería suavizar la política monetaria aunque la postura de la banca tan restrictiva no hace concebir esperanzas a corto plazo.

Bibliografía

(1)"Los precios caen (a pesar de los bancos centrales)". Joseph E. Stiglitz. Laboratorio de Ideas. Negocios. EL PAIS DOMINGO 3 DE DICIEMBRE DE 2023 P24.

(2)"Decade-Long S&P Bull Surge is Running Into a Valuation Wall" by Denitsa Teskova and Elena Popina. December 29, 2023. Bloomberg

(3)"Older and Wiser" "Forget the S&P 500. To Know America´stockmarket pay attention to S&P 493". The Economist November 11th 2023 P68.

(4)"The Six Bull Markets of 2023". Louis -Vincent Gave. Ideas. December 18, 2023. GavekalResearch.

(5)"The Missing Billionaires" "A Guide to Better Financial Decisions". Victor Haghani and James White. Wiley. 2023.

(6)"How the young should invest". The Economist November 18th 2023.

(7)"Expected Returns" "An Investors' Guide to Harvesting Market Rewards". Antti Ilmanen. Wiley Finance. 2016.

"Investing Amid Low Expected Returns" "Making the Most, When Markets Offer The Least". Antti Ilmanen. Wiley. 2022.

(8)"Buttonwood. Once more with feeling" "Investors had an awful time in 2022. This year may almost as bad". The Economist january7th. 2023 P56.

(9)"Monetary Policy Transmission through Commodity Prices" Jorge Miranda–Pinto, Andrea Pescatori, Ervin Prifti, and Guillermo Verduzco Bustos. WP/237215. Working Paper. International Monetary Fund. Oct. 2023.

(10)"Core prices or more prices? Extending the concept of inflation beyond consumer prices" Merijn Knibbe. Real World Economics, issue no. 105. 2023. El autor cita el ejemplo de Keynes en "How to Pay the War: A Radical Plan for the Chancellor of the Exchequer" Mac Millan London 1940. Reeditado por FRASER. Federal Reserve of Saint Louis.

(11)"Monetary Policy without a Working Theory of Inflation". Daniel K. Tarullo. Former Governor Federal Reserve Board, Hutchins center. Working Paper. October 2017. Brookings Institution.

(12)"Monetary Policy frameworks away from the ELB". Fiorella De Fiore, Benoit Mojon, Daniel Rees, Damiano Sandri. BSI Working Papers No1156.20 December 2023. BIS

"The Contribution of Monetary Policy to Disinflation". Pongpitch Amayatakui, Fiorella De Fiore, Marco Jacobo Lombardi, Benoit Mojon and Daniel Rees. BIS Bulletin. No 82. 20 diciembre 2023. BIS.

"Monetary policy frameworks away from the ELB". By Frederic Boissay, Fabrice Collard, Cristina Manea and Adam Shapiro. BIS Working Papers. No 1155. 19 December 2023. BIS.

(13)"How to monitor The US Labor Market". Tan Kai Xian. December 2023. Gavekal Research.

Una visión muy completa del mercado laboral americano en: "Workforces Currents" "The Labor market, then and now: The First Two decades of the 21st Century, Part Two". Nyerere Hodge, Stuart Andreason, and Carl E. Van Horn. November 8 2023. Center for Workforce Economic Opportunity" Federal Reserve Bank of Atlanta.

(14)"The heterogeneous impact of Inflation on Household Balance Sheets". Clodomiro Ferreira, José Miguel Leiva, Galo Nuño, Álvaro Ortiz, Tomasa Rodrigo and Sirenia Vázquez. BIS Working Papers Nº1152. December 2023.

"Finanzas de los hogares 2000-2022: escaso ahorro y mayor brecha generacional" Fundación AFI Emilio Ontiveros.

"Los hogares españoles" Director Joaquín Leguina Herrán. Coordinador Alejandro Macarrón Larumbe. Informe Observatorio Demográfico CEU. Diciembre 2021.

"Los hogares se vacían: menos de 2.5 personas". Alejandra Olcese Actualidad Económica. EL Mundo. Miércoles, 8 de noviembre de 2023.

(15)"Interest rates and the world economy" "Higher for longer". The Economist November 4th 2023. Pp21-23.

(16)"Gridlines" "China´s war on water scarcity". PWC Spring 20213.

(17)"China is heading towards crisis: will government changes help?" Charles Parton. May 9 2018. China Dialogue.

"How China´s water Challenges could lead to a Global Food and Supply Chain Crisis". Gabriel Collins, Gopal Reddy. Center for Energy Studies. November 14,2022.

"Descifrando China" "China y la diplomacia del agua". Fundación Consejo. España China. 14/10/23. Entrevista con la analista Águeda Parra del entorno geopolítico de China.

(18)"Tackling China´ Water Shortage Crisis". Ka Ching Leung. Earth.org. Feb 21st 2023.

"China Mega Project diverts 60 bln cubic meters of water to dry north" Xinhua 5 Feb 2023.

"Why can China accomplish a mega water dispersion project" CGTN Africa Youtube 2 Jun 2023.

"As climate change hits, China weighs new water megaprojects" by David Stanway. June 13, 2023. REUTERS.

(19)"China richest man Zhong Shanshan sells pure spring water, but can Nongfu Spring stay clean and green?" by Zhang Tiankan. Think China 22 Nov 2022.

"China's Richest Person Made Billion Bottling Pristine Water" by Bloomberg News. November 1, 2023.

(20)En "Big Tech on Trial", encontramos los comentarios de Matt Stoller "Is Google's Reckoning Finally Here?" 10 Nov 2023 y del abogado antitrust Lee Hepner "Google shares 36% of its revenue with Apple" 14 Nov 2023, "Is it Google magic or just user data?" 16 nov 2023.

(21)"La batalla por la atención del ser humano". J. Bradford DeLong. NEGOCIOS. El País, Domingo 3 de diciembre de 2023. P15.

"How does the man who defeated Microsoft view the Google antimonopoly trial" The Economist November 18th 2023. Pp66.

(22)"Big Cons: How Consultancy Firms Undermine Governments" by Ong Kar Jin and Jomo Kwame Sundaram. Jomo for Challenging Development. 6 dic 2023.

"The Promise of Access". "Technology, Inequality and the Political Economy of Hope" Daniel Green MIT Press 2021.

(23)"Palestine Economic Update" December 2023 MÁS Palestine Economic Policy Research Institute.

(24)"IDF Spokesperson News". govextra.gov.il. Web oficial del gobierno israelí con información sobre la guerra de Gaza.

(25)"The 2024 Geopolítical Risk Outlook". Dan Alamariu, Chief Geopolítical Stategist. AlpineMacro. December 6, 2023.

"The World Ahead 2024" The Economist. November 3, 2023.

"Geopolítical risk dashboard" Blackrock. October 20, 2023.

(26)"Financial Flows" (1) "Incoming Flight" The Economist December 16th 2023. P 61

(27)"The revenge of the ottoman empire". Louis-Vincent Gave Ideas. December 11, 2023.

"Lessons from China's last stimulus for the next one". The Economist November 25th 2023. Pp 69.

(28)"Informe Trimestral y proyecciones macroeconómicas de la economía española". Diciembre 2023. Boletín Económico 2023/T4. 19/12/2023. Banco de España. Eurosistema.

11 de enero de 2024
Blog del autor: camposeconomicos.blogspot.com

Capítulo 27

PUNTO FINAL. ESTANCAMIENTO O DESPEGUE

Tras tres años como era el propósito inicial se pone término a estas crónicas económicas, con la disyuntiva de un futuro económico que se puede estancar o con base a todos los progresos en ciernes, llegar a una línea continuada de expansión próspera.

Las previsiones a largo plazo sobre el crecimiento de la economía mundial son mucho más pesimistas que las de a corto plazo y el número de pesimistas, instituciones y expertos, supera claramente al de los optimistas.

Por el momento en los países desarrollados la inversión no está reaccionando con el dinamismo que se necesita para incrementar la productividad y el crecimiento en el medio y largo plazo.

Además de las razones económicas, el grado de conflictividad mundial y la evolución de las democracias, las desigualdades y el populismo van a jugar un papel básico en el tema.

En la vertiente económica la deuda creciente de los estados soberanos está siendo analizada en cuanto a su sostenibilidad por referencias diferentes a la relación entre déficit público, crecimiento y tipos de interés, prestando atención entre otros factores a la dimensión de la deuda privada con relación a la economía y a la deuda pública, y las interinfluencias entre ambas deudas.

Por último, en las previsiones de la economía española se tiene en cuenta la necesidad de reestructurar la "España de segunda mano", el gran parque antiguo de vehículos de motor y de la vivienda, que en el Estado lo constituiría la necesidad de renovación de parte de nuestras infraestructuras.

FORTALEZA DE ESTADOS UNIDOS, DEBILIDAD CHINA

En el 2023 el crecimiento del PIB nominal incluido precios, de Estados Unidos con el 6.3% ha superado al de China con el 4.6%.

La diferencia se debe a la inflación, pero la tendencia en el crecimiento de la economía china es a la baja sobre la década anterior y la convergencia en dimensión con la economía estadounidense se va retrasando.

Las bolsas estadounidenses han marcado récord histórico mientras que las chinas han perdido 6 billones de dólares en los últimos tres años (en el último mes las pérdidas que incluyen la primera semana de febrero, ha llevado las perdidas hasta los 8 millones de dólares).

Todo ello ha supuesto un descenso de la moneda china respecto al dólar y de las inversiones extranjeras.

Se percibe la falta de armonía entre el poder político chino (1) y sus grandes empresas sometidas a actuaciones discrecionales y autoritarias. Así mientras el índice tecnológico estadounidense superaba el 50% de ascenso en el 2023, el Nasdaq Golden Dragon Chino continuaba su caída con un 27% (en 5 años un 35%, mientras que el estadounidense ha más que doblado).

La deflación se ha establecido en China con un descenso del coste de vida del 3.5% sobre diciembre del año anterior, como resultado de una caída del consumo ligado a la crisis de la vivienda.

A todo lo anterior se suman las noticias de la liquidación por orden de un tribunal de Hong Kong de la inmobiliaria china Evergrande con 328.000 millones de dólares de deuda, tras año y medio de no presentar un plan de reestructuración.

El fallo del tribunal se puede recurrir y deben confirmarlo los tribunales de la china continental, tema problemático, pero el tiempo no ha hecho más que empeorar la situación de la sociedad con 1200 proyectos inmobiliarios y va a provocar un shock en el país.

El gobierno chino está realizando a gran escala una consolidación de los bancos rurales y provinciales chinos para aumentar su resistencia de cara a las expectativas inmobiliarias.

El banco central chino ha impulsado la coyuntura monetaria engordando su balance y hay una reacción en la compra de coches al alza y las cifras de exportación con un incremento del 2.3% anual.

Por otro lado en la bolsa estadounidense, Microsoft adelanta a Apple como la empresa mejor valorada, ambas por encima de los dos billones setecientos mil millones dólares.

Y ha finalizado el mes de enero como la segunda empresa tras Apple en superar los tres billones de dólares.

Ha seguido la línea ascendente de las siete grandes tecnológicas (Microsoft, Apple, Alphabet, Amazon, Meta, Nvidia y Tesla) que superan a inicios de febrero los 12 billones de euros que supone casi una cuarta parte de toda la bolsa estadounidense (51 billones de euros) y más de un 10% de la mundial.

La empresa europea de mayor capitalización es un laboratorio farmacéutico danés Novo Nordisk (con su gran éxito el fármaco contra la obesidad) que roza los 400.000 millones de euros. Le sigue en Europa la tecnológica en la manufactura de chips ASML con 300.000 millones de euros.

La FED igual que el Banco Central Europeo en su sesión de finales de enero, mantuvo los tipos de interés sin concretar fecha para la bajada de los tipos de interés. Se tiende más a la desinflación (2), ante el descenso claro de la inflación en Estados Unidos.

En la primera mitad de febrero, aunque ha repuntado ligeramente la inflación de enero sobre las expectativas en Estados Unidos continúa la postura de mantenimiento de los tipos de interés sin fecha para la bajada.

Mientras conocíamos estas noticias de Estados Unidos y China, simultáneamente se publicaba un documento de McKinsey (3) sobre la pérdida de competitividad europea que le está llevando a rezagarse respecto a Estados Unidos y la necesidad de reaccionar en todos los sectores clave desde energía, tecnología y cadenas de suministro con mayor crecimiento y productividad.

Europa importa el 55% de su energía, mientras Estados Unidos tiene saldo exportador en la misma.

La inversión en tecnología y el personal capacitado se multiplica respecto a la Unión Europea: trece veces más de inversión en el 2023 en Inteligencia Artificial y cinco veces más de licenciados especializados en Stem (se llama así al conjunto de las disciplinas siguientes: Ciencia, Tecnología, Ingeniería y Matemáticas).

Europa tiene una renta per cápita un 27% inferior a la de Estados Unidos y una inversión de las empresas sin crecimiento en términos reales entre 2015 y 2022, mientras en Estados Unidos la expansión para el mismo periodo fue del 30%.

Los tamaños de las economías son cercanos: 21 billones de PIB para Estados Unidos y 18 para la Unión Europea.

La inversión extranjera en Estados Unidos llegó a 300.000 millones, en la Unión Europea no llegó a 100.000. En la comparación de grandes empresas la inversión es un 60% mayor en las estadounidenses que en sus homónimas europeas

Las empresas europeas son un 20% menos rentables que las estadounidenses y van perdiendo peso continuadamente en el concierto mundial.

En los unicornios (grupos innovadores con más de 1000 millones de facturación) Estados Unidos acapara el 50% del total mundial y Europa el 13%.

El paro estadounidense (3.7%) es muy inferior al europeo (5.9%).

Es necesaria una inversión adicional de 400.000 millones de dólares, que por el momento los fondos europeos no son capaces de impulsar, doblando los fondos, para la transición energética, asegurar el acceso a materiales críticos y reelaborar la regulación y la política industrial.

Nos estamos jugando de 500.000 a un billón de dólares de valor añadido actual hasta el 2030.

EUROPA Y LA REVUELTA AGRÍCOLA MUNDIAL

En Europa entramos en la tercera semana de movilizaciones de protesta, en el que han entrado todas las banderas políticas, por parte de los países europeos más afectados por el peso de su producción agrícola, y en principio contra las normas y la burocracia europea.

Las exigencias de la agricultura verde de Bruselas han tenido que plegarse y renunciar a la reducción de pesticidas, al porcentaje de barbecho para las tierras ya con un alto grado de contaminación y tendrán que reducir el papeleo y gestiones a que se ven sometidos que estiman en un 20% de su tiempo de trabajo.

Por otro lado, piden un control de las importaciones de terceros países, como Marruecos no sometidos a las restricciones que afectan a nuestros productos.

También reclaman bonificaciones en la Seguridad Social, exenciones impositivas y mejoras en las tarifas eléctricas e intervenciones en la cadena alimentaria en la que han perdido peso.

Las subvenciones agrícolas suponen un tercio del presupuesto de la Unión Europea que apenas supera el 1% del PIB de la Unión. En el plan 2023-2027 se estima una cifra anual que para España supone unos 5000 millones de euros.

A esta subvención habría que añadir la del agua, los agricultores consumen el 80% del agua y pagan por ella un precio subvencionado que según diversos análisis no llega a un tercio de lo que cuesta, la sequía que ha afectado especialmente a Cataluña y la zona andaluza de Sevilla y Málaga han agravado un problema al que se exigen soluciones.

La agricultura tan solo pesa un poco más del 2% del PIB y 2% del empleo en la economía española, pero tiene una gran importancia estratégica.

En conjunto el sector agroalimentario presentó un superávit comercial de 14.900 millones de euros en el 2023.

El Banco de España con un análisis positivo del sector en sus beneficios y márgenes, provocó una en encendida protesta de las empresas y cooperativas agrarias señalando que inflaba los beneficios con datos no fiables.

Pero el hecho es que es un sector muy desigual, el 20% de los propietarios posee más del ochenta por ciento de las explotaciones y aunque las subvenciones seguían la misma pauta, el hecho de poner un techo a las próximas subvenciones de 100.00 euros, va a tener efectos redistributivos necesarios.

El 80% de los agricultores por tanto son vulnerables, se ha perdido peso en la cadena alimentaria en los últimos años, y los salarios están al 75% de los salarios medios españoles con la mayor tasa de temporalidad y siniestralidad, la población va envejeciendo (un tercio de los trabajadores tienen más de 65 años) y según el Censo Agrícola del Instituto Nacional de Estadística, cada vez tienen más peso las empresas agrícolas frente a las familiares que del 2009 al 2020 han disminuido en un 50%.

La prensa occidental se ha hecho eco de las revueltas europeas con los enfrentamientos entre agricultores: españoles e italianos contra marroquíes, franceses contra españoles e italianos, por las mismas razones, polacos rumanos y húngaros contra ucranianos, holandeses y suizos contra todos los vecinos, alemanes por la eliminación de los subsidios al diesel.

Sin embargo las revueltas han tenido una dimensión mundial (4), con manifestaciones en Estados Unidos, la India con cierre de la capital Nueva Delhi y Brasil, en una tendencia creciente de las subvenciones sobre el PIB, en la que China destaca con un volumen de subvenciones que alcanza nada menos que el 1.7% del PIB, Japón se acerca al 0.8%, la Unión Europea al 0.6% y Estados Unido casi al mismo nivel.

Dada la situación va a continuar la tendencia al incremento de las subvenciones pero es de esperar que con efectos más redistributivos y un equilibrio con el grado de proteccionismo.

LIDERAZGO DEL DÓLAR, LA INVERSIÓN REAL Y LA LIQUIDEZ FINANCIERA

El mercado de divisas el mayor mercado financiero del mundo ha continuado creciendo (5) a un ritmo muy superior al del comercio mundial.

La contratación diaria ha pasado de 1.5 billones de dólares en 1998 a 7.5 billones en el 2022, con un mayor crecimiento en el mercado de derivados, ya que en los últimos diez años el mercado al contado ha estado estancado.

El dólar continúa manteniendo su liderazgo con el 88% de las transacciones del mercado frente al 87% de 1998.

El euro ha reemplazado al marco alemán como la segunda divisa más contratada, con el 30% (supera el total el 100%, porque el euro puede ser la contrapartida en una parte importante del 87% del dólar y así ocurre con los demás monedas), el Yen alcanza el 17%, la libra esterlina el 11% y el yuan chino el 7%, desplazando al franco suizo.

Los actores en el mercado se han diversificado, principalmente los intermediarios financieros no bancarios sobre un número creciente de distintas plataformas, perdiendo peso las transacciones entre grandes bancos e intermediarios que concentraban las transacciones.

Han perdido peso las empresas no financieras y en consecuencia la contratación derivada del comercio, de la economía real.

El 50% de las transacciones se realiza electrónicamente, los reguladores han marcado unos límites a la velocidad de las transacciones que pondría en inferioridad a los inversores menos sofisticados frente a los grandes brokers.

En los centros financieros en estos 25 años, Londres ha ganado peso con 38.1% de las transacciones frente al 32.6% en 1998, Nueva York le sigue con el 19,4% frente al 18.2%, y Singapur con el 9.4% y Hong Kong con el 7% han desplazado a Tokio que ha descendido al 4,4% frente al 7% en 1998.

LAS GUERRAS QUE NO CESAN

En la de Oriente Medio, Israel tras cuatro meses de guerra y unos costes de movilización de 1200 millones de dólares mes, según se indica con un 50% de los túneles de Hamás a neutralizar, ha sufrido la sentencia del Tribunal Internacional de Justicia de la ONU que se queda en una posición intermedia, reconoce el derecho a israelí a defenderse, y respecto a la posibilidad de genocidio que hay que prevenir, le exige medidas que se entienden se refieren a una tregua adecuada en el tiempo.

La denuncia ante el Tribunal Internacional la realizó Sudáfrica que no condenó la invasión de Ucrania por Rusia.

La negociación sobre los rehenes va en esa vía de una tregua más larga.

La presión de Estados Unidos sobre Israel va aumentando como consecuencia de los ataques que están sufriendo las tropas estadounidenses en el Mar Rojo por los huties de Yemen e Irán, que a su vez se ha enzarzado en escaramuzas con sus vecinos, especialmente Pakistán.

Se está intensificando el conflicto con Egipto respecto a la frontera con Gaza por el temor de la expulsión de palestinos a territorio egipcio.

El día 9 de febrero se inicia por las tropas israelitas el desplazamiento de más de un millón de civiles en la zona de Rafah frontera con Egipto con ubicación no definida.

Al día siguiente 10 de Octubre se publica (6) la bajada de rating de la deuda pública israelí por la agencia Moodys a la categoría de A2, que le coloca al mismo nivel que Polonia o Chile, ya que la subida del riesgo político debilita a sus instituciones y presiona su política fiscal una guerra que se estima en un coste para el periodo 2023-2025 de 70.000 millones de dólares y un déficit fiscal previsto para el 2024, del 6.6% del PIB, lo cual va a suponer un incremento de su deuda pública que va a aumentar la carga sobre su economía.

Las fuentes palestinas (7) informan de un abanico de cifras que muestran el colapso de la economía, la sanidad con 70% de los hogares con agua contaminada y el sistema de alimentación en Gaza, al 100% inseguro con niveles severos de hambruna y las cifras centrales de bajas que se acercan a los 28.000 con un porcentaje de mujeres y niños que superan el 50% y el 90% de la población desplazada en condiciones infrahumanas de higiene, sanidad y alimentos.

Las fuentes del gobierno israelí.

Día a día (8) van informando de los éxitos de la estrategia en términos de eliminación de los terroristas de Hamás, los episodios de liberación de secuestrados de los terroristas palestinos y también de recogida en otro caso de sus cuerpos del hospital, de los avisos a la población palestina que se dirija a lugares más seguros y de los mensajes del general jefe israelita de la frontera norte, de que no se acabaran las operaciones en la zona hasta que los residentes puedan volver con seguridad a instalarse. Estas informaciones corresponden a los días 14 y 15 de febrero.

De resultas de todo lo anterior Estados Unidos ha impulsado la mediación con Catar y Egipto para una tregua.

Pero la solución de los dos estados independientes sin más, parece poco viable. Las encuestas a los palestinos sobre el atentado terrorista de Hamás presentan un 58% de la población favorable al mismo en Gaza y un 80% en Cisjordania, lo que supone que se incubaría un potencial terrorista inmediato. El compromiso internacional de una supervisión eficaz sería necesario, que parece difícil por la falta de cohesión actual entre los países y el grado de intervencionismo que sería necesario

En Ucrania había corrido el rumor en enero de la destitución del jefe militar Valery Zaluzhny que desmintió el ministro de defensa. The Economist había vuelto a publicar el artículo publicado por Zaluzhny el 1 de noviembre, sobre lo que necesitaba para ganar la guerra, que ya expusimos anteriormente: (Zaluzhny ha añadido actualizado un ensayo aparte de la revista, de nueve páginas insistiendo en el tema).

La base de la guerra era para él la tecnología y las capacidades militares. Era esencial el dominio del aire en el que los drones, la artillería antiaérea, y los misiles juegan un papel esencial. Los rusos han sufrido grandes bajas, aparte de las humanas, 2300 tanques y 550 sistemas de defensa antiaérea, pero tienen más capacidad de reposición.

Necesitan más equipos de neutralización de minas.

Por otro lado, les estaban superando los rusos en la capacidad de interferencia electrónica y sobre todo en las reservas de combatientes formados.

Estas declaraciones lógicamente no gustaron al presidente Zelensky y tres meses después, el 8 de febrero lo ha destituido nombrando un nuevo jefe militar y los ucranianos no han avanzado y siguen las líneas bloqueadas con un gran desgaste.

Sin embargo, los rusos han perdido el control del Mar Negro, con los ucranianos que han hundido el 25% de la flota rusa en la zona, están exportando su grano por un corredor permanente en el mismo.

Otras noticias positivas para Ucrania, viene de la confirmación del paquete de ayuda de 50.000 millones de euros en cuatro años por la Unión Europea sorteando el veto de Hungría y el suministro estadounidense del nuevo misil de largo alcance GLSDB y gran precisión (150 kilómetros) mientras Alemania continua negándose a suministras los Taurus con 400 kilómetros de alcance ya que supondrían apoyar ataques a territorio ruso.

Esta ayuda europea viene en un momento clave ya que Ucrania que ha ascendido su deuda pública sobre el PIB en estos dos años del 48% al 100%, se encontraba con dificultades para pagar a sus funcionarios.

Los países de la OTAN están viendo como apropiarse de los 300,000 millones de dólares de reservas rusas en los bancos de dichos países.

Mientras se medita como salvar los obstáculos de la ley internacional, por la parte rusa se ha avisado que en ese caso embargarían 288.000 millones de dólares de activos occidentales en Rusia con Alemania a la cabeza.

Como conclusión y tras la retirada de las tropas de Ucrania de la ciudad de Avdiivka va creciendo el sentimiento de que Ucrania va a tener que resignarse a renunciar al territorio actual dominado por Rusia, un 18% del total.

PESIMISMO SOBRE EL CRECIMIENTO A LARGO PLAZO DE LA OCDE

En un reciente informe de la OCDE (9) sobre expectativas de crecimiento mundial a largo plazo y la transición energética, se plantean unas previsiones concretas y pesimistas, ya que estiman un crecimiento mundial del 1.6% hasta el 2060, con un impacto negativo de la transición energética y una consideración de que el progreso tecnológico llegará tarde para compensar estos costes.

El Fondo Monetario Internacional en su último informe sobre la economía mundial es más optimista en el corto plazo, con un 3.1% de crecimiento mundial en el 2024 y 3.2% en el 2025.

España se queda por debajo con el 1.5% en el 2024 y el 2.1% para el 2025 por encima del crecimiento de la eurozona: 0.9% en el 2024 y 1.7% en el 2025, con Alemania por debajo de la media europea (0.5 y 1.6 respectivamente).

La inflación en España ha ascendido tres décimas hasta el 3,4%, debido al incremento de la electricidad y a la resistencia de la cesta de la compra.

De todas formas, tanto en Europa como en Estados Unidos la expectativa es de bajada de los tipos de interés por los bancos centrales en este año, con la vigilancia principalmente sobre los mercados de trabajo y las subidas de salarios.

INVENTOS, TECNOLOGÍA Y PRODUCTIVIDAD

Volvemos a repetir aquí de forma resumida la polémica sobre el efecto de los inventos en nuestra época respecto a épocas pasadas y las versiones optimista y pesimista de la influencia de la Inteligencia Artificial en el futuro crecimiento de nuestra economía, que ya comentamos en nuestro capítulo del 15 de septiembre del 2023.

Robert Gordon considera y resume en su obra "La elevación y la caída del crecimiento en Estados Unidos" (10) la idea de que el siglo 1870-1970 fue único por el crecimiento que provocó. Para él, el crecimiento no es un proceso continuado y firme, sino que se produce mucho más rápido en unos periodos que en otros.

"Los grandes inventos" como los llama Gordon, la energía eléctrica, el ferrocarril, el motor de combustión, el telégrafo, el teléfono, transformaron totalmente la sociedad en un proceso irrepetible que llevaron a un gran ritmo de crecimiento en el siglo hasta 1970, posteriormente, la expansión ha disminuido claramente, las innovaciones actuales plantean una evolución no una revolución, como fueron las grandes del siglo de referencia, y el futuro se presenta con grandes posibilidades de estancamiento.

Posteriormente a 1970, hubo una bajada del incremento la productividad y como consecuencia, del crecimiento, estas innovaciones han provocado un ciclo corto de subida de la productividad en el periodo 1994–20024, el ordenador personal, las comunicaciones y la información, para luego volver a descender. Gordon que considera este periodo como la tercera revolución industrial, con un impacto limitado sobre espacios concretos de nuestra vida como el entretenimiento, la comunicación y el procesamiento de la información, pero para el transporte, la salud, los vestidos, la alimentación, las condiciones de trabajo tanto en casa como fuera y la vivienda no suponen grandes cambios.

Así por ejemplo el teléfono móvil le parece un refinamiento del teléfono el invento base.

Cuatro factores incidieron sobre ese periodo 1994-2004. El incremento de la capacidad manufacturera, la subida de la inversión en relación al inventario de capital, la gran bajada de precios de los ordenadores que contribuyó de forma importante a la productividad laboral, el multiplicador de la potencia de los procesadores, doblando el número de chips cada año, la llamada ley de Moore, que a partir del 2006 quebró su tendencia.

Posterior al 2004 hasta hoy, y en el futuro cercano, no se contempla que ninguno de estos factores experimente un impulso para mejorar la productividad.

A la conocida frase del gran economista Robert Solow: "veo el ordenador en todas partes menos en el PIB"; contesta Gordon "el ordenador no está en todas partes solo en algunos sectores, no afecta a gran parte de la economía como son los servicios. No comemos ordenadores, ni nos vestimos con ellos, no vamos en coche de forma diferente a hace 50 años, ni han cambiado los cortes de pelo ni los conciertos".

Por último estima que en la situación actual se puede prever el desarrollo de las innovaciones que se están fraguando y cree que frente a los desafíos que se enfrenta la economía norteamericana, incremento de la desigualdad, con la erosión de los niveles educativos, de la deuda, publica, la demografía con el envejecimiento, es muy problemático que Estados Unidos no entre en unas décadas de bajo crecimiento, añadiendo la globalización y la transición energética. En el momento actual la guerra de Ucrania y la situación geopolítica de bandos de naciones que ha creado y la polarización política interna estadounidense, son otros tantos factores adversos a las perspectivas de crecimiento.

Para Mokyr (11) el futuro de las innovaciones contrariamente a Gordon es imprevisible.

Mokyr en el campo de los ordenadores, frente a Gordon que afirma que con el ordenador personal se ha realizado la aportación más importante para el hombre de a pie, indica que nadie sabe hasta dónde va a llegar la computación cuántica, es decir el avance científico ayudando a la tecnología, ya que ha aumentado de tal modo su capacidad para realizar simulaciones y aprendizajes que elaboran correlaciones y regularidades que nunca se habían concebido, y permiten soluciones a ecuaciones para que los científicos comprendan procesos de gran complejidad.

Los científicos se encuentran con unos instrumentos que afectaran a medio y largo plazo nuestras capacidades y en consecuencia es de esperar, a nuestra productividad y bienestar.

Para Mokyr el siglo XXI va a ser el siglo de la biología tanto por el desarrollo de la biología molecular y la genética con asombrosos descensos de los costes, como el de secuenciar el genoma humano que ha pasado de 95 millones de dólares por genoma en 2001, a tan solo 1250 dólares en el 2015.

Si las dos primeras revoluciones industriales se basaron en la energía, la actual vivirá del progreso radical en el diseño y elaboración de nuevos materiales sintéticos elaborados a niveles microscópicos (nivel nanotecnológico) que nunca se habían concebido en la naturaleza, y que van a permitir el desarrollo de ideas tecnológicas que no eran posibles sin las propiedades de estos materiales (nuevas resinas y cerámicas, nuevos solidos).

Las predicciones sobre ellas según Mokyr, son inciertas, requieren innovaciones complementarias y unas exigencias de inversión, pero la velocidad de actuación entre las herramientas nuevas de la tecnología y la ciencia, la simbiosis ciencia tecnología va a transformar la condición humana en muchas dimensiones, independiente de que haya ciertos avances que fracasen

INTELIGENCIA ARTIFICIAL. TEMORES Y ESPERANZAS

Ya vimos el optimismo del inversor bursátil respecto a la futura rentabilidad de la IA en la cuenta de las empresas y el crecimiento de la economía.

Los grandes optimistas como el banco Goldman Sachs pronostican que si la IA se generaliza podría llegarse a un 7% de incremento del PIB (7 billones de dólares de incremento) en la próxima década.

Otros estudios académicos hablan de una fuerte subida de la productividad del 3% anual para las empresas que lo adopten.

En la misma línea están las consultoras multinacionales, que ven el gran negocio y trazan grandes líneas futuras de crecimiento y beneficios con hipótesis especulativas.

Para este tipo de repercusión en toda una economía, se tienen que juntar toda una serie de factores de innovación, de coordinación con otros hallazgos, regulación adecuada que no reprima el desarrollo, pero tampoco permita descontroles, así como los efectos de pérdidas de puestos de trabajo que puede provocar en los sectores más vulnerables proclives a automatizarse, así como la escalada de costes que está provocando el crecimiento de las dimensiones de sus modelos que pueden afectar a su rentabilidad y a las inversiones futuras, que en el 2023 han experimentado un cierto retroceso como informa el análisis de coyuntura 2023 de la IA realizado por la Universidad de Stanford.

The Economist (12) analizaba el efecto en la economía en tres vertientes: el monopolio de mercado que puede producirse, el impacto en el mercado laboral y en tercer lugar la incidencia en la productividad.

Respecto al monopolio, se considera que hay pocas probabilidades de que se produzca el dominio de una sola compañía, sino que dadas las inversiones necesarias puede darse un mercado con un número modesto de compañías, ya que el poder de las computadoras es genérico y los códigos así como las posibilidades de aprendizaje en la red son accesibles en internet, no se dan pues grandes barreras de entrada.

En un estudio más específico de Goldman Sachs, en el que asume que 1300 millones de trabajadores en oficinas usan la IA pagando 400 dólares por persona, llevaría a unas rentas adicionales para las sociedades del sector de 430.000 millones de dólares anuales, si consideramos que todo lo ingresan sociedades estadounidenses supondría incrementar los beneficios de las sociedades en Estados Unidos del 12 al 14% sobre el PIB por encima de la media pero inferior al nivel del último trimestre del 2021.

De hecho, la sociedad más beneficiada por la IA, no pertenece al sector, la tan citada Nvidia que fabrica los microprocesadores para las sociedades del sector. Las sociedades especializadas en IA forman un pequeño grupo que supera los 1000 millones de dólares de capitalización.

Sobre el empleo vuelven algunos pronósticos apocalípticos sobre la pérdida de puestos de trabajo por la automatización de tareas, por lo que hay que recordar una popular profecía realizada por economistas de Oxford en el 2013 en la que auguraban que se perderían el 47% de los puestos de trabajo en Estados Unidos en la siguiente década.

Una década después, resulta que el paro en el mundo ha descendido a la mitad y la participación en el trabajo de la población activa está en su punto más alto y precisamente los países con un mayor grado de automatización y robótica, Japón, Singapur y Corea del Sur, son los que presentan un desempleo más bajo.

Hay que tener en cuenta que la destrucción de empleo en los trabajos más vulnerables a la automatización se ha producido muy lentamente. Así por ejemplo desde que se inventó el teléfono en 1892 transcurrieron 29 años, llegándose a la primera central telefónica automatizada en 1921 y hasta 1980 estuvo creciendo el empleo en el sector, nueve décadas después de establecida la automatización.

Por otro lado, los sectores con más riesgo respecto a la IA son los más regulados, como son los profesores, de idiomas, de historia, de filosofía, abogados, los trabajadores de tele marketing, consulting clínicos, contables, agencias de viajes.

La prohibición de Italia del modelo ChatGPT de AI por razones de privacidad, y las decisiones pendientes de Francia y Alemania, denotan la preocupación por el poder destructivo de empleo de la IA.

Aunque en el proceso, no corto, habrá una sustitución de unos empleos por otros. The Economist cita un estudio del 2020 de David

Autor y otros en el que resalta que el 60% de los trabajos existentes en ese momento en Estados Unidos no existían en 1940.

En el tercer capítulo, el de la productividad.

La productividad, la producción por trabajador, depende de lo que se produzca, del número de trabajadores que lo produzcan y del número de horas empleadas por esos trabajadores.

Si el impacto laboral de la IA es pequeño, lo mismo se da en la productividad, ya que no se reduce el número de personas para producir lo mismo y el número de horas de cada persona trabajando está disminuyendo en todos los países desarrollados.

Se está esperando un surgimiento de la productividad y el crecimiento, ligado a las recientes innovaciones, internet, los móviles, los modelos de IA con el tratamiento de datos y los diálogos con la generación de conocimientos, el crecimiento de la robótica, de la automatización, con sectores a los que debe estar afectando muy positivamente.

The Economist destaca que sin embargo hay en la economía una serie de factores en contra de la productividad.

Por una parte, hay una serie de sectores en los que impera el trabajo físico como el agrícola o la construcción que suponen el 29% de la economía estadounidense en los que tiene muy poca incidencia la IA.

William Baumol un gran economista, examinó en otros sectores, el del arte y la evolución de sus salarios, "la producción por hora de un violinista de cuarteto tocando a Schubert, en un concierto estándar es relativamente fija", el progreso tecnológico no le afecta.

La tendencia general que se deriva del razonamiento anterior, es que aquellos sectores en los que es poco aplicable la automatización, los cuidados de salud, recreativos, las artes, el deporte etc. ganarán peso en la economía los sectores menos productivos en relación al impacto tecnológico.

Otro retroceso en la productividad son las orientaciones equivocadas en las planificaciones de los gobiernos y las empresas, en los diseños de las ciudades, las infraestructuras, las inversiones en manufactura etc.

El factor de distracción en el uso de las tecnologías respecto al trabajo, se está produciendo. Investigaciones empíricas concluyen que cuanto más largo es el tiempo diario empleado en los e-mails, más descenso se percibe en la productividad.

Los mismos modelos generativos de IA pueden disminuir la productividad, provocando entretenimiento a voluntad en gran escala, y por otro lado está el incremento en los capítulos de coste por la necesidad de control de la gran expansión de noticias falsas, spams y ataque informáticos.

En los modelos de lenguaje de la IA se amplifican los daños y problemas que se producen en Internet. Aparte los peligros que se derivan de las nuevas capacidades respecto a la elaboración de bombas, drogas medicamentos y productos químicos, por ejemplo, a precios accesibles en todo el mundo. Así como la manipulación de elecciones, terrorismo y ciberdelitos

Se pueden producir los incidentes de aprendiz de brujo y aunque por ejemplo Open AI tiene sus propios mecanismos de autocontrol para reducir riesgos, las conexiones de las redes de las computadoras pueden generar resultados imprevistos caóticos, ya que se da un gran porcentaje de caja negra en los procesos para los técnicos que intentan interpretar con escaso éxito esos resultados extraños que conforme aumenta la complejidad de los procesos, no disminuyen sino incluso se incrementan.

Asimismo, se intenta controlar la nueva vía de "las fuentes abiertas de IA" con posibilidades de desarrollar modelos a precio bajo accesible a pequeños grupos técnicos.

Un hecho diferencial de este desarrollo de la IA es el respeto por la jerarquía de las grandes tecnológicas y su incorporación a ellas. OpenAI está unida a Microsoft, Alphabet-Google tiene una participación importante en Anthropic y aunque compiten intensamente, destacan la necesidad de un marco legislativo. El CEO de Alphabet afirma "IA es demasiado importante para no regularla y demasiado importante para no regularla bien".

En general la rentabilidad a medio plazo en la IA, que es lo que va a provocar la eficiencia en las aplicaciones, se enfrenta a capítulos de coste desconocidos tanto en energía, en hardware, software, personal y sus elaboraciones, además de los riesgos dañinos de malos usos o resultados no previstos.

Es la primera vez que en el desarrollo tecnológico, todo el sector está dando tanto o más peso a la seguridad que a la rentabilidad.

No es el caso de OPEN AI y Sam Altman su creador (13), expulsado y readmitido a los días, por la presión de todo el entorno, empleados, gran parte del Consejo de administración y Microsoft, que compró acciones de OPEN AI en el 2019 y ha invertido 18.000 millones de dólares y posee actualmente el 49% de la empresa.

El ataque a Altman se produjo sobre todo por los consejeros de la Fundación OPEN AI (que no cobran dinero por ser una fundación) y la publicación de un artículo por uno de esos consejeros en Foreign Affairs, atacando la mentalidad agresiva en el desarrollo de la IA.

El choque entre soñadores y los boomers (los partidarios del boom de la IA) se ha decantado por los segundos y ha vuelto fatalistas (doomers) a los primeros.

De hecho cuando se plantearon los ingresos de la Fundación que controlaba Open AI, se concretó que solo los obtendría cuando los beneficios de Open AI superaran 100 veces lo invertido en la empresa, hablamos ya de billones de dólares, con lo que la Fundación no ingresará un dólar en muchas décadas y probablemente nunca.

Ahora Altman plantea ir a bolsa con una valoración de la empresa de 80.000 millones de dólares hacia la grandeza y la plusvalía.

Continua con la búsqueda de 100.000 millones de dólares para una factoría de Chips para su empresa.

Y está en conversaciones con Abu DhabiG42 el fondo soberano, se habla de 8000 a 10.000 millones de dólares y Softbank Group Corp el gran fondo de riesgo del polémico por sus arriesgadas operaciones y resultados presidido por Másayoshi Son que planea financiar 30.000 millones de dólares del proyecto Altman, para el resto se cuenta con Intel, Samsung y Taiwan Semiconductor Manufacturing Company.

Hay problemas con el comité USA de control de empresas chinas por el fondo de Abu Dhabi, que mantiene relaciones con Huawei y el Instituto Genómico de Pekín, ambas instituciones en las listas negras estadounidenses.

Entretanto el New York Times ha demandado a Open AI y Microsoft por la violación de derechos de autor en el uso de sus artículos.

Estados Unidos ha emitido una regulación de la IA que supone un régimen de autorregulación por las propias empresas y menos liberal, la Comisión Europea ha emitido una regulación que habrá que concretar, con la convicción de que será necesaria una regulación específica para cada sector.

Otro inconveniente de la tecnología es la creciente dimensión de los ataques cibernéticos. En declaraciones de la gestora jefe de patrimonios de JP Morgan (14) ha informado de 96.000 millones de ataques diarios y 18.000 millones de inversión del banco en este capítulo.

Pero el tema se está generalizando a mediados de noviembre del 2023, se produjo el ataque cibernético al mayor banco del mundo, The Industrial & Commercial Bank of China, a su unidad estadounidense, trastornando toda su contratación de Bonos del Tesoro del mercado USA.

Seis de los más grandes bancos del mundo sufrieron ataques cibernéticos en el 2023.

Este es otro capítulo futuro creciente de costes tecnológicos para las empresas en general y la banca en particular.

EN DEFENSA DE LA DEUDA PÚBLICA

En anteriores capítulos hemos expuesto repetidamente la tesis de Blanchard de que siempre que haya estabilidad en el saldo primario del Estado (antes de pago de intereses y deuda) el incremento de deuda pública es digerible sin costes sociales, con tal de que el crecimiento de la economía G, sea superior al tipo de interés de la misma, R.

Tema que efectivamente se ha cumplido en estas últimas décadas con el descenso paulatino de los tipos de interés.

No están de acuerdo sin embargo un grupo de economistas del Fondo Monetario Internacional que en un estudio reciente (15), señalan el caso de Estados Unidos con un incremento de deuda pública sobre el PIB en los últimos veinte años del 60 al 120% (con una participación del 30% mantenida por extranjeros en su estimación), se ha incurrido en costes importantes por la expulsión que ha supuesto este espacio de financiación del sector público para el sector privado que estiman en un 8% de disminución del PIB en el periodo y un descenso como consecuencia, de un 15% en el capital privado. Todo ello independientemente de que el tipo de interés de financiación haya estado generalmente por debajo del porcentaje de crecimiento del PIB.

Bajo otro enfoque, pero también en contra de la tesis de Blanchard de que el endeudamiento público no importa mientras el crecimiento supere al tipo de interés, está otro estudio también publicado por el Fondo Monetario (16) que realiza un análisis histórico del descenso de la deuda pública sobre el PIB en Estados Unidos después de la Segunda Guerra Mundial y llega a la conclusión de que el crecimiento económico la explicación más frecuente, no fue el factor principal del tema.

Los autores analizan el descenso de la deuda pública sobre el PIB en la economía estadounidense tras la Segunda Guerra Mundial que pasó del 106% en 1946 al 23% en 1974.

El primer factor en este descenso lo constituyó el continuado superávit primario del gobierno en gran parte del periodo, que permitió devolver deuda.

Los tipos de interés se mantuvieron por debajo del crecimiento económico principalmente porque se controlaron a niveles bajos en un ejercicio de represión financiera que duró de 1942 a 1951.

Y por último las subidas de la inflación no esperadas, tanto en la postguerra como en los años sesenta y setenta.

Los economistas de este trabajo estiman que, sin estos tres factores, considerando solo el crecimiento el descenso de la deuda la hubiera llevado del 106% en 1946, a tan solo el 74% en 1974 en vez de al 23% que llegó.

Aplicando el mismo método al momento actual, la subida desde 1980 hasta el 2022 que alcanza el 97%, se debe al cambio de superávits a déficits en el saldo primario del gobierno (antes de pagos financieros de la deuda).

Sorprendentemente también lo achacan al nivel superior de los tipos de interés al crecimiento de la economía, tesis que está diametralmente en contra de los datos de Blanchard al que acusan de tomar un tipo de interés más bajo del real, porque toma el tipo de interés de la deuda de mercado cada año, en vez de tomar el tipo medio de toda la deuda pública y por otro lado es un tipo de interés después de impuestos cuando los analistas de este trabajo lo toman antes de impuestos.

La conclusión es que el crecimiento no va a arreglar el problema de la deuda, hay que adoptar otros caminos más duros que por ahora no se han tomado.

Una defensa histórica de la deuda pública se da en el libro de Echengreen y otros (17) que remontándose en el pasado, indican como la deuda pública está en la base de la sociedad moderna, en el desarrollo de infraestructuras (carreteras, puentes, puertos, ferrocarril, la ciudad moderna) que permitieron la revolución industrial y esas emisiones de deuda por su liquidez, y sus posibilidades de servir como garantía en los créditos, fueron la base de apoyo en el desarrollo de los mercados financieros a partir de los siglos XVII y XVIII, y del nacimiento del sistema de estado moderno.

De 1880 a 1930, se inicia y desarrolla el estado de bienestar y la deuda soberana esta ya globalizada a finales del siglo XIX ya que le emiten todos los países del mundo.

Antes de la Primera Guerra Mundial Bismarck en Alemania había establecido el seguro de salud y accidentes y en Inglaterra Asquith crea el seguro de desempleo.

La Gran Depresión provocó una expansión de programas que consolidaron un sistema de seguridad social.

Y en los años 70, Latinoamérica volvía a entrar en los mercados de deuda soberana a los que no tenía acceso desde 1930 y ya en las últimas décadas los países emergentes han evolucionado a emitir deuda soberana en su propia moneda, lo cual les ha dado más estabilidad.

Por último, la Gran Recesión del 2007 y el COVID, hubieran sido dos episodios devastadores si los gobiernos no hubieran recurrido a la emisión de deuda.

La bondad de la deuda publica depende de su uso, argumentan estos autores: "Permite a un gobierno mantener sus servicios sociales básicos cuando la recaudación baja. Ayuda a emprender inversiones productivas, y apoyar a la demanda agregada cuando es necesario. Permite al Estado acelerar sus gastos en defensa cuando se encuentra ante una amenaza militar, intervenir en la estabilización del sistema bancario cuando surge una crisis financiera y dar asistencia humanitaria cuando se produce un terremoto".

Pero por el lado peligroso, la deuda puede servir para retrasar decisiones de rebajar gastos excesivos y no subir impuestos permitiendo incrementos de déficits públicos para complacencia de los electores.

La dificultad cada vez mayor de colocar deuda puede ascender los tipos de interés y la fragilidad, ante la carga creciente sobre los presupuestos.

Aparte puede expulsar inversión privada por falta de financiación

Un incremento de la inversión extranjera en la misma, aumenta el peligro ya que venden ante el menor problema, lo mismo que la inversión masiva bancaria en deuda soberana ya que una crisis de la deuda pública se transformaría inmediatamente en una crisis bancaria.

La sostenibilidad de la deuda pública hay que analizarla en relación a la dimensión de la deuda privada, esta última más limitada que la pública, en cuanto a su crecimiento, por ello si se acerca a una dimensión sobre el PIB tan alta como la pública, y no digamos si la alcanza o la supera, la crisis está asegurada.

LA ESPAÑA DE SEGUNDA MANO

En un obra reciente (18) Richard Vague matiza el hecho de que la deuda está en la base de todo crecimiento de la economía y es necesario analizar la relación entre la deuda pública, la privada y los sectores de la economía desglosados en hogares, empresas no financieras, empresas financieras, sector público y exterior para profundizar en la coyuntura económica.

La deuda pública ha servido para evitar en la gran recesión del 2007 la quiebra de gran parte de la deuda hipotecaria y empresarial que hubiera desestabilizado a la banca.

En el COVID el déficit público que ascendió a 3.2 billones de dólares en Estados Unidos supuso un incremento de renta de los hogares de 2.5 billones de dólares.

Siguiendo un análisis tradicional y polémico en los años veinte del siglo pasado (Keynes y después Friedman) Vague clasifica las deudas en la categoría 1, si con esa deuda se compra un coche nuevo que supone in incremento del PIB frente a la categoría 2 cuando el coche que se compra con deuda es usado, lo que supone un incremento ínfimo o nulo en ocasiones del PIB.

Lógicamente el parque de coches usados va siendo cada vez más grande respecto al número de coches nuevos de cada año, con los que los créditos que Vague llama de categoría 2 son cada vez un porcentaje mayor del total de créditos y en consecuencia el incremento del crédito va superando cada vez más al del PIB, cuando la coyuntura es favorable, es decir en el momento alcista del ciclo.

En España la venta de coches usados en el 2023 casi dobla en dimensión a la de coches nuevos: 1.940.488 vehículos de ocasión frente 949.359 nuevos.

El parque de automóviles en España alcanza una antigüedad media que supera los 14 años y sigue al alza frente a 11.5 años de la Unión Europea, con un parque de 33 millones de vehículos a motor y de ellos 25,2 turismos.

El problema es que más del 30% de los coches que circulan (diez millones de vehículos) no pasan la Inspección técnica de vehículos (TV) y de los que pasan el 20% suspenden.

Si queremos pasar al coche eléctrico, la renovación del parque de automóviles es una tarea de la administración y el sector con objetivos realistas y tiempos de ejecución (los Fondos europeos y el programa Move están en el tema pero parece que hay que acelerar y concretar), ya que si no va a ser muy difícil y lenta la transición al coche eléctrico.

El otro problema de la España de segunda mano se da en el mercado de la vivienda Aquí el tema es más desproporcionado todavía y más grave por sus consecuencias sociales.

Frente a 100.000 viviendas nuevas en el 2023, el parque de viviendas asciende al final del 2022 a 26.811.833.

La vivienda usada supone alrededor del 80% de las compraventas de viviendas, luego podemos estimar que los créditos hipotecarios de categoría 2 cuatriplican a los de categoría uno.

El PIB que produce el sector inmobiliario viene acompañado por un incremento de la deuda superior al de cualquier otro sector.

La antigüedad media del parque de vivienda es de 47.5 años, más de la mitad tiene más de 50 años, aquí los fondos europeos han destinado para recuperación y transformación 4420 millones muy necesarios para su rehabilitación y eficiencia energética. Hay 450 millones más para deducciones fiscales y 1000 millones de euros para viviendas de alquiler social.

El problema pendiente es analizar la adecuación de estas cifras y la ejecución real de las ayudas. Hay que pensar que el parque de viviendas en una valoración conservadora ascendería a más de 4 billones de euros.

La España de segunda mano afecta a variados sectores y a sus mercados secundarios (comprendiendo los financieros también con categoría 2 de crédito), incluido en el sector público las infraestructuras, por el desgaste al que se ven sometidas, pero solo el peso creciente de automóviles y vivienda hace necesario el gestionar muy de cerca por la administración y el sector, la renovación eficiente y sin dilaciones de los parques respectivos.

INVERSIÓN, CAPITAL Y CRECIMIENTO

En un estudio reciente y completo sobre la inversión de la fundación BBVA y el Instituto Valenciano de Investigaciones Económicas (19) se han marcado las tendencias históricas de dicha magnitud, muy cambiante, en la que se alcanzó un punto máximo del 30% sobre el PIB de la inversión en el 2007, debido a la burbuja inmobiliaria para descender después del pinchazo de la misma al 17.4% en el 2013 y recuperar algo situando el esfuerzo inversor actualmente en el 20% del PIB, claramente inferior a la media de los países del euro.

Un aspecto positivo en los componentes de esa inversión es el mayor peso hasta el 21% de la inversión intangible centrada en el desarrollo tecnológico (software, I+D, y Otros Activos Inmateriales) de la información y comunicación (TIC).

Por otro lado destaca el mayor crecimiento de la maquinaria y la disminución de la inversión inmobiliaria en vivienda con un peso en la inversión del 26% frente al 38% en el 2007.

Este incremento de la inversión en intangibles es importante para las previsiones de crecimiento con mejora en la productividad, aunque las cifras están todavía lejos de las potencias desarrolladas.

La inversión pública ha disminuido sobre el total siguiendo al ciclo y se ha centrado más en los últimos años más en las infraestructuras ferroviarias que en las de carretera y ha descendido del 18% en el 2009 a tan solo el 8% actualmente.

La inversión descontada las amortizaciones (que llegan al 70 y 80% de la inversión bruta) se incorpora como inversión neta al capital del país y se puede constatar su eficiencia y rentabilidad a lo largo de su ciclo.

La dotación de capital en España ha ido creciendo hasta alcanzar los 5 billones de euros en el 2022 (90% privada, 10% publica), con una depreciación de 200. 000 millones anuales.

Después de la población, el stock de capital es más estable que el empleo y el PIB. Dos magnitudes sirven para analizar el estudio del capital: el capital neto y el capital productivo que ya indica la eficiencia con que se aplica, en función del grado de utilización de la capacidad productiva, los costes de uso del mismo, etc.

La principal conclusión del estudio es que la ratio capital/empleo ha continuado más alto que en los países europeos con los que competimos.

La dotación de capital por trabajador ha sido alta y sin embargo esto no se ha traducido en un incremente destacable de la productividad del trabajo.

En parte siguen pesando las grandes inversiones de capital en la burbuja inmobiliaria a largo plazo, mientras los cambios anuales en la inversión a plazos más cortos van repercutiendo en el capital total de manera gradual e insuficiente para dar un giro rápido a la estructura del mismo.

En un segundo estudio de las mismas instituciones (BBVA e Ive) ya centrado en la productividad, destacan el descenso de la misma en un 7,3% desde principios de siglo y el desfase respecto a los países avanzados como Estados Unidos, que en el mismo periodo avanzó un 15.5% o Alemania un 11.8%, estas diferencias fueron menores desde el 2014, con incrementos de la productividad tras la pandemia (un 2.8% acumulado en el 2022 y 2022).

Además de la incidencia del sector inmobiliario ya comentado, se aduce para esa diferencia de productividad, el menor peso ya comentado de la inversión en intangibles con respecto a esos países desarrollados y la menor formación del personal, así como la asignación de recursos a sectores con menor valor añadido. La tendencia se va corrigiendo, pero lentamente y la distancia es grande.

Hablan también de la necesidad de un Observatorio de la Productividad.

Pensamos que la inversión en España, para que reaccione es necesario examinar todos los grandes temas que se cruzan en la misma. La relación entre el gobierno y las empresas, la incertidumbre y el atesoramiento en el sistema por parte de empresas y hogares, la polarización política y la desigualdad, el empleo y la negociación de los convenios. La coordinación y conflictos entre las comunidades autónomas, entre sí y con la administración central.

En fin, seria esencial un gobierno respetuoso con el estado de derecho, conciliar la economía y lo social en educación, sanidad, pensiones y vivienda.

Información del gobierno.

Por fin el gobierno informó (20) de las 100 principales empresas receptoras de Fondos Europeos que han recibido hasta el momento 5100 millones de euros. El 14% sobre los 30.000 millones de ayudas y convocatorias resueltas. Adif y las estructuras ferroviarias están a la cabeza con 2500 millones de euros de asignación.

El Gobierno ha publicado también las 50 mayores adjudicatarias de las obras y servicios realizadas con fondos europeos Next Generación, que suponen alrededor de 2500 millones con la Unión Temporal de Empresas de Totana (152 millones de euros), CAF (134 millones) y Ferrovial Construcción (125 millones).

Después de tres años se han adjudicado el 45% de los fondos europeos (70.000 millones) a unas entidades concretas (también el 45% ha ido al sector público), pero falta que se abonen las cantidades conforme se certifiquen las inversiones. Los pagos se van realizando pues con retraso y son muy inferiores; 2400 millones en el 2012, y 5200 millones en el 2022.

Los remanentes sin ejecutar por falta de candidatos, ascienden a 14.300 millones.

Quedan por colocar 38.500 millones de euros más 10.000 millones de subvención adicional y los 83.000 millones de créditos que tienen lógicamente menos atractivo.

Hasta el momento el sector público no ha ejercido el efecto de arrastre sobre el sector privado esperado y no se refleja en la dinámica inversora de nuestro país.

Sera preciso acelerar hasta agosto del 2026 (fin del plazo) la gestión de los fondos mejorando la difícil coordinación entre las diversas administraciones y la información pública que permita una visión precisa del cumplimiento, y respetar los hitos y objetivos que nos exigen en reformas estructurales para darnos el resto de los fondos.

CONCLUSIONES ¿VUELVE EL ESTANCAMIENTO SECULAR?

Sin entrar en las profecías catastróficas de Roubini (21) que no son totalmente irreales, pero en las que no considera un crecimiento en sus megatendencias de los aspectos positivos, vamos a resumir las principales posturas que se agrupan en dos frentes, la más dominante que considera una vuelta al estancamiento y la que de una forma o de otra prevén que el futuro no se va a parecer en nada a los que hemos vivido en las cuatro últimas décadas.

En las cuatro últimas décadas, se ha producido un descenso continuado de los tipos de interés, en todos los plazos, hasta llegar al nivel cero, y entrar los tipos de la deuda pública, de numerosos países, en territorio negativo. En los últimos cinco años, sobre todo, se han dedicado abundantes análisis al tema, que podemos resumir en dos tendencias:

- Por un lado, los estudios de Lawrence Summers y colaboradores (22), que consideran el descenso, como ligado a causas de la economía real, con un desglose de las mismas, en factores favorables a la bajada de los tipos, que hubiera sido mucho mayor, si la política pública, de déficit, emisiones de deuda, y crecimiento de las pensiones con su incidencia al alza, no hubiera compensado en parte la bajada.
- Por otra parte, el Banco Internacional de Pagos, con el economista Claudio Borio, como cabeza visible, (23) que da gran importancia, a la política monetaria, y al ciclo financiero, como factores a la baja de los intereses, con incidencia, hasta el largo plazo.

Todos los análisis anteriores, olvidan, y esta es la aportación del estudio de Summers, que si no llega a ser, por la aportación del sector público, con actuaciones, que repercutieron al alza de los tipos, como el gasto público y el déficit, la política impositiva, el incremento de la deuda pública sobre el PIB, la financiación de la Seguridad

Social expansionista, la bajada del tipo de interés real de equilibrio, en el sector privado, hubiera sido mucho mayor.

Llegan a descomponer, los factores públicos, que inciden al alza de los tipos de interés reales y los que, principalmente privados, hacen descender, los tipos de interés reales de equilibrio.

Resumiendo su exposición, hasta el 2019, podríamos señalar los factores al alza de tipos, la emisión de deuda pública, el gasto estatal en salud y pensiones, y con menor importancia, la alta oferta de activos, con un impacto total al alza, de casi, cuatro puntos de tanto por ciento,, desde 1971 al final del 2019, aunque, es en los años ochenta, cuando realmente, comienzan a incidir tanto los factores al alza, como los de baja, y especialmente, durante la recesión del 2008.

En seis, podemos agrupar los factores a la baja de tipos, la tecnología con el crecimiento de la productividad, el crecimiento de la población, y el alargamiento de la vida de retiro, y con menos importancia, la desigualdad, para finalmente, destacar que la interacción entre todos estos factores, añade casi un punto de bajada, en tanto por ciento, de los tipos.

En resumen, al 2019, la bajada total de los tipos reales de equilibrio, supera los dos puntos de tanto por ciento (4 puntos de tanto por ciento al alza, por las políticas públicas, y algo más de seis puntos de tanto por ciento, en los factores de bajada).

La extrapolación de estas tendencias a las décadas futuras, considera un saldo de bajada parecido, pero con mayores descensos en el sector privado, y una compensación, asimismo superior, del sector público.

Al final, los autores concluyen, se da una preocupación de fondo, por el estancamiento secular de las economías avanzadas.

Como en el estudio anterior, también se analizan los factores habituales, que a través del ahorro inversión, influyen en la bajada de tipos enumerando: el crecimiento, la productividad, la demografía, la distribución de la renta y el capital (en su descenso de precios relativos y de su producción marginal), analizando las relaciones, solo encuentran como significativa, en el largo periodo analizado, la esperanza de vida.

Por otra parte, usando datos desde 1870, y para 19 países, el dúo inversión y ahorro, explica muy pobremente, la caída de los tipos de interés. Alguna relación más, se da en los últimos treinta años.

No es de extrañar, pues como señalaba Keynes, en el ahorro, interviene mucho más el incremento de renta, por ejemplo, si se bajan los tipos de interés, y asciende la inversión, y por tanto la renta, subirá el ahorro, a pesar de la bajada de tipos. Por otra parte Keynes, respecto a ese tipo de interés ideal, con equilibrio con pleno empleo, demostró, que era una aspiración, ya que en la realidad, se daban con frecuencia en los mercados, situaciones diversas de equilibrio, sin pleno empleo de los recursos.

De todo lo anterior, los autores deducen, que además de la política, fiscal, prudencial macroeconómica y estructural, hay que incluir la política monetaria, para luchar por el crecimiento equilibrado a largo plazo. Pensar en las crisis, como shocks externos, es inadecuado, cuando las caídas derivan principalmente de las alzas anteriores.

La crisis ultima, nos ha mostrado la complejidad de la economía, frente a los escasos medios, prácticos y teóricos, para combatirla. Así, no podemos basarnos rígidamente, en un concepto de ancla, del tipo natural de equilibrio, hay que ampliar el marco, del concepto, tanto incorporando la dinámica financiera, como las interrelaciones con la economía real, como señalaba Keynes, el tipo de interés de equilibrio, influye sobre la actividad, pero es el resultado, de la fuerzas, que mueven la renta y gasto de la economía, y no hay un único tipo de equilibrio, el sistema, puede mantenerse en tipos de equilibrio, muy perjudiciales, para la prosperidad de un país, durante largo tiempo.

Debe ser, afirman los autores una política monetaria, en la que entre como objetivo, equilibrar el sector bancario, que es por naturaleza inestable, regulando, el coste del endeudamiento, para el sistema, siempre con el contrapeso, de una líneas de consolidación de capital, para la banca, adecuadas.

Supervisando cada factor financiero, desde la tendencia al riesgo, sin abrir grandes diferencias, entre la retribución de los activos, la accesibilidad al crédito, las proyecciones de las expectativas de tipos a largo, con la adecuada prima positiva por el plazo, y finalmente, con prudencia en el endeudamiento bancario, y del resto del sistema.

El problema, es que, al no haber sido tenido en cuenta en la gestión de las últimas décadas todo lo anterior, nos encontramos en la situación, denominada por los autores, de Trampa de Deuda, en la que resulta muy difícil, subir los tipos de interés, por el daño que se hace a la economía, debido al gran volumen de deuda, que pesa sobre ella. Como resultado, los tipos de interés bajos, van generando tipos de interés más bajos.

Por otros caminos, la conclusión, diagnostica el peligro del estancamiento secular del crecimiento, el concepto más presente, explicita e implícitamente, a lo largo de la Teoría General de Keynes.

Hemos crecido, a base de incrementar la deuda, y la situación, cada vez, deja menos margen de maniobra, para salir del círculo.

The Economist (24) se apunta a la corriente pesimista con un reportaje sobre un factor especifico, la tendencia a la nueva industrialización en todos los países pero fomentándola mediante todo tipo de subvenciones y ayudas a las empresas que se produzca en el propio país. Para la revista es un error grave que va a perjudicar a la globalización y a la rentabilidad y viabilidad de los proyectos.

A continuación, se enumera una serie de estudios en los que se muestra que históricamente la industrialización autónoma con subvenciones no ha funcionado con la excepción de Corea, que quizás lo es por arrancar desde cero y China aunque estudios posteriores distinguen entre las empresas chinas no subvencionadas que se han comportado mucho mejor que las subvencionadas.

Comenta un estudio del Banco Central Europeo sobre la ley proteccionista de la transición verde, el IRA de Estados Unidos, que al bloquear las exportaciones de empresas extranjeras en Estados Unidos, beneficia en principio a las empresas domesticas en la transición verde, pero retrasa la transición en el resto del mundo que a su vez puede tener un efecto rebote negativo para los estadunidenses. The Economist añade otro problema, el tiempo, ya que la descarbonización exige ya rapidez, pero generar una capacidad doméstica en energía y transporte verde puede tomar bastantes años.

El ex presidente de la Reserva Federal Ben Bernanke se ha mantenido siempre optimista basándose en que en el tiempo requerido la bajada de los tipos de interés impulsará el crecimiento de la economía.

En su último libro (25) recapitulando sobre los instrumentos de la política monetaria, señala el margen de maniobra que la política monetaria estadounidense tiene frente a la de los bancos centrales de países desarrollados que fueron más allá en sus instrumentos monetarios.

Así en relación a las compras de activos por el banco central, los bancos centrales europeos, y el Banco de Japón compraron una gama de activos mucho más amplia que la Reserva Federal que se limitó a los bonos del tesoro e hipotecarios, mientras que el banco de Japón llegó a comprar acciones. La FED hubiera necesitado permiso del Congreso para esas compras.

Así la FED no dio créditos a largo plazo a la banca, como realizó en cantidades masivas el Banco Central Europeo, pero la falta de la solvencia adecuada en los deudores posibles de una banca ya consolidada frenó a la FED.

Perry Mehrling (26) publicó una carta sumamente crítica del gran economista de internacional Charles P. Kindleberger a Bernanke sobre su libro de la Gran Depresión, y le subraya en un discurso muy articulado entre otros temas, el considerar perfectos a los mercados defendiendo su racionalidad y le interpela: "¿No puede aceptar que cada participante en el mercado sea racional pero que el mercado como conjunto se comporte irracionalmente?".

Después de echarle en cara que no le cite a él ni a Minsky, el economista que planteó que las finanzas tienden por naturaleza a la inestabilidad, le indica que hubiera sido interesante distinguir por un lado préstamos a valores y préstamos y descuentos por otro, y considerar los cambios en los precios y la desinflación estructural, con las caídas de precios en las materias primas provocada por las restricciones bancarias, pero finaliza, su seguimiento de los economistas de Chicago le impidió ver estos problemas.

Por último, en relación a los tipos negativos de interés que los demás bancos centrales de países desarrollados implementaron, la FED de Bernanke no lo consideró necesario por los trastornos que supondría entre otros, el pagar a las reservas bancarias en la FED, una transmisión de beneficios a la banca, que se ha producido de forma continuada en el Banco Central Europeo. (27)

Otros dos autores a contracorriente de la opinión dominante (28) Goodhart y Pradham señalaron que las décadas futuras no van a tener nada que ver con las pasadas, debido al cambio diametral de expectativas que va a producir el envejecimiento de la población, con un gran incremento del gasto sanitario público y privado al alargarse la vida e incrementarse las jubilaciones y las pensiones a un ritmo superior al de dicho alargamiento, que va a llevar a un incremento de la inflación y los tipos de interés con una reducción de la producción por el descenso de la población activa, e incremento de la productividad.

Las próximas tres décadas van a ser según estos autores de bajo crecimiento elevada inflación y altos tipos de interés nominales.

¿VOLVEREMOS A LOS TIPOS NEGATIVOS?

En conclusión los factores de estancamiento privados, la evolución de la población en su envejecimiento, la pobre productividad del capital, las tendencias en la distribución de la renta, los shocks de oferta del cambio climático, la transición energética, la caída de la globalización con la nacionalización de las inversiones y el mantenimiento o escalada de las guerras de Ucrania y Oriente Medio junto con la falta de dinamismo de la inversión, llevarían a una caída de los tipos de interés que van a necesitar una reacción intensa del sector público.

Pero el sector público ya va a tener una expansión obligada por sus gastos en defensa, salud y pensiones, pero limitada por la reducción de déficits públicos que se va a imponer en los próximos años.

Para contrapesar las fuerzas recesivas es esencial que la tecnología científica repercuta claramente en la productividad y rentabilidad de las inversiones y la eficiencia en el gasto de la economía.

Ayudaría al crecimiento el fin de las actuales guerras, el desarrollo de la globalización (en comercio turismo e inversiones en los sectores no estratégicos y la vuelta de China a crecimientos por encima del 5% anual, las perspectivas para los dos próximos años son del 4.7 y 4.2%) para que se alejara el peligro de un estancamiento en el crecimiento de los países desarrollados.

El economista japonés Richard Koo (29) vuelve a insistir en la línea de Richard Vague que el crecimiento de la economía es cada vez menor respecto al incremento de la deuda con una expansión mayor de la de categoría b, la que financia las compras en los mercados secundarios.

Así en el 2017 el porcentaje de fondos que las sociedades tomaron de bancos y de bonos en el mercado y que fue utilizado para la inversión de capital fue del 25% en Japón y del 3% en Estados Unidos y la Eurozona, el resto fue a recompra de acciones, refinanciación de deuda, compra de activos financieros en mercados secundarios o inversión en circulante que contribuye muy poco al crecimiento de la economía.

Con su conocida teoría de la restricción de balance, justifica la falta de efectividad de las medidas de estímulo monetario cuando gran parte de las sociedades tiene como objetivo no optimizar su beneficio sino reducir su deuda excesiva para evitar recaer en la insolvencia.

La solución para él es el estímulo fiscal, que dada la fase actual de la economía la ve en intensificar el gasto en infraestructuras, lo que parece razonable pero difícil y lento de articular y menos en la dimensión suficiente que quizás va a ser necesaria.

LA PERPLEJIDAD DE KEYNES. CAPITALISMO DEMOCRÁTICO

El historiador inglés Martin Dauton, en el 2023, dice que se encuentra (30) en una situación de perplejidad como la que vivió Keynes en 1933 tras la Gran Depresión de 1929.

Para Keynes el capitalismo que estaba viviendo desde la primera guerra mundial era decadente e individualista y no era ni exitoso ni bello, ni inteligente, ni justo ni virtuoso. "Resumiendo, nos disgusta y comenzamos a despreciarlo, pero cuando pensamos en algo para sustituirle, nos quedamos extremadamente perplejos".

Dauton considera el mantenimiento de una verdadera democracia, básica para que un país logre una prosperidad económica sostenida, y el mantenimiento de esa democracia y exige las reformas consiguientes para lograr incentivar la inversión, disminuir la desigualdad y estimular el comercio multilateral.

Así habla de reforma fiscal, de la financiación de los partidos, sanitaria, laboral, de la gobernanza y poder de las empresas de la financiación excesiva de los mercados y se centra luego en las instituciones internacionales.

Señala la pérdida de peso de las instituciones internacionales (Organización Mundial de la Salud, la Organización Internacional del Trabajo, el Banco Mundial, la OCDE, el Fondo Monetario Internacional, la Organización Mundial del Comercio, principalmente) debida a un nacionalismo económico que en un ambiente de enfrentamiento de alianzas se retira de la cooperación multilateral para pactar al margen de los organismos mundiales, bilateralmente sus acuerdos y tratados.

Claramente esto no va a ayudar ni a un incremento de la globalización ni del crecimiento mundial.

Dauton propone una potenciación de las instituciones Internacionales para que trabajen en red sobre temas comunes, como por ejemplo el cambio climático, la transición energética, las condiciones de trabajo, el comercio justo, la lucha contra las pandemias.

Para Martín Wolf (31) el gran periodista económico del Financial Times también el capitalismo está en una crisis democrática, y considera asimismo a una democracia plena como la base de la expansión y prosperidad económica.

Enumera una serie de reformas del sistema como Dauton, para una estabilidad macroeconómica con apoyo a la innovación y la inversión, fiscal, laboral, financiera, de gobernanza de las empresas, política educativa y sanitaria, igualdad de oportunidades, ayudas a la vejez, política de préstamos a estudiantes, dentro del estado de bienestar considera negativamente como impracticable la renta básica universal.

Pero luego apunta a la renovación ante el populismo creciente de la propia democracia, la del sufragio universal.

Una democracia que exige ciudadanos que crean y practiquen el patriotismo, y cita a George Orwell que definía el patriotismo como: "el apego a un lugar y un modo de vida concreto pero que no desea imponer a otras personas".

La gente debe anteponer su lealtad a las instituciones de la democracia – elecciones – parlamento – gobierno y ley, a su apego a cualquier partido, facción o región.

Es decir, además del patriotismo hay que considerar la virtud cívica: la comprensión de que los ciudadanos tienen obligaciones mutuas.

Da mucha importancia a la calidad moral y responsabilidad de las elites gobernantes, en el que debe imperar la meritocracia, pero con el límite de los valores dominantes de una democracia estable.

Se plantea luego unas líneas para la reforma del gobierno con una renovación de sus sistemas administrativos y evitar la comercialización de sus funciones. Incrementar asimismo la delegación de poder a niveles locales.

Para garantizar la responsabilidad democrática se plantea la reforma actual del sistema de votación ya que fomenta el gobierno de la minoría más concentrada, aunque reconoce que el tema es complejo.

Es partidario del voto obligatorio y de que la financiación de los partidos no dependiera totalmente del sector privado.

Las donaciones directas de empresas y extranjeros deberían prohibirse, propone también entre otras propuestas en un terreno más utópico, la de una cámara de mérito con independientes para intervenir en la legislación y asuntos políticos importantes que surjan.

Asimismo, considera básica la revitalización de los medios de comunicación.

Pero al final Wolf se encuentra con la misma perplejidad de Keynes y Dauton.

"Por desgracia en el invierno de 2022, mientras escribo estas líneas, me encuentro dudando de si al final de la década, Estados Unidos seguirá siendo una democracia funcional. Si la democracia se derrumba, ¿qué futuro puede tener la gran idea del gobierno del pueblo, por el pueblo y para el pueblo?".

"Sin embargo el enemigo de hoy no está fuera. Ni siquiera China es tan potente. El enemigo está dentro".

"La renovación del capitalismo y la democracia debe estar animada por una idea simple pero poderosa: la de ciudadanía. No podemos pensar solo como consumidores, trabajadores, empresarios, ahorradores o inversores. Debemos pensar como ciudadanos".

"La ciudadanía debe englobar tres aspectos: la preocupación por la capacidad de los ciudadanos de tener una vida plena; el deseo de crear una economía que permita a los ciudadanos prosperar; y, sobre todo la lealtad a las instituciones políticas y jurídicas democráticas y a los valores de debate abierto y tolerancia mutua que las apuntala".

Creo que hay poco que añadir para la base de un futuro próspero y equitativo de un país.

Bibliografía

(1)"Deflation haunts China's economy". The Economist Espresso. 12 January.
(2)"Where Next For US Inflation". Will Denyer & Tan Kai Xian. GavekalResarch. January 12, 2024
(3)"Accelerating Europe: Competitiveness for a new era". January 16, 2024. Article. By Massimo Giordano and others, MacKinsey Global Institute.
"It's Different This Time: Cyclical Changes For 2024" Louis- Vincent Gave. Gavekal Research January, 2024.
(4)"Towards Increasing Complexity: The Evolution of the FX Market". Alain Chaboud, Lisa Chung, Linda S. Goldberg, and Anna Nordstrom. Liberty Street Economics. Federal Reserve Bank of New York. January 11, 2024.
(5)"Farmers Revolt Threatens Election Year Upsets around the World" by Nayla Razzouk, Kim Chipman, Lyob Pronina and Pratik Parija. February 13 2024. Bloomberg.com /news/features/2024-02-13/.
(6)"Israel Hit with First Downgrade Ever as Moody's Cites War Impact". By Maria Elena Vizcaino and Galit Kalstein. Bloomberg /News/Articles/ 2024-02-09.
(7)"Palestine Economic Update". Palestine Economic Policy Research.
(8)"IDF Spokeperson. New gov extra" gov.ill. la web de información del gobierno israelí.
(9)"Long Term Scenarios: Incorporating The Energy Transition". OCDE Economic Policy Paper. December 2023. No.33.
(10)"The Rise and Fall of American Growth". Robert J. Gordon. Princeton University Press. 2016. Especialmente el Capítulo 17 "Innovation: can the future match the great inventions of the past".
(11)"Is Technological Progress a Thing of the Past" Joel Mokyr. International Atlantic Economic Society. Washington Oct. 15 2016. NORTHWESTERN UNIVERSITY.
(12)Aquí recogemos varios de los artículos de la revista The Economist utilizados en el capítulo de octubre sobre el tema por orden cronológico:
"Amazing Inventions" "How powerful new technologies, like artificial intelligence, transform economies". The Economist February 4th 2023. P66.
"How generative models could go wrong" (I-II-III) The Economist April 22nd 2023. Pp 65-70.

"The future of work". "Your new colleague" The Economist. May 13th 2023. Pp 55-57.
"Why the tech giants have interest in regulating generative AI" The Economist. May 27th 2023. P61.
"Technology. There´s AI in them that hills". The Economist June 3rd 2023. Pp 53-55.
"Artificial Intelligence and the law" The Economist June 10th 2023 P54
(13)"Altman Seeks to Raise Billions for network of AI Chip factories"
By Ed Ludlow, Dina Bass, Gilliam Tan and Rachel Metz. January 19 2024. Bloomber.com
(14)"JPMorgan Sees Hacking Attempts on Systems Double to 45 billion Per Day". Bloomberg.com /2024-01-17.
(15)"Costly Increases in Public Debt when r<g". Yongquan Cao: Vitor Gaspar, Adrián Peralta Alva. Working Paper No 2024/10. January 12, 2024 IMF
(16)"Did the U.S. Really Grow Out of Its World War Debt" Author/ Editor: Julien Acalin, Laurence M. Ball. Working Paper No. 2024/005. January 12.2024.IMF
(17)"Debt". Barry Eichengreen, Asmaa El–Ganainy, Rui Esteves, Kris James Mitchner. Oxford University Press. 2021.
(18)"Paradox of Debt" "A New Path to Prosperity without Crisis". Richard Vague. FORUM. 2023
(19)"El stock de capital en España y sus comunidades autónomas. Análisis de los cambios en la composición de la inversión y las dotaciones de capital entre 1995 y 2022". Francisco Pérez García, Matilde Mars Ivars, Juan Fernández de Guevara Radoselovics. Eva Benages Candau, Juan Carlos Robledo Domínguez. Documentos de Trabajo. Fundación BBVA y el Instituto Valenciano de Investigaciones Económicas Ivie.
"Informe del Observatorio de Productividad y Competencia" Fundación BBVA y IVIE (Instituto Valenciano de Investigaciones Económicas). 18 enero 2024.
(20)"Los 100 mayores perceptores de fondos europeos Next Generation han recibido 5.100 millones en torno al 14% del total recibido por España".
Nota metodológica: lista de los 100 mayores perceptores. Ministerio de Economía, Comercio y Empresa. Ministerio para la Transformación Digital y de la Función Pública. 1 de diciembre de 2023.
(21)"Megamenazas". Nouriel Roubini. Ediciones Deusto 2022.
(22)"On Falling Neutral Rates, Fiscal Policy, and the Risk of Secular Stagnation" Luz Rachel LSE and Bank of England, Lawrence Summers, Harvard University BPEA Conference Drafts, March 7-8, 2019 Brooking Papers on Economic Activity.
Un análisis amplio con diversos economistas y enfoques en: "Secular Stagnation: Facts, Causes and Cures". Edited by Coen Teulings and Richard Baldwin CERO Press, A VoxEU.org Book.2014

(23)"What anchors for the natural rate of interest?" Claudio Borio, Piti Disyatat and Phuchirai Rungcharoenkitkul. 21 March 2019 BIS.
(24)"Homeland Economics". The Economist. Special Report. The World Economy. October 7th 2023. Pp1-12.
(25)"21ST CENTURY MONETARY POLICY". Ben S. Bernanke Horton&Company.2022.
(26)"Bernanke v. Kindleberger: Which Credit Channel?" By Percy G. Mehrling. October 13, 2022. El mismo autor tiene un libro dedicado a Kindleberger.
"Money and Empire". Perry Mehrling. Cambridge University Press. 2022.
(27)"Fighting Inflation More Effectively without Transferring Central Bank´s Profits to Banks". Paul De Grauwe, Yuemei Ji. Cesifo Working papers. 10741. November 2023.
(28)"The Great Demographic Reversa" Charles Goodhart, Manoj Pradhan. Palgrave. Macmillan. 2020
(29)"Pursued Economy" Richard C. Koo. WILEY. 2022
(30)"The Economic Government of the World". "1933-2023". Martin Dauton. Farrar, Strauss and Giroux. New York. 2023. Capítulo 27. Fair Capitalism and Globalization. "The Way Ahead". Pp 791-833.
(31)"La Crisis del capitalismo democrático". Martin Wolf. Ediciones Deusto 2023. Ver capítulo 9 "La renovación de la democracia", y la conclusión "Restaurar la Ciudadanía". Las citas literales de Wolf en páginas 437-438.

16 de febrero de 2024
Blog del autor: camposeconomicos.blogspot.com

ÍNDICE

ÍNDICE ONOMÁSTICO

Las referencias van al número de apartado bibliográfico, entre paréntesis, del capítulo que se indica.

Los autores citados, lo son en general por libros publicados que cuando se refieren a temas específicos, no a la economía en general, vienen indicados dichos temas.

Los artículos de investigación son citados por instituciones, como el Banco de España indicando el tema que en cada referencia se analiza.

A veces, cuando se trata de un aspecto económico central como es "la inflación", presente en casi todos los capítulos, se recogen las llamadas bibliográficas en los mismos.

Aparte de las referencias de este índice, en los temas tratados monográficamente, como son los análisis del COVID, de China, India o Estados Unidos, en las llamadas bibliográficas de cada capítulo se recogen los artículos y libros sobre el tema.

Made in the USA
Coppell, TX
05 November 2026

11307507R00379